Qu'est-ce que l'humain ?

Université
de tous les savoirs

sous la direction
d'Yves Michaud

Qu'est-ce que l'humain ?

volume 2

EDITIONS
ODILE JACOB

L'équipe de l'Université de tous les savoirs est composée de : Yves Michaud (conception et organisation), Gabriel Leroux (assistant à la conception et à l'organisation), Juliette Roussel (rédaction et suivi éditorial), Sébastien Gokalp (programmation et suivi éditorial), Audrey Techer (documentation et suivi éditorial), Agnès de Warenghien (communication et production audiovisuelle), Julie Navarro (gestion), Karim Badri Nasseri (logistique), Catherine Lawless (communication et études de la mission 2000 en France).

15, RUE SOUFFLOT, 75005 PARIS

ISBN 2-7381-0891-1

www.odilejacob.fr

Introduction

Ce volume, le second de la série de l'Université de tous les savoirs, rassemble les cinquante leçons données du 10 février au 30 mars 2000 dans le prolongement des leçons sur la vie déjà publiées sous le titre *Qu'est-ce que la vie ?*

Rappelons que l'Université de tous les savoirs est un cycle de trois cent soixante-six conférences, commencé le 1er janvier 2000, qui s'achèvera le 31 décembre. Ces conférences, données chaque jour au Conservatoire national des arts et métiers, y compris les samedis, dimanches et jours fériés, portent sur les sciences, les techniques, les sociétés, les productions de l'esprit et les cultures — et leurs enjeux contemporains. Elles visent à parcourir les différents domaines de la connaissance sous un éclairage qui est moins celui du bilan encyclopédique que des orientations et des questionnements. Ces leçons quotidiennes, données chaque fois par un éminent spécialiste, doivent offrir à un public non spécialisé un parcours des connaissances et de leurs perspectives.

Je ne reviendrai pas sur l'histoire de la conception et de la réalisation de ce programme, ni sur les principes qui ont présidé à son organisation : tout cela a été exposé dans l'introduction au volume I.

Disons seulement quelques mots du fil conducteur de ce recueil.

L'homme est un être vivant à travers lequel la vie entreprend de se connaître. La deuxième moitié du XXe siècle a vu l'extraordinaire développement et les succès des sciences de la vie, avec les immenses conséquences que cela a d'abord eu sur la démographie et sur ce que Michel Foucault a appelé biopolitiques et biopouvoirs. Les leçons de l'Université de tous les savoirs ont commencé par la considération de la vie en général ainsi que dans sa diversité, pour progressivement s'acheminer vers la connaissance de l'homme au sein de cette diversité. Tel fut l'objet du volume I.

Le second volume se concentre sur l'être humain et ce qui fait sa spécificité : sur les conditions qui font l'homme.

Deux leçons envisagent d'abord de manière générale l'homme et l'animal pour marquer leur différence. Peut-être cette différence aurait-elle dû être encore mieux marquée par la considération de la manière dont l'homme l'impose dans la violence qu'il a fait et continue de faire aux animaux — ce sujet essentiel de la cruauté humaine envers l'animal sera d'ailleurs abordé en fin de parcours.

Ensuite deux groupes de conférences examinent ce qui nous distingue des autres animaux. Non point « boire plus que de raison et faire l'amour en toutes saisons » selon le mot de Beaumarchais mais l'usage du langage et l'invention de normes.

Une série de leçons envisage donc les questions de linguistique depuis l'apprentissage du langage jusqu'au pouvoir créateur des signes et à la communication du sens. Ce qui en ressort c'est la formidable complexité cérébrale requise (et probablement aussi générée) par l'usage de la langue, la puissance que confère la capacité linguistique et la très grande diversité et plasticité des instruments linguistiques.

Trois leçons traitent ensuite des normes et de ce qu'on appelle traditionnellement le droit. L'homme est un animal à normes et à règles — Hume disait que les hommes ont besoin de règles jusque pour s'entretuer. La justice, la responsabilité et le contrat, tels sont les trois concepts sur lesquels nous avons choisi de faire reposer cette introduction à travers une leçon qui traite de la justice comme rite, une autre des transformations de la responsabilité, une troisième de la contractualisation de la société. Il ne s'agit pas de présenter ainsi une vision exhaustive du droit mais de montrer comment la norme structure et gouverne les interactions. Pour le reste, nous avons préféré envisager les contributions spécialisées du droit au fil des questions concrètes abordées par la suite, qu'il s'agisse de filiation, de travail, d'État et de relations internationales, d'informatique, de risques et d'environnement.

Une fois posée cette double différence linguistique et juridique, on entre dans le monde humain à proprement parler.

Pour ne pas céder trop vite à l'anthropocentrisme, nous avons choisi d'aborder ce monde par la démographie. Pour plusieurs raisons. D'abord parce qu'on peut continuer à penser avec le XVIIIe siècle que la taille d'une population constitue un bon critère pour évaluer le succès humain. D'autre part parce qu'une des caractéristiques les plus frappantes du XXe siècle aura tenu aux changements démographiques qui l'ont marqué. Un milliard d'êtres humains au début du siècle et six à la fin, en dépit des guerres mondiales et des génocides, cela mérite bien quelques explications. Et puis cette population considérable engendre un certain nombre de défis qui pèsent déjà sur le présent : surpopulation, développement des techniques et industries de l'alimentation, pollution grandissante, déchets, pénurie d'eau, migrations, régulation des populations.

Ces considérations démographiques conduisent tout naturellement à la bifurcation du programme qui suit. Ce qui conditionne en effet la croissance démographique, ce sont deux séries de conditions, celles qui concernent l'alimentation et celles qui touchent à la médecine et au traitement des maladies.

L'alimentation est étudiée en une série de conférences que j'ai voulue expressément disparate pour ne pas donner un semblant de systématicité et de cohérence à un domaine qui n'en a pas. Il y est donc question aussi bien de la sociologie que de l'industrie de l'alimentation, de gastronomie moléculaire que de biologie végétale, d'obésité que d'effets de l'agriculture sur le paysage. J'ai voulu que l'on ressaisisse ainsi la variété des approches possibles, le poids de l'industrie et des techniques, l'impact sur la nature, la place de l'artifice, de la convention et de la réglementation. Il fallait aussi que cette approche à plusieurs dimensions nous préserve des discussions à n'en plus finir sur la frankenbouffe, les organismes génétiquement modifiés et l'indispensable traçabilité des hamburgers.

Après l'alimentation (il fallait quand même commencer par le moins déprimant), vient l'étude de la médecine, dédoublée en une série de leçons sur les maladies et une autre sur les soins et la santé.

Comme toujours, ce qui nous a guidés, c'est non pas le souci de l'exhaustivité mais celui de l'actualité des recherches et des interrogations. Il est donc question du sida, des maladies infectieuses, du cancer et des maladies cardio-vasculaires, de l'allergie, des encéphalopathies subaiguës spongiformes transmissibles (maladie de la vache folle), des maladies neurodégénératives et des maladies mentales. Sur ce dernier point une explication s'impose puisque deux leçons traitent du sujet. Il nous a semblé en effet que dans un domaine où la maladie est en partie socialement définie (les névrosés d'il y a trente ans sont devenus des déprimés), il fallait recourir au point de vue d'un psychiatre psychanalyste ayant suivi tout au long de sa carrière l'évolution des pathologies et de leurs traitements et à celui d'un épidémiologiste envisageant la maladie mentale aujourd'hui.

Après les pathologies, viennent évidemment les remèdes. Je me suis efforcé de donner la primauté aux développements nouveaux, que ce soit dans les pratiques relativement établies (médecine nucléaire, vaccination, chirurgie plastique, greffes) ou dans les domaines de pointe (thérapies géniques, imagerie médicale, recherche pharmacologique). Il ne faut surtout pas oublier que la santé a une dimension sociale, économique et industrielle. C'est pourquoi un certain nombre de leçons portent sur l'économie de la santé, la recherche pharmaceutique industrielle, les handicaps, la logistique hospitalière, le système social des soins. Bien sûr aussi, la dimension éthique et juridique ne devait pas être passée sous silence. Elle a fait l'objet de deux leçons, l'une sur la relation du médecin et du malade, l'autre sur les conditions juridiques d'intervention sur la vie et sur la mort.

Comme je l'ai dit dans l'introduction au premier volume, l'ensemble des leçons de l'Université de tous les savoirs constitue moins une encyclopédie avec sa prétention systématique qu'une approche des savoirs, des techniques et des pratiques tournée vers les objets et questions qui nous importent à nous humains à la fin du XXe siècle et au début du XXIe. D'autre part, l'objet de ces leçons n'est pas de dire ce qu'il faut penser sur tel ou tel point mais de rendre possibles la critique et la réflexion individuelles à partir de l'ensemble des approches présentées, de leur diversité, de leur dialectique et même de leurs contradictions. Si une forme de diversité n'est que bariolage, une autre favorise la pensée en montrant qu'il y a toujours d'autres points de vue, d'autres considérations à faire intervenir, que les choses ne sont ni bouclées ni fermées. Si les contributions doivent être appréciées individuellement, elles doivent plus encore l'être dans leur rencontre, leur enchaînement, leurs effets de rétroaction en boucle et même leur charge polémique les unes par rapport aux autres.

Il y a ainsi un fil rouge éthique qui relie des contributions du premier volume comme celles d'Anne Fagot-Largeault sur l'expérimentation sur l'homme et de Bernard Chevassus sur l'appropriation du vivant et celles de Jean-Yves Goffi (les relations entre l'homme et l'animal), Geneviève Viney (les transformations de la responsabilité) et Marie-Angèle Hermitte (pouvoirs sur la vie, pouvoirs sur la mort) dans ce second volume. De même un fil rouge « génétique » relie les conférences du premier volume sur la génétique et les conférences de Jean-Louis Mandel et d'Olivier Danos sur le diagnostic et les thérapies géniques dans ce volume. Dans le volume qui fermera cette entreprise éditoriale, une table générale suggérera les renvois entre leçons aussi bien en termes de complémentarité qu'en termes de discussion et même de contradiction.

Il serait étrange qu'après avoir affirmé que nous ne voulons pas jouer aux « maîtres-penseurs », je tire maintenant des enseignements généraux des leçons réunies dans ce second volume. Une conclusion générale s'impose toutefois non pas à titre d'enseignement mais d'interrogation. Ce qui apparaît de manière forte, c'est en effet l'immense pouvoir que les hommes ont acquis et sont en train d'acquérir à un plus haut degré encore sur eux-mêmes, leur nature et la nature tout court. Avec des conséquences néfastes dans des domaines comme l'environnement, les ressources terrestres, l'urbanisation, la relation aux autres vivants exploités et instrumentalisés et d'autres qui semblent promettre un avenir en partie libéré de la maladie et des fatalités de l'existence. À y réfléchir plus attentivement, il faut cependant aussi s'interroger sur ces pouvoirs positifs pour ce qu'ils comportent de risques d'aveuglement au nom des valeurs indiscutées du bonheur et de la santé. C'est une excellente chose de *pouvoir* (c'est volontairement que j'utilise ce verbe sans objet ni action déterminés pour le compléter), encore faut-il que les valeurs apparemment les plus indiscutables et donc malheureusement les moins discutées ne dédouanent pas un aveuglement tranquille sur le fait même de pouvoir.

Yves Michaud

I

L'HOMME FACE À L'ANIMAL

Les relations entre l'homme et l'animal

par JEAN-YVES GOFFI

Les êtres humains forment une communauté de vivants avec les autres animaux : nous possédons en commun avec eux des éléments constitutifs de notre propre identité. Depuis 1859 (date de la publication de *L'Origine des espèces*), il y a de bonnes raisons de penser que cette communauté est plus étroite qu'on n'était disposé à l'admettre jusque-là. Mais formons-nous également une communauté morale ?

Je voudrais préciser cette question afin de répondre à une objection légitime, mais qui, en un sens, est mal fondée. On est enclin à interpréter l'expression « communauté morale » de façon kantienne, comme s'il s'agissait d'un règne des fins. Or, par règne des fins, Kant entend la réunion systématique de divers êtres raisonnables par l'effet de lois communes : il ne saurait donc, par définition, exister de communauté morale entre des êtres raisonnables et des êtres qui ne le sont pas. Mais on peut entendre autrement l'expression « communauté morale ». Il est certain que nous nous imposons toutes sortes de restrictions dans nos rapports avec des êtres humains qui ne sont pas individuellement et personnellement capables d'obéir à une législation morale universelle et encore moins d'être partie prenante dans la constitution de celle-ci : les enfants en bas âge, les déments, les vieillards séniles, etc. Or, même si des considérations prudentielles entrent en ligne de compte dans cette affaire, ce n'est pas pour des motifs prudentiels que nous, agents moraux, capables d'autonomie et de rationalité, agissons de la sorte envers eux, c'est-à-dire les patients moraux, destitués de telles compétences. La raison en est que nous pensons détecter en

Texte de la 41e conférence de l'Université de tous les savoirs donnée le 10 février 2000.

eux certaines propriétés dont la possession impose aux agents moraux des restrictions dans leur comportement à l'égard des patients moraux. Et la mise en œuvre de telles restrictions relève d'une question de simple justice. En clair, on ne reprocherait pas à quelqu'un qui ne les respecterait pas de manquer de bonté, de charité, de vertu ou de grandeur d'âme. On lui reprocherait de violer un principe élémentaire de justice. Ne pourrait-on pas alors raisonner de façon analogue en ce qui concerne les animaux, ou du moins certains d'entre eux ? Sans doute, personne ou presque ne s'attend à voir les bêtes se comporter comme des êtres autonomes et raisonnables. Mais il n'est pas absurde de relever en elles des caractéristiques qui pour n'être ni la raison, ni l'autonomie, ni même l'humanité, n'en sont pas moins significatives : la présence en elles de ces caractéristiques justifient que les êtres humains s'imposent, dans leurs rapports avec elles, des restrictions comparables à celles qu'ils s'imposent lorsqu'ils ont affaire à des patients moraux humains.

Quelles sont ces caractéristiques ? Lesquelles sont significatives ? Quelles restrictions justifient-elles ? Quatre réponses semblent importantes : une première tradition est attentive au statut de créature de l'animal. Pour une seconde, c'est sa capacité à souffrir qui le distingue des simples choses. Pour la troisième, c'est la présence d'intérêts. La dernière discerne en lui quelque chose comme une subjectivité. Je commencerai par les deux premières traditions, les plus anciennes.

Comment, ce que j'appellerai, faute de mieux, la pensée chrétienne, aborde-t-elle la question ? J'ai conscience de ce que l'expression peut avoir de peu satisfaisant, particulièrement lorsqu'il est question des rapports avec l'animal. En effet, le théologien contemporain E. Drewermann aussi bien que N. Malebranche, le disciple de Descartes, se rattachent à cette tradition. Pourtant, le premier reconnaît aux animaux un droit à l'immortalité, contrepartie de la souffrance à laquelle sont livrées, inéluctablement, toutes les créatures sensibles du simple fait de leur existence éphémère. Pour le second, la possession d'une âme immortelle est à ce point un attribut de l'humanité qu'il préfère nier l'existence de la souffrance animale, et traiter les bêtes en conséquence, c'est-à-dire comme des machines insensibles, plutôt qu'admettre qu'elles puissent avoir seulement une âme sensitive. L'idée commune est que le monde est une créature, ce qui entraîne d'importantes conséquences.

Pour commencer, le rapport entre cette créature et son créateur n'est pas du même genre que celui qui pouvait exister, par exemple chez Aristote, entre ce qui est mû et son moteur éternel. Pour parler comme les médiévaux, le Dieu chrétien ne donne pas seulement le mouvement, ni même principalement le mouvement ; il donne l'être. Dans un tel monde, l'attitude du croyant est, par principe, une attitude de réserve, ce qu'exprime la distinction augustinienne entre *uti* et *frui* : ces termes désignent deux façons de se comporter à l'égard des choses. Jouir *(frui)*, c'est s'attacher d'amour à quelque chose, en raison de cette chose elle-même ; user de quelque chose *(uti)*, c'est rapporter ce qui se présente à ce qui est aimé, comme un moyen d'obtenir la chose aimée. *Frui* est donc de l'ordre de la fin ; *uti* est seulement de l'ordre des moyens. En d'autres termes : ne peut être objet de jouissance que l'être qui a une valeur intrinsèque ; tout autre être n'aura qu'une valeur instrumentale. C'est le cas des êtres de nature : ils sont des *impedimenta* dont il faut bien que le croyant se charge au cours de son pèlerinage terrestre. Mais ce n'est pas par amour pour eux que ce pèlerinage est entrepris. Est-ce à dire que le pouvoir de l'homme sur ces êtres de nature est absolu ? Certains passages de l'Écriture semblent le suggérer. Dans le livre de La Genèse, IX, 1-3, Élohim bénit Noé et ses fils et leur dit : « La crainte et l'effroi que vous inspirerez s'imposeront à tous les animaux de la Terre et à tous les oiseaux des Cieux. Tous ceux dont fourmille le sol et tous les poissons de la mer, il en sera livré à votre main. Tout ce qui remue et qui vit vous servira de nourriture, comme l'herbe verte : je vous ai donné tout cela. »

En fait, les choses sont plus complexes. Si la nature est une créature et n'a donc rien de sacré, elle s'inscrit toutefois dans un plan de création et possède, par conséquent, une perfection propre, instaurée par une volonté voulant le bien de toutes les parties et voulant que la part de chacune soit bonne. En conséquence, si la nature est un ensemble de ressources à la disposition de l'humanité, celle-ci peut en faire un bon ou un mauvais usage : chaque fois que les êtres de nature seront utilisés en un sens contraire à leur perfection propre, cet usage sera condamnable. Quant à l'usage, la domination de l'homme sur le reste de la création est de droit ; ce n'est que s'il cherche à se rendre maître de la nature même des choses créées qu'il outrepasse son propre pouvoir. Ce n'est pas parce que la nature n'a de valeur qu'instrumentale qu'elle peut être intégralement instrumentalisée. Le pouvoir de l'homme sur le monde n'est pas celui d'un despote, qui ne connaît pas de limites ; il se compare plutôt à celui d'un intendant, à qui des comptes seront demandés.

J'ai tenté de décrire les rapports entre l'homme et la nature en général. Qu'en est-il des rapports entre l'homme et les animaux en particulier ? Il existe une tension entre deux attitudes : une attitude radicale qui consiste à affirmer que les animaux ne comptent ni moralement, ni juridiquement ; et une attitude plus nuancée, qui incline à leur attribuer une certaine importance. Peut-être cette tension découle-t-elle du fait que les deux récits de la Création, celui du chroniqueur et celui du iahviste, diffèrent en ce qui concerne la place et le statut des animaux au sein de la Création. Dans le récit du chroniqueur, Élohim crée successivement la lumière, le firmament puis la Terre. Les êtres vivants sont créés ensuite, les végétaux en premier lieu, puis les animaux. L'homme apparaît en dernier lieu, ce qui peut signifier qu'il est le couronnement et le parachèvement de la Création. En outre, alors que tous les autres animaux sortent de la terre — ou des eaux — seul l'homme est créé à l'image et à la ressemblance de Dieu. Élohim ne vient pas, dans ce cas, bénir ce que la Terre a produit ou généré. Il s'agit d'un acte particulier de création de sa part : l'homme n'est pas un exemplaire interchangeable de son espèce. En revanche, dans le récit du iahviste, l'homme apparaît sur une terre vide de plantes et d'animaux ; ces derniers sont créés pour être une « aide qui soit semblable à lui ». La différence entre l'homme et l'animal est moins saillante, ce que symbolise l'épisode où Adam marque sa souveraineté sur les bêtes en leur donnant des noms, ce qui les fait accéder à la plénitude d'une vocation. Dans ce second récit, l'homme est responsable, jusqu'à un certain point, de ces aides semblables à lui que sont les animaux.

L'histoire du christianisme hésite perpétuellement entre ces deux attitudes. Saint Augustin s'inscrit plutôt dans la tradition qui accentue la différence de statut entre l'homme et la bête, comme l'affirme un passage étonnant d'un écrit anti-manichéen : « Nous n'avons pas de société juridique *(juris societas)* avec les animaux et les arbres. »

Chez saint Thomas, l'analyse est assez différente. Il distingue, par exemple, entre l'affectivité réglée selon la raison et l'affectivité réglée selon la passion sensible. Selon la première sorte d'affectivité, rien n'empêche l'homme d'agir à sa guise avec les animaux : Dieu ne s'occupe pas d'eux et ne demande pas de compte aux hommes en ce qui les concerne. Mais, du point de vue de l'affectivité qui dépend de la passion sensible, c'est l'indice d'un naturel miséricordieux que de ressentir de la compassion à l'occasion des souffrances affectant les bêtes : si l'on éprouve un tel sentiment de pitié à l'égard des animaux, on s'en trouve favorablement disposé à le ressentir envers les hommes. En un mot, la bonté envers les animaux nous prépare à la charité envers les hommes.

Du fait que les animaux sont des créatures et que Dieu s'affirme en toute sa création, découlent des restrictions en ce qui les concerne : ne pas leur infliger de souffrances inutiles, ne pas entreprendre sur eux certaines expériences. Toutefois, s'ils sont ainsi protégés, il s'agit de raisons indirectes : la crainte respectueuse du Seigneur jusqu'en ses plus humbles créatures ou l'amour que l'on doit à ses frères humains. Les animaux ne font pas partie, en toute rigueur, de la communauté morale ; aux franges de celle-ci, ils peuvent bénéficier de restrictions qui ne s'appliquent de façon plénière qu'à l'intérieur de celle-ci.

Selon saint Thomas, la souffrance des bêtes importe dans l'ordre de l'affectivité réglée par la passion sensible et non dans l'ordre de l'affectivité réglée par la raison. Certains considèrent que cette distinction n'a pas lieu d'être ou lui donnent un contenu tout à fait différent. Les êtres sensibles sont aussi des êtres d'émotion et de sentiments et la moralité n'est pas, en son principe, une entreprise visant à anéantir ou à humilier ces émotions et ces sentiments, mais au contraire à les articuler et à leur donner forme. Il n'est pas évident que la sensibilité réglée par la raison vaille mieux que la sensibilité réglée par la passion sensible. Il peut exister, en effet, de mauvais usages de la raison, d'autant plus insidieux qu'ils ne sont pas reconnus comme tels. Appliquée aux rapports avec l'animal, cette approche de la question se traduit ordinairement par la mise en place d'une éthique de la compassion.

Par malheur, les penseurs qui s'inscrivent dans une telle perspective n'ont pas toujours fait preuve d'assez de précision dans leur propos. Ainsi Montaigne avoue la sympathie qu'il a avec les animaux : il ne saurait sans déplaisir voir poursuivre et tuer une bête innocente qui est sans défense et de qui personne n'a reçu aucune offense. Mais c'est pour affirmer, aussitôt après, qu'un devoir d'humanité rattache les hommes non seulement aux bêtes, mais encore aux arbres et aux plantes. C'est élargir la communauté morale bien au-delà du monde sensible. On trouve chez Albert Schweitzer une démarche encore plus radicale : son éthique de la révérence pour la vie commande à l'homme moral de prendre soin de ne pas écraser d'insectes, mais encore de ne pas cueillir de fleurs et même de ne pas écraser les cristaux de glace qui brillent au soleil. D'autres n'ont pas fait preuve d'assez de précaution. Je pense, par exemple, aux propos péremptoires de R. Wagner sur l'imposture de la science spéculative dans sa célèbre lettre à Ernst Von Weber, et aux jugements de Schopenhauer, qui attribue au *fœtor judaïcus*, le manque d'égard prévalant en Europe à l'égard des bêtes.

Ainsi, l'approche compassionnelle constitue, en un sens, le symétrique d'une argumentation classique depuis Porphyre. Le néoplatonicien s'était efforcé, dans son traité *De l'abstinence*, de montrer que les animaux participent au « logos » et qu'ils sont, de la sorte, suffisamment apparentés aux êtres humains pour que ceux-ci commettent une injustice en les maltraitant. Les partisans d'une approche compassionnelle admettent d'emblée que l'intelligence et la raison ne font pas grand-chose à l'affaire : le point important est la capacité de souffrir, commune à l'homme et à la bête. Elle justifie l'inclusion de l'animal dans la communauté morale : appareillés pour souffrir comme les êtres humains, les animaux leur sont apparentés sous ce rapport. La compassion, de mise pour les premiers, l'est également pour les seconds. Mais cette intuition, séduisante à première vue, est assez difficile à justifier. Jean-Jacques Rousseau, dans le *Discours sur l'origine et les fondements de l'inégalité*, forme le dessein de mettre un terme aux disputes relatives à la participation des animaux à la loi naturelle. Sa solution est la suivante : il existe en l'homme, peut-être même d'ailleurs chez les bêtes elles-mêmes, une impulsion intérieure à la commisération. La pitié s'éveille normalement au spectacle de toute souffrance : peu importe par quel mécanisme (empathie, sympathie, identification), l'animal spectateur se rattache à l'animal souffrant. La pitié antérieure et probablement supérieure à la raison, modère en chacun la force de l'amour qu'il éprouve pour lui-même et le détourne d'abuser de sa puissance envers le faible. Mais, à un moment donné, le propos de Rousseau s'infléchit : il parlait jusque-là de la pitié comme d'un sentiment naturel, convenant le mieux à des êtres aussi faibles et sujets à tant de maux que le sont les êtres humains. Et voilà qu'il en parle comme d'une voix qui prescrit : « Fais ton bien avec le moindre mal d'autrui qu'il est possible. » Il passe d'une proposition exprimant une valeur (chez Rousseau, le terme « naturel » n'est pas un terme descriptif) à une proposition formulant une injonction. Ce n'est pas que l'opération, absolument parlant, soit impossible. En effet, un jugement de valeur attribue une valeur à un état de choses ; et une injonction prescrit à un individu la réalisation de cet état de choses ; si l'on admet que l'on peut considérer une norme comme une injonction généralisée, le moyen terme tout indiqué pour mettre en relation un jugement de valeur et une injonction est précisément une norme. Mais cette mise en relation n'est possible que s'il est question dans le jugement de valeur, dans l'injonction et dans la norme du même état de fait. Or, ce n'est tout simplement pas le cas dans ce passage de Rousseau. Le jugement de valeur fait du sentiment de pitié un sentiment naturel, l'injonction préconise de faire son bien avec le moindre mal possible. Il manque quelques médiations dans la démarche de notre auteur.

Examinons les systèmes éthiques qui permettent d'analyser nos relations avec l'animal, toujours en direction d'une théorie morale. Je commencerai par l'utilitarisme. Jeremy Bentham, père fondateur de l'utilitarisme, comparant le sort des esclaves et celui des animaux, se demande s'il y a de bonnes raisons pour abandonner sans défense ces derniers aux mains de quelqu'un qui les tourmente ; et il justifie sa réponse (négative) en ces termes : « La question n'est pas : "Peuvent-ils raisonner ?", ni : "Peuvent-ils parler ?", mais "Peuvent-ils souffrir ?" »

Pour comprendre en profondeur cette attitude, il faut avoir une idée de la façon dont est articulée une théorie morale comme l'utilitarisme. Il s'agit d'un conséquentialisme, une théorie où les actes, les règles, les agents et les institutions sont évalués moralement en fonction de leur contribution à un état du monde où l'on trouve réalisée une valeur — typiquement une valeur non morale — tenue pour le bien suprême. Si un acte promeut cette valeur plus qu'un autre, il lui est moralement préférable. S'il promeut cette valeur au plus haut degré, il est le meilleur acte possible : l'accomplir est, pour l'agent, une obligation. Chez Jeremy Bentham, cette valeur suprême est le bonheur, défini en termes de plaisir éprouvé. On doit donc apprécier les agents moraux et leurs actes en fonction de leur contribution à un monde plus heureux.

Mais la formule d'un monde plus heureux est : « le plus grand bonheur du plus grand nombre ». En conséquence, l'agent utilitariste se demandera, au moment d'agir, comment ses actes peuvent contribuer à une telle réalisation. Idéalement, les choses se passent de la façon suivante : une fois identifiées les différentes options qui s'offrent à lui, il détermine pour chacune d'elles, selon une procédure quasiment algorithmique, l'utilité qui en résultera, en tenant compte de tous ceux qui vont être affectés par son choix, lui-même compris. Dans cette affaire, en effet, chacun doit également être pris en compte. Si donc, volontairement ou involontairement, sont négligés des individus susceptibles d'éprouver du plaisir ou de la douleur, le calcul sera faussé : il existait peut-être un autre état du monde où encore plus d'utilité était possible et on ne l'a pas fait venir à l'existence. Le choix opéré est donc condamnable, d'autant plus qu'on a délibérément ignoré les intérêts de certains. Du même coup, on voit en quoi la formule initiale de Jeremy Bentham n'exprime pas une éthique de la pitié : le maître mot, dans toute cette analyse, est celui d'« intérêts ». Ne pas tenir compte du fait que des créatures sensibles puissent éprouver du plaisir ou de la souffrance, c'est nier leurs intérêts : mais il y a lieu de croire que les animaux sont de telles créatures sensibles. Elles font donc, de plein droit, partie de la communauté morale, de la classe des êtres à propos desquels l'agent moral doit se poser une question du genre : « Jusqu'à quel point, m'imaginant moi-même à la place de quiconque sera, à tour de rôle, affecté par une action comme celle que je suis en train d'envisager, accepterais-je ou, au contraire, refuserais-je que cela n'arrive ? »

Que les animaux aient des intérêts, voilà ce que les utilitaristes ont rarement mis en doute. En revanche, déterminer le contenu de ces intérêts ne va pas toujours de soi. Jeremy Bentham lui-même se prononce d'une façon assez paradoxale en apparence : les êtres humains peuvent mettre les animaux à mort, pour leur alimentation par exemple. Les êtres humains s'en trouvent toujours mieux et les animaux ne s'en trouvent jamais plus mal. Cette formule a d'ailleurs sa converse : parfois, les êtres humains se trouveraient plus mal du fait que des animaux restent en vie, alors que ces derniers ne se trouvent jamais plus mal d'être morts. En fait, de tels jugements sont l'application directe du principe utilitariste selon lequel la mort sans souffrances est un mal naturel moins grave que des souffrances importantes, même si elles ne conduisent pas à la mort. Il s'ensuit qu'infliger la mort sans faire souffrir est moralement moins grave que de faire souffrir sans infliger la mort. Les choses sont plus complexes, mais pas fondamentalement différentes, dans ces versions de l'utilitarisme qui opèrent une distinction entre les êtres simplement conscients, c'est-à-dire capables d'éprouver plaisir et souffrance, et ceux qui ont conscience d'eux-mêmes, c'est-à-dire qui ont une vie mentale assez complexe pour former des préférences sur le long terme et chercher à satisfaire celle-ci (c'est le cas, par exemple, chez le philosophe australien contemporain P. Singer). Les utilitaristes admettent donc qu'il existe de fortes raisons de prohiber la mise à mort d'un être conscient et des raisons encore plus fortes de prohiber la mise à mort d'un être conscient de lui-même ; mais ces raisons ne sont jamais assez impérieuses pour rendre de telles prohibitions absolues. En définitive, ce sont des critères comme la possession de la conscience ou de la conscience de soi qui doivent guider la réflexion et non l'appartenance ou la non-appartenance à l'espèce humaine. Cette façon d'aborder les relations entre l'homme et l'animal a évidemment suscité beaucoup de critiques.

Elles émanent, principalement, de ceux qui estiment qu'il existe une différence de nature entre les hommes et les animaux et de ceux qui défendent une théorie des droits de l'animal. Une telle démarche s'exprime de façon exemplaire chez le philosophe américain T. Regan. Elle ne constitue pas la seule défense possible d'une théorie des droits de l'animal, mais la plus radicale. Un mot d'abord sur la façon dont est constituée une théorie morale des droits. Un droit individuel peut être comparé à un périmètre protecteur instauré autour de l'individu ; la violation de ce droit pourra alors être comparée à une intrusion dans ce périmètre protecteur. L'idée essentielle est la suivante : les droits imposent des restrictions ; envers le titulaire d'un droit, toute action n'est pas permise. Mais, d'un autre côté, certaines restrictions sont simplement prudentielles et n'expriment pas forcément le respect d'un droit. Les seules restrictions qui comptent dans le cadre d'une théorie des droits sont celles fondées sur la reconnaissance d'une valeur : le titulaire d'un droit est un être qui a une valeur, ou à qui s'attache une valeur. Ainsi dans le cas des droits de l'Homme, c'est l'autonomie de la personne ou la dignité de l'être humain qui sont le plus souvent invoquées.

Le désaccord ultime entre un utilitariste et un partisan des droits porte donc sur la question de la valeur. T. Regan admet que l'égalitarisme de principe des utilitaristes a fait beaucoup pour la reconnaissance de l'idée selon laquelle les animaux pourraient bien avoir un statut moral. Mais il considère qu'ils n'ont fait que la moitié du chemin. En effet, pour un utilitariste conséquent, les seules valeurs absolues sont le plaisir (utilitarisme hédoniste) ou la satisfaction d'une préférence (utilitarisme de la préférence). L'agent utilitariste cherche à réaliser un monde dans lequel un maximum de plaisir sera réalisé, ou un maximum de préférences satisfaites (ou un mixte des deux). T. Regan interprète cela de la façon suivante : l'individu n'a pas, pour un utilitariste, de valeur intrinsèque. Ce qui fait sa valeur, ce sont les expériences qu'il peut avoir en tant qu'elles contribuent à la réalisation d'un monde où le solde des utilités positives (unités de plaisir, satisfaction de préférences) par rapport aux utilités négatives (unités de déplaisir, frustration de préférences) sera le plus important. Pour reprendre l'image de T. Regan, les utilitaristes considèrent que c'est le breuvage que l'on met dans la tasse qui a une valeur, non la tasse elle-même ; ils pensent que la discrimination envers les animaux est aussi condamnable que n'importe quelle autre discrimination. Mais si l'on considère que l'utilité est maximale lorsque le bilan total des utilités produites montre la plus grande prédominance possible du plaisir sur la souffrance (ou de la satisfaction des préférences par rapport à leur frustration), rien n'interdit de penser qu'un tel bilan pourrait être atteint par la satisfaction des intérêts triviaux d'une majorité au détriment des intérêts vitaux d'une minorité. L'utilitarisme est incapable de garantir une protection efficace à l'individu, car celui-ci n'est considéré que comme un porteur d'intérêts : son seul droit est que ses intérêts soient pris en compte au même titre que les intérêts de n'importe qui. Pour le reste, le calcul décide ; et rien ne dit que tels ou tels individus ne devront pas être sacrifiés à l'utilité de tous. L'originalité de T. Regan ne consiste pas tant à estimer que seule l'existence de droits antérieurs et supérieurs aux résultats de ce calcul est susceptible de mettre les individus à l'abri de tels abus ; mais à admettre que de tels droits sont attribuables également aux animaux. Pour T. Regan, la valeur suffisant à générer des droits est la subjectivité. Mais il entend ce terme en un sens qui n'est nullement celui de la philosophie moderne. Chez lui la subjectivité est liée à la vie : c'est la subjectivité d'un être qui est le sujet d'une vie. Concrètement, il s'agit de la propriété d'une vie mentale assez complexe pour que celui qui la mène considère que ce qui lui arrive lui importe. Pour T. Regan, les droits ne sont pas susceptibles de plus ou de moins ; on n'a pas plus ou moins de droits selon que sa vie mentale est plus ou moins complexe. La complexité de la vie mentale n'est pas, chez lui, conçue sur le modèle de l'échelle graduée, mais sur le modèle du seuil. Beaucoup d'animaux franchissent ce seuil : ils ont donc des droits, lesquels ne sont ni négociables, ni échangeables, et justifient qu'on s'interdise, à leur égard, toutes sortes de traitements. Ces restrictions sont, aux yeux de T. Regan, draconiennes : abandon du régime carné, interdiction de la chasse, de la pêche, des zoos et même, ce qui constitue une différence très importante avec les thèses de P. Singer, interdiction de principe de l'expérimentation animale.

Pour conclure, je voudrais indiquer certaines limites des deux théories que je viens d'exposer et suggérer une approche alternative à la question des relations entre l'homme et l'animal. Leur axiologie, une grande partie de leur méthodologie et de leur épistémologie morale différencient nettement P. Singer et T. Regan sans parler de leurs conclusions. Cependant, les deux stratégies présentent d'importantes ressemblances :

1. Elles repèrent chez les êtres humains un trait permettant de justifier leur appartenance à la communauté morale. Chez l'une, c'est l'existence de préférences rationnelles ; chez l'autre, c'est le fait d'être les sujets d'une vie.

2. Elles cherchent ensuite à distinguer chez les animaux une caractéristique les rendant assez semblables aux êtres humains pour qu'on en conclue qu'eux aussi font partie de la communauté morale. Chez l'une, c'est l'existence de quasi-préférences ou, à défaut, la présence de la sensibilité qui est retenue. Chez l'autre, c'est la présence d'une vie mentale suffisamment complexe.

3. Elles en concluent que les animaux font bel et bien partie de la communauté morale et se demandent alors ce que l'on doit faire et ne pas faire pour les traiter d'une façon éthiquement convenable.

Mais une telle stratégie ne tient qu'aussi longtemps qu'on détecte chez eux des propriétés assez semblables à celles que l'on a détectées chez les êtres humains. C'est visible chez T. Regan qui se donne à plusieurs reprises la peine de définir l'animal comme suit : mammifère normal âgé d'un an ou plus. Cette définition a le mérite d'attirer l'attention sur le fait que les êtres humains sont, eux aussi, des créatures animales, même si ce ne sont pas des animaux comme les autres. Mais elle paraît loufoque à qui connaît suffisamment bien le monde animal pour savoir qu'il s'y rencontre toutes sortes de formes de vie trop peu semblables à celles des êtres humains, ou trop infimes pour que la stratégie décrite ci-dessus soit possible en ce qui les concerne. C'est pourquoi ceux qui considèrent que toutes les formes de vie animale doivent être prises en considération et, à plus forte raison, ceux qui considèrent qu'il doit en être de même pour tout être vivant, ont contesté la démarche Singer-Regan, au motif qu'elle reste, malgré les apparences, anthropocentrée.

C'est pourquoi aussi on a assisté, ces dernières années, à des tentatives pour constituer une éthique intégrant le vivant comme tel dans la communauté morale (biocentrisme) ; ou pour constituer une éthique à la mesure de l'environnement (écocentrisme).

Il me semble que ceux qui ont raisonné en terme d'intérêts ou de droits afin d'inclure les animaux dans la communauté morale ont mal défendu leur position : ils ont cherché à étendre aux animaux individuels, domestiques puis sauvages, une protection comparable à celle dont jouissent les êtres humains : mais dès lors que l'individualité n'est plus discernable, les intérêts ou les droits ne sont plus assignables. Cela se produit très vite dans le monde animal, contrairement à ce qui se passe dans les sociétés humaines.

Je propose de faire le chemin dans l'autre sens et de partir de la nature sauvage pour remonter jusqu'aux sociétés humaines. Je m'inspire pour cela d'une suggestion de l'américain M. Sagoff que j'infléchis, toutefois, dans un sens qui n'est pas exactement le sien. Dans *The Economy of the Earth*, il mène une réflexion critique sur les lignes de conduite en matière de choix industriels et sociaux. Le contexte est nord-américain et la cible de M. Sagoff est la politique consistant à décider ces questions sur la base d'une analyse coûts-bénéfices. À qui procède ainsi, certains effets indésirables de la ligne de conduite envisagée (problèmes de santé publique, nuisances diverses, destruction d'espèces sauvages) apparaissent comme des défaillances du marché : l'activité d'un agent économique risque d'occasionner une perte de bien-être à un autre agent. Si on n'évalue pas correctement le prix de la santé publique maintenue, des paysages intacts et de la survie des espèces, cette perte ne sera pas compensée. Il existe de nombreuses procédures permettant de remédier, jusqu'à un certain point, à ces défaillances du marché. C'est le principe même d'un tel calcul qui est contesté par M. Sagoff. Mais, s'il remet en cause le « ressourcisme », ce n'est pas au nom d'une valeur inhérente ou intrinsèque de la nature. Il se demande simplement ce qu'est le statut des lois destinées à protéger la santé publique, les paysages ou les espèces ; il ne s'agit pas essentiellement d'outils destinés à affiner le calcul économique : elles expriment, dit-il, «… ce que nous croyons, ce que nous sommes, ce que nous représentons à titre de nation, pas seulement ce que nous désirons acheter à titre d'individus ». Un exemple fera comprendre ce qu'il veut dire. Si l'existence du pygargue à tête blanche *(Heliaeetus leucocephalus)* était menacée par un projet d'implantation industrielle, ce projet serait abandonné. S'agirait-il d'éviter une perte de bien-être aux amoureux de la nature ? Non sans doute, car cet oiseau n'est autre que l'aigle chauve, typiquement américain, que l'on retrouve sur les armoiries des États-Unis, sur les timbres, sur l'insigne de manche de la 101e division aéroportée *(Screaming Eagles)*, etc. Cet oiseau a valeur de symbole. Une telle analyse, évidemment, est communautariste et on peut toujours rétorquer que la valeur symbolique de l'aigle chauve n'est pas perceptible à un Britannique ou à un Français : à chaque tribu ses totems.

Si l'on dépouille la thèse de M. Sagoff de sa dimension communautariste, elle peut alors signifier ceci : la nature sauvage (et les êtres qui la peuplent) est un élément essentiel de la constitution de l'identité des êtres humains, parce qu'elle donne à voir ce qui n'a pas été instrumentalisé et suggère par là ce que pourrait être un individu moins fragmenté, moins éparpillé, moins plongé dans le « désespoir tranquille » qui est le lot d'*Homo œconomicus*. La nature sauvage ne nous donne pas des exemples à suivre ; elle nous rappelle, simplement, que toutes les valeurs ne sont pas économiques, même si certaines le sont. Qui comprend cela parvient à un meilleur état de soi-même, et qui parvient à un meilleur état de soi-même, aura certainement du mal à admettre comme de soi bien des usages de l'animal.

L'intelligence de l'animal

par JACQUES VAUCLAIR

Les sources des études de l'intelligence animale

La question de l'intelligence animale a été puissamment formulée par C. Darwin dans son ouvrage *La Descendance de l'homme* (1872) à travers la proposition fameuse selon laquelle : « Quiconque admet le principe général de l'évolution doit reconnaître que, chez les animaux supérieurs, les facultés mentales, quoique si différentes par le degré, sont néanmoins de même nature que celles de l'espèce humaine et susceptibles de développement* ». Cette hypothèse a non seulement rendu possible l'émergence d'une psychologie comparée, mais elle a fait de l'étude du comportement des animaux un instrument essentiel pour la compréhension du comportement humain. En effet, s'il faut admettre que l'homme a évolué à partir de formes animales inférieures, alors l'étude du fonctionnement mental devient primordiale pour comprendre les précurseurs biologiques de l'esprit humain.

Comme l'a souligné S. Freud, après Copernic et Darwin, ni la Terre ni l'homme ne peuvent être pensés comme étant au centre du monde. Surtout, après Darwin, l'homme n'est plus privilégié parmi les espèces animales.

L'étude des « facultés mentales » des animaux (appelées aujourd'hui fonctions cognitives) a pu être réalisée sur le plan expérimental à la suite de deux événements intellectuels significatifs. Le premier concerne la mise en place, par les behavioristes comme

Texte de la 42e conférence de l'Université de tous les savoirs donnée le 11 février 2000.
* p. 424.

J. Watson (vers 1915) et B. F. Skinner (vers 1930), de méthodes objectives pour étudier le comportement de l'animal. J. Watson a ainsi contribué à définir le cadre dans lequel une étude scientifique des comportements pouvait être réalisée en proposant d'évaluer les relations existant entre les stimulations en provenance de l'environnement et les réponses de l'organisme. Ultérieurement, B. F. Skinner, fidèle à la pensée darwinienne, a montré comment les contingences de l'environnement, permettent de sélectionner telle ou telle conduite. En introduisant la notion de renforcement pour expliquer les apprentissages et leur évolution, cet auteur souligne que c'est en raison de ses effets sur l'environnement que le comportement se trouve modifié.

Le second événement se rapporte à l'émergence des sciences cognitives et plus particulièrement au développement de la psychologie cognitive humaine. Cette psychologie a, en effet, recours depuis plus de cinquante ans à la métaphore de l'ordinateur pour décrire les systèmes de traitement de l'information chez l'homme. Elle a ainsi déjà constitué une psychologie comparée entre l'homme et la machine. Elle ne pouvait donc que favoriser une convergence d'intérêts scientifiques entre les psychologues de l'homme et de l'animal et les chercheurs de disciplines voisines, comme les neurophysiologistes ou les ethnologues qui se préoccupent, à des degrés divers, de découvrir les précurseurs biologiques des conduites humaines ou, plus généralement, qui tentent de construire un modèle animal du comportement humain.

Ces influences croisées du darwinisme, du behaviorisme et de la psychologie de la cognition ont modelé la psychologie comparée contemporaine *(Fig. 1)*. Cette dernière discipline concerne l'étude des systèmes de traitement utilisés par les animaux dans leur perception, leur apprentissage et, de façon générale, dans la manière dont ils résolvent les problèmes rencontrés suite aux changements dans leur environnement. Les outils conceptuels de la psychologie sont également utilisés, notamment le concept central de représentation. La représentation renvoie au fait que les objets, situations ou événements de l'environnement, en un mot que les informations extérieures n'agissent pas directement sur l'organisme, mais que les systèmes nerveux les ont élaborées sous forme de « représentations internes ». Selon cette perspective, un animal possède une représentation s'il peut réactiver et utiliser une information qui n'est pas disponible dans son environnement actuel. La représentation implique donc une capacité à former une trace d'un *stimulus* rencontré préalablement, autrement dit à le conserver en mémoire et à le réactiver mentalement*.

Avec cette optique, l'organisme (animal ou homme) est conçu comme un extracteur et un calculateur d'informations ainsi qu'un

* Voir Vauclair, 1995, 1996.

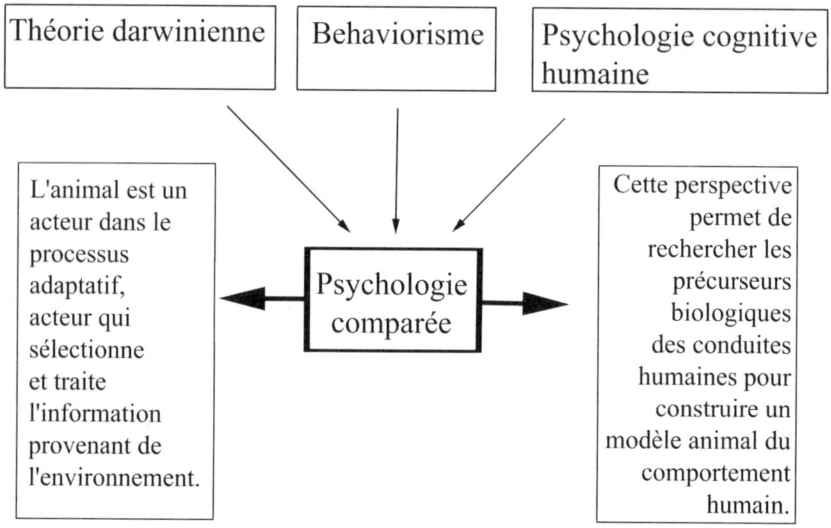

Figure 1 – Position, influences et objectif de la psychologie comparée de la cognition.

générateur d'inférences, qu'il s'agisse des niveaux les plus élémentaires de l'intégration sensori-motrice jusqu'à la résolution de problèmes et au raisonnement. L'étude contemporaine de la cognition animale a donc délibérément recours à des métaphores selon lesquelles l'animal « connaît » en transformant de l'information et en prenant des décisions.

Cette approche a comme caractéristique principale de considérer tout animal comme un acteur dans le processus adaptatif, acteur qui sélectionne et traite l'information pour s'adapter.

Le point sur la question de l'intelligence animale

Une distinction entre le concept d'intelligence et celui de cognition peut être proposée. Tout d'abord, au sens large, l'intelligence est synonyme d'adaptation. On peut affirmer que toutes les espèces qui ont survécu aux pressions de la sélection sont « intelligentes ». Cette acception du concept d'intelligence est cependant trop générale pour être heuristique. C'est pourquoi je propose de réserver le concept d'intelligence pour l'évaluation d'une performance sur la base d'un critère fonctionnel donné. L'intelligence pourra alors être utilement distinguée de la cognition, en ce qu'elle implique l'intervention, chez un individu donné, du processus d'apprentissage et de traitement de l'information. Les différents systèmes de navigation (usage d'une boussole, du champ magnétique, de repères visuels et olfactifs) auxquels recourent les oiseaux migrateurs serviront à illustrer cette distinction. Tous ces systèmes interviennent à un degré ou à un autre dans l'orientation des oiseaux. De tels mécanismes seraient évidemment jugés très « intelligents » s'il fallait les implémenter dans un robot. Le contrôle de la navigation chez ces oiseaux (comme le pigeon) consiste, toutefois, essentiellement dans la mise en œuvre de routines, préprogrammées dans le système nerveux de l'oiseau. Le contrôle de cette orientation spatiale fait appel à des commandes précodées, même si l'expression comportementale que le chercheur peut observer paraît « intelligente ». Pour P. Rozin (1976), les comportements intelligents sont conçus comme des adaptations spécifiques à des problèmes spécifiques. En l'occurrence, dans le cas d'un oiseau migrateur, ses aptitudes remarquables à utiliser différents types d'informations pour retrouver son nid sont restreintes à cette seule activité et ne sont pas utilisées dans d'autres contextes de son adaptation à l'environnement (par exemple pour rechercher de la nourriture ou des partenaires).

Quelles seront, dans le cadre de la distinction présentée plus haut, les propriétés qui sont spécifiques à un système cognitif ? De telles propriétés vont essentiellement permettre de distinguer la cognition des organisations de comportements, même complexes, conçues comme l'expression de mécanismes précodés dans le système nerveux. Ces processus décriront, en fait, la capacité pour un individu d'ajuster son comportement en fonction des conditions changeantes de l'environnement. On parlera ainsi de cognition lorsqu'un individu construit des réponses pour résoudre un problème posé dans son environnement actuel. De telles réponses devront avoir certaines caractéristiques, notamment la flexibilité, la nouveauté et une capacité de généralisation à des contextes qui diffèrent de la situation de départ. La flexibilité de la réponse suppose que l'individu est en mesure de construire une réponse lorsqu'il doit faire face à des conditions inattendues dans l'environnement. La réponse choisie doit aussi être nouvelle. La nouveauté est donc identifiée par le fait que la réponse élaborée n'est pas la simple mise en œuvre de comportements préprogrammés. Enfin, un moyen nouveau, construit pour résoudre un problème nouveau, est susceptible d'être généralisé à des contextes comparables ou partiellement différents de ceux qui ont réglé sa construction initiale. La cognition implique donc une élaboration de moyens (par exemple l'usage de représentations) qui sont au service d'un but. Deux exemples mettant en évidence de tels processus chez les primates sont présentés ci-après.

L'ÉVALUATION DES QUANTITÉS NUMÉRIQUES CHEZ LE MACAQUE

E. Brannon et H. Terrace de l'université de Columbia ont entrepris en 1998 une étude de l'évaluation de quantités numériques avec deux macaques rhésus. Dans une première phase de l'expérience, quatre images contenant chacune entre un et quatre *items* de forme, de taille et de couleur aléatoires sont projetées sur l'écran tactile d'un ordinateur. Les singes sont renforcés (distribution de nourriture) en touchant les *items* affichés sur l'écran suivant leur ordre ascendant (de 1 à 4). Au cours de la phase de test, des *stimulus* nouveaux (comportant de un à quatre *items*) sont affichés. La tâche pour les singes est de répondre selon l'ordre ascendant. Les résultats aux premiers essais indiquent que les singes continuent à tenir compte de l'ordre ascendant du nombre des *items* représentés sur les cartes nouvelles, indépendamment de toute autre dimension non pertinente, comme la taille, la forme ou la couleur.

Afin de tester l'hypothèse que les macaques ne répondent pas à chaque numérosité en fonction d'une catégorie nominale à laquelle ils appliqueraient ensuite une règle ordinale arbitraire, une nouvelle expérience a été proposée. Les singes ont été testés avec chacune des 36 paires de numérosités qu'il est possible de générer à partir des nombres 1 à 9. Les nombres entre 1 et 4 sont familiers aux singes, alors que ceux entre 5 et 9 sont nouveaux. Les résultats montrent que les macaques continuent à tenir compte de l'ordre des *items* pour produire leurs réponses, quelle que soit la composition des paires proposées *(Fig. 2a)*.

Ces résultats suggèrent donc que les macaques ont constitué une représentation ordinale de la série entre 1 et 9. À l'appui de cette hypothèse, les auteurs rapportent les résultats d'une analyse concernant la précision des performances en fonction de la distance numérique entre les *items* présentés au cours du test. L'effet de distance numérique est un phénomène classiquement observé chez l'homme, selon lequel il est plus facile de décider qu'un nombre est plus grand (ou plus petit) qu'un autre, lorsque la différence entre les nombres représentés est grande. Ainsi, un sujet établira avec plus de certitude et une plus grande rapidité que 8 est plus grand que 1 (distance numérique de 7) comparativement à la paire 7 et 8 (distance numérique de 1).

L'analyse des scores obtenus par les macaques montre que cet effet est également observé dans la tâche proposée, renforçant par-là l'hypothèse que les singes traitent bien la magnitude des *items* *(Fig. 2b)*. En bref, cette expérience révèle que les macaques se représentent la numérosité de *stimulus* visuels et qu'ils sont capables d'extrapoler une règle ordinale à de nouvelles numérosités.

% de réponses correctes : Généralisation 5-9

		Rosencranfz	MacDuff
Comparaison de paires familières	FF	94	92
Comparaison de paires fam.-nouv.	FN	93	93
Comparaison de paires nouvelles	NN	73	75

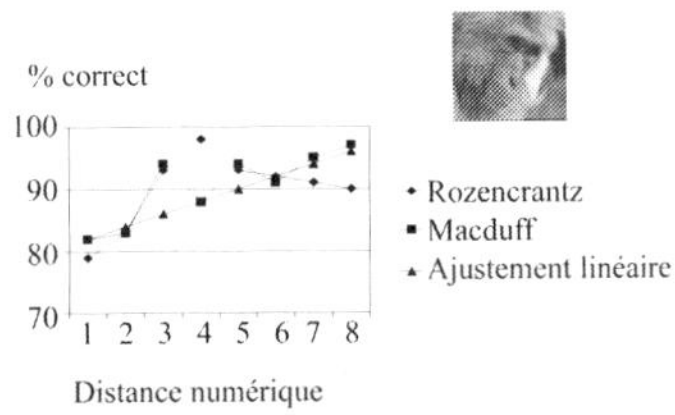

Figure 2 – Étude des quantités numériques chez le macaque rhésus.
(a) Illustrations de quelques stimuli *utilisés*
et résultats au test de généralisation.
(b) Pourcentages de réponses correctes
en fonction de la distance numérique entre les items
(d'après Brannon et Terrace, 1998).

Cette étude ne permet cependant pas de conclure sur la nature des processus utilisés par ces singes. S'agit-il de l'utilisation d'un algorithme de comptage ou d'un appariement consistant à faire correspondre terme à terme les *items* de chaque *stimulus* ? Cette étude établit néanmoins, dans des conditions contrôlées, l'existence d'habiletés numériques élémentaires chez les primates non humains.

LA ROTATION MENTALE CHEZ LE BABOUIN

Un phénomène cognitif particulièrement bien connu chez l'homme, démontré initialement par R. Shepard et J. Metzler (1971), concerne la rotation mentale. Le test de rotation implique que le sujet identifie une forme visuelle après qu'elle a subi un changement d'orientation. Le temps de décision pour reconnaître la forme représentée après ce changement est d'autant plus long que la rotation qu'elle a subie est importante. Ainsi, un sujet humain mettra plus de temps à reconnaître une forme asymétrique (par exemple la lettre F) après une rotation de 180° qu'après une rotation de 60°. Ce phénomène a été expliqué en suggérant que les sujets humains procèdent mentalement à une rotation de la forme initiale pour la comparer à la forme ayant été transformée. Les études sur le phénomène de rotation mentale recourent à une procédure qui impose au sujet une discrimination entre une forme visuelle et l'image de cette forme présentée en miroir, les deux formes ayant, de plus, subi une rotation identique.

Cette question a été abordée chez le babouin à l'aide du protocole expérimental d'appariement à un modèle par moi-même, J. Fagot et W. Hopkins en 1993. La tâche requiert l'apprentissage de la manipulation d'un minimanche afin de contrôler les déplacements d'un curseur (une petite forme ronde) sur un écran d'ordinateur. Dans le test, une forme visuelle, par exemple un « F » ou un « R », est présentée sur l'écran, puis deux formes de comparaison s'affichent sur l'écran verticalement et de part et d'autre du curseur, placé au centre de l'écran. L'une est identique à celle que vient de voir l'animal, l'autre est son image en miroir. Ces deux formes ont subi un changement d'orientation comparable de 0, 60, 120, 180, 240 ou bien 300°. Le singe est récompensé par une boulette de nourriture s'il parvient à reconnaître (en déplaçant le curseur sur le *stimulus*) la forme qu'il a perçue, en dépit de son changement d'orientation *(Fig. 3)*.

Les babouins sont capables de résoudre ce problème de transformation spatiale avec un niveau relativement élevé de performance (77 % de réponses correctes en moyenne). Concernant les temps de réponse, les résultats montrent qu'ils croissent linéairement avec l'augmentation de la rotation. Cette étude montre ainsi que le babouin est capable de distinguer des formes de leur image en miroir et ce malgré les transformations spatiales auxquelles elles sont soumises. Ces données laissent à penser que les processus représentationnels humains dans l'imagerie mentale pour des transformations spatiales sont aussi présents chez le singe. Néan-

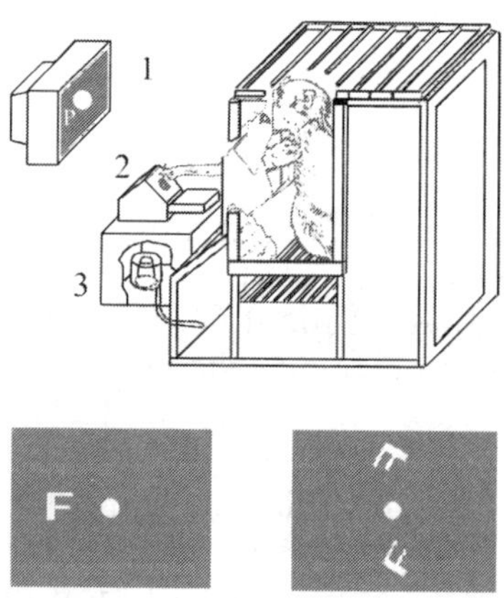

Figure 3 – Étude de la rotation mentale chez le babouin.
En haut : dispositif pour le test : 1) Écran pour présenter les stimuli visuels ; 2) minimanche permettant de déplacer le curseur sur l'écran ; 3) distributeur de nourriture.
En bas à gauche : stimulus modèle ; à droite : stimulus de comparaison.

moins, des différences entre les données obtenues avec les singes et les résultats de sujets humains testés dans les mêmes conditions doivent être notées. La plus importante de ces différences concerne la vitesse de rotation. Aussi, alors que pour les babouins 18 millisecondes sont nécessaires pour effectuer une rotation de 60°, les humains ont besoin de 207 millisecondes pour traiter une rotation de même amplitude. Plusieurs hypothèses peuvent être avancées pour expliquer une telle différence de vitesse de traitement. Ainsi, les sujets humains, mais pas les babouins, prennent en compte l'identité des *stimulus* (des caractères alphabétiques) pour leurs traitements. De plus, les singes peuvent procéder à une transformation spatiale d'une partie seulement de l'objet et non pas à une rotation de l'objet entier*.

Les exemples précédents mettent en évidence l'existence de processus de représentation mentale dans la façon dont des animaux gèrent leurs rapports aux objets de l'environnement. Ils illustrent l'idée que le cerveau sert d'instrument pour sélectionner et organiser l'information perçue par un organisme, et que les systèmes nerveux qui opèrent les principales fonctions cognitives de perception et de mémoire sont l'objet d'une continuité évolutive. Il apparaît que ces fonctions globales sont présentes de manière analogue dans toutes les espèces, par la construction et l'utilisation de représentations de différents degrés de schématisation et d'abstraction**. La similitude de ces fonctions est donc en faveur d'une conception de la continuité mentale entre espèces.

De la continuité à la discontinuité

« L'homme est l'être unique auquel on puisse avec certitude reconnaître la faculté morale [...], et cela constitue la plus grande de toutes les distinctions que l'on puisse faire entre les animaux et l'homme***. »

La tâche de la psychologie comparée de la cognition est de saisir les ressemblances entre espèces animales d'une part, et, d'autre part, entre l'animal et l'homme. Son objectif est également de mettre en évidence des différences entre les espèces. Il est possible de montrer que de telles différences sont notables dans la maîtrise de certains codes de communication et dans les modalités d'acquisition des comportements. Cette discontinuité entre l'animal et l'homme concerne des systèmes de communication aussi sophistiqués que

* Vauclair, Fagot et Hopkins, 1993.
** Voir Vauclair, 1996, 1998 pour d'autres exemples.
*** Darwin, 1872, p. 424-429.

les signes linguistiques et le développement des savoirs à propos de soi et des autres.

Ainsi, une brève mention sera faite des recherches qui ont tenté de mettre en évidence des compétences de nature linguistique chez les grands singes (chimpanzé, gorille et orang-outan) élevés en captivité, et des études sur la communication spontanée chez les primates. Des différences importantes sur le plan structural et fonctionnel entre la communication animale (spontanée et induite) et la communication linguistique (y compris gestuelle) humaine peuvent être relevées.

Plusieurs études ont ainsi été entreprises pour apprendre des rudiments du langage à des singes anthropoïdes, surtout le chimpanzé. Ainsi, A. et B. Gardner ont appris au chimpanzé Washoe plusieurs dizaines de gestes du langage des sourds, D. Premack a appris au chimpanzé Sarah et D. Rumbaugh à d'autres chimpanzés (Lana, Austin et Sherman) à manipuler des symboles graphiques, servant de substituts pour différents objets ou actions. Même si les dernières tentatives de S. Savage-Rumbaugh avec le bonobo Kanzi ont connu un succès médiatique considérable, il n'en reste pas moins que les performances des chimpanzés et bonobos présentent des différences notables avec le langage, tant sur le plan structural que sur le plan fonctionnel comme on le verra plus loin.

Les systèmes de communication spontanée des primates comme c'est le cas pour les cris d'alarme des singes vervets décrits par R. Seyfarth, D. Cheney et P. Marler (1980) ont également conduit les chercheurs à comparer ces vocalisations au langage. Ainsi, les cris des vervets ont tout d'abord la particularité de varier en fonction de la nature du prédateur. Trois types de cri correspondent ainsi aux trois classes principales de prédateurs (aigle, léopard et serpent). La production d'un type de cri provoque, chez les congénères alertés, une réponse qui est adaptée au prédateur. Par exemple, le cri d'alarme annonçant la présence d'un python déclenchera des explorations visuelles du sol et éventuellement une fuite dans les arbres. En recourant à la technique de diffusion en playback des cris d'alarme, les chercheurs ont observé deux phénomènes importants :

– la production par haut-parleur des cris déclenche les mêmes réactions d'évitement appropriées que lorsque ces signaux sont émis par l'animal en présence du prédateur ;

– les réponses observées paraissent être indépendantes des variations de longueur et d'amplitude du signal, aussi bien que de l'état d'excitation et de l'âge de l'animal émetteur.

Ces données ont conduit R. Seyfarth et ses collègues à postuler l'existence, dans cette communication spontanée, d'un début de « sémantisation » des signaux, relativement indépendante du contexte.

Qu'en est-il alors de ces systèmes de communication appris ou spontanés en regard des caractéristiques de la parole ? Deux différences majeures doivent être notées entre ces différents codes*. Elles sont à la fois structurales et fonctionnelles.

DES DIFFÉRENCES STRUCTURALES

Le langage possède certaines propriétés spécifiques comme l'organisation en double articulation. Celle-ci désigne la propriété de tout énoncé linguistique d'être segmenté à deux niveaux. Ainsi, les phonèmes qui constituent les unités sonores minimales se combinent pour former les morphèmes ou les mots. Ces derniers s'organisent à leur tour en unités plus larges, les syntagmes ou les phrases. Cette propriété des systèmes de signes assure la créativité et la possibilité de combinaisons infinies de signes. Elle est propre au langage (oral et gestuel) et n'a pas d'équivalent dans la communication animale. Aussi, les cris des vervets sont seulement reliés individuellement aux configurations visuelles des prédateurs auxquelles ils se rapportent, mais ne sont pas structurellement articulés les uns aux autres *(Fig. 4)*.

Les animaux, et notamment les primates, ont d'incontestables capacités de représentation comme l'ont montré les exemples rapportés dans la première partie de ce texte. Celles-ci s'expriment également dans les tâches dites « linguistiques » où un objet ou une action sont représentés à l'aide d'un substitut arbitraire, comme un geste ou un symbole graphique. En revanche, ce caractère arbitraire des signaux ou des substituts construits par les chimpanzés ne porte que sur la non-ressemblance entre ces mêmes signaux et leurs référents ; elle n'implique pas cette autre arbitrarité, désignée par F. De Saussure (1916) comme « arbitrarité radicale », qui est caractéristique du signe linguistique. Cette dernière relie non pas un substitut à un objet, mais bien un mot à un concept, autrement dit, un signifiant et un signifié. Pour le langage, ces entités sont constituées par les éléments matériels que sont les signifiants (les sons) et les signifiés (le contenu référé). Cette relation est qualifiée d'arbitraire puisque, dans la majorité des cas, il n'y pas de ressemblance physique, analogique, entre la séquence sonore et le contenu qu'elle représente. Enfin, aussi variés et sophistiqués que soient les systèmes de signaux (spontanés ou appris) des primates ou d'autres animaux comme les dauphins, ils ne montrent pas cette structure constitutive du langage et qui fait que chaque élément ou signe ne prend sa signification que par contraste et opposition à tous les autres signes.

* Voir Vauclair, 1995, 1998 pour une présentation des recherches sur le langage et une discussion plus complète.

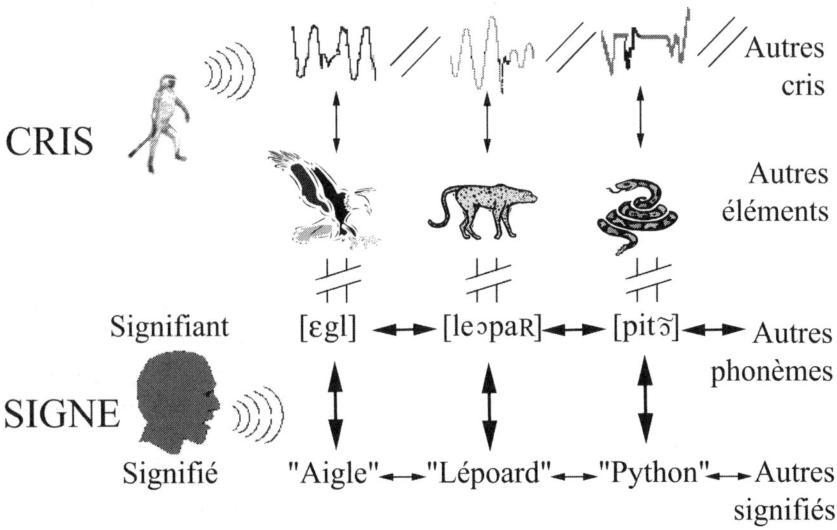

Légende :

Absence d'articulation //
Signes secondairement reliés aux objets
Rapports réciproques entre signifiants et signifiés
Oppositions et contrastes avec l'ensemble des signes

Figure 4 – Cris de vervets et parole d'homme
(d'après J. C. Quentel & J.-M. Vidal, Sciences et Avenir, n° 103, *1995)*

DES DIFFÉRENCES FONCTIONNELLES

D'autres différences de nature fonctionnelle apparaissent entre la communication animale et celle de l'homme. Elles concernent l'existence de la double modalité impérative et déclarative chez l'homme et le caractère exclusivement injonctif chez l'animal. Les recherches sur l'acquisition du langage ont ainsi montré que les premiers mots employés par les enfants servent d'abord à indiquer une demande (un objet pour jouer ou pour le manger, par exemple). Cet usage est appelé fonction impérative ou injonctive. En plus de cette modalité impérative, les mots, mais aussi les gestes, peuvent être dotés d'une fonction déclarative. Ainsi, quand un enfant de deux ans s'écrie :

« Avion ! », c'est pour indiquer à son entourage qu'il a vu un objet, que cet objet est un avion, qu'il sait le désigner et qu'il souhaite que l'autre regarde. Autrement dit, l'enfant communique pour partager son intérêt pour un objet, une action ou une situation, en dehors de tout contexte de demande. Grâce à la modalité déclarative, le langage a comme fonction d'apporter une information sur le monde et de l'échanger avec autrui. La fonction déclarative, en tant que forme élaborée d'attention conjointe, distingue fondamentalement la communication humaine de la communication animale, même de celle des anthropoïdes les plus sophistiqués. L'examen du contexte d'usage des signaux de communication chez les vervets et des symboles graphiques chez les chimpanzés « entraînés » révèle que les animaux font un usage exclusivement injonctif des signaux (contexte instrumental de demande). Il s'agit là d'une différence majeure entre l'usage des signaux de communication ou des symboles chez les chimpanzés par exemple et l'usage des mots par l'enfant.

De façon plus générale, la communication animale fonctionne sur le mode injonctif. Celui-ci est d'ailleurs largement suffisant pour faire face aux nécessités biologiques de la reproduction, de la recherche de nourriture ou encore de l'évitement des prédateurs.

En guise de conclusion

En réponse au philosophe empiriste John Locke qui affirmait que les animaux étaient dépourvus de tout « pouvoir d'abstraction », Darwin écrivit dans ses carnets en 1838 : « Celui qui comprendra les babouins aura fait plus pour la métaphysique que Locke. » Cette boutade souligne bien les enjeux et les formidables difficultés méthodologiques rencontrées par les chercheurs qui souhaitent percer les secrets du fonctionnement de la pensée animale*. De plus, l'investigation des compétences cognitives des animaux n'est jamais à l'abri du risque d'anthropomorphisme, et un tel danger est d'autant plus grand que les espèces étudiées sont phylogénétiquement proches de l'homme.

Cela étant, la recherche sur le comportement des animaux présente un enjeu très important, non seulement pour comprendre leur fonctionnement mais également en ce qu'ils peuvent nous aider à construire des modèles du comportement humain. Le comportement ne laissant pas directement des traces fossiles, il est vital que les études de la cognition comparée développent de tels modèles, si nous voulons un jour mieux comprendre la cognition humaine, puisque celle-ci est le produit indissociable de notre histoire ontogénétique et de notre passé phylogénétique.

* Voir Vauclair, 1998.

RÉFÉRENCES

– BRANNON (E. M.) et TERRACE (H. S.), « Ordering of the numerosities 1 to 9 by monkeys », *Science*, n° 282, 1998, p. 746-749.

– DARWIN (C.), *La Descendance de l'homme*, trad. franç., Paris, Reinwald, 1872.

– ROZIN (P.), « The evolution of intelligence and access to the cognitive unconscious », *in* J. M. Sprague and A. N. Epstein, eds., *Progress in Psychobiology and Physiological Psychology*, New York, Academic Press, 1976.

– DE SAUSSURE (F.), *Cours de linguistique générale*, Paris, Payot, 1916.

– SEYFARTH (R. M.), CHENEY (D. L.) et MARLER (P), « Monkey responses to three different alarm calls: evidence of predator classification and semantic communication », *Science*, n° 210, 1980, p. 801-803.

– SHEPARD (R. N.) et METZLER (J.), « Mental rotation of three-dimensional objects », *Science*, n° 171, 1971, p. 701-703.

– VAUCLAIR (J.), *L'Intelligence de l'animal*, Paris, Seuil (coll. Points Sciences), 1995.

– VAUCLAIR (J.), *La Cognition animale*, Paris, PUF (coll. Que Sais-je ?), 1996.

– VAUCLAIR (J.), *L'Homme et le Singe. Psychologie comparée*, Paris, Flammarion (coll. Dominos), 1998.

– VAUCLAIR (J.), FAGOT (J.) et HOPKINS (W. D.), « Rotation of mental images in baboons when the visual input is directed to the left cerebral hemisphere », *Psychological Science*, n° 4, 1993, p. 99-103.

II

LES SIGNES ET LE SENS

L'apprentissage du langage (les bases cérébrales du langage)

par ANNE CHRISTOPHE

Le langage a de tout temps fasciné les hommes. D'où vient-il ? Quelle est sa structure ? Pourquoi une telle diversité ? Hérodote, au Ve siècle avant Jésus-Christ, raconte l'histoire d'un roi qui voulait savoir quelle était la langue originelle ; ce roi a ordonné qu'on élève deux enfants sans leur parler, pour voir quelle langue ils se mettraient à parler « spontanément ». De nos jours, on ne fait évidemment plus de telles « expériences » ! Et pourtant, pour étudier l'apprentissage du langage, il faut pouvoir explorer ce qui se passe dans la tête de bébés très jeunes : avant l'âge de un an, les bébés ont déjà appris les sonorités de leur langue maternelle... Comment font-ils ? Le but de cette présentation est d'exposer ce qu'on sait de la nature du langage et de son acquisition, ainsi que les méthodes utilisées pour répondre à ces questions.

La capacité à apprendre le langage est innée

Le langage lui-même n'est pas inné — d'ailleurs, les enfants dans l'histoire d'Hérodote ne se sont pas mis à parler. Ce qui est génétiquement déterminé, c'est la capacité à « apprendre » une langue.

Texte de la 43e conférence de l'Université de tous les savoirs donnée le 12 février 2000.

LE LANGAGE : UN SYSTÈME PRODUCTIF

On dit que le langage est un système « productif » ou « génératif » parce qu'on peut construire un nombre infini de phrases à partir d'un nombre fini de mots (ou « morphèmes »), qui sont les unités de sens. En effet, l'appariement entre les sons et les sens est arbitraire au niveau du mot : par exemple, il n'y a rien dans le son « chien » qui indique que cela réfère à l'animal « chien ». Et lorsqu'on rencontre un mot qu'on ne connaît pas (comme « coquecigrue »), on ne peut pas deviner son sens : on est forcé de consulter un dictionnaire (le vocabulaire d'un adulte est estimé à environ 50 000 ou 100 000 mots). Pour les phrases, la situation est différente : on n'a pas besoin de connaître une phrase pour la comprendre. Ainsi, on peut facilement interpréter une phrase nouvelle, comme : « Le livre racontait l'histoire d'un chat grincheux qui avait mordu un facteur. » On calcule son sens à partir du sens des mots qui la constituent. On peut voir qu'il s'agit d'un véritable calcul, et pas simplement d'une espèce d'amalgame du sens des mots qui composent la phrase, parce qu'il suffit d'intervertir deux mots, pour que le sens devienne complètement différent : « Le livre racontait l'histoire d'un "facteur" grincheux qui avait mordu un "chat". »

LES RÈGLES SYNTAXIQUES

Les règles qui permettent de calculer le sens d'une phrase à partir du sens des mots qui la composent sont appelées les règles syntaxiques. Pour illustrer ce qu'est une règle syntaxique, nous allons brièvement examiner comment on calcule l'antécédent d'un pronom tel que « il ». Un pronom remplace un nom, pour éviter de le répéter ; par conséquent, chaque fois qu'on rencontre un pronom, il faut trouver quel nom il a remplacé : c'est ce qu'on appelle l'antécédent du pronom. Dans la phrase n° 1 de l'exemple ci-dessous, « il » peut référer soit à Pierre lui-même, soit à Paul, soit à quelqu'un d'autre qui a été mentionné plus tôt dans le discours (tous les trois sont des réponses possibles à la question « qui partira ? »).

– « Pierre a dit à Paul qu'il partirait demain. »
– « Il a dit à Paul que Jacques partirait demain. »
– « Le candidat qu'il a vu hier n'a pas plu à Pierre. »

Dans la phrase n° 2, « il » ne peut référer ni à Paul, ni à Jacques, mais seulement à quelqu'un d'autre, qui a été mentionné plus tôt dans le discours. À partir de ces deux exemples, on pourrait être tenté de tirer une généralisation simple : pour savoir quel est l'antécédent d'un pronom, il suffit de chercher un nom qui corresponde (masculin, singulier), et qui se trouve placé devant. Mais la phrase n° 3 montre que ce n'est pas si simple : en effet, dans cette phrase « il » ne peut pas référer à « le candidat », qui pourtant est placé devant, alors qu'il peut très bien référer à Pierre, qui est placé derrière. La règle simple que nous avions proposée est donc fausse. Un des trois principes qui a été postulé par les linguistes pour expliquer la coréférence des pronoms est le principe C qui s'énonce comme suit :

– *A C-commande B si le premier XP qui domine A contient B ;*

– *un pronom ne peut pas C-commander son antécédent.*

Cet exemple illustre la complexité des règles syntaxiques. Elles sont aussi, dans une certaine mesure, arbitraires. Cela signifie qu'on pourrait très bien imaginer un système de communication qui soit aussi efficace que le langage humain, qui soit lui aussi productif — avec lequel on puisse fabriquer une infinité de phrases — mais qui ne repose pas sur ces règles-là. On utiliserait alors d'autres manières de calculer la référence des pronoms.

UN ARGUMENT FORMEL : L'« APPRENABILITÉ »

Comment les enfants apprennent-ils les règles syntaxiques ? Bien sûr, on ne peut pas poser à un enfant de 3 ou 4 ans une question du genre « dans la phrase, "il a dit à Paul que Jacques partirait demain", est-ce que "il" peut référer à Paul ? ». Des chercheurs se sont efforcés de développer des techniques expérimentales fiables pour étudier le moment auquel les enfants maîtrisent différentes règles syntaxiques. Pour le cas de la référence des pronoms, ils ont utilisé des phrases telles que :

– Il a mangé les crêpes quand Nounours était dans la cuisine.

– Quand il a mangé les crêpes, Nounours était dans la cuisine.

L'expérimentateur joue une petite scène avec Nounours, Nicolas et Pimprenelle, puis une poupée prononce une phrase. L'enfant doit seulement dire si la poupée a bien compris ou mal compris l'histoire. La phrase n° 1 n'est correcte que si c'est Nicolas qui a mangé les crêpes, pendant que Nounours était dans la cuisine ; la phrase n° 2, au contraire, est correcte si Nounours a mangé les crêpes dans la cuisine, ou alors si Nicolas a mangé les crêpes. Avec cette technique, on peut montrer que des enfants de 3-4 ans calculent la référence des pronoms de la même manière que les adultes. Comment ont-ils fait pour apprendre une règle aussi complexe aussi rapidement ?

Ce ne sont certainement pas les parents qui enseignent explicitement ce genre de règles aux enfants. D'ailleurs, quand on enseigne la grammaire à l'école primaire (donc, bien plus tard), on n'enseigne pas du tout l'interprétation des pronoms, mais plutôt des règles qui se réfèrent à l'écrit, comme : « Le participe passé conjugué avec avoir s'accorde avec le complément d'objet direct, s'il est placé devant. » Pourquoi ? Tout simplement parce que l'interprétation des pronoms est évidente pour tout le monde, y compris pour les enfants.

Ces résultats suggèrent que certaines propriétés du langage sont innées : ce sont des contraintes sur la structure des langues humaines, qui sont présentes dès la naissance. La raison pour laquelle les enfants apprennent ces règles si facilement, c'est que, dans une certaine mesure, ils n'ont pas véritablement à les apprendre. Il s'agit ici d'un argument très célèbre, l'argument dit de la « pauvreté du *stimulus* » fait dans les années 1950 par le linguiste Noam Chomsky.

Outre cet argument formel, d'autres faits suggèrent que la capacité à apprendre une langue humaine est innée.

LE LANGAGE EST SPÉCIFIQUE À L'HOMME

D'une part, tous les êtres humains parlent. On n'a jamais trouvé une culture, aussi isolée soit-elle, qui ne possède pas de langage. D'autre part, aucune autre espèce animale ne possède un système de communication productif. D'autres animaux communiquent aussi entre eux, de manière plus ou moins complexe selon les espèces, mais il n'y a rien qui ressemble au langage, permettant de formuler un nombre infini de phrases à partir d'un nombre fini de « mots ». De nombreuses tentatives ont eu lieu pour apprendre une langue humaine à d'autres espèces, en particulier aux chimpanzés. Un exemple célèbre est celui de ce couple de chercheurs qui a décidé d'adopter un bébé chimpanzé à la naissance de leur propre enfant. Au bout de deux ans environ, il a fallu arrêter l'expérience : en effet le bébé humain commençait à parler, mais pas le bébé chimpanzé ; par contre, le chimpanzé grimpait parfaitement bien au sommet des arbres, et avait tendance à y entraîner son « frère » ! D'autres tentatives ont été faites en utilisant la langue des signes des sourds-muets, car si les chimpanzés ne peuvent pas articuler les sons des langues humaines, en revanche, ils ont des mains semblables aux nôtres. Or, les langues des signes (il en existe plusieurs) possèdent les mêmes caractéristiques que les langues humaines parlées : elles aussi ont des règles syntaxiques, qui suivent les mêmes principes structurels que les langues parlées. Mais cette tentative aussi a échoué : les chimpanzés arrivent à apprendre un vocabulaire assez important, de l'ordre de plusieurs centaines de mots (contre 50 000 ou 100 000 pour un être humain). Ils parviennent donc bien à utiliser un symbole pour un concept. Par contre, l'aspect syntaxique, ou productif, du langage, c'est-à-dire la capacité à combiner des mots pour former de nouveaux sens, n'apparaît jamais.

LE LANGAGE EST DÉCORRÉLÉ DE L'« INTELLIGENCE »

La capacité à apprendre un langage n'est pas corrélée avec l'« intelligence ». Il existe des déficits qui touchent spécifiquement le domaine du langage. Ainsi, les enfants dysphasiques présentent des difficultés de langage associées à des capacités intellectuelles normales par ailleurs. L'inverse est également observé, c'est-à-dire qu'il existe des personnes atteintes d'un handicap mental, dont la capacité à apprendre le langage est quasiment préservée (c'est le cas par exemple dans une maladie appelée syndrome de Williams). Pourquoi cette observation est-elle si importante ?

Si les êtres humains ne naissaient pas avec une capacité spécifique à apprendre les langues humaines, alors l'apprentissage des règles syntaxiques devrait s'effectuer par un raisonnement. Par exemple, pour apprendre l'interprétation des pronoms, on devrait dans un premier temps remarquer qu'en général l'antécédent se trouve devant le pronom et pas derrière (comme nous l'avons vu dans les exemples ci-dessus). Puis des contre-exemples nous forceraient à réfléchir et à découvrir ce qui fait qu'une phrase se comporte différemment des autres. On devrait alors s'attendre à ce que les personnes ayant un bon système de raisonnement, puissent bien apprendre non seulement le langage, mais aussi toutes sortes d'autres choses — et vice-versa. Il devrait donc y avoir une corrélation entre la capacité à apprendre le langage et la capacité à apprendre d'autres choses. Or cette corrélation n'existe pas, comme on vient de le voir.

En outre, certains déficits spécifiques pour le langage se transmettent de manière héréditaire, c'est-à-dire que si les parents ont un déficit, leurs enfants ont un risque supérieur d'avoir le même déficit : ceci renforce l'idée que la capacité à apprendre le langage est génétiquement déterminée.

RÉINVENTER LE LANGAGE : LES « CRÉOLES »

Dans certaines situations particulières, on a pu observer qu'une population d'enfants réinventent une langue. Ces langues inventées en l'espace d'une génération s'appellent les « créoles », à cause du créole qui a été le premier cas de ce type à être étudié.

Lorsque des adultes de langues maternelles différentes sont en contact, et se trouvent dans la nécessité de communiquer entre eux pour des besoins communautaires, ils élaborent une langue appauvrie en juxtaposant des mots des différentes langues, essentiellement les mots dits de contenu : les noms, les verbes, les adjectifs. Les mots grammaticaux comme les articles et les auxiliaires, ainsi que d'autres marqueurs grammaticaux comme les conjugaisons, sont absents. Cette pseudo-langue, ou *pidgin*, est bien plus pauvre qu'une langue naturelle. Les enfants de cette communauté apprennent ce *pidgin* comme une langue maternelle, et l'enrichissent, lui rajoutant des conjugaisons, des articles, des auxiliaires, etc. Au point que la nouvelle langue, ou « créole », a la même complexité que n'importe quelle autre langue humaine. D'où vient cette complexité ? Apparemment, de la tête des enfants, puisqu'elle n'est pas présente dans leur environnement. Ce phénomène s'est produit plusieurs fois, et les cas les plus récents ont pu être étudiés par les linguistes (comme le créole hawaïen, qui a été créé dans les années 1900, ce qui a permis à des linguistes, dans les années 1970, de trouver des personnes qui parlaient encore le *pidgin*, et dont les enfants parlaient le créole).

Un autre exemple particulièrement frappant est celui de la naissance des langues des signes, qui sont utilisées par les sourds pour communiquer. Les langues des signes ont la même complexité grammaticale que les langues parlées (et obéissent aux mêmes principes universaux). La première langue des signes est apparue en France dans les années 1780, sous l'impulsion de l'abbé de L'Épée, qui a créé un institut spécialisé où il a rassemblé des enfants sourds : il a entrepris de leur enseigner des signes qu'il avait lui-même inventés, et qui correspondaient à un *pidgin*. Les enfants arrivés quelques années plus tard, ont communiqué avec les élèves plus âgés qui « parlaient » ce *pidgin*. Ils ont spontanément ajouté les éléments grammaticaux qui manquaient, créant ainsi la toute première langue des signes véritable.

QU'EST-CE QUI EST INNÉ EXACTEMENT ?

Les faits que nous venons de présenter suggèrent qu'il existe une capacité génétiquement déterminée permettant aux enfants d'apprendre une langue humaine : apprendre à parler fait partie du patrimoine génétique humain, tout comme le fait d'avoir cinq doigts à chaque main. Ceci fait l'objet d'un consensus dans la communauté scientifique, et n'est plus l'objet d'un débat aujourd'hui. La question qui reste ouverte est de savoir ce qui est inné exactement. En particulier, on sait déjà que les bébés ne naissent pas « préprogrammés » pour apprendre une langue particulière. Ils ont une prédisposition pour apprendre une langue humaine, mais ce peut être n'importe quelle langue qui sera parlée dans leur environnement. Un enfant adopté à la naissance apprendra la langue de ses parents adoptifs et non celle de ses parents biologiques. Ce qui est inné est donc nécessairement partagé par l'ensemble de toutes les langues humaines : c'est ce que Noam Chomsky a baptisé la « grammaire universelle ». Tout ce qui n'est pas partagé par l'ensemble des langues du monde, doit nécessairement être appris : c'est-à-dire les mots (relation arbitraire entre un son et un sens), ainsi que les propriétés phonologiques (les propriétés sonores des langues) et syntaxiques qui varient d'une langue à l'autre.

Dans la suite de cette présentation, je vais me concentrer sur ces aspects du langage dont on est sûr qu'ils doivent être appris : plutôt que de faire un catalogue exhaustif de ce que les enfants apprennent à différents âges, j'ai sélectionné deux domaines assez différents, l'apprentissage des « phonèmes », et l'apprentissage des mots. Pour chacun, j'illustrerai la manière dont les questions sont posées, et comment on s'y prend pour y répondre.

Apprendre les « phonèmes » de sa langue maternelle

Les phonèmes d'une langue sont ses catégories sonores. Par exemple /p/ et /b/ sont deux « phonèmes » du français, car il existe deux mots comme « pain » et « bain », qui ont un sens différent et qui ne diffèrent que par ces deux phonèmes. À travers les langues humaines, il existe un ensemble limité de phonèmes, quelques centaines environ ; chaque langue sélectionne un sous-ensemble de ces phonèmes, et on peut montrer que les adultes ont du mal à percevoir des sons qui ne sont pas utilisés dans leur langue.

On peut faire deux hypothèses diamétralement opposées quant à la manière dont les phonèmes sont appris :

– Hypothèse 1 : à la naissance, les bébés ne distinguent aucun phonème, puis ils apprennent à percevoir les phonèmes de leur langue parce qu'ils les entendent dans leur environnement ;

– Hypothèse 2 : à la naissance, les bébés perçoivent tous les phonèmes possibles qui pourraient exister dans n'importe quelle langue du monde, puis petit à petit, au contact de leur langue maternelle, ils oublient tous ceux qui ne servent pas.

Pour trancher entre ces deux hypothèses, il faut trouver un moyen d'étudier ce que les bébés à la naissance perçoivent... La toute première étude expérimentale sur l'acquisition du langage a été réalisée par Peter Eimas et ses collègues au début des années 70. Ils ont montré que des bébés de 1 et 4 mois perçoivent déjà la différence entre les syllabes « pa » et « ba », donc les phonèmes /p/ et /b/. Pour établir ce résultat, ils ont inventé la technique dite de « succion non nutritive », qui est encore utilisée aujourd'hui. Chaque fois que le bébé tète une tétine, il entend une syllabe. Au bout de quelques minutes, les bébés se rendent compte que ce sont eux qui déclenchent les syllabes : à partir de ce moment, leur taux de succion reflète leur intérêt pour les syllabes. Lorsque les bébés se lassent d'entendre toujours la même syllabe, leur succion baisse ; on change alors de syllabe : s'ils augmentent leur succion, c'est qu'ils ont perçu la différence entre les deux syllabes, et sont curieux d'entendre plus la nouvelle syllabe. C'est bien ce que Peter Eimas et ses collègues ont observé pour les syllabes « pa » et « ba » *(Fig. 1)*.

Cette première expérience montre que très jeunes, les bébés distinguent déjà les phonèmes, mais ne permet pas de trancher entre les deux hypothèses que nous avons évoquées plus haut : en effet, les bébés auraient pu apprendre les distinctions spécifiques

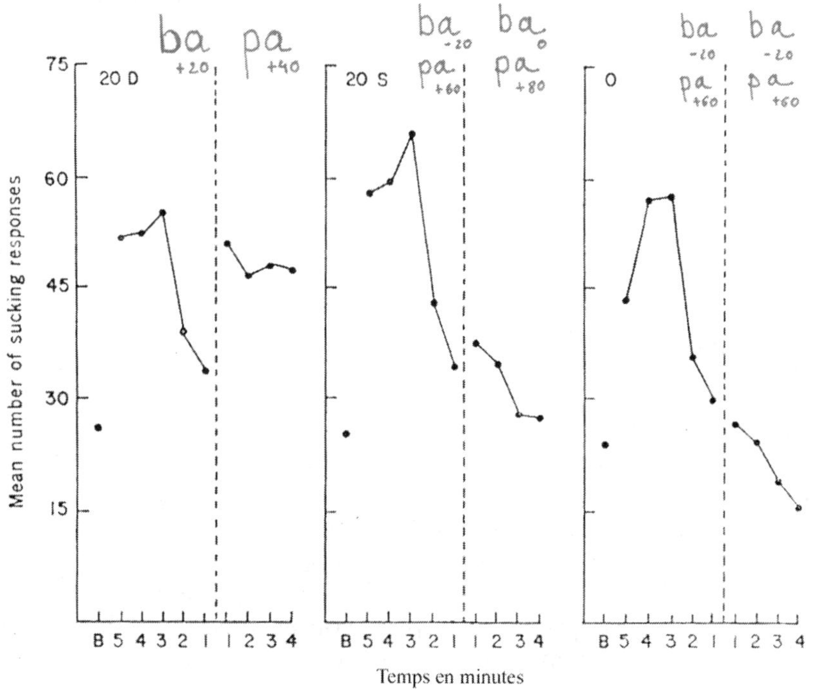

Figure 1 – « Des bébés de quelques mois distinguent déjà entre "pa" et "ba". Eimas et al. 1971. »

Résultats de la première expérience sur la perception de la parole par des bébés (Eimas, 1971, § 138) : les graphes montrent les taux de succion par minute de bébés de quatre mois. Sur le graphe de gauche, les bébés changent de syllabe au moment de la ligne en pointillés (de « ba » à « pa », ou l'inverse) : on voit que leur taux de succion remonte au moment du changement. Le graphe de droite montre les résultats de bébés « contrôles », qui ne changent pas de syllabe (ils entendent soit /ba/, soit /pa/, pendant toute la durée de l'expérience) : on voit bien que, contrairement au groupe qui change vraiment de syllabe, leur taux de succion continue à décroître après le moment du changement (potentiel) de syllabe. Enfin, le graphe du milieu correspond à un groupe de bébés qui a entendu deux syllabes physiquement différentes, mais qui sont toutes deux entendues comme /pa/ (ou /ba/) par des adultes : ils n'augmentent pas significativement leur succion au moment du changement. Cette expérience montre que dès quatre mois, les bébés perçoivent les syllabes /pa/ et /ba/ comme les adultes.

à leur langue en l'espace d'un mois. Pour répondre à la question posée, il faut utiliser des distinctions qui ne sont pas présentes dans la langue maternelle des bébés. C'est ce qu'ont fait Janet Werker et ses collègues : dans leurs expériences, des bébés anglophones écoutaient des sons n'appartenant pas à leur langue maternelle (du hindi, et du salish). Les mêmes bébés ont été testés une première fois entre 6 et 8 mois, une deuxième fois entre 8 et 10 mois et une troisième fois entre 10 et 12 mois. Entre 6 et 8 mois, 100 % des bébés perçoivent les contrastes étrangers ; à 8-10 mois, la performance est intermédiaire ; enfin, à 10-12 mois, 0 % des bébés perçoivent les distinctions. Ces expériences démontrent que l'hypothèse 2 est correcte : à la naissance, les bébés ont la capacité de percevoir l'ensemble des phonèmes qui sont utilisés dans n'importe quelle langue ; puis, au fur et à mesure qu'ils entendent leur langue maternelle, ils ne perçoivent plus que les phonèmes qui sont utilisés dans leur langue. Il s'agit donc d'un « apprentissage par sélection ».

Quelles sont les conséquences de cet apprentissage chez l'adulte ? Un phénomène bien connu est celui de l'accent étranger : quand on apprend une deuxième langue à l'âge adulte, on ne parvient en général pas à la maîtriser parfaitement. Quelle est la cause de l'accent étranger ? Deux interprétations sont possibles : la première serait que nous avons du mal à articuler les sons que nous n'avons pas l'habitude de prononcer ; la seconde, que nous avons du mal à « percevoir » les sons d'une langue étrangère, et que par conséquent il est très difficile d'apprendre à les articuler correctement (puisque nous n'entendons pas ce que nous faisons). Pour étudier ce phénomène, Christophe Pallier et ses collègues ont testé des bilingues qui parlaient l'espagnol et le catalan. Ils ont été séparés en deux groupes, les « Espagnols » et les « Catalans » : tous sont étudiants à l'université de Barcelone, et ils parlent et écrivent les deux langues couramment ; mais les « Catalans » sont nés de parents catalans, et jusqu'à l'âge de trois ans, ont entendu principalement du catalan, tandis que les « Espagnols » sont nés de parents espagnols. On a testé leur perception de deux voyelles, /é/ et /è/ (comme dans « moitié » et « père ») ; en effet, en catalan il y a deux voyelles distinctes (comme en français), alors qu'en espagnol il n'existe qu'une seule voyelle dans cette région de l'espace vocalique, qui ressemble à notre /é/. Pour faire le test, on crée un continuum de voyelles, de sorte que celles à un extrême sonnent comme /é/, celles à l'autre extrême comme /è/, et celles du milieu sont intermédiaires, ou ambiguës *(Fig. 2)*. On observe que les « Catalans » reconnaissent bien les voyelles proches des extrêmes, mais répondent au hasard pour celles du milieu qui sont ambiguës. Au contraire, les « Espagnols » répondent toujours plus ou moins au hasard, ce qui indique qu'ils ne perçoivent pas la distinction entre les voyelles /é/ et /è/, alors même qu'ils ont appris le catalan très jeunes, entre 3 et 6 ans.

Donc, lorsqu'on apprend une seconde langue, même relativement jeune (entre 3 et 6 ans), il est difficile d'apprendre à percevoir les phonèmes de la seconde langue. Pourquoi ? On peut faire trois hypothèses :

– Hypothèse 1 : il existe une « période critique » pour l'acquisition du langage. Cette notion de période critique s'applique lorsqu'un

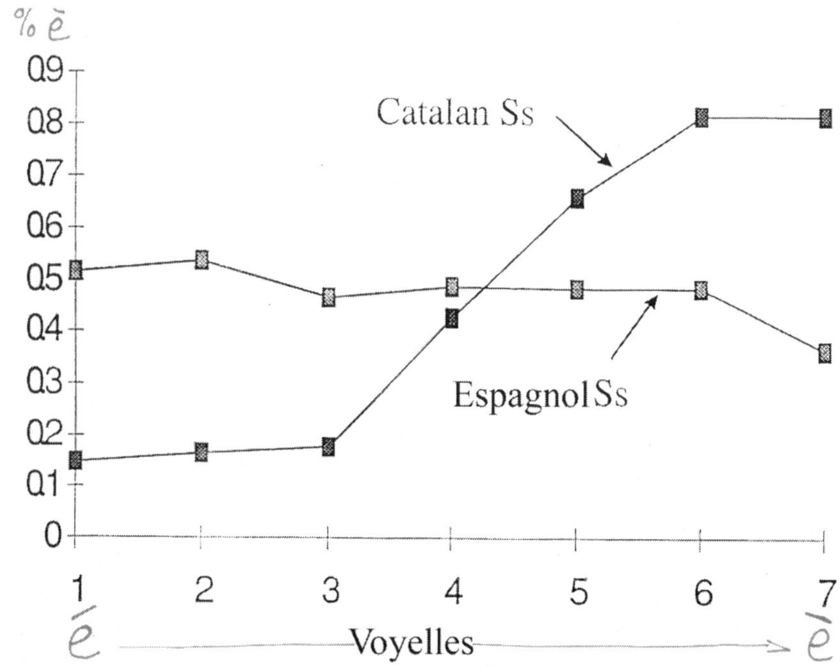

Figure 2 – « Perception des voyelles par des bilingues (Pallier et al. 1997) »
Résultats d'une expérience de perception de voyelles avec des bilingues espagnols/catalans qui maîtrisent très bien les deux langues (voir texte). Les sujets doivent juger si les voyelles qu'ils entendent sonnent comme /é/ ou comme /è/ : les voyelles de gauche sont de bons /é/, celles de droite de bons /è/, et celles du milieu sont intermédiaires (ambiguës). En ordonnée, le pourcentage de réponses /è/. Les « Catalans » reconnaissent bien les deux catégories : ils répondent /è/ à 90 % à droite, et à 15 % seulement à gauche ; ils répondent au hasard, 50 %, pour les voyelles du milieu. Au contraire, les « Espagnols » répondent au hasard 50 %, pour toutes les voyelles : ils ne perçoivent pas la différence entre les voyelles /é/ et /è/.

organisme en développement a besoin d'un certain type d'information spécifique, à une période précise de son développement, en général précoce*. Ainsi, un chaton à qui on couvre un œil pendant les premières semaines de vie, n'acquerra pas la vision en profondeur qui nécessite l'exploitation simultanée des informations provenant des deux yeux : l'organisation du cerveau s'effectue après la naissance, grâce à l'information qui provient du monde extérieur. Si l'information spécifique nécessaire est absente pendant une certaine période, le cerveau ne peut pas s'organiser. De même, on peut penser que l'apprentissage des phonèmes doit se faire avant un certain âge.

* Un exemple connu est celui des bébé oies de Konrad Lorenz : les bébé oies qui éclosent identifient leur « mère » comme étant le premier objet qui bouge ; si Konrad Lorenz est cet objet, il sera considéré comme leur mère et ils le suivront partout.

– Hypothèse 2 : il existe une procédure d'apprentissage spécifique pour les phonèmes, et celle-ci ne peut fonctionner qu'une seule fois.

– Hypothèse 3 : il y a de l'interférence entre les langues, de sorte qu'on ne peut pas maîtriser plusieurs systèmes de phonèmes simultanément.

Ces hypothèses ne sont pas incompatibles entre elles : plusieurs causes peuvent concourir au phénomène de l'accent étranger. Aujourd'hui, on ne connaît pas encore la réponse à ces questions, et il s'agit d'un domaine de recherche très actif. Pour distinguer entre les hypothèses ci-dessus, on peut envisager d'étudier des individus ayant une histoire linguistique particulière :

– Pour isoler la première hypothèse des deux suivantes, on peut étudier des bilingues qui ont appris deux langues en même temps, car leurs parents ont chacun une langue maternelle différente. Si les deux langues sont apprises parfaitement (selon des tests de laboratoire poussés), alors les difficultés rencontrées lors de l'apprentissage tardif d'une seconde langue sont probablement liées au caractère tardif de cet apprentissage (puisqu'un bilingue « de naissance » rencontre aussi le problème de l'interférence).

– Pour séparer la troisième hypothèse des deux autres, on peut étudier des gens qui ont oublié leur langue maternelle. Nous nous intéressons ainsi à de jeunes adultes, d'origine étrangère, adoptés tardivement en France (vers l'âge de 6-7 ans), ayant alors appris le français et oublié leur langue maternelle. S'ils maîtrisent parfaitement le français et n'ont aucun souvenir de leur langue maternelle, alors les difficultés éprouvées par les bilingues qui parlent les deux langues en même temps, sont probablement dues à l'interférence. Au contraire, s'ils ne maîtrisent pas le français tout à fait parfaitement (selon des tests de laboratoire), alors une des autres causes doit jouer aussi dans les difficultés des bilingues.

Ces recherches ont un intérêt d'ordre fondamental : on souhaite connaître la nature des processus d'apprentissage du langage, et les contraintes sur ces processus. Elles ont aussi un intérêt pratique, en ce qui concerne l'éducation : quand et comment faut-il enseigner les langues étrangères ? À cette question, les recherches des dernières décennies ont déjà donné une réponse claire : plus on apprend jeune, mieux c'est.

Apprendre les mots de sa langue maternelle

Parmi les choses qui varient d'une langue à l'autre et qui doivent par conséquent être apprises par les bébés, on trouve bien évidemment les mots : il faut apprendre le « dictionnaire mental » de sa langue maternelle. Apprendre un mot, cela veut dire identifier une forme sonore, par exemple « chien », puis trouver à quoi cette forme sonore réfère (aux chiens).

Identifier la forme sonore des mots implique de découper les phrases en mots : mais dans la parole, il n'y a pas de pauses qui séparent les mots les uns des autres, et qui joueraient un rôle équivalent aux espaces dans un texte écrit. Or, il est difficile de déchiffrer un texte écrit sans les espaces, comme par exemple « ledécoupagedelaparoleenmotspourraitseffectuergrâceàlidentifia tiondesmots ». Pour trouver les mots, nous utilisons notre connaissance des mots du français (« le » est un mot, mais pas « ledé » ; « découpage » en est un, etc.). Jusqu'à il y a une dizaine d'années, nous pensions que les adultes utilisaient principalement cette stratégie, consistant à reconnaître les mots qu'ils connaissent déjà. Or, les bébés à la naissance ne connaissent pas les mots de leur langue maternelle, et doivent pourtant les apprendre, et donc les repérer dans les phrases.

Au cours des dix dernières années, de multiples recherches ont permis d'identifier plusieurs stratégies que les bébés pourraient utiliser pour trouver les mots dans les phrases. À titre d'illustration, je vais en présenter une, qui repose sur l'utilisation de l'intonation, c'est-à-dire, la mélodie et le rythme de la parole. En effet, l'intonation permet d'effectuer un prédécoupage des phrases en unités qui contiennent quelques mots chacune, par exemple pour la phrase ci-dessus : « ledécoupage / delaparole / enmots / pourraitseffectuer / grâcealidentification / desmots ». Soulignons que les frontières d'intonation, indiquées par des / ne correspondent pas à des pauses dans le signal de parole, mais à des indices beaucoup plus subtils, comme un léger ralentissement du débit, et éventuellement une brisure dans la ligne mélodique.

Pour savoir si cette information est suffisamment fiable pour guider l'apprentissage des mots, on peut tester des adultes et voir s'ils exploitent cette information en temps réel. Évidemment, les adultes, eux, ont toujours la ressource d'utiliser leur connaissance des mots de leur langue. Pour désamorcer cette stratégie, on utilise des phrases ambiguës, comme : « Le livre racontait l'histoire d'un chat grincheux qui avait mordu un facteur. » On dit que cette phrase est localement ambiguë parce qu'elle contient les deux syllabes du mot « chagrin ». Si les adultes exploitent leur connaissance des mots de la langue, ils devraient envisager deux hypothèses simultanément : « chat + grin… », ou « chagrin… ». Bien sûr, dès qu'ils entendent « …cheux qui… » ils peuvent décider qu'il s'agissait de « chat + grincheux », puisque aucun mot en français ne commence par « cheuqui… ». Tous ces calculs ne sont pas accessibles à la conscience, et se déroulent très vite, puisque « chat grincheux » dure environ une demi-seconde. On a donc besoin d'une technique expérimentale qui permette de suivre ces « calculs » en temps réel. Nous avons employé une tâche de détection de mots :

les adultes doivent appuyer sur un bouton de réponse dès qu'ils entendent le mot « chat » (par exemple), et on mesure leur temps de réaction en millisecondes. On compare la condition ambiguë, « chat grincheux », à une condition de contrôle sans ambiguïté, comme « chat drogué » (il n'y a aucun mot en français qui commence par « chad... »). Les résultats, présentés sur la *figure 3*, montrent que les adultes sont légèrement ralentis dans la condition ambiguë par rapport à la condition non ambiguë, ce qui indique qu'ils ont dû effectuer un calcul supplémentaire. On peut donc utiliser cette technique pour étudier l'influence des frontières d'intonation : que ce passe-t-il si les deux syllabes ambiguës sont séparées par une frontière, comme dans la phrase « un énorme chat / grimpait aux arbres » ? Les résultats *(Fig. 3, à droite)*, à droite, montrent que les gens répondent aussi vite à la condition non ambiguë qu'à la condition ambiguë, comme si dans ce cas, ils ne tentaient pas de reconnaître « chagrin » ; en outre, ils répondent beaucoup plus vite lorsqu'il y a une frontière après « chat » que lorsqu'il n'y en a pas. Ces résultats suggèrent que les frontières d'intonation sont utilisées par les adultes en temps réel pour trouver les mots dans les phrases.

Comment faire pour poser la même question aux bébés ? Nous avons entraîné des bébés de 10 mois à tourner la tête, chaque

Sans frontière prosodique:

Ambigu:	son CHAT grincheux # ...	=> *chagrin*
Non-Ambigu:	son CHAT drogué # ...	=> *chad

Avec frontière prosodique:

Ambigu:	un énorme CHAT # grimpait ...	=> *chagrin*
Non-Ambigu:	un énorme CHAT # dressait ...	=> *chad

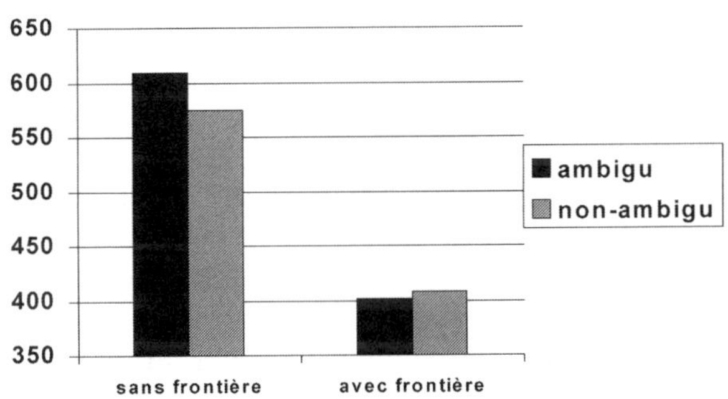

Figure 3 –
Temps de réaction moyen dans une tâche de détection de mot (voir texte).

fois qu'ils entendent le mot « chagrin » : ils sont « récompensés » par un nounours qui s'allume et s'anime. Une fois qu'ils ont bien compris que le mot « chagrin » leur indique que quelque chose d'intéressant va se produire s'ils tournent la tête, on leur fait écouter des phrases entières. Certaines de ces phrases contiennent le mot « chagrin » lui-même, et on s'attend à ce qu'ils tournent la tête, ce qu'ils font environ 50 % du temps. D'autres de ces phrases contiennent les deux syllabes du mot chagrin, mais séparées par une frontière mélodique, comme dans « un énorme chat / grimpait aux arbres ». Dans ces conditions, les bébés ne tournent la tête que 10 % du temps, donc beaucoup moins souvent que lorsque « chagrin » était vraiment présent dans la phrase. Cette expérience nous montre que les bébés, comme les adultes, exploitent les frontières mélodiques pour trouver les mots dans les phrases, et ce dès l'âge de 10 mois.

La révolution cognitive

En guise de conclusion, je voudrais mentionner qu'au cours du siècle qui vient de se terminer, il y a eu une véritable révolution dans la manière dont nous considérons l'apprentissage en général — pas seulement l'apprentissage du langage. Au début du siècle, on pensait que le bébé était comme une enveloppe vide, une *tabula rasa*, c'est-à-dire que tout devait être appris, et que les bébés apprenaient en suivant des procédures d'apprentissage très générales, qui reposaient sur l'association entre des *stimuli* extérieurs, et des réponses de l'organisme (comme le conditionnement classique, illustré par le cas du chien de Pavlov). De ce fait, il semblait peu utile de faire l'effort d'étudier le développement de bébés humains, puisque la manière dont les bébés apprenaient le langage, et la manière dont un rat apprenait à appuyer sur un levier pour obtenir de la nourriture, étaient considérées comme fondamentalement semblables. À partir des années 1950, les arguments avancés par Noam Chomsky pour l'apprentissage du langage, ont montré que cette conception ne permettait pas de progresser : il est impossible d'apprendre le langage avec une procédure reposant seulement sur l'association. Finalement, l'apprentissage — que ce soit l'apprentissage du langage ou l'apprentissage d'autres capacités — est mieux conçu comme un dispositif spécialisé et adapté à chaque problème. Chaque espèce possède une manière de percevoir le monde, et des procédures d'apprentissage, qui lui sont spécifiques.

RÉFÉRENCES

- CHOMSKY (N.), *Knowledge of Language: Its Nature Origine and Use,* New York, Praeger, 1986.
- DE BOYSSON-BARDIES (B.), *Comment la parole vient aux enfants,* Odile Jacob, 1996.
- EIMAS (P.D.), *et al.,* « Speech perception in infants », *Science,* n° 171, 1971, p. 303-306.
- MEHLER (J.), DUPOUX (E.), *Naître humain,* Paris, Odile Jacob, 1990.
- PALLIER (C.), BOSCH (L.) and SEBASTIAN-GALLÉS (N.), « A limit on behavioral plasticity in vowel acquisition », *Cognition,* n° 64, 1997, p. B9-B17.
- PINKER (S.), *L'Instinct du langage,* Paris, Odile Jacob, 1999.
- WERKER (J. F.) and TEES (R. C.), « Cross-language speech perception: evidence for perceptual reorganization during the first year of life. », *Infant Behavior and Development,* n° 7, 1984, p. 49-63.

La linguistique descriptive au XXe siècle

par CLAIRE BLANCHE-BENVENISTE

La linguistique « descriptive » est la discipline qui se donne pour tâche de décrire les différentes langues parlées par les hommes dans le monde. Comme d'autres disciplines, elle doit concilier la diversité des objets à décrire, les langues du monde, et la généralité des principes qui les sous-tendent, les caractéristiques communes à toutes les langues humaines. Mais de grandes polémiques ont divisé les linguistes du XXe siècle sur les conceptions possibles de la diversité et de l'universalité des langues. C'est au point que les termes de « linguistique descriptive » (qui insiste sur la diversité) et de « linguistique théorique » (qui insiste sur l'universalité) peuvent, encore actuellement, être opposés l'un à l'autre et même, d'un bord à l'autre, être brandis comme des insultes. Pour éclairer l'idée de « diversité » des langues, il faut parler de leur nombre. Pour éclairer la notion d'« universalité », il faut mentionner les analyses qu'on en a faites.

Combien de langues existe-t-il dans le monde en l'an 2000 ? Il est impossible de fournir un chiffre exact : cela dépend en partie de la différence qu'on fait entre « langue » et « dialecte », et en grande partie de l'évolution qui se joue sous nos yeux. Dans quantité de régions du monde, par exemple dans le Caucase et dans toute l'Amérique du Sud, des langues, qui ne sont plus parlées que par quelques personnes, disparaissent sous nos yeux* ; d'autres langues, dites « émergentes », se dégagent à partir des créoles, par exemple dans les grandes métropoles d'Afrique**. Compte tenu de ces réserves, les linguistes estiment raisonnable de poser qu'il existerait

Texte de la 44e conférence de l'Université de tous les savoirs donnée le 13 février 2000.
* Rodrigues, 1996.
** Bickerton, 1987, Manessy, 1995.

actuellement entre 6 000 et 7 000 langues*. Voici quelques exemples** :

– Nouvelle-Guinée : 670 langues ;

– Amazonie et Andes : 500 langues indiennes, appartenant à 52 familles différentes ;

– Nigeria : 410 ;

– Cameroun : 270 ;

– Inde : 380 ;

– Chine : 25 langues admises dans les débats au Parlement.

Les analyses des langues ont évidemment varié selon l'outillage intellectuel que les diverses époques ont consacré à ces tâches. Les linguistes américains qui ont décrit, dans les années 1910-1960, les très nombreuses langues indiennes d'Amérique du Nord et du Sud, dites « langues amérindiennes », ont souvent été scandalisés par les techniques de leurs prédécesseurs, les missionnaires européens du Nouveau Monde, qui avaient eu parfois tendance à réduire ces langues « exotiques » aux modèles des langues classiques européennes et à les juger déficientes quand elles ne se conformaient pas à ces modèles (« ces langues n'ont pas de vocabulaire pour désigner les vertus chrétiennes » se lamentait un missionnaire). Ils se sont donc donné pour tâche de renouveler les techniques de description des langues, en évitant absolument ces réductions fondées sur des orientations « ethnocentriques » et en récusant l'utilisation des notions de grammaire et de sens qui avaient servi pour les langues européennes. Pour chaque langue, disaient-ils, on devait faire émerger, à partir de la langue elle-même, des catégories, des significations et des structures originales (d'où le terme de *structural linguistics* que revendique Harris en 1951). De là naissait la notion de « relativité linguistique*** » et de là venait également une grande méfiance envers les notions de psychologie que charriaient les analyses grammaticales anciennes (y compris les notions de « nom », « personne », « action », « qualification », « temps », etc.), au point qu'on a pu dire que ces linguistes manifestaient un « antipsychologisme militant**** ».

À partir des années 1960, et principalement sous l'influence de Noam Chomsky*****, se développent des modèles théoriques d'analyse linguistique, qui visent à l'universalité : « Le but de la linguistique est la recherche des propriétés formelles de toute langue humaine possible, permettant d'éclairer la nature des capacités intellectuelles humaines******. »

D'emblée, en opposition avec les précédents, ils situent la linguistique « comme branche de la psychologie cognitive******* ».

---

* Auroux, 1999.
** Rodrigues, 1997.
*** Sapir, 1949.
**** Culioli, 1999.
***** Chomsky, 1957.
****** Chomsky, 1970.
******* Pollock 1997.

Ils cherchent à traiter la diversité des langues comme un ensemble de phénomènes « de surface », qu'on pourrait ramener à un petit nombre de « paramètres* » et à en donner un modèle fortement formalisé : « On a l'impression générale que la grammaire universelle (que propose N. Chomsky) est comme l'archétype d'un plan d'ensemble du corps que l'on retrouve dans un grand nombre d'animaux [...]. Il semble qu'il y ait un plan commun dans les règles et dans les principes de la syntaxe, de la morphologie et de la phonologie, avec un très petit jeu de paramètres variables, comme une liste d'options**. »

Un ouvrage publié par Greenberg en 1963 assure qu'on peut trouver des règles universelles à partir de l'ordre des mots dans les langues. Des universaux sont proposés dans plusieurs domaines et le principe majeur devient celui d'une grammaire universelle (en abrégé G.U.), sous-jacente à toutes les grammaires particulières. Le succès de la théorie a été si grand que, pendant toute la deuxième moitié du XXe siècle, le générativisme de Chomsky a été l'école linguistique dominante dans une grande partie du monde. Pour les tenants de cette école, le descriptivisme précédent était périmé et ses méthodes étaient bannies. Il convenait de passer à une « linguistique scientifique ». Il fut question de « rupture épistémologique ». Les descriptions devaient se faire avec des cadres et des concepts définis par la théorie.

Les « descriptivistes » ont cependant continué leurs analyses, en les orientant souvent vers la « typologie des langues », qui permet de rapprocher les langues ayant de fortes caractéristiques communes, sans pour autant les ramener à des principes universaux. Pour eux, les cadres et les concepts restent encore à déterminer. En somme, pour les uns la phase de description était achevée, alors que pour les autres, elle était encore à faire, même pour des langues comme l'anglais ou le français, apparemment bien décrites depuis longtemps, mais dont il fallait recommencer la description selon des cadres et des concepts encore à mettre au point.

Formes classiques de réductionnisme

Il est intéressant de remarquer que les langues « exotiques » ont été décrites à partir du XVe siècle, à peu près en même temps que les langues européennes dites « vulgaires », comme le français, l'anglais, ou l'espagnol***. La date de 1492 est à la fois celle de la découverte de l'Amérique par Christophe Colomb et celle de la

* Chomsky, 1995.
** S. Pinker, 1999 : 236-7.
*** Auroux, 1994.

première grammaire du castillan par Nebrija. On considère que la première grammaire du français est celle que fit paraître en 1530 un Anglais nommé Palsgrave, alors que la première grammaire imprimée d'une langue indigène des Amériques date de 1558*. Jusque-là, la tradition occidentale (Priscien, Bacon) voyait dans toutes les langues des variations accidentelles d'une grammaire unique, révélée par l'hébreu, le grec et le latin, qui servait de base à toutes les langues**. Les théologiens et philosophes s'intéressent aussitôt aux problèmes que pose la nouveauté radicale des nouvelles langues par rapport à l'unicité de la « nature humaine ». Les sujets d'étonnement ne manquent pas :

– il existerait dans le Caucase des langues qui possèdent 85 consonnes alors que d'autres, en Océanie, se contenteraient de cinq ;

– en chinois, « la lettre, la syllabe et le mot sont la même chose » disaient les voyageurs*** ; pas de marques de conjugaison sur les verbes ni de déclinaison sur les noms ; serait-ce une langue « sans grammaire » ?

– les mots du chinois semblent n'avoir qu'une seule syllabe alors que d'autres langues, chez les Esquimaux, auraient des « mots-phrases » capables de comporter des dizaines de syllabes ;

– il y aurait des langues comme le chinois qui ne conjuguent pas les verbes et d'autres, dans les Amériques, qui les conjugueraient en tenant compte d'un luxe de critères subtils comme la distance spatiale séparant le locuteur de ce dont il parle.

Pour réduire cette diversité au modèle classique, plusieurs techniques ont été utilisées au cours des siècles, en particulier le calque, la reconstitution et l'ellipse. Le calque a servi, par exemple, à rétablir la déclinaison des noms là où elle n'était pas formellement marquée, pour les langues exotiques comme pour les langues vulgaires. De nombreuses grammaires ont proposé :

– nominatif : la table ;
– vocatif : ô table ;
– accusatif : la table ;
– génitif : de la table ;
– datif : à la table ;
– ablatif : par la table.

La reconstitution a servi, jusque dans la *Grammaire* de Port-Royal, au XVIIe siècle, à expliquer que tous les verbes contenaient le verbe « être » ; dans « Pierre courait », il faudrait analyser « Pierre était courant » et dans « Pierre mangera, Pierre sera mangeant ». Il y aurait ellipse du verbe être dans les langues qui disent « les femmes, au marché », là où nous disons « les femmes sont au marché ». Humboldt a essayé de montrer que les langues qui

---

* Auroux, 1992.
** Robins, 1984.
*** Percival dans Auroux, 1992, p. 232.

n'avaient pas un passif semblable à celui des langues anciennes étaient obligées de recourir à des artifices qui détournaient l'esprit de plus utiles occupations et que, à ce titre, elles étaient un handicap intellectuel.

Il est facile de montrer que ces techniques consistaient à projeter sur toutes les langues du monde la structure des grammaires gréco-latines, elle-même calquée sur les catégories aristotéliciennes, de sorte que les langues non classiques étaient souvent décrites à la fois en termes « de trop et de manque* ». Inversement, les catégories de langue ainsi définies servaient à établir subrepticement des catégories générales de la pensée humaine. E. Benveniste (1958) a bien montré que les dix catégories de pensée élaborées par Aristote, longtemps prises pour des universaux de la pensée, étaient étroitement dépendantes des catégories de la langue grecque. « Pour autant que les catégories d'Aristote sont reconnues valables pour la pensée, elles se révèlent comme des transpositions des catégories de langue. C'est ce qu'on peut "dire" qui délimite et organise ce qu'on peut "penser". »

Le fait qu'il existait en grec un seul verbe être, « prédisposait », disait-il, « la notion d'être à une vocation philosophique : être là, quand, tel, en telle quantité, en posture, en état, relativement à quoi, etc. » Dans la langue ewe, parlée au Togo, il existe en revanche six verbes correspondant à notre verbe « être » :

– verbe *nyé*, signifiant « être quelqu'un, quelque chose », avec un complément à l'accusatif ;

– verbe *le*, pour « existence », seulement au parfait présent et au narratif, *Mawu le* : Dieu existe ;

– verbe *no*, « demeurer, rester », pour tous les autres temps ;

– verbe *wo*, « être composé de », comme dans *wo kpe* : être pierreux ;

– verbe *du*, utilisé pour les fonctions ; *du fia* : être roi ;

– verbe *di*, utilisé pour les qualités physiques ; *di ku* : être maigre.

Une telle langue aurait sans doute donné lieu à d'autres développements philosophiques sur les notions d'être, d'essence ou de « prédicat ». Négliger cette différence, au profit de l'unique verbe « être » qui apparaît dans la traduction, serait une façon de réduire cette langue, pour nous exotique, au modèle des langues européennes auxquelles nous sommes habitués.

Interprétations de la diversité

Les descriptivistes des années 1920-1930 ont tiré de la diversité des langues l'idée qu'il pouvait y avoir diversité dans la

* B. Colombat, Auroux 1992, p. 515.

perception du monde. C'est l'idée mise en avant par Sapir et Whorf à partir de leur expérience des langues amérindiennes, et connue comme « hypothèse Sapir-Whorf » : « Le monde des formes linguistiques, dans le cadre d'une langue donnée, constitue un système complet de référence, tout comme un système de nombres constitue un système complet de référence quantitative, ou comme un ensemble d'axes géométriques constitue un système complet de référence pour tous les points d'un espace donné. Cette analogie mathématique n'a rien d'extravagant, contrairement à ce qu'on pourrait croire à première vue. Le passage d'une langue à une autre est parallèle, psychologiquement parlant, au passage d'un système géométrique à un autre. Le monde environnant auquel il est fait référence est le même pour les deux langues ; le monde des points est le même dans les deux cadres de référence. Mais la méthode formelle d'approche de l'élément d'expérience à exprimer, exactement comme la méthode d'approche d'un point donné dans l'espace, est si différente que l'orientation ressentie ne peut être la même d'une langue à l'autre, pas plus que d'un cadre de référence à l'autre. Des ajustements formels totalement différents (ou, en tout cas, qui diffèrent dans une proportion mesurable) doivent être opérés, et ces différences ont chacune des corrélats psychologiques*. »

Whorf donnait l'exemple de « la vague », qui est un nom dans nos langues, de sorte que nous pouvons compter des vagues, et y mettre des adjectifs, « une petite vague », « une grosse vague », comme à un objet concret. Mais, dans plusieurs langues amérindiennes, ce que nous appelons « une vague » se désigne à travers un verbe qui veut dire « osciller » ; au lieu de dire « une vague », on dit dans ces langues quelque chose comme « ça oscille ». La perception en est-elle changée ? En grande partie, oui, selon l'hypothèse de Sapir et Whorf : « Le fait est que la réalité est dans une grande mesure, inconsciemment construite à partir des habitudes langagières du groupe [...]. Les mondes où vivent des sociétés différentes sont des mondes distincts, pas simplement le même monde avec d'autres étiquettes**. »

On a souvent cité l'exemple des « spécificatifs » de la langue chinoise, particules que l'on doit obligatoirement placer avant un nom dès que l'on veut donner une quantification. Ces particules, qui varient selon le sens des noms utilisés, sont au nombre d'une cinquantaine dans les usages courants*** :

– *liàng* pour les véhicules ;
– *pi* pour les animaux comme le cheval ou l'âne ;
– *suôr* pour les maisons ;
– *jian* pour les chambres et les pièces d'une maison ;

* E. Sapir, 1924.
** Sapir 1951, ap. Auroux 1996 : 169.
*** Rygaloff 1973, p. 68.

– *zuò* pour les édifices à étages et les montagnes ;
– *shang* pour les tables, les billets, les peintures ;
– *bâ* pour les chaises, les éventails et les ombrelles ;
– *tiáo* pour les routes, les rues, les fleuves, les jambes, certains chiens ;
– *zhizi* pour les fleurs, les cigarettes, les rouleaux ;
– *shuang* pour ce qui va par paires, chaussures, chaussettes, mains, etc.

Les groupements provoqués par ces spécificatifs n'ont pas d'équivalents dans les langues européennes.

L'attention portée à toutes les particularités des classements opérés par les langues allait de pair, dans cette première partie du siècle, avec les soucis des ethnologues et des anthropologues. Aussi a-t-on parlé de la génération des linguistes-anthropologues. À partir de 1930, sous l'influence de L. Bloomfield, ils fondent aux États-Unis le *Sumner Institute of Linguistics*, chargé de décrire les langues d'Amérique et d'Océanie, et qui, en 1971, en a décrit environ 500. En Europe centrale, l'école de Moscou puis l'école de Prague théorisent les nouvelles méthodes. En Grande-Bretagne, J. R. Firth s'appuie sur l'anthropologie de Malinowski pour fonder une école de descripteurs habilités à rendre compte des langues d'Afrique et d'Orient. En France, A. Meillet lance un appel, en 1922, pour faire décrire les langues du Caucase.

Des typologies sont proposées, en particulier pour la morphologie, c'est-à-dire, en gros, la forme des mots. C'est ainsi qu'on distingue, les langues isolantes, agglutinantes, flexionnelles, polysynthétiques.

Le modèle des langues isolantes est le chinois, où l'on considère que chaque mot est invariable ; le pluriel, qui est une variation grammaticale dans nos langues est marqué par un mot isolé qui se place à côté d'un autre mot :
– ami (amie) : *pengyou* ;
– plusieurs : *men* ;
– des amis (amies) : *pengyou men*.

Le modèle des langues agglutinantes est le turc, qui ajoute à un radical, dans un certain ordre, des suffixes chargés d'exprimer ce qui serait dit, dans nos langues, par des mots distincts :
– aimer : *sev-mek* ;
– être aimé : *sev-il-mek* ;
– faire aimer : *se-dir-il-mek* ;
– s'aimer l'un l'autre : *se-ish-mek* ;
– se faire aimer l'un l'autre : *sev-ish-dir-il-mek*.

Le modèle des langues flexionnelles serait le grec ou le latin, qui modifient la finale d'un nom pour lui donner une signification grammaticale. Le nom lui-même n'existe pas à l'état isolé :
– le maître, sujet : *domin-us* ;
– les maîtres, sujet : *domin-i* ;

– le maître, complément : *domin-um* ;
– les maîtres, complément : *domin-os*.

Le modèle des langues polysynthétiques serait l'inuit (langue des esquimaux), où ce que nous dirions dans une phrase faite de plusieurs mots peut se dire dans un « mot-phrase » formé de très nombreux composants :

– maison : *iglu* ;
– dans la maison : *iglu-mi* ;
– une maison de neige : *iglu-vigaq* ;
– nous sommes dans la jolie petite maison de neige : *iglu-vigaq-tsi-rulung-mi-it-tu-gut*.

Il est bien entendu qu'aucune langue ne coïncide vraiment avec un type pur, et que toutes sont des mélanges. Mais ce classement a eu le mérite de dégager de grandes tendances et de situer les langues indo-européennes comme un type parmi d'autres.

Les types syntaxiques ont surtout été fondés sur l'ordre des constituants de la phrase : verbe (abrégé en V), sujet (abrégé en S) et complément, ou objet (abrégé en O). On distingue ainsi des langues à verbe initial, VSO, comme l'arabe classique ; des langues à verbe final, SOV, comme le japonais ; des langues à verbe médian, SVO, comme le français.

Presque partout, le souci d'applications pratiques est manifeste : la linguistique descriptive se présente comme utile. Elle servira, par exemple, à décrire et à stabiliser le tchèque littéraire* ou, dans les années 1930, à montrer l'égalité entre toutes les langues en réfutant les doctrines racistes développées à l'époque en Scandinavie et en Allemagne**.

Tous les descriptivistes se méfient des descriptions préalables à l'époque moderne, suspectées de manque de rigueur et envisagent de faire la description exhaustive de « toutes les langues du monde et de leurs dialectes », en se dégageant des attitudes eurocentristes : « Parmi les langues parlées aujourd'hui, seulement quelques-unes sont connues d'une manière acceptable pour la science***. » Le premier congrès international des linguistes a lieu en 1928 à La Haye. Lors du quatrième congrès, une vingtaine d'années plus tard, la question est posée : « Existe-t-il des catégories qui soient communes à l'universalité des langues humaines ? » Depuis, la question n'a cessé d'être posée, sous une forme ou sous une autre. Tant que le travail classificatoire n'était pas achevé, il était bon de se défier des généralisations et en particulier des « universaux linguistiques**** ».

* Vachek, 1939.
** Sapir.
*** Bloomfield, 1933.
**** Robins, 1984.

Le réinvestissement des données exotiques

Dans l'étape actuelle, ce qu'on apprend à partir des langues exotiques sert souvent à renouveler la description des langues déjà analysées par des méthodes anciennes, en modifiant la conception des catégories, des fonctions et de l'ensemble des classements. Autrement dit, on en vient à affirmer que les catégories classiques, qui s'étaient déjà révélées trompeuses pour décrire les langues exotiques, le sont également pour les langues déjà bien connues.

La notion de prédicat, qui était attachée à la présence d'un sujet et d'un verbe, a été relativisée : « La prédication à deux termes, sujet et prédicat, si naturelle dans nos langues qu'elle a été érigée en forme universelle par la logique classique, ne l'est pas en linguistique : dans les langues d'Asie orientale un mot prédicatif peut suffire, sans actant ni indice actanciel, à former une phrase complète*. »

L'idée même qu'un prédicat devait être attaché à un verbe n'est plus donnée comme universelle. Creissels (1983) montre que dans la langue mandinka, une simple particule affirmative peut être le support d'un prédicat. La notion de « sujet », telle que nous la concevions, a été modifiée par de nombreux témoignages. Hagège (1993) montre que dans la langue moore, « l'homme » peut être sujet de prédicats positifs, comme « l'homme est courageux, l'homme est en bonne santé », mais qu'il est seulement complément quand il s'agit de prédicats à valeur détrimentive, et que ce que nous traduirions par « l'homme est jaloux, l'homme a peur », est dit dans la langue sous la forme de « la jalousie (la peur) possède l'homme. » Murugaiyan (1999) signale un phénomène proche en langue tamoule, où « l'homme » ne peut pas être sujet de « avoir peur, désirer, avoir mal », mais ne peut qu'être un complément au datif. G. Lazard** explique que nous concevons généralement la relation entre un sujet, un verbe et un complément, selon un modèle prototypique qui implique un sujet bien individualisé, agissant sur un patient bien individualisé aussi, qui en est affecté, comme dans l'exemple scolaire ancien du « bûcheron qui coupe l'arbre ». Les langues indo-européennes d'Europe utilisent généralement le même schéma syntaxique pour des verbes qui n'impliquent pas du tout la même action prototypique, comme « l'enfant reçoit un cadeau, l'objet pèse un kilo ». Mais beaucoup de langues changent alors de construction selon des choix très diversifiés. Les recherches de Dixon (1999) sur les langues à ergatif d'Australie et d'Ama-

---

* Lazard 1999.

** 1999, p. 98.

zonie montrent que l'on a intérêt à distinguer, même dans nos langues, les sujets de verbes transitifs, comme « manger un fruit » et les sujets de verbes intransitifs, comme « courir », qui correspondent à des propriétés très différentes. Creissels explique que, dans les langues bantoues, un nom de lieu équivalent à ce que nous traduirions par « dans la forêt », marqué comme tel par une particule *-ni* équivalente à « dans », peut être sujet d'un verbe, ce que nous pourrions traduire approximativement par « ce lieu dans la forêt voit dormir des animaux » : *mwitu-ni mmekaka wanyama* ; forêt-dans dort des animaux.

À côté du sujet, et sous l'influence de la grammaire du japonais, on a dégagé la notion de « topique ». Selon une traduction approximative, le japonais permet de dire « l'éléphant, les oreilles sont grandes », c'est-à-dire, en traitant « l'éléphant » comme un « topique », « en ce qui concerne l'éléphant, quant à l'éléphant* », etc.

La langue kariri (Brésil, groupe macro-jê, décrite par Rodrigues, 1997), a un système de classement pour les numéraux et les adjectifs qui accompagnent le nom, un autre pour les possessifs (selon qu'il s'agit d'aliments ou non, de possession durable ou en usufruit, acquise par la violence ou non) et un autre pour l'interrogation (qui distingue, plus classiquement, entre animé et inanimé). Nous n'avons aucun équivalent, dans les langues d'Europe de cette distinction fondamentale, mais la notion de « possession », telle que nous l'utilisons dans la terminologie habituelle pour les « adjectifs et pronoms possessifs » en est considérablement changée.

« Les propriétés dites “universelles” sont intéressantes, dit B. Comrie, lorsqu'elles permettent des comparaisons et des corrélations. » Mais la façon même d'établir ces corrélations a changé. Lorsque Greenberg, dans les années 1970, avait cherché des corrélations dans quelques dizaines de langues, il avait conservé des catégories assez traditionnelles, comme verbe, nom, adjectif, préposition, postposition et ordre des mots. Il avait observé quelques constantes, érigées en universaux. « Si une langue a un ordre typique verbe, sujet, objet, alors elle a plutôt des prépositions que des postpositions. » « Si dans une langue l'objet pronominal suit le verbe, alors l'objet nominal le suit aussi. » Les critiques qui lui ont été adressées ont porté justement sur le choix de ces catégories, qui, déjà mal adaptées aux langues occidentales abondamment décrites, se révélaient trop approximatives pour des langues très différentes. « On parle de noms, de verbes, de sujet, d'objet, etc., alors que nous savons à présent combien ces notions sont relatives [...]. La notion de sujet est au moins litigieuse dans beaucoup de langues**. »

* Culioli, 1999.
** G. Lazard, 1999, p. 80.

Les analyses faites dans le cadre de la typologie des langues* relancent à nouveau à partir des langues exotiques, d'autres analyses qui permettent de situer les langues européennes dans un ensemble plus vaste. Ces recherches rencontrent le courant de la linguistique cognitive** qui s'intéresse aux significations sous-jacentes très générales et aux particularités des langues. La perception de l'espace et des dimensions spatiales a été informée par les données spécifiques de diverses langues. G. Cardona (1985), reprenant contact avec les anthropologues, retrouvait ainsi certaines pistes des descriptivistes des années 1930, avec par exemple la « carte cognitive de l'espace » que nous imposeraient les langues des différentes cultures. Les langues du Caucase sont connues pour avoir des systèmes très riches de désignation spatiale, inscrits dans la déclinaison des noms, des adjectifs et des pronoms. Cette richesse serait utile pour comprendre les systèmes généraux sous-jacents à la description de l'espace dans les langues européennes plus connues.

Il est acquis, désormais, que la description va de pair avec des hypothèses générales sur les structures des langues et que les langues du monde les plus exotiques servent à renouveler la description des langues occidentales qu'on croyait les mieux connues. Du coup, ces langues exotiques, même lorsqu'elles ne sont plus parlées que par quelques personnes, prennent une importance capitale. Or beaucoup disparaissent sous nos yeux. Nous avons perdu, semble-t-il, 500 langues amazoniennes depuis le XVIe siècle*** et nous en perdrons autant d'ici une génération. Certaines prédictions annoncent que, au terme d'une « tragédie imminente dans l'histoire de l'humanité », nous verrons disparaître bientôt 90 % des langues du monde. Ce désastre pèse plus que les querelles d'écoles.

RÉFÉRENCES

– AUROUX (S.), *Histoire des idées linguistiques, t. II : Le Développement de la grammaire européenne,* Liège, Mardaga, 1992.

– AUROUX (S.), *Les Langues du monde,* Paris, bibliothèque Pour la science, 1999.

– BENVENISTE (É.), « Catégories de pensée et catégories de langue », *Les Études philosophiques,* n° 4, 1958 (cf. 1966, *Problèmes de linguistique générale,* I, p. 62-74).

– BICKERTON (D.), *The Roots of Language,* 1987.

– BLOOMFIELD (L.), 1933, *Language,* Reed., London, George Allen, 1967.

– BOAS (F.), *Handbook of American Indian Languages,* 1911-1939.

– CARDONA (G.R.), *I sei lati del mondo. Linguaggio ed esperienza,* Roma/Bari, Laterza, 1985.

* Lazard, Ramat, Talmy, *Association for Linguistic Typology,* en 1994, revue *Linguistic Typology* en 1997.
** Langacker, G. Lakoff, Talmy.
*** Rodrigues, 1996.

– CHOMSKY (N.), *Syntaxic structures*, 's-Gravenhage, Mouton, 1957.
– CHOMSKY (N.), « Remarks on Nominalizations », *in* Jacob and Rosembaum, *Readings in English Transformational Grammar*, Waltham, Ginn, 1970.
– CHOMSKY (N.), *La Nouvelle Syntaxe* (traduction), Paris, Seuil, 1987.
– CHOMSKY (N.), *The Minimalist Program*, Cambridge, Mass, MIT Press, 1995.
– COMRIE (B.), *Language Universals and Linguistic Typology*, Oxford, Basil Blackwell, 1981.
– CREISSELS (D.), *Éléments de grammaire de la langue mandinka*, Grenoble, Publications de l'Université des langues et des lettres, 1983.
– CREISSELS (D.), *Éléments de syntaxe générale*, Paris, Presses Universitaires de France, 1995.
– CULIOLI (A.), *Pour une linguistique de l'énonciation*, Paris, Ophrys, 1999.
– DIXON (R. M. W.) and AIKENVALD (A. I.), *The Amazonian Languages*, Cambridge University Press (Cambridge Language Survey), 1999.
– FUCHS (C.) et ROBERT (S.), *Diversité des langues et représentations cognitives*, Paris, Ophrys, 1997.
– GREENBERG (J. H.), *Universals of Language*, MIT Press, 1963.
– GREENBERG (J.), *Universals of Human Language*, 2 vol., Stanford University Press, 1978.
– HAGÈGE (C.), *La Structure des langues*, Paris, Presses Universitaires de France (coll. Que sais-je ?), 1982.
– HAGÈGE (C.), *The Language Builder*, Amsterdam, Benjamins, 1993.
– HARRIS (Z.), *Structural Linguistics*, New York, Doomesday, 1951.
– HUMBOLDT (G. de), *De l'origine des formes grammaticales*, Berlin (trad. fr. 1969), Paris, Ducros, 1827.
– LAUNEY (M.), *Une grammaire omniprédicative. Essai sur la morphosyntaxe du nahuatl classique*, Paris, CNRS Éditions, 1994.
– LAZARD (G.), « La linguistique est-elle une science ? », *Bulletin de la Société de linguistique de Paris*, XCIV, 1999, p. 67-112.
– MANESSY (G.), *Créoles, pidgins, variétés véhiculaires. Procès et genèse*, Paris, CNRS Éditions, 1995.
– MATHEWS (P. H.), *Grammatical Theory in the United States from Bloomfield to Chomsky*, Cambridge University Press, 1993.
– MILLER, (J.) and WEINERT (R.), *Spontaneous Spoken Language. Syntax and Discourse*, Oxford, Clarendon Press, 1998.
– MURUGAIYAN (A.), 1999, « Agent affecté, expérience et prédicats affectifs en tamoul », *Cahiers de linguistique de l'INaLCO*, 1999-2, p. 147-160.
– PINKER (S.), *The Language Instinct*, Cambridge : W. Morrow and Co. Traduction française 1999, *L'Instinct du langage*, Paris, Odile Jacob, 1994.
– POLLOCK (J.-Y.), *Langage et cognition. Introduction au programme minimaliste de la grammaire générative*, Paris, Presses Universitaires de France (collection Psychologie et sciences de la pensée), 1997.
– ROBINS (R. H.), « Linguistics in 1984 : retrospects and prospects », *Linguistics and Linguistics Evidence, the LAGB Silver Jubilee Lecture*, Newcastle, Grevatt and Grevatt, 1984.
– RODRIGUES (A. D.), *Panorama das Línguas Indígenas da Amazônia*, Pa. Brésil, Museu Paraense Emilio Goeldi, Belém, 1996.
– RODRIGUES (A. D.), « Nominal classification in karirí », *Opción-13*, n° 22, 1997, p. 65-79.

– RYGALOFF (A.), *Grammaire élémentaire du chinois*, Paris, Presses Universitaires de France (collection Sup), 1973.
– SAPIR (E.), *Selected Writings in Language, Culture and Personnality*, Berkeley Mandelbaum, 1949.
– WHORF (B.L.), *Language, Thought and Reality* (trad. fr. : *Linguistique et anthropologie*), Paris, Denoël, 1956.

Phonologie et cognition

par BERNARD LAKS

Communication et cognition

La phonologie est la science qui prend pour objet l'organisation de la dimension sonore du langage. Le circuit de communication qui s'établit entre un locuteur et son interlocuteur est, en apparence, simple : un message est émis par A, il est reçu par B et une information s'est échangée entre A et B. En fait, dès que l'on analyse plus précisément ce circuit, les événements apparaissent beaucoup plus complexes. Que se passe-t-il en fait ? *(Fig. 1)*

Le locuteur A se trouve dans un certain « état mental » : Il veut, par exemple, saluer poliment le locuteur B. Cela signifie que se forme dans son esprit le « projet intentionnel » de mettre le locuteur B dans un certain état mental approprié, celui qui correspond au fait d'être salué poliment par A.

À ce premier niveau, mental et conceptuel, ce dont il s'agit donc précisément, c'est de modifier l'état mental de B en fonction de celui de A. En d'autres termes, pour A, il s'agit de modifier l'état interne de B en agissant sur son encéphale. La communication correspond à l'action d'un cerveau sur un autre cerveau.

Or les cerveaux humains sont des organismes physiques qui ne sont pas capables de communiquer directement entre eux et d'échanger leurs états mentaux sans aucune médiation : il n'y a pas de transmission directe de la pensée et nous ne pouvons communiquer entre nous par simple télépathie.

Texte de la 45e conférence de l'Université de tous les savoirs donnée le 14 février 2000.

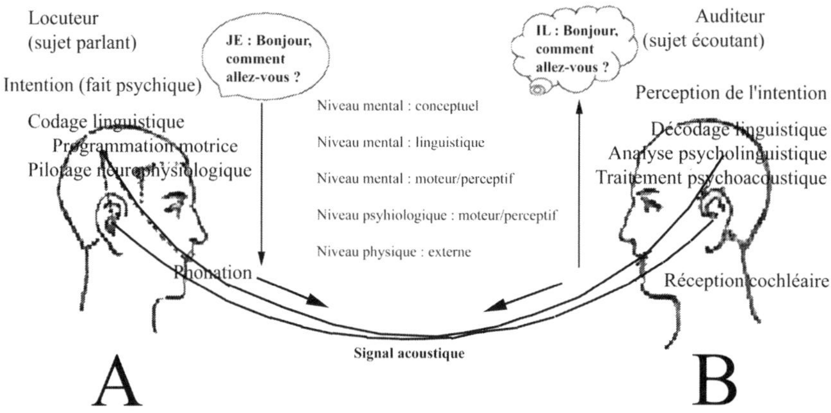

concept ⟶ image acoustique ⟶ son ⟶ image acoustique ⟶ concept

Figure 1 – Le circuit de communication.

L'évolution a résolu ce paradoxe apparent de la non-communication directe entre cerveaux en développant, chez l'espèce humaine, un système de communication externe extraordinairement complexe et puissant : le « langage articulé ».

La communication humaine repose sur le fait que les locuteurs d'une même langue ont acquis un même système mental de communication. Par un apprentissage social spontané et une immersion dans une même culture ils ont développé des « compétences cognitives linguistiques » fonctionnellement très semblables.

Du point de vue fonctionnel, A se trouve donc dans un « état intentionnel » précis. Il « code » cet état conceptuel sous la forme d'un ensemble de « signes linguistiques » constitués par des signifiants bifaces : leur face signifiante appelant directement et sans autre médiation leur face sonore et *vice versa*. Cette opération mentale de codage linguistique permet donc de passer d'un état conceptuel donné à un ensemble d'images acoustiques qui lui sont liées directement et de façon immédiate.

Au niveau mental a lieu une programmation motrice qui traduit ces images acoustiques en cibles articulatoires combinées et coordonnées. On atteint ainsi le niveau du pilotage neurophysiologique des nombreux dispositifs physiques impliqués dans la production sonore : pilotage respiratoire et laryngal, commande musculaire des niveaux mandibulaires, linguaux, labiaux, etc.

Jusqu'à ce stade, nous n'avons vu que des fonctions mentales internes et des mécanismes cognitifs. Ce n'est qu'avec le produit de la phonation, c'est-à-dire avec le signal acoustique proprement dit, que nous sortons de la sphère du cognitif et du fonctionnement interne de l'encéphale pour nous situer au niveau physique externe de la réalité sonore et de la communication proprement dite. Or, les ondes sonores que nous produisons ont, comme toutes les ondes sonores, la propriété singulière de se diffuser spontanément dans l'espace proche. C'est à partir de cette caractéristique physique du son qu'un circuit de communication médiatisé par ces ondes supports peut se mettre en place entre A et B. C'est donc pour des raisons purement physiques et externes que ce que produit la bouche de A atteint l'oreille de B.

Jusqu'à ce que le signal sonore atteigne l'oreille interne de B et y mette en action son dispositif cochléaire, nous sommes toujours dans l'ordre physique externe de la propagation d'un signal sonore sans signification particulière. La réception cochléaire déclenche alors chez B un traitement cognitif : les caractéristiques psychoacoustiques pertinentes sont extraites du signal, une « catégorisation » complexe et une extraction de « paramètres invariants » a lieu au niveau psycholinguistique de sorte que sont reconstruits des signes linguistiques porteurs de signification. Cette reconstruction mentale s'appuie crucialement sur le savoir linguistique fonctionnellement présent dans le cerveau de B. Si ce savoir est du même type que celui utilisé par A, ce décodage sera parallèle à l'encodage réalisé par A, et permettra à B de remonter de l'image acoustique qu'il aura cognitivement reconstruite aux concepts, et en définitive à l'intention significative initiale de A. Ainsi, alors que ce qui s'échange entre A et B ce ne sont que des ondes sonores sans signification particulière, le message de A est pourtant « perçu », « reconstruit » et « interprété » par B.

Dans ce schéma cognitif complexe, il est crucial que les processus psycholinguistiques de codage et de décodage soient sensiblement identiques chez A et chez B. Autrement dit, il est crucial que les deux locuteurs aient sensiblement la même « compétence linguistique ». On notera l'importance des traitements internes impliqués dans la communication. La partie proprement externe du circuit est en effet totalement inerte et importe assez peu. L'essentiel se passe au niveau mental, à l'intérieur des deux encéphales, et en définitive, par le biais d'ondes sonores externes, ce sont bien deux cerveaux qui communiquent.

On peut adopter sur ce circuit de communication deux points de vue scientifiques distincts. Le premier consiste à en analyser la partie externe, matérielle et physique. On s'intéresse alors à la production du signal sonore, à l'analyse de ses caractéristiques spectrales, dynamiques et énergétiques, aux effets de ce signal sur l'oreille. La science qui analyse la partie externe du signal et s'intéresse ainsi à la matérialité sonore d'un point de vue physique, articulatoire ou auditif est la phonétique. Elle décrit les événements sonores que nous produisons mais reste totalement étrangère à leur dimension cognitive et signifiante. Au contraire, la science qui prend pour objet les « compétences cognitives » de codage et de décodage impliquées dans le traitement linguistique, qui s'intéresse à la façon dont les signes sonores sont représentés dans l'esprit des locuteurs, à la façon dont ils sont stockés, agencés et organisés en phrases, qui prend donc pour objet le traitement mental du son, c'est la phonologie. Ces deux points de vue sont très différents. La phonétique est une science descriptive de la réalité physique du signal sonore alors que la phonologie est une science cognitive qui analyse le fonctionnement mental impliqué dans la communication linguistique.

La phonologie cognitive défend l'hypothèse qu'il est nécessaire de se situer au niveau du traitement mental pour comprendre ce qui a lieu lors d'un échange de paroles. Du point de vue de la phonologie, la communication humaine est donc « sous-déterminée » par les propriétés du signal et « surdéterminée » par les processus cognitifs. Pour illustrer cette thèse, nous abordons à présent quelques questions clefs.

La variation inter et intralocuteurs

Le premier exemple concerne les variations de la forme du même message pour un même locuteur et pour différents locuteurs. L'analyse précise des signaux acoustiques montre que pour un même contenu sémantique du message, la forme et les caractéristiques physiques du signal varient extraordinairement d'un locuteur à l'autre. Considérons les analyses que l'on peut faire du même message « bonjour, comment allez-vous ? » produit par un homme adulte, une femme adulte et une fillette.

Bien que le contenu du message véhiculé soit strictement identique, l'analyse de l'enveloppe du signal, de la courbe d'intensité et de la courbe mélodique, comme l'analyse spectrale de l'événement sonore produit par ces trois locuteurs différents, sont extrêmement différents. Ces différences de performance sonore sont liées au fait que la voix de chaque individu lui est « personnelle », un peu comme son visage. Cette signature vocale varie avec le sexe, l'âge, l'origine géographique et même le statut social. Pour reconstruire le même message linguistique à partir de ces signaux différents, le système cognitif doit donc filtrer toutes ces caractéristiques individuelles et extraire un tout petit nombre de paramètres invariants avec les individus sur la base desquels il reconstruira, pour ces trois événements sonores différents, la « même image acoustique signifiante » correspondant à la même intention significative du locuteur.

Si pour n'importe quel locuteur du français, notre phrase comporte une suite de quatre mots distincts nettement délimités, on n'aperçoit rien de tel dans le signal proprement dit qui est, au contraire, continu et dans lequel les indices de discontinuité observables ne correspondent nullement à la délimitation de nos quatre mots. C'est en mettant en œuvre une connaissance précise de la langue que le système cognitif est capable de « segmenter » ce message en unités « fonctionnellement successives » et d'extraire les paramètres invariants permettant de reconstruire la suite des signes signifiants qu'il contient.

La complexité de ce traitement est encore accrue par la variabilité intralocuteur. En effet, en fonction d'un grand nombre de paramètres externes, on peut dire qu'un même locuteur ne produit jamais exactement le même signal sonore pour communiquer le même message. Considérons par exemple une phrase équilibrée qui contient onze occurrences de ce que tout francophone reconstruit comme le même son fonctionnel /a/ : « La tarte à l'ananas de papa, quel repas de gala ! »

Les caractéristiques physiques de chacun de ces sons diffèrent profondément. Leur longueur par exemple varie de 49 à 141 millisecondes. Or, en français, cette différence de longueur physique n'est plus porteuse de signification. Elle doit donc, comme beaucoup d'autres caractéristiques, être ignorée par le système cognitif pour reconstruire à partir de ce signal intrinsèquement variant une image acoustique segmentée, invariante et indépendante des caractères particuliers de chaque voix. Dans ce traitement cognitif complexe, beaucoup de connaissances de haut niveau se trouvent mobilisées. Parfois, plusieurs segmentations, et donc plusieurs analyses, sont compatibles avec les données spectrales. Seule une connaissance précise du contexte pragmatique permettra par exemple d'exclure la segmentation « La tarte à "la nana" de papa... ».

Ainsi, à partir des connaissances linguistiques partagées par A et B qui ont la même compétence linguistique acquise, le système cognitif segmente le message et reconstruit des classes d'équivalence fonctionnelles permettant de reconnaître, sous de nombreuses variantes inter ou intrapersonnelles, les mêmes catégories abstraites. Les classes d'équivalence de sons ou « phonèmes », tout en étant physiquement différentes, jouent le même rôle abstrait fonctionnel. Dans le système abstrait qu'est une langue, ce rôle est essentiellement « distinctif » et « oppositif ». Pour montrer l'existence de classes phonématiques différentes en français, il suffit de pointer l'existence de séries pour lesquelles une différence de son, même minime, fait différence de sens comme : « papa/papi/papo/papou ». Au contraire pour montrer l'unicité fonctionnelle d'une classe de sons très différents il suffit de montrer que toutes les articulations de [a] dans « la tarte à l'ananas de papa... », aussi différentes soient-elles, ne modifient pas le sens.

Pour passer du signal physique intrinsèquement variable au contenu du message, le système cognitif segmente, extrait des paramètres invariants et catégorise pour reconstruire une représentation acoustique mentale en phonèmes fonctionnels. Des mécanismes cognitifs du même ordre sont impliqués dans l'invention d'une écriture, notamment alphabétique. L'écriture neutralise, en effet, les différences entre locuteurs, découpe le signal continu en éléments abstraits successifs et choisit de représenter par un signe graphique unique et invariant tous les sons différents qui, dans une langue donnée, fonctionnent à l'identique du point de vue du sens. C'est la raison pour laquelle on peut défendre que la phonologie, en s'intéressant aux représentations cognitives, construit en fait des « écritures mentales ».

Universalité et diversité linguistique : l'approche « principes et paramètres »

Sur le plan du traitement de la substance sonore, comme sur celui des processus linguistiques qu'il met en œuvre, lorsqu'on compare de nombreuses langues, on est frappé à la fois par la très grande diversité, mais aussi par la très grande similitude des systèmes. Pour en rendre compte, la phonologie moderne travaille dans un cadre appelé « principes et paramètres ». On postule que toute l'espèce humaine est équipée d'un « stock universel » d'éléments de substance, d'éléments de forme et de processus linguistiques. Puisque ce stock universel caractérise notre compétence linguistique en tant qu'espèce, on suppose qu'il est immédiatement disponible pour l'enfant qui apprend à parler, soit sous forme d'architectures neuronales précâblées, soit directement sous la forme de représentations initiales.

Aucune langue humaine n'exploite l'ensemble des possibilités de ce stock universel de principes et ceux qui sont mis en œuvre sont en quelque sorte adaptés. En effet, le choix entre certains de ces paramètres peut s'avérer exclusif. De plus, le rendement fonctionnel de chacun de ces principes est si important que la sélection d'un petit nombre de ces dimensions universelles suffit pour construire un système phonologique robuste et performant. Pour en prendre un seul exemple, aucune langue humaine n'exploite simultanément les différences de timbre, d'intensité, de hauteur et de longueur, pourtant toutes disponibles dans notre compétence d'espèce. Chaque langue sélectionne donc un très petit nombre de ces possibilités et les adapte pour organiser un système particulier d'oppositions signifiantes et pour construire ses représentations linguistiques. C'est en ce sens qu'elle « paramètre » le stock universel des possibilités à la disposition de l'espèce.

Si ce stock universel est une propriété de l'espèce, il est « génétiquement conditionné », alors que le choix paramétrique opéré par chaque langue particulière est, quant à lui, « rigoureusement arbitraire » et doit donc nécessairement être appris. Chaque être humain est donc cognitivement prédisposé à apprendre n'importe laquelle des langues humaines. Apprendre le français, plutôt que le turc ou l'hindi, c'est spécifier ces principes universels, éliminer un grand nombre de possibilités non fonctionnelles et, sur la base de ce que nous entendons autour de nous, paramétrer localement notre compétence d'espèce pour ne plus en retenir que ce petit nombre de paramètres arbitrairement choisis qui définissent fonctionnellement en propre le français plutôt que le turc ou l'hindi. Pour illustrer ce mécanisme considérons quelques-unes des dimensions universelles de la substance sonore des voyelles.

Compte tenu de l'organisation physiologique de leur appareil phonatoire, tous les êtres humains sont capables de produire et de distinguer de nombreux timbres vocaliques différents. Dans cet espace très riche de possibles, chaque langue choisit de construire un tout petit nombre de catégories phonématiques abstraites. Selon leur nombre, leurs limites et le type de découpage qu'elles opèrent de ce même espace vocalique très riche, chaque catégorie ainsi construite sera plus ou moins englobante. Le français, par exemple, découpe cet espace vocalique sur la base d'un système de dix voyelles phonémiques en opposition distinctive. L'arabe classique au contraire découpe ce même espace en seulement trois catégories fonctionnelles (dédoublées par la longueur).

Lorsqu'un même phonème existe dans deux langues différentes, par exemple [ou] en français et en japonais, il ne s'ensuit donc pas qu'il recouvre deux ensembles sonores identiques, découpés de la même manière dans l'espace vocalique. Ainsi, tous les humains peuvent produire et reconnaître des différences de hauteur tonale et peuvent produire ce même son [ou] avec un ton haut ou un ton bas. En français, cette variation tonale existe, mais elle est totalement non fonctionnelle *(Fig. 2a)* puisque la différence de hauteur tonale ne modifie pas le contenu référentiel du mot « coucou ».

On en déduit qu'en français, cette différence tonale ne fait pas l'objet d'un « monitoring linguistique » précis. En revanche, en japonais où cette même différence tonale fait partie intégrante du système phonologique et doit donc être manipulée comme telle, la hauteur tonale est bien fonctionnelle *(Fig. 2b)*.

Considérons à présent les deux sons [r] et [l]. Ils sont nettement distincts du point de vue articulatoire. Le premier est une vibrante, le second une latérale alvéolaire. En français, ces deux sons constituent deux catégories mentales nettement distinctes comme le montre leur rendement fonctionnel *(Fig. 2c)*.

Ce n'est pas le cas en japonais qui construit et manipule une seule catégorie mentale englobant toutes les variantes de [r] et de [l] possibles *(Fig. 2d)*. En japonais, ces deux prononciations sont

a)

H H B H H B

As tu vu le coucou ? Ce n'est pas un coucou ! Où est le coucou ?

b)

H H B H H B

tsourou "pécher à la ligne" tsourou "une grue" tsourou "une cordre d'arc"

c)

une barre/une balle ; une marre/ une malle ; un quart/un cal

d)

H B H B

tsourou "une corde d'arc" tsoulou "une corde d'arc"

e)

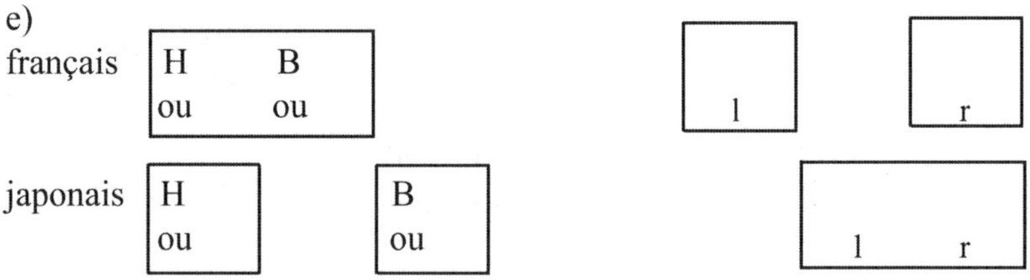

Figure 2 – En haut : La variation tonale. En bas : Les deux sons [r] et [l] sont nettement distincts du point de vue articulatoire en français mais pas en japonais.

strictement homophones, tout comme le sont en français les différentes intonations de « coucou ».

Là où le français découpe l'espace sonore des possibilités différentielles en deux catégories distinctes /r/ et /l/, le japonais n'en construit qu'une. Par contre, là où le japonais distingue deux catégories vocaliques en fonction de la hauteur tonale, le français n'en distingue qu'une *(Fig. 2e)*.

Le choix paramétrique opéré par chaque langue est arbitraire et ne tient pas compte de la nature ou de l'importance des différences physiques sur lesquelles il se fonde.

Autre exemple, les différentes articulations possibles du son [r] en français sont aussi éloignées que possible. Selon les régions, les dialectes, les contextes, on trouve des articulations vibrantes antérieures, postérieures, ou même des non-vibrantes très arrière. Pourtant ces enveloppes sonores, très différentes à l'oreille, sont tenues par le français pour cognitivement et fonctionnellement équivalentes. Un locuteur du français n'en construit donc qu'une seule représentation car, quelle que soit l'articulation de [r] dans « Paris », il n'existe qu'un seul référent.

La situation est très différente en espagnol qui ne connaît pourtant qu'un seul type de vibrantes antérieures, mais choisit arbitrairement de prendre en compte le nombre de battements à des fins fonctionnelles. C'est ce que montre l'existence d'une différence pertinente entre *pero* « mais » et *perro* « chien ». Ainsi, là où le français tient toutes les variantes possibles pour appartenir à la même catégorie mentale, l'espagnol construit deux catégories séparées par une différence physique pourtant infime *(Fig. 3)*.

Ce système abstrait de représentations mentales permettant, dans une langue donnée, de reconstruire cognitivement le contenu du message ne porte pas seulement sur les catégories définies par leur rendement oppositif. Il concerne également la « segmentation » et le découpage en unités successives dont nous avons parlé précédemment. Considérons par exemple le mot [mu**tch**o] en espagnol. Comment doit-il être représenté en unités distinctes ? En particulier, la séquence [tch] doit-elle être représentée comme une catégorie unique ou correspond-elle à deux unités successives ? En espagnol, la première solution est vraie. En effet, si le mot [*muto*] existe bien dans cette langue, non seulement le mot [*mu**ch**o*] n'existe pas, mais on peut montrer qu'il est exclu par les structures phonologiques de l'espagnol et n'y correspond à aucun mot possible. Il s'en suit que le choix intentionnel d'un locuteur de l'espagnol n'est pas constitué par la combinaison de deux unités, puisque la seconde n'existe pas dans le système. La sélection de [tch] correspond donc à un choix intentionnel unique qui conditionne, pour ce son complexe, la construction d'une seule « catégorie représentationnelle ».

Si donc, en espagnol, l'articulation complexe [tch] correspond à un phonème unique, tel n'est pas le cas en français où, à côté de mots comme « matcher », « catcher », « macho » présentant une occurrence [tch], on rencontre la série « mâcher », « lâcher », « tâcher » avec occurrence fonctionnelle de [ch] ainsi que la série « mâter », « latter », « tâter » avec occurrence de [t]. Il s'ensuit qu'en français, une occurrence complexe comme [tch] correspond bien à « deux choix fonctionnels » successifs de la part du locuteur et que les représentations mentales codent bien ce son complexe comme la suite de « deux phonèmes distincts ».

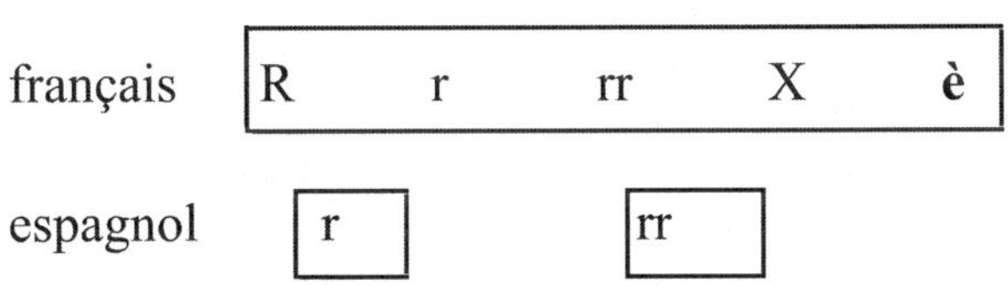

Figure 3 – Les différentes articulations possibles du son [r] en français et en espagnol.

L'architecture des représentations phonologiques

Intéressons-nous à présent à l'organisation interne de la chaîne parlée et à l'architecture des représentations phonologiques.

Nos habitudes de lecture et d'écriture nous conduisent à penser que lorsque nous parlons nous prononçons les différents sons les uns à la suite des autres. En fait, l'organisation strictement linéaire des éléments sonores n'est qu'une illusion. Ce qui se perçoit comme deux sons successifs A et B peut souvent être temporellement organisé comme l'articulation de B à l'intérieur de l'articulation de A, voire comme un déclenchement de l'articulation de B préliminaire à celle de A. Ces phénomènes de « coarticulation », d'« anticipation articulatoire », d'« économie » dans le déplacement des organes articulateurs, sont extrêmement fréquents et expliquent un grand nombre de processus phonologiques rencontrés dans les langues.

Les sons que nous articulons pour produire un message ne se suivent pas comme des perles sur un collier, mais ils entretiennent entre eux des « relations hiérarchiques » et structurelles complexes. Ces relations de conditionnement réciproque, ou de dominance structurale sont retranscrites dans les représentations mentales comme des architectures complexes. L'exemple le plus simple en est constitué par l'organisation syllabique qui, dans toutes les langues humaines, conditionne des relations de dominance fortement asymétriques.

Dans l'approche « principes et paramètres » dont nous avons parlé précédemment, on définit une structure syllabique universelle comme une relation de dépendance entre une attaque consonantique et une rime. Cette rime comprend le *nucleus* syllabique, c'est-à-dire le noyau vocalique qui régit toute la syllabe et une coda consonantique *(Fig. 4a)*.

Cette architecture abstraite est universelle. Elle rend compte du fait qu'il existe des relations structurelles asymétriques entre le noyau vocalique et les amas consonantiques qui le suivent et le précèdent. Cette organisation syllabique est déterminante et on la voit apparaître chez l'enfant dès les premières phases de babillage.

Universellement les constituants « attaque » et « noyau » sont obligatoires et il n'existe pas de langue possédant des syllabes sans voyelles ou des syllabes ne présentant jamais de consonne initiale. La syllabe minimale est donc universellement CV. La première paramétrisation de cette structure concerne l'existence d'un nœud coda. Selon les langues, les structures CVC sont donc admises, comme en français, ou prohibées, comme en hawaïen par exemple.

À son tour la coda peut être paramétrée et le français admet des groupes lourds finaux d'un maximum de trois consonnes comme dans « cadastre » par exemple. Remarquez que cette tolérance est très limitée, le français restreint ces groupes de trois consonnes aux seules successions fricative/occlusive/liquide comme [str], alors que l'anglais, plus tolérant sous ce rapport, admet des groupes comme [ksts], comme dans *texts*.

Le second niveau de la paramétrisation langue à langue de la structure syllabique universelle concerne la structure interne de chacun des constituants. Certaines langues n'admettent pas de structuration interne à A, N ou C et interdisent qu'ils comportent plus d'un élément. En japonais par exemple, l'attaque ne peut jamais être double et les groupes de consonnes internes sont extrêmement contraints *(Fig. 4b)*.

Lorsque le japonais importe des mots étrangers, il les syllabe donc conformément à sa propre structure paramétrique. Cela explique les processus de resyllabation que l'on observe alors : « film » ne peut être syllabé par un japonais que comme *filumu*, car les codas simples ou doubles sont pour lui impossibles. Il introduira donc autant de voyelles qu'il est nécessaire pour briser les groupes de consonnes *(Fig. 4c)*.

Pour les mêmes raisons, *sprint* sera resyllabé comme *su.pu.ru nu.tu*. La stratégie appliquée est très simple. Une consonne ne saurait qu'être en attaque donc il y aura autant de syllabes que de consonnes, de plus aucun noyau ne peut être vide donc ils seront, en tant que de besoin, remplis par une voyelle par défaut (dans ce cas /u :/).

A contrario, le français accepte, sous certaines contraintes, les attaques et les codas branchantes *(Fig. 4d)*.

Mais comme le montrent les exemples « strophe », « cadastre », « hertz », il existe en français de très nombreuses contraintes sur les groupes de 3 C acceptables. Ces contraintes sont très abstraites et ne sont pas liées à la facilité ou la difficulté à prononcer telle suite. Elles sont liées à la « structure interne » de l'attaque et à son architecture. Considérez par exemple le prénom du violoncelliste *Rostropovitch : Mstislav*. Contrairement au russe, à l'exception des groupes [str] et [spr], le français n'accepte pas d'attaque qui ne soit strictement ascendante du point de vue de la sonorité des phonèmes qui la compose. Ce n'est pas le cas de la suite [mst] où [m] est plus sonore que [s] qui l'est moins que [t]. Les stratégies de réparation des locuteurs du français, telles qu'on les entend à la radio par exemple, sont faciles à prévoir. On brise le groupe [mst] en deux syllabes, soit en ajoutant un [\] initial soit en insérant un [i]. Dans les deux cas on obtient deux syllabes dont la structure correspond aux paramètres du français *(Fig. 4e)*.

Remarquez que l'impossibilité de prononcer *mstislav* ne tient nullement à la difficulté que représente la suite [mst]. En effet, n'importe quel français peut très facilement réaliser une telle suite comme dans la *(Fig. 5a)*.

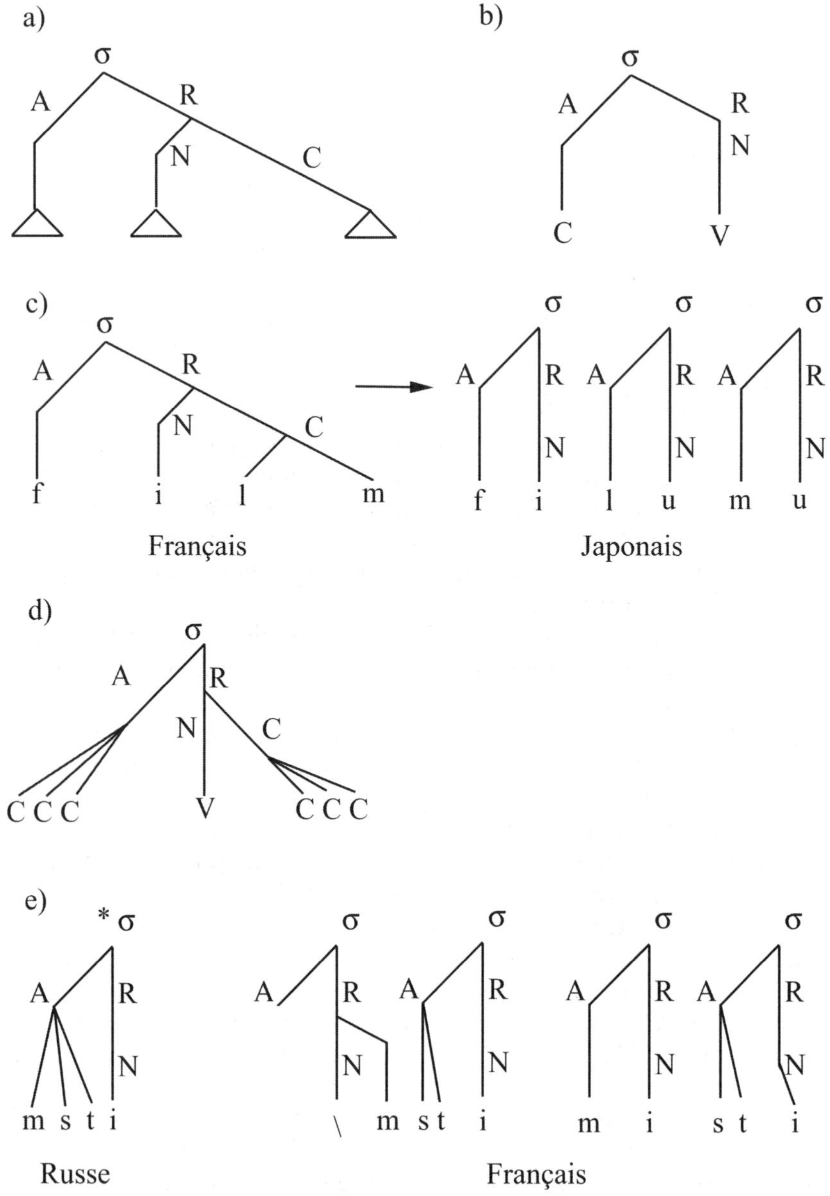

Figure 4 – La structure syllabique.

Ce qui est en jeu ici ce n'est donc pas la suite de sons, c'est leur organisation dans une architecture syllabique et hiérarchique : dans « énorme stylo » la structure est hétérosyllabique si bien que [m] et [s] *n'entretiennent pas de relation hiérarchique directe* parce qu'ils appartiennent à deux structures syllabiques différentes. Par contre dans *mstislav*, la syllabation est nécessairement tautosyllabique. Il s'ensuit que [m] et [s] sont dans une relation hiérarchique non permise par les paramètres du français.

Cette architecture complexe des représentations mentales permet d'expliquer de nombreux phénomènes et processus des langues dans une approche strictement paramétrique qui maintient l'universalité de la compétence linguistique de base de l'espèce humaine. Prenons-en un nouvel exemple. Le français est une langue assez singulière en ce que la forme précise des mots y varie avec le contexte. On dit que c'est une langue à sandhi. C'est un savoir commun à tous les locuteurs du français que selon le contexte phonétique dans lequel certains mots sont prononcés, ils apparaissent avec une forme longue ou une forme courte. Il s'agit du phénomène bien connu de la liaison *(Fig. 5b)*.

Pour analyser ce phénomène au plan cognitif, il faut simultanément rendre compte de plusieurs facteurs. Tout d'abord, il fait partie du savoir intériorisé par chaque locuteur du français que, devant une voyelle, la forme de l'adjectif est *grant* et non *gran* comme c'est le cas devant une consonne. Dans le même temps, il faut garantir que *grant* et *gran* soient bien représentés et stockés comme une « entrée unique » et non comme deux représentations différentes (comme c'est le cas par exemple de « gras » et « gratte »). Enfin, il faut expliquer pour quelle raison c'est bien l'initiale du mot suivant qui bloque ou déclenche l'enchaînement et la resyllabation. L'ensemble de ces facteurs fait à l'évidence partie de la compétence des locuteurs du français et doit être engrammé dans les représentations phonologiques qu'il manipule.

En plus de la structure syllabique, la phonologie moderne postule l'existence d'un gabarit temporel de positions qui définit en quelque sorte le patron du mot. C'est « le squelette chronématique ». Dans ce modèle, dit « autosegmental », structure syllabique, squelette et phonèmes sont reliés par des architectures complexes. Pour rendre compte de la liaison « un grand ami », on postulera simplement que les paramètres du français imposent l'existence d'une attaque syllabique, qui peut parfois être vide, mais qui est toujours structuralement définie. De plus les consonnes finales peuvent éventuellement être non interprétées par l'architecture syllabique. Dans un modèle de ce type, l'analyse de la non-liaison et de la chute

a)

Lech Walesa a signé le texte avec un énor**m. st**ylo.

b)

un grand/ camarade un grand^ami

Figure 5 – En haut : L'organisation d'une suite de mots dans une architecture syllabique et hiérarchique. En bas : La liaison.

de la consonne finale dans « un grand camarade » ainsi que son maintien et la liaison enchaînée dans « un grand ami » s'expliquent donc aisément. On a des représentations proches des suivantes.

Le mot grand est lexicalement représenté comme une structure possédant une consonne finale, mais cette consonne n'est pas interprétée par l'architecture syllabique. On dit qu'elle est flottante. Comme tout mot français possède une attaque, « ami » offre une position et une structure latente d'interprétation syllabique de cette consonne finale, ce qui explique qu'elle se lie à l'attaque de ce mot comme pour la *figure 6a*. Ce n'est pas le cas pour la *figure 6b* où l'attaque est déjà remplie par [c], la consonne finale de « grand » ne trouve donc aucun site de liage et aucune interprétation syllabique. Elle ne peut alors être prononcée.

Dans cette approche autosegmentale, il n'y a aucun processus à stipuler, aucune règle particulière à écrire. Tout le savoir du locuteur est « encodé » dans ses « représentations lexicales » qui, de plus, se réaménagent dynamiquement en fonction de principes architecturaux universels. Ce modèle permet de caractériser de façon très fine ce qu'il en est de la compétence universelle des locuteurs, et ce qu'il en est de la paramétrisation particulière qu'elle reçoit dans telle langue.

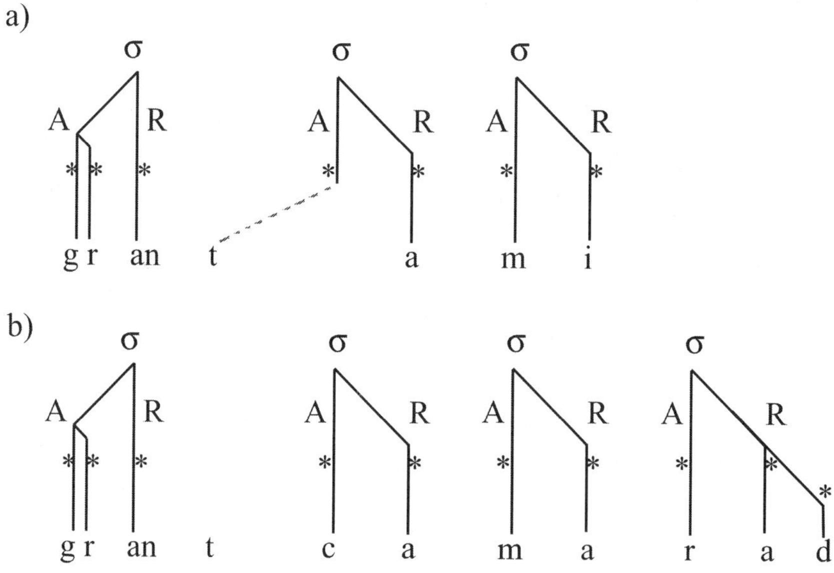

Figure 6

Conclusion

La phonologie cognitive est donc une science très différente de la phonétique. Elle ne s'intéresse pas à la description physique des sons, mais, prenant au sérieux la complexité cognitive du réseau de communication qui permet à deux cerveaux d'échanger des messages, elle met l'accent sur les classes d'équivalence fonctionnelles et les représentations mentales abstraites qui sous-tendent cet échange. Elle se propose ainsi de caractériser la compétence cognitive universelle de l'espèce et de rendre compte, sous forme de paramètres locaux, de la singularité arbitraire de chaque langue. Les représentations cognitives qu'elle est conduite à proposer sont hautement architecturées et structurées. C'est cette structure qui explique dynamiquement les processus observés, dans la mesure où elle encode de façon précise le savoir phonologique des locuteurs. Ainsi la phonologie tend-elle à montrer que, comme le disait déjà Saussure, la langue est tout entière du côté mental et abstrait. Même dans sa partie la plus physique, à savoir la production et la réception de sons articulés, la langue est définitivement une activité cognitive.

RÉFÉRENCES

– CHOMSKY (N.), « Language and thought. Anshen transdisciplinary lectureships in art, science, and the philosophy of culture », *Monograph 3*, Wakefield, R. I., Moyer Bell, 1993.
– ENCREVÉ (P.), *La liaison avec et sans enchaînements : phonologie tridimentionnelle et usages du français*, Paris, Seuil, 1988.
– GOLDSMITH (J.), *Autosegmental and Metrical Phonology*, Oxford, Blackwell, 1990.
– JAKOBSON (R.), *Six leçons sur le son et le sens*, Paris, éditions de Minuit, 1976.
– KAYE (J.), *Phonology : a Cognitive View*, Hillsdale, New Jersey, Lawrence Erlbaum, 1989.
– LAKS (B.), *Langage et cognition : l'approche connexionniste*, Paris, Hermès, 1996.
– LAKS (B.), « Nouvelles phonologies », *Langages*, n° 125, 1997.
– MARTINET (A.), *Éléments de linguistique générale*, Paris, Armand Colin, 1960.
– SEGUI (J.) et FERRAND (L.), *Leçons de parole*, Paris, Odile Jacob, 2000.
– TRANEL (B.), *Current Issues in French Phonology: Liaison and Position Theories The Handbook of Phonological Theory*, Goldsmith, John A. Oxford, Blackwell, 1995.

Renouveau des perspectives sur la langue française : contre la monoglossie

par Bernard Cerquiglini

La langue française, qui fédère tant de pays dans le monde, est un idiome strictement normé. Il n'est pas sûr que ce caractère lui assure l'avenir le plus radieux.

Histoire d'une monoglossie

L'histoire du français est celle de la construction, multiséculaire, d'une langue conçue comme unique, homogène, unitaire. Nous parlerons, par contraste avec les situations « diglossiques » (bilinguisme, etc.) que décrivent les linguistes, de « monoglossie » française. Les raisons en sont nombreuses. Politiques, tout d'abord : l'intérêt de l'État, qu'il soit royal, impérial ou républicain, pour la langue est une constante. On en sait les grandes étapes. Dès avant le XVIe siècle, la royauté impose le français dans l'administration, contre le latin, langue de l'Église ; au XVIIe siècle, la langue nationale prend un tour réellement institutionnel (Académie française, organisme d'État) ; au XVIIIe siècle, la Révolution dans sa lutte contre les dialectes et sa volonté de joindre nation et langue, hérite de cette tradition, qu'elle renforce. On peut penser que l'État en France s'est constitué au travers de sa langue : on rappellera l'amendement constitutionnel du 25 juin 1992, qui introduit à l'article premier du texte fondateur des institutions, à côté des sym-

Texte de la 46e conférence de l'Université de tous les savoirs donnée le 15 février 2000.

boles de la République (drapeau, hymne, devise, etc.) la phrase : « La République a pour langue le français. »

Raisons institutionnelles, ensuite, qui découlent des précédentes. De par cet héritage historique, la France est des mieux fournies en organismes d'aide, de protection, voire de contrôle de son idiome. L'Académie française, dont on a dit qu'on peut la tenir, au rebours de ses sœurs belge, italienne, espagnole, etc., pour un organisme d'État (locaux nationaux somptueux, budget officiel confortable, rang protocolaire élevé de son secrétaire perpétuel, etc.) n'est pas seule. Chaque période de l'histoire a laissé la trace de l'intérêt étatique, par des institutions diverses que l'on a pris soin de conserver en les additionnant. Par exemple, dans les dernières trente années, l'ardent dirigisme gaullien trouva dans la langue matière à son amour ombrageux de l'indépendance nationale, à son désir d'une politique culturelle vigoureuse, à son goût pour la traduction institutionnelle de cette politique. Les présidents de la République qui succédèrent au général, de ce point de vue, furent tous gaullistes. En témoigne la longue liste des organismes et institutions fondés en une trentaine d'années, et dont l'action de l'État en matière de langage semble s'être fait une spécialité. Création en 1966 d'un « Haut Conseil pour la défense et l'expansion de la langue française » (noter les termes) rattaché au Premier ministre. Le Haut Conseil, devenu en 1973 « Haut Comité de la langue française », est remplacé en 1983 par le couple Comité consultatif pour la langue française, chargé de conseiller le Premier ministre, et son bras exécutif, le « Commissariat général à la langue française » ; à ce couple se substitue en 1989 le « Conseil supérieur de la langue française » (que préside le Premier ministre) et la « Délégation générale à la langue française », service du Premier ministre puis du ministère de la Culture. Si l'on ajoute, effet de la volonté du président Mitterrand de traduire en actes le projet francophone, la création d'un Haut Conseil de la francophonie (1983), placé auprès du président de la République, et l'existence depuis 1986, d'un secrétaire d'État voire d'un ministre de la Francophonie (ou chargé de ce portefeuille), on admire l'activité étatique en ce domaine, et la capacité française à empiler les structures. Subsistent de fait, dans une ambiguïté significative, des institutions vouées à la défense de la langue française, et d'autres attachées à son rayonnement.

Les dernières raisons sont idéologiques. Pureté et homogénéité de la langue coïncident, pense-t-on, dans l'unicité partout recherchée. Le thème, des plus mythiques, de la « clarté » inhérente à la langue française est bien connu ; il se lie à une normalisation stricte qui refuse la variabilité, et ignore les multiples variantes dont la langue est faite ; il dépend d'une conception fort resserrée de la langue. L'exemple du *francien* le montre à merveille. Il est partout admis, et reproduit, que le français national provient du dialecte (le *francien*) de l'Île-de-France, région de Paris, promu

« dialecte du Roi », et dont l'expansion a suivi le développement de la royauté. Cette idée plaisante et simple a le défaut d'être erronée : non seulement il n'y eut pas de dialecte propre à l'Île-de-France au Moyen Âge (le terme de « francien » fut l'invention des grammairiens de la fin du XIXe siècle), mais bien des arguments historiques militent avec force contre cette vision. Il est intéressant de rechercher les raisons d'une telle invention, au moment où l'État républicain était en pleine conquête ; s'y mêlent, à l'évidence, l'idéologie étatique centralisatrice, le sentiment que la langue est la chose de l'État, le parisianisme, la volonté que la langue, homogène, provienne d'une source unique et pure.

Le règne de la norme

Qu'on le regrette ou s'en réjouisse, l'histoire pluriséculaire de la construction monoglossique paraît achevée. Dans les faits, tout d'abord. L'exemple des langues « minoritaires » ou régionales est éclairant. Certaines possèdent une réelle vigueur : on peut citer l'alsacien, le catalan, le corse ; à un moindre degré, le basque et le breton. Toutefois, ces idiomes sont réellement minoritaires (l'alsacien est parlé par moins de 0,6 % de la population nationale) et leur transmission est fragile. Les enquêtes de l'Institut national d'études démographiques montrent, années après années, un déclin : il y a toujours moins de locuteurs qui parlent à leurs enfants la langue que leurs parents leur parlaient. En ce sens, l'« intégration républicaine », qui est prioritairement linguistique, a bien fonctionné, et fonctionne toujours. Il n'y a plus dans la France d'aujourd'hui (le fait est récent, et fort significatif) de locuteur natif monolingue d'une autre langue que le français. Ce qui explique sans doute la politique conduite par les défenseurs des langues régionales, laquelle, il convient de le reconnaître, frappe par son équivoque. Le lieu d'apprentissage revendiqué est passé de la famille à l'école, dont on attend, demande, exige qu'elle protège ou tout simplement enseigne. Outre que l'on peut voir là un démarquage inconscient, et donc une reconnaissance de la politique étatique en faveur du français, un soutien scolaire aux langues en péril n'est pas forcément efficace. Une langue qui n'est plus familiale est-elle encore familière ?

Cette monoglossie paraît régner en maître, également, dans les représentations. On l'a dit, la norme est rétive à toute variation ; conçue comme unitaire et inflexible, elle est socialement définie. À la notion très générale d'usage du peuple, que les grammairiens de la Renaissance avait reprise aux latins, la grammaire classique du XVIIe siècle a substitué une conception éminemment stricte.

Vaugelas privilégie « l'usage de la meilleure partie de la cour (et des meilleurs auteurs du temps) ». La norme par suite renvoie à un lieu social, qui en est la source et le souverain ; le « bon usage » est affaire d'élitisme social, et de dressage du courtisan : il faut à tout prix « en être ». L'insécurité linguistique que ressentent tant de Français (ce qu'ils viennent de prononcer « est-il français ? ») tient un peu aux pratiques d'insécurisation de la monarchie absolue (« comment se conformer, comment plaire ? »). La norme aujourd'hui, que l'on réfère à la bourgeoisie parisienne cultivée, n'est pas moins sociale et géographique. On lit dans les dictionnaires que le déjeuner est le repas du midi, le dîner celui du soir ; c'est oublier que dans de larges couches sociales de la province française, ainsi qu'en Belgique, en Suisse et au Québec (ce qui n'est pas peu), on dîne à midi, on soupe le soir. « Dîner » en fin de journée, ne serait-ce pas, en fait, un régionalisme… parisien ? Le resserrement sur la norme explique l'abondante et très ancienne littérature sur la décadence du français ; à en croire les innombrables cris d'alarme poussés, génération après génération, par de farouches défenseurs de la pureté de l'idiome, la langue française devrait avoir disparu, ou être réduite à quelques grognements informes. Cela éclaire également le thème de l'invasion linguistique par excès d'emprunts (actuellement, d'origine anglo-saxonne). Tout changement, toute nouveauté issue de l'extérieur est vécue comme une perte, ou une agression.

Le piège monolingue

Une telle monoglossie a des effets que l'on peut regretter. Elle entrave, par conservatisme, une évolution saine de langue. On sait le risque couru à vouloir toucher, même très modérément et pour les meilleures raisons du monde, à l'orthographe du français ; la dernière tentative, pourtant élaborée de concert avec les partenaires francophones et admise, dans un premier temps, par l'Académie française, publiée en décembre 1990, déclencha une véritable guerre civile, qui remplit la presse écrite, les radios et télévisions pendant tout le mois de janvier 1991. Le désir du gouvernement actuel de féminiser les titres et noms de métier, en nommant (ce qui est linguistiquement fondé et ce dont il a parfaitement le droit) des « ambassadrices », des « directrices » et des « inspectrices générales », a déclenché, de la part de puristes, des articles de presse violents. Plus regrettable encore, le développement néologique ne reçoit pas l'accueil et les encouragements qu'il mérite. Créer du vocabulaire indigène dans les domaines scientifique et technique, au lieu de les emprunter, ce qui est légitime et non xénophobe (toute langue a le droit de pouvoir énoncer le monde moderne) est accueilli avec un sourire qui ne facilite pas l'appropriation des termes. Sait-on que le mot « logiciel » (anglais *software*), créé par des experts en informatique, et que tout le monde utilise aujourd'hui, fut d'abord condamné par l'Académie française ?

Cette monoglossie, ensuite, isole la France au sein de l'espace francophone. Cette dernière, tout d'abord, est le seul pays francophone unilingue. Dans tous les autres le français est en présence d'une autre langue (Québec, Belgique, Tunisie, etc.) voire de plusieurs autres (Suisse, pays africains) ; le français est donc une langue de contact, de dialogue. La politique linguistique de la francophonie doit s'appuyer sur ce fait ; la France, où le français est langue nationale, officielle et unique, doit s'accorder à cette politique. Le français, ensuite, qui est maintenant davantage parlé à l'extérieur de la France, fait preuve au-delà des frontières d'une étonnante vitalité, en particulier lexicale : que l'on songe à la chaleur, à la variété, à la saveur des expressions canadiennes, belges, africaines ! Il ne s'agit pas de régionalismes, même planétaires, mais de variations légitimes et fécondes au sein d'une norme très étendue. On rêve alors d'un vaste trésor, informatisé, des parlers francophones, dans lequel chacun puiserait librement : posons une fois pour toute que chaque mot utilisé spontanément par un locuteur francophone appartient au français.

La France, pour conclure, joue certes un rôle majeur au sein de la francophonie. Elle est le berceau de la langue, la source de la norme, et par son action la sœur aînée des pays francophones (les sommets de pays de la francophonie sont une initiative française) ; elle a donc tout intérêt à devenir… réellement francophone. Prendre conscience d'une telle appartenance implique l'abandon de la norme monoglossique et de l'idéologie de cette norme, l'ouverture aux diverses variétés du français, une faveur donnée aux autres langues présentes sur le territoire (langues régionales, d'immigration, langues européennes voisines). Le dialogue, le commerce des langues, le pluralisme sont l'avenir de la francophonie ; c'est également l'avenir de la langue par laquelle se définit cet ensemble de pays, le moyen le plus honorable, le plus juste de la défendre et de la promouvoir.

Linguistique informatique — traduction automatique

par Laurence Danlos

Dans le célèbre film *2001, l'Odyssée de l'espace* de S. Kubrik, l'ordinateur HAL comprend l'homme, dialogue avec lui dans sa langue, exécute ses commandes, et ressent des émotions. En 1968, Marvin Minsky, conseiller scientifique du film en tant que spécialiste de l'intelligence artificielle, pensait qu'on pourrait effectivement réaliser un ordinateur tel que HAL en 2001. En l'an 2000, est-on près de la réalisation de HAL ? Cet article essayera de montrer et d'expliquer pourquoi on en est loin.

Cette affirmation peut paraître d'emblée critiquable à l'heure où les applications de la linguistique informatique (ou plus généralement de l'intelligence artificielle) envahissent à un rythme accéléré notre quotidien. En effet, bon nombre de voitures parlent, tout traitement de textes intègre un correcteur orthographique, des systèmes de dictée automatique ou de traduction automatique fleurissent sur le marché, on nous annonce régulièrement des photocopieurs ou téléphones qui traduisent, les moteurs de recherche sur le *web* proposent un résumé et une traduction des textes trouvés, on peut bénéficier d'une assistante virtuelle personnelle pour gérer ses rendez-vous, etc. Bref, des applications que l'on n'aurait même pas imaginées il y a quatre ou cinq ans existent bel et bien aujourd'hui. Pourquoi est-on donc si loin de HAL ? La réponse à cette question repose sur une notion clef : la compréhension. La réalisation de HAL demande que l'ordinateur comprenne le langage, tandis que les applications que l'on propose aujourd'hui ne supposent pas de compréhension ou alors une compréhension très superficielle. Et c'est là où se situe la différence : on ne sait

---

Texte de la 47e conférence de l'Université de tous les savoirs donnée le 16 février 2000.

pas simuler à l'heure actuelle la compréhension du langage sur ordinateur.

Cet article sera divisé en deux parties. Dans une première partie, nous présenterons des applications où l'ordinateur manipule du langage écrit ou oral sans rien y comprendre ou pas grand-chose. Nous présenterons par là même ce que peut être la compréhension pour un ordinateur et discuterons de « l'âge mental des robots humanoïdes ». Dans la seconde partie, nous présenterons une application particulière, la traduction automatique, où l'ordinateur aurait besoin de comprendre : on ne traduit pas sans comprendre. À travers cette application, nous exposerons quelques grandes difficultés rencontrées dans le traitement automatique du langage écrit. Ces difficultés expliquent les erreurs fréquemment observées dans les textes traduits automatiquement et illustrent la distance à parcourir pour simuler la compréhension humaine sur ordinateur.

Applications sans compréhension ou avec une compréhension superficielle

Nous allons présenter deux applications, l'une réalisée en 1964, l'autre de nos jours. Cela nous permettra de mesurer la distance parcourue et la distance qui reste à parcourir.

Dès 1964, J. Weizembaum et ses collègues de MIT ont réalisé un logiciel, Eliza, qui a impressionné et impressionne encore. Ce logiciel propose une simulation de dialogues écrits entre un psychothérapeute et un patient, le rôle du psychothérapeute étant tenu par l'ordinateur. Donnons tout de suite un exemple de dialogue : les répliques du patient saisies sur l'ordinateur par un être humain sont en italiques, celles du psychothérapeute en gras.

– **Bonjour, je suis votre psychothérapeute. Parlez-moi de vos problèmes.**

– *Je suis très angoissé.*

– **Pourquoi dites-vous que vous êtes très angoissé ?**

– *C'est à cause de ma femme.*

– **Parlez-moi de votre famille.**

– *J'adore mes enfants.*

– **J'aimerais que vous me parliez de vos relations avec vos enfants.**

– *Personne ne m'aime.*

– **Est-ce que ça vous ennuie que personne ne vous aime ?**

– *Oui, je me sens seul.*

– **Votre vie sexuelle y est peut-être pour quelque chose. Continuez sans crainte.**

– ...

On s'y croirait ! Le dialogue est époustouflant ! Et pourtant l'ordinateur psychothérapeute ne comprend rien, absolument rien aux répliques de son patient. Comment cela est-il possible ? Par la technique du *pattern-matching* que nous allons expliquer brièvement sur les échanges de notre dialogue.

« Bonjour, je suis votre psychothérapeute. Parlez-moi de vos problèmes. »

C'est un des textes préenregistrés par lequel l'ordinateur psychothérapeute entame son dialogue. Ce texte est choisi aléatoirement parmi un ensemble de textes préenregistrés au contenu similaire.

« Je suis très angoissé. »

C'est une réponse libre du patient qui est stockée dans une variable R1.

« Pourquoi dites-vous que vous êtes très angoissé ? »

Cette question du psychothérapeute n'est qu'un ajustement morphosyntaxique de la chaîne de caractères : pourquoi dites-vous que R1 ? L'ordinateur n'a pas besoin de comprendre le sens de R1 pour poser cette question. Il se contente de transformer « je suis » en « vous êtes ». Si le patient avait dit « je suis très euphorique », le « psychothérapeute » aurait tout aussi imperturbablement demandé : « Pourquoi dites-vous que vous êtes très euphorique ? »

« C'est à cause de ma femme. »

C'est une réponse libre du patient qui contient le mot « femme ».

« Parlez-moi de votre famille. »

C'est un ordre systématique du psychothérapeute dès que la réplique du patient contient un mot de la liste : « femme », « mari », « père », « mère », etc.

« Oui, je me sens seul. »

Réponse libre du patient qui ne contient rien de spécial.

« Votre vie sexuelle y est peut-être pour quelque chose. Continuez sans crainte. »

Réponse du psychothérapeute quand il ne sait plus trop quoi dire.

En résumé, l'ordinateur psychothérapeute ne comprend rien aux interventions de son patient : il se contente de produire des réponses en activant une des centaines ou milliers de réponses préenregistrées et en effectuant des transformations morphosyntaxiques (en général « je suis » implique « vous êtes »).

Près de quarante ans après Eliza, J. Cassel et ses collègues de MIT sont en train de réaliser un logiciel, Rea, qui est à la pointe de la recherche et de la technologie. Ce logiciel propose une simulation de dialogues oraux entre un agent immobilier et un client. Le rôle de l'agent immobilier est tenu par un robot humanoïde, c'est-à-dire un robot à forme humaine capable de communiquer par gestes, par le regard et par la parole (ce qui est connu sous le terme de « communication multimodale »). Les progrès entre Eliza

(1964) et Rea (2000) sont considérables : on est passé d'un dialogue écrit à un dialogue oral (ce qui est dû aux progrès énormes de la reconnaissance et de la synthèse de la parole), on est passé d'un ordinateur à un humanoïde (ce qui est dû aux progrès énormes de la robotique), et enfin on est passé à une communication multimodale grâce à une bonne intégration de différentes technologies. Qu'en est-il de la compréhension ? Les progrès sont minces : Rea comprend à peu près ce dont parle son client, mais uniquement si celui-ci se cantonne à des questions concernant l'immobilier. Si le client passe de l'achat d'un appartement à l'achat d'une voiture, Rea est complètement perdue. Ceci est dû au fait que le module de compréhension n'a que des connaissances linguistiques ou extra-linguistiques sur l'immobilier. En particulier, son vocabulaire se limite à celui de l'immobilier. D'une manière plus générale, il n'existe aucun système de compréhension générique, c'est-à-dire fonctionnant pour la conversation courante et pour les multiples domaines fermés (immobilier, juridique, médecine, etc.). À l'heure actuelle, l'ordinateur ne peut comprendre un texte (calculer une représentation sémantique de ce texte suffisamment abstraite pour pouvoir effectuer du raisonnement dessus) que si celui-ci relève d'un domaine fermé et donc restreint linguistiquement et conceptuellement. Les raisons techniques de ces limitations seront expliquées dans la seconde partie de l'article.

Ces limitations dans la compréhension des humanoïdes sont souvent traduites dans les médias dans les termes suivants : « Rea a un âge mental de trois ans. » Nous pensons que ce type d'affirmation est fondamentalement erroné. Non pas du fait que l'âge mental est de deux ou quatre ans au lieu de trois, mais simplement du fait qu'il est spécieux de faire une comparaison entre l'âge mental d'un robot humanoïde et celui d'un enfant. En effet, il n'existe à notre connaissance aucun enfant, même atteint de troubles langagiers, qui ne soit capable de comprendre le langage que dans un domaine restreint (en général la nourriture) à l'exclusion de tout autre domaine (en général les jouets, les câlins, etc.). Autrement dit, on ne peut pas parler de l'âge mental d'un humanoïde en effectuant une comparaison avec l'âge mental d'un enfant. L'apprentissage du langage (et de la perception du monde) par un enfant passe par des mécanismes encore mal identifiés à l'heure actuelle mais qui n'ont forcément rien à voir avec les mécanismes utilisés dans la réalisation d'un humanoïde comme Rea dont on restreint sciemment la connaissance à l'immobilier sans chercher le moins du monde à élargir le champ de ses compétences.

Il est aussi fréquent d'entendre parler des « états d'âme » des robots humanoïdes. Ainsi, un humanoïde « vous confie ses états d'âme », raconte-t-on, lorsqu'il dit : « Mes batteries sont à plat. » Mais alors votre voiture vous confie aussi ses états d'âme lorsque s'allume la lumière rouge de la batterie. Le principe est le même, seuls le mode de communication et la forme de l'objet diffèrent.

Suffit-il d'être un objet à forme humaine et à synthèse vocale pour avoir des états d'âme ?

La traduction automatique

Dans un système de traduction automatique (désormais TA), un texte en langue source (notée Ls, le français par exemple) est donné en entrée sous forme électronique au système de TA qui calcule le texte en langue cible (notée Lc, l'anglais par exemple). Cette traduction, qui se présente sous forme électronique, est prête à être imprimée ou diffusée sur le *web*.

La TA est l'application de linguistique informatique la plus ancienne : les recherches en TA sont contemporaines des débuts mêmes de l'informatique (vers la fin des années 1940). C'est une application très prisée car les besoins sont énormes. Ainsi la Commission européenne traduit environ un million de pages par an, les multinationales environ un milliard.

Les premiers systèmes de TA reposaient sur une traduction mot à mot qui est schématisée dans la *Figure 1*. La phase de « lemmatisation » en Ls consiste à mettre les noms au singulier, les verbes à l'infinitif, etc. La phase de transfert consiste à associer à un mot en Ls sa traduction en Lc (en général « noir » → *black*). La phase de réajustement en Lc permet de respecter les règles morphosyntaxiques de Lc (en général un adjectif se place avant le nom en anglais).

On ne connaît que trop bien les limites de la traduction mot à mot qui donne pour la phrase (1) ci-dessous la traduction erronée (2) au lieu de la traduction correcte (3).

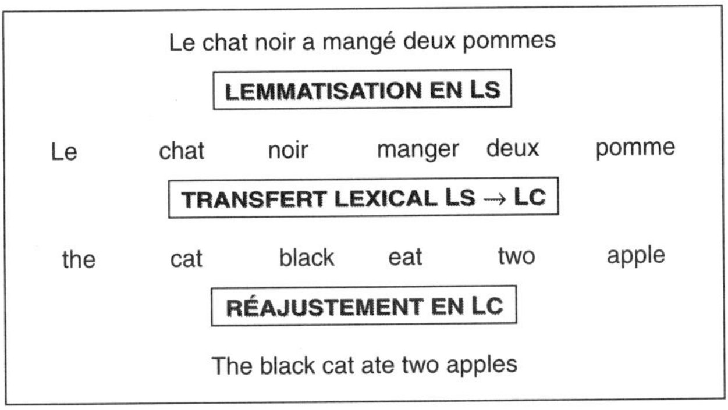

Figure 1 – Traduction mot à mot.

(1) Un pied-noir a mangé une pomme de terre.

(2) *A black foot ate an apple of earth.*

(3) *An Algerian-born Frenchman ate a potato.*

La traduction mot à mot est vouée à l'échec car il est connu que l'on ne peut pas traduire sans comprendre. Un système de TA doit donc (en principe) comporter un module d'analyse et un module de génération *(Fig. 2)*. Le module d'analyse est chargé de la compréhension du texte en Ls et calcule une représentation sémantique de ce texte. Celle-ci est fournie en entrée au module de génération qui produit le texte en Lc.

Mais cette architecture d'un système de TA relève plus du principe que de la réalité car on n'arrive guère à réaliser des modules d'analyse ou de génération. Pourquoi ? Parce que la langue comporte une infinité d'ambiguïtés. La relation sens-forme n'a rien de biunivoque : d'une part, une forme linguistique donnée a plusieurs sens (ce qui crée des ambiguïtés en analyse), d'autre part un sens donné peut s'exprimer par plusieurs sens (ce qui crée des ambiguïtés en génération). Nous allons illustrer les ambiguïtés de la langue uniquement en analyse et uniquement sur le cas des homographes, c'est-à-dire sur deux mots qui ont la même graphie mais des sens différents (et donc généralement des traductions différentes). Ainsi, « le » est soit un article soit un pronom, « savoir » est soit un verbe soit un nom, « avocat » est toujours un nom mais soit il désigne un homme de loi (et se traduit alors par *lawyer*) soit il désigne un fruit (et se traduit alors par *avocado*). Dans la plupart des cas, les deux sens d'avocat ne crée pas d'ambiguïté réelle : dans les phrases (4) et (5) ci-dessous un humain « désambiguïse » facilement ce mot par le contexte où il est employé et établit qu'avocat désigne un fruit en (4) et un homme de loi en (5).

(4) Zoé a mangé un avocat.

(5) Zoé a rendez-vous avec un avocat.

Mais pour l'ordinateur il y a une ambiguïté virtuelle introduite par le module d'analyse qui connaît les deux sens d'avocat. Cette

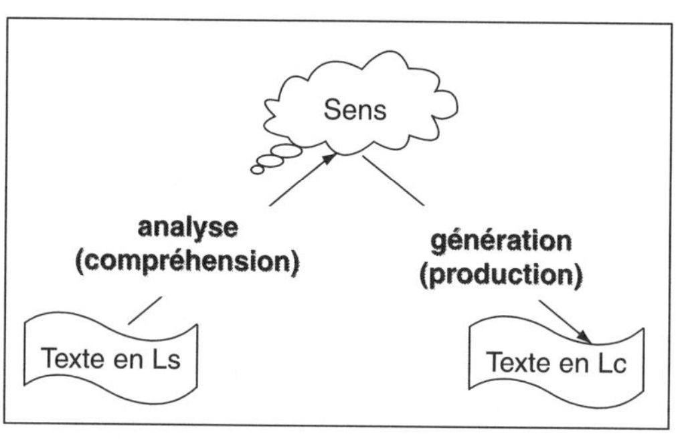

Figure 2 – Architecture d'un système de TA.

ambiguïté virtuelle doit impérativement être levée pour éviter des traductions erronées comme (6) et (7).

(6) *Zoe ate a lawyer.*

(7) *Zoe has a meeting with an avocado.*

La levée des ambiguïtés virtuelles pour les homographes demande d'effectuer deux tâches :

– établir une classification sémantique des noms (les classes de noms sont écrites en majuscules), par exemple : avocat est un FRUIT qui est un COMESTIBLE/avocat est un HUMAIN ;

– établir la catégorie sémantique des compléments de verbe, par exemple :

– ANIME manger COMESTIBLE/HUMAIN avoir rendez-vous avec HUMAIN.

Mais l'affaire se complique car les verbes sont aussi souvent des homographes. Ainsi, « manger » a les sens illustrés en (4) et dans les exemples suivants :

(8) Ce poêle mange beaucoup de charbon.
APPAREIL manger COMBUSTIBLE
This stove uses a lot of coal.

(9) Les grosses entreprises mangent les petites.
ORGANISATION manger ORGANISATION
Big firms swallow up smaller ones.

(4) présente donc un phénomène d'ambiguïté croisée : pour désambiguïser « avocat », il faut désambiguïser « manger » et pour désambiguïser « manger », il faut désambiguïser « avocat ». Les ambiguïtés croisées donnent lieu à une explosion combinatoire que l'on peut chiffrer ainsi : si une phrase a n mots m_1 m_2... m_i... m_n et si un mot m_i a k_i sens (donc généralement k_i traductions), alors l'ordinateur doit choisir entre K hypothèses avec $K = k_1 \times k_2 \times \ldots \times k_i \times \ldots \times k_n$. On dit que le module d'analyse surgénère en produisant une prolifération d'hypothèses. Il arrive de plus qu'un homographe ne puisse pas être désambiguïsé par le contexte immédiat (la phrase où il apparaît) ni par un contexte plus large. Ainsi, en (10), on ne peut désambiguïser avocat ni par « aimer », ni par « véreux », ces deux prédicats s'appliquant tant à des fruits qu'à des humains.

(10) Zoé a aimé cet avocat. Pourtant, il était véreux.
Zoé loved/liked this lawyer/avocado. However, he/it was shady/ worm-eaten.

Soulignons le point suivant : le texte en (10) est réellement ambigu, mais il ne sera que rarement perçu comme tel en situation d'énonciation, par exemple dans un dialogue entre deux personnes car celles-ci savent bien si elles sont en train de parler des amours de Zoé ou de ce qu'elle a mangé à midi. En TA, ou plus généralement en compréhension, on peut simuler ce type de connaissances en restreignant le domaine des textes à traiter : un système comprenant un module d'analyse ne peut produire des résultats satisfaisants que dans un domaine fermé comme le juridique, l'informatique ou l'immobilier. En effet, un module d'analyse dédié au juridique peut ne retenir que le sens « homme de loi » du mot « avocat » et ainsi limiter la prolifération d'hypothèses dues aux homographes. Cette méthode, qui n'est pas sans induire quelques erreurs, est un point de passage obligé car, rappelons-le, les homographes ne sont qu'une illustration des ambiguïtés de la langue : c'est une ambiguïté de type sémantique mais il existe d'autres ambiguïtés sémantiques (en général les temps des verbes, par exemple un présent utilisé pour un événement futur comme dans « Zoé vient demain ») et des ambiguïtés à tous les niveaux de la langue : morphologique, syntaxique et pragmatique. Cette foison d'ambiguïtés, qui débouche pour un texte sur un réseau complexe d'ambiguïtés croisées, ne peut être gérée en grandeur réelle, c'est-à-dire en simulant la compréhension humaine capable d'appréhender tant les conversations courantes que les conversations plus techniques.

Il n'en reste pas moins que les systèmes de traduction automatique progressent lentement mais sûrement avec deux tendances. Dans les laboratoires de recherche, des prototypes sont développés qui donnent des résultats assez satisfaisants dans des domaines restreints et moyennant l'utilisation d'ordinateurs puissants et un temps de calcul conséquent. Sur le marché, les produits commerciaux fleurissent. Ils produisent souvent des traductions erronées mais qui peuvent au moins servir à déterminer de quoi parle le texte (ce qui est important en veille technologique, par exemple). Ces produits couvrent un large vocabulaire, fonctionnent sur des PC et produisent instantanément la traduction. On peut penser que ces deux tendances vont converger avec le développement de la puissance des ordinateurs. Certes, mais cela n'est pas suffisant. Il reste un énorme travail à effectuer qui consiste à formaliser et à enregistrer dans l'ordinateur toutes les connaissances linguistiques et extralinguistiques, et cela ne sera pas achevé en 2001 !

Je remercie mes nombreux amis et collègues qui m'ont aidé pour cette présentation, plus particulièrement Isabelle Faugeras, Frédéric Meunier, Fayez Okdeh, Gaëlle Récourcé et Laurent Roussarie.

Le Sens

par OSWALD DUCROT

Le titre de mon exposé est évidemment mille fois trop prétentieux. Quelqu'un qui pourrait dire ce qu'est le sens donnerait aussitôt la clef qui résout tous les problèmes philosophiques. Tout ce que je veux et peux faire, c'est indiquer comment, en tant que linguiste, on rencontre — je ne dirais pas cette notion de sens, car cela supposerait qu'on la connaisse, et qu'il s'agisse d'une notion. Ce qu'on rencontre, c'est la nécessité d'employer, dans le travail de description, des mots comme « sens » ou « signification », sans trop savoir ce qu'ils veulent dire, sans savoir même s'ils veulent dire quelque chose.

L'objet du linguiste, ce sont des paroles, orales, graphiques ou gestuelles, donc quelque chose d'apparemment sensible, perceptible (audible ou visible). Cela dit, le linguiste ne peut pas s'intéresser à toutes les émissions sonores, à tous les graphismes, à tous les gestes. Il s'intéresse seulement à ce dont on dit d'habitude que cela « a du sens », ou sert à construire des expressions plus complexes, qui « ont du sens », et plus précisément à ce qui a du sens en vertu d'un ensemble de conventions sociales qu'on appelle « la langue ». Les objets sur lesquels nous travaillons se présentent donc, au premier abord, comme des objets perceptibles qui renvoient de façon réglée à quelque chose de non perceptible. Cet élément non perceptible, on l'appelle « sens ». Mais il faut bien voir que nous n'en avons encore qu'une définition, ou plutôt une caractérisation, purement négative : le sens, c'est un absent signalé par certaines présences sensibles (disons « apparemment sensibles »).

Texte de la 48e conférence de l'Université de tous les savoirs donnée le 17 février 2000.

Arrivé là, on a au moins deux possibilités ; l'une, choisie par les linguistes dits « behavioristes », consiste à dire que ce sens, on lui laissera son statut de grand absent. Dans cette perspective, l'existence du sens sert seulement à déterminer les objets auxquels le linguiste s'intéresse, mots, groupes de mots, phrases, ainsi que les sons élémentaires qui servent à fabriquer ces expressions douées de sens. Et on se contente de chercher les règles selon lesquelles ces éléments se combinent, par exemple quels types de mots, doués de sens, doivent être choisis pour constituer une phrase elle-même douée de sens. Il s'agit, pour ainsi dire, de trouver les règles selon lesquelles la propriété « avoir du sens » se transmet, à partir d'objets élémentaires, à des objets plus complexes.

La plupart des linguistes, cependant, ne s'en tiennent pas à cette sobriété, à cet ascétisme sémantique ; ils pensent que la langue, qui est leur objet d'étude, ne se contente pas de déterminer quelles expressions ont du sens, mais qu'elle dit aussi quelque chose sur leur sens, qu'elle a sa manière à elle de remplir le vide constitutif de l'entité linguistique. C'est pourquoi la plupart des linguistes passés ou présents se reconnaîtraient sans rechigner dans la célèbre déclaration saussurienne, selon laquelle le signe, un des objets élémentaires de la langue, a deux faces, l'une perceptible (Saussure dit souvent « acoustique »), l'autre « conceptuelle », et l'on admet aussi que le linguiste doit décrire l'une et l'autre de ces deux faces. Il n'aurait donc pas seulement à reconnaître l'existence d'une absence, mais à donner quelque contenu, quelque épaisseur, à ce grand absent. Tout le problème est de savoir quelle nature attribuer à ce sens, c'est-à-dire de quel type de contenu il s'agit.

J'ai dit que la plupart des linguistes adhèrent à l'image saussurienne d'un signe à double face. Ils y adhèrent en tout cas si l'on interprète la dualité saussurienne comme une dualité de l'acoustique et du conceptuel, formulation que Saussure utilise souvent (mais, il le dit lui-même, pour des raisons surtout pédagogiques). Cet accord de la pratique linguistique courante avec le texte saussurien a pour conséquence que la plupart des linguistes reconnaissent la légitimité, voire la nécessité, d'une sémantique linguistique : ils tentent donc de dire quelque chose sur ce que j'ai appelé le grand absent du signe, de le tirer de l'ombre pour ainsi dire : là encore ils sont conformes au programme fixé par Saussure.

Cependant les linguistes sémanticiens, dans leur majorité, ont tendance à donner une caractérisation extralinguistique à la face non perceptible du signe. Cela les amène à reprendre avant tout l'expression « conceptuel » dont Saussure, je l'ai dit, se sert souvent, et à donner peu d'importance au fait que Saussure préfère finalement le terme « signifié » au terme « concept », qu'il déclare trompeur. Quand il parle du signifié, c'est toujours pour insister sur ce qu'il appelle son aspect « négatif » ou encore « oppositif ». (Il dit d'ailleurs la même chose du signifiant, lui aussi « négatif » et « oppositif », et qui n'est que provisoirement appelé « acoustique ».)

Mais on prend souvent cette distinction saussurienne entre signifié et concept pour une pure subtilité terminologique. C'est pourquoi la reconnaissance du sens comme objet d'étude s'accompagne majoritairement d'une sorte de chosification de ce sens, vu comme une sorte de substance intellectuelle qui serait la contrepartie de la substance sensible.

Je vais d'abord essayer de montrer que la dualité saussurienne, comprise d'une façon plus exigeante qu'on ne fait d'habitude, est incompatible avec la plupart des conceptions sémantiques qui ont l'air de s'y conformer. Ce sera la première partie de mon exposé. Ensuite, je tenterais de présenter les grands traits d'une théorie sémantique qui, tout en essayant de décrire le sens, donc de remplir la case étiquetée « signifié » du schéma saussurien, lui garde quand même son aspect négatif et essaye, ce qui n'est pas facile, de le décrire comme « absent » tout en le décrivant.

Je commence donc par dire quelques mots de cette chosification du sens, de cette description du sens comme un objet réel, contrepartie non perceptible de cet autre objet réel, mais, lui, perceptible, que serait le signifiant. Dire que la réalité acoustique signifie une autre réalité appelée « sémantique », cela semble conduire à placer cette réalité signifiée en dehors de la langue. L'image la plus courante de cette façon de voir consiste à mettre en rapport le sens d'une entité linguistique avec les informations qu'elle donne sur le monde, avec la portion de réalité quelle désigne. Bien sûr, on va rarement jusqu'à dire que le sens est un ensemble d'objets réels ou de situations effectives, auxquels les mots et les phrases renvoient. (Pourtant certains logico-linguistes, comme Occam au Moyen Âge, qui n'avait pas froid aux yeux, le disaient explicitement.) On préfère considérer le sens comme quelque chose qui, sans être en soi un élément du monde, permet de repérer, d'identifier, des objets du monde auxquels le signe est attaché. Le sens serait ainsi, d'une façon ou d'une autre, « donateur » de la réalité. Il y a bien sûr différentes façons de se représenter cette donation. On peut voir le sens par exemple comme une sorte de réalité psychologique, comme une idée, comme un ensemble de propriétés : les objets désignés par le signe seraient alors ceux qui correspondent à cette idée ou qui possèdent ces propriétés. Ainsi le sens du mot « homme », ce serait l'idée d'homme, idée qui permettrait de repérer, parmi l'infinité des choses, celles qui lui ressemblent. (Je n'entre pas bien sûr dans la métaphysique que cette conception suppose sans le dire, dans cette sorte de participation postulée entre les choses et nos idées.) Une autre façon de décrire le sens par rapport aux choses, c'est de présenter le sens d'une entité linguistique comme un ensemble de conditions de vérité. Le sens de la phrase « la vie est belle », ce serait l'ensemble des conditions auxquelles une situation doit satisfaire pour qu'il soit vrai d'énoncer, à propos de cette situation, la phrase « la vie est belle ». J'appellerai « véritative » cette conception du sens, qui consiste à faire appel, pour le caractériser, à la notion de vérité. Deux mots sur cette conception très traditionnelle, ou plus précisément sur la forme atténuée qu'elle prend dans une théorie philosophique très largement admise actuellement, la théorie des actes de langage.

Cette théorie, issue d'Austin, et développée par Searle, est, je l'ai dit, une forme atténuée de la conception véritative, dans la mesure où elle admet, à l'intérieur du sens d'un énoncé, une part non véritative appelée « force illocutoire ». Il s'agit de l'indication du type d'acte de langage accompli par le locuteur de l'énoncé, promesse, affirmation, ordre, etc. Mais la théorie des actes illocutoires reste intérieure à ce que j'appelle conception véritative, car la force illocutoire est dite « appliquée » à un contenu propositionnel, qui constitue la deuxième partie du sens, et consiste en un ensemble de conditions de vérité permettant de repérer des situations effectives. En disant « Pierre viendra », j'applique la force illocutoire d'affirmation à un contenu propositionnel qu'on peut appeler « venue future de Pierre », et ce contenu permet de reconnaître l'ensemble des situations dont j'affirme que l'une d'entre elles se réalisera. En disant « je promets que Pierre viendra », je prends l'engagement (c'est la force illocutoire) de faire que se réalise une des situations repérées par ce même contenu, et l'ordre « que Pierre vienne » impose à mon interlocuteur (c'est la force illocutoire de l'énoncé impératif) de travailler à cette réalisation. On voit que cette théorie consiste finalement à introduire dans le sens des énoncés la grande séparation qui domine la philosophie occidentale, la séparation du subjectif (la force illocutoire) et de l'objectif (le contenu propositionnel). Certes la totalité du sens n'est pas réduite à de l'extra-linguistique, car on peut admettre que la force illocutoire, qui en constitue une part, est une réalité linguistique *sui generis* : la langue se présente elle-même comme ayant un type particulier de pouvoir, comme constituant une forme originale de faire. Mais la deuxième part du sens, ce contenu propositionnel auquel s'applique la force illocutoire, et sans lequel la force illocutoire n'existerait pas (car promettre, c'est toujours promettre quelque chose), cette deuxième part du sens nous fait sortir du domaine linguistique, elle consiste en un simple moyen de repérer, par l'énoncé de conditions de vérité, un certain ensemble de situations. Voici quelques exemples visant à mettre en doute la possibilité, postulée par la théorie des actes de langage, d'isoler dans le sens de l'énoncé un contenu objectif.

D'abord des exemples d'assertions. Dire à propos d'un film « il est intéressant », ou à propos d'une réunion « elle a été très agréable », est-ce vraiment ajouter une force illocutoire affirmative à une proposition susceptible de vérité ou de fausseté ? Pour soutenir cela, il faudrait pouvoir déterminer à quelles conditions un film ou une réunion doivent satisfaire pour qu'on puisse leur attribuer de façon véridique l'un de ces adjectifs. Or je vois mal comment définir ces conditions. J'ai été particulièrement sensible à ce fait en voyant, un jour, des parents qui essayaient d'empêcher leur enfant de jouer avec un chien. Ils disaient à l'enfant : « Ne touche pas : c'est sale. » Essayons de nous placer du point de vue de l'enfant. Que pouvait signifier pour lui l'assertion « c'est sale » ? Certainement pas une proposition concernant le chien. Car l'enfant ne sait rien de l'adjectif « sale », sinon que cet adjectif sert à justifier des ordres de ne pas toucher, de ne pas manger, ou, plus généralement, d'éviter le contact, de mettre à l'écart. Certes les parents avaient sans doute l'impression de donner une description du chien, description dont il résulterait, par une inférence simple, qu'il ne faut pas le toucher. Mais, pour l'enfant, cette conclusion est interne, à la signification même du mot « sale », c'est à travers elle qu'il comprend ce mot : l'ordre de ne pas toucher n'est pas une conclusion, mais plutôt une explicitation ou une spécification de la phrase déclarative. Et on pourrait se demander s'il n'en est pas de même, en fait, pour les parents, malgré l'impression qu'ils ont peut-être d'effectuer une sorte de raisonnement. Car ils auraient bien du mal à définir la saleté autrement que par les interdits auxquels elle fait allusion. Pour moi, le sens de « sale » n'est rien d'autre que de fournir un argument pour tenir à l'écart, pour exclure.

Prenons maintenant un énoncé impératif. Supposons que, pour demander à quelqu'un de faire quelque chose, vous lui disiez : « Sois raisonnable. » En disant cela, vous n'appliquez pas une force illocutoire d'ordre à une proposition « tu seras raisonnable », et vous ne demandez pas au destinataire de satisfaire les conditions qui rendent vraie cette proposition. Car il est bien évident, de toute façon, qu'il faut être raisonnable, et ce n'est pas la peine de l'ordonner. En réalité, ce que vous ordonnez, ce n'est pas d'« être raisonnable », mais de faire un certain acte, et, pour cela, vous qualifiez de raisonnable l'acte en question. Le mot « raisonnable », dans cette phrase, ne sert pas à construire une proposition, il contient, dans son sens même, la fonction de justification : sa valeur sémantique consiste à présenter un acte comme devant être fait. Ce que je voudrais, quand j'aurai à décrire sémantiquement cet adjectif, c'est indiquer, dès le début, les fonctions argumentatives qu'il possède, le type de justification qu'il permet. C'est en cela pour moi que consiste son sens, et non pas dans sa participation au contenu propositionnel de l'énoncé, même si l'on prend soin de signaler qu'un tel contenu n'est lui-même qu'une partie du sens global de cet énoncé.

J'en viens à la seconde partie de mon exposé. Je dois montrer que l'on peut décrire la face signifiée du signe, c'est-à-dire le correspondant non perceptible du signifiant, sans faire intervenir des éléments extralinguistiques. En d'autres termes, il faut maintenir que le sens, tout en étant fondamentalement l'autre, le non-entendu, le non-vu, d'un discours, n'est pas cependant autre que la langue, n'est pas ce qui accroche la langue à un domaine de réalité distinct d'elle.

Vous le devinez, je vais encore recourir au patronage de Saussure, non pas bien sûr au Saussure du couple image acoustique-concept, mais au Saussure, à mes yeux plus fondamental, du couple signifiant-signifié. L'idée centrale est celle de valeur. La valeur d'un signe, pour Saussure, ce sont ses rapports avec les autres signes du système linguistique auquel il appartient. Pour lui, le signifié d'un signe (ce que j'ai ici convenu d'appeler son sens), c'est une partie de sa valeur, c'est-à-dire une partie des rapports que ce signe, considéré comme totalité, entretient avec les autres. (La même chose valant d'ailleurs pour le signifiant, qui est constitué lui aussi par des rapports entre le signe et les autres, la différence étant simplement qu'il ne s'agit pas des mêmes rapports.) On voit quel est l'impact de la substitution du couple signifiant-signifié au couple image acoustique-concept. Le couple image acoustique-concept laisse entendre qu'il s'agit de réduire le signe à l'association de deux objets qui existent indépendamment de lui. Le choix des mots signifiant-signifié sert au contraire à inscrire le signe lui-même, pris comme totalité, dans chacune de ses deux parties, inscription dont Saussure signale le caractère paradoxal et apparemment contradictoire. Le problème est évidemment de savoir quel type de rapports va être pris en considération. Sur ce point la théorie que je vais esquisser perd ses attaches avec Saussure, et déplairait sans doute à beaucoup de linguistes qui se réclament de lui (car elle fait intervenir le discours, notion que Saussure rattache souvent à la parole et oppose donc à la langue).

La théorie en question a pour origine celle que J.-C. Anscombre et moi avons initiée sous le nom de « théorie de l'argumentation dans la langue » (ADL). Marion Carel a récemment transformé cette première esquisse en en faisant la théorie dite des « blocs sémantiques ». C'est à la théorie des blocs sémantiques que je me référerai surtout. D'une façon générale, l'ADL est fondée sur la décision de n'entendre, quand on parle du sens d'une entité linguistique, rien d'autre qu'un ensemble de discours que cette entité évoque. (L'entité peut être un mot, un groupe de mots, une phrase, peu importe.)

Notre point de départ, très lointain maintenant, a été une tentative de description des mots « peu » et « un peu ». Comment décrire la différence de sens entre « j'ai peu dormi » et « j'ai un peu dormi » ? Il nous a semblé impossible de la décrire par des propriétés extralinguistiques. Par exemple, on ne saurait, selon nous, recourir à des notions référentielles comme la quantité, et dire par exemple que dormir peu, c'est dormir moins longtemps que dormir un peu. On peut parler de la même durée de sommeil en la qualifiant de « peu » ou de « un peu ». Impossible aussi de recourir à des notions cognitives comme l'idée de suffisance, qui serait signalée par « un peu », et celle d'insuffisance, exprimée par « peu ». Car on peut très bien dire que l'on a peu dormi, et que cela a pourtant suffi, ou que l'on a un peu dormi, mais que pourtant cela n'a pas suffi. Ce ne sont donc pas les notions mêmes de suffisance ou d'insuffisance qui sont pertinentes pour décrire le sens intrinsèque de « un peu » et de « peu ». Ce qui est discriminant, c'est un fait discursif : si, après avoir dit « j'ai peu dormi », je veux continuer avec une phrase marquant la suffisance de mon sommeil, je dois employer une liaison du type de « pourtant », et de même après « un peu », si je veux enchaîner sur une affirmation d'insuffisance. Des observations de ce genre, auxquelles nous donnons une valeur basique, et non pas dérivée, nous amenaient à décrire le sens des mots « peu » et « un peu » par l'effet qu'ils ont sur les continuations possibles après les phrases où ils entrent. Tout ce que nous nous sentions capables de dire d'eux, c'est le rôle qu'ils ont dans le discours. Pour nous, cette contrainte exercée sur la suite du discours était la seule chose que nous pouvions mettre avec certitude dans leur sens.

Et ils ne sont pas, bien sûr, les seuls dans ce cas. Songez à des adverbes comme « près » et « loin ». Quelqu'un vous demande à quelle distance d'ici se trouve, disons le Louvre ; vous pouvez indiquer cette distance aussi bien sous la forme « c'est près » que sous la forme « c'est loin ». La seule différence, mais capitale pour nous, est que, dans le cas de « c'est près », vous pouvez continuer « donc allez-y à pied », et dans le cas de « c'est loin », il vous faudra dire « pourtant allez-y à pied ». Vous voyez vers quel programme de travail ces observations nous menaient : essayer de construire une description sémantique consistant uniquement à donner la « valeur » des mots dans le discours. (Je donne ici au terme « valeur » le sens technique qu'il a chez Saussure, où il s'agit des rapports du mot avec d'autres mots.)

Le grand problème, dans cette construction, c'est de choisir les rapports que l'on va prendre en considération. Mes exemples de « peu » et de « loin » montrent déjà qu'il s'agit de rapports discursifs. Mais, là encore, il faut choisir, parmi les discours que le mot évoque, et qui constituent une infinité désordonnée, le type particulier de discours auquel on s'intéressera. La décision fondamentale de la « théorie des blocs sémantiques » est de considérer comme basiques deux types de discours, les enchaînements (dits « normatifs ») de deux énoncés par un connecteur du type de « donc » (par conséquent, de ce fait, etc.), et les enchaînements (dits « transgressifs ») du type de « pourtant » (cependant, malgré cela, etc.). Pour simplifier, je les appellerai respectivement enchaînements en DC et en PT. La raison du rôle privilégié que nous leur donnons, est que, dans ces deux types d'enchaînements, les énoncés enchaînés n'ont pas une réalité sémantique qui pourrait se comprendre abstraction faite de leur enchaînement. Considérez par exemple le DC de « il fait chaud, donc Pierre doit être content ». La chaleur indiquée dans le premier segment n'est déterminable que par le fait qu'elle entraîne le contentement exprimé, après « donc », dans le second. (Il ne peut pas, sauf ironie, s'agir du type de chaleur qu'on appelle « étouffante ».) De même le contentement dont il s'agit dans le second segment est uniquement celui que peut entraîner la chaleur mentionnée dans le premier, pas celui que donne éventuellement le gain du gros lot. (Si vous en avez la patience, remplacez, dans les énoncés précédents, le « donc » par un « pourtant » suivi d'une négation, vous vous apercevrez que là encore il est question du type de contentement dû à la chaleur et du type de chaleur qui peut amener le contentement.) Les enchaînements en DC et en PT résistent donc à toute tentative de description extralinguistique, ils ne peuvent pas être décrits comme une relation entre deux propriétés « réelles » (chaleur et contentement dans mes exemples), car chaque segment est incompréhensible indépendamment de sa liaison avec l'autre au moyen du connecteur.

Sur quelques exemples élémentaires, je vais montrer comment un mot peut être décrit au moyen de ce genre d'enchaînements. J'envisagerai d'abord un verbe comme « travailler ». Ce que demande la conception sémantique présentée ici, c'est de trouver des discours en DC ou en PT évoqués par des énoncés où intervient le mot « travailler ». C'est d'ailleurs ce que font explicitement la plupart des dictionnaires, tel le Petit Larousse, qui propose la définition « soutenir un effort en vue d'obtenir un résultat ». Transcrite dans notre théorie, cette définition signifie que l'on peut, après avoir signalé que Jean a travaillé, continuer « ... donc il a dû obtenir des résultats », ou tout aussi bien « ... pourtant il n'a pas obtenu de résultats ». (On notera que le « pourtant », autant que le « donc », associent le travail à l'idée de résultats.) D'autres enchaînements sont également évoqués par le verbe, ainsi « ... donc il doit s'être fatigué » ou « ... pourtant il ne s'est pas fatigué ». On est fatigué à cause du travail (DC), on est reposé malgré le travail (PT).

On objectera peut-être que les enchaînements cités expriment seulement des constatations empiriques : on sait que le travail fatigue et qu'il produit des résultats. À quoi on peut répondre d'abord que l'expérience ne nous apprend rien de bien évident sur ces points, notamment sur le second. Mais surtout il faut noter que ces explications « empiriques » supposent le problème résolu. Pour « constater » que le travail apporte des résultats ou de la fatigue, il faudrait « d'abord » avoir une définition du travail « indépendante de l'idée de résultat ou de fatigue », et observer « ensuite » que, la plupart du temps, quand il y a travail, il y a fatigue et résultats (comme les parents l'affirment à leurs enfants). Mais je mets justement en doute la possibilité de construire une telle définition préalable. Imaginons une ascension faite par un guide de montagne et son client. Au retour, le guide peut dire qu'il a travaillé — parce que la course lui a rapporté de l'argent —, mais le client, même s'il a fait autant d'efforts que son guide, ne peut, sans ridicule, se vanter d'avoir bien travaillé.

Jusqu'ici, les enchaînements discursifs qui m'ont servi à décrire de façon structurelle un mot ou un énoncé contenaient l'entité décrite. (Je décrivais « Jean a travaillé » par la suite « Jean a travaillé, donc il doit être maintenant fatigué ».) Ce que j'exprimerais en disant que, par rapport à l'entité décrite, il s'agit d'enchaînements « externes ». (Ce qui ne les empêche pas d'être, pour nous, « structurellement » attachés au mot, d'être « intrinsèques » à son signifié.) Je voudrais, pour finir, signaler un autre type d'enchaînements, qui peuvent être, eux aussi, « structurellement », c'est-à-dire « intrinsèquement », attachés au signifié des mots, et que M. Carel et moi appelons « internes ». Ce sont des discours autorisés par l'entité décrite, mais où celle-ci n'apparaît pas. Considérons par exemple un énoncé causatif comme « la chaleur a fait fondre la neige ». Non seulement il évoque des enchaînements externes tels que « il y a eu beaucoup de soleil donc la chaleur a fait fondre la neige », mais il contient en lui-même, et ne fait finalement qu'expliciter une suite comme « le temps a été chaud donc la neige a fondu ». On peut aussi penser à un adjectif comme « prudent ». Il évoque des enchaînements externes, dont il est lui-même un élément : « Pierre est prudent, donc il n'aura pas d'accident. » (« ... Pourtant il peut avoir un accident ».) Mais la qualification d'un homme comme prudent autorise aussi à faire, à propos de lui, des discours du type « quand il y a du danger, il prend des précautions » (ou, selon notre terminologie, « Danger DC précautions ») : un tel enchaînement est, pour nous, « interne » au mot « prudent ».

Les enchaînements constituant l'argumentation interne d'une entité peuvent d'ailleurs être aussi bien constitués par un PT que par un DC. Dire de quelqu'un qu'il est « indulgent », c'est dire qu'il lui arrive de ne pas punir même lorsqu'une faute a été commise, ce que nous résumons par la formule « Faute PT non-punition ». De même on peut penser que l'attribution à une personne de la propriété « être intelligent » autorise, et ne fait rien d'autre qu'autoriser des discours du type « ce problème est difficile PT il le comprendra ». (On notera que, dans un cadre structural, nous pouvons tenir les divers enchaînements internes pris comme exemples pour des éléments de la définition des adjectifs « prudent », « intelligent », « indulgent » sans être obligé pour autant de dire — ce dont je serais actuellement incapable — ce que signifient les mots « danger », « précaution », « difficulté », « faute », etc. Nos descriptions sémantiques ne font que mentionner des discours liés au mot décrit, elles ne prétendent pas permettre de reconnaître les objets auxquels ce mot peut et ne peut pas être attribué. On ne me fait donc pas une objection en notant que je décris un terme par des termes que je ne sais pas définir.)

Pour Saussure, on le sait, les rapports d'un signe avec les autres, rapports dont certains constituent le signifiant du signe, et d'autres son signifié, ces rapports forment un « système » où, selon une formule célèbre, « tout se tient ». Nous ne pourrions espérer réaliser, dans le domaine du sens, le programme saussurien si nous ne montrions pas que les enchaînements en DC et en PT constituant le sens des entités linguistiques obéissent à des règles systématiques. C'est ce que nous tentons de faire en constituant, à partir des suites en DC et en PT, une sorte de grammaire du sens. Juste deux exemples simples. D'abord celui de la négation, dont l'effet se décrit facilement à l'aide des concepts que j'ai présentés. On a en effet pour règle que si le sens d'une entité E comporte, à titre interne, un enchaînement du type « ceci DC cela », la négation de E aura pour argumentation interne « ceci PT non cela » (de même « Ceci PT cela » a pour négation « Ceci DC non cela »). Ainsi nous avons proposé de décrire « Pierre a été prudent » par « il y avait danger DC Pierre a pris des précautions ». Dire qu'il n'a pas été prudent, c'est dire que malgré le danger, il n'a pas pris de précautions (« il y avait danger PT il n'a pas pris de précautions »). De même, si « la chaleur a fait fondre la neige » se comprend comme « il faisait chaud DC la neige a fondu », sa négation revient à dire « il faisait chaud PT la neige n'a pas fondu ». Considérons maintenant le mot « indulgent », dont l'argumentation interne, je l'ai dit, contient le discours « une faute a été commise PT il n'a pas puni », sa négation et son antonyme sévère évoquent le discours « une faute a été commise DC il a puni ».

Mon second exemple de règle combinatoire concerne le mot français « trop » (dont je signale en passant qu'il n'a pas de correspondant simple dans la plupart des langues). Son étude pose aux sémanticiens de nombreux problèmes, et nous sommes loin d'être arrivés à une description complète. Mais notre parti pris argumentatif fait apparaître des faits que l'on peut juger intéressants. On s'aperçoit ainsi que si un adjectif A a une argumentation interne du type « ceci DC cela », le groupe adjectival « trop » A aura une argumentation « non ceci PT cela » : dire que quelqu'un est trop prudent (ce qui est à peu près équivalent à « timoré »), c'est dire qu'il prend des précautions « même » s'il n'y a pas danger, ce que prévoit la formule « non danger PT précautions ». On s'aperçoit alors que la règle proposée pour les mots dont l'argumentation interne est en DC ne vaut pas pour ceux constitués par un PT. Nous avons placé dans « intelligent » des enchaînements du type « difficulté PT compréhension » : il est bien clair que « trop intelligent » ne peut pas se décrire par « pas de difficulté DC compréhension », ce qui serait prévisible si l'on construisait, pour expliquer l'effet de trop sur les mots en PT une règle symétrique de celle qui réussit avec les mots en DC. Voilà le type de problèmes que notre théorie fait apparaître, et qu'elle cherche à résoudre. Problèmes liés, je le rappelle, à la volonté de construire une grammaire des enchaînements discursifs, où l'on décrit l'effet sur un mot d'opérateurs comme « trop » ou la négation comme une transformation de l'ensemble de discours constituant, selon nous, le signifié du mot auquel ces opérateurs s'appliquent.

Il me reste à rappeler les propositions que j'ai faites et rapidement illustrées. Je suis parti de l'idée que le sens, c'est l'absent du signe. La linguistique sémantique se propose malgré tout de le décrire, et tout le problème est de le décrire sans le transformer en chose, sans lui donner une réalité. Pour ce faire, la théorie que je vous ai présentée demande de ne pas le décrire au moyen de données empruntées à un domaine qui ne serait pas d'ordre linguistique, donc de ne pas le décrire par référence au monde physique, à la pensée, ou, plus généralement, à « la réalité » — car ce que les linguistes appellent « réalité », c'est simplement ce qui, selon eux, est l'objet d'autres sciences sur lesquelles on se décharge de l'obligation de prouver.

Il nous a semblé possible de remplir ce programme si on décrivait les mots et les phrases par un type particulier de discours, à savoir les enchaînements d'énoncés ayant soit la forme « normative » (donc), soit la forme transgressive (pourtant). Si nous avons choisi ces deux types d'enchaînements, c'est, je l'ai dit, parce qu'ils nous semblent purement discursifs, et irréductibles à des relations entre propriétés indépendantes. De plus, comme je viens d'en donner des exemples, il nous semble possible d'obtenir, en associant aux entités linguistiques des enchaînements d'autres entités linguistiques, une description systématique des effets sémantiques produits lorsqu'on combine un mot avec un autre. Par là, nous espérons pouvoir donner une forme scientifique à une idée souvent utilisée pour nier la possibilité même d'une sémantique scientifique, à savoir l'idée que le sens des mots tient seulement à l'infinité de leurs utilisations possibles dans le discours. Pour nous, on peut constituer une notion de sens qui le réduise à un ensemble de virtualités discursives, et en même temps lui donner le caractère sémantique exigé d'un objet de science. Il nous semble donc qu'on peut construire une science de la signification linguistique en se fondant sur des thèmes qui servent généralement à déconstruire cette prétention.

Le langage des signes et des images : pictogrammes, idéogrammes, signalétique et publicité. Le pouvoir créateur des signes

par Jacques Fontanille

L'image se diffuse et se généralise dans tous les domaines de la communication la plus courante, avec une très grande diversification de ses usages, de ses rôles, et des modalités de son interprétation. Et le mélange des modes d'expression (image et écriture, notamment) et même des différents usages de l'image, est devenu la règle.

Par exemple, les consignes de sécurité dans les avions sont présentées sur un dépliant cartonné qui mélange du texte écrit (des panneaux de signalisation), des images qui représentent des choses (un avion, une porte), d'autres indiquant des gestes (des flèches), d'autres enfin qui signalent une direction ou une interdiction ; mais ce dépliant est accompagné d'une version en forme de pantomime (soit « vivante », soit enregistrée et diffusée sur écran), qui se compose à la fois d'une gestuelle « descriptive » (les gestes à accomplir) et d'une gestuelle « indicative » (les lieux et la signalisation à repérer et à mémoriser).

L'hétérogénéité des messages pose un problème autrement plus compliqué que la seule interprétation de l'image en elle-même, d'autant que nous ne sommes plus dans la perspective d'une interprétation « contemplative », comme celle d'un tableau, mais dans celle d'une assignation quasi-automatique d'un sens (dans le cas de la signalétique) ou dans celle d'une perception fragmentaire, inattentive et répétitive (comme dans le cas de l'affiche publicitaire). Et le fait nouveau, c'est l'élargissement de ces combinaisons, leur diffusion envahissante : on en invente tous les jours.

Texte de la 49e conférence de l'Université de tous les savoirs donnée le 18 février 2000.

La « communication multimodale » nous oblige à nous interroger avec plus de précision non seulement sur le sens des images, mais aussi sur la manière dont il s'impose à nous, et sur leurs interactions avec tous les éléments de réalité dans lesquels ils sont plongés.

La sémiologie a déjà proposé de distinguer trois modes de fonctionnement qui s'appliquent aussi aux images : l'« icône », l'« indice », et le « symbole », même si cette classification est indéfiniment discutée et remaniée, car il est bien rare qu'on puisse rencontrer des réalisations « pures ».

Mais il y a un présupposé de ces définitions que je veux discuter. On considère qu'on a affaire à un signe quand une chose, présente et tangible est censée renvoyer à une autre chose, pas immédiatement accessible ou tangible, absente, et que le signe ne serait donc pas dans la réalité, puisqu'il est supposé « renvoyer » à un élément absent de cette réalité. Or, les signes qui peuplent notre quotidien — et notamment les images — contredisent souvent cette conception du « signe-renvoi », de la représentation indirecte de la réalité, car les signes modifient, suscitent et inventent notre réalité, et on voudrait montrer ici comment, bien au-delà de leur capacité (imparfaite) à se référer à la réalité, les signes agissent sur le monde et dans le monde, et modifient notre relation avec lui.

Les signes dits « visuels » sont définis par ce qu'on appelle leur « modalité sémiotique », c'est-à-dire leur « substrat matériel » qui décide (indirectement) du canal ou des canaux sensoriels par lesquels nous sommes censés les recevoir. En outre, les expressions visuelles doivent s'inscrire dans un espace délimité par des bords, et défini comme un « espace d'inscription » (espace à deux dimensions, ou à trois dimensions, mais circonscrit comme un cadre). Par ailleurs, pour préciser les relations avec l'écriture, nous devons introduire deux autres catégories de signes visuels : les « pictogrammes » et les « idéogrammes ». L'« idéogramme » est une image qui joue le rôle de « figure » dans une écriture. Mais, au contraire de la lettre qui n'a aucun sens quand on la considère isolément, l'idéogramme est doté d'une signification, qui équivaut à un nom, à un concept ou, comme on dit en sémiologie, à un « signifié » ; c'est un signe à part entière. Le « pictogramme » est une sorte d'idéogramme qui aurait en plus une valeur d'icône, un idéogramme désignant une idée ou une chose par ressemblance. N'étant destiné ni à une représentation descriptive ni à une interprétation contemplative, il ne garde que quelques traits stylisés de ce à quoi il est censé ressembler, et cette stylisation doit beaucoup à nos habitudes culturelles, à nos décisions institutionnelles et à nos apprentissages. (Il existe d'ailleurs une norme *ISO*7000-7001 pour les pictogrammes.) De fait, cette classification vacille de toutes parts. C'est ce que nous voudrions montrer rapidement, pour dégager quelques grands principes de questionnement.

Bien sûr, le pictogramme conserve une capacité de représentation, mais elle est battue en brèche de toutes parts. Ce n'est pas à cause de sa ressemblance que tel pictogramme est retenu à défaut d'autres, mais à cause de son pouvoir « distinctif » supérieur par rapport à d'autres formes, résidant parfois dans la capacité analytique de l'image. Regardons ces trois pictogrammes de la Norme *ISO*7001 : celui de l'« escalier » *(Fig. 1)*, celui de la « poubelle » *(Fig. 2)*, et celui du « parc naturel protégé » *(Fig. 3)*. Aucun n'est interprétable par le seul pouvoir iconique de l'image de l'objet : l'image de l'escalier n'est qu'une ligne brisée oblique, et c'est la représentation de silhouettes en train de monter et de descendre qui en fait un escalier ; l'image de la poubelle n'est qu'un trapèze polygone régulier mais auquel il manque un côté, et c'est la représentation du geste de « jeter » qui en fait une poubelle. Quant à l'image de l'arbre et du cerf, elle renvoie tout au plus à la notion de « naturel » et elle ne peut conduire à la notion de Parc naturel protégé que si on passe, par métonymie, des objets et des habitants typiques, au lieu qui les rassemble, et si on admet que le seul fait d'implanter un panneau de signalisation indique la prise en charge « institutionnelle » de ce lieu, et, par inférence, son caractère « protégé ». Dans tous les cas, l'interprétation du pictogramme, même « normalisé », impose le passage par un acte (ce que nous appelons, en sémiotique, une « prédication »), un acte représenté ou implicite, un acte décrit (comme « jeter ») ou impliqué (comme « protéger »). Le pictogramme apparaît alors sur le fond d'une « scène élémentaire » organisée autour d'une action, que nous reconstituons au moment de lui attribuer un sens, et, dans cette « scène », la figure désignée n'est qu'un des objets ou des personnages nécessaires (agent, instrument, bénéficiaire, etc.) à la réalisation de l'action. Le pictogramme perd donc une partie de son pouvoir de représentation car il comporte une instruction qui guide son interprétation, et cette instruction est inhibée dès qu'on s'avise de fixer l'attention sur sa valeur de représentation iconique et particulière de tel ou tel objet, « et réciproquement ». Le pictogramme ne décrit ni ne représente vraiment : il nous « fait faire » quelque chose, il nous interdit quelque chose, il nous menace ou nous dissuade de quelque chose, il nous autorise, etc.

L'idéogramme, en revanche, s'efforce de faire oublier qu'il pourrait avoir une référence dans le monde naturel. Il s'affirme d'emblée comme signe pour trois raisons :

– l'origine des composants de l'idéogramme, abstraite ou concrète, représentative ou géométrique, n'est plus en général perceptible : uniformisés par un égal traitement graphique et chromatique (le trait de pinceau chinois, le coin du calame sumérien, par exemple), ces différents types de figures ne se distinguent plus les uns des autres ;

Figure 1

Figure 2

Figure 3

– l'idéogramme a certes un sens pris isolément, mais il ne prend sa valeur que du système d'idéogrammes auquel il appartient ;

– l'idéogramme requiert la collaboration de son support, c'est-à-dire des règles de fonctionnement de la surface d'inscription : dispositions linéaire, tabulaire, quadrillée, horizontale, ou verticale, etc. deviennent nécessaires à l'interprétation. La lecture des traces du renard, telle que la pratiquent les Dogons en est une bonne illustration : en effet, dans l'art de la divination selon les Dogons, il ne faut pas d'abord identifier les signes, mais commencer par définir une surface d'inscription, et la doter d'une grille de lecture ; ainsi, une certaine zone du sol devient-elle une surface-support délimitée et quadrillée, sur laquelle on attend que le renard passe et laisse ses traces, pour en lire ensuite la place, le nombre, les positions relatives, l'orientation et la forme ; alors seulement, la divination peut commencer, comme l'exploration du sens enfoui dans cet ensemble de signes. En somme, c'est la structure de la surface qui fait de la trace un signe.

Les images montrent, représentent, racontent, mais aussi prescrivent, interdisent, autorisent. Elles nous font nous déplacer ou nous arrêter, elles nous posent des énigmes, elles nous guident dans la réalisation des tâches quotidiennes, etc. Si les images et les signes « font » quelque chose, c'est qu'ils ont un pouvoir sur la réalité, ils « font être » et ils « font faire », ils nous transforment et ils transforment notre monde. C'est ce que je voudrais maintenant montrer concrètement.

Pour cela, je vais commencer par des signes qui semblent de bien peu de poids par rapport aux réalités qu'ils désignent : les logos des régions françaises.

Le logotype (ou « logo ») est un objet sémiotique qui s'apparente à la signature, et se définit donc plutôt par ce qu'il fait que par ce qu'il désigne : peu importe que la signature soit illisible pourvu qu'elle ait une forme globale stable, et qu'elle puisse être associée en permanence et sans ambiguïté à une personne donnée. La signature atteste de la responsabilité d'une personne à l'égard de l'énoncé qu'elle suit. Dans le cas du logo, il s'agit d'une personne dite « morale ». Le logo comme la signature engagent une énonciation personnelle, et disent « au nom de qui » l'énoncé est inscrit et communiqué. Mais le logo décrit également, problématise et invente au moins en partie l'identité de la personne morale. Contrairement à la signature, qui peut être illisible, le logo combine des figures, tout comme un pictogramme ; certaines, même stylisées, conservent une valeur iconique. Le logo permet de fixer certains traits de l'identité, pour des personnes morales qui doivent pouvoir être distinguées immédiatement de leurs semblables.

Lors de leur création, à la suite de la loi sur la décentralisation, les régions françaises, malgré la similitude de leur statut législatif, géographique et institutionnel, sont apparues d'emblée d'une grande diversité. Certaines régions furent crées par reconduction de régions et de provinces consacrées par l'histoire, et d'autres, grâce à des découpages et des regroupements entièrement nouveaux. Ces nouvelles entités, établies sur des fondements géographiques, économiques et culturels communs, n'en avaient pas moins une identité à construire et à affirmer : il ne suffisait pas de créer une entité institutionnelle, mais aussi une identité, un sujet collectif, un sujet d'énonciation, une personne susceptible de s'engager dans ses actes et dans la signification de ses actes, c'est-à-dire un « sujet symbolique ».

Le logo de l'Alsace *(Fig. 4)*, par exemple, repose sur l'identification et le traitement spécifique d'une partie (un triangle) détachée d'un tout en forme d'étoile ; la partie en question, une fois isolée, fonctionne comme un triangle, mais le tout, une fois amputé de cette partie, n'est plus une étoile. On voit tout de suite le problème sous-jacent : dès lors que la partie est identifiée, elle pourrait fonctionner de manière autonome, alors que le tout a besoin de

Figure 4

toutes ses parties pour rester reconnaissable ; il s'agit, en quelque sorte, d'une relation de nécessité unilatérale. Dès lors, le problème posé est celui du rattachement de la partie au tout. L'identification repose sur quatre procédés complémentaires : (1) une solution de continuité entre le triangle et le reste de l'étoile, (2) le dédoublement du seul triangle en deux formes, l'une faisant office d'ombre portée pour l'autre, (3) la couleur jaune, qui s'oppose au bleu de l'étoile entière (y compris au bleu de l'ombre portée du triangle), (4) l'anaphore qui associe ce triangle à la lettre initiale A, rappelée à droite. Ainsi l'identité s'affirme à la fois (1) comme celle d'une entité reconnaissable isolément (un triangle), avec une couleur propre (le jaune, qui « avance », par son dynamisme de couleur chaude, et qui « éclate », par sa luminance), et (2) comme celle d'une composante nécessaire à l'identification d'un tout en tant que forme (l'étoile) et couleur (le bleu, qui fait « horizon » et « fond de référence » pour la figure triangulaire). Le lien entre ces deux affirmations différentes est assuré par la relation considérée en général comme indicielle et indissoluble entre le triangle jaune et son ombre bleue. Sur le plan visuel, ce logo traite donc un problème posé par l'histoire : région frontière avec l'Allemagne et l'Europe, l'Alsace a parfois été détachée de la France, et elle est à chaque fois revenue en son sein, au nom de l'intégrité et de la complétude du territoire national ; c'est pourquoi la structure visuelle affirme à la fois le caractère spécifique de la région, son caractère virtuellement détachable, et l'appartenance nécessaire à un territoire. Tout un processus conceptuel de sélection, de problématisation et de résolution se trouve donc engagé dans ces quelques formes visuelles abstraites ; et, du même coup, elles condensent potentiellement des récits, des drames, et des tentations, passés ou futurs.

Avec le logo de la Bretagne *(Fig. 5)*, nous abordons la problématique des relations entre les parties constitutives de la région. En effet, ce logo est composé de quatre bandes qui convergent vers la gauche, et divergent vers la droite. Ces quatre bandes sont à la fois hiérarchisées et disposées symétriquement (deux, vertes et plus longues, au centre ; deux autres, bleues et plus courtes, en haut et en bas). Cette composition pose et traite à la fois deux problèmes. En effet, si la région est composée de quatre parties, la question se pose à la fois de savoir si leur intégration dans une même entité leur ôte leur propre identité, et aussi de savoir pourquoi seulement ces quatre sont concernées. Or la forme de l'assemblage ici retenue, le « faisceau de bandes convergentes » (la « gerbe » des départements, en quelque sorte) ne répond à aucune de ces deux questions. Dès lors, il faut (1) introduire un principe de différenciation entre les parties (la couleur, la longueur et la position), et (2) introduire un principe de clôture et de nécessité interne (la symétrie des couleurs et des longueurs). Le logo de Bretagne est donc un idéogramme qui traite une question à la fois conceptuelle, topologique et politique, grâce à un jeu de formes abstraites. Il n'est pourtant pas dénué d'une certaine valeur iconique, pris globalement : la forme rétrécie et allongée vers la gauche évoque en effet celle des contours d'ensemble du promontoire breton.

Pour finir, et pour le contraste, jetons maintenant un œil sur le logo du Limousin *(Fig. 6)*. Il joue lui aussi sur les deux fonctionnements sémiotiques dominants : celui du pictogramme, par combinaison de figures différentes, par stylisation des mêmes figures, et celui de l'idéogramme, par association de deux « concepts », celui évoqué par la lettre L et celui évoqué par la feuille de châtaignier : un concept « fond » et « thème », sur lequel, visuellement, avance et prend appui un concept « figure » et « prédicat ». Il faut dire pour commencer que le Limousin a une tout autre difficulté à traiter, plus résistante parce que plus insidieuse. Certes, cette région

Figure 5

LIMOUSIN
CONSEIL REGIONAL

Figure 6

a une identité héritée, et forte, et le découpage institutionnel ne remet pas en cause, ni ne brouille, cet héritage. Elle ne peut donc tenir aucun discours pertinent et opportun sur sa composition en parties. Elle ne peut pas plus discourir sur sa position dans le territoire, qui n'est ni dramatique (sur les frontières), ni remarquable (elle n'est pas vraiment au centre, mais pas très loin pourtant). En revanche, elle doit à la fois assumer cette image héritée et la transformer positivement ; la feuille de châtaignier remplit le premier objectif (pour une région verte et rurale), mais avec une première modification qui y introduit une dualité : la dentelure curviligne à droite, qui a un effet « naturel », a pour pendant, à gauche, une dentelure rectiligne et anguleuse, du type de celle imposée par les pixels d'un écran électronique, qui a un effet de « technique avancée ». Mais le second objectif est surtout rempli par le L rouge, qui par son dynamisme chromatique (il avance sur le fond vert) manifeste clairement une activité.

Ce logo pose donc lui aussi un problème et s'efforce de le résoudre : comment exprimer une activité transformatrice et créatrice de valeurs contemporaines à partir d'une image et d'un état hérités du passé ? Pour cela, il faut disposer en fond la figure de l'image héritée (la feuille verte), et inscrire sur ce fond la figure de l'acteur dynamique susceptible de la transformer, le L pouvant renvoyer aussi bien au Limousin (singulier) qu'aux Limousins (pluriel), en tant qu'acteur collectif. Une activité portée par un acteur, et portant sur une situation établie : c'est le minimum nécessaire pour former ce qu'on appelle un énoncé de transformation.

L'analyse d'un petit nombre de logos montre en quoi les signes visuels sont susceptibles, tout en « signifiant » quelque chose, et bien au-delà de leur valeur représentative et iconique, de transformer notre perception de la réalité ou même d'en transformer au moins certaines dimensions. Tout d'abord, ils affirment l'existence de quelque chose qui, pour être intangible, se traduit néanmoins quotidiennement par des manifestations concrètes (économiques, fiscales, politiques), à savoir l'existence d'une « personne morale », d'un collectif qui décide, qui tranche, qui oriente, qui finance. L'existence de l'institution est déjà attestée, mais sa conversion en personne collective doit être affirmée tous les jours, et surtout sa conversion en personne morale, qui s'engage et met en question son identité à chaque nouvelle énonciation. Les logos, et plus généralement les images nous parlent de notre histoire, de nos héritages culturels ; ils argumentent, posent des problèmes et proposent des solutions qui constituent alors des modèles pour rendre cette réalité intelligible. Et il est bien évident que la manière dont nous modélisons et comprenons les choses a une influence directe sur la manière dont nous agissons en elles et sur elles. La preuve en est que c'est bien souvent au moment du choix d'un logo ou d'une charte graphique que bien des institutions se mettent à reconsidérer et à modéliser tout ou partie de leur stratégie. Enfin, les logos posent et traitent des problèmes (historiques, économiques, politiques), mais ne les inventent pas. On ne peut donc pas se contenter de dire que l'image est le simulacre d'une réalité extérieure, et pas plus qu'elle signifie quelque chose par elle-même et sans référence à un monde quelconque. De fait, l'image (ici, le logo) est un des éléments de ce monde-là ; la création des logos régionaux, par exemple, est un des rouages de la décentralisation, cette grande transformation historico-politique. L'image, en somme, est une partie indissociable de notre réalité.

L'espace où nous nous déplaçons, où nous inscrivons des signes, et que nous organisons pour y vivre n'est pas seulement un espace mesurable, occupé par des objets, traversé par des usagers ou un espace que nous percevons (proche ou lointain, étroit ou étendu, par exemple), mais un espace qui, pour être intelligible, doit être structuré ou, comme on dit en sémiotique, « modalisé ». Nous avons vu tout à l'heure le cas où l'organisation d'un espace-support rendait possible la lecture des inscriptions en tant qu'idéogrammes ; nous allons maintenant examiner plus généralement quelques cas de l'interaction entre les signes visuels et leurs espaces d'inscription : il s'agit plus particulièrement de la signalétique, et, plus généralement, de l'interaction complexe entre la topologie d'un espace, les parcours de l'usager, et les signes inscrits dans cet espace.

En effet, **la signalétique** n'est pas seulement destinée à « indiquer » ou « signaler » l'identité des lieux et les chemins qui y conduisent, même si c'est dans ce but qu'elle est conçue : en faisant cela, elle fait aussi autre chose. C'est une question qui intéresse les aménageurs, les architectes et les responsables des espaces publics et commerciaux : comment prévoir la manière dont les usagers vont s'approprier l'ensemble complexe que forment la topologie d'un espace et sa signalétique ? Plusieurs études ont été réalisées sur des espaces de ce type : le métro, les aéroports, les hypermarchés, notamment ; on s'aperçoit alors que la combinaison entre la topologie de l'espace et les divers signaux visuels qui l'accompagnent, la désignent ou la commentent, constituent pour l'usager un ensemble de « zones critiques » : obstacles, bifurcations et intersections, zones de ralentissement, zones d'activité immobile, zones où l'attention sensorielle est sollicitée, etc. Il suffit alors d'observer la manière dont les usagers gèrent le passage de ces zones critiques pour comprendre comment ils « valorisent l'espace signalisé », et comment, par conséquent, ils le font signifier. Les parcours des usagers se caractérisent essentiellement par deux propriétés sémantiques, qui sont, respectivement, la continuité/discontinuité, et l'accélération/décélération*. Par exemple, devant un obstacle, l'usager a le choix entre quatre types principaux de parcours : un parcours accéléré mais discontinu (style « heurté »), il se presse mais sans souci de « lisser » les aléas de son trajet ; il arpente, s'arrête devant une inscription, repart de plus belle, etc. Un parcours accéléré mais continu (style « modulé ») : il se presse mais en anticipant chaque ralentissement potentiel, il guette les panneaux à l'avance, prévoit son chemin, et « efface l'obstacle » au dernier moment. Un parcours ralenti mais discontinu (style « errant ») : au hasard des occasions, il s'arrête, contemple un affichage, flâne, repart, hésite devant une indication, etc. Enfin un parcours ralenti mais continu (style « glissé ») : sans jamais perdre le fil de son trajet, tel un somnambule, l'usager traverse l'espace comme sans y prendre garde, automatiquement, et sans souci de se presser. Globalement, il s'agit donc de la manière dont l'usager valorise les continuités et les discontinuités suscitées par la morphologie et la signalisation ; cette valorisation consiste, entre autres, à les rapporter au temps, au temps qu'elles font perdre ou gagner, mais aussi, plus profondément, « à valoriser ou dévaloriser la résistance des zones critiques ». Valoriser, c'est ici accepter, voire rechercher et apprécier les lieux de résistances ; dévaloriser, c'est refuser, effacer ou éviter ces mêmes lieux de résistances. Le style « heurté » de l'« arpenteur » exprime son « acceptation » des résistances : sans les anticiper ni les effacer, il les affronte quand elles se présentent. Le style « modulé » de l'« homme pressé » exprime son refus des mêmes résistances : il les connaît, il les anticipe et les neutralise. Le style « errant » du

---

* Parmi les nombreuses études concrètes sur cette question, on peut retenir celle de Jean-Marie Floch, sur le métro parisien : Floch (Jean-Marie), *Sémiotique, marketing et communication. Sous les signes, les stratégies*, Paris, PUF, 1990, p. 19-47.

« flâneur » exprime au contraire son abandon aux zones critiques : il les goûte, s'y complaît, et les laisse rythmer son trajet. Le style « glissé » du « somnambule » exprime enfin son ignorance des résistances : il les efface, les néglige, les traverse sans à-coup mais sans les prendre en considération. C'est dans le réglage même de l'interaction que prennent forme les « valeurs ». L'espace est valorisé aux zones critiques, en réponse à la résistance qu'elles opposent à l'usager, et l'ensemble de ces valorisations procure à la fois sa signification au trajet, et à l'espace parcouru : il s'agit alors d'un espace d'arpentage ou d'errance ou de promenade ou de déplacement optimal. De telles typologies deviennent indispensables pour traiter les espaces publics, pour y distribuer la signalétique, l'information et les différentes fonctions affectées au lieu. Mais c'est l'espace signalisé et parcouru par les usagers qu'il faut considérer comme un ensemble signifiant et intelligible, et pas seulement la signalétique. Dans ce cas tout particulièrement, la part qui revient respectivement aux réalités matérielles, aux signes visuels et aux pratiques sociales est extrêmement difficile à démêler ; il est bien clair en tout cas que la charge de signification porte plus sur l'interaction entre le comportement humain et les divers éléments de la réalité spatiale (y compris les signes visuels) que sur les signes (la signalétique considérée isolément) eux-mêmes.

Les signes, et notamment les signes visuels de la publicité, participent à la création de réalités économiques ; il serait vain de faire remarquer que leur incidence est immatérielle, puisque, au contraire, c'est cette dimension immatérielle des objets qui nous coûte (dans tous les sens) le plus. C'est ce que je voulais montrer : il n'y a pas d'abord la réalité, et ensuite les signes qui y renvoient, il n'y a pas d'abord des choses, et ensuite des images qui les représentent, mais une interaction constante et fascinante entre les deux, et même, parfois, des signes qui inventent les réalités les plus concrètes.

La communication et le sens

par Dan Sperber

La communication ? Il n'y a rien de plus banal. Nous sommes des animaux communicants dans toute notre vie éveillée, et en partie dans nos rêves. Nous communiquons par la parole, mais également par gestes, expressions, écrits, façons de faire, façons de s'habiller, etc. La communication existe, bien sûr, dans un grand nombre d'espèces animales, mais aucune n'y accorde autant de temps, d'attention, ni ne possède en la matière des compétences semblables aux nôtres. Aucune espèce ne communique, et de très loin, une telle richesse et complexité de contenus. La communication, nous la pratiquons sans y penser — mais souvent aussi en y pensant — et avec un taux de succès extraordinaire (pensons à tout ce que nous parvenons à communiquer), avec évidemment des échecs et des limites. Ces moments d'échec sont les seuls où nous commençons à réfléchir aux difficultés de la communication. Le reste du temps, nous nous appuyons sur elle comme sur la chose la plus disponible et la plus évidente.

Comment la communication, en général, est-elle possible ? Cette activité si banale, que nous pratiquons si facilement, est en même temps pour le théoricien, pour le psychologue ou pour le linguiste, quelque chose de difficile à analyser. La facilité avec laquelle nous communiquons peut nous dissimuler le problème d'explication que pose cette facilité même. Ce problème, quel est-il ? Lorsque je communique, j'ai en tête une certaine idée, et, si je réussis à communiquer, mes auditeurs auront en tête eux aussi en fin de processus, sinon exactement la même idée, en tout cas une idée assez semblable, une copie approximative, une version de l'idée que

Texte de la 50e conférence de l'Université de tous les savoirs donnée le 19 février 2000.

j'ai voulu communiquer. Or, les idées sont des choses qui naissent, vivent et meurent à l'intérieur des boîtes crâniennes et qui n'en sortent jamais. Ce sont des états mentaux réalisés dans des cerveaux et non des objets ou des propriétés de l'environnement commun aux êtres humains. Comment puis-je transmettre, partager avec vous quelque chose qui est dans mon cerveau et ne peut pas en sortir ?

Il y a une théorie, au fond très simple, qui semble expliquer la possibilité même de la communication. Cette théorie, ou ce modèle — on peut l'appeler le « modèle du code » —, c'est l'idée suivante : ce qui permet de partager ces idées, qui par ailleurs restent à l'intérieur de nos boîtes crâniennes, c'est la possession d'un code commun. Qu'est-ce qu'un code ? C'est un système qui permet d'associer à un sens (donc à quelque chose de mental), une expression (c'est-à-dire quelque chose d'externe) ; ou, comme on dit aussi, d'associer à un « message » interne, un « signal » externe comme par exemple, les sons que j'émets en vous parlant. Si l'on possède un système — par exemple une liste de couples message-signal dans le cas d'un code simple, ou une grammaire dans le cas d'un code plus compliqué — qui permet d'associer à tout sens que l'on voudrait communiquer une expression, et inversement à toute expression un sens, alors un communicateur voulant communiquer un certain sens, peut choisir l'expression qui correspond à ce sens, et l'émettre dans l'environnement commun qu'il partage avec son destinataire ; le destinataire, disposant du même code, peut reconnaître l'expression, retrouver dans sa grammaire ou sa liste mentale le sens qui y correspond, et ainsi le sens, l'idée, sera transmise du communicateur à son destinataire.

Le modèle du code se résume donc en trois thèses :

– un code permet d'associer à tout sens une expression, et à toute expression un sens ;

– les langues humaines sont des codes ;

– le locuteur encode au moyen d'une expression le sens qu'il veut communiquer puis l'auditeur décode l'expression et identifie ainsi le sens voulu.

Ce modèle explique comment la communication peut se produire, et qui plus est, comment elle se produit en effet dans pratiquement tous les cas de communication entre animaux non humains.

Le modèle du code explique-t-il aussi bien la communication humaine ? C'est ce qui aura été tenu pour une évidence d'Aristote à la sémiotique contemporaine. Après tout, les êtres humains disposent des codes les plus riches qui existent : les langues humaines.

Les langues humaines sont des codes, je ne le conteste pas. Il ne suffit pas cependant qu'il y ait code pour que le modèle du code s'applique. Appliqué au cas des humains, le modèle du code dit non seulement que les langues humaines sont des codes, mais aussi et surtout que ce sont des codes qui permettent d'encoder précisément tous les sens que nous pourrions vouloir communiquer. Selon le modèle, le locuteur est censé encoder au moyen d'une phrase le sens qu'il veut communiquer et l'auditeur est censé décoder cette phrase et découvrir ainsi ce qu'a voulu dire le locuteur.

Qu'est-ce qui ne va pas avec le modèle du code ? La communication humaine n'est-elle pas fort bien expliquée par cette idée peut-être banale, mais qui ne manque pas d'élégance dans sa simplicité même ? Où donc est le problème ?

Le problème tient à ceci : les phrases d'une langue humaine sont riches de sens linguistique et pourtant elles ne donnent jamais qu'une indication toujours ambiguë et toujours incomplète du sens voulu par le locuteur. Comme nous disons dans notre jargon, le sens linguistique sous-détermine le vouloir-dire du locuteur.

Pierre demande à Marie : « Veux-tu dîner avec moi ? » Elle répond : « J'ai déjà mangé. » Des dialogues comme celui-ci, nous en avons tout le temps les uns avec les autres. Quel est le sens linguistique de la réponse de Marie : « j'ai déjà mangé » ? « J'ai déjà mangé » signifie que le locuteur, Marie en l'occurrence, a mangé à un moment antérieur à l'énoncé. Ce qui est certainement vrai, sinon elle ne serait pas là pour le dire. Et, linguistiquement, cette phrase ne veut rien dire de plus. Ce que signifie cette phrase est vrai si, une fois dans sa vie, le locuteur a mangé, ne serait-ce qu'une cacahuète. Ce sens linguistique n'est pas — loin de là — identique à ce que veut dire Marie en énonçant cette phrase. Marie veut dire, évidemment, qu'elle a dîné, et en outre, elle veut dire que, parce qu'elle a déjà dîné, elle ne veut pas dîner avec Pierre. Ce qu'elle dit, ce n'est pas simplement qu'il lui est déjà arrivé de manger mais qu'elle a dîné le soir même, et en le disant explicitement, elle communique implicitement un refus de l'invitation à dîner que lui fait Pierre. Le sens voulu est nettement plus riche, aussi bien au niveau de ce qui est dit que de ce qui est impliqué, que ce qui est linguistiquement encodé.

Le sens linguistique est différent, et même souvent très différent, du sens voulu par le locuteur. Donc, même si la langue est un code qui associe à des sons des sens linguistiques, le modèle du code ne suffit pas à expliquer comment nous communiquons au moyen du langage.

Le décodage du sens linguistique n'est qu'un aspect de la compréhension. Il se produit toujours quelque chose de plus. Intervient aussi un processus d'inférence. L'auditeur ne se contente pas de décoder le sens linguistique de l'énoncé, il infère le sens voulu par le locuteur. Il l'infère à partir de deux types d'éléments qui sont, d'une part ce sens linguistique et d'autre part le contexte.

Que veut dire « inférence » ? C'est un mot qu'on emploie surtout en psychologie dont le sens est voisin de celui de « raisonnement ». Pourquoi alors ne pas dire simplement « raisonnement » ? Parce que quand on pense au raisonnement, on pense à un acte réfléchi, conscient, alors que la psychologie cognitive a montré que des processus mentaux semblables à un raisonnement, mais qui se produisent de façon spontanée, automatique et largement inconsciente, opèrent à tous les niveaux que ce soit dans la perception, dans la planification du mouvement, ou dans la compréhension d'autrui et, en particulier, dans la compréhension verbale. Une inférence est un processus qui part de prémisses et aboutit à une conclusion, qui en ce sens fonctionne comme un raisonnement, mais qui peut opérer de façon automatique et inconsciente. Lorsque Marie répond à Pierre « j'ai déjà mangé », le sens strictement linguistique de cet énoncé, à savoir qu'il lui est déjà arrivé de manger dans sa vie, ne nous vient même pas à l'esprit. Spontanément, inconsciemment, nous inférons le sens qui est approprié dans le contexte, à savoir que Marie a déjà dîné le soir même. C'est une inférence car ce n'est pas cela que Marie a dit. C'est un sens que nous inférons de ce que Marie a dit et du contexte.

Comment s'effectue ce processus d'inférence ? Ici, je dirai seulement que, dans le processus de la compréhension inférentielle — dans ce processus qui consiste à aller du sens linguistique au sens voulu, en tenant compte du contexte —, l'auditeur est guidé par des considérations de pertinence. C'est là une idée que Deirdre Wilson et moi avons développé dans notre livre *La Pertinence, communication et cognition** et dont le détail intéresse ceux qui étudient la compréhension des énoncés en contexte, étude qui est devenue l'objet d'une discipline : la pragmatique.

Pour comprendre Marie, Pierre utilise comme prémisse, dans ce processus d'inférence automatique et inconscient, d'une part le sens linguistique de « j'ai déjà mangé », et d'autre part le contexte. Le contexte comporte plusieurs aspects, en particulier, le fait que l'énoncé de Marie est produit en réponse à la proposition que Pierre a faite à Marie de dîner avec lui. Le contexte ne se réduit pas simplement au contexte immédiat, il comporte aussi des connaissances d'arrière-plan, des connaissances générales, des connaissances culturelles. Ainsi, dans notre culture, on ne refuse pas une invitation amicale sans donner de raison. Pierre est en droit de s'attendre à ce que, si Marie refuse, elle s'en explique. Enfin, et cela est une connaissance contextuelle encore plus générale : quelqu'un qui a dîné le soir même n'a guère envie de dîner à nouveau. Donc, tenant pour acquis que l'énoncé de Marie est pertinent dans le contexte où elle le prononce, Pierre enrichit le sens linguistique, le précise, le complète et comprend « j'ai déjà mangé » comme voulant dire non seulement que Marie a déjà mangé, mais aussi et plus précisément qu'elle a dîné le soir même, sans quoi ce qu'elle dit ne serait pas pertinent. Il comprend qu'en disant avoir déjà dîné le soir même, elle indique implicitement qu'elle ne veut pas dîner avec lui. Enfin, il comprend qu'elle donne comme raison du fait qu'elle ne

* Paris, Minuit, 1989.

veut pas dîner avec lui le fait qu'elle a déjà dîné le soir même. Ainsi compris l'énoncé de Marie répond à la question de Pierre, et devient pertinent dans le contexte. Dans ce genre de dialogue — que j'ai choisi à dessein pour sa banalité même — l'auditeur comprend d'emblée un sens voulu qui est nettement plus riche et plus complexe que le sens linguistiquement encodé par l'énoncé. En même temps qu'un processus de décodage, s'accomplit un processus inférentiel, et tout ceci à la vitesse de la parole.

Faut-il, dans ces conditions, abandonner le modèle du code, ou bien se contenter de le réviser ? Dans la mesure où ce modèle remonte à la Grèce ancienne et fait partie de nos habitudes mentales, la tentation est de le réviser plutôt que de l'abandonner. Cela relève d'un conservatisme théorique assez normal.

Comment donc pourrait-on réviser le modèle du code ? En gardant les deux premières thèses du modèle et en modifiant la troisième. On dira désormais (les changements sont en italique) :

- un code permet d'associer à tout sens une expression, et à toute expression un sens ;
- les langues humaines sont des codes ;
- le locuteur *peut* encoder au moyen d'une expression le sens qu'il veut communiquer. L'auditeur *peut décoder* l'expression et identifier ainsi le sens voulu. *Cependant, le locuteur peut aussi n'encoder que partiellement le sens voulu et laisser à l'auditeur la tâche d'en découvrir les aspects non encodés par inférence, à partir de la signification linguistique et du contexte.*

Nous nous comprenons assez bien les uns les autres et nous sommes assez intelligents pour pouvoir utiliser des raccourcis. Selon le modèle du code révisé, le rôle des processus inférentiels dans la communication consiste à fournir de tels raccourcis au processus de décodage. Il y a des situations où ce n'est pas la peine de tout dire pour être compris. Marie n'a pas besoin de dire : *J'ai déjà dîné ce soir et par conséquent je ne veux pas dîner avec toi*. Il suffit qu'elle dise : *j'ai déjà mangé* et Pierre comprend tout ce qu'elle veut dire. L'inférence remplit en quelque sorte une fonction d'économiseur d'effort.

Cette stratégie conservatrice de révision du modèle du code laisse planer un doute. Pour faire fonctionner le modèle du code révisé, on va être obligé de le compléter par une description des processus inférentiels qui permettent d'aller du sens linguistique et du contexte au sens voulu. Car il ne suffit évidemment pas de dire : nous sommes si intelligents que nous comprenons à demi-mot ! Il faudra bien décrire les processus qui permettent la compréhension complète d'un message qui n'est que partiellement encodé. Sans ce composant inférentiel développé, le modèle du code révisé ne fonctionne pas. Or il se peut qu'en découvrant et décrivant les mécanismes inférentiels de la compréhension, on mette en évidence des processus qui permettent d'expliquer la communication de façon relativement indépendante du codage.

En fait, nous sommes un certain nombre de chercheurs à penser qu'il faut inverser le rapport entre décodage et inférence. Nous préconisons un autre modèle qu'on pourrait appeler le « modèle inférentiel » de la communication, par opposition au modèle du code. Selon le modèle inférentiel, le communicateur produit un « indice » du sens voulu. Cet indice peut être linguistique ou non, codé ou non. Après tout, on ne communique pas seulement avec des paroles, on communique avec des mimiques, on communique en pointant du doigt, on communique avec gestes conventionnels ou improvisés. On peut communiquer par des comportements stéréotypés, mais aussi par des comportements nouveaux qui ne relèvent d'aucun code préexistant et qui néanmoins donnent un indice de ce que l'on veut transmettre à autrui. (J'en donnerai des exemples dans quelques instants.)

Parmi les indices qui servent à communiquer, il y a évidemment les indices linguistiques. Un énoncé est un indice — un indice particulièrement compact, riche et précis — mais seulement un indice du sens voulu par le locuteur. Ce n'est pas un encodage du vouloir-dire. Le destinataire infère le sens voulu à partir de l'indice fourni et du contexte, que l'indice soit codé ou non, linguistique ou non. Si le communicateur laisse une bonne part de travail inférentiel au destinataire ce n'est pas qu'il s'est abstenu (par paresse ?) de tout encoder. Paradoxalement, les codes humains qui sont incomparablement plus riches que ceux des autres animaux, n'en ont ni la complétude (par rapport aux messages possibles), ni l'univocité. Les codes humains sont toujours ambigus et incomplets et ne permettent jamais d'encoder pleinement ce que l'on veut dire. Telle, du moins, est l'hypothèse du modèle inférentiel de la communication humaine, qui se résume en trois thèses :

– le communicateur produit un indice du sens voulu ;

– le destinataire, dans tous les cas, infère ce sens voulu à partir de l'indice fourni et du contexte ;

– un énoncé linguistique est un indice complexe du sens voulu par locuteur. Ce n'est pas un encodage de ce sens voulu.

Comment le destinataire d'un acte de communication parvient-il à reconstituer le vouloir-dire d'un communicateur à partir des indices que lui fournit celui-ci et du contexte ? Quelle aptitude psychologique est-elle mise en œuvre ? Mon hypothèse est que la compréhension inférentielle est rendue possible par une capacité psychologique éminemment caractéristique des êtres humains, une capacité de se représenter mentalement les représentations mentales d'autrui, une capacité que l'on peut appeler « métareprésentationnelle » (une « métareprésentation » est la représentation d'une représentation).

Les humains sont en effet des psychologues spontanés, toujours peu ou prou attentifs aux états mentaux d'autrui. En cela ils diffèrent de toutes les autres espèces animales. Il est possible que nos plus proches cousins — les grands singes — aient un minimum de capacité métareprésentationnelle, c'est-à-dire de capacité de reconnaître dans d'autres membres de leur propre espèce des états mentaux tels que des intentions ou des croyances. Mais, même si une telle capacité existe chez les grands singes — ce qui est encore controversé — elle est radicalement rudimentaire par rapport à celle des humains. Pour nous, êtres humains, rien de plus automatique, de plus spontané, et de plus constant que le fait de nous voir les uns les autres comme mus par des désirs, des craintes, des hypothèses, des convictions, des états mentaux en tout genre.

Cette aptitude à nous représenter les représentations mentales, quelle est sa fonction ? En l'absence d'une capacité métareprésentationnelle, les autres espèces animales voient le comportement d'autres animaux non point comme des actions guidées par des états mentaux, mais comme des mouvements d'un corps. La capacité métareprésentationnelle permet de comprendre que de tels mouvements sont régis par des intentions et guidés par un savoir, et ainsi de bien mieux comprendre et prédire le comportement d'autrui. Ce pouvoir prédictif enrichit les possibilités de coopérer avec autrui, ou de s'en protéger, ou encore de l'exploiter. La capacité métareprésentationnelle a pour fonction première de permettre une plus grande richesse des interactions entre membres de l'espèce. Cependant, et c'est ce que je vais essayer de montrer, la capacité métareprésentationnelle, même si ce n'est pas là sa fonction première, rend possible la communication inférentielle, et ce même en l'absence de tout langage.

Reportons-nous 500 000 ans en arrière et imaginons qu'à cette époque nos ancêtres, des « homo » pas encore « sapiens », possédaient déjà une capacité métareprésentationnelle, mais pas encore de langage. Observons deux d'entre eux en particulier, que nous appellerons Marie et Pierre. Marie est en train de cueillir une baie sur un buisson. Elle la mord. Le goût est amer. Elle la recrache. Elle infère du goût amer que ces baies de ce buisson sont immangeables. Il se trouve que Pierre observe Marie et, comme il possède une capacité métareprésentationnelle, il s'explique le comportement de Marie en lui attribuant des états mentaux. Il infère de son comportement qu'elle pense que ces baies sont immangeables, et il en conclut lui aussi qu'elles le sont. En observant et surtout en comprenant le comportement de Marie, Pierre aboutit à la même pensée que celle à laquelle Marie avait abouti en goûtant les baies. Ce n'est pas encore de la communication — après tout, Marie ne savait peut-être même pas que Pierre était là à l'observer —, mais c'est déjà, en un sens, une transmission de pensée rendue possible par les capacités métareprésentationnelles de Pierre.

Imaginons maintenant une version un peu différente de l'histoire. Dans cette nouvelle version, Marie sait que Pierre l'observe, et non seulement elle le sait mais le souhaite, et elle le souhaite précisément parce qu'elle veut agir sur les états mentaux de Pierre. Elle veut lui faire penser que ces baies sont immangeables. En quelque sorte, cette fois-ci elle veut l'informer (elle a ce que nous appellerons une « intention informative ») que ces baies sont immangeables. Comment accomplit-elle cette intention informative ? En agissant d'une façon qui donne à penser à Pierre qu'elle pense que ces baies sont immangeables.

On n'a toujours pas affaire à de la communication à proprement parler, mais on a affaire à une transmission intentionnelle de pensée.

Qu'est-ce qui pourrait amener Marie à vouloir agir ainsi sur les pensées de Pierre ? Tout dépend de savoir si elle lui veut du bien ou du mal. Si elle est bienveillante, elle peut vouloir informer Pierre, et lui épargner d'avoir à goûter ces baies peut-être empoisonnées. Si elle est malveillante, Marie peut vouloir garder pour elle seule ces baies qui, en fait, sont délicieuses. Sachant que Pierre la regarde, elle fait semblant de les recracher avec dégoût, escomptant qu'il passera son chemin. Tandis que nos sens, l'ouïe, la vue, le toucher, l'odorat, ne sont pas particulièrement disposés à nous tromper et ne nous trompent que par leur imperfection et jamais à dessein, la transmission intentionnelle de pensée, et, bien sûr, sa forme principale, la communication, sert aussi bien à tromper qu'à informer autrui.

Compliquons encore un peu notre histoire.

En fait Pierre s'est rendu compte que Marie voulait être observée par lui, il a reconnu son intention informative. Comment a-t-il pu la reconnaître ? Peut-être s'est-il rendu compte qu'elle s'assurait du coin de l'œil qu'il la regardait bien. Il comprend qu'elle veut agir, non seulement sur les baies, mais encore et peut-être surtout sur ses états mentaux à lui. Quel effet cela va-t-il avoir sur Pierre de se rendre compte que c'est pour son édification que Marie cueille et mord la baie ? S'il pense que Marie est malveillante à son égard, il comprendra qu'elle veut qu'il croie que les baies sont immangeables, mais il ne le croira pas. Si Pierre pense qu'elle est bienveillante envers lui, le fait qu'elle veuille le convaincre que ces baies sont immangeables contribuera à le convaincre qu'elles le sont en effet.

Compliquons encore.

Imaginons que Marie veut non seulement informer Pierre que les baies sont immangeables, mais veut aussi l'informer du fait qu'elle veut l'en informer. Elle veut non seulement être observée par Pierre, mais aussi que Pierre se rende compte du fait qu'elle veut qu'il l'observe. Une façon simple de s'assurer qu'il en va bien ainsi, c'est de procéder à un échange de regards. Marie a cette fois-ci non seulement l'intention de premier ordre d'informer Pierre de l'immangeabilité des baies, mais aussi l'intention de second ordre de l'informer de cette intention de premier ordre. (En fait le contenu de cette intention de deuxième ordre est une métareprésentation de quatrième ordre, mais je vous épargne le détail.) À ce niveau d'interaction et à ce niveau-là seulement quelque chose de complètement nouveau apparaît, quelque chose qui constitue la communication humaine proprement dite.

Dès lors que Marie a fait ouvertement comprendre à Pierre qu'elle veut l'informer de quelque chose, il ne lui est plus nécessaire d'accomplir une action qui témoignerait de son état mental même sans intention communicative. Puisqu'elle a manifesté cette fois-ci une intention d'agir ouvertement sur les états mentaux de Pierre, Marie peut lui donner un indice direct non pas du fait que les baies sont immangeables, mais de son intention informative de lui faire comprendre qu'elles le sont. Donc au lieu de prendre véritablement la baie, de la mettre dans sa bouche, de la mordre, d'en éprouver le goût amer et de la recracher, Marie peut se contenter par exemple de mimer cette action. Ou, à supposer que ses lointains ancêtres disposaient déjà de quelques signes vocaux dont l'exclamation « beuark ! », elle pourrait montrer les baies et dire : « beuark ! » L'exclamation « beuark ! » qui peut servir à communiquer des tas de choses différentes dans des contextes différents, sera interprétée par Pierre, dans ce contexte particulier, comme un indice du vouloir-dire de Marie, du fait qu'elle veut lui faire comprendre que ces baies sont mauvaises.

La communication humaine est caractérisée par deux niveaux d'intention, une intention informative et une « intention communicative » qui n'est rien d'autre qu'une intention informative de niveau supérieur, l'intention d'informer le destinataire de l'intention informative que le communicateur a à son égard. En rendant manifeste le fait qu'il est mû par une intention informative, le communicateur acquiert la possibilité de transmettre une information à autrui par des moyens symboliques. Ces moyens peuvent être de l'ordre du langage, mais aussi de l'ordre du mime ou du comportement improvisé, dès le moment où ce comportement donne véritablement un indice du vouloir-dire du locuteur.

Il existe un rapport essentiel entre intention informative, intention communicative et sens voulu. Le sens voulu n'est autre que le contenu d'une intention informative qui elle-même fait l'objet d'une intention communicative. Dans la série des scénarios envisagés (hormis le premier, où Marie ne se soucie pas de savoir si Pierre l'observe), Marie a l'intention informative de faire savoir à Pierre que les baies sont immangeables. Dans l'ultime scénario, où elle a aussi une intention communicative (et où elle peut désormais se contenter de mimer l'action de recracher ou dire « beuark ! »), le contenu de l'intention informative peut être décrit comme ce que Marie « veut dire », comme le sens voulu de son acte de communication.

Ce qui constitue donc le contenu d'une intention informative comme un « sens », c'est précisément que cette intention informative fait elle-même l'objet d'une intention informative de niveau supérieur, d'une intention communicative. C'est lorsque quelqu'un a voulu informer quelqu'un d'autre de quelque chose, et a voulu pour ce faire l'informer de cette intention qu'est apparue une nouvelle propriété dans le monde : la signification.

Imaginons que nos ancêtres, Pierre et Marie et tous leurs congénères, aient eu des capacités métareprésentationnelles suffisantes pour former des intentions communicatives. Pour cela ils n'avaient pas besoin de langage. Tout indice qu'ils pouvaient donner de leur intention — et pas seulement linguistique — pouvait faire l'affaire. Mais évidemment, pour ces êtres capables de concevoir et de reconnaître des intentions communicatives, un langage comme le langage humain est extrêmement avantageux. Il constitue une source, un répertoire infini d'indices d'une richesse extraordinaire. Le langage permet de donner des indices précis et détaillés de sens voulus indéfiniment variés et complexes.

La communication humaine est un effet secondaire de la capacité d'attribuer des états mentaux à autrui. Le trait qui, plus que tout autre, distingue les êtres humains des autres espèces animales auxquelles ils sont apparentés, ce n'est pas comme on le pense souvent le langage — encore qu'évidemment le langage joue un rôle fondamental —, c'est cette capacité métareprésentationnelle. Cette capacité rend possible une forme de communication inférentielle qui n'est présente chez aucune autre espèce animale. À partir du moment où la communication inférentielle se développe, les conditions sont réalisées pour qu'évoluent à l'intérieur de l'espèce, à la fois les capacités biologiques nécessaires pour l'acquisition du langage, et les langues elles-mêmes. Les langues humaines sont des codes d'une richesse sans pareille, mais en même temps elles sont pleines d'ambiguïtés, de flou, d'allusions. Elles ne sont pas de bons instruments pour la communication codée. En revanche, elles fournissent une richesse d'indices extraordinaire à la communication inférentielle. Les langues humaines, donc, ne trouvent leur fonction que chez une espèce capable de communiquer inférentiellement.

La communication fondée sur la capacité de reconnaître en autrui un être mû par des états mentaux sera restée relativement rudimentaire jusqu'à ce qu'apparaissent et se développent les langues humaines. La communication inférentielle est possible sans langage, mais grâce au langage, son pouvoir expressif est prodigieusement démultiplié. Le rôle du langage dans la communication du sens voulu par le locuteur est de fournir un ensemble d'indices indéfiniment variés et complexes de ce sens. Je le répète, le rôle du langage n'est ni moins, ni plus que cela.

III

JUSTICE, RESPONSABILITÉ ET CONTRAT : LE DROIT EN MOUVEMENT

Les fonctions rituelles de la justice

par Antoine Garapon

La justice est une scène. Le procès, aussi loin que l'on remonte dans le temps ou que l'on voyage dans l'espace, est associé à un ordonnancement rituel. Pour certains, cette liturgie judiciaire trace la voie à la justice des hommes. D'autres, plus récemment, y ont vu un instrument de la domination sociale. Le rituel contemporain de la justice s'apparenterait à ce que H. Garfinkel appelle des cérémonies dégradantes*. L'indignation morale de tout groupe social doit pouvoir s'évacuer sous le mode de la dénonciation publique et de l'accusation. Nous ne nous sentons jamais aussi innocents que lorsque nous voyons d'autres commettre les mêmes fautes qui nous taraudent et que nous pouvons nous en indigner. La permanence du rite dans la justice révélerait sa parenté profonde avec le sacrifice. D'après R. Girard, le rite est la répétition d'un premier lynchage spontané, qui a ramené l'ordre dans la communauté en réactivant l'unité perdue contre un bouc émissaire. Le rituel porterait la trace du sacrifice religieux auquel le système judiciaire se serait progressivement substitué : il en perpétuerait la même fonction tout en le rendant méconnaissable. Cette catharsis fonctionnera d'autant mieux qu'on aura moins conscience de sa fonction.

Une telle approche des rites de la justice n'est pas nécessairement fausse mais débouche sur une condamnation globale du procès et de la justice. Elle n'analyse pas en quoi consiste un rituel.

Le rituel établit une communication avec le monde en réunissant la totalité du temps et de l'espace dans un même dispositif symbolique actif. Il reproduit les fondamentaux de l'univers et

---

Texte de la 51e conférence de l'Université de tous les savoirs donnée le 20 février 2000.

* Garfinkel (H.), « Conditions of sucessful degradation ceremonies », *American Journal of Sociology* n° 6, 1956, p. 420-424.

réactive le temps des origines. Le rituel nous réunit et régénère les catégories fondamentales du temps (par son origine), de l'espace (le monde) et des partitions essentielles qui font passer d'une étendue informe et indéterminée à un univers structuré. La délimitation de l'espace, qui redouble la séparation fondamentale, annonce la distinction du juste et de l'injuste. Il jette les fondations du travail de justice qui deviendra ensuite œuvre de parole.

Les formes rituelles remplissent deux fonctions différentes : elles expriment des références propres à une certaine culture (les Tables de la Loi par exemple) et gardent l'ordonnancement des débats. Ces deux fonctions concurrentes se sont succédé : les premiers procès n'étaient que rites. Ce n'est que progressivement qu'ils sont devenus des échanges de paroles. Le rite tire tantôt vers le *muthos*, tantôt vers le *logos*. Cette double influence — la pesanteur du magico-religieux d'une part, la circulation de la parole légitime de l'autre — oriente l'analyse des fonctions rituelles de la justice en deux directions. Le rite est d'abord la répétition d'un geste et d'un dispositif rituel en vue de réactiver le sacré et de provoquer l'intervention des dieux dans les affaires humaines. La première des fonctions rituelles de la justice, est de produire une vérité ; celle-ci n'est pas tirée de son énoncé ou de la confrontation des arguments mais de la conformité au rite.

L'histoire du procès est celle de son déplacement, de cette parole magico-religieuse vers une parole publique, laïcisée qui tire sa force non plus du surnaturel mais de la procédure. Il entre une part rituelle dans la procédure qui pourrait se résumer au « cadre ». La démocratie ne dissout donc pas le rituel du procès mais le convertit en gardien des délibérations publiques. On a distingué ces deux fonctions pour mieux en saisir l'évolution mais elles se présentent à nous confondues.

Ces dernières années, l'opinion s'est passionnée pour des procès, pour des catastrophes collectives ou pour des crimes contre l'humanité : l'affaire du sang contaminé, l'affaire Papon, l'affaire Clinton aux États-Unis. Dans ces procès, la force rituelle de la justice est recherchée. Il est bien difficile de séparer la justice du rite. Prenons l'exemple de l'affaire Clinton : ce ne sont pas tant les passades du président qui furent l'objet d'une réprobation de la part des Américains que le fait qu'il ait menti à un jury sous serment. Une infraction au rituel de la justice, une transgression symbolique, ont pris le pas sur une hypothétique faute morale. Comment expliquer ce regain d'intérêt pour le procès et ses rites ?

Tout se passe comme si, dans beaucoup de pays démocratiques qui prétendent s'être libérés de toute transcendance religieuse, la justice devenait le dernier bastion du sacré, mais d'un sacré qui ne dit pas son nom. D'où une hypothèse : les formes rituelles du procès sont d'autant plus sollicitées aujourd'hui que les formes symboliques de la politique sont en difficulté. Plus nos sociétés démocratiques se laïcisent et rejettent toute transcendance, plus elles ont recours à la justice.

La dimension rituelle de la justice de ces grands procès contemporains pour crimes contre l'humanité ou suite à des catastrophes est une clé pour comprendre l'écho qu'ils trouvent dans l'imaginaire contemporain. Ce succès est tel aujourd'hui que l'on voit poindre des dangers inédits qui ne prennent de la justice que l'aspect rituel au détriment de sa dynamique argumentative.

La part rituelle des procès pour crimes contre l'humanité

Le crime contre l'humanité a ceci de particulier qu'il procède non d'un despote sanguinaire mais de toute une politique ; lutter contre ne peut se résumer à établir des crimes commis en haut lieu, ni à statuer sur les souffrances extrêmes infligées à des personnes en chair et en os. La justice doit aussi répondre au chaos né de l'effondrement du politique, de la criminalisation de la souveraineté elle-même. D'où le malaise profond du droit international qui reposait sur le postulat d'un fonctionnement efficace et rationnel des appareils étatiques. Il faut donc juger non plus les hommes mais aussi les États sur leurs actions et non les moindres : ce qui fait le cœur de leur politique, la guerre, le traitement de l'autre. Voici naître « une justice aux dimensions du monde » : la justice qui était cantonnée à un attribut de la souveraineté devient le juge de la souveraineté. On pense à l'appellation « juge des nations » réservée à Dieu dans la Bible.

La justice réalise une fonction traditionnellement reconnue à tout rituel : nous mettre en communication avec l'univers, réduire par l'action du symbole l'infiniment petit du corps humain avec l'infiniment grand de l'univers. Elle nous réunit : son temps est celui de l'histoire et sa dimension celle du monde. N'est-ce pas le spectacle qu'a commencé à donner le procès de Nuremberg, et que nous ont offert, même si elles n'ont pas abouti, les poursuites contre Pinochet en Grande-Bretagne ? Un juge espagnol saisit la justice anglaise du cas d'un ancien dictateur chilien. Ne ressent-on pas comme un sentiment de fraternité entre les victimes de ses crimes et nos juges ?

La justice porte aujourd'hui beaucoup d'espoirs : il n'y a qu'à voir la manière dont elle mobilise les ONG. Elle est à la fois universelle et très proche : c'est l'humanité qui est en cause, donc une idée abstraite, mais une humanité corporelle qui passe par l'identification à la souffrance d'autrui. Elle donne à l'être une réalité concrète quasi sensible : cette lutte pour la justice universelle a pour moteur une lutte contre la mort violente que Hobbes a placée au fondement de toute association politique. L'humanité n'est pas un corps réel composé de tous les hommes, elle n'est pas non plus un corps politique : c'est une abstraction morale qui fait droit au corps propre. La logique des droits de l'homme nous fait faire continuellement des allers-retours entre la grande généralité et la plus grande concrétude. Il s'agit là d'un idéal à la fois collectif et individuel.

Le rituel judiciaire convoque le vocabulaire de l'accusation, de la culpabilité et de l'innocence. Les rites de la justice s'offrent comme une forme *a priori* disponible pour des usages auxquels ils n'étaient pas destinés : ils constituent une forme plus extensible et plus universelle que les rituels politiques liés à un pouvoir particulier. Le pouvoir est plus particulier que la catégorie du crime et de l'innocence. La forme rituelle permet de passer du particulier auquel ce pouvoir était cantonné par les souverainetés à l'universel. La dimension rituelle, à cause de son ambition cosmologique, donne corps à l'utopie de nos contemporains en leur offrant une manière de donner de la consistance à une idée — celle d'humanité —, de transcender la corruption du temps historique et de hisser la justice aux dimensions de l'univers. La justice universelle redécoupe le monde en distinguant l'humanité de l'inhumanité. La coupure n'est plus territoriale comme dans le modèle de la souveraineté, mais éthique.

Parce qu'il y a eu quelques occurrences comme le procès de Nuremberg, cette idée est devenue réalité. La justice introduit un nouveau rapport au temps qui n'est jamais irréversible tant que la vie elle-même n'a pas été retirée à ceux qu'elle veut juger. C'est l'emprise du corps et donc l'arrestation d'une part, et le fait qu'il soit en vie d'autre part qui sont les conditions de cette justice. Le corps du dictateur, des tortionnaires ou des politiques donnent corps à cette justice, qui à son tour donne corps à la justice universelle. Cette réalité, cette incorporation dans le monde donne corps au lieu utopique de l'humanité. Il s'agirait plutôt d'un objectif, d'une idée régulatrice. De la même manière que le mythe fondateur n'a pas la consistance que l'on connaissait jusqu'ici aux mythes, ce lieu de l'humanité a une consistance nouvelle : elle naît de l'horreur de l'inhumanité et son lieu est l'espace symbolique du procès. C'est l'humanité en acte, en célébration.

L'ESPACE RITUEL DE LA JUSTICE

Le procès est censé réparer l'ordre du monde. La justice est chargée de relever le politique de l'effondrement. La première réaction à cet effondrement consiste à ériger une scène pour représenter le crime, le mettre en mots et en gestes. La scène a des pouvoirs que le pouvoir n'a pas. Elle s'offre comme un dernier recours lorsque le politique s'effondre. D'ailleurs le procès Eichmann a eu lieu dans une salle de théâtre.

La scène est le premier outil de la justice, avant même le langage, car il fournit à ce dernier un lieu pour s'articuler. Si elle n'était pas contenue par une scène, la douleur des victimes serait trop grande pour souffrir la présence de leur bourreau. Le souvenir des atrocités stagne dans l'esprit des victimes et les prive de l'usage de la parole. Plus de cinquante ans après les faits, certaines parties civiles lors du procès Papon n'étaient pas encore en état de prononcer une parole. Sans la justice, les atrocités risqueraient de rester au stade de mémoire inorganisée.

Le premier choix est celui du lieu pour échafauder cette scène. Les lieux retenus revêtent un caractère hautement symbolique. Le procès de Nuremberg s'est déroulé dans la ville où s'est forgée l'idéologie nazie. Ce choix vise à annuler le crime par ce que les psychologues appellent une contre-passation magique : on fait l'acte contraire dans le même lieu pour le désenchanter. Le procès fut le contraire des fêtes qui se déroulaient à l'occasion des journées du parti dans cette ville sainte du nazisme. « D'un côté, le Nuremberg nazi des années 1930, paradis et creuset des masses où l'individu est appelé à se fondre dans la collectivité ; de l'autre, le Nuremberg du tribunal international, qui opère un retour spectaculaire à la personne et au principe de la responsabilité individuelle*. » La commission *Vérité et réconciliation*, « en choisissant la mairie au centre de la ville et non un *community center* dans un *township*, voulut manifester une rupture symbolique avec les institutions passées. Cet édifice de la municipalité n'est plus le domaine officiel des blancs et des tortionnaires : il nous appartient désormais à nous tous** ». Une femme noire, dont le mari fut assassiné, est accompagnée par les policiers (qui appartiennent au même corps que les tortionnaires de son mari) pour y témoigner dans une enceinte qui était encore hier un haut lieu de l'apartheid.

La mise en scène est la réduction d'une action dans un temps et un espace donné. Le procès fait rentrer des faits, parfois étendus dans le temps et très dispersés dans l'espace, dans une unité de lieu et de signification. Qui aurait pu penser qu'une action s'étendant entre 1933 et 1945 et se déroulant de l'Europe à Madagascar, mettant en cause la bureaucratie complexe du IIIe Reich et les millions de victimes de la Shoah, ait pu « tenir » en 4 mois, du 11 avril au 8 août 1961 ? À Jérusalem, Haïm Gouri dit en tirant les leçons du procès Eichmann : « Avec une force sans pareille, le tribunal a réussi à contenir la puissance dévastatrice du cri qui éclatait alors comme pour la première fois, et à en convertir une partie dans le

* Bédarida (F.), *Nuremberg*, 1938-1948. *Les Années de tourmente, de Munich à Prague*, Dictionnaire critique, Flammarion, Paris, 1995, p. 874.
** Krog (A.), *Country of my Skull*, Random House, South Africa, 1998, p. 38-39 (traduit par nous).

langage des faits, des chiffres et des dates, laissant ces échos hanter le procès comme un fantôme* ». Le cadre procédural réduit la multitude des faits en les organisant, les hiérarchisant et surtout en les regroupant sous quelques qualifications. D'actes isolés, ils rentrent dans des catégories, ils deviennent des crimes.

Représenter l'irreprésentable suppose une scène mais aussi un cadre juridique qui en est le prolongement en dressant le décor moral de l'action. Le tribunal offre en dédommagement la puissance de sa « réalité ». Les personnages viennent en chair et en os donner crédit à une histoire incroyable, que l'on aurait du mal à croire si on ne les voyait pas, tant la réalité dépasse la fiction, tant l'horreur réelle dépasse notre capacité à l'imaginer. Haïm Gouri exprime en poète ce moment du procès : « C'est la puissance : puissance du cadre, puissance du moment et du lieu, puissance de l'antichaos, du réel, du concret. Tout est clair maintenant : les trois juges en robe noire, le chandelier à sept branches étincelant, la forte nuque de Servatius, sa secrétaire à ses côtés, la rangée des membres du ministère public, les sténographes, les interprètes, l'accusé qui se tient droit, lève la main et termine son serment de témoin par le mot "vérité" [...] Cette cruauté limpide de la machine judiciaire, c'est la manifestation suprême de l'ordre qui organise le chaos, qui rend leur sens aux faits obstinés, qui libère, par sa procédure particulière, l'énergie de la vérité qui éclate à la face du monde**. »

LA MISE EN SCÈNE DE LA FONDATION

Ce qui caractérise la tragédie, c'est la confrontation. Le cadre du procès réalise une triple confrontation : d'une cité politique avec son passé, de la victime avec son bourreau, et, enfin, de l'action d'un homme avec la loi, c'est-à-dire avec le pacte politique fondateur. La scène judiciaire se pose en surplomb de la scène politique. Il ne peut y avoir deux univers symboliques en même temps, puisque le propre d'un univers symbolique c'est son aspect cosmogonique, universel dans le sens de total. La justice est le métalangage du politique. Comme tout métalangage, la justice remplit la fonction de rappeler l'orthodoxie de la langue. Le métalangage ne produit rien : il aide à produire correctement.

Juger, c'est rapporter un fait aux origines du pacte politique, cela explique que les pouvoirs judiciaires et exécutifs ne sont pas séparés que dans leurs formes mais aussi dans leur rapport au temps. L'autorité de la justice face au pouvoir politique lui vient de sa capacité à garder les symboles de cette origine du pouvoir.

---

* Gouri (H.), *Face à la cage de verre, le procès Eichmann, Jérusalem, 1961*, Paris, Tirésias, 1995, p. 274.
** *Ibid.*

La centralité du rôle accordé à la justice manifeste la naissance d'un nouveau fondement au pacte social centré sur une tension entre la souveraineté et l'homme. Toutes les cosmogonies rappellent qu'au début étaient le désordre, l'indifférenciation, le chaos originel et que le premier geste fut un acte séparateur du monde entre le haut et le bas, le pur et l'impur, le bien et le mal. Ce que réactive le rituel qui met en scène le chaos et le passage à l'acte séparateur. C'est en cela qu'il régénère l'ordre. L'origine est occupée par un meurtre, rappelle Freud. Le propre de l'ordalie est de répéter le désordre fondateur et de solliciter l'acte séparateur. Le rite fait de nouveau appel à l'acte séparateur, à la transcendance. Chaque nouveau partage pénal est un recommencement, une refondation. On réveille l'acte inaugural par lequel l'humanité est sortie de l'état de nature. C'est pourquoi, les procès pour crime contre l'humanité sont essentiels pour régénérer l'ordre démocratique.

Ces fondements ne sont pas historiques mais hypothétiques. Ainsi, le procès de Nuremberg en 1945, les procès pour crimes contre l'humanité jugés au Tribunal pénal international pour l'ex-Yougoslavie et pour le Rwanda, anticipent sur un monde commun qui n'existe pas encore. L'humanité, sur laquelle se fondent ces procès, n'est pas historique et pourtant elle est mise en scène. Juger ne fait pas que rappeler les fondements communs, il les appelle, il les fait advenir.

La justice ne connaît que des actions humaines et pas des actions collectives. Ce n'est plus le collectif qui absorbe la liberté individuelle mais, à l'inverse, la liberté individuelle qui doit payer les conséquences pour sa participation à des actions collectives. La relation est vidée de toute dimension collective, politique : il n'y a plus quelque chose qui les dépasse et qui est la présence de l'histoire dans cette relation. Pour paraphraser Rousseau, devant la justice : « le grand devient petit, le riche devient pauvre, le monarque devient sujet. » La justice est universelle en ce « qu'elle n'a pas d'auteur ». La justice universelle incarne quelque chose à laquelle nous sommes tous subordonnés et qu'un d'entre nous ne commande pas en particulier. Cette impersonnalité du libéralisme est peut-être son ressort le plus religieux.

Les droits de l'homme présupposent un univers moral commun qui fait le pendant en aval de ce qu'a été le prépolitique en amont. L'universel consiste à la fois en un prépolitique et en un au-delà du politique.

L'INVERSION MORALE DU TEMPS

La scène de la justice, par sa procédure et ses rites, offre à la cité le pouvoir de maîtriser son histoire. Ce qui est impossible dans le monde physique le devient dans la cité politique grâce au symbole. Ce que le temps a rendu irréversible, le symbole peut le rendre présent et le rendre disponible à une action des hommes. Celui-ci a le pouvoir de reproduire le monde pour agir sur lui, de substituer à un enchaînement mécanique et physique des faits, une délibération, une volonté. La justice répète ainsi le passé pour en terminer l'action, pour en conjurer le retour.

Sans la scène, l'histoire ne serait pas maîtrisable. C'est une autre différence entre le tribunal de l'histoire et la scène de la justice. Pinochet avait gagné sa sortie sans être inquiété : voici pourtant qu'il est inquiété — et pourra l'être jusqu'à sa mort.

Il existe deux manières d'effacer l'injustice : par le temps ou par la justice. Le premier n'est pas nécessairement l'instrument de la seconde, il peut aussi être son concurrent. La prescription ne consiste pas à imposer le silence mais à interdire toute action de justice, passé un certain délai. Plus que d'un oubli institutionnel, la prescription s'analyse comme une forclusion, c'est-à-dire comme l'impossibilité d'intenter une action juridique contre ce qui s'est passé. Elle peut apparaître comme une abdication devant la toute-puissance du temps biologique.

Le procès est « le moment rétrospectif de la conscience où les faits sont présentés en dehors de leur pure effectivité au regard d'une structuration légale* ». C'est ce qui fait la différence entre la justice et la conciliation.

Il y a derrière l'idée de justice universelle, l'idée d'une rétribution généralisée, d'une compensation. Il ne s'agit plus de compenser les malheurs présents par la promesse d'un bonheur futur comme dans le marxisme, ni de réparer les injustices sociales par une redistribution des richesses comme dans l'État providence mais de l'espoir d'une justice ici-bas pour tous, y compris pour les puissants. La justice devient la scène morale du monde.

Le risque de surinvestissement dans le rituel du procès

Le procès risque de devenir en quelque sorte, victime de son succès. Il est alors recherché non plus comme un instrument de la justice mais comme une fin en soi, ses rites ne servent plus une argumentation mais s'y substituent. Les bienfaits de la justice viennent de la consolation qu'apporte sa cérémonie. Ce surinvestissement du rituel du procès a pris des formes différentes dans certains des procès qui ont secoué l'opinion publique ces dernières années.

* Abensour (C.), *Le Droit*, Paris, Quintette, 1988, p. 52.

L'ACTIVISME DE LA MÉMOIRE

Ces grands procès ont révélé une nouvelle fonction de la justice : reconnaître les victimes. Tant que la victime n'a pas vu son agresseur jugé, elle est condamnée à ressentir une extrême solitude due à son expérience morale impartageable : elle peut décrire les faits, rencontrer une écoute compatissante de la part des autres mais ne peut se faire reconnaître en tant que victime par une instance morale tierce incarnant la totalité politique. « Ces gens qu'on aurait traités auparavant comme des chiens, explique Monseigneur Desmond Tutu, ont désormais une histoire reconnue par le pays entier. On a ouvert aux victimes un forum officiel où elles ont raconté leur histoire. Toutes ne sont pas venues ; mais celles qui se sont présentées nous ont dit dès la première audition : “nous avons raconté notre histoire partout mais l'avoir raconté ici nous a pour la première fois libérés du poids qui pesait sur nos épaules*” ».

La victime attend de cette mise en présence, de cette nouvelle réunion, non pas une possible réconciliation ou un improbable pardon, mais d'être réintégrée dans un univers politique et moral commun. En Afrique du Sud, les officiers respectables des forces de sécurité se voient obligés de dire ce qu'ils ont fait, au grand jour, dans leur propre ville. Beaucoup de proches ne savaient pas que derrière ce bon père de famille se cachait un tortionnaire contraint maintenant de dire ce qu'il a fait. L'apaisement ne peut venir que de cette implication forcée du criminel dans la vérité morale de son crime. « J'exige qu'ils [mes bourreaux dans les camps de concentration] se nient eux-mêmes et qu'ils me rejoignent dans cette négation**. » Ce n'est qu'une fois que cette réunion morale aura été célébrée par la justice que le bourreau pourra devenir à nouveau le « prochain » de sa victime.

Si la cour d'assises de Bordeaux lors du procès Papon a peut-être été détournée pour réécrire l'histoire, elle a été également employée comme une instance symbolique pour honorer la mémoire. Tendance à laquelle le président s'est farouchement opposé. « Je ne peux envisager de faire appel aux morts, car je ne suis pas devant un monument aux morts***. »

L'impératif de mémoire libère-t-il de l'impératif de justice ? Pour beaucoup de « fous de la mémoire », la justice doit être au service de la mémoire et non l'inverse. Le risque est d'en rester au niveau de la plainte, de s'enfermer dans le statut de victime. La

---

* « Pas d'amnistie sans vérité, entretien avec l'archevêque Desmond Tutu », *Esprit*, décembre 1997, p. 66.

** Améry (J.), *Par-delà le crime et le châtiment. Essai pour surmonter l'insurmontable*, traduction de F. Wuilmart, Arles, Actes Sud, 1995, p. 121.

*** Propos rapportés par le journal *Libération* du 22 décembre 1997.

souffrance interdit de se projeter dans l'avenir, elle ne s'énonce qu'à l'indicatif, mieux : à l'impératif. Elle accentue l'impérialisme du présent. « Nous ne sommes pas dans des débats historiques. Les victimes souffrent. Après seulement viendra l'histoire », dit Maître Touzet, l'avocat des parties civiles à la fin des plaidoiries*. La souffrance sidère le temps : elle plonge non pas dans le passé, mais dans un éternel présent, celui de la souffrance dont il n'est plus possible de se décoller.

Tout éloignement — quel qu'il soit — de la position des victimes est intolérable, elle correspond à une complicité coupable avec les bourreaux. Un exemple entre mille : alors qu'Arno Klarsfeld demande que l'on projette sur écran les photos de la mère de Georges Gheldman, le président refuse et lui de s'insurger : « Pour vous aussi, il y a des juifs intéressants et d'autres qui ne le sont pas ? » Arno Klarsfeld ajoute que c'est grâce à l'Association des fils et filles de déportés juifs de France que le président « a l'honneur de présider cette cour** ». Une telle « inversion » est caractéristique de l'attitude de certaines parties civiles : alors qu'il est d'usage pour un avocat de dire qu'il a l'honneur de plaider devant cette cour, là un avocat dit au président qu'il a l'honneur de présider devant de tels témoins.

Tous les éléments fondamentaux du procès sont réévalués non sur un critère de justice mais de mémoire : la délimitation de l'enjeu, la présomption d'innocence, l'égalité entre les parties, la reconnaissance d'un tiers, qui sont pourtant des principes essentiels au procès, se trouvent disqualifiés. On leur reproche d'être des fictions, qui deviennent scandaleuses quand la souffrance humaine est en jeu. Mais le fondement du rituel n'est-il pas de faire recours aux fictions ?

Les règles de procédure réclament que Papon soit traité comme s'il était innocent. Mais cette simple hypothèse fait horreur : cela signifierait-il que les victimes ont menti, que leurs souffrances sont fausses ? Faire douter de la culpabilité de Papon est déjà une insulte à la mémoire des victimes.

La vérité de leur souffrance, la certitude de leur traumatisme impliquent la vérité de tout ce qui sort de leur bouche : mieux, aussi de leurs allégations au sens judiciaire du terme, c'est-à-dire de leurs prétentions. L'authenticité de l'acte d'énonciation entraîne, du fait de l'émotion, la vérité de l'énoncé. Ils ont raison parce qu'ils souffrent, et donc Papon est coupable.

LA DÉRIVE SACRIFICIELLE

Nous voyons régulièrement des procès mettant en cause des responsables administratifs (préfets dans l'affaire de Furiani), des

* Conan (E.), *Le Procès Papon*, Paris, Gallimard 1998, p. 249.
** *Ibid.*, p. 96.

médecins et des scientifiques (affaire du sang contaminé) pour des accidents. Nous voici revenus de tous ces mythes et c'est désormais dans des prétoires que nous célébrons le tragique d'une science trop sûre d'elle-même et de fonctionnaires trop confiants dans l'infaillibilité de l'État. L'homme démocratique est tenté de chercher un sens à l'accident dans les catégories de l'accusation, de l'innocence et de la culpabilité.

Il s'est débarrassé du politique, mais en même temps ne supporte pas que personne ne réponde à ses interrogations existentielles. Il demande à la justice de célébrer sa peine et de lui apporter quelques certitudes : tout mal subi procède nécessairement d'une volonté méchante ou négligente d'un autre homme puisque Dieu n'existe pas et que le ciel s'est vidé. Le mal ne peut rester sans maître. Le scandale de la souffrance qui ne trouve plus de consolation dans aucun discours devient le centre d'un nouvel humanisme, d'un humanisme négatif et peureux. La souffrance reste le nœud de la condition humaine. On assisterait ainsi à un glissement de sens, à une sorte d'abus de la scène pénale au terme duquel le pouvoir se voit amené sur la scène d'infamie, non pour crimes contre l'humanité mais pour des délits involontaires. (Songeons encore une fois à l'affaire du sang contaminé.) La fonction tragique de la scène pénale est ici plus pure, mais aussi de ce fait plus critiquable.

LE RETOUR À UNE RESPONSABILITÉ PRÉÉTHIQUE

Ce n'est pas le moindre paradoxe que de voir revenir notre modernité à des délits objectifs, c'est-à-dire pour lesquels l'intention criminelle est secondaire. Le mal est moins le siège d'une volonté malsaine qu'un résultat concret, un mal subi qui n'a pas été à proprement parler désiré mais plutôt « négligé ». En d'autres termes, c'est la réalisation d'un mal possible mais non désiré qui fait exister *a posteriori* la négligence ou l'imprudence. Le mal ne se loge plus dans le désir mauvais mais dans un dommage scandaleux. Dans un cas, c'est la volonté qui conduit au dommage, dans l'autre, le dommage qui doit nécessairement conduire à une volonté.

Pour accomplir tous ces délits d'imprudence ou de négligence, qui sont légion notamment en droit financier ou en matière d'environnement, il faut la malheureuse complicité du hasard, c'est-à-dire du destin. Mais de qui le destin est-il complice ? De l'homme apprenti sorcier, du diable ou des dieux ? De la réponse à cette question, découlent deux conceptions du mal tout aussi insatisfaisantes l'une que l'autre : le mal est soit naturel soit criminel. Cela a été manifeste dans l'affaire du sang contaminé où ces deux thèses — du crime ou de la catastrophe — se sont affrontées pendant des années. Et pourtant, ce nouveau type de trouble n'est complètement réductible ni à l'un, ni à l'autre. Cette alternative nous expose à deux formes contemporaines d'injustice : l'impunité ou le sacrificiel, l'hyperresponsabilité de celui qui incarne le mal absolu et dont le sacrifice va purifier le monde, ou l'hyporesponsabilité de tous ceux qui sont victimes mais qui ont peut-être aussi participé à l'avènement du dommage.

Ce qui perturbe la compréhension de la causalité, c'est l'expérience tragique de la disproportion entre l'acte et ses conséquences. Le personnage tragique est sans cesse en tension entre l'ancienne conception de la faute souillure, de l'imprécation divine, qui engendre nécessairement la faute, et la conception nouvelle où le coupable est celui qui a délibérément choisi d'enfreindre la loi, sans y avoir été contraint. « Le domaine propre de la tragédie se situe à cette zone frontière où les actes humains viennent s'articuler avec les puissances divines, où ils prennent leur sens véritable ignoré de l'agent, en s'intégrant à un ordre qui dépasse l'homme et lui échappe*. » Ce mouvement de pénalisation nous fait revenir à une responsabilité pénale d'avant la morale. C'est le dommage qui qualifie le mal et la responsabilité, et non l'inverse. Le droit positif a accompagné ce passage de la faute à la garantie d'une responsabilité subjective, qui trouve son origine dans la faute, à une responsabilité objective qui prend son fondement dans la réparation de la victime. Dieu est mort et nous voilà revenus à une conception objective du mal, antérieure à la subjectivité. Comme si le destin du droit pénal postmoderne était de revenir à une institutionnalisation de la vieille dialectique souillure-purification qui fait pièce avec une mécanique sacrificielle.

DÉCLIN DES GRANDS SYSTÈMES DE SENS ET RETOUR DU TRAGIQUE

Il est indispensable pour les victimes de pouvoir réinscrire l'expérience individuelle de la douleur dans un récit qui donne du sens aux événements. C'est le rôle du discours politique et des mythes politiques fondateurs. Mais lorsqu'ils s'effondrent comme c'est le cas pour le crime contre l'humanité, c'est vers la justice et sa capacité à mobiliser spectaculairement les catégories fondamentales de l'accusation, de l'innocence et de la culpabilité que l'on se tourne.

Il faut ensuite mettre ce retour du tragique en lien avec le retrait des grands systèmes de sens, voire avec la crise du lien politique. La scène de la justice est d'autant plus sollicitée que les grands discours, politiques ou religieux, se montrent impuissants à donner du sens au monde. Quelle ressource reste-t-il pour combattre la souffrance sinon la mettre en récit ? Le lien entre la tragédie et

* Vernant (J.-P.), Vidal-Naquet (P.), *Mythe et tragédie en Grèce ancienne*, Paris, La Découverte, 1995, p. 39.

la justice n'est plus à établir. Peut-être, d'ailleurs, peut-on expliquer le succès actuel de la justice par ses capacités scéniques qu'ont révélées, entre autres, les grands procès pour crimes contre l'humanité.

C'est pourquoi il est tentant de mettre en relation la tragédie et les grands mythes censés expliquer le monde. Celle-là s'épanouit lorsque ceux-ci s'éclipsent. Certaines époques — le Vᵉ siècle grec, le XVIIᵉ français — se sont montrées plus sensibles que d'autres à une vision tragique du monde. « Toutes deux ont en commun d'avoir été "humanistes", c'est-à-dire qu'elles ont "inventé" ou réinventé, et mis la condition humaine au centre de leurs préoccupations. Pour ce faire, elles ont éloigné les dieux... » Chaque fois, l'exil de la divinité amorce le cycle de l'action humaine, séparée et coupable, se développant dans la peine et le deuil, échouant dans une « solitude veuve ». Vient le temps des incertitudes, du doute, des interrogations essentielles : « Pourquoi des bonheurs détruits ? Pourquoi les échecs inévitables ? Pourquoi le mal, le malheur et la mort ? » Les dieux sont devenus silencieux. Les époques portées par un courant d'idées dominant répudient le tragique : depuis le Moyen Âge porté par les réconfortantes vérités de la foi, le XVIIIᵉ siècle des Lumières confiant dans la raison philosophique, le XIXᵉ et le premier XXᵉ siècle avec ses révolutionnaires optimistes et utopistes promettant un avenir meilleur, jusqu'à notre seconde partie du XXᵉ siècle aux penchants scientistes croyant que le progrès nous délivrerait définitivement du mal.

L'investissement actuel dans la justice marquerait une recomposition du théologico-politique. La justice est dans nos sociétés à la fois l'instrument de la déconsidération des organes politiques traditionnels — le gouvernement et le Parlement — et le lieu de son relèvement. Si avec Claude Lefort, on considère le théologico-politique comme ce qui assure l'unité de la communauté politique, le consensus de fond qui forme sa constitution et à partir duquel les tensions et les conflits internes peuvent être intériorisés, c'est-à-dire débattus et résolus, la justice est désormais l'un des principaux lieux où se met en scène, en forme et en sens, le pacte prépolitique, véritable condition d'existence politique d'une communauté. Le procès est l'endroit où s'exprime la fidélité au fondement imaginaire du vivre ensemble.

La responsabilité et ses transformations (responsabilités civile et pénale)

par Geneviève Viney

Le mot « responsabilité » n'est apparu dans la langue française que durant le dernier tiers du XVIIIe siècle et n'a été entériné par l'Académie française qu'en 1798*, mais ses racines sont, en revanche, fort anciennes et situent clairement ses origines dans le domaine du droit puisque le mot latin *sponsio* qui est lui-même le décalque du mot grec *spondé*, signifie promesse solennelle génératrice d'engagement. Toutefois, il n'évoque nullement ce que nous entendons aujourd'hui par « responsabilité ».

Pour que cette nouvelle signification se dessine, il faudra attendre l'adjonction du suffixe « able » qui n'interviendra que plus d'un millénaire plus tard, dans la France chrétienne du XIIIe siècle**, mais comme, à cette époque, le droit avait perdu son autonomie et était devenu une simple annexe de la morale, c'est cet aspect moral qui a prévalu, faisant du « responsable » celui qui répond (devant Dieu) de ses actes.

Or cette empreinte de la morale sur la notion de « responsabilité » a été forte et durable puisque la morale chrétienne l'a léguée à la morale laïque, notamment à celle qui a inspiré l'école du droit naturel dont l'influence sur le droit issu de la Révolution française a été décisive.

C'est précisément ce détour par le langage de la morale qui explique que, lorsque le mot « responsable » sera réintégré au langage du droit, il aura acquis une consonance qui n'évoque presque plus

Texte de la 52e conférence de l'Université de tous les savoirs donnée le 21 février 2000.

* V J. Henriot, *Note sur la date et le sens du mot « responsabilité »*, Archives de philosophie du droit, 1977, p. 59.

** M. Villey, *Esquisse historique sur le mot « responsable »*, Archives de philosophie du droit, 1977, p. 45.

rien de ses origines romaines. Le responsable sera celui qui doit répondre devant les tribunaux de ses actes, et plus précisément de ses fautes.

Mais répondre de quelle façon ?

Dans l'optique contemporaine, il semble évident de distinguer entre la responsabilité civile qui tend à assurer la réparation des dommages au profit des victimes et la responsabilité pénale qui se propose de réprimer au nom de la société les infractions troublant l'ordre social.

Cette distinction, universellement admise aujourd'hui, ne s'est pourtant pas imposée d'emblée. À Rome, la responsabilité civile était confondue avec la responsabilité pénale. À l'époque classique, sont apparues à côté des « actions pénales » des actions dites « réipersécutoires » qui ressemblaient à l'action en dommages-intérêts et qui ouvraient donc la voie à une autonomie de la responsabilité civile. Cependant celle-ci ne fut jamais pleinement réalisée car, à la fin de l'époque classique et surtout au Bas-Empire, les actions « pénales » et « réipersécutoires » eurent à nouveau tendance à se confondre pour donner naissance à des actions « mixtes ».

En France, à partir de la seconde moitié du XIe siècle, la distinction romaine des actions pénales et réipersécutoires commença à être connue et à orienter le droit coutumier vers une séparation entre actions civile et pénale. Cependant, jusqu'à la fin de notre ancien droit, l'autonomie de l'action civile par rapport à l'action pénale est restée relative. En effet, la procédure accusatoire que suivirent longtemps les cours laïques ne pouvait être déclenchée qu'à l'initiative de la victime. C'est seulement lorsque le système inquisitoire imité des juridictions ecclésiastiques fut généralisé que l'on vit apparaître des magistrats chargés d'exercer des poursuites au nom de l'autorité royale ou seigneuriale.

En 1795, l'existence d'une véritable action civile distincte de l'action publique fut consacrée par le code des délits et des peines, dit « de Brumaire », dont l'article 5 dispose que « l'action publique a pour objet de punir les atteintes portées à l'ordre social », et l'article 6 que « l'action civile a pour objet la réparation du dommage que le délit a causé ». L'autonomie de la responsabilité civile par rapport à la responsabilité pénale était ainsi acquise. Elle fut ensuite confirmée par la codification napoléonienne et n'a jamais été remise en cause depuis.

Toutefois cette autonomie n'exclut pas toute parenté. La responsabilité juridique présente en effet certains traits généraux que l'on retrouve dans ses deux composantes et qui concernent aussi bien ses causes que ses finalités.

La responsabilité vue du côté de ses causes : l'appel ou la vocation à répondre

L'apparition d'une responsabilité implique d'abord la constatation d'un fait exigeant une réponse du droit. Mais elle implique également l'existence d'un sujet auquel l'appel est adressé en raison de sa participation à ce fait.

LE FAIT QUI EXIGE UNE RÉPONSE, UNE RÉACTION DU DROIT, EST CELUI QUI CRÉE UNE INJUSTICE, UN TROUBLE SOCIAL

Cette perturbation peut provenir de deux types de causes différents, il peut s'agir soit d'un dommage, c'est-à-dire d'une atteinte à des intérêts individuels ou collectifs qui paraissent mériter la protection du droit, soit d'un comportement illicite, d'une infraction aux règles de la vie sociale, autrement dit, d'un fait de l'homme appelant une certaine réprobation.

Les différents systèmes de responsabilité juridique qu'elle soit civile ou pénale ont toujours fait place à ces deux catégories de causes du trouble social. Toutefois, depuis qu'elle a été clairement distinguée de la responsabilité civile, la répression pénale a nettement privilégié la seconde, ce qui était d'ailleurs prévisible étant donné l'objectif qui est assigné au droit pénal.

En revanche, pour la responsabilité civile — à but indemnitaire — la question est beaucoup plus discutable et les droits positifs sont plus partagés. Certains ont fait prévaloir la notion de dommage, de préjudice, de « tort » qui est présentée comme la cause première du droit à réparation, le comportement du sujet n'étant qu'un élément secondaire qui intervient parfois, mais non pas toujours, pour provoquer la naissance de ce droit : c'est la position de principe de la *common law* anglaise et de tous les droits qu'elle a influencés.

En revanche, les droits continentaux ont opté pour la position inverse. Le droit français a posé en principe que la seule véritable cause de responsabilité est la faute, c'est-à-dire le type même du comportement humain illicite ou contraire à l'ordre social.

Cette emprise de la faute sur le droit de la responsabilité civile s'est pourtant vu contestée à partir des années 1870-1880, parce qu'elle aboutissait à des résultats qui sont vite apparus injustes en barrant la route aux demandes d'indemnisation des victimes de certains accidents, comme les accidents du travail et les accidents de transport. Pour ce type d'accidents, la preuve d'une faute subjective individuelle de l'employeur ou du transporteur était impossible. Le refus d'indemnisation plongeait les victimes et leurs familles dans la misère, résultat auquel les juristes ont compris qu'ils ne pouvaient pas se résigner.

C'est pourquoi ils ont cherché à élargir les causes de la responsabilité civile.

1) Les tentatives pour suppléer les insuffisances de la faute par d'autres concepts dérivés de celle-ci

Une école de juristes a proposé, dès 1883-1884, de résoudre la question des accidents du travail et des accidents de transport en présumant que le contrat de travail et le contrat de transport comportent une clause implicite de sécurité, autrement dit qu'ils engendrent une obligation de sécurité. Une autre école a développé, à partir des années 1890, la « théorie du risque » qui consiste à imputer à ceux qui exercent des activités, surtout si elles sont dangereuses, la charge d'indemniser les dommages que provoquent ces activités, sans qu'il soit nécessaire de prouver une faute de leur part, tout simplement parce qu'ils en ont pris l'initiative et qu'ils en recueillent les profits.

Ces deux écoles ont obtenu des succès également éclatants. Dès 1896*, la Cour de cassation a consacré la théorie du risque à propos d'un accident du travail dont elle a admis que l'employeur devait répondre, sans que sa faute fût établie. Après la promulgation de la loi de 1898 sur les accidents du travail, qui a confirmé cette responsabilité objective, elle a appliqué la même solution à d'autres catégories d'accidents causés par des choses dangereuses, en particulier aux accidents d'automobiles. Elle s'est appuyée, pour développer cette jurisprudence, sur l'article 1384 al. 1er du Code civil. Ce texte dispose qu'on est responsable, non seulement de son propre fait, mais aussi « du fait des choses dont on a la garde ». La notion de « fait de la chose » instrument du dommage a été mise en avant pour justifier la responsabilité sans faute de la personne qui en avait la « garde », c'est-à-dire le contrôle, au moment de la survenance du dommage.

L'obligation de sécurité a été consacrée à son tour en 1911 et a été constamment invoquée par la suite pour justifier la responsabilité des professionnels en cas de dommages corporels subis à l'occasion de l'exécution de diverses prestations contractuelles intéressant la sécurité physique du client (transports de toutes natures, remontées mécaniques, jeux forains, etc.).

Ces deux créations jurisprudentielles sont aujourd'hui couramment appliquées au profit des victimes de toutes sortes d'accidents.

Les causes de responsabilité se sont ainsi diversifiées et de plus en plus démarquées de la faute personnelle. Or cette tendance à répudier la faute au profit de notions qui restent fondées sur un jugement

---

* Arrêt Teffaine, dit « du remorqueur Marie », 18 juin 1896 S.1897.I.17 (Note A. Esmein, D.1897.1.433, concl. Sarrut, note Saleilles)

de comportement au sens large n'est pas parfaitement satisfaisante. Elle conduit en effet à des résultats parfois excessifs, lorsqu'il s'agit de dommages dont l'indemnisation ne répond pas à un besoin social prioritaire et, par d'autres côtés, insuffisants puisqu'elle n'a pas permis jusqu'à présent d'assurer l'indemnisation de certains dommages corporels graves, comme ceux qui résultent des accidents médicaux.

2) Peut-on alors envisager de redéfinir le champ de la responsabilité civile plutôt à partir de la notion de dommage ?

Le droit anglais et ceux qui s'en inspirent ne connaissent pas le concept de responsabilité, mais pratiquent un droit des « torts », c'est-à-dire des dommages, qui se compose d'une collection de délits spéciaux définis, pour la plupart, non pas à partir de la faute ou du comportement de l'auteur, mais de la nature du dommage (*tresspass, battery, assault, nuisance, deceit, defamation*, etc.). Ce caractère éparpillé, cet aspect casuistique est de nature à rebuter les juristes continentaux, en particulier les Français épris d'unité et fiers, à ce titre, de l'article 1382 du Code civil selon lequel : « Tout fait quelconque de l'homme qui cause à autrui un dommage oblige celui par la faute duquel il est arrivé à le réparer. »

En effet, si l'on définissait le domaine de la responsabilité civile principalement à partir du dommage, cela impliquerait un abandon ou une marginalisation des règles générales fondées sur les articles 1382 et suivants du Code civil au profit des régimes spéciaux adaptés aux différentes espèces de dommages, autrement dit un renoncement à notre « droit commun » à vocation généraliste au profit d'une casuistique des « délits spéciaux » qui nous paraît assez anachronique, alors surtout que le droit anglais semble engagé, depuis une cinquantaine d'années, dans un processus inverse, avec la progression du tort de « négligence » qui évoque notre article 1382.

Pourtant, une prise en compte plus forte de la notion de dommage présenterait des avantages et ne serait pas nécessairement contraire au génie du droit français. Si, au lieu de continuer à soumettre au même régime de responsabilité civile tous les types de dommages — qu'il s'agisse d'atteintes à la personne ou aux biens, de dommages économiques ou purement moraux, de dommages graves qui bouleversent la vie de la victime et de sa famille ou de simples broutilles — on s'orientait vers une prise en compte de la nature et de la gravité du dommage pour moduler le régime applicable, notre droit gagnerait en réalisme et les sommes consacrées à l'indemnisation seraient réparties de façon plus juste.

Le professeur Boris Starck a proposé de tracer la ligne de partage entre responsabilité pour faute et responsabilité sans faute à partir de la nature du dommage, la première convenant d'après lui, à l'indemnisation des dommages moraux et des pertes de profit économique, tandis que les atteintes à la personne et aux biens devraient être garanties même sans faute.

Ajoutons qu'en dépit des apparences, la méthode consistant à définir le domaine des responsabilités à partir du dommage est largement utilisée par notre droit positif. Notre jurisprudence administrative en fait constamment usage. Lorsqu'elle décide d'écarter le droit commun de la responsabilité pour faute du service public, c'est le plus souvent en considération de la nature, de la spécialité, et de la gravité du dommage. Ainsi des arrêts récents (de 1990 et 1993) ont admis la responsabilité sans faute de l'hôpital public à la suite d'interventions chirurgicales qui avaient été réalisées dans le respect des règles de l'art, précisément en raison de l'extrême gravité du dommage corporel constaté.

Le législateur s'est engagé, depuis longtemps déjà, dans cette voie de la création de régimes spéciaux adaptés à certains dommages. Par exemple, la responsabilité du transporteur est mise en cause dans des conditions différentes selon que le dommage a atteint la personne d'un passager ou des marchandises ou des bagages ; la loi du 5 juillet 1985 sur les accidents de la circulation a soumis à des régimes différents la réparation des atteintes à la personne et celle des atteintes aux biens. Ce dernier exemple est révélateur de la complémentarité des deux types d'évolution qui viennent d'être rappelés. Desserrer le verrou de la faute pour autoriser l'indemnisation de certains accidents non fautifs n'empêche pas de diversifier les conditions de la responsabilité en fonction de la nature et de la consistance du dommage. La loi du 5 juillet 1985 va dans ces deux directions qui répondent à des exigences également importantes et de plus en plus ressenties à notre époque.

Parmi les causes du trouble social qui justifie l'apparition d'une responsabilité, la place de la faute, qui reste essentielle en matière pénale, tend donc à se réduire en matière civile, au profit du dommage.

Mais en toute hypothèse, ce trouble doit être imputable à un sujet désigné en fonction de sa participation au fait qui l'a provoqué.

IL EXISTE UNE DIFFÉRENCE ESSENTIELLE ENTRE LE SIMPLE RÉPONDANT — PAR EXEMPLE UNE CAUTION OU UN ASSUREUR — QUI DOIT RÉPONDRE POUR UN FAIT À LA PRODUCTION DUQUEL IL N'A AUCUNEMENT PARTICIPÉ ET LE RESPONSABLE QUI PRÉCISÉMENT EST APPELÉ À RÉPONDRE EN RAISON DE SA PARTICIPATION À LA RÉALISATION DU TROUBLE SOCIAL

Cet aspect de la responsabilité renvoie lui-même à deux éléments dont l'un est matériel — c'est l'imputation de l'acte à tel ou tel sujet de droit — et l'autre est de nature subjective — c'est l'imputabilité, c'est-à-dire l'aptitude psychologique du sujet concerné à assumer les conséquences de cet acte.

Pour définir ces éléments, on est confronté à un choix entre deux conceptions de la responsabilité juridique.

Celle-ci doit-elle être conçue sur le modèle de la responsabilité morale ? Dans ce cas, il est naturel d'admettre, à la suite de Kant, qu'elle est le corollaire de la liberté et qu'elle est impensable sans référence à la notion de personne et même à la notion de « personne » physique, l'être humain étant seul doué de liberté.

En revanche, si on détache la responsabilité juridique de la responsabilité morale pour la fonder sur l'utilité sociale et la justice dans les rapports entre celui ou ceux qui ont provoqué le trouble social et celui ou ceux qui en ont subi les conséquences, il devient concevable de l'imputer à une entité collective ou à un sujet de droit dont la participation à l'activité dommageable a été indirecte. Quant à l'aspect subjectif, c'est-à-dire à l'imputabilité morale, il ne sera plus nécessairement requis.

Or, ce qui caractérise l'évolution des responsabilités juridiques au cours du XXe siècle c'est une prise de distance vis-à-vis de la responsabilité morale et une prise en compte croissante de l'impératif d'utilité sociale.

Cette évolution, très prononcée en matière civile, l'est moins en matière pénale où la référence morale demeure plus marquée.

1) En ce qui concerne la désignation du sujet de droit qui doit assumer la responsabilité — c'est-à-dire la question de l'imputation matérielle — le passage de la conception morale à la conception utilitariste s'est manifesté de différentes façons

Les progrès de la responsabilité des personnes morales. Le droit reconnaît une autonomie juridique à certains groupements qui relèvent soit du droit privé (les sociétés civiles et commerciales, les associations, les syndicats, etc.) soit du droit public (l'État, les collectivités territoriales, etc.). Pour réaliser cette autonomie, il est apparu nécessaire de conférer à ces groupements un certain nombre de prérogatives qui appartiennent également aux personnes physiques (le droit de posséder un patrimoine, un nom, un domicile, etc.). La doctrine en a donc déduit que cet ensemble de prérogatives pouvait être rattaché au concept de personnalité juridique et c'est la raison pour laquelle ces groupements ont reçu l'appellation de « personnes morales ».

Or, la question s'est posée de l'éventuelle responsabilité des personnes morales pour les conséquences des activités poursuivies pour leur compte par des personnes physiques. Jusqu'au début des années 1990, la réponse à cette question est restée en principe opposée en droit civil et en droit pénal.

En droit civil, les tribunaux ont admis depuis longtemps que les personnes morales doivent indemniser les victimes de dommages causés dans le cadre des activités accomplies pour leur compte tant par leurs organes dirigeants que par leurs employés ou préposés.

Cette solution s'explique, de toute évidence, par des raisons tirées de l'utilité sociale. Prenons l'exemple des marées noires. Du point de vue de l'efficacité de l'indemnisation, il est préférable de faire prendre en charge les suites de tels sinistres par l'armateur ou l'affréteur (qui est toujours une société), plutôt que de s'en tenir à la responsabilité personnelle du capitaine du navire, quelque grave qu'ait été sa négligence.

Toutefois, cette vision utilitariste, déterminante en droit civil, car il s'agit d'assurer aux victimes une indemnisation correcte de leur dommage, paraît hors de propos en droit pénal, où il s'agit, non pas de réparer un dommage, mais de sanctionner des comportements répréhensibles, qui sont le plus souvent le fait de personnes physiques.

C'est pourquoi, jusque récemment, le droit pénal français est resté attaché à une conception individualiste de la responsabilité pénale, écartant celle des personnes morales.

Cette conception a été contestée à partir des années 1980. Dans de nombreux cas, lorsque le ou les véritables inspirateurs de l'infraction commise sous le couvert de la personne morale n'ont pu être identifiés, soit la répression échoue purement et simplement, ce qui laisse à l'opinion publique une impression d'impunité très mal ressentie, soit elle se polarise sur un exécutant sans pouvoir qui sert de bouc émissaire. On a donc fait valoir qu'il serait préférable de poursuivre et de condamner la personne morale elle-même.

Les rédacteurs du nouveau code pénal (entré en vigueur en 1994) ont inversé la solution traditionnelle en admettant désormais la responsabilité pénale des personnes morales publiques et privées — pour de nombreuses infractions commises pour leur compte par leurs organes ou leurs représentants. Cette réforme capitale rapproche le droit français de nombreux droits étrangers, en particulier des droits anglais, américain, néerlandais, etc.

La responsabilité pénale des personnes morales reste toutefois en droit français moins largement définie que leur responsabilité civile. Celle-ci peut en effet être mise en jeu non seulement par le fait de leurs organes dirigeants, mais aussi par celui de leurs préposés ou employés, ce qui n'est pas le cas de leur responsabilité pénale.

La différence entre droit pénal et droit civil est encore plus marquée à propos d'une autre question qui touche également à la désignation du responsable : il s'agit de la responsabilité du fait d'autrui (c'est-à-dire de la responsabilité qui incombe à une personne pour un acte accompli matériellement par une autre).

En droit civil, alors que le Code civil de 1804 n'avait admis cette forme de responsabilité que dans quelques cas particuliers (responsabilité du père pour le fait de son enfant mineur, du commettant pour le fait de son préposé, de l'artisan pour le fait de son apprenti et de l'instituteur pour le fait de ses élèves) la jurisprudence l'a, par la suite, largement développée.

Elle a donné une portée considérable à la responsabilité du commettant, qui est appliquée chaque fois qu'un dommage est causé par une personne qui travaille pour le compte d'une autre et sous sa direction, même si la relation de travail est occasionnelle et que le préjudice est causé, non dans l'exercice même des fonctions, mais à l'occasion de celles-ci.

En outre, par un arrêt du 29 mars 1991, l'assemblée plénière de la Cour de cassation a jugé que la liste des cas de responsabilité pour autrui énumérée dans le Code civil n'est pas limitative et que les juges peuvent donc en créer d'autres. Or cette décision ouvre de vastes perspectives quant au développement futur du concept de responsabilité civile pour autrui. Celle-ci pourrait en effet être admise à la charge de toutes les personnes qui exercent un contrôle ou un pouvoir (de nature juridique ou économique) sur l'activité d'autrui.

Le concept de responsabilité civile pour autrui est donc en pleine expansion. En va-t-il de même pour la responsabilité pénale ?

On a assisté, à partir des années 1960, à un développement continu de la responsabilité pénale du chef d'entreprise à l'occasion d'infractions commises par ses préposés ou employés. Toutefois, le nouveau Code pénal a donné un coup de frein à ce mouvement. L'article 121-1 dispose que « nul n'est responsable pénalement que de son propre fait », ce qui devrait inciter les tribunaux à ne condamner le chef d'entreprise à l'occasion des infractions matériellement commises par ses subordonnés, qu'après avoir relevé une faute de choix ou de surveillance imputable personnellement à l'employeur.

Une troisième évolution est restée, quant à elle, cantonnée au domaine de la responsabilité civile. Il s'agit d'un mouvement qui tend à désigner d'avance le responsable en fonction de ses capacités de recours à l'assurance.

Il arrive en effet de plus en plus souvent que le législateur prévoit, pour certaines activités dangereuses, à la fois une obligation d'assurance et un principe de responsabilité civile de plein droit à la charge du sujet de cette obligation pour tous les risques de cette activité. Ce jumelage, déjà réalisé par la convention de Paris de 1960 qui a canalisé sur l'exploitant du réacteur nucléaire la responsabilité des dommages survenus sur le site tout en lui imposant une obligation d'assurance, a été souvent reproduit par la suite. Par exemple, la loi du 5 juillet 1985 relative à l'indemnisation des victimes d'accidents de la circulation canalise la responsabilité sur le conducteur et le gardien du véhicule qui sont toujours couverts par l'assurance obligatoire.

Lorsque de telles dispositions existent, elles dispensent les juges de toute recherche relative à l'imputation, le responsable étant désigné d'avance. L'abandon du modèle de la responsabilité morale est alors évident au profit de la recherche d'une efficacité maximale. Il s'agit d'assurer aux victimes les meilleures garanties d'indemnisation tout en évitant de nuire au responsable qui est lui-même garanti par l'assurance. Cette tendance n'affecte en revanche nullement la responsabilité pénale qui ne peut être garantie par l'assurance.

En définitive, l'exigence d'une participation matérielle du sujet à l'activité dangereuse ou nuisible dont on lui impute la responsabilité a subi de profondes transformations au cours du XXe siècle.

2) En va-t-il de même en ce qui concerne la participation intellectuelle ou psychologique, c'est-à-dire l'imputabilité subjective ?

En droit civil, la réponse est affirmative, cette condition ayant été écartée afin de donner une plus grande efficacité à la fonction indemnitaire de la responsabilité. Il est en effet admis désormais, au terme d'une évolution législative et jurisprudentielle complexe, que même un très jeune enfant ou une personne qui agit sous l'empire d'un trouble mental engage sa responsabilité civile pour les dommages qu'elle cause à autrui.

En revanche, le droit pénal continue à exiger la participation intellectuelle de l'agent à la violation de la loi pénale, ce qui justifie l'irresponsabilité en cas de contrainte ou de trouble psychique ayant aboli le discernement du sujet ou le contrôle de ses actes (article 122-1 du nouveau Code pénal).

Cependant, sans contester ces solutions, certains auteurs, qui ont formé ce qu'on a appelé l'école de la défense sociale, ont proposé, à partir du milieu du XXe siècle, un infléchissement de la condition d'imputabilité pénale. Ils ont soutenu en effet qu'elle ne devrait plus être comprise comme l'aptitude à mériter la sanction, mais comme l'aptitude à profiter de celle-ci. Autrement dit, il faudrait prendre en compte, non pas l'état psychologique du sujet au moment même de l'acte, mais les virtualités d'évolution de sa personnalité. Il s'agit donc de faire évoluer le concept d'imputabilité vers celui de capacité pénale.

Cette tendance a inspiré en particulier l'ordonnance de 1945 sur l'enfance délinquante.

Ainsi, l'évolution récente a contribué à émanciper la responsabilité juridique de la responsabilité morale en atténuant tous les facteurs qui, pendant une période de son histoire, en avaient fait la sanction d'un sentiment de culpabilité, pour l'orienter dans une direction entièrement différente : la mise en œuvre de la réponse adéquate à une situation qui trouble l'ordre social.

La responsabilité vue du côté de ses finalités : la réponse au trouble social

Lorsqu'on évoque le mot réponse, cela amène à s'interroger sur le destinataire : est-ce la société, victime du trouble social, ou les particuliers qui en ont souffert plus directement ?

Par ailleurs, la réponse implique l'idée de correspondance. Mais à quoi doit-elle correspondre ? Est-ce à la faute ? Dans ce cas, la réplique devra consister en une peine ayant une portée rétributive, dissuasive et éventuellement préventive. Est-ce plutôt au dommage ? La mesure adéquate sera alors le rétablissement des choses en leur état antérieur ou, au moins, la compensation pécuniaire.

Dans les droits anciens, en particulier en droit romain, ces différents objectifs n'étaient pas distingués, de telle sorte que la condamnation imposée au responsable avait une double fonction. Dans les droits modernes, la distinction entre responsabilité civile et responsabilité pénale permet une répartition plus claire et plus logique. Au droit pénal revient la mission de donner satisfaction à la société en infligeant une peine dont la gravité est mesurée à celle de l'infraction et dont le profit éventuel va au Trésor public ; au droit civil incombe la mission de secourir la victime en proposant les remèdes propres à effacer, ou du moins à compenser le dommage.

A priori, ces objectifs étant à la fois distincts et complémentaires, les deux branches de la responsabilité paraissent destinées à s'épauler mutuellement, tout en restant autonomes.

Pourtant, au vu de certaines tendances actuelles, on peut se demander si cette complémentarité et cette autonomie ne seraient pas menacées.

LES MENACES QUI PÈSENT ACTUELLEMENT SUR LE MAINTIEN DE LA VOCATION CONCURRENTE DE LA RESPONSABILITÉ CIVILE ET DE LA RESPONSABILITÉ PÉNALE PROVIENNENT DU FAIT QUE, DANS CERTAINS DOMAINES, L'UNE DES DEUX BRANCHES DE LA RESPONSABILITÉ TEND À S'EFFACER

Ce mouvement de retrait a surtout affecté jusqu'à présent la responsabilité civile qui a cédé une partie de la place qu'elle occupait auparavant dans le domaine des atteintes accidentelles à la sécurité des personnes. En effet, pour ces dommages dont la réparation apparaît aujourd'hui comme un véritable impératif social, les procédés d'indemnisation collective, tels que l'assurance directe, la Sécurité sociale, les fonds de garantie apparaissent souvent beaucoup plus efficaces que la responsabilité civile.

C'est pourquoi celle-ci a été refoulée des positions qu'elle occupait auparavant. Elle l'a déjà été pour les accidents du travail. Elle tend à l'être également pour les accidents de la circulation et la même évolution est envisagée à propos des accidents médicaux.

Les auteurs qui prônent cette évolution prennent soin cependant de proposer en même temps un réaménagement de la répression dans le but d'éviter tout relâchement de la conduite des personnes concernées et d'inciter à la prévention.

L'INTERPÉNÉTRATION DES FONCTIONS RESPECTIVES DES RESPONSABILITÉS CIVILE ET PÉNALE TEND AUJOURD'HUI À S'ACCUSER

1) Elle s'est manifestée parfois en droit pénal où les idées de réparation et de compensation ont inspiré certaines dispositions

Certaines sanctions mises à la disposition des tribunaux répressifs sont intermédiaires entre la peine et la réparation. C'est le cas, par exemple, des amendes fiscales et douanières qui ont un but indemnitaire, ainsi que de certaines mesures de restitution, notamment de celles qui consistent à rendre à leur légitime propriétaire des choses volées.

Mais ce qui marque surtout cette interférence des objectifs du droit civil et du droit pénal, ce sont les diverses mesures que le législateur a prises afin de favoriser le règlement par le prévenu des condamnations civiles. Ainsi la loi a subordonné la réhabilitation judiciaire à ce paiement et elle a fait de celui-ci l'une des conditions dont peut être assortie la libération conditionnelle ou le sursis avec mise à l'épreuve. Elle a également autorisé le juge d'instruction à affecter une partie du cautionnement imposé en cas de contrôle judiciaire à la garantie des droits des victimes. Le législateur a donné au tribunal la faculté de dispenser le prévenu de toute peine lorsque le dommage est réparé et d'ajourner le prononcé de la peine lorsqu'il est en voie de l'être.

Ces mesures concourent à faire de la condamnation pénale un instrument de pression en faveur de l'indemnisation.

Ajoutons que, depuis 1993, « le procureur de la République est autorisé à recourir à une médiation s'il lui apparaît qu'une telle mesure est susceptible d'assurer la réparation du dommage causé à la victime ».

2) Pénétration des objectifs répressif et préventif dans le domaine de la responsabilité civile

Cette tendance trouve un appui doctrinal dans la théorie de la « peine privée » que quelques civilistes ont invoquée pour expliquer certaines condamnations civiles.

L'institution la plus typiquement inspirée de l'idée de peine privée est évidemment celle des dommages-intérêts dits « punitifs » ou « exemplaires » qui s'est développée d'abord en Angleterre, puis aux États-Unis. Il s'agit d'une somme d'argent allouée par le juge au-delà de celle qui correspond à la réparation du dommage.

Les dommages-intérêts punitifs sont d'usage courant aux États-Unis. En revanche, en Angleterre, ils ont fait l'objet en 1964 d'une limitation qui en rend l'application exceptionnelle.

Ils sont pratiqués aujourd'hui dans la plupart des pays de l'ancien *Commonwealth*.

Certains systèmes juridiques admettent un ajustement des dommages-intérêts sur le profit réalisé ou espéré par l'auteur du dommage, ce qui traduit le souci de faire prévaloir la pénalisation de l'auteur du dommage sur la stricte réparation du préjudice. Ainsi, les juridictions allemandes ont décidé qu'en cas de violation d'un droit de propriété littéraire, artistique ou industrielle, la victime peut obtenir une indemnisation égale au montant des profits obtenus par le responsable, même si cette somme excède ce qui serait nécessaire à la compensation de la perte subie.

Le droit français, quant à lui, ignore officiellement les dommages-intérêts punitifs ou exemplaires. Il en prohibe même l'usage. Cependant, l'idée de peine privée n'est pas totalement absente de notre système de responsabilité civile. Elle affleure parfois sous une forme indirecte. L'un des exemples que l'on en donne volontiers est celui de l'action civile exercée accessoirement à l'action pénale, par une personne morale de droit privé à l'occasion d'une infraction portant atteinte à un intérêt collectif qu'elle prétend représenter. En effet, cette action est utilisée en fait comme un véritable auxiliaire de la répression, bien qu'elle tende à obtenir des dommages-intérêts.

Conclusion

La responsabilité juridique, longtemps subordonnée à la responsabilité morale, tend aujourd'hui à répudier cet assujettissement pour se tourner vers les seuls objectifs qui sont ceux du droit, à savoir l'utilité sociale et la justice limitée aux relations entre les parties au litige. Cette évolution, qui a affecté d'abord la responsabilité civile, se manifeste aujourd'hui nettement dans le domaine pénal.

La contractualisation de la société*

par Alain Supiot

Pourquoi dois-je écrire ce texte ? Personne ne m'y a contraint. J'y suis pourtant obligé, tenu par une parole, par un « oui », qui m'a malencontreusement échappé il y a quelques mois, et me lie maintenant comme un âne à son piquet. Cette image champêtre me vient d'un vieil adage retraduit du droit romain au XVIIe siècle : « On lie les bœufs par les cornes et les hommes par les paroles. » Voilà qui nous en dit long sur l'homme et la société, et sur ce qui les distingue du monde animal. Ce que nous appelons « société » est un ensemble de liens de paroles, fixées souvent dans des textes, qui attachent des hommes les uns aux autres, et il n'y a donc pas de ce point de vue de société animale possible. Toutes nos paroles ne nous lient pas, ne nous « obligent » pas, au sens à la fois littéral et étymologique du mot (*ob-ligare* : « attacher à ») ; je ne suis par exemple nullement tenu par ce que je suis en train d'écrire en ce moment et conserve le droit de m'en dédire ou de me contredire. Et parmi les paroles et les textes qui m'obligent, qui m'attachent à autrui, il faut distinguer ceux qui procèdent de moi et ceux qui procèdent d'autrui. Car ces derniers, qui ont autorité sur moi sans que je les ai prononcés ou acceptés, ont été nécessairement premiers dans le cours de ma vie. L'être rationnel procède des institutions et non pas l'inverse. Pour que « je » puisse m'engager, il fallait bien que ce « je » ait été auparavant institué par autrui. Il fallait bien que d'autres, qui avaient autorité pour le faire, m'inscrivent dans une filiation, me donnent un nom et une nationalité

Texte de la 53e conférence de l'Université de tous les savoirs donnée le 22 février 2000.

* Ce texte résume des analyses développées par ailleurs dans divers articles et surtout dans une contribution à l'ouvrage collectif *La Relativité du contrat*, à paraître en 2000 aux éditions LGDJ dans la série des travaux de l'association Henri-Capitant.

et me confèrent plus tard un statut universitaire sans lequel je doute que « l'Université de tous les savoirs » ait eu l'idée de faire appel à moi pour écrire ce texte. Semblablement, pour que je puisse me lier avec l'Université de tous les savoirs, il fallait bien que celle-ci ait été instituée comme personne morale par des paroles et des écrits qui ont précédé et conditionné sa naissance et auxquels elle ne pouvait prendre aucune part.

En français courant on parle de loi et de contrat pour distinguer ces deux sortes de liens qui nous tiennent et nous font tenir ensemble : du côté de la loi se trouvent les textes et les paroles qui s'imposent à nous indépendamment de notre volonté et du côté du contrat ceux qui procèdent d'un libre accord avec autrui. Toute personne se trouve ainsi tenue à la fois par le statut que la loi lui assigne et par les engagements qu'elle a contractés. Dire que la société se contractualise, c'est dire que la part des liens prescrits y régresse au profit des liens consentis ou, en termes savants, que l'hétéronomie y recule au profit de l'autonomie. Cette thèse de la contractualisation de la société est ancienne. Dans un livre fameux publié en 1861, le grand juriste et historien anglais Henri Sumner Maine interprétait déjà toute l'histoire du droit en Occident comme celle d'un passage du statut au contrat. Quelques années plus tard, Léon Bourgeois, à qui l'on doit d'avoir popularisé la notion de solidarité dans la philosophie politique française, caractérisait de même la modernité par le fait que le contrat y serait devenu « la base définitive du droit humain ». Ces hommes voyaient le contrat comme l'aboutissement indépassable d'un progrès historique arrachant l'homme aux sujétions des statuts pour le faire accéder à la liberté. Selon eux, l'histoire du droit a un sens et ce sens nous conduit à un monde émancipé où l'homme ne porte pas d'autres chaînes que celles qu'il se fixe à lui-même.

C'est là une idée profondément occidentale, qui découle de la fonction créatrice que nous attribuons au verbe dans le système du monde, et qu'exprime si bien le célèbre prologue de l'Évangile de saint Jean : « Au commencement était le Verbe et le Verbe était avec Dieu et le Verbe était Dieu. Il était au commencement avec Dieu. Tout fut par lui et sans lui rien ne fut. » C'est seulement en Occident, avec la laïcisation de la parole opérée par le droit, qu'on a pensé qu'à l'image de Dieu, tout homme pouvait disposer pour son propre compte de la puissance législatrice du Verbe. Dans le sillage des Lumières, l'idée s'est installée que le processus d'émancipation par le contrat avait une portée universelle et s'étendrait un jour à tous les peuples encore en enfance. Aussitôt décolonisés, ces peuples ont été invités à rejoindre les institutions internationales qui garantissent la liberté de contracter au-dessus des frontières. Accéder à la culture du contrat est devenu la condition d'accès à la modernité et au concert des nations. Ce fut vrai hier du Japon. L'idée qu'un contrat passé à un moment donné puisse lier pour l'avenir, quelles que soient les circonstances à venir et le préjudice causé par son exécution, est étrangère à la culture japonaise et lui répugne profondément. Elle est contraire aux règles du *giri*, règles du savoir-vivre qui tissent entre les hommes des liens flexibles et pérennes adaptés au cours changeant des êtres. Pour échapper au joug des « traités inégaux », le Japon de l'ère Meiji a dû cependant se doter d'un droit des contrats dont la philosophie lui était par nature foncièrement étrangère. Venue des barbares de l'Ouest, la culture du contrat sert aux Japonais à commercer avec les barbares de l'Ouest ; mais elle a assez peu influencé leurs relations intérieures, à en juger du moins par le faible nombre d'avocats et de procès. Certains anciens pays communistes, dont les déboires dans l'économie de marché s'expliquent notamment par le fait que le contrat n'est pas enraciné dans leur culture, se trouvent aujourd'hui dans une situation semblable.

Le contrat n'aurait donc pas toujours été, mais serait en train de devenir une catégorie universelle, témoignant par là que la manière occidentale de penser l'homme et la société aurait vocation à s'étendre au monde entier. Tel est du moins le *credo* de la « mondialisation », qui célèbre d'un même mouvement les vertus du libre-échange et celles du contrat, réputé flexible, égalitaire, et émancipateur, par opposition aux pesanteurs des États et aux tares de la loi, réputée rigide, unilatérale, asservissante. Abandonnant le froc du droit naturel pour les habits neufs de l'analyse économique, les juristes peuvent continuer de se reposer sur l'idée qu'un ordre mondial transcende les législations nationales, qui doivent s'en faire les instruments. Dans l'orchestration du thème de la mondialisation, la science économique a conquis la position magistrale de discours fondateur de l'ordre universel, ne laissant en propre au droit que la maigre partition des droits de l'homme.

Ceux-là même qui s'inquiètent de maîtriser ce processus de mondialisation en appellent, non pas au droit, mais à la « régulation ». Cette notion venue de la biologie moléculaire aborde les êtres vivants comme des machines dont on peut formaliser les mécanismes d'ajustement à leur environnement. Elle conduit, elle aussi, à une vision purement instrumentale du droit. Réguler la société consiste à rechercher les mécanismes d'ajustement mutuel qui permettent aux hommes de survivre, et à formaliser ensuite ces conventions. Dernier avatar de l'organicisme, la régulation ne laisse aucune place à l'hétéronomie, hors celle qui se trouve à l'œuvre dans la science des experts ès-régulation.

Toute loi qui ne procède pas d'une convention est ainsi devenue suspecte et l'on s'emploie à fonder toute obligation sur l'accord des obligés. D'où la généralisation du vocabulaire contractuel, qui se répand dans tous les domaines de la vie humaine, y compris dans la sphère publique. Pour saisir la signification de ce mouvement il faut commencer par remonter à son origine : pourquoi et depuis quand l'homme peut-il se lier par des paroles ?

Aux origines du contrat

« *Pacta sunt servanda* » : sans ce principe du respect de la parole donnée, jamais le contrat n'aurait pu devenir cet universel abstrait à quoi on prétend aujourd'hui pouvoir ramener toute espèce de lien social. L'autonomie de la volonté serait juridiquement impotente sans cette règle hautement hétéronome. Et pour affirmer ainsi que l'échange des consentements suffit à former le contrat, il fallait d'abord que la notion de contrat ait elle-même vu le jour. Or penser en termes de contrat suppose de séparer radicalement le monde des choses et celui des personnes ; cela suppose aussi d'admettre que l'avenir puisse être gouverné par des paroles. La « préhistoire » du contrat connaît déjà l'alliance et l'échange, mais une alliance et un échange qui justement ne distinguent pas encore clairement les choses et les personnes, et usent de détours pour s'assurer de la maîtrise du temps.

Avec l'alliance, les choses ne sont saisies qu'au travers des personnes. L'alliance a d'abord été conçue en effet comme un mode particulier de la parenté. Elle pouvait résulter soit d'un mariage soit d'une « parenté artificielle », établie au moyen d'un rituel d'alliance par le sang dont les diverses religions du livre ont conservé l'empreinte. Avec l'alliance par le sang comme avec le mariage, c'est en changeant d'état qu'on se lie à autrui. La parenté est le détour qui permet de créer sur le long terme un rapport d'obligation. Mais l'objet de ce rapport d'obligation — les choses et les services sur lesquels il porte — demeure nécessairement indéterminé au moment de la conclusion de l'alliance ; le contenu de l'obligation dépendra des aléas de la vie des alliés et de leurs besoins respectifs. Ce type de montage, qui fait dériver un rapport d'obligation d'un apparentement artificiel, demeure présent dans notre patrimoine juridique. L'idée même de « patronat », que les chefs d'entreprises français viennent seulement de répudier, manifeste l'influence durable du modèle de la filiation paternelle sur la relation de travail, puisqu'on la voit courir depuis le droit romain (où elle désigne le lien unissant l'affranchi à son ancien propriétaire, celui qui l'a fait naître à la vie civile), jusqu'à la moderne relation d'emploi.

Avec l'échange au contraire, les personnes sont saisies au travers des choses. La forme première de l'échange, on le sait, résulte de l'enchaînement des obligations de donner, de recevoir et de rendre. Ce qui oblige à rendre, ainsi que l'a montré Mauss dans son célébrissime essai sur le don, c'est « l'esprit de la chose donnée ». Donner une chose est un moyen de lier pour l'avenir la personne du donataire qui ne pourra se délier qu'en rendant une chose à son tour. Cet enchaînement, d'où est sortie l'obligation de payer ses dettes, implique qu'un principe tiers — ici, l'esprit de la chose — vienne garantir la restitution. Ce type de montage n'a pas davantage disparu de notre droit. Nos régimes de retraite par répartition fondent ainsi un lien qu'on a pu qualifier de « contrat entre les générations », mais qui répond bien davantage à l'enchaînement « archaïque » des obligations de donner, de recevoir et de rendre. À la chaîne des créances et des dettes à l'œuvre dans la filiation (recevoir la vie de la génération précédente, la donner à la génération suivante, et en la donnant, la rendre à la génération précédente) la retraite par répartition fait correspondre une chaîne en sens inverse : donner pour la génération précédente, recevoir de la génération suivante qui rend ainsi ce qui a été donné. C'est au travers de ce jeu de créances et de dettes qu'un régime de retraite crée un lien de solidarité entre les personnes.

C'est au « droit romain » que nous devons la notion de contrat et c'est à lui aussi que nous devons notre claire distinction des choses et des personnes. Encore cette distinction a-t-elle été longue à s'y affirmer. Et si le droit romain a clairement distingué les personnes et les choses, il n'a pas fait de tous les hommes des personnes, et il est resté attaché à la diversité concrète des choses. Il connaît donc « des » contrats, dont le régime diffère selon leur objet concret, leur *negotium*, mais il ne se soucie pas de définir « le » contrat en tant que catégorie générique. Jamais on n'a pensé que le simple échange des consentements, appelé pacte ou convention, s'identifiait au contrat : pour passer de la convention au contrat, il fallait en principe des formes (celles de la promesse : *stipulatio*, ou du serment) ou des actes matériels (remise de la chose) qui variaient selon les contrats. S'il y a un principe en droit romain, c'est donc bien plutôt celui de l'inefficacité juridique de la parole donnée, du « pacte nu » : *Ex nudo pacto, actio non nascitur*. La règle ne sera jamais abrogée, pas même sous Justinien, en dépit des aménagements de plus en plus nombreux dont on l'assortit.

C'est aux « canonistes médiévaux » qu'on doit la règle inverse *pacta sunt servanda*, selon laquelle nous sommes juridiquement liés par la parole donnée. L'Église combattait l'usage du serment dans les transactions car elle considérait que face à Dieu la simple promesse engage tout autant. Les actes du chrétien doivent toujours en effet être fondés sur la vérité. Le fidèle se doit d'être fidèle à sa parole ; celui qui promet et ne tient pas sa promesse, agit contrairement à la vérité, il trompe son prochain et commet un péché mortel. Le respect de la parole donnée a donc d'abord été posé comme une règle morale, fondée sur les Écritures et sur la jurisprudence des Pères de l'Église. C'est au XIIIe siècle que cette règle morale se mua en obligation juridique. La solution dut s'imposer face au principe contraire hérité du droit romain et au formalisme contractuel de l'époque féodale. Mais elle finira par l'emporter et sera définitivement adoptée en France dans la première moitié du XVIe siècle. Le code Napoléon lui donnera sa formulation actuelle : « Les conventions légalement formées tiennent lieu de loi à ceux qui les ont faites*. »

C'est donc parce qu'on a cru en l'existence d'un dieu unique, qui voit tout, et face auquel nul ne doit jamais mentir, que l'on a fini par donner force juridique à la parole et aux écrits des hommes. Autrement dit, la notion moderne de contrat est enracinée dans une culture monothéiste et n'aurait pu se développer sans la foi en un garant universel de la parole donnée. Du reste cette parole ne vaut que pour autant qu'elle est conforme à la loi de ce garant : hier la loi divine, qui exige que la convention ait une juste cause, aujourd'hui la loi de l'État, qui ne donne force juridique qu'aux conventions légalement formées. Pour le dire en termes géométriques, la dimension horizontale de l'échange ou de l'alliance ne serait pas devenue ce plan homogène et abstrait où prospère l'économie de marché, sans la dimension verticale du garant universel sous l'égide duquel se forment les contrats.

L'âge classique : l'État garant des conventions

Depuis le tournant des Lumières, c'est l'État qui occupe cette place de garant, au moins dans les États laïcs occidentaux. Nous sommes passés d'une culture religieuse où la parole du fidèle était placée sous l'égide de la loi divine, à une culture laïque où l'individu rationnel s'engage sous l'égide de l'État. Cette « laïcisation » ne signifie nullement que le contrat puisse se passer désormais de la foi, de la croyance en un gardien de la parole donnée. Au cœur du calcul rationnel autorisé par le contrat, se trouve une croyance dont seul l'objet a changé. Tocqueville disait déjà que « si [l'homme] n'a pas la foi, il faut qu'il serve, et s'il est libre, qu'il croie ». La remarque s'applique pleinement à la liberté contractuelle qui n'est pas concevable sans une foi partagée dans un tiers garant des conventions. L'analyse juridique permet de mettre en évidence l'omniprésence de la figure de ce tiers dans la structure du contrat. En droit interne, seules les conventions « légalement formées » ont une force obligatoire. Le droit international a consacré cette exigence structurale : en permettant toujours la désignation d'une ou plusieurs lois applicables au contrat international, il met en œuvre le principe selon lequel « le contrat est régi par la loi ». Car il n'y a pas, et il ne peut y avoir, de contrat sans une loi qui, à tout le moins, fonde la personnalité de ceux qui contractent et donne force à leur parole. La présence du tiers garant s'exprime en second lieu par la référence à la monnaie dans le libellé des obligations contractuelles. La monnaie ne se laisse pas dissoudre en effet dans l'analyse

* Article 1134.

économique standard. Pour remplir sa fonction d'actif financier ou d'instrument de paiement, elle doit nécessairement instituer une communauté de contractants qui croient en sa valeur. Et ce qui soude cette communauté de croyants ne dépend pas de la volonté individuelle de chacun de ses membres. En dépit des fantasmes contemporains de monnaie autoréférentielle, il n'y a pas et il ne peut y avoir de monnaie sans un tiers garant de sa valeur. Il suffit du reste de regarder un dollar pour y lire *In God we trust* — que le symbolisme monétaire continue de mobiliser la foi religieuse.

En monopolisant l'énoncé de la loi et la frappe de la monnaie, les États modernes avaient réussi à sauver l'essentiel de la construction médiévale. La dynamique historique introduite par l'idée médiévale de garant universel a pu continuer de produire ses effets. En réunissant entre ses mains les principaux attributs de ce garant, l'État a permis que s'étende et se perfectionne l'abstraction du lien contractuel, abstraction sans laquelle on ne saurait placer le lien social sous l'égide du calcul rationnel d'intérêts. Aux *primus* et *secundus* du droit romain ont ainsi succédé les symboles mathématiques des équations économiques. Pour les besoins de ce calcul, les personnes doivent être saisies comme simples particules contractantes, considérées abstraitement (concept de personne, indépendant des contingences physiques) et formellement équivalentes (dynamique du principe d'égalité), voire comme de pures fictions (personnes morales) auxquelles nous prêtons la même existence juridique qu'aux êtres humains. Les biens et les services, tous divers par leurs usages, doivent être traités comme des marchandises, toutes comparables par leur valeur monétaire et également libres à l'échange (d'où la dynamique de la patrimonialisation — du nom, des œuvres, etc. —, qui vide les choses de l'« esprit des choses »). Sauf lorsqu'il est effacé par le progrès technique, le temps doit être une donnée homogène et quantifiable, un temps chronométrique propre à la mesure des obligations. L'espace enfin doit être un espace continu, purgé de toute entrave à la libre circulation des biens, des travailleurs et des capitaux.

Le contrat peut alors être pensé comme un rapport abstrait, indépendant de la diversité des personnes et des choses, et donnant force juridique au calcul d'intérêts. Mais il ne le peut que dans la mesure où sa validité est garantie par un État, qui est aussi garant d'une définition qualitative des personnes (état civil et professionnel), des choses (dont il peut interdire ou limiter le commerce), du temps (qu'il réglemente) et de l'espace (qu'il découpe en territoires). Nous en sommes au point où la dynamique de la rationalisation par le calcul ébranle les États eux-mêmes, car elle ne s'accommode plus de leur caractère local et concret, ni de leur hétérogénéité foncière. Avec l'ouverture des frontières et la montée des régionalismes, le contrat tend alors à s'émanciper de la tutelle des États. Mais il ne peut le faire sans altération profonde de sa structure. Cette altération est la face cachée de la contractualisation.

Les deux faces de la contractualisation

Le contrat s'affirme plus que jamais comme un universel abstrait, qui submerge le cloisonnement normatif des États. Mais l'empire du contrat ne peut soumettre ainsi les États qu'en englobant les valeurs concrètes qu'ils abritent.

Le plus visible est le mouvement d'universalisation du contrat, qui tend à soumettre aussi bien les États que l'état des personnes.

Hier encore garant unique des échanges, l'État fait aujourd'hui figure sur la scène internationale d'obstacle aux échanges. Des institutions nouvelles lui disputent ce rôle de garant, dès lors qu'il s'agit de dire la loi des échanges ou de garder la monnaie. Les institutions internationales qu'un credo économique assure de leur identité et de leur mission (OMC, OCDE, Banque mondiale, Banque européenne, FMI, Commission de Bruxelles) ont acquis l'essentiel du pouvoir matériel (accorder des crédits) et spirituel (propager la foi dans les vertus du libre-échange). Sous leur égide, le contrat aurait vocation à se substituer à la loi, ainsi qu'il est affirmé par exemple dans les dispositions du traité d'Amsterdam (reprises de l'accord social de Maastricht) qui font de la négociation collective entre partenaires sociaux une alternative à la délibération parlementaire. Les organisations chargées du social (OIT, UNESCO, OMS, etc.) n'ont en revanche à distribuer ni argent ni certitudes et ne cessent de réviser leurs ambitions à la baisse. Hier, il s'agissait encore de faire accéder tous les hommes au bien-être occidental ; aujourd'hui, on se replie sur les revendications minimales qui furent celles des premiers philanthropes sociaux du XIXe siècle : cantonner les épidémies, interdire le travail forcé, limiter le travail des enfants, etc.

La dynamique de la contractualisation ébranle aussi certains aspects de l'état des personnes. Cela est évident pour tout ce qui concerne l'état professionnel, avec la crise du statut salarial. Mais l'état civil proprement dit (le mariage et la filiation) s'en trouve également affecté. La folie guette lorsque l'on en vient à penser exclusivement les personnes sur le modèle de l'unité de compte, comme des particules contractantes non seulement égales mais identiques (interchangeables) et à ne plus percevoir par exemple qu'un homme n'est pas une femme et qu'un enfant n'est pas un adulte.

Mais cette émancipation du contrat vis-à-vis de l'État et de l'état des personnes, contraint les contrats à prendre en charge les questions dont ils dépouillent ainsi la loi. Avec la contractualisation, les lois se vident en effet de règles substantielles au profit de règles de négociation. Ce mouvement, dit de procéduralisation, transporte dans la sphère contractuelle les questions concrètes et qualitatives qui étaient auparavant réglées par la loi. La contractualisation multiplie par exemple les hypothèses de conflits d'intérêts et donc le besoin d'une déontologie contractuelle fondé sur la considération des personnes concrètes. Elle conduit à une diversification du régime juridique du contrat selon son objet, c'est-à-dire à un pullulement de « contrats spéciaux » qui nous ramènent à la technique des « contrats nommés » du droit romain. Elle oblige à renouer avec une appréciation qualitative du temps, qui fait prévaloir la solidité et la pérennité d'un lien singulier sur le jeu mécanique d'obligations abstraites. Enfin, l'affaiblissement de la figure de l'État ne produit pas seulement ses effets vers le haut, par une homogénéisation de l'espace normatif à l'échelle du monde, mais aussi vers le bas, par sa (re)territorialisation. En regard du contrat commercial, qui s'internationalise, il faut alors situer le contrat d'insertion du RMIste qui a pour objet, sinon toujours pour effet, de restaurer une affiliation territoriale des personnes, ou encore toute la panoplie contractuelle qui a accompagné la décentralisation, la politique d'aménagement du territoire, la politique agricole ou la politique de l'emploi.

Ce monde bigarré des conventions n'a plus l'État pour unique garant. L'affaiblissement des États ne peut que s'accompagner d'un démembrement de la figure du tiers gardien des pactes, d'où, par exemple, la prolifération des autorités indépendantes, chargées de la police contractuelle dans un domaine déterminé. Loin des perspectives d'un ordre juridique planétaire unifié par le respect des droits de l'homme et du marché réunis, loin des rêves ou des cauchemars de la « mondialisation », cette hypothèse laisse entrevoir un pullulement de références situées, concrètes, et donc une relativité accrue du contrat. Sous le manteau de la contractualisation, se laisse ainsi deviner ce que Pierre Legendre a pu désigner par ailleurs comme une reféodalisation du lien social.

Contractualisation et reféodalisation

Le contrat, sous sa forme canonique, lie des personnes égales qui ont librement souscrit des obligations généralement réciproques. C'est l'un ou l'autre de ces traits qui fait souvent défaut dans les modernes avatars du contrat, qui ont seulement en commun d'être des accords générateurs d'obligations. Le principe de l'effet relatif des conventions est mis en échec avec le développement d'accords qui, sur le modèle de la convention collective, ne lient pas seulement les personnes contractantes, mais qui engagent les groupes représentés par elles. Le contrat s'hybride alors de règlements et étend ses effets à des groupes embrassant un nombre indéterminé et fluctuant de personnes. C'est aussi le principe d'égalité qui peut régresser, notamment dans le cadre des politiques de décentralisation des organisations (publiques ou privées), lorsque le contrat a pour objet de hiérarchiser les intérêts des parties ou de ceux qu'ils représentent, de fonder un pouvoir de contrôle des unes sur les autres, ou de mettre en œuvre des impératifs d'intérêt collectif non négociables dans leur principe. Du contrat d'insertion aux contrats de plan, des conventions de la Sécurité sociale aux contrats de sous-traitance, les exemples abondent de telles figures contractuelles, en droit public, en droit social, en droit international ou en droit des affaires. C'est enfin la liberté de contracter qui connaît, elle aussi, des entorses, chaque fois que la voie contractuelle est imposée par la loi. Le foisonnement des obligations d'assurance donne une idée de la dynamique de ces obligations légales de contracter, qu'amplifie le mouvement de déréglementation et de privatisation des services publics : l'usager se mue en contractant obligé, et voit peser sur lui des responsabilités nouvelles, à commencer par celle du choix de son cocontractant.

Considérées ensemble ces différentes altérations donnent à voir l'émergence d'un nouveau type de contrats. Leur objet premier n'est pas d'échanger des biens déterminés, ni de sceller une alliance entre égaux, mais d'organiser l'exercice d'un pouvoir. La dynamique du principe d'égalité, qui porte l'Occident depuis deux siècles, conduit à substituer autant que faire se peut le contrat à l'exercice unilatéral du pouvoir, le bilatéral à l'unilatéral, l'autonome à l'hétéronome. Mais en envahissant les terres de l'hétéronomie, le droit des contrats s'en imprègne et se fait instrument d'assujettissement des personnes. Porté par le principe d'égalité il investit les lieux d'exercice du pouvoir, mais il ne peut le faire, comme l'a si bien montré Louis Dumont, qu'en englobant son contraire : l'inévitable hiérarchisation des personnes et des intérêts. Au périmètre de l'échange et à celui de l'alliance, le droit des contrats ajoute donc désormais celui de « l'allégeance », par laquelle une partie se place dans l'aire d'exercice du pouvoir d'une autre. Deux sortes de contrats, qui se combinent souvent en pratique, incarnent cette figure de l'allégeance : les contrats de dépendance et les contrats dirigés.

Le propre des « contrats de dépendance » est d'assujettir l'activité d'une personne aux intérêts d'une autre. Le contrat de travail en demeure le parangon, mais la formule qui y a été inventée — la subordination librement consentie — est en perte de vitesse, car la subordination ne suffit plus à satisfaire les besoins des institutions qui rejettent le modèle pyramidal pour la structure en réseau. De facture féodale (comment ne pas penser à la vassalité ?), le réseau n'a que faire de la simple obéissance aux ordres. Il lui faut s'assujettir des personnes sans les priver de la liberté et de la responsabilité qui font l'essentiel de leur prix. Aussi de nouveaux hybrides y fleurissent, qui organisent la libre allégeance de leurs membres au pouvoir d'autrui. Ces hybrides sont déjà bien implantés dans la vie économique (distribution, sous-traitance, intégration agricole, etc.). Ils dominent la culture du management, public ou privé. Mariant liberté et servitude, égalité et hiérarchie, ils prennent à revers le droit du travail et le droit de la responsabilité et ouvrent la voie à des formes inédites de pouvoir sur les hommes.

Le propre des « contrats dirigés » est de ne pas viser seulement l'arrangement des intérêts propres des parties au contrat, mais de servir aussi à la réalisation d'un intérêt collectif. L'apparition du contrat dirigé a été observée dès les années 1930. Mais il ne s'agissait que d'une première génération de mutants. Ces contrats s'inscrivaient encore dans une conception pyramidale de l'économie dirigée, qui prétendait les soumettre au respect de règles d'intérêt général définies par l'État. Les produits les plus récents de la technologie contractuelle délèguent au contraire à ces contrats dirigés non seulement le soin de mettre en œuvre, mais de participer à la définition des impératifs d'intérêt collectif. Et cette technique des contrats dirigés n'est plus le monopole de l'État ; elle s'est étendue à la sphère privée sous la forme d'accords-cadre qui définissent des règles d'intérêt collectif auxquelles devront se plier les contrats entrant dans leur champ d'application. Les contrats de plan, les conventions médicales, les conventions légiférantes introduites en droit social communautaire, sont autant de manifestations de ce dirigisme contractuel d'un nouveau genre, qui associe un grand nombre de personnes, publiques ou privées, à l'exercice du pouvoir. La contractualisation de l'action publique n'est que la manifestation la plus éclatante de cet affermage du pouvoir, qui semble avoir été inventé et expérimenté d'abord dans les entreprises privées.

Le trait commun de tous ces avatars du contrat est d'inscrire des personnes (physiques ou morales ; privées ou publiques) dans l'aire d'exercice du pouvoir d'autrui sans porter atteinte, au moins formellement, aux principes de liberté et d'égalité. L'essor de ces liens d'allégeance s'accompagne d'une transgression de notre distinction du public et du privé et d'une fragmentation de la figure du garant des pactes (avec notamment le foisonnement des autorités indépendantes). Il faut donc se défaire des illusions du « tout contractuel ». Loin de désigner la victoire du contrat sur la loi, la « contractualisation de la société » est bien plutôt le symptôme de l'hybridation de la loi et du contrat et de la réactivation des manières féodales de tisser le lien social. Mieux vaut prendre acte de cette reféodalisation et s'efforcer de la maîtriser, plutôt que de la nier et de cultiver la foi en un « avenir radieux » où nous serions affranchis de toutes lois, hors celles de la science. Car cette foi a été depuis deux siècles le ferment de la négation de l'homme. Elle demeure aujourd'hui le ventre fécond de monstruosités inédites. L'horreur ne se répète pas, elle se renouvelle, si bien que les lignes Maginot de la mémoire ne suffisent pas à prévenir son retour. Il faut aussi maintenir solides les ficelles du droit, sans lesquelles ni l'homme ni la société ne peuvent tenir debout.

IV

DÉMOGRAPHIE, CROISSANCE ET MONDIALISATION : LES ENJEUX DU NOMBRE

Qu'est-ce que la démographie ? Voyage historique et critique au pied des pyramides

par FRANÇOIS HÉRAN

S'il fallait un « logo » à la discipline démographique, nul doute que la pyramide des âges s'imposerait aux yeux de tous, tant son image est aujourd'hui répandue. J'entrerai donc dans le vif du sujet en commentant brièvement les pyramides des âges de la France, puis, à titre de complément, la pyramide russe. Après quoi, je m'interrogerai sur les conditions de possibilité du regard démographique : comment ce type de savoir, à la fois totalisant et réducteur, s'est-il constitué historiquement ? Que nous apprend cette histoire sur la nature même de la démographie ? Que découvre-t-on à creuser sous les pyramides ?

La pyramide des âges : de l'ordre biologique aux désordres sociopolitiques

La pyramide des âges, inventée en 1870 par le général Francis Walker, directeur du recensement américain, est simple de principe : deux diagrammes en barre placés dos à dos, les hommes à gauche, les femmes à droite ; au milieu, la gradation des âges ; sur les côtés, le rappel des années de naissance. On peut ainsi empiler une centaine de « générations » au sens que les démographes donnent à ce terme : ensemble des personnes nées la même année. La longueur de chaque barre indique le nombre de survivants de la génération encore présents sur le territoire, c'est-à-dire les naissances moins les

Texte de la 54e conférence de l'Université de tous les savoirs donnée le 23 février 2000.

décès, à quoi s'ajoutent les immigrants moins les émigrants (ce que les démographes appellent la « population française » couvre l'ensemble des personnes installées en France, quelle que soit leur nationalité).

LA PYRAMIDE DE 1740-1789

Un vaste sondage dans les registres paroissiaux a permis à Louis Henry, le fondateur de la démographie historique, de reconstituer la population de l'Ancien Régime, entre 1740 et 1789. La France comptait alors quelque 26 millions d'habitants. À la veille de la Révolution, la forme de la pyramide est très régulière *(Fig. 1)*. Mais ce triangle traduit déjà une limitation de la fécondité : nous ne sommes pas en présence d'une population en forte croissance analogue à celles que connaîtront les pays du tiers-monde dans les années 1950-1960, sans quoi la forme de la pyramide serait concave au lieu d'être rectiligne et sa base serait plus large.

LA PYRAMIDE DE 1901

En 1901, date du premier recensement moderne (c'est-à-dire avec un bulletin individuel par habitant et la déclaration de l'année de naissance au lieu de l'âge), la France compte 38 millions d'habitants *(Fig. 2*, empruntée *à Daguet* 1995*)*. C'était il y a un siècle : cette population achève de disparaître, à nos centenaires près.

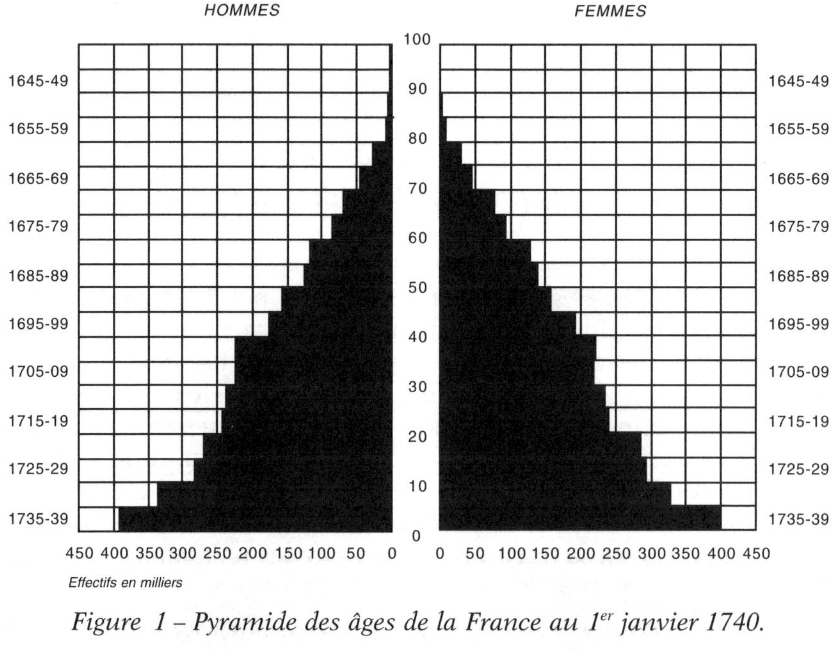

Figure 1 – Pyramide des âges de la France au 1er janvier 1740.

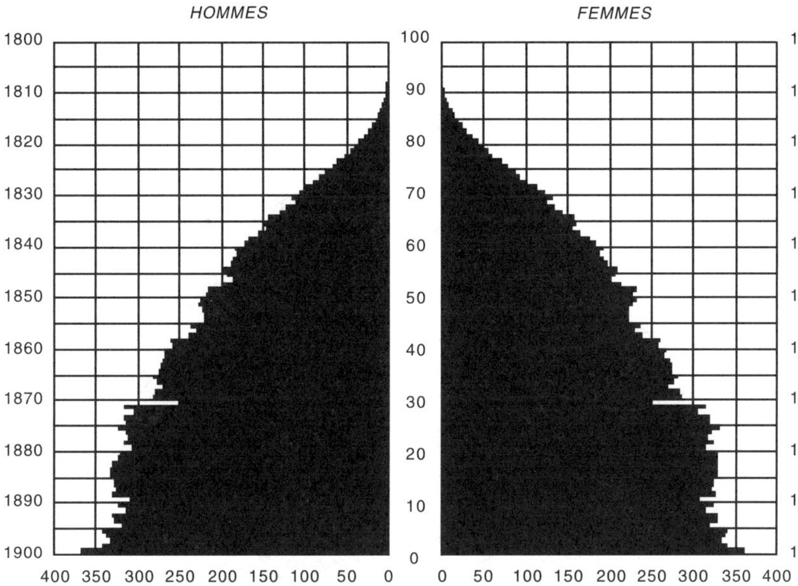

Figure 2 – Pyramide des âges de la France au 1er janvier 1901.

De la pyramide nous sommes passés à la « meule de foin », signe que la baisse tendancielle de la fécondité s'est amplifiée. La France est alors le pays le plus vieilli du monde occidental. Elle s'achemine vers une population stationnaire : croissance très réduite, avec guère plus de naissances que de décès et un profil qui ressemble à la courbe de survie. Les taux de natalité et de mortalité s'égalisent aux alentours de 20 ‰. C'est le moment où la population française se fait dépasser par une population anglaise en pleine croissance.

LA PYRAMIDE DE 1921

Lors du premier recensement après la Grande Guerre *(Fig. 3)*, le pays compte 39 millions d'habitants, soit une croissance à peu près nulle depuis le début du siècle. Le bilan de la guerre est très lourd : près d'un million et demi de pertes, essentiellement militaires et masculines. Au flanc gauche de la pyramide, pas moins de 17 % des mobilisés ont péri, et la proportion est même montée à 28 % pour la « classe 1914 » (génération née en 1894).

Deuxième conséquence de la guerre, la double encoche du bas de la pyramide : ce sont les « classes creuses », à savoir le million et demi d'enfants qui auraient dû naître entre 1914 et 1918 et ne sont pas nés, du fait des séparations et des décès subis par les couples. Déficit évidemment réparti à parts égales sur les deux sexes. Il ne sera pas rattrapé dans les années d'après-guerre.

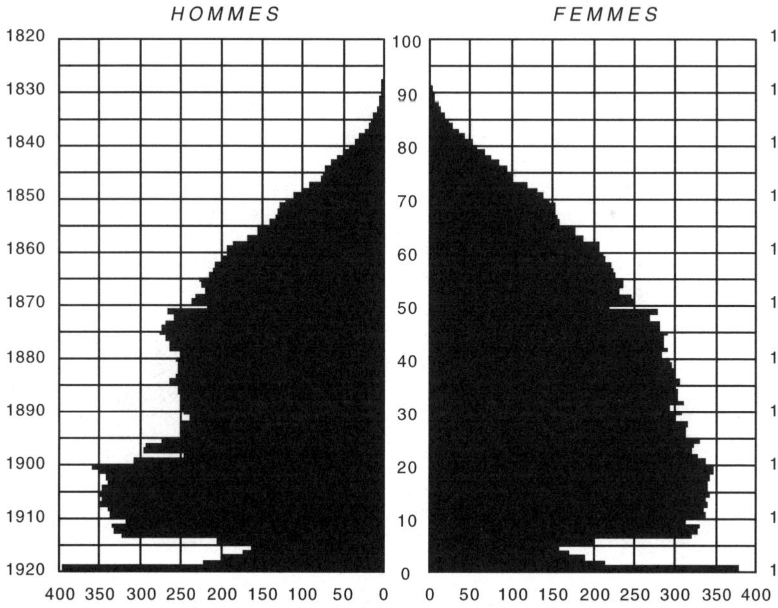

Figure 3 – Pyramide des âges de la France au 1er janvier 1921.

LA PYRAMIDE DE 2000

Sur cette pyramide déjà historique — celle du 1er janvier 2000 — on lit encore toute l'histoire du siècle qui s'achève *(Fig. 4)*. Quatre-vingt-cinq ans après la Grande Guerre, le sommet reste entaillé par les classes creuses, ce qui diminue pour un temps le poids du « quatrième âge » dans la population totale : le fardeau de la dépendance s'en trouve allégé pour quelques années.

L'entre-deux guerres se signale par la dépression de la natalité, accusée par le fait qu'à la fin des années 1930 les générations fécondes sont les classes creuses de la Grande Guerre. Comparées à celles de 1914-1918, les pertes de 1939-1945 sont moindres : environ 600 000 morts. Mais elles frappent davantage les civils des deux sexes que les militaires. Le déficit des naissances pendant le conflit reste limité.

À partir de 1946, un double phénomène se produit : les générations des années 1920 arrivent à l'âge de la fécondité et commencent à avoir des enfants à un niveau inhabituel : c'est le fameux *baby-boom*, qui s'étend, selon la chronologie la plus souvent retenue, de 1946 à 1974, pendant les « trente Glorieuses ». En réalité, on sait maintenant, grâce aux travaux de Gérard Calot, que le *baby-boom* s'est amorcé plus tôt, juste avant la guerre, mais il n'était pas visible sur la pyramide du fait que la population des femmes en âge d'avoir des enfants appartenait encore aux classes creuses. Il

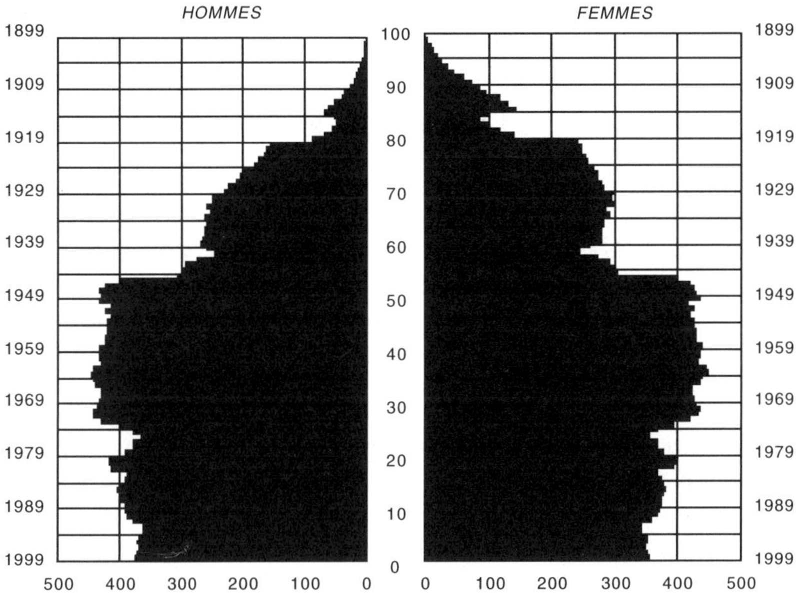

Figure 4 – Pyramide des âges de la France au 1er janvier 2000.

reste que l'année 1946 se détache incontestablement comme l'année choc du *baby-boom* : d'un seul coup le nombre des naissances est monté de 200 000 unités.

La parenthèse du *baby-boom* s'interrompt en 1974. Elle n'était pas destinée à durer, sans quoi la France aurait connu une croissance insurmontable. Les enquêtes rétrospectives ont d'ailleurs révélé que 20 % des naissances du *baby-boom* n'étaient pas désirées et qu'une proportion équivalente était survenue à une date non prévue par le couple*. La diffusion des moyens modernes de contraception permet désormais aux couples de planifier les naissances. Pour ces raisons, un nouveau *baby-boom* retrouvant le niveau de fécondité des années 1946-1950 (près de trois enfants par femme en moyenne) supposerait un désir d'enfants très supérieur à celui de l'époque, ce qui paraît hautement invraisemblable.

À compter de 1975, le profil de la pyramide suit la courbe de la natalité, qui chute, puis connaît quelques fluctuations avant de marquer une baisse sévère en 1993 et 1994 : 700 000 naissances au lieu des 850 000 de la période précédente. Depuis, ce nombre remonte légèrement : la base de la pyramide a cessé de se rétrécir. Qu'en sera-t-il à l'avenir ? Tout ce que l'on peut dire, c'est que la tendance à la baisse est inscrite dans la pyramide : les générations féminines en âge d'avoir des enfants dans les prochaines années

* Leridon, 1995.

sont peu nombreuses, étant nées après 1974. Le maintien du nombre actuel de naissances supposerait qu'elles aient en moyenne davantage d'enfants que leurs aînées.

LES TRAUMATISMES DE LA PYRAMIDE RUSSE

Plus encore que la pyramide française, la pyramide russe constitue un puissant révélateur des traumatismes et des retournements de l'histoire *(Fig. 5)*. On y perçoit les traces des grands conflits mondiaux, mais aussi l'impact catastrophique des campagnes économiques et politiques qui déstabilisent les populations, avec leur cortège de famines, de massacres et de naissances entravées : dékoulakisation et purges dans les années 1930, débandade du régime en 1988, autant de secousses qui ont pour effet de sabrer les pyramides. La pyramide des âges est le miroir des tyrannies. Elle illustre le pouvoir qu'a le démographe d'établir les faits sans détour. Il n'est pas surprenant que sous Staline, les démographes aient été autorisés à effectuer les recensements mais non à les publier tels quels : plusieurs d'entre eux ont payé de leur vie le fait d'avoir osé présenter au tyran des résultats jugés insupportables*.

En définitive, que nous révèle une pyramide des âges ? À la fois l'ordre biologique de la reproduction et les désordres sociopo-

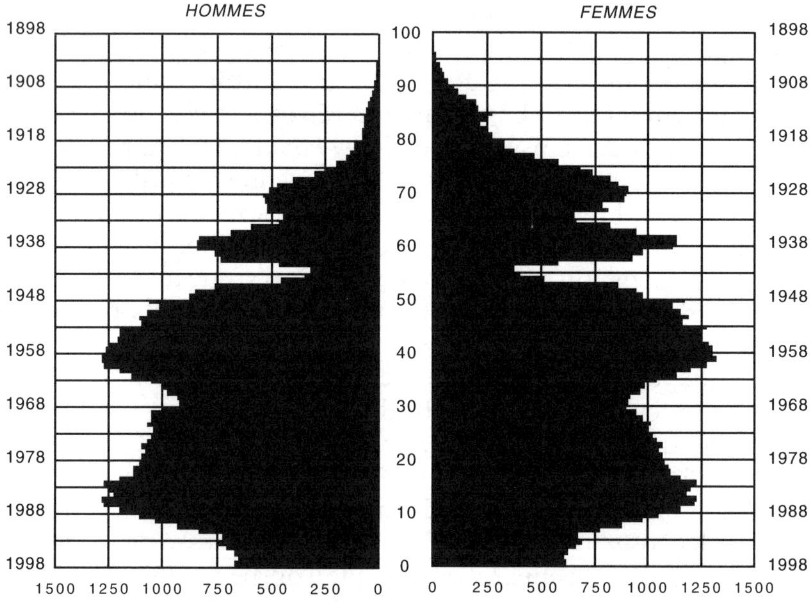

Figure 5 – Pyramide des âges de la Russie au 1er janvier 1999.

* Blum, 1994.

litiques. Ainsi, même en temps de paix les hommes tendent à mourir plus tôt que les femmes, le nombre de garçons excède partout le nombre de filles à la naissance (dans un rapport de 105 contre 100). Mais la pyramide révèle mieux que tout autre instrument les irrégularités qui se détachent sur ce fond constant du fait des interventions de l'homme dans l'histoire des peuples.

Ces chocs se répercutent à leur tour à la génération suivante, vingt-cinq à trente ans plus tard, avant de s'amortir. Comme le rappelle volontiers Henri Leridon (1995), la pyramide des âges n'est pas simplement un « stock » de population que l'on pourrait séparer des « flux » que sont les naissances et les décès, les entrées et sorties des migrants, c'est aussi un stock qui a la propriété de se reproduire lui-même.

Genèse de l'approche démographique

LE RITE ET LE CHIFFRE

La démographie traite des phénomènes élémentaires de l'existence : « la vie, l'amour, la mort ». Avec toutefois beaucoup de distance car ces phénomènes deviennent prosaïquement dans ses mains des séries de « naissances », de « mariages », de « décès ». C'est que le démographe ne fait pas de sentiment : il ne s'intéresse pas aux passions individuelles mais au « mouvement » de la population et au bilan comptable de son renouvellement. S'il se penche sur la mortalité infantile, ce n'est pas pour pleurer la mort des enfants. Le démographe privilégie comme matériau les traces déposées dans des documents standardisés : bulletins de l'état civil, bulletins de recensement, registres de population et, à défaut, questionnaires d'enquête.

Vision du monde réductrice ? Assurément. Mais cette réduction est préparée par la société qui, bien avant le démographe, s'est employée à ritualiser les temps forts de l'existence en célébrant des rites de passage pour les moments critiques du cycle de vie : baptêmes, mariages, funérailles et, dans certains pays, passage de frontières, acquisition de citoyenneté. Entre les officiants des rites de passage et les officiers d'état civil, le lien est direct : les uns et les autres tiennent registre de leur activité, parce que les identités civiles sont certifiées socialement. Le démographe ne fait que reprendre à son compte les produits de cette activité.

LE GRAND NIVELLEMENT : DE MARC AURÈLE À SÜSSMILCH

Une des formes essentielles de la réduction démographique consiste ainsi à estomper les différences individuelles : « on ne peut compter des individus, en faire la statistique, qu'en faisant comme s'ils étaient tous les mêmes », rappelle Jacques Vallin (1992). Certes, le démographe découpe dans cette masse des catégories de sexe, d'âge, d'état matrimonial, de type de résidence, de profession, etc. mais ces classes d'équivalence ne remettent jamais en cause le principe de la neutralisation : aucun dénombrement ne donne aux individus un poids en fonction de leur surface sociale ; le même sort est réservé à l'élite et aux sans-grade. La pyramide des âges illustre déjà ce coup de force. À l'instar de la mort, la démographie est une grande niveleuse.

Il y a dans cette posture du démographe — et, plus généralement, du statisticien social — un détachement qui évoque les exercices spirituels pratiqués dans la philosophie antique. L'empereur stoïcien Marc Aurèle cite ce texte inconnu de Platon : « Pour parler des hommes, il faut examiner les choses terrestres comme depuis un lieu élevé : les rassemblements et les expéditions armées, les mariages et les ruptures, les naissances et les décès, le tumulte des tribunaux et les contrées désertes, la diversité des nations, les fêtes et les deuils, les marchés, tout ce mélange et ces contrastes — et voir l'ordre qui en naît*. » Pierre Hadot a montré que dans les écoles philosophiques, les néophytes devaient apprendre à suspendre tout jugement de valeur et toute projection affective, s'exercer à prendre de la hauteur, au sens le plus concret du terme, en imaginant par exemple qu'ils s'envolaient au-dessus de la Terre jusqu'à la réduire à un objet lointain. Parvenus à ce point de vue supérieur, ils pouvaient extraire du désordre apparent des affaires humaines la régularité d'un ordre universel et divin. Cette culture du détachement a constitué un pas décisif dans la genèse de l'esprit scientifique.

Une variante de cette technique de recul consistait à méditer sur le passage du temps : toute la génération de Vespasien, dit encore Marc Aurèle, a disparu, « tous ces gens qui se sont mariés, ont eu des enfants, sont tombés malades, sont morts, ont fait la guerre ou célébré des fêtes, ont trafiqué ou cultivé la terre, aimé ou conspiré... », et il en va de même de la génération suivante. Est-ce un hasard si ces exercices d'impassibilité mentionnent le roulement des naissances, des mariages, des divorces, des décès ? Dans sa version première, le regard démographique est un regard détaché et totalisant sur les affaires humaines, un regard impérial et universel. Marc Aurèle n'est pas seulement philosophe, il s'inscrit dans la lignée de ces empereurs romains qui ont procédé à des recensements à grande échelle pour faire « l'inventaire du monde**. »

L'universalisme et le providentialisme stoïcien trouveront un écho chez les penseurs allemands des XVIIe et XVIIIe siècles, qui

---

* *Pensées*, VII, p. 48.
** Nicolet, 1988.

s'émerveilleront de découvrir derrière les fluctuations de la vie humaine la régularité des phénomènes démographiques : les naissances compensent les décès, les ordres de grandeur restent constants, la proportion des filles et des garçons à la naissance ne bouge pas, etc. Une telle régularité procède à leurs yeux d'une providence divine capable de saisir et d'orienter l'ordre du monde. C'est la thèse du pasteur prussien Johann Peter Süssmilch, dans son traité de démographie paru en 1741 et complété en 1762, sous un titre révélateur : *L'Ordre divin dans les changements de l'espèce humaine, démontré par la naissance, la mort et la propagation de celle-ci*.

LIBIDO TABULANDI

Dès les origines, toutefois, il est des hommes qui, plus prosaïquement, ramènent l'ordre divin à l'ordre des choses.

John Graunt est l'auteur dès 1662 du premier ouvrage de démographie : *Observations naturelles et politiques faites sur les bulletins de mortalité*. Riche marchand drapier de Londres, conseiller municipal, Graunt connaît l'art de dresser des bilans, tout en sachant s'interroger sur la qualité des données. Il reprend sur vingt ans la liste des bulletins de mortalité publiés par la ville de Londres pour les temps de peste, et les résume dans des tableaux chronologiques : tout part de là, dans ce passage de la liste au tableau.

Graunt ne cache pas sa joie à démontrer qu'un simple roturier peut tirer de ces tableaux une vision d'ensemble des lois de la population normalement réservée au souverain : la *libido dominandi* s'assouvit au travers de la *libido tabulandi*. C'est la démographie comme sublimation. Graunt proclame que son « arithmétique de boutiquier » (c'est ainsi qu'il la désigne) lui permet de siéger au « parlement de la nature », à savoir la prestigieuse société savante qu'était la *Royal Society*.

DU CALCUL DIVIN AU CALCUL HUMAIN

Les successeurs de Graunt seront aussi de grands tabulateurs, mais en pratiquant un autre style de détachement, plus cynique celui-là, qui consiste à plonger, selon la formule de Marx, dans les « eaux glacées du calcul égoïste ». Actuaires ou assureurs, ils s'intéressent à leurs semblables pour supputer leurs chances de survie, afin d'ajuster au mieux le montant des primes et des versements liés aux rentes viagères. Vous voulez placer une rente sur un enfant qui vient de naître : sachez qu'il a une chance sur deux d'atteindre l'âge de dix ans ; à vingt ans, ses chances de survie remontent, etc. L'astronome Edmund Halley présente en 1693 la première table de mortalité fondée sur des observations réelles (celles de la ville de

Breslau) afin d'établir la valeur des rentes viagères. Antoine Deparcieux en 1746, dans son *Essai sur les probabilités de la durée de la vie humaine*, formalise pour la première fois une table complète de mortalité.

Dès le début du XVIIIe siècle, les peuples marchands ont pris l'habitude de parier sur les chances de survie des grands de ce monde. Saint Simon raconte dans ses *Mémoires* que « l'on voyait décliner sensiblement la santé du roi [...]. Les paris s'ouvrirent donc en Angleterre que la vie du roi passerait ou ne passerait pas le 1er septembre, c'est-à-dire environ trois mois ». Le Roi-Soleil s'éteignit effectivement un 1er septembre. Récit hautement symbolique, qui a valeur de profanation : ni Dieu ni son représentant sur terre ne détiennent plus la clef du destin ; elle est aux mains des spéculateurs, qui n'hésitent plus à assujettir le corps du roi à la table de mortalité. Désormais, le calcul démographique est le vrai geste souverain.

Mais y a-t-il si loin de la providence divine à la prévoyance de l'assureur, du calcul divin au calcul humain ? Après tout, de nombreuses compagnies d'assurances s'intitulent « La Providence » et tout lecteur de Max Weber sait que l'effort des théologiens pour pénétrer les desseins de Dieu marque une grande avancée de la rationalité. Providence ou prévoyance, on ne peut calculer les durées de vie probable qu'en tabulant une population suffisamment nombreuse, dans laquelle chaque sujet, grand ou petit, compte pour un. La tabulation reste l'instrument-clef pour prendre une vue d'ensemble des lois démographiques et s'introduire dans les vues du législateur divin, voire se substituer à lui.

L'EXCÉDENT DES GARÇONS À LA NAISSANCE OU LE TRUQUAGE DIVIN

En 1710, un membre de la *Royal Society* de Londres, John Arbuthnot, interprète l'intervention de Dieu dans la proportion constante de naissances masculines par rapport aux naissances féminines. L'ayant estimée à 18 garçons pour 17 filles, il s'interroge : comment se fait-il que ce résultat ne s'inverse quasiment jamais d'une paroisse à l'autre ? Si c'était seulement affaire de hasard, le sexe d'un enfant se jouerait à pile ou face et les filles feraient jeu égal avec les garçons. Si le léger excédent des naissances masculines est constant, c'est que la Providence a voulu compenser la surmortalité des jeunes hommes à la guerre et aux colonies, afin d'équilibrer les effectifs des deux sexes au moment du mariage. Arbuthnot combine le hasard et la nécessité. À chaque naissance le sexe des enfants se joue sur un coup de dé, mais, explique-t-il, c'est un dé à 35 faces fabriqué par Dieu : il compte 18 faces masculines et 17 faces féminines. D'où le titre triomphal du papier envoyé par Arbuthnot à ses confrères de la *Royal Society* : « Un argument en faveur de la divine providence : la constante régularité des naissances observées dans les deux sexes*. »

Au siècle suivant, Süssmilch poursuit un raisonnement analogue, mais plus scabreux, quand il justifie la mort massive des jeunes enfants par le besoin d'une régulation optimale dont Dieu garde le secret et qui a pour corollaire la prédestination non moins mystérieuse des survivants. C'est la démographie comme théodicée — au service d'un fatalisme contre lequel ne cesseront de lutter les hygiénistes et les eugénistes au siècle suivant.

Dans les années 1820-1840, l'astronome et statisticien belge Adolphe Quetelet, le grand promoteur de la moyenne, s'émerveillera à son tour du retour régulier des mariages, des naissances et des décès, constance qui renvoie selon lui à une « loi commune » voulue par Dieu : « Rien n'échappe aux lois imposées par la toute-puissance divine. »

Un demi-siècle plus tard, Émile Durkheim fera un constat analogue, à ceci près qu'il imputera la belle régularité de l'ordre démographique à ce dieu laïc qu'est la société, entité suprême qui surplombe les individus. Autant de variantes de l'idée antique développée par les stoïciens, à savoir que les irrégularités qui s'observent dans l'ordre naturel comme dans l'ordre social des choses deviennent régulières à bonne distance et procèdent d'une intention suprahumaine.

L'ÂGE NOUS REND TOUS COMMENSURABLES

Où en sommes-nous aujourd'hui ? Le démographe objective les faits sociaux en misant sur des objectivations toutes faites, comme celles de l'état civil, qui sont des ruptures instituées de longue date dans notre histoire. Nous vivons flanqués d'un double de papier qui atteste la continuité de notre existence aux yeux des institutions. Et si nous vivons parfois mal cette scission entre l'identité intime et l'identité administrative, l'individu-personne et l'individu-institution, l'être unique et le numéro, il reste que cette rupture est devenue pour nous une rupture familière.

Plus concrètement, nous avons deux âges : d'un côté, l'âge de l'état civil, que nous devons produire notre vie durant pour bénéficier de telle prestation, de telle réduction, de tel droit d'entrée ; de l'autre, un âge plus intime, celui de notre organisme ou de notre organisation mentale. Ces deux âges sont nôtres tous les deux et nous nous accommodons du premier ; après tout, c'est notre âge de papier que nous choisissons de célébrer à travers le rituel des anniversaires.

Pourquoi le démographe mise-t-il sur l'âge de l'état civil ?

* Hacking, 1975, p. 171.

L'âge n'est pas seulement l'écoulement du temps enregistré officiellement ; il marque d'abord notre ancienneté dans la société. De ce fait, ce n'est plus une variable biologique mais une variable sociale.

Ensuite, cet âge social est une grandeur standardisée, un étalon universel. L'état civil reprend le flambeau des organisations militaires, religieuses ou scolaires, qui, depuis toujours, construisent des cohortes, des classes d'âge ou des cérémonies qui font date. Classer universellement les gens par année de naissance ou année de promotion, les rendre tous commensurables, ne va pas de soi. Cela suppose une construction historique de longue durée, ponctuée d'avancées et de reculs, selon que l'État a pu exercer ou non son pouvoir d'homogénéisation et d'intégration.

Claude Nicolet (1988) a rappelé à quel degré d'organisation en était arrivée la Rome impériale de ce point de vue. À partir d'Auguste, la totalité de la population est recensée, y compris dans les provinces. On doit à ce même empereur l'obligation de déclarer les naissances sur un registre de déclarations tenu dans chaque province, la *tabula professionum*, dont chacun pouvait obtenir copie conforme : plusieurs lois sur les successions et les affranchissements exigeaient de prouver son âge. De même y avait-il des déclarations de décès, ainsi que des registres individuels d'acquisition de la citoyenneté romaine *(commentarii civitate donatorum)*. De tels raffinements dans les techniques d'enregistrement administratif ne se retrouveront en Europe qu'à partir de la Renaissance, avec référence expresse au modèle romain. En sens contraire, la dégradation récente de l'état civil en Chine offre un exemple saisissant de recul : le nombre de naissances déclaré à l'état civil chinois en 1999 est seulement de 18 millions, alors que le recensement de 1990 en fait apparaître 24.

LA TOTALISATION DÉMOGRAPHIQUE : UNE VUE IMPRENABLE SUR LA SOCIÉTÉ

Une fois les unités de compte standardisées et l'échelle des âges uniformisée, il devient possible de « totaliser ». Les démographes sont capables depuis les années 1950 d'évaluer l'effectif de la population mondiale : six milliards d'hommes. Le plus extraordinaire n'est pas que nous ayons atteint ce chiffre mais que nous le sachions. Ce n'est qu'une estimation, certes, mais le degré d'incertitude de cette totalisation fait lui-même l'objet d'une bonne évaluation. Le *Population Reference Bureau* de Washington, qui publie chaque année une estimation de la population mondiale donne à l'information démographique disponible dans chaque pays une note de A à D, qui tient compte de la qualité de l'état civil et de la fiabilité et du rythme des recensements. Les géants de la planète (la Chine, l'Inde, l'Indonésie, le Brésil, la Russie qui regroupent aujourd'hui les deux tiers de l'humanité), ne se placent pas trop mal sur cette échelle (note B), ce qui rehausse la qualité de l'estimation mondiale. Nous savons ainsi que l'espèce humaine compte en moyenne un peu moins de trois enfants par femme et que son espérance de vie se situe aux alentours de soixante-six ans. L'humanité dispose ainsi de son tableau de bord.

Qu'on ne dise pas qu'il s'agit de noyer l'individu dans une vision holiste du monde, il s'agit au contraire de l'émanciper. Parce qu'elle offre un panorama imprenable sur l'ensemble de la société, la démographie fait partie de ces outils de connaissance qui nous libèrent de la finitude de notre point de vue. Elle offre aussi une vision rétrospective et prospective du corps social : il suffit de songer à tout ce que nous donne à voir synthétiquement une pyramide des âges sur les forces et les faiblesses d'une société, son passé et son avenir.

Un exemple nous permettra d'illustrer plus précisément la contribution historique de la démographie à la lente construction de ce savoir global.

LES « EXPÉRIENCES » DU XVIIIe SIÈCLE POUR ÉVALUER LA POPULATION DE LA FRANCE

La querelle de la dépopulation, sous le règne de Louis XV, illustre le pouvoir de révélation et de désenchantement que détient le calcul démographique. Montesquieu avait prétendu dans *Les Lettres persanes* que la France ne cessait de perdre des habitants. Par la suite, le débat oppose les physiocrates (Quesnay, Dupont de Nemours, Mirabeau père) à l'administration royale. Les premiers affirmaient, sans la moindre preuve, que la population française ne cessait de décliner : en un siècle, prétendaient-ils, elle avait chuté de 26 à 18 millions. Les intendants de Louis XV étaient convaincus du contraire mais ne disposaient d'aucune donnée solide pour répondre à ces rumeurs accusatrices.

L'enjeu était de taille : la « dépopulation » était signe de mauvais gouvernement. En acceptant d'en débattre, l'État donnait prise à ses opposants. Publier un bilan démographique, c'était — et c'est toujours — rendre des comptes, opération importante dans la mise en place du débat démocratique. S'il est vrai que la démographie court toujours le risque de se faire enrôler dans les « comptes de la puissance », elle recèle aussi un fort potentiel critique.

Piqués au vif par la critique des physiocrates, les intendants royaux mettent en place la statistique du mouvement de la population, ordonnée en 1772. Sur ordre du contrôleur général des finances, l'abbé Terray, toutes les paroisses du royaume devront transmettre chaque année aux intendants le bilan chiffré des baptêmes, des mariages et des sépultures. La Révolution se contentera de passer le relais aux mairies. De nos jours, le ministère des Finances, par l'entremise de l'INSEE, entretient cette statistique fondamentale.

Mais il ne suffit pas de suivre le mouvement de la population, il faut savoir à quel stock rattacher ces flux, connaître l'effectif total de la population. Le lancement de la statistique démographique à la fin du règne de Louis XV a été entouré, dans cette perspective, d'une série d'« expériences » (c'est le terme utilisé à l'époque) menées par des investigateurs (inspirés par quelques intendants) : Jean-Joseph d'Expilly (1762), Louis Messance (1766), Jean-Baptiste Moheau (1778). Moheau récapitule le tout sous le titre *Recherches et considérations sur la population de la France*. L'Académie des sciences se penche également sur la question, mais sur un mode plus théorique, avec Condorcet, Laplace, Lavoisier.

N'osant guère imposer aux populations méfiantes un recensement général, l'administration se replie sur une méthode d'extrapolation qui combine le relevé exhaustif du mouvement de la population dans les registres paroissiaux et des recensements effectués çà et là dans un échantillon de villes et de villages. Connaissant le nombre annuel de naissances d'un lieu donné, peut-on en déduire sa population ? Pour le savoir, il suffira de compter, dans un échantillon de paroisses bien composé, « à la fois » le nombre de naissances et le nombre d'habitants, puis d'extrapoler à tout le royaume le rapport ainsi dégagé entre les deux grandeurs. Cela suppose un rapport constant ou, tout au moins, encadré dans une fourchette bien définie. C'est ce que les auteurs du XVIIIe appelleront le « multiplicateur des naissances » (qui n'est autre que l'inverse du taux de natalité), dont la première utilisation systématique apparaît en 1742 dans les travaux de Kersseboom, le spécialiste hollandais des rentes viagères. Partant du constat établi dans quelques centaines de paroisses qu'il y a 25 habitants pour une naissance, et sachant que l'on dénombre environ un million de naissances par an dans le royaume de France, il suffit de multiplier par 25 le million de naissances annuelles pour retrouver le nombre d'habitants du pays : 25 millions.

L'APPORT DE MOHEAU

Aux arrondis près, Moheau découvre ainsi que la France compte 24 millions de Français vers 1760 et non pas 16, comme le prétendait encore Quesnay dans l'article « Grains » de *L'Encyclopédie*. L'annonce fait sensation. La rumeur est définitivement balayée par le constat démographique, mais Moreau rappelle que c'est au prix d'un labeur considérable : la collecte et le traitement des données ont coûté « 20 000 journées de travail, effort effrayant d'une multitude de coopérateurs ».

Les *Recherches* de Moheau constituent aussi un admirable traité de démographie sociale ou de démographie différentielle, attentives aux effets de la pauvreté ou à l'impact des maladies professionnelles. La diversité du royaume n'est pas négligée. Moheau sait que la natalité varie fortement selon les conditions de vie, qu'elle est déprimée par les migrations de jeunes célibataires qui affluent dans les villes en plein essor ou par l'extension du célibat ecclésiastique. Il corrige en conséquence le multiplicateur des naissances.

Il comprend enfin que l'échantillon retenu doit offrir une sorte de maquette de la France en sa diversité, qui respecte les proportions réelles des diverses catégories, comme le rappelle avec une étonnante prescience le contrôleur général Terray dans ses directives aux intendants : « Le choix des lieux dénombrés doit être fait avec l'attention nécessaire pour comprendre proportionnellement les obstacles particuliers ou accidentels à la population, tels que sont les abbayes ou communautés religieuses qui, en augmentant le nombre des individus sans participer à leur reproduction, changent nécessairement le rapport naturel des habitants aux naissances. » Apparaît déjà dans ce texte la conscience de la « contrainte de représentativité » qui ne sera mise en œuvre qu'au XXe siècle par la technique des sondages.

L'exemple du nombre d'habitants de la France reconstitué par la méthode du « multiplicateur des naissances » nous conforte dans l'idée que le labeur démographique renferme un pouvoir de révélation considérable et peut poser des garde-fous contre les spéculations des essayistes. Il montre aussi qu'il ne s'agit pas seulement de compter ou de récupérer à moindres frais les données prêtes à l'emploi des registres officiels. La démographie ne se résume pas au comptage ; elle doit aussi mettre en relation les différentes grandeurs. Si les pionniers du XVIIIe siècle ont avancé sur la voie féconde des « estimations indirectes », c'est qu'ils avaient affaire à des données lacunaires ou inexistantes, une situation qui aujourd'hui encore constitue un excellent stimulant pour la recherche. L'art du démographe consiste souvent à savoir travailler sur des données imparfaites.

Par la suite, les démographes s'efforceront de définir rigoureusement le réseau de relations qui lie les divers paramètres de croissance d'une population. Les tables types de mortalité en sont un exemple. Plus généralement, nombreux sont les chercheurs qui ont contribué à arracher la démographie à la vision statique du comptage pour l'orienter vers la description dynamique du renouvellement des populations. On peut citer Alfred Lotka, David Glass, William Brass, Frank Notestein, Sully Ledermann, Ansley Coale, Louis Henry, Jean Bourgeois-Pichat, Nathan Keyfitz et bien d'autres.

Ouvrir la démographie

Plus généralement, la démographie a pour vocation de calculer les chances d'accès aux divers biens que la vie nous réserve (les *Lebenschancen* dont parle Max Weber). Elle calcule les probabilités de survie, les probabilités d'agrandissement de la famille, les chances de reproduction d'une génération, la capacité à maîtriser les aléas de la reproduction, et ainsi de suite. Mais pour décrire la structure des chances d'accès, encore faut-il être attentif aux tensions qui divisent le corps social : divisions entre hommes et femmes, entre générations, entre nations, sans oublier les diverses classes de la société que séparent des inégalités de richesses culturelles et économiques, repérables à travers des indicateurs tels que le niveau de diplôme, la catégorie sociale, le niveau de revenus, le type de contrat de travail, le capital de relations.

Livré à ses seules variables — le sexe, l'âge et le temps qui passe — la démographie manque cette dimension. En s'ouvrant à d'autres disciplines, elle peut s'orienter vers l'étude de la distribution sociale des phénomènes démographiques. Cela suppose de ne pas s'enfermer dans des techniques d'analyse qui se contentent d'« expliquer le démographique par le démographique ». Le démographe est très fort pour lier les variations de la fécondité aux effets de calendrier, à l'intervalle écoulé depuis la dernière naissance, au recul de l'âge de mise en couple, etc. Mais il est plus embarrassé quand il s'agit d'expliquer pourquoi l'agglomération de Maubeuge, ville ouvrière du Nord, est la plus féconde de France. Or les deux genres d'analyse doivent s'imbriquer.

Pour se tailler une place dans le champ des sciences sociales, la démographie a dû camper pour un temps sur une technique d'analyse autonome. Elle a certes contribué à diffuser des méthodes originales, comme l'analyse longitudinale, mais elle ne peut en rester là. Il lui faut s'ouvrir aux techniques statistiques qui permettent d'intégrer dans les modèles explicatifs du comportement toutes sortes de variables socioculturelles et socio-économiques qui interfèrent nécessairement avec ses variables favorites.

La démographie doit admettre aussi que si elle peut apporter son éclairage sur les problèmes-clefs de notre temps — comme l'avenir de nos retraites, l'équilibre des générations, le statut des couples non mariés, les écarts de richesse entre nations, l'intégration des immigrés… —, elle ne peut les réduire à des problèmes démographiques car ces problèmes ont bien d'autres dimensions (sociale, économique, juridique, politique…). Leur solution relève du débat public. Si la démographie veut conjuguer intérêt scientifique et utilité sociale, elle doit s'insérer dans l'ensemble plus vaste des « études de population » en général, qui sont pluridisciplinaires. Le démographisme est un redoutable danger pour la démographie.

RÉFÉRENCES

Classiques

- Graunt (J.), *Observations naturelles et politiques [...] sur les bulletins de mortalité...*, (Londres 1662), trad. et introd. d'É. Vilquin, Paris, Ined, 1977.
- Kersseboom (W.), *Essais d'arithmétique politique, contenant trois traités...*, (La Haye 1738-1742), préface de L. Henry, Paris, Ined, 1970.
- Moheau (J.-B.), *Recherches et considérations sur la population de la France*, (Paris 1778), rééd. annotée par É. Vilquin, avec des contributions diverses, Paris, Ined, 1994.
- Süssmilch (J.-P.), *L'Ordre divin dans les changements de l'espèce humaine, démontré par la naissance, la mort et la propagation de celle-ci* (Berlin, 1741, 1762), trad. et introd. de Jean-Marc Rohrbasser, Paris, Ined, 1998.

Actuelles

- Blum (A.), *Naître, vivre et mourir en URSS (1917-1991)*, Paris, Plon, 1994.
- Daguet (F.), *Un siècle de démographie française : structure et évolution de la population de 1901 à 1993*, Paris, Insee (coll. « Insee résultats »), 1995.
- Hacking (I.), *The Emergence of Probability*, Cambridge, CUP, 1975.
- Leridon (H.), *Les Enfants du désir*, Paris, Julliard, 1995.
- Nicolet (Cl.), *L'Inventaire du monde : géographie et politique aux origines de l'Empire romain*, Paris, 1988, chap. VI.
- Vallin (J.), *La Démographie*, Paris, La Découverte (coll. « Repères »), 1992.

L'homme dénombré : arithmétique des populations

par JACQUES VÉRON

Nous sommes 6 milliards sur terre aujourd'hui. Dans cinquante ans nous devrions être 9 milliards. Plus de 80 milliards de personnes sont nées sur terre. Le tiers des habitants de la planète vit en Chine ou en Inde. Les Italiennes et les Espagnoles ont aujourd'hui moins d'enfants que les Suédoises ou les Norvégiennes. La vie moyenne est en France de 82 ans pour les femmes et de moins de 75 ans pour les hommes, etc. Les statistiques démographiques et leur évolution donnent une image, « précise » disent certains, du changement que connaissent les sociétés.

Sommes-nous trop nombreux ? L'Europe manque-t-elle d'enfants ? L'immigration est-elle un moyen d'enrayer le vieillissement des populations ? La libéralisation des lois sur l'avortement explique-t-elle une partie de la baisse de la fécondité ? Nous pourrions multiplier les questions à poser au démographe. Mais est-il à même de répondre ? Dans certains cas oui. Dans certains cas seulement.

Le nombre occupe une place centrale en démographie mais c'est surtout les variations des nombres qui importent. La fécondité des femmes françaises est aujourd'hui de l'ordre 1,8 enfant par femme. Elle était d'un enfant plus élevée quarante ans plus tôt. Cette baisse a contribué au vieillissement de la population française. Moins du tiers des habitants de la planète vivaient dans des villes il y a un demi-siècle. Ils sont près de la moitié aujourd'hui. Quel changement traduit, ou révèle, l'accroissement de cette proportion ?

Texte de 55e conférence de l'Université de tous les savoirs donnée le 24 février 2000.

Le nombre joue un rôle particulier en démographie, mais la science de la population n'est véritablement née que lorsque des structures, en l'occurrence des structures de mortalité, ont été mises à jour. La tradition comptable, celle des recensements, est bien antérieure à l'apparition de la démographie, que l'on peut dater du milieu du XVIIe siècle.

Les dénombrements

Comme le rappelle Jacqueline Hecht dans son article sur *L'Idée de dénombrement jusqu'à la Révolution*, la pratique des recensements est extrêmement ancienne puisque à Sumer, entre 5000 et 2000 avant Jésus-Christ, l'existence de dénombrements d'hommes et de biens est attestée par des tablettes d'argile. En Mésopotamie, en 3000 avant Jésus-Christ, il y eut aussi des dénombrements ; ils s'accompagnaient d'une comptabilité des offrandes : le recensement a en effet un caractère administratif mais aussi religieux (le même mot signifie « recenser » et « purifier »). En Égypte, à la même époque, sont conduits des recensements, à des fins fiscales et militaires.

La Bible fait état de plusieurs recensements. Dieu ordonne au Sinaï à Moïse de réaliser un recensement général *(livre des Nombres)*. Dans la civilisation chinoise antique, les recensements servaient au partage des terres et à l'établissement des impôts. En Inde, chez les Incas, etc., on recensait.

L'activité de dénombrement s'est poursuivie jusqu'à aujourd'hui. En principe tous les pays effectuent de manière plus ou moins régulière des recensements de population. L'Inde a par exemple réalisé, depuis 1871, un dénombrement complet de sa population tous les dix ans. La Chine a effectué des recensements de manière plus irrégulière.

Remarquons incidemment que compter est, sur le plan conceptuel, une opération simple : un homme égale un homme et un homme égale une femme, numériquement. C'est une opération neutre, personne ne peut soupçonner qu'il y ait de l'idéologie dans la simple comptabilité des habitants d'un pays. Et pourtant, lors du premier recensement des États-Unis, il y a un peu plus de deux siècles, les Indiens n'étaient pas comptés. Parmi les esclaves, il était inutile de distinguer les hommes des femmes. L'âge des femmes blanches importait peu. Ce qui comptait, c'était les hommes blancs. Eux seuls méritaient une comptabilité un peu précise de l'âge. La pratique d'Afrique du Sud au temps de l'apartheid était de même inspiration.

Rappelons une certaine remise en cause récente des recensements, jugés opérations trop lourdes et de qualité parfois discutable.

Il y eut même contestation de la légitimité d'une telle opération dans un pays démocratique : la Cour constitutionnelle allemande a eu à juger, il y a un peu plus d'une dizaine d'années, de certaines dispositions figurant dans le projet de recensement.

Ces dénombrements de population servent de matériau de réflexion à la démographie, mais pour que cette discipline se constitue véritablement, pour qu'elle puisse revendiquer un statut de « science » (sociale bien sûr), il fallait découvrir des régularités.

Une loi de la mortalité

Le mot de « démographie » n'apparaît qu'au XIXe siècle, mais l'analyse de la mortalité, qui marque la naissance de la démographie, date du milieu du XVIIe. Un marchand anglais, du nom de John Graunt, se livre alors à une analyse minutieuse des bulletins de mortalité de la ville de Londres. Il publie en 1662 le résultat de ses analyses. Le tableau qu'il construit donne l'évolution des décès par âge : sur « 100 individus conçus et animés, 36 environ meurent avant l'âge de 6 ans et peut-être un seul à 76 ans ». Graunt établit une série de décès et une série de survivants. Il établit que sur 100 personnes à la naissance, 64 survivent à 6 ans, 40 à 16 ans, etc.

Discuter de la valeur intrinsèque de ces nombres est hors de notre propos. Ce qui est fondamental, c'est l'introduction d'une relation entre mortalité et âge. Nous sommes si habitués aujourd'hui à raisonner en termes d'âge, dans le discours sociologique, économique, politique, etc., qu'il peut être difficile d'imaginer qu'il s'agit là d'une révolution scientifique. Relier le risque de décéder à l'âge, c'est mettre en évidence une régularité. C'est aussi reléguer le hasard ou la religion au deuxième plan. Le processus de mortalité n'est pas de nature purement aléatoire si l'âge joue un rôle. La mort ne frappe pas n'importe qui, au hasard. Établir cette régularité c'est suggérer aussi que la destinée de chacun de nous n'est pas une stricte conséquence du caractère plus ou moins vertueux de nos actions. La punition divine ne règle pas la mortalité. Il existe un ordre de celle-ci, dont l'âge est une composante essentielle. On se met à parler de « loi de la mortalité ».

Dans cette deuxième moitié du XVIIe siècle, peu après la publication de l'ouvrage de Graunt, de grands esprits vont s'intéresser au processus de mortalité. Les frères Huygens échangent en 1669 une correspondance sur la durée de vie humaine. Christiaan Huygens, physicien mais aussi probabiliste, s'intéresse aux « chances » d'atteindre un âge donné. Les deux frères introduisent la distinction majeure entre espérance de vie, ou vie moyenne, et vie probable, ou vie médiane. Leibniz, un peu plus tard, se livre à des « raisonnements » sur la vie humaine, qui le conduisent à calculer aussi des espérances de vie. L'astronome Halley se préoccupe également de l'évolution des décès selon l'âge et construit une « table de mortalité », c'est-à-dire un tableau décrivant la survie d'une population en fonction de l'âge.

Ces régularités ne sont pas propres à la mortalité, d'autres phénomènes évoluent avec l'âge. La nuptialité, la fécondité ou la mobilité dépendent, dans une mesure plus ou moins forte, de l'âge. La période de reproduction des femmes est bornée, approximativement par les âges de 15 et 50 ans et la probabilité pour une femme d'avoir un enfant s'accroît régulièrement avec l'âge jusqu'à un maximum (30 ans par exemple) pour diminuer ensuite. Et que les femmes aient un grand nombre d'enfants ou des familles réduites, les courbes de fécondité par âge présentent la même allure.

Les premiers auteurs à s'être intéressés aux questions de population se sont généralement préoccupés aussi de l'évolution du nombre des hommes.

La multiplication du genre humain

Confucius et ses disciples considéraient que l'importance de la population était un signe et un facteur de rayonnement de l'État. Beaucoup plus tard, au XVIe siècle, Jean Bodin dira qu'il n'est de « richesse que d'homme ».

Platon, quelque 350 années avant notre ère, estime que le nombre idéal d'habitants de la cité est de 5 040, car ce nombre (7 !) a un très grand nombre de diviseurs (59) ; on peut par conséquent regrouper les citoyens de très nombreuses manières différentes. La factorielle suivante (8 ! = 40 320 donne un nombre trop élevé, la cité serait ingouvernable). Tout doit être fait, par des lois, pour que cette population se maintienne constante. « Le nombre d'enfants suffisant et requis par la loi est un garçon et une fille. »

Aristote définit la taille idéale d'une cité en fonction d'une « juste mesure » : « Dix hommes ne sauraient faire une cité ; mais dix fois dix mille non plus. »

La multiplication du genre humain, c'est ainsi que l'on évoque la question au XVIIe siècle, est pour certains un sujet de préoccupation. Il existe deux façons de considérer la question. L'une est de considérer la vitesse de constitution de la descendance d'un couple fondateur ayant deux enfants, qui auront eux-mêmes deux enfants, etc. En n générations la population atteinte est de 2^n : ainsi en trente générations, la population des descendants s'élève à un milliard d'habitants. Ce chiffre peut être atteint en 1000 ans, si on considère un intervalle de l'ordre de 33 ans entre chaque génération. L'importance des nombres rapidement atteints suffit à prouver qu'il est dangereux que les êtres humains se reproduisent sans aucune forme de contrôle. Pour Cantillon ou Mirabeau, les hommes ne se différenciaient guère des animaux : « Les hommes se multiplient comme des souris dans une grange, s'ils ont les moyens de subsister sans limitation », écrivait Richard Cantillon en 1755.

Une approche de la même question, complémentaire, consiste à rapprocher la puissance de peuplement des limites de la planète, en termes d'espace ou de ressources disponibles. C'est l'approche malthusienne. La population augmente selon une progression géométrique, affirme Malthus, et les subsistances selon une progression arithmétique, ce qui crée très vite un déséquilibre majeur : facteur de croissance de la population : 1, 2, 4, 8, 16,... 1024, etc ; facteur de croissance des ressources : 1, 2, 3, 4, 5, 10, etc.

En dix périodes de temps (250 ans si l'on considère que la population double tous les 25 ans), on passe d'un équilibre (un contre un) à un déséquilibre dans le rapport 1 024 à 10.

Cette préoccupation d'une évolution continue du nombre des hommes devient pour certains une véritable angoisse dans les années 1960. On parle alors d'explosion démographique ou de surpopulation, ce qui, soit dit en passant, n'est pas la même chose. Toutes sortes de catastrophes, particulièrement de grandes famines, sont alors annoncées. Mais revenons à la démographie pure et à son corpus.

La vie des générations

Le démographe s'intéresse à des changements d'état et aux probabilités de changer d'état. La mort constitue le plus radical de ces changements d'état. Mais le mariage transforme un célibataire en marié, la naissance d'un enfant fait d'une femme une mère, le déplacement d'un sédentaire un migrant, etc. Comment évoluent les probabilités de changer d'état ? Le risque, pour un enfant né en France, de ne pas atteindre son premier anniversaire était de 50 ‰ en 1950, il est dix fois moindre aujourd'hui.

On peut s'intéresser à la transition d'un état simple à un autre état simple — c'est ce que traduit une probabilité de décéder — mais aussi à des transitions entre états multiples : probabilité de passage de l'état de célibataire en zone rurale à celui de marié en milieu urbain, par exemple. On peut élargir le champ d'investigation et analyser l'activité professionnelle avec les outils du démographe et calculer ainsi une espérance de vie active ou s'intéresser à la gestion des carrières d'un corps donné ou d'une grande entreprise.

L'« analyse démographique » qui s'est développée considérablement au lendemain de la guerre, sous l'impulsion notamment du démographe français Louis Henry, s'efforce de décrire avec précision chaque phénomène démographique et ses facteurs d'évolution. Comment évoluent la mortalité par âge, la mortalité par cause, la nuptialité, la fécondité des générations, etc. ? Les femmes ont moins d'enfants aujourd'hui et elles les ont de plus en plus tard : quelles sont les influences respectives des variations de l'intensité de la fécondité et de son calendrier sur l'indicateur moyen ? Les changements observés sont-ils plutôt conjoncturels, liés au « moment », ou s'inscrivent-ils dans une perspective temporelle plus longue de modification du comportement des générations ? Les probabilités de vivre un événement particulier évoluent au cours du cycle de vie et d'une génération à l'autre.

Les relations entre les différents phénomènes font aussi l'objet de ces analyses. Les femmes ont-elles, par exemple, moins d'enfants, parce qu'une moindre proportion de femmes se marie ? Meurt-on plus souvent d'un cancer parce que l'on meurt moins souvent de tuberculose, par exemple ?

Une autre branche relie les phénomènes démographiques, non pour en décrire la nature même, mais pour simuler des évolutions démographiques : c'est la dynamique des populations.

Des populations théoriques

Le mathématicien Euler s'était déjà intéressé à la dynamique d'une population mais, c'est un actuaire américain, Alfred Lotka, qui donne dans les années 1930 une large formalisation des relations entre grandeurs démographiques, dans un cadre dynamique. Ainsi, lorsque dans une population la fécondité et la mortalité restent constantes, la population devient « stable », ce qui signifie que sa structure par âge ne varie plus. Lorsqu'une population est stationnaire, diverses égalités sont vérifiées : le taux de natalité est, par exemple, égal à l'inverse de l'espérance de vie à la naissance.

Ces modèles sont théoriques. L'exercice peut paraître formel. Il ne l'est nullement. Des populations anciennes ou, plus récemment des populations de pays en développement, étaient assimilables à des populations stables. Les relations formelles entre mortalité, fécondité, structure par âge, etc., démontrées par Lotka étaient alors nécessairement vérifiées. Connaissant un indicateur, on pouvait en déduire d'autres, du fait de ces relations formelles démontrées par Lotka.

Le programme d'action de la conférence des Nations unies sur la population et le développement, programme adopté au Caire en

1994, mentionne, parmi ses objectifs, celui d'une stabilisation de la population mondiale le plus rapidement possible. Certains responsables politiques considèrent alors qu'il suffit d'arrêter immédiatement la croissance de la population mondiale pour que les problèmes de développement se résolvent d'eux-mêmes. Mais la dynamique d'une population est telle, après une période de croissance rapide comme celle qu'a connue l'humanité pendant plusieurs décennies (croissance de l'ordre de 2 % par an), que l'élan pris rend impossible cet arrêt immédiat. Pas plus qu'on ne stoppe instantanément un train, on ne peut arrêter de manière immédiate la croissance démographique mondiale. Même si la fécondité se réduisait instantanément au niveau du remplacement des générations, ce qui conduit à terme à une population stationnaire, la population mondiale s'accroîtrait encore de trois milliards d'habitants.

La dynamique de la population permet de comprendre celle du vieillissement démographique. Le ralentissement de la croissance d'une population, liée à une baisse de la fécondité, induit nécessairement une augmentation du poids relatif des personnes âgées. Si la population mondiale devient stationnaire dans un siècle et demi, comme une variante des perspectives des Nations unies l'envisage, l'humanité comptera, en régime permanent, près d'un tiers de personnes de plus de 60 ans.

On entend souvent dire que dans les pays développés, qui connaissent une basse fécondité, un des moyens de faire face au futur manque de main-d'œuvre, est le recours à l'immigration. Mais une seule vague de migration ne suffit pas à compenser l'effet du vieillissement, puisque les immigrants, une fois sur place, vieillissent aussi. Il faut par conséquent un flux continu d'immigrants pour éviter un vieillissement de la population, dans le pays d'accueil.

Les relations entre mortalité, fécondité et structure par âge étant nécessaires, l'existence d'anomalies — c'est-à-dire de résultats contraires aux attentes — est une information importante. Ainsi, entre 1957 et 1982, la Chine n'a pas publié de données démographiques. Mais le recensement conduit en 1982 a permis de construire la pyramide des âges de la population chinoise. Elle ne correspondait pas aux évolutions supposées de la mortalité et de la fécondité. Une entaille sur la pyramide révèle une forte mortalité, associée à des famines, lors du « grand bond en avant ». Le passé d'une population se lit sur sa pyramide, en raison des interrelations entre fécondité, mortalité et structure par âge. Un nombre trop élevé de garçons parmi les naissances, comme en Corée du Sud actuellement, traduit une discrimination à l'encontre des filles.

La dynamique des populations ne saurait toutefois se confondre avec une mécanique déterministe des populations.

L'illusion mécaniste

Si les naissances sont peu nombreuses, « toutes choses égales par ailleurs », l'offre de travail diminue à terme. Mais comment imaginer qu'il puisse n'y avoir qu'une modification isolée de la natalité ? La natalité peut-elle changer sans que les systèmes de valeurs et les modes de vie changent ? Alors quelles peuvent être les conséquences d'une baisse de la natalité ? Il peut y avoir un recours à l'immigration si la demande de travail excède l'offre. Une hausse de l'activité féminine permet aussi de combler le déficit possible. C'est bien ce qui s'est produit en France. La baisse de la natalité n'induit donc pas mécaniquement une baisse de la population active quelque 20-25 ans plus tard.

L'espérance de vie augmente. Cela n'a pas eu pour conséquence, contrairement à ce que prédisaient certains, une élévation de l'âge de la retraite mais bien le contraire. Il s'agit en réalité plus d'une coïncidence que d'une conséquence. Mais cela montre encore que les évolutions peuvent être paradoxales.

Le mariage était le cadre dans lequel avait lieu traditionnellement l'essentiel de la procréation. Dans les pays en développement, en Inde par exemple, l'élévation de l'âge au mariage fut d'ailleurs un moyen utilisé pour limiter la fécondité. Mais la relation entre nuptialité et fécondité n'est pas figée. La remise en cause du mariage dans les sociétés occidentales n'explique pas la baisse de la fécondité mais seulement une forte croissance des naissances hors mariage.

La dynamique réelle d'une population ne se réduit pas à une mécanique simple des populations. Malthus, a-t-on dit, s'inquiétait de l'écart si rapidement croissant entre population et subsistances, compte tenu de la puissance de peuplement et des possibilités maximales de l'agriculture. Selon son « théorème sombre », l'humanité était condamnée à ne pouvoir dépasser le niveau du minimum de subsistances. Mais le progrès technique intense des derniers siècles a bouleversé la donne.

Dans le même esprit, les scénarios catastrophes de la fin des années 1960 et du début des années 1970, lorsque le Club de Rome lança son cri d'alarme, se fondaient sur le maintien, à long terme, de la croissance démographique mondiale à un même rythme (croissance annuelle au rythme de 2 %, ce qui induit un doublement de la population en 35 ans). Il était alors aisé de montrer que les limites de la terre seraient rapidement atteintes. Mais la croissance démographique mondiale s'est ralentie depuis et une stabilisation de la population ne paraît plus impossible, alors qu'il y a trente ans ce scénario passait pour déraisonnable.

Il y a, pensons-nous, illusion mécaniste lorsque l'on prétend que des mouvements migratoires seront générés par les déséquilibres démographiques entre pays, du nord et du sud de la Méditerranée, ou entre Mexique et États-Unis. L'idée simple est celle des vases communicants : trop de monde d'un côté, pas assez d'un autre et un flux migratoire ramenant à un équilibre. Or, les flux migratoires actuels s'expliquent mieux par l'histoire que par la démographie. La migration est alimentée par la croissance démographique dans des pays pauvres, mais les zones les plus denses ne sont pas celles qui fournissent nécessairement le plus de migrants.

Si la théorie des vases communicants était juste, pourrait-on expliquer la croissance urbaine ? L'exode rural est la négation même d'un équilibre qui serait de nature exclusivement démographique.

La conception mécaniste de la démographie conduit à imaginer un enchaînement simple de causes et de conséquences.

Les causes entendues

La partition entre causes et conséquences d'une évolution démographique a le mérite de la simplicité. On peut ainsi argumenter que les femmes deviennent plus souvent actives (cause économique), qu'elles ont donc moins d'enfants (conséquence démographique). La baisse de la fécondité (cause démographique) participe au vieillissement démographique (conséquence démographique) ; ce dernier (cause démographique) rend plus difficile le financement des retraites (conséquence économique et financière), etc.

L'erreur courante vient de ce que l'on est tenté de trouver une cause unique, permanente, expliquant l'évolution d'un phénomène donné. La baisse de la fécondité devrait, par exemple, s'expliquer de la même manière au XVIIIe ou au XIXe siècle et aujourd'hui, en Afrique et en Asie, au sein des différentes classes sociales dans un même pays, etc. Mais, dans le cas des pays en développement, elle peut tenir à diverses raisons : politique de population très efficace, montée d'une classe moyenne dont la norme est celle d'une famille de taille réduite, croissance générale du niveau de vie, voire, dans certains cas, aggravation de la pauvreté.

Les causes sociales ne sont ni nécessaires ni suffisantes. Il y a très rarement une cause A et, automatiquement, un effet B. Le schéma de référence est plutôt celui d'un événement A dont la réalisation fait évoluer la probabilité qu'un événement B survienne. La variabilité interdit de raisonner à partir de déterminismes simples, alors que les populations humaines évoluent en étroite interaction avec leur environnement, c'est-à-dire le contexte économique, social, écologique et politique.

Un système stable

Si l'on définit une population à partir d'un ensemble de relations entre phénomènes, on peut parler de « système démographique». Une population ancienne peut être considérée, sur une période de temps donnée, hors situation de crise grave, comme un système stable, « toute modification de l'un des aspects de la démographie tendant à produire ailleurs des modifications contrebalançant la modification initiale », comme l'écrivait le démographe anglais Wrigley. Si la fécondité s'accroît de telle manière que les ressources disponibles ne suffisent plus à l'alimentation de la population, la mortalité augmente, ramenant à un équilibre. On peut aussi se livrer à l'analyse systémique d'une crise : après une période de forte mortalité due à une épidémie, les couples se forment plus jeunes et ont alors plus d'enfants ; il y a dans ce cas une récupération. C'est ce qui s'est passé après la peste noire de 1348.

Un ensemble de règles de la société garantit le caractère stationnaire de la population. André Etchelecou a clairement montré comment fonctionnait le système sociospatial pyrénéen. L'équilibre était maintenu par un contrôle de la nuptialité : interdiction du mariage entre héritiers et possibilité pour seulement deux enfants d'une famille de se marier. Le surplus d'enfants était condamné au célibat. L'âge au mariage était tardif. Une partie des enfants devait quitter les vallées. La nuptialité et la mobilité étaient les deux paramètres de stabilité du système, garantissant une constance de la population. L'impératif était de ne pas partager les terres. Un contrôle de la fécondité était inutile.

Le régime démographique dépend du contexte. Dans l'exemple qui vient d'être cité, l'environnement, montagneux dans lequel les terres cultivables sont comptées, créait de fortes contraintes. Mais la notion de « contexte » ne doit pas être ramenée à quelques caractéristiques physiques du lieu dans lequel vivent les populations considérées. Anne-Lise Head-König a mis ainsi en évidence des fortes différences dans les comportements démographiques de deux communautés suisses voisines, l'une catholique et l'autre protestante. Même si les deux populations vivent dans des environnements comparables, d'un point de vue écologique, les contextes de chacune d'elles sont fort différents. La position géopolitique de la communauté catholique suffit à la singulariser, puisqu'elle est entourée de communautés protestantes. Le marché matrimonial catholique est ainsi plus restreint. Les contextes étant différents, les régimes démographiques de ces deux communautés ne sont pas les mêmes : dans la paroisse catholique la mortalité infantile et la fécondité sont plus élevées que dans la paroisse protestante mais le célibat définitif y est plus intense.

À ce modèle européen de système démographique, caractérisé par une nuptialité tardive et une fécondité forte, on peut opposer le modèle chinois qui a garanti trois siècles d'équilibre de la population : le mariage était précoce et universel, la fécondité relativement basse et la mortalité élevée. (L'infanticide, particulièrement des filles est couramment pratiqué.)

Le progrès, en prenant celui-ci dans un sens très large, volontairement très mal défini, crée une rupture.

Changement, progrès et rupture

Les pays développés en premier lieu, puis l'ensemble des pays du monde connaissent, ou ont connu, ce que l'on dénomme transition démographique, à savoir le passage d'un régime démographique de fortes natalité/mortalité à un régime de faibles natalité/mortalité.

Les progrès de la médecine et de l'hygiène expliquent la baisse de la mortalité. Cette baisse de la mortalité peut expliquer la baisse de la natalité. Ou, alors, c'est le changement social qui est en cause. Mais, de toute manière, cette généralisation de la transition démographique rend difficile l'analyse des sociétés actuelles en termes d'équilibre, celui-ci étant conçu comme invariabilité, constance.

Le système sociospatial pyrénéen a éclaté, si l'on peut dire, lorsque les valeurs d'égalité se sont répandues, au temps de la Révolution. Le fonctionnement même de ce système supposait une inégalité acceptée. De même, le désir d'autonomie des femmes a profondément modifié, au cours de ce siècle, les conditions de la reproduction humaine. De nouvelles méthodes contraceptives très efficaces ont fait leur apparition et sont devenues d'accès facile, tant sur un plan juridique que financier. Par ailleurs, la référence, pour ne pas dire l'idéologie dominante, est aujourd'hui celle du développement.

Tous les pays du monde sont mus par le désir de se développer, même si tous n'entendent pas la même chose sous ce terme. Pour la Chine il s'agit avant tout que la croissance économique soit la plus rapide possible ; pour d'autres comme les pays scandinaves il s'agit aussi que la condition de chacun s'améliore. Le statut des femmes est ainsi une dimension importante du développement.

Analyser la dynamique des populations en interaction avec le développement c'est s'aventurer sur le champ particulièrement large, voire infini, de la recherche interdisciplinaire. Sans contraception accessible, les couples disposent de peu de choix en termes de procréation. Sans égalité entre hommes et femmes, des modèles de forte fécondité continuent d'être imposés aux femmes par les sociétés. Sans hausse des niveaux de vie, il n'y a pas développement. Mais la généralisation à l'échelle planétaire du modèle de la société de consommation compromet le développement durable. Sans l'intégration d'interactions complexes, les modèles sociodémographiques sont non seulement réducteurs — ce qui est leur vocation même — mais déformateurs des dynamiques en jeu.

Ces dynamiques mettent par ailleurs en jeu des valeurs, ce qui condamne par avance tout discours qui se voudrait purement scientifique.

Science ou politique ?

Lorsque Paul Ehrlich publiait en 1968 son *best-seller, The population Bomb*, il légitimait par sa réputation de biologiste à Stanford un discours essentiellement militant. La croissance démographique, écrivait-il (c'est-à-dire en réalité les pays pauvres) met en péril la planète. Les démonstrations sont inutiles, puisque Ehrlich est un homme de science reconnu, son diagnostic est par conséquent juste.

On peut multiplier les exemples de confusion entre ce qui relève de la science — comprendre des dynamiques démographique, économique, sociale, etc. — et ce qui appartient au politique : faut-il ou non libéraliser l'avortement ? faut-il ou non adopter une politique de population draconienne empêchant les couples d'avoir plus d'un enfant ?

Les mots sont rarement neutres. Parler d'explosion ou d'implosion démographique, de surpopulation ou d'inflation urbaine, c'est une façon d'entretenir la confusion entre science et politique. Comprendre la dynamique migratoire ou analyser les modalités d'intégration des étrangers, ce n'est pas porter un jugement sur la nécessité de mieux faire respecter la réglementation de l'immigration ou sur la légitimité d'une opération de régularisation. Ne mélangeons pas les genres.

Approche mécaniste et confusion entre science et politique sont deux écueils pour une discipline qui manipule des « objets » aussi familiers que des naissances, des décès, des mariages, des divorces, des migrations, etc.

Âge et temps

L'analyse de l'interaction entre âge et temps est au cœur de la science de la population. L'âge est, selon les mots de Rémi Lenoir (1985), « une variable mathématiquement (numérique, quantitative, continue...) et biologiquement constituée » ; il est par conséquent naturel que cette variable joue un très grand rôle en démographie. Mais les effets de l'âge varient avec le temps.

L'âge d'un individu, son âge chronologique, a le mérite de ne souffrir aucun arbitraire. La structure par âge d'une population est en principe bien connue. Les effets de l'âge biologique tendent alors à constituer une sorte de modèle pour une sociologie de l'âge. Une société vieillirait, par exemple, de manière isomorphe à un individu.

Or, l'âge est une variable multidimensionnelle. Pour un individu donné, la relation au temps est multiple : son âge, c'est à la fois une comptabilité d'années vécues depuis sa naissance, un nombre estimé d'années restant à vivre, une expérience accumulée ou des durées vécues dans des situations données (célibat, actif, etc.).

Multidimensionnel, l'âge est aussi relatif. L'évolution de la composition par âge d'une population fait varier la signification sociale de l'âge ; c'est l'idée qu'être vieux dans une société jeune, ce n'est pas être vieux dans une société vieillie. Le temps, considéré comme estimateur du progrès, modifie aussi la signification de l'âge : la hausse de l'espérance de vie, à 60 ans par exemple, accroît l'horizon temporel de ceux qui atteignent cet âge et donc la signification sociale et économique de cet âge.

Entre évolution de la société et description scientifique s'établit finalement une interaction positive : la stratification par l'âge conforte la vision scientifique du rôle de l'âge et celle-ci, en retour, justifie, entretient et accentue cette stratification fondée sur l'âge.

Conclusion

Pour conclure, revenons sur la signification des nombres auxquels s'intéressent les démographes. La science de la population est certes une comptabilité d'hommes, un jeu d'additions et de soustractions. Mais cette arithmétique des populations, simple dans son principe, est complexe dans son interprétation. Si, par exemple, la taille d'une ville ne cesse de s'accroître, au point que cette ville devienne une des plus grandes agglomérations du monde, un changement de nature s'opère. Il y a mutation de quantité en qualité. L'addition continuelle de nouveaux habitants, par croissance interne ou migrations, produit une transformation urbaine, un changement des valeurs dominantes. Lorsque la proportion de personnes âgées dans une population ne cesse de s'accroître, la population vieillit. Mais compter 10 % de plus de soixante ans dans un pays ou 30 %, ce n'est pas la même chose. Quand y a-t-il émergence de valeurs nouvelles ? Une augmentation de l'espérance de vie à la naissance (quantité) ne traduit une amélioration du sort moyen (qualité) que si l'espérance de vie en bonne santé (quantité) augmente. Si l'horizon temporel d'une population s'accroît (nombre d'années à vivre), les stratégies et les comportements à chaque âge (d'un ordre qualitatif) ont toutes les chances de changer.

Les démographes doivent porter autant d'attention à l'interaction entre quantitatif et qualitatif qu'aux nombres eux-mêmes.

La fin de la transition démographique, soulagement ou inquiétude ?

par Jacques Vallin

1870, la France impériale écrasée par la Prusse, perd l'Alsace-Lorraine et se laisse envahir par la peur du déclin. Assez vite, le coupable va être désigné : la dépopulation. Tout au long du XIXe siècle, alors que la croissance démographique avait donné aux pays voisins un dynamisme sans précédent, la France, pays le plus peuplé d'Europe sous la Révolution, avait vu sa population stagner. Pour exorciser cette peur, Jacques Bertillon et d'autres créèrent, en 1896, l'« Alliance nationale pour l'accroissement de la population française », rebaptisée en 1936, après la terrible hémorragie de 1914-1918 et quarante ans de faible fécondité, « Alliance nationale contre la dépopulation ». Dans le trouble des idéaux nationalistes, le pessimisme l'avait emporté sur la volonté de réagir. Aujourd'hui encore, malgré le *baby-boom* des années 1940 à 1970, on peut déceler les traces de cette grande peur de la dépopulation et ses attaches nationalistes, revigorées par la phobie de l'immigration.

Autre temps, autre peur, à la fin des années 1950, alors même que les pays industriels étaient en plein *baby-boom* les opinions publiques occidentales furent mises sous la pression d'une tout autre menace : celle de l'explosion démographique du tiers-monde. La première projection de population mondiale publiée par les Nations unies fit l'effet d'une bombe : six milliards en l'an 2000 ! Une nouvelle frayeur était née, celle de la surpopulation. L'accroissement démographique des pays du Sud était devenu, au-delà des réels problèmes qu'il posait, un objet de fantasmes xénophobes, d'autant plus aisément qu'il était injustement attribué à un excès de procréation : « le lit de la misère est fécond », écrivait José de

Texte de la 56e conférence de l'Université de tous les savoirs donnée le 25 février 2000.

Castro. Il a fait le lit du cartiérisme, mais aussi celui du culte de la croissance zéro et des errements d'écologistes n'hésitant pas à affirmer que les hommes seraient beaucoup plus heureux s'ils n'étaient que quelques centaines de millions.

Crainte de la dépopulation, phobie de la surpopulation, deux frayeurs contradictoires, même si toutes deux ont partie liée avec l'idéologie nationaliste, mais qui s'appuient sur des événements, eux, bien réels. Deux situations qui paraissent aux antipodes l'une de l'autre et pourtant participent du même processus historique, d'abord décrit par le Français Adolphe Landry dans les années 1930 sous l'expression « révolution démographique », puis rebaptisé après la guerre *demographic transition* par les Américains Kinsgley Davis, Dudley Kirk et Frank Notestein.

Nous permettant de comprendre que l'espèce de dépression démographique dans laquelle se trouvait la France entre les deux guerres comme la vive croissance dont ses voisins avaient bénéficié au XIXe siècle, ou encore, l'explosion démographique du tiers-monde des années 1960 et 1970, comme la perte de vitesse des pays du Nord dans ce deuxième quart de XXe siècle, résultaient d'un seul et même phénomène, la modernisation des comportements démographiques, le paradigme de la transition nous a aussi permis de relativiser les frayeurs passées en nous autorisant à faire des hypothèses réalistes et finalement rassurantes sur les perspectives d'évolution à moyen terme de la population mondiale. Les projections de population mondiale des Nations unies prévoient désormais une stabilisation générale de la population vers la fin du XXIe siècle, dont l'essentiel devrait être acquis dès 2050. Un grand soulagement au regard des malheurs que d'aucuns nous promettaient il y a peu !

Mais les sujets d'inquiétude ne manquent pas pour autant. Le défi de la transition lui-même est encore loin d'avoir été définitivement relevé, car la fin de la transition n'est encore qu'annoncée, non pas réalisée. D'autre part, la fin de la transition n'est pas la fin de ses conséquences. Enfin, la fin de la transition c'est aussi la mort du paradigme d'explication et nul autre paradigme n'est pour l'heure capable de nous éclairer sur l'avenir.

La dernière phase de la transition c'est aussi l'exacerbation des déséquilibres

Avant de réfléchir à ce qui risque de se passer dans le futur, rappelons ce qui s'est passé jusqu'à présent. Dans la seconde moitié du XXe siècle ou, plus exactement, de 1950 à 1987, la population mondiale a doublé, passant de 2,5 à 5 milliards d'habitants en moins de 40 ans. Du jamais vu. Admettons, pour en juger, la fable qui consiste à penser que tout a commencé avec Adam et Ève et supposons que ces derniers soient nés il y a 100 000 ans, époque où certains experts situent actuellement l'apparition d'*homo sapiens*. Combien faut-il de doublements pour passer d'une population de 2 (Adam et Ève) à 5 milliards ? À peine 31, soit, en moyenne un temps de doublement de plus de 3000 ans ! Le temps de voir naître, grandir et mourir une grande civilisation comme la civilisation égyptienne. Alors que les enfants nés en 1950 ont tout juste eu le temps de devenir des hommes et des femmes avant que double la population du monde dans lequel ils sont nés. C'est dire l'extraordinaire bouleversement que constitue dans l'histoire des hommes la transition démographique.

C'est au milieu du XVIIIe siècle que tout a basculé. Jusqu'alors, avec bien sûr de grandes variétés de situations et d'importants aléas historiques, toutes les populations du monde avaient été soumises, durant des millénaires, à un régime démographique plutôt cruel où une forte fécondité était nécessaire pour contrebalancer une mortalité effroyable. Un enfant sur 3 seulement passait le cap de la première année de vie et guère plus de la moitié survivait à cinq ans. L'espérance de vie dépassait rarement 25 ans. Il fallait alors de 6 à 7 enfants par femme, en moyenne, pour assurer le strict remplacement des générations. Résultat que tout un corpus de règles sur le mariage, la famille et le statut des femmes, ainsi que de préceptes moraux ou religieux sur la sexualité et la procréation, se chargeaient en général de garantir. Ce fragile équilibre entre mortalité et fécondité était souvent entrecoupé de crises (épidémie, guerres, famines), parfois très violentes, et de phases de récupération, mais il n'a jamais produit, sur le long terme, qu'un accroissement extrêmement lent, sévèrement plafonné par les conditions de subsistance. Quand la conquête de nouveaux espaces ou la découverte de nouvelles techniques permettaient d'accroître la quantité de nourriture disponible, la population pouvait s'accroître, jusqu'à atteindre le nouveau plafond de densité ainsi rendu possible. Mais, que celui-ci vienne à être dépassé, la crise, sous une forme ou sous une autre, était inévitable. C'est ainsi qu'au néolithique, la découverte de l'agriculture et de l'élevage a singulièrement rehaussé le plafond de peuplement possible ouvrant la voie à un millénaire de croissance exceptionnelle (la population « mondiale » passant probablement de 15 à 150 millions entre la fin du Ve et le début du IVe millénaire avant J.-C.) mais, une fois l'essentiel des terres mis en culture, les quatre millénaires qui ont suivi ont à nouveau été marqués par un accroissement extrêmement lent, entrecoupé de graves crises de mortalité, jusque vers le milieu du XVIIIe siècle.

S'ouvre alors une ère de grand changement, atteignant d'abord l'Europe pour s'étendre ensuite au reste du monde.

En Europe en effet, la révolution industrielle, la transformation sociale et culturelle qui l'accompagne modifient radicalement les conditions de l'accroissement démographique. Les progrès de la médecine et de l'hygiène, mais aussi (et même surtout, dans un premier temps) le développement économique et l'amélioration de l'alimentation, induisent une baisse profonde et durable de la mortalité, tandis que l'évolution de la famille et des mœurs entraîne la fécondité sur la même voie. Amorcé en Europe du Nord-Ouest, le mouvement gagne rapidement tous les pays européens. En un siècle ou deux on passe d'une situation où il fallait 6 ou 7 enfants par femme pour assurer le renouvellement des générations à une donne radicalement nouvelle où il en suffit d'à peine plus de 2 puisque, désormais, presque tous les enfants survivent jusqu'à l'âge de la procréation.

Mais, lors de ce passage d'un régime ancien, où une forte fécondité équilibrait une forte mortalité, à un régime nouveau, également équilibré mais à des niveaux de mortalité et de fécondité beaucoup plus bas, le décalage entre la baisse de la mortalité et celle de la fécondité bouleverse, pour un temps, les conditions de la croissance démographique. Côté mortalité, l'homme a toujours lutté pour la survie et cherché par tous les moyens à écarter la maladie et la mort, hélas, sans réel succès pendant des millénaires. Mais, quand à partir du XVIIIe siècle il commence enfin à se doter de moyens efficaces, ceux-ci produisent immédiatement effet et la mortalité recule. Au contraire, côté fécondité, alors que pour assurer leur survie toutes les sociétés ont ancré dans les mœurs et les mentalités le culte de la fécondité, le jour où, avec la baisse de la mortalité, il devient préférable de faire moins d'enfants, cela ne suffit pas à entraîner une baisse de la fécondité ; encore faut-il que les couples prennent conscience de la situation nouvelle et osent transgresser les règles sociales, morales ou même religieuses pour décider de maîtriser leur fécondité. Beaucoup plus que de progrès technologique ou de la découverte d'une « arme absolue » (qui ne viendra que beaucoup plus tard, avec la pilule et le stérilet), la contraception est redevable de cette mutation culturelle fondamentale qui ne peut se produire qu'après un temps de latence. D'où ce délai entre la baisse de la mortalité et celle de la fécondité, variable d'un pays à l'autre, mais (à de rares exceptions près, dont la France*) assez important pour dégager des accroissements de population sans précédent. L'expansion néolithique, aussi importante qu'elle ait été en son temps, ne s'était pourtant produite qu'à un rythme de 0,2 % l'an. Au XIXe siècle ou au début du XXe, les populations européennes ont progressé à des rythmes de l'ordre de 1 ou 1,5 % : cinq à sept fois plus vite. C'est aussi l'époque où, grâce à

* Le cas de la France est assez exceptionnel en Europe. Beaucoup plus peuplée que l'Allemagne, l'Italie ou le Royaume-Uni (territoires actuels), à la veille de la Révolution, elle a aussi abordé la transition démographique de manière très différente : la fécondité y a baissé presque aussi tôt que la mortalité dès le milieu du XVIIIe siècle, et au même rythme. Elle n'a donc bénéficié durant les deux siècles qui ont suivi, jusqu'au lendemain de la Seconde Guerre mondiale, d'aucun accroissement exceptionnel de population.

son commerce et à ses canons, mais aussi à ce dynamisme démographique exceptionnel, l'Europe envahit et domine le reste du monde.

Mais, ce faisant, elle déclenche aussi, dans le reste du monde, un processus conduisant, pour la troisième fois, à des rythmes d'accroissement sans précédent. Passée la phase dévastatrice de la colonisation, particulièrement sévère pour l'Amérique précolombienne, mais également de triste mémoire pour l'Afrique noire, saignée par la traite des esclaves, la domination européenne s'est accompagnée, dans le domaine de la santé, de progrès d'autant plus rapides qu'elle pouvait exporter des techniques ayant déjà fait leurs preuves. Dès l'entre-deux-guerres, certains pays d'Amérique latine et d'Asie ont ainsi connu un recul important de leur mortalité. Au lendemain de la Seconde Guerre mondiale, ces progrès se sont accélérés avec la mise au point de moyens simples de lutte contre les maladies infectieuses et parasitaires et le lancement de programmes concertés, notamment avec le concours de l'OMS. Le Sri Lanka, le Mexique ont ainsi gagné, en une ou deux décennies, autant d'années d'espérance de vie que la Suède en plus d'un siècle.

Là aussi, la baisse de la mortalité, précédant celle de la fécondité, a créé les conditions d'une forte croissance démographique, beaucoup plus forte encore qu'en Europe puisque la baisse de la mortalité y était beaucoup plus rapide. Dans beaucoup de pays le taux d'accroissement a pu dépasser 3 % et même parfois 4 % : deux à trois fois plus qu'en Europe au XIXe siècle. D'où la prévision faite dès la fin des années 1950 d'une population mondiale de 6 milliards d'habitants en 2000 et la bataille qui a fait rage dans les années 1960 et 1970 entre néomalthusiens et antimalthusiens. En réalité, le modèle de la transition démographique européenne indiquait la voie. Que l'on mette ou non en œuvre des politiques de limitation des naissances dans les pays du Sud, la fécondité allait y baisser, en réponse à la baisse de la mortalité. Et c'est bien ce qui s'est produit, plus vite même que beaucoup l'imaginaient. Partout, aujourd'hui, le mouvement est en marche, y compris en Afrique subsaharienne dont certains disaient encore, il y a peu, qu'elle ferait exception. Dès le début des années 1980, les Nations unies ont ainsi pu prévoir une stabilisation générale de la population mondiale qui nous mènerait probablement à 9,5 milliards en 2050 et peut-être 10 ou 11 d'ici la fin du XXIe siècle. Fin de la transition !

Un immense soulagement, évidemment, par rapport à nombre d'extrapolations plus ou moins extravagantes faites sans prendre en compte le paradigme de la transition. Mais faut-il crier victoire pour autant ?

Autant il me paraissait juste de dénoncer les exagérations de ceux qui hier forçaient le trait pour mieux stigmatiser l'irresponsable prolifération des pays du Sud ou favoriser la mise en œuvre de politiques de limitation des naissances, autant il me semble nécessaire aujourd'hui de ne pas oublier que, si la fin annoncée de la transition démographique est bien la preuve de l'inanité de certaines frayeurs passées, nombre de problèmes cruciaux attendent toujours leur solution.

Avec 6 milliards d'hommes et de femmes en l'an 2000, le plus dur semble être fait : on est passé de 2,5 à 6 milliards en 50 ans ; il reste à passer de 6 à 9,5 en encore 50 ans. Derrière nous l'augmentation est de 3,5 milliards en un demi-siècle, sur 2,5 au départ, soit un accroissement de 140 % ; devant nous également 3,5 milliards en un demi-siècle, mais, partant de 6 cela ne fait plus que 60 % d'accroissement. Certes ! Néanmoins, deux points noirs s'inscrivent au tableau. D'une part, le résultat acquis aujourd'hui n'est guère brillant : 20 % de la population du monde dispose de 80 % des revenus de la planète tandis que l'immense majorité se partage les miettes. Il n'y a vraiment pas de quoi pavoiser. D'autant moins que le partage de ces miettes est lui-même très inégal. De plus en plus on doit distinguer, parmi les pays pauvres, des pays réellement en développement et des pays très pauvres dont les économies, extrêmement fragiles, sont au bord de l'effondrement.

Mais, surtout, des 3,5 milliards d'hommes supplémentaires des 50 dernières années, une part non négligeable a été directement assumée par les pays du Nord, encore en expansion démographique (Amérique du Nord, ex-URSS notamment) tandis que l'essentiel, au sud, était assumé par les pays ou régions les plus dynamiques (Chine, Asie du Sud-Est, Amérique latine). Au contraire, les 3,5 milliards à venir seront presque entièrement à la charge des pays ou régions actuellement les plus pauvres de la planète : Afrique subsaharienne surtout, plus quelques pays d'Asie. Si l'on rapporte l'essentiel de cette nouvelle augmentation à l'effectif des régions réellement concernées (moins de 2 milliards) c'est d'une croissance de près de 200 % qu'il s'agit. Or, non seulement ces pays sont les plus pauvres mais, contrairement à l'Asie ou à l'Amérique latine qui ont pu assumer leur plus forte croissance démographique lors de la période des « Trente Glorieuses », les pays les plus pauvres d'aujourd'hui doivent le faire dans un environnement économique international défavorable.

Nous avons certes de bonnes raisons de jeter aux orties les craintes que nous n'aurions d'ailleurs jamais dû avoir hier, mais nous n'en avons que plus de nous soucier enfin de manière sérieuse de ce que, malgré nos bonnes paroles, nous n'avons cessé de remettre à plus tard : le développement économique et social des régions les plus pauvres. L'urgence de cette tâche reste d'une brûlante actualité, tout comme la recherche de méthodes de développement respectueuses de l'environnement et des grands équilibres écologiques de la planète.

La fin de la transition n'est qu'annoncée. Elle reste encore loin d'être assumée. Et ce d'autant plus que la fin de la transition n'est pas la fin de ses conséquences.

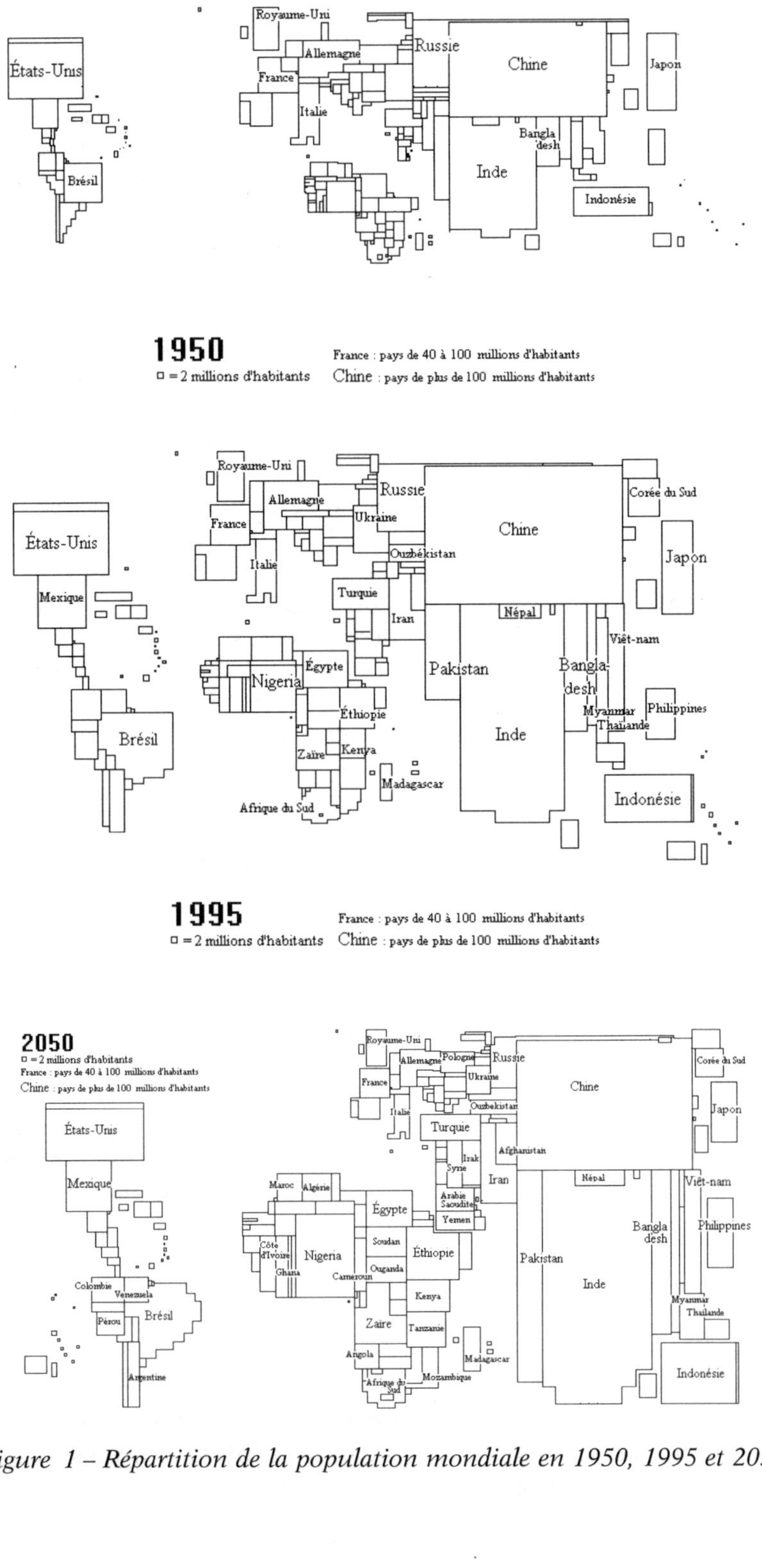

Figure 1 – Répartition de la population mondiale en 1950, 1995 et 2050.

La fin de la transition n'est pas la fin de ses conséquences

La fin de la transition peut s'entendre de diverses façons. On pourrait par exemple imaginer qu'il s'agisse du moment où la fécondité mondiale rejoindrait le niveau fatidique des 2,1 enfants par femme strictement nécessaire au remplacement des générations et s'y stabilise. Nous en serions très proches. Nombre de pays en développement, de la Chine à Cuba en passant par le Kerala et la Tunisie, y sont déjà. Et la plupart des autres y arriveront d'ici une trentaine d'années, voire une dizaine, selon les hypothèses faites par les Nations unies. Cela ne signifie pas du tout la fin immédiate de leur croissance démographique rapide. La croissance d'une population ne dépend pas seulement, à un moment donné, des niveaux de mortalité et de fécondité, mais aussi de la forme de la pyramide des âges. Le risque de mourir dans l'année est beaucoup plus grand pour un vieillard que pour un jeune enfant et donc, à espérance de vie égale, le nombre de décès observé au cours d'une année sera d'autant plus faible que la population sera jeune. De même, on ne peut évidemment pas enfanter à tout âge et, à fécondité égale, plus la proportion de femmes en âge de procréer sera grande, plus le nombre de naissances sera élevé. Plus une population est jeune, plus elle dispose d'un potentiel d'accroissement élevé. Même si dès demain toutes les Africaines réglaient leur fécondité sur le minimum nécessaire à un strict remplacement des générations, la population du continent augmenterait encore de 60 % avant de se stabiliser !

On associe plus souvent la fin de la transition au moment où le taux d'accroissement de la population devient quasiment nul, permettant à l'effectif global de la population de se stabiliser. C'est bien naturel si l'on garde les yeux rivés sur les seuls problèmes posés par la croissance démographique rapide. C'est pourtant théoriquement faux et pratiquement imprudent. En effet la transition n'est pas seulement le passage d'un régime de mortalité et de fécondité à un autre. C'est aussi une transformation de la pyramide des âges.

Tout comme la structure par âge détermine le rythme d'accroissement pouvant résulter d'une mortalité et d'une fécondité données, les évolutions de ces dernières sont, à la longue, de puissants facteurs de transformation de la composition de la population. Côté fécondité, c'est facile à comprendre. Si les femmes ont de moins en moins d'enfants, chaque année la base de la pyramide se rétrécira un peu plus et la proportion de jeunes diminuera, tandis que celle des adultes, d'abord, puis, à la longue, celle des personnes âgées augmentera. C'est ce qu'on appelle vieillissement de la population « par le bas ». Côté mortalité, les choses sont un peu plus subtiles. Dans un premier temps, et c'est ce qui se passe au premier stade de la transition, l'espérance de vie augmente essentiellement grâce à la baisse de la mortalité infantile. L'effet est alors rajeunissant : moins d'enfants meurent et cela tend à gonfler les effectifs au bas de la pyramide. Ce phénomène se poursuit tant que la mortalité infantile est assez forte pour que son évolution pèse sur celle de l'espérance de vie. C'est ainsi qu'au début de la seconde phase de la transition, lorsque la fécondité commence à baisser, la baisse de la mortalité freine le vieillissement de la population par le bas. Mais, passé un certain cap, la mortalité infantile devient si basse que ce phénomène finit par s'estomper. En revanche, des progrès de plus en plus nets sont faits aux grands âges et le recul de la mortalité tend à renforcer les effectifs de personnes âgées, provoquant un vieillissement de la population « par le haut ».

Ce double processus de vieillissement est non seulement loin de s'achever au moment où fécondité et mortalité se figeraient au niveau propre à assurer le strict remplacement des générations, mais il perdure en général bien après celui où l'effectif global de la population lui-même se stabilise. Autrement dit, même dans cette seconde acception, la fin de la transition n'est nullement la fin des conséquences à en attendre.

On connaît bien cette question dans les pays européens où la transition est ancienne. Si l'on y fait abstraction du *baby-boom*, qui au regard de ce grand processus historique fait de plus en plus figure d'accident de parcours, c'est pratiquement dans les années 1930 ou 1940 que l'on peut y situer la « fin de la transition » au sens courant du terme, le moment où les effectifs de population se stabilisent (hors migrations bien sûr). Pourtant ces pays n'en ont pas fini avec le vieillissement démographique. On a beau avoir eu le temps de s'y préparer, on a beau savoir qu'il faudrait prendre des mesures fortes pour y adapter nos économies, nos régimes sociaux, nos mœurs même, on a beau savoir que certaines de ces mesures devraient être prises sans tarder si l'on veut éviter d'avoir à les prendre dans la douleur, on ne cesse d'attendre qu'il soit trop tard...

Pourtant ce que nous vivons dans les pays du Nord est peu de chose à côté de ce qui se passera dans les pays du Sud. Si les rythmes de croissance du Sud ont atteint les sommets que l'on sait dans les années 1970, c'est parce que la baisse de la mortalité y avait été beaucoup plus rapide que dans les pays européens. Mais si la période de croissance exceptionnelle a pu, fort heureusement, y être plus courte, c'est parce que la baisse de la fécondité y a été, elle aussi, beaucoup plus rapide. En France, premier pays au monde à avoir pratiqué massivement la contraception, de 1750 à 1930, il a fallu près de deux cents ans pour passer de 6 enfants par femme à un peu plus de deux. En Chine, de 1960 à 1990, il n'a fallu que trente ans pour accomplir le même changement. Certes, tous les pays du Sud n'ont pas évolué aussi rapidement, ni du côté de la mortalité ni de celui de la fécondité. Mais partout le changement a été beaucoup plus rapide qu'en Europe.

Tout comme, en cette seconde moitié du XXe siècle, l'explosion démographique du tiers-monde a fait écho à l'expansion européenne du XIXe et du début du XXe, au vieillissement en douceur des populations du Nord va correspondre, au XXIe siècle un vieillissement accéléré des populations du Sud. Non seulement le vieillissement par le bas sera plus rapide, mais le vieillissement par le haut va s'y ajouter beaucoup plus tôt.

Sur 1,3 milliard de Chinois, 130 millions ont actuellement plus de 60 ans, soit 10 %. C'est dire si la population chinoise est encore jeune, au moment où il semble qu'elle a pratiquement accompli sa transition démographique. Cela ne saurait durer. En effet, ce à quoi la France a eu 150 ans pour s'adapter, passant de 10 % de plus de 60 ans en 1850 aux 20 % actuels, la Chine devra l'assumer en moins de 25 ans. C'est en effet, d'après les projections des Nations unies, vers 2025 que la population chinoise devrait à son tour compter 20 % de plus de 60 ans. Il est vrai qu'en France le *baby-boom* a

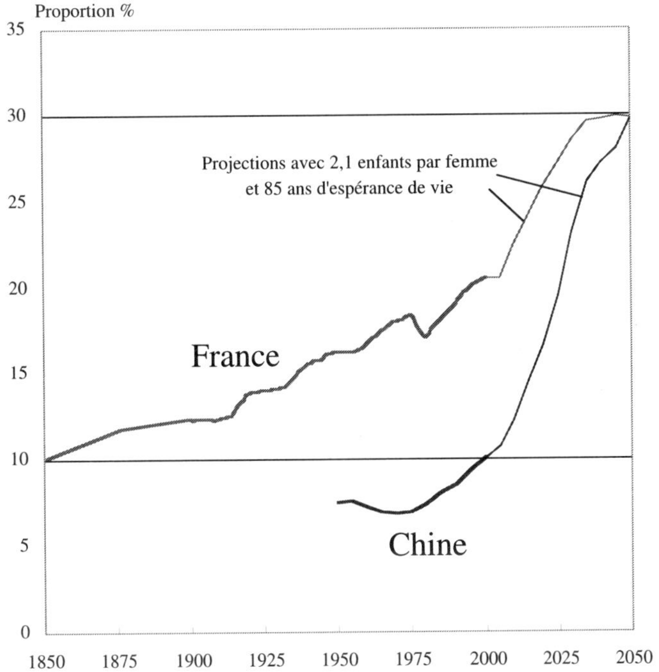

Figure 2 – Évolution de la proportion des 60 ans et plus en France et en Chine et prévisions jusqu'en 2050.

retardé l'échéance, mais ce n'est pas la raison essentielle de la différence. Et puis, l'histoire ne s'arrêtera pas là. Ni pour la France, ni pour la Chine. Car, on l'a vu, à ce stade, le vieillissement par le haut dû à la baisse de la mortalité aux grands âges vient s'ajouter aux effets de la baisse récente de la fécondité. Même si la fécondité se maintenait, en France et en Chine à 2,1, le cap des 30 % de plus de 60 ans serait atteint, dans les deux cas, en 2050. Dans les deux cas, l'accélération du processus est frappante, mais là encore, la Chine aura moins de temps pour s'y faire que la France puisqu'elle devra faire en 25 ans le chemin que la France parcourra en 50 ans.

Le réveil, pour la Chine, sera d'autant plus dur que ce pays dispose actuellement de la pyramide des âges la plus avantageuse qui soit pour la gestion de l'économie. Au début, en effet, le vieillissement par le bas de la pyramide tend à réduire la proportion d'enfants et de jeunes, sans avoir encore eu le temps de majorer celle des vieux. S'ouvre alors une sorte d'âge d'or démographique où la proportion de personnes d'âges actifs passe par un maximum. Alors que dans les années 1950, la moitié de la population chinoise avait entre 15 et 60 ans, cette proportion approche actuellement 65 % et devrait même dépasser les 70 % en 2010, avant de retomber brutalement les décennies suivantes. Ce phénomène n'est certainement pas sans rapport avec l'actuel succès économique de la Chine. Et ce n'est pas non plus un hasard si ce sont les pays du Sud qui en sont peu ou prou à ce stade de leur transition démographique qui bénéficient aujourd'hui des performances économiques les plus brillantes : pays d'Extrême-Orient ou d'Asie du Sud-Est et même certains pays d'Asie du Sud ou d'Afrique du Nord (la Tunisie, par exemple). Dans tous ces pays, la fécondité est en baisse rapide au moins depuis la fin des années 1960 et la population d'âge actif y est à son zénith ou presque. Mais l'âge d'or sera de très courte durée. Tous ces pays seront frappés de plein fouet par un vieillissement très rapide de leur population, dès le deuxième quart du XXIe siècle.

Jusqu'où ira ce vieillissement ? Si, une fois atteint le seuil où fécondité et mortalité se répondent à nouveau pour assurer à terme le strict remplacement des générations, les choses restaient en l'état, il serait facile de dire vers quelle structure par âge nous allons. La théorie des populations stables nous enseigne en effet que, quelle que soit la structure de départ, dans ces conditions, toute population tend vers une population « stationnaire » où tous les paramètres sont constants et où la répartition par âge est entièrement déterminée par la courbe de survie. Ainsi, avec 85 ans d'espérance de vie et 2,1 enfants par femme, on aurait à terme 24 % de moins de 20 ans, 46 % de 20-59 ans et 30 % de plus de 60 ans, situation dans laquelle la France ou la Chine se trouveraient pratiquement dès le milieu du siècle prochain et vers laquelle, si telle était bien la fin de la transition, toutes les populations du monde finiraient par converger plus ou moins vite ensuite. Rien de vraiment dramatique si tant est que l'on s'y prépare assez vite.

Mais s'il est à peu près sûr que toutes les populations connaîtront peu ou prou ce type de situation dans les prochaines décennies ou les suivantes, rien ne garantit qu'une telle situation soit stable, bien au contraire. Le plus probable, c'est que la fin du grand processus historique que nous avons appelé transition démographique soit aussi la mort du paradigme du même nom.

La fin du processus historique est aussi la mort du paradigme explicatif

À peine ce beau modèle permettait-il aux Nations unies d'oser enfin se livrer, au début des années 1980, à une splendide simulation de stabilisation générale de la population mondiale, que déjà il craquait de toutes parts. Non pas tant parce qu'il n'avait prévu ni la flambée du sida en Afrique ni la crise sanitaire des pays de l'Est européen (avatars qui, aussi funestes soient-ils, ne remettent pas en cause les fondements du modèle) mais surtout parce que les preuves n'ont cessé de se multiplier que la fin de la transition ne sera certainement pas celle que l'on a pu croire. L'expérience du *baby-boom* de l'après-guerre aurait déjà pu nous mettre la puce à l'oreille, mais il est vrai que la Seconde Guerre mondiale avait bousculé tant de choses qu'on pouvait penser qu'il ne s'agissait que d'une parenthèse dans le développement d'un processus historique inéluctable. Et il en a bien été ainsi.

Mais, comment a-t-on pu laisser penser qu'après la baisse de la mortalité, après celle de la fécondité, après la phase de croissance exceptionnelle due au décalage entre ces deux phénomènes, après le bouleversement des structures par âge qui en résulte, on entrerait enfin dans une ère de stabilité générale ? Comment a-t-on pu faire croire qu'après la tempête viendrait le calme plat éternel, au simple motif que l'espérance de vie à la naissance devrait inévitablement plafonner à 85 ans et que la fécondité devrait nécessairement se stabiliser à 2,1 enfants par femme ? Rien, absolument rien, n'a jamais permis d'affirmer qu'il en serait ainsi. Au contraire, beaucoup d'indices suggèrent aujourd'hui qu'il pourrait en aller tout autrement. Hélas, je n'ai aucun nouveau paradigme, aucun modèle, aucune théorie à proposer pour y faire entrer, non pas la fin de la transition démographique, mais la suite à en attendre. Je me contenterai d'imaginer, en m'appuyant sur des faits observables aujourd'hui mais dont on ignore la portée pour demain, quelques scénarios possibles pour la fécondité et la mortalité et les conséquences que l'on pourrait en attendre, tant pour l'évolution des effectifs que pour celui de la structure par âges.

Du côté de la fécondité, depuis une bonne vingtaine d'années, dans nombre de pays du Nord, l'indicateur conjoncturel est nettement inférieur aux 2,1 enfants par femme nécessaires au remplacement des générations, parfois même très en dessous : 1,4 en Allemagne, 1,2 en Italie ou en Espagne et même 0,8 en Italie du Nord ! Dans le même temps, l'âge moyen auquel les femmes mettent au monde leurs enfants augmente, ce qui n'est peut-être pas sans rapport avec le phénomène précédent. On peut en effet imaginer que, les femmes retardant la venue d'une première grossesse, la fécondité du moment soit tombée très bas du seul fait qu'elle combine la fécondité désormais très faible de femmes ayant déjà complété leur descendance souhaitée quand elles étaient plus jeunes et celle encore très faible de femmes plus jeunes qui ont décidé de ne constituer cette descendance que plus tard. Au total les désirs de descendance finale peuvent n'avoir pas changé, mais la fécondité du moment pourrait effectivement, dans ces conditions tomber très bas au moins durant un certain temps. On peut évidemment tout aussi bien imaginer que ce soit réellement la descendance finale désirée qui change.

Forçons un peu le trait dans cette double direction*. Premier scénario, le plus simple, les couples se dirigent vers le modèle de l'enfant unique, celui que le gouvernement chinois tente d'imposer à son peuple, mais aussi celui auquel semblent bien aspirer actuellement les Italiens du Nord. Deuxième scénario, les couples ne changent pas leur désir de descendance finale et font en sorte de le maintenir à 2,1 enfants par femme mais décident de faire leurs enfants beaucoup plus tard et, pourquoi pas, profitant de progrès futurs de la médecine qui permettraient de reculer la ménopause, font passer l'âge moyen à la maternité de 30 à 50 ans. Dans les deux cas, tenons par ailleurs pour assurée l'hypothèse faite par les Nations unies d'un plafonnement de l'espérance de vie à 85 ans et considérons qu'il n'y a pas de migrations. Qu'en résulte-t-il ?

Dans le premier cas, la population va naturellement vieillir, bien au-delà de ce que l'on a pu voir tout à l'heure, mais aussi décroître, indéfiniment. Après une centaine d'années d'un tel régime, alors que ses structures seront devenues stables, elle ne compterait plus que 8 % de jeunes de moins de 20 ans et 36 % d'adultes d'âge actif (20-59 ans) mais 56 % de plus de 60 ans ! On est bien au-delà des 30 % de vieux auxquels conduirait une fécondité de 2,1 enfants par femme. En outre, cette population, sauf à changer de comportement, serait évidemment vouée à disparaître à terme. Si l'on appliquait un tel scénario à la population mondiale

* En reprenant les résultats d'un travail réalisé avec Graziella Caselli (1997).

dans l'état où l'aurait laissée en 2050 la projection moyenne des Nations unies, 100 ans plus tard, celle-ci se trouverait déjà divisée par trois. Encore un siècle et il ne resterait plus que 200 millions d'humains, guère plus qu'à la fin du néolithique...

Évidemment, dans le second scénario, nul risque à terme que la population disparaisse et, chose promise, chose due, on aboutirait à très long terme à la répartition par âge correspondant à la courbe de survie : 24 % de jeunes, 46 % d'actifs et 30 % de vieux. Mais d'ici là le choc serait terrible, non seulement, en quelques décennies la population perdrait la moitié de son effectif avant de pouvoir se stabiliser, mais surtout, la déformation infligée à la structure par âge serait telle que trois siècles plus tard on serait encore loin d'avoir retrouvé une structure stable. Ce serait en quelque sorte une succession incessante de classes creuses et de *baby-boom*.

Ce n'est pas tout. Nous pouvons aussi spéculer sur l'avenir de l'espérance de vie. Deux théories s'affrontent aujourd'hui, tant chez les biologistes que chez les démographes.

Pour certains, nous sommes tout près de buter sur la limite absolue de la longévité humaine. Du XVIIIe siècle à nos jours, en faisant passer l'espérance de vie de 25 ans à près de 80, on n'a en réalité rien fait d'autre que de rapprocher la moyenne (l'espérance de vie) du maximum possible (la longévité). Seule la première était modifiable. La seconde est au contraire irrémédiablement fixée par le potentiel de vie initial inscrit dans nos gènes. On comprend aisément que plus on se rapproche du maximum, plus il devient difficile de faire progresser la moyenne. Mais il y a plus. Compte tenu de la grande variabilité des patrimoines génétiques, le maximum possible est lui-même très variable d'un individu à l'autre et le record établi par Jeanne Calment, décédée en 1997 à 122 ans n'est qu'un record, un score que ne pourra jamais atteindre qu'un tout petit nombre d'individus. C'est en suivant ce type de raisonnement que le biologiste James Fries ou le démographe Jay Olshanski pensent impossible une espérance de vie de plus de 85 ans.

Pour d'autres, au contraire, la longévité humaine serait elle-même modifiable. Plusieurs indices laissent même à penser qu'elle a peut-être déjà augmenté et qu'elle pourra le faire davantage à l'avenir. Depuis une quarantaine d'années, dans les pays les plus avancés, d'une année sur l'autre, l'âge au décès le plus élevé augmente. De plus, depuis les années 1970, la mortalité aux grands âges (au-dessus de 75 ans) qui n'évoluait guère auparavant s'est brusquement mise à reculer. Mieux, le démographe James Vaupel songe à remettre en cause la sacro-sainte loi de Gompertz qui veut que la mortalité augmente exponentiellement avec l'âge, tandis que le biologiste Roy Walford pense que nous sommes bel et bien sur le point de retarder efficacement le processus de vieillissement de l'organisme humain. On peut dès lors tout imaginer.

N'allons pas jusqu'à l'extrême auquel pourraient nous pousser André Klarsfeld et Frédéric Revah en suggérant dans le livre qu'ils viennent de publier sur la biologie de la mort que si l'immortalité n'existe pas, ce n'est nullement par nécessité biologique, comme on l'a toujours cru jusqu'ici, mais seulement parce qu'étant biologiquement inutile, elle n'a pas été sélectionnée par l'évolution ! Admettons seulement que la proposition de Roy Walford selon laquelle il ne serait pas impossible d'atteindre au XXIe siècle des espérances de vie de l'ordre de 150 ans se réalise. Quel effet pour nos populations ?

Remplaçons dans les scénarios précédents le postulat d'un plafond à 85 ans par un plafond à 150 ans. Cela change évidemment beaucoup les résultats, tant du côté des effectifs que de la structure. Dans le cas d'une fécondité retardée mais maintenue à 2,1 enfants par femme, cette formidable augmentation de l'espérance de vie suffirait à contrecarrer la réduction brutale due au report des maternités et permettrait à la population de retrouver à peu de chose près, à terme, son effectif initial. De même, dans le cas du passage à l'enfant unique, sans bien sûr remettre en cause la décroissance inéluctable de la population, elle retarderait cette chute de près de cent ans, ce qui laisserait tout de même largement le temps de réfléchir... Mais tout cela, au prix d'une radicalisation du vieillissement démographique. Dans le premier cas (fécondité maintenue mais retardée), bien que le remplacement des générations soit assuré, la proportion des moins de 20 ans tomberait à 15 % (au lieu de 24 avec 85 ans d'espérance de vie) tandis que celle des plus de 60 ans passerait à près de 60 % (au lieu de 30) ! Mais cela n'est rien à côté du modèle à un seul enfant par femme : il n'y aurait plus alors que 2 % de « jeunes » et 7 % d'« adultes » mais 91 % de plus de plus de 60 ans, et même 74 % de plus de 100 ans ! Bien entendu, les mots « jeune », « adulte », « vieux » ne pourraient absolument plus s'appliquer aux mêmes catégories d'âge qu'aujourd'hui. Mais comment imaginer un monde où les trois quarts des humains seraient centenaires ?

Conclusion

Certes, ces derniers scénarios ne sont ni plus ni moins probables que l'hypothèse de stabilisation générale et définitive qu'était censée comporter la théorie de la transition démographique. Il est même tout à fait improbable qu'ils se réalisent tels quels. Ils ne sont là que pour signifier qu'après la formidable tempête déchaînée par la folle croissance des dernières décennies il serait bien imprudent de nous laisser endormir par la perspective rassurante de la stabilisation en cours de la population mondiale et ce pour trois raisons :

– il est impératif, sous peine de fracture économique, sociale, politique, grave au niveau planétaire, de pourvoir d'urgence au développement des régions les plus pauvres qui sont aussi celles où devront trouver place, dans les décennies qui viennent, 3,5 milliards d'hommes et de femmes supplémentaires ;

– il est tout aussi urgent de se préoccuper sérieusement de la place des différentes catégories d'âge dans des sociétés où la composition par âge se trouvera sous peu radicalement modifiée ;,

– si, enfin, nous souhaitions que notre avenir démographique ressemble le plus possible à une population stationnaire, modèle qui fait disparaître tous les problèmes liés à l'évolution du nombre ou des structures, il faudrait sans doute se résoudre à des politiques volontaristes beaucoup plus audacieuses que toutes celles jamais imaginées jusqu'ici.

RÉFÉRENCES

- Klarsfeld (A.) et Revah (F.), *Biologie de la mort*, Paris, Odile Jacob, 1999, 290 p.
- Landry (A.), *La Révolution démographique*, Paris, Sirey, 1934, 231 p.
- Notestein (F.), « Population, the long view », *in : Food for the world*, Chicago, University of Chicago Press, T. Schultz (éd), 1945, p. 36-57.
- Vallin (J.) et Caselli (G.), « Towards a new horizon in demographic trends : the combined effects of 150 years life expectancy and new fertility models », *in : Longevity : To The Limits and Beyond*, Berlin, Heidelberg, New York, Paris, Springler-Verlag, Fondation IPSEN, Robine J.-M. *et al.* (éd.), 1997, 180 p, p. 29-68.
- Walford (R.), *La Vie la plus longue*, Paris, Laffont, 1984.

Migrations et tensions migratoires

par MICHEL-LOUIS LÉVY

Généralités et méthodologie

SOLDE MIGRATOIRE

Le mot « migrations » évoque des déplacements de population collectifs et sur de longues distances. Mais pour les démographes et statisticiens, la migration commence au déménagement. Pour étudier l'évolution de la population d'un territoire donné, pendant une période donnée, on distingue le « mouvement naturel », naissances et décès, de la « mobilité géographique », entrées et sorties.

Le repérage statistique du mouvement naturel, en France, est organisé par l'état civil. Mais il n'y a pas d'état civil des déménagements. Pour mesurer les migrations, on opère donc par différence. On dispose du dénombrement des habitants à deux dates successives, on dispose aussi des nombres de naissances et de décès enregistrés pendant la période intermédiaire. On calcule d'abord, par différence des effectifs entre les deux dates, l'accroissement absolu ou total, puis on défalque l'excédent des naissances sur les décès. La différence est dite « solde migratoire ». Celui-ci est égal à l'excédent, éventuellement négatif, de l'immigration sur l'émigration. Mais la méthode est évidemment imprécise.

La migration, ce n'est pas le franchissement d'une frontière administrative ou politique, c'est l'installation d'une personne sédentaire dans un nouveau lieu de résidence. C'est donc un processus qui n'est pas instantané, qui a plusieurs phases successives ; la distinction entre immigrants définitifs et temporaires, entre per-

Texte de la 57e conférence de l'Université de tous les savoirs donnée le 26 février 2000.

sonnes installées et personnes de passage, est souvent conventionnelle. Le consensus entre statisticiens européens est de choisir la durée d'un an de séjour pour définir l'installation.

La description statistique des migrations repose sur un double arbitraire, le découpage du temps, le découpage de l'espace : si on étudie les migrations entre deux recensements, tous les neuf ans, si quelqu'un fait un aller-retour pendant la période considérée, ce double mouvement sera confondu avec l'immobilité. Les migrations « intercensitaires », d'un recensement à l'autre, ne sont pas la somme des migrations annuelles de la période, puisqu'il y a des migrations intermédiaires qui sont ignorées. De même, les déménagements à l'intérieur du territoire national, sont plus nombreux si on les mesure entre communes plutôt qu'entre départements, si on les mesure entre départements plutôt qu'entre régions.

Soit on suit les domiciles successifs des gens au cours du temps — on procède alors à une enquête « longitudinale », on interroge plusieurs fois les mêmes personnes — soit on demande aux personnes enquêtées de raconter leur vie — on procède alors à une enquête dite « rétrospective » ou « biographique ». On peut aussi suivre des données administratives. Cela dit, si des progrès de la mesure des migrations sont certainement envisageables, il faut garder à l'esprit que la précision absolue, à l'unité près, est illusoire. L'immigration de A vers B mesurée en A est rarement égale à l'émigration de A vers B mesurée en B.

APPORT DÉMOGRAPHIQUE

Un doute s'introduit sur la pertinence de la distinction entre mouvement naturel et solde migratoire. C'est qu'il y a dans les naissances enregistrées sur le territoire étudié des enfants d'immigrés installés. C'est vrai pour toute période de comparaison, mais c'est plus évident sur une longue période. Il y a des enfants nés de père et mère immigrés, arrivés déjà mariés ou s'étant mariés entre eux, ou nés d'un seul parent immigré, qui aurait épousé des personnes déjà nées sur le territoire national : ces enfants, nés sur le territoire national, sont comptabilisés dans l'accroissement naturel et non dans le solde migratoire.

Un exemple frappant est celui des États-Unis. En 1776, ils avaient 2,6 millions d'habitants. Deux siècles plus tard, ils en ont 215 millions. Au total, le nombre d'immigrants fut de l'ordre de 55 millions, de 1820 à 1990, dont 30 millions entre 1860 et 1920. Même pendant la période de pointe que fut la décennie 1901-1910, avec 9 millions d'immigrants, le solde migratoire n'atteignait que la moitié de l'accroissement total de l'époque. Dira-t-on que l'immigration joue un rôle mineur dans le peuplement des États-Unis, parce que la grande majorité des Américains sont nés sur le sol américain ?

Cela conduit à la notion d'« apport démographique », qu'a introduite Michèle Tribalat, qui comptabilise non seulement les migrants entrés dans le territoire mais leur descendance, pour répondre à des questions du genre : « de combien ce territoire serait-il moins peuplé, s'il n'y avait pas eu d'immigration depuis telle date ? ».

Avec cette notion d'apport démographique, de multiples questions surgissent. Les immigrés se marient-ils entre immigrés de même origine ? Épousent-ils des immigrés d'autres origines ou bien se fondent-ils dans la population autochtone par intermariages ? Les migrations ne sont pas seulement un objet statistique, ce sont des phénomènes historiques et sociologiques. Quelles en sont les causes, côté pays d'origine ? Les migrants se sont-ils installés de façon groupée ou de façon dispersée ? Quelles professions exercent-ils prioritairement ? Quelles influences linguistiques, culinaires, culturelles, physiologiques ont-ils eues sur la société d'accueil, à court et à long terme ? Quelles tensions, quelles crises ont-ils éventuellement provoquées ou aggravées ?

Ce ne sont pas seulement de paisibles déménagements mais des expatriations volontaires ou forcées, pacifiques ou tragiques, qui ont à tout moment modifié la carte des peuplements. L'histoire de l'humanité est faite de migrations, d'alliances et de mésalliances, acceptées ou rejetées, dont la descendance forme, le cas échéant, de nouveaux groupes. De quel sang était donc Victor Hugo, qui « dans Besançon, vieille ville espagnole, naquit d'un sang breton et lorrain à la fois » ?

Les langages gardent la trace de ces échanges de population. Ainsi le mot anglais *foreign*, étranger (Foreign Office), est le « forain » français et rappelle qu'il y a eu de tout temps des marchands se rendant de foire en foire, et résidant loin de chez eux. Souvent, les mots désignant les étrangers en général ou ceux de telle origine, réelle ou supposée, sont chargés de nuance péjorative. Le « métèque » grec n'était à l'origine qu'un étranger domicilié à Athènes avant de prendre le sens qu'il a aujourd'hui.

Les peuples heureux n'ont pas d'histoire, dit-on. Mais les migrations sont l'histoire. Dans le pays d'origine, ce sont des tensions politiques ou des crises économiques qui les causent. Dans le pays de destination, on sait par expérience que la présence d'étrangers, pour peu qu'elle s'accompagne d'ignorance ou de préjugés quant à leurs mœurs et leurs motivations, et qu'elle coïncide avec des difficultés économiques, peut provoquer des réactions xénophobes ou racistes bénéficiant de la complaisance, voire de la complicité des autorités publiques, trop heureuses de détourner l'attention de problèmes qu'elles ne maîtrisent pas. Il est important que toutes dispositions soient prises pour conjurer ce risque en particulier pour conjurer l'ignorance. Ce qui implique que l'enseignement et les médias fassent plus de place à l'histoire et à la description des migrations.

Chaque pays a sa sensibilité. Au Mexique, on envisage l'arrivée des Espagnols du point de vue des Indiens tandis qu'au Brésil, le point de vue du colonisateur prévaut. Aux États-Unis l'immigration est fondatrice : les Américains de toutes origines se définissent par leur attachement à la Constitution et à la bannière étoilée. En Europe, il y a eu d'une part d'importantes migrations qui aujourd'hui deviennent rétrospectivement « internes », à savoir celles des pays du Sud, Italie, Espagne, Portugal, Grèce, vers les pays industriels du Nord. Par ailleurs les pays d'Europe ont gardé des liens importants, notamment linguistiques, avec les pays qu'ils ont colonisés, ou avec lesquels ils ont des relations politiques anciennes, comme l'Angleterre avec l'Inde, l'Espagne avec l'Amérique latine. Ces liens se traduisent par la présence de populations immigrées, aux statuts aussi variés qu'il y a de combinaisons entre pays de départ et pays d'arrivée.

La sortie d'Égypte des Hébreux, l'expansion romaine, les invasions barbares, les croisades, la traite des esclaves, les migrations transocéaniques qui peuplèrent l'Amérique, la colonisation, la décolonisation, les drames des « personnes déplacées » en Europe, l'exode rural, le peuplement des grandes mégalopoles urbaines, la migration du Sud vers le Nord de la Méditerranée, les *boat-people*... et toutes sortes d'autres épisodes historiques ont concouru et concourent à la formation permanente des peuples. Je vais insister sur trois phénomènes migratoires de grande importance culturelle. Le regard démographique offre une distanciation qui permet d'affronter les traumatismes du passé parce qu'il instruit le « jugement de la postérité », tout en accordant le bénéfice de la prescription aux générations actuelles.

Coups de projecteurs

LE VERTIGE URBAIN

Les grandes villes ont de tout temps été le but d'intenses migrations. Paul Bairoch en a tenté une histoire universelle. Ce sont comme des organismes vivants, aspirant alimentation, énergie, eau, refoulant des déchets, faisant circuler informations et marchandises... L'écologie urbaine a accumulé descriptions et monographies, mais n'a pas encore proposé de synthèse convaincante.

L'exode rural et l'urbanisation en France méritent un regard particulier. Sous la monarchie de Juillet et le second Empire, l'industrie commença à se concentrer, aux dépens de l'artisanat rural et du travail à domicile. Les conditions furent moins cruelles qu'en Angleterre, où des millions de paysans ruinés par le commerce maritime étaient contraints de se prolétariser, mais les régions les plus pauvres, montagnardes en particulier, et les catégories au statut le plus précaire (salariés agricoles, puis métayers, puis fermiers) fournirent les effectifs les plus nombreux, chassés par les transformations de la production agricole sous l'influence du machinisme, de l'élargissement des marchés (transports intérieurs et importations), de l'extension des herbages, de l'accroissement des rendements.

L'exode rural a un corollaire, l'urbanisation. Celle-ci aurait pu profiter, comme en Allemagne par exemple, à de nombreuses métropoles régionales. En France, l'urbanisation a surtout gonflé la région parisienne. Actuellement, un habitant sur six — 16,7 % — réside dans l'un des sept départements de l'Île-de-France, autre que la Seine-et-Marne. C'est à peu près la population de la Belgique sur une superficie cinq fois plus petite. L'importance démographique de cette zone qui représentait 3,7 % de la population de la France en 1801 et 10,8 % en 1901 est passée par un maximum de 17,5 % au recensement de 1975 et décroît lentement depuis. Cette concentration fut le fait de provinciaux, mais aussi d'étrangers, dont Paris n'a certes pas l'exclusivité, mais qu'il a toujours reçus en grand nombre.

LE PEUPLEMENT DE L'AMÉRIQUE

La domination culturelle des États-Unis a fait de leurs propres origines une mythologie universelle. Pour les premières phases de la découverte, puis de la conquête, puis de la colonisation de l'Amérique latine et du Canada français, nous avons par exemple *La Controverse de Valladolid*, qui porte sur l'image des Indiens d'Amérique dans la conscience de la catholicité européenne, et *Mission* qui rappelle la colonisation du Paraguay par les missionnaires jésuites. Le peuplement du *Far West* a réactualisé des problèmes qui se sont posés à l'aube de l'histoire humaine. Le conflit biblique entre le cultivateur sédentaire, Caïn, et le berger nomade, Abel, se retrouve dans le conflit entre *cow-boys*, gardiens de troupeaux, et *farmers*, planteurs de maïs.

Les productions de sucre, de tabac, de café, de coton et d'or par le travail des esclaves ont été essentielles du XVIe au XVIIIe siècle pour la puissance économique et politique de l'Europe. Vers 1770, il y avait environ 2,5 millions d'esclaves dans les Amériques, produisant environ un tiers de la valeur totale du commerce européen. On estime de quinze à vingt millions, suivant les sources, le nombre d'Africains amenés de force en Amérique, pour servir d'esclaves. Le nombre d'esclaves dans l'ensemble des Amériques aurait doublé de 3 millions en 1800 à 6 millions en 1860.

Par ailleurs, de 1800 à 1930, environ 40 millions d'Européens s'établirent outre-mer, principalement dans les Amériques et en Australie. De 1800 à 1860, les deux tiers des immigrants aux États-

Unis vinrent de Grande-Bretagne et un cinquième d'Allemagne. De 1850 à 1914, la majorité des migrants arrivèrent d'Irlande, d'Italie, d'Espagne et d'Europe de l'Est. En 1930, sur 123 millions d'habitants des États-Unis, 14,2 seulement étaient nés à l'étranger : l'Italie arrivait en tête avec 1,8, devant l'Allemagne (1,6), la Pologne (1,3), la Grande-Bretagne (1,2), le Canada (1,2), la Russie (1,1), l'Irlande (0,9). Jean-Claude Chesnais constate que « pour chaque pays de départ, la pointe d'émigration tend le plus souvent à coïncider, à quelques années près, avec le pic de croissance naturelle ». Il y a donc bien « pression démographique » au départ, et besoin de main-d'œuvre à l'arrivée, mais seule la combinaison des deux phénomènes avec les circonstances politiques et économiques explique l'ampleur et les dates du mouvement.

PERSONNES DÉPLACÉES, RÉFUGIÉS

Les déplacements forcés de population ont commencé avant la guerre de 1914 avec ceux des Grecs, des Turcs et des Bulgares après les guerres balkaniques de 1911-1912 ; après celle-ci, ce fut le tour des Polonais, Baltes, Hongrois, Allemands et Arméniens en tout environ 600 000 personnes ; un million de Russes fuirent la révolution. Dans les années 1930, nombreuses furent les personnes à fuir la Chine devant l'invasion japonaise et l'Espagne devant le fascisme. De 1933 à 1945, une dizaine de millions de personnes persécutées par les nazis furent expulsées ou réussirent à fuir.

Plus de 30 millions de personnes furent « déplacées » au lendemain de la Seconde Guerre mondiale : Polonais, Sudètes, Tchétchènes... À la même époque, des réfugiés fuyaient la prise de pouvoir communiste sur le continent chinois. À la suite de la création de l'État d'Israël et des guerres israélo-arabes, une grande partie de la population palestinienne se réfugia dans les pays voisins. Après la chute de Saigon en 1975, des centaines de milliers de *boat people* fuirent le Viêt-nam. Ailleurs en Asie, la révolution et la guerre ont fait fuir les Kurdes, les Chiites d'Irak et les Iraniens, à la suite de l'instauration d'un régime islamiste à Téhéran. Pendant l'invasion soviétique en Afghanistan, plus de 5 millions d'Afghans quittèrent leur pays, la plupart s'installant au Pakistan et en Iran. En 1995, les Afghans constituaient le plus grand contingent de réfugiés dans le monde avec 2 700 000, devant les Rwandais, 2 300 000, et les originaires du Libéria 800 000. Mais les Palestiniens 2 800 000, sont toujours comptés à part, parce qu'ils dépendent d'un organisme spécial, distinct du HCR. Par-delà son ampleur, la caractéristique majeure du problème des réfugiés est qu'il s'est aujourd'hui mondialisé. Les flux de réfugiés se sont multipliés et diversifiés. Et il faut bien reconnaître que la littérature statistique n'est pas considérable sur ce sujet.

Bienvenue en France

LES VAGUES D'IMMIGRATION EN FRANCE

La première poussée de la population étrangère en France date de la monarchie de Juillet, quand la France libérale était un refuge politique pour de nombreux exilés d'Allemagne et d'Europe centrale, aux prises avec des gouvernements autocratiques. Une immigration économique lui succède. Le nombre des étrangers, qui était de l'ordre de 100 000 au début du XIXe siècle, dépasse le million en 1886. La proportion d'étrangers dans la population totale, à peine 1 % en 1851, s'établit au-dessus de 2 % à partir de 1872. Les Belges, qui représentent 40 % du total des étrangers, sont alors les plus nombreux, suivis des Italiens.

Pendant la guerre de 1914, pour compenser l'absence des travailleurs mobilisés que les femmes ne suffisaient pas à remplacer, le gouvernement organise l'immigration des pays méditerranéens, des colonies (Afrique du Nord, Indochine) et de la Chine. Quand il faut affronter les conséquences des pertes de guerre, le recours à la main-d'œuvre étrangère s'impose encore, en provenance d'Italie, d'Espagne et de Pologne. Malgré les nombreuses naturalisations consécutives à la loi de 1927 sur la nationalité, le nombre d'étrangers augmente alors fortement et atteint 2,7 millions en 1931, soit 6,6 % de la population de la France.

La crise des années 1930, survenant alors qu'affluent les réfugiés des pays de l'Est, victimes de persécutions politiques et raciales, provoque le départ de nombreux étrangers, accentué par des manifestations xénophobes. Quand arrivèrent en janvier 1939 des dizaines de milliers de réfugiés espagnols à la suite de la victoire de Franco, le gouvernement Daladier prit des mesures répressives, allant jusqu'à ouvrir des « camps de concentration », comme à Gurs (Pyrénées-Atlantiques).

La répression est devenue persécution sous le régime de Vichy. Dès juillet 1940, une révision des naturalisations créa la catégorie des « dénaturalisés », transformant jusqu'en 1944 environ 15 000 Français en autant d'apatrides. Quelque 80 000 personnes, dont un tiers de Français et deux tiers d'étrangers, furent victimes des mesures raciales et antisémites, déportées et assassinées.

À la Libération, le nombre d'étrangers résidant en France était tombé à 1,7 million, soit 4,4 % de la population. Les besoins de la reconstruction, les brèches causées dans la population active par les deux guerres et par la dénatalité conduisirent les pouvoirs publics à favoriser une immigration « sélective », mais cette politique se heurta à l'hostilité de l'opinion et de syndicats chauvins.

L'Office national d'immigration (ONI, devenu en 1987 Office des migrations internationales, OMI) est alors fondé pour réserver à l'État le monopole du recrutement des immigrés qu'on envisageait très nombreux. Quand ils le devinrent vingt ans plus tard, ce fut en fait le patronat qui l'organisa, sans s'embarrasser d'autres critères que de rentabilité immédiate, laissant à la charge de la collectivité toutes les charges dites aujourd'hui d'intégration, y compris celles découlant de la xénophobie ambiante.

À partir de 1956 commence une grande vague migratoire qui dure jusqu'en 1973. L'immigration espagnole se développe d'abord, puis l'immigration portugaise à partir de 1963. Les vagues marocaine, tunisienne puis algérienne suivent, celles d'Afrique noire n'intervenant qu'en fin de période, avec celle de Turquie.

En 1974, Giscard d'Estaing interdit toute immigration nouvelle, pour essayer d'enrayer la croissance du chômage qu'allait entraîner le « choc pétrolier ». Le solde migratoire de la France métropolitaine, compris entre 100 000 et 200 000 personnes par an de 1955 à 1973, tombe alors en dessous de 50 000 par an. L'immigration se limite dès lors à l'accueil de réfugiés, du Liban et du Sud-Est asiatique, au « regroupement des familles ». Une inévitable immigration clandestine alimente alors le « travail au noir », dans le bâtiment, l'habillement et les services domestiques. Mais le chômage ne cesse d'augmenter.

LA DISLOCATION DE L'UNION SOVIÉTIQUE ET DE LA YOUGOSLAVIE

La période de bouleversements politiques ouverte en Europe en 1989 a été marquée par d'importants mouvements migratoires. L'ouverture des frontières en Pologne, en Hongrie puis en Tchécoslovaquie déclencha un mouvement de migration des Allemands de l'Est vers l'Occident, via les ambassades. La chute du mur de Berlin amplifia la vague de départ vers l'Ouest. Durant la seule année 1989, environ 1 200 000 personnes quittèrent les pays de l'ancien Pacte de Varsovie.

À la suite de la dislocation de la Yougoslavie, le nombre de personnes obligées de quitter leurs foyers était estimé à près de 4 millions en 1994. L'Union européenne ne s'est malheureusement pas dotée d'une institution permanente chargée d'investigations démographiques et sociologiques, qui auraient permis de faire le bilan de ces bouleversements et d'en suivre les conséquences et en particulier, sinon de prévenir les affrontements ethniques de Yougoslavie, du moins de les comprendre et d'en atténuer les conséquences humaines. La seule initiative qu'il faut saluer est l'organisation d'un recensement méconnu, en Macédoine, qui, aussi imparfait soit-il, a contribué à maintenir vaille que vaille la paix civile dans cette république instable. Pour le reste, c'est à l'OCDE qu'on doit de disposer de quelques statistiques de migrations récentes en Europe.

TOUTE IMMIGRATION EST SÉLECTIVE

La recherche de travail est le facteur prédominant des migrations des d'individus et des familles. Corrélativement l'« intégration » des immigrés, c'est-à-dire leur séjour paisible, se fait essentiellement par l'emploi. Bernard Stasi a titré un livre *L'Immigration, une chance pour la France*. C'est aussi un honneur, puisqu'elle implique une reconnaissance de la prospérité de ce pays. Les immigrés accueillis dans un pays aspirent à y travailler, à s'y adapter et à monter dans l'échelle sociale. Tout résident s'efforce de parler la langue du pays, de respecter l'essentiel des usages locaux. Ce sont en général des personnes courageuses et entreprenantes qui cherchent à s'établir ailleurs, et celles qui le font en France lui témoignent ainsi un attachement minimal. Pour prendre un exemple, les Algériens vivant en France sont beaucoup plus proches de nos conceptions laïques que des sympathisants islamistes d'Algérie.

Le problème de l'immigration n'est pas dans son principe, mais dans sa masse. Selon la formule, proche du truisme, de Michel Rocard, « la France ne peut accueillir toute la misère du monde », pas plus qu'aucun pays. Mais quand bien même la France accueillerait 200 000 ou 300 000 immigrés par an, cela ne pèsera pas lourd par rapport à la demande potentielle issue des 4 milliards d'habitants des pays en développement. La nécessité de filtrer est évidemment plus difficile à mettre en œuvre que lorsque la doctrine officielle est de n'admettre personne. Le principe fondamental devrait être que toute demande de visite, de séjour bref ou prolongé en France comme ailleurs, doit être présentée dans le pays d'origine, sauf négociations préalables entre chancelleries, comme celles de l'accord de Schengen.

Pour ceux entrés grâce à l'absence de contrôle, la présence en France ne crée aucun droit. L'adoption du principe selon lequel les formalités doivent être commencées dans le pays d'origine justifie l'obligation d'y retourner. Le délit de l'immigré irrégulier lui-même n'est pas dans sa présence. L'expulsion est une façon d'exiger la reprise des formalités régulières d'immigration, mais ce n'est pas une interdiction définitive de séjour. La rigueur de la loi doit surtout frapper les profiteurs de la misère du monde : transporteurs, logeurs, employeurs.

DROIT DU SOL ET DROIT DU SANG

Les étrangers travaillant en France accèdent à toutes sortes de droits. Ainsi la Sécurité sociale et le droit du travail sont applicables à tous les travailleurs, qu'ils soient salariés d'entreprises, installés à leur compte ou employeurs. Le fait de travailler donne accès à ces institutions, indépendamment de tout critère de nationalité. La naturalisation n'est pas réversible ; acte volontaire du résident, elle devrait être accordée sur simple demande si, par exemple, il y a inscription des enfants dans une école locale.

Les mécanismes juridiques et sociologiques du « droit du sol » et du « droit du sang » pourraient être plus simples à expliquer si on voulait bien d'abord dédramatiser ces appellations. On devrait plutôt parler, par exemple, de « droit de l'école » et de « droit de la filiation ». Le droit du sol, ce n'est pas seulement le lieu de naissance qui peut être accidentel, c'est l'endroit où l'enfant va à l'école et où il se socialise. Le droit de la filiation, c'est celui qu'ont les parents à donner leur nationalité à leur enfant. L'Allemagne donne une prépondérance au droit du sang et la France au droit du sol, ce qui explique pourquoi en France des enfants d'immigrés deviennent Français, tandis qu'en Allemagne se perpétuent des communautés étrangères de *Gastarbeiter* : des descendants de Turcs immigrés en Allemagne et qui se marient entre eux peuvent rester indéfiniment résidents turcs en Allemagne, tandis que des descendants d'Algériens immigrés en France et qui se marient entre eux finissent, dès la troisième génération, par devenir français.

La politique visant à l'intégration des étrangers n'implique cependant pas que l'entrée dans la nationalité doive être systématiquement encouragée, ni même proposée comme un aboutissement. Entrer en France, pour y travailler et pour y vivre, n'est pas forcément devenir citoyen français. Il n'y a aucun mal à rester étranger en France. La nationalité future relève de la liberté individuelle, des circonstances professionnelles et familiales et aussi de la souveraineté nationale. C'est en ce sens que je dis qu'il est souhaitable d'intégrer les immigrés... aux étrangers. L'important c'est la parité des passeports, celui de la Sierra Leone et celui des États-Unis, ce n'est pas de donner un passeport français à tout le monde.

Renouveler les humanités

L'école et les médias ont un rôle fondamental à jouer dans la présentation des mœurs des populations des pays d'où provient l'immigration, et dans leur bonne compréhension. Beaucoup d'instituteurs ont déjà trouvé dans la mode de la recherche généalogique une façon de faire faire connaissance à leurs élèves, originaires de différents pays. Les universités et les établissements de recherche devraient ouvrir un vaste chantier pour redonner un sens au beau mot d'humanités, au pluriel, qui désignait l'enseignement que recevaient autrefois les bacheliers. Il conviendrait en particulier de remplacer notre conception négative de la laïcité — ne pas aborder les questions religieuses — par une conception positive : ne pas hésiter à comparer, non pas les dogmes, mais les pratiques effectives, les rites, les calendriers, ce qui conduirait à des cours combinant l'astronomie élémentaire, la linguistique, l'anthropologie familiale, l'histoire des civilisations et des religions. Le lycée pourrait expliquer les approximations de l'année julienne et de l'année grégorienne, les phases de la lune, les fluctuations de la date de Pâques, la date du ramadan et celle du nouvel an chinois, dire où, en Europe et autour de la Méditerranée, on parle une langue latine, germanique, slave, finno-ougrienne, arabe, où on écrit en caractères latins, cyrilliques, grecs, arabes ? Quelles sont donc les données du conflit entre les Serbes et les Croates, qui parlent la même langue, dite serbo-croate ? Voilà une forme moderne d'instruction civique, où on comparera librement les institutions, les fêtes et calendriers, les rites religieux, les langues et écritures, et les motivations de bon nombre d'immigrés.

RÉFÉRENCES

- BAIROCH (P.), *De Jericho à Mexico : villes et économie dans l'histoire*, Gallimard, 1985.
- CASTLES (S.) et MILLER (M. J.), *The Age of Migration : International Population Movements in the Modern World*, Macmillan Press, 1998, p. 336.
- CHESNAIS (J.-C.), « La transition démographique : étapes, formes, implications économiques », INED, *Travaux et documents*, cahier n° 113, 1986.
- FOSSAERT (R.) et LÉVY (M.-L.), *Cent Millions de Français contre le chômage*, Stock, 1992, p. 150.
- « Les immigrés en France : portrait social », INSEE, *Contours et caractères*, 1997, p. 140.
- « Nations unies. Division de la population », *Urban agglomerations*, 1996, 1997.
- POULAIN (M.), « Les statistiques urbaines au sein de l'Union européenne », dans *Données urbaines*, coordonné par D. Pumain et M.-F. Mattei, Paris, Anthropos, 1998, p. 241-258.
- SIMON (G.), *Géodynamique des migrations internationales dans le monde*, PUF, 1995.
- SOPEMI (Système d'observation permanente des migrations), *Tendances des migrations internationales, rapport annuel*, OCDE, 1999, p. 350.
- STASI (B.), *L'Immigration, une chance pour la France*, Robert Laffont, 1985.
- THUMERELLE (P. J.), *Peuples en mouvement, la mobilité spatiale de la population*, SEDES, 1986.
- TODD (E.), *Le Destin des immigrés*, Seuil, 1994.
- TRIBALAT (M.), *De l'immigration à l'assimilation : enquête sur les populations d'origine étrangère en France*, avec la participation de P. Simon et B. Riandey, La Découverte et INED, 1996, p. 302.

Démographie et croissance économique

par Jean-Claude Chesnais

La question de la croissance est la boîte noire des économistes : elle est au rendez-vous ou elle n'y est pas, sans que l'on sache très bien pourquoi. Le débat n'est pourtant pas neuf. Dès le XVIIIe siècle, les termes du débat étaient posés. Avec d'un côté, Malthus annonçant un avenir sombre aux populations humaines qui, du fait de leur tendance à se multiplier plus vite que les subsistances* sont menacées de catastrophes récurrentes. Et de l'autre côté, Condorcet, confiant en l'homme et sa capacité d'« adaptation** ». Condorcet annonce l'innovation technique et l'allongement de l'espérance de vie : l'histoire du XXe siècle semble, globalement, lui donner raison ; la population du monde a connu une évolution sans précédent ; l'espérance de vie a presque triplé et la fécondité a, sur le dernier tiers de siècle, diminué de moitié. Le nombre de terriens a, en conséquence, quadruplé. Mais aucune corrélation simple n'apparaît entre l'accroissement démographique et l'évolution du niveau de vie. Les zones les plus peuplées sont aussi bien très riches (Pays-Bas) que très pauvres (Bangladesh).

Les hommes et l'espace

La planète est aux deux tiers couverte d'eau. La superficie des terres émergées représente 150 millions de km^2, sur lesquels vivent

Texte de la 58e conférence de l'Université de tous les savoirs donnée le 27 février 2000.
* *Essai sur le principe de population*, 1798.
** *Esquisse d'un tableau historique des progrès de l'esprit humain*, 1795.

en 2000, six milliards d'êtres humains. Chaque habitant de la terre dispose ainsi, en moyenne de 2,5 hectares. En réalité, un tiers seulement des terres émergées est habité ; de plus, l'espace réellement occupé a plutôt tendance à diminuer, car l'exode rural s'accélère. Plus de 90 % des humains vivent dans l'hémisphère Nord, surtout entre 20° et 60° de latitude. La notion de densité est donc toute relative et l'idée commune de surpopulation mondiale n'a guère de sens, tant les contrastes sont grands.

Les plus grandes concentrations de population se trouvent en Asie du Sud et de l'Est et en Europe, le long des côtes ou des fleuves. Les plaines fertiles, surtout les grands deltas asiatiques où la civilisation du riz a pu permettre l'entassement humain, sont très peuplés. Le delta du Gange a des densités rurales supérieures à 1 000 habitants au km^2 ; la vallée et le delta du Nil, les vallées du fleuve Bleu et du fleuve Jaune en Chine, certaines plaines de Java sont dans une situation similaire. Inversement, certains territoires hostiles à l'homme ont des densités très faibles. Les contrées les moins peuplées du globe coïncident donc avec les zones climatiques les moins favorables à l'homme comme les étendues glacées des terres polaires ou circumpolaires (Canada, Groenland, Scandinavie, Sibérie), les forêts humides et chaudes (Amazonie et Congo), les grands déserts des latitudes tropicales (Sahara, Mongolie, Arabie, etc.). Au total, trois hommes sur cinq vivent en Asie alors que le pays de loin le plus vaste est un pays eurasien, la Russie (17 millions de km^2), qui ne compte que 146 millions d'habitants. Les cinq pays les plus peuplés (Chine 1,280 milliard, Inde 1,014 milliard, États-Unis 278 millions, Indonésie 212 millions, et Brésil 170 millions, respectivement en 2000), rassemblent à eux seuls, la moitié de la population totale ; deux terriens sur cinq sont soit chinois, soit indiens.

La géographie des revenus monétaires. La triade riche et le reste du monde

Le monde peut, en première analyse, se subdiviser en 10 régions, selon leur niveau de revenu.

L'écart entre la répartition de la population et celle des richesses est béant. Si l'on met à part la sphère de peuplement européen, le bilan du XXe siècle est cruel : seul un grand pays, le Japon, au prix d'un effort tenace et plus que séculaire, entamé à l'ère Meiji (1868), a pu se hisser au niveau occidental. Le PIB du Japon, évalué en PPA (parité de pouvoir d'achat), pour tenir compte des différences de prix entre pays, représente 8 % du PIB mondial, pour une population de 2 % seulement. S'il existe ici ou là d'autres cas d'économies prospères (Taiwan, Singapour, Hongkong) leur taille est négligeable.

Sur la base de ce tableau, nous pouvons établir la hiérarchie suivante des poids économiques *(Fig. 1)* :

– Deux grands blocs commerciaux dominent l'économie mondiale : l'ALENA et l'Union européenne avec un poids démo-

Régions	*Population (millions)*	*1999 %*	*PIB (milliards de $ 1998)*	*PIB en PPA*	*%*
ALENA	404	6,8	8 385	8 454	24,6
États-Unis	273		7 826	7 043	20,5
Canada	31		608	626	1,8
Mexique	100		402	785	2,3
Union européenne	375	6,3	8 091	6 826	19,9
Allemagne	82		2 100	1 530	4,4
France	59		1 390	1 166	3,4
Italie	58		1 145	1 067	3,1
Royaume-Uni	59		1 286	1 110	3,2
Extrême-Orient à économie de marché	585	9,5	5 750	4 810	14,0
Japon	127		4 189	2 515	7,3
Indonésie	212		202	630	1,8
Russie (Féd.)	146	2,4	450	671	1,9
Chine continentale	1 254	21,0	470 (2)	2 200 (2)	6,4
Inde	987	16,5	394	1 471	4,3
Amérique latine (sans Mexique)	412	6,9	1 830	2 300	6,7
Moyen-Orient — Maghreb	310	4,8	680	1 140	3,3
Afrique subsaharienne	630	10,5	350	581	1,7
Autres (1)	855	15,3	2 760	5 939	17,3
Monde	5 982	100	29 610	34 685	100,0

(1) Pakistan, Bangladesh, Indochine, Birmanie, Turquie, Australie, ex-URSS (moins Russie), PECO, Suisse, etc.
(2) Valeur révisée à la baisse compte tenu de l'absence de fiabilité des données officielles.
Sources : calculé d'après *Word Bank Atlas*, Washington, 1998 ; CEPII, *L'Économie mondiale 1999*, Paris, La Découverte, 1999.

Figure 1

graphique équivalent (1/16 de la planète chacun), et une richesse totale cumulée de 57 % (respectivement 30 % pour l'Amérique du Nord et 27 % pour l'Europe de l'Ouest), autrement dit la grande majorité du revenu mondial. Cet ensemble transatlantique ne compte que 779 millions d'habitants sur un total, nous l'avons vu, de six milliards d'hommes. Même après correction des distorsions de prix, cet ensemble transatlantique produit 44 % de la richesse évaluée en PPA.

– Le troisième pôle de richesse est constitué par les pays d'Extrême-Orient à économie de marché, dominés par le Japon. Avec seulement 9,5 % de la population du monde, ce pôle est à l'origine de 19 % du produit mondial (14 % après corrections des écarts de prix).

– Au total, avec seulement 22,6 % de la population du monde, ces trois pôles génèrent 78 % du PIB monétaire et 58,5 % du PIB calculé en pouvoir d'achat.

– L'ex-URSS, qui avait longtemps falsifié ses statistiques pour donner l'illusion d'être la seconde superpuissance, talonnant et menaçant les États-Unis au sein d'un monde bipolaire, chute dans la hiérarchie internationale. La Russie, qui est la composante principale de l'ex-URSS (la moitié de la population, et les trois quarts du territoire), ne réalise qu'à peine 2 % du produit mondial ; sa taille économique est neuf fois moindre que celle du Japon et dix-sept fois moindre que celle des États-Unis. Malgré ses immenses ressources matérielles (gaz, pétrole, or, diamants, etc.), la Fédération de Russie se trouve derrière les Pays-Bas, dix fois moins peuplés ; elle figure même derrière le Mexique (2,3 % du PIB mondial).

– La comparaison des PIB par tête mesurés en pouvoir d'achat donne une idée de la distance économique qui sépare les différents pays. Ainsi le PIB par habitant au Mexique dépasse de 90 % celui de la Russie (8 110 et 4 280 dollars respectivement). On est loin des records des deux premières puissances économiques : 24 400 dollars par tête au Japon, 29 080 aux États-Unis. Le fossé est large et on mesure ici à quel point l'opinion publique avait été victime de désinformation avant la chute du mur de Berlin.

– Les deux géants asiatiques (Chine et Inde) font ressortir des résultats contrastés mais il convient de rester prudent : autant les données de l'Inde sont crédibles, autant celles de la Chine sont incohérentes, et surtout, présentent des biais comparables à ceux de l'ex-URSS. Le poids relatif de l'économie de l'Inde (calculé en PPA) est de 4,3 % du total mondial ; il dépasse celui de l'ex-URSS et est intermédiaire entre celui de deux pays du G7 : la France et l'Allemagne.

– L'Amérique latine (sans le Mexique, membre de l'ALENA) vient en quatrième position, assez loin derrière la triade mentionnée plus haut (ALENA, Union européenne, Extrême-Orient à économie de marché). Son poids dans l'économie mondiale est de 6,7 %, c'est-à-dire 3,5 fois supérieur à celui de la Russie. Malgré la rente pétrolière et une population un peu inférieure (de un quart seulement) à celui de l'ensemble latino-américain considéré ci-dessus, les pays du Moyen-Orient et du Maghreb ont un poids économique deux fois moindre ; avec un PIB par tête (calculé en PPA) de 5 500 dollars, l'Amérique latine figure clairement en position intermédiaire entre les pays « développés » et les pays dits « peu développés », loin devant la Chine ou l'Inde (1 500 à 2 000 dollars par habitant) et surtout à une distance incommensurable de l'Afrique subsaharienne (moins de 1 000 dollars par tête).

– L'Afrique subsaharienne est donc plus reléguée que jamais. Avec autant d'habitants que l'Extrême-Orient à économie de marché (environ 600 millions), elle a une production huit fois inférieure. Bien plus, si l'on isole l'Afrique australe (Afrique du Sud, Zimbabwe, Namibie, etc.), mieux organisée et plus riche, l'inégalité est encore plus criante, puisqu'elle est de un à dix. Fait encore plus significatif, l'Inde a un niveau de vie supérieur de 40 % à celui de l'Afrique noire non australe et elle est bien en avance dans la maîtrise de son accroissement démographique. Depuis la chute du communisme, l'Afrique — qui était l'enjeu de la compétition entre l'Est (soviétique) et l'Ouest (américain) — se trouve marginalisée ; elle semble écrasée par tous les fléaux, alors que l'Inde qui était le symbole traditionnel de la pauvreté s'efforce d'amortir bien timidement sa croissance ; depuis la mise en place d'une nouvelle politique de libéralisation (1990) les taux de croissance économique y sont de l'ordre de 5 à 6 % par an. La réalité actuelle vient donc contredire les pronostics habituels : dans les années 1960, au lendemain des indépendances, les économistes s'accordaient pour dire que l'avenir de l'Asie allait être tragique (la poussée démographique entraînerait de graves famines périodiques) alors que l'Afrique semblait riche de promesses. Bien que la population de l'Inde ait quadruplé au cours du XXe siècle, le revenu réel par habitant a plus que triplé et le pays a échappé aux pires catastrophes. Le message est clair : la paix, la démocratie et la cohésion sociale — autrement dit, l'organisation humaine — sont beaucoup plus importantes pour le destin collectif que les matières premières ou les ressources naturelles.

Le seuil de pauvreté international

Les évaluations de revenus mentionnés plus haut sont des moyennes nationales, dont la signification varie au cas par cas, selon la répartition des revenus propres à chaque pays. La mesure statistique du revenu est difficile aux deux extrémités de l'échelle sociale : parmi la composante la plus riche d'une part, qui a des revenus non salariaux (bénéfices, profits) et des revenus non nationaux (souvent abrités dans des paradis fiscaux) ; pour la partie la plus pauvre de la société, d'autre part, composée surtout de petits paysans (souvent sans terre) et de chômeurs, les revenus monétaires sont rares et c'est l'économie de survie, au jour le jour, qui prédomine. De plus, chaque pays a sa propre notion de pauvreté, selon ses réseaux de solidarité, familiaux, villageois, ethniques ou nationaux.

Cependant, pour des raisons de comparaison internationale, les organisations internationales ont défini un seuil de pauvreté arbitraire mais clair.

Ce seuil de pauvreté a été fixé à 1 dollar (aux prix internationaux) de revenu disponible par personne et par jour. De façon à éviter les difficultés de mesure, ce sont les résultats des enquêtes représentatives menées dans chaque pays qui ont été utilisés. En se fondant sur ce seul critère, de 1 dollar par personne, on constate que 1,3 milliard d'individus, soit le quart de la population du monde en développement, vivent avec un revenu inférieur à 1 dollar par jour. La plupart des pauvres vivent dans la catégorie des pays à plus bas revenu, surtout dans les plus peuplés d'Asie (Chine 350 millions, Inde 450 millions) ou d'Afrique (Éthiopie, Nigeria, Zaïre, etc.).

Cette pauvreté extrême est le fait de pays qui n'ont jamais vraiment connu de phase de croissance séculaire ininterrompue et qui, dès lors, n'ont jamais accédé à la prospérité. Les taux de pauvreté les plus élevés, toujours fondés sur le critère du pourcentage de la population disposant de moins de un dollar par jour sont ceux d'Asie du Sud (Inde, Bangladesh, Pakistan) avec un pourcentage de 43 % de la population en 1993, mais une légère amélioration est en cours depuis le milieu des années 1980. En Afrique subsaharienne, la pauvreté ne fait, au contraire, que s'aggraver depuis la fin des années 1970 ; le pourcentage des habitants vivant en état de pauvreté aiguë est de l'ordre de 40 % et il augmente. Il est nettement plus fort qu'en Amérique latine et dans les autres parties de l'Asie (un peu moins de 25 %). Selon certaines estimations, la pauvreté en Afrique subsaharienne pourrait en l'an 2000, toucher la moitié des habitants. Là encore, c'est entre les extrêmes que le fossé se creuse : en 1975, le PIB par habitant des pays industriels était vingt et une fois supérieur à celui des pays en développement ; une vingtaine d'années plus tard, le ratio est resté le même : vingt et un à un. Mais c'est l'écart relatif entre les pays industriels et les pays les moins développés qui s'est terriblement accru, passant de 44 à 79. Le libre-échange a certes pu contribuer à l'aggravation des différences initiales, mais la guerre, l'anarchie et la corruption ont sans doute aussi joué leur rôle, de même que l'accélération du progrès technique.

Le classement international ne se transforme que lentement. Au cours des années 1980, beaucoup annonçaient le déclin des États-Unis et leur remplacement par le Japon, à la tête du classement mondial. Il n'en a rien été : les années 1990 ont été, pour le Japon, des années de récession : krach immobilier, échec des plans de relance successifs, récession prolongée, etc. ; pour les États-Unis, au contraire, ce fut un boom et le retour au plein emploi. Les États-Unis ont, certes, su tirer profit de leur avance dans le domaine des nouvelles technologies, mais on ne saurait écarter la différence de conjoncture démographique. Au Japon, l'indice de fécondité est, depuis plus de quarante ans (1957), inférieur au niveau de remplacement des générations et l'écart tend à s'accentuer au fil du temps ; le pied de la pyramide des âges se rétrécit donc peu à peu. Ce sont donc des marchés entiers, ceux de l'enfance et des jeunes ménages, qui sont affectés par cette contraction démographique : le bâtiment, les travaux publics, l'infrastructure, l'équipement automobile et électroménager, etc. Aux États-Unis, en revanche, la fécondité est restée assez stable autour du seuil d'équilibre, depuis 1970, et l'immigration tend à augmenter de décennie en décennie depuis 1965. Du coup, la population continue à croître, notamment dans les États du Sud et de l'Ouest (Californie, Texas, Floride, etc.) ; la « frontière » n'a cessé de progresser, avec, cette fois, des vagues d'immigrants en provenance d'Amérique latine et d'Asie. L'Europe de l'Ouest est dans un cas de figure analogue à celui du Japon. Au sein du monde industriel, les perspectives de croissance économique semblent meilleures là où subsiste une marge de croissance démographique.

Mais les différences les plus fortes paraissent liées au fonctionnement collectif. Ce sont, en effet, les vieilles démocraties, dotées d'un tissu social et économique robuste et souple qui l'ont emporté dans la concurrence internationale. Quant aux pays à croissance démographique rapide, ils ont connu les sorts les plus divers, selon leur stabilité politique et la qualité de leurs gouvernants. Bien que toujours caractérisés par un profond retard, la Chine comme l'Inde ont échappé aux catastrophes qu'était censée produire leur poussée démographique ; de même, le Mexique, où la population a été multipliée par 7,5 entre 1900 et 2000, a vu son PIB réel par habitant quintupler. Il n'y a donc de fatalité liée à la croissance démographique.

L'Europe occidentale est entourée à l'est par des pays pauvres (pays d'Europe centrale et orientale) ou très pauvres (ex-URSS en particulier), et au sud (Afrique subsaharienne, notamment) par des pays englués dans la misère. Entre ces régions et l'Europe de l'Ouest, l'écart de revenu est devenu tel que l'idée de rattrapage ne semble guère envisageable avant très longtemps, avant de longues décennies, voire plus d'un siècle. De plus, la situation démographique de ces régions n'est aucunement comparable ; à l'est la dépression démographique est entamée et elle se greffe parfois sur un phénomène de décomposition politique et sociale ; elle devrait par son freinage de la demande et de l'investissement, plutôt handicaper qu'avantager la croissance à venir. Mais les destins ne sont pas séparables ; depuis la chute du mur de Berlin et la fin de la division bipolaire du monde, l'Afrique a cessé d'être un enjeu. Ethniquement et politiquement très divisée, elle compte autant d'habitants que la grande Europe (celle qui inclut la Russie et les États européens de l'ex-URSS). Mais les États n'ont toujours pas de colonne vertébrale alors même que l'élan démographique y est désormais le plus fort au monde et donc que les besoins sont les plus forts.

Quel rôle pourra jouer l'Europe face à de tels enjeux internationaux ? Son poids n'a cessé de reculer depuis l'entre-deux-guerres. Si en 1950, elle représentait encore 22 % de la population du monde, en 2000, elle n'en représente plus que 12 %, en 2050, son poids relatif* pourrait tomber à 7 %. Les déséquilibres démographiques « Nord-Sud » sont inéluctables, car ils sont inscrits dans les écarts de fécondité actuels et les différences de structure par âge. Toute la question est de savoir comment vont évoluer les déséquilibres économiques. La planète des riches (Occidentaux) sera-t-elle de moins en moins nombreuse, face à une planète des pauvres (Africains et Asiatiques) de plus en plus nombreuse. Un tel scénario sera porteur de tensions politiques, d'où la nécessité impérieuse d'un effort de codéveloppement.

* Voir MONNIER (A.), « La population de l'Europe : 1950-2050 », *Population et Sociétés*, janvier 2000.

V

ALIMENTATION, CUISINE ET USINES

Alimentation contemporaine et perception du risque

par Claude Fischler

Le 28 juillet 1987, l'émission *Monitor* de la chaîne Ouest-allemande ARD présenta un reportage sur la pêche en mer du Nord. Dix millions de spectateurs purent voir, en gros plan, des vers *anisakis*, extraits des entrailles et de la chair d'un hareng, se tortiller à la pointe d'un couteau puis sous un microscope. Un jeune homme interviewé expliqua que, contaminé par le parasite après avoir consommé des harengs, il avait dû subir l'ablation chirurgicale de douze centimètres de gros intestin. Les chercheurs recrutés par l'émission avaient trouvé des larves de vers vivantes dans des pots de harengs achetés au supermarché. L'animateur conclut que le système d'autorégulation par la profession en vigueur dans la filière de la pêche allemande était insuffisant pour garantir la sécurité et la santé publique.

Le marché s'écroula en une nuit. Les prix à la criée furent divisés par deux. Les ventes au détail baissèrent, suivant les régions, de 50 à 80 %. Le responsable de l'émission se déclara surpris, affirmant qu'il s'attendait à un fléchissement inférieur à 10 % et que l'objectif était simplement de faire pression pour obtenir une réforme des procédures de contrôle et de la réglementation. Un expert de la pêche, cherchant à rassurer les consommateurs, fit valoir que, en dix-huit ans, on n'avait relevé que 60 cas humains de contamination par les vers pour 7,5 milliards de repas de poisson consommés dans la même période en Allemagne, ce qui ne faisait pas du parasite un risque de santé publique majeur.

Il s'agit là d'un cas tout à fait caractéristique de ces alertes alimentaires que les responsables qui doivent en affronter les effets qualifient volontiers de paniques ou de « peurs », en associant à ce mot

Texte de la 59e conférence de l'Université de tous les savoirs donnée le 28 février 2000.

un jugement d'irrationalité. Entre les profanes et les experts, l'appréciation du risque est en effet divergente : les techniciens connaissent le nombre de cas cliniques, la morbidité et la mortalité éventuelle, et s'appuient sur ces données ; les téléspectateurs, eux, ont vu un parasite répugnant grossi aux proportions d'un serpent de mer, se tordre sous les caméras ; dans leur cas, il ne s'agit nullement de procéder à une estimation probabiliste du risque. Les mécanismes à la fois cognitifs et physiologiques qui sont déclenchés sont ceux du dégoût et de la peur et ils conduisent à un rejet littéralement viscéral de l'aliment associé au stimulus répulsif. On comprend mieux, dès lors, ce phénomène : ce ne sont pas nécessairement les risques quantitativement les plus meurtriers qui provoquent les inquiétudes les plus profondes, les répercussions médiatiques et économiques les plus massives, particulièrement en matière d'alimentation.

Les travaux de psychologues américains, réalisés il y a une quinzaine d'années, ont mis en évidence les divergences qui existent entre l'« évaluation » des risques par les experts et leur « perception » par les profanes. Ainsi, Paul Slovic a montré que si le nucléaire constituait le risque le plus dangereux pour les membres d'une ligue féminine, il n'arrivait qu'à la vingtième place pour un groupe d'experts.

À quoi tient cette distorsion ? On l'a vu : l'évaluation du risque (par les experts) et sa perception (par les profanes) ne se construisent pas de la même manière, ne procèdent pas des mêmes raisonnements ou mécanismes mentaux. On peut regrouper dans deux catégories les facteurs qui influent sur la perception du risque : d'une part, certaines caractéristiques propres au risque lui-même ; d'autre part, des caractéristiques propres au sujet percevant. La première catégorie comprend les formes, les configurations de risque particulières dont on a pu observer qu'elles sont susceptibles de « dramatiser » les réactions dans le public, de provoquer des effets d'opinion et de mobilisation sociale et médiatique conduisant à une crise. La seconde rubrique procède de certaines caractéristiques psychologiques, cognitives, sociales et culturelles du sujet.

Les formes du risque

On a identifié un certain nombre de configurations susceptibles de produire des *outrage factors* (facteurs d'indignation), et donc susceptibles d'accroître l'émotion des individus et la mobilisation sociale. En voici un échantillonnage non exhaustif.

La proximité, le caractère concret (représentable, imaginable, observable) d'un risque, qui s'oppose à la distance et au caractère abstrait.

Le caractère délibéré ou au contraire, imposé du risque. Les personnes qui ont peur en avion évoquent souvent l'impression qu'elles ont d'y être dépossédées de tout contrôle. Symétriquement, le risque associé au fait de faire du ski est élevé mais il procède d'une décision personnelle « assumée » comme telle : sa perception est plutôt atténuée. En revanche, un risque subi à l'insu du sujet ou sans que celui-ci ait pris la décision de le subir, à plus forte raison si ce risque profite à autrui et non au sujet, constitue un puissant *outrage factor*. Notons à cet égard que les études sur la perception des OGM montrent que, dans l'état actuel des choses, le public ne perçoit ni bénéfice à son profit ni maîtrise du risque éventuel…

L'impossibilité de maîtriser le risque identifié est une source d'indignation et d'anxiété supplémentaire. L'hypothèse d'un danger lié à la consommation de l'eau du robinet constituerait un cas type : il est extrêmement difficile d'éviter tout usage de l'eau de distribution et donc de se protéger du risque qui y serait attaché. Autre exemple, emprunté à la crise de la « vache folle » : si l'on peut relativement aisément éviter de consommer des abats bovins identifiés comme infectieux (maîtrise perçue comme possible), il devient extrêmement difficile de se protéger (maîtrise perçue comme difficile ou impossible) dès lors que l'on découvre que toutes sortes de sous-produits du bœuf entrent dans la composition de produits très divers et insoupçonnés (gélatines dans les bonbons, cosmétiques, fil chirurgical, etc.).

La cause humaine ou naturelle d'un risque influence également la perception que l'on en a : *a priori*, le risque « naturel » est réputé susciter moins d'indignation qu'un risque subi du fait d'une action humaine. En réalité, l'observation montre que nous semblons plus volontiers « intéressés » par l'identification de coupables que par l'analyse rigoureuse de déterminismes complexes, y compris lors de catastrophes naturelles, ce qui conduit fréquemment les médias et l'opinion à incriminer diverses instances, de l'État aux politiques en passant par les « multinationales ».

Enfin, un risque lié à une technique familière, tel le chemin de fer aujourd'hui, suscite moins de mobilisation qu'un autre qui serait lié à une technique nouvelle et mal connue (par exemple, le génie génétique).

Caractéristiques du sujet

Des travaux de psychologie cognitive ont mis en évidence que le raisonnement probabiliste est purement et simplement contre-intuitif*. Certaines erreurs liées à des « biais cognitifs »

* Tversky & Kahneman, 1974.

sont même commises par des personnes ayant subi une formation aux statistiques. Or le risque est une notion probabiliste et dans tout contexte de crise, il est pour le moins difficile d'éviter dans les débats de faire référence à des raisonnements de ce type ou à des données statistiques.

On observe d'autre part que le risque est perçu de façon « binaire » et non graduée, comme s'il s'agissait d'une caractéristique intrinsèque, essentielle, d'un objet ou d'une situation : tout se passe comme si l'on voulait à tout prix qu'il soit répondu à la question : « y a-t-il, oui ou non, un risque ? ». La réponse « le risque est négligeable » serait perçue comme signifiant « oui, il y a bien un risque ; nous nous proposons de le négliger ». De manière analogue, en matière de nutrition, on observe que les sujets attribuent aux divers aliments la vertu de « faire grossir » ou de ne pas « faire grossir » indépendamment de toute prise en considération de la dose. Ainsi le principe édicté par le médecin zurichois Paracelse (1493-1541), selon lequel « la dose fait le poison », n'a pas réussi, en cinq siècles, à faire sa place dans nos esprits. Dans notre perception spontanée, entre ce qui est dangereux et ce qui est inoffensif, il n'existe pas de continuité.

Enfin le facteur « personnel » entre aussi en jeu, sous la forme du contraste, que l'on assume mal, entre l'expérience individuelle et les énoncés statistiques : une série statistique mettant en évidence des régularités implacablement significatives, par exemple le lien tabac-cancer, sera impuissante à faire taire l'affirmation selon laquelle l'oncle Albert, qui a fumé toute sa vie deux paquets de cigarettes par jour, est centenaire et néanmoins en pleine forme...

L'alimentation : un domaine particulièrement sensible

Il existe chez l'*homo sapiens* une dimension tout à fait spécifique dans la perception du risque en matière d'alimentation, qui tient à son rapport même à l'aliment. La sélection des aliments chez les omnivores et l'homme en particulier se caractérise par un paradoxe comportemental qui est source d'anxiété : elle est en effet marquée à la fois par une exigence de variété (néophilie) et une grande prudence, sinon une aversion, devant le nouveau ou l'inconnu (néophobie).

Chez tout omnivore et particulièrement chez l'homme, l'ingestion constitue un acte à la fois intime et périlleux. Il faut faire passer à l'aliment la barrière corporelle, l'incorporer, le faire pénétrer dans son corps et devenir partie intégrante de soi. Il ressort de la littérature et de l'observation que certains aliments sont plus propices que d'autres à l'émergence d'inquiétudes : les produits d'origine animale sont toujours perçus comme plus périlleux. La viande est l'aliment universellement le plus recherché (il n'existe d'ailleurs aucune société humaine documentée entièrement végétarienne) ; or c'est aussi sur la viande et les produits animaux que portent la plupart des prohibitions alimentaires dans toutes les cultures et même les aversions individuelles les plus violentes.

Les manifestations de l'anxiété consubstantielle à l'alimentation ont donc selon toute vraisemblance toujours existé, à plus forte raison dans les contextes de crise ou de pénurie du passé (bruits d'empoisonnement des puits, rumeurs d'accaparement, etc.). Or des phénomènes analogues se produisent de nos jours. Ils ne constituent nullement des résidus archaïques : ils sont, au contraire, surdéterminés par la modernité alimentaire. On a ainsi répertorié un grand nombre de « légendes urbaines » liées aux produits alimentaires transformés par l'industrie, dont certaines ont eu des effets économiques parfois graves. En France, un exemple de cette « psychopathologie de l'alimentation moderne » est fourni par le tract dit de Villejuif : depuis le début des années 1970, sous de multiples versions, circulent des mises en garde dactylographiées et polycopiées, attribuées à l'hôpital de Villejuif (le centre anticancéreux le plus connu du public en France), contre colorants et additifs divers, indiqués par leur code (E123, etc.). Ces produits sont dénoncés — sans aucun fondement — comme cancérigènes : ainsi le E330, l'inoffensif acide citrique, est présenté comme l'un des plus dangereux… En dépit de tous les démentis, ce document ne cesse de ressurgir.

Ce phénomène renvoie à la constatation frappante que, dans les pays les plus développés de la planète, existe une perception profondément négative et pessimiste des liens entre santé et alimentation moderne. Entre 1935 et la fin du XXe siècle, dans les pays d'Europe occidentale, l'espérance de vie a augmenté d'une vingtaine d'années (en France par exemple : 19 ans pour les hommes, 21 pour les femmes). Et pourtant, dans ces mêmes pays, les études montrent qu'une majorité de la population croit que l'alimentation d'aujourd'hui présente plus de risques ou d'inconvénients que celle d'hier, qu'elle est non seulement moins bonne au goût mais encore moins bonne pour la santé. C'est sur cette observation qu'il faut s'interroger.

Alimentation et « pensée magique »

Notre fonctionnement mental, en matière d'alimentation particulièrement, est profondément marqué par les mécanismes connus en anthropologie sous le nom de « pensée magique ». Au début de cette discipline, à la fin du XIXe siècle et jusqu'à une période relativement récente, on attribuait ces modes de pensée aux « primitifs ». On a depuis établi expérimentalement leur présence même chez des sujets d'un bon niveau d'éducation dans des pays occidentaux développés.

La pensée magique a pu être définie par deux « principes » : la contagion et la similitude. Le principe de contagion se résume par la formule *once in contact, always in contact*. Le contact avec un objet réputé impur transmet au sujet cette impureté, dont il ne pourra plus s'affranchir que par le recours à un ou des rituels de purification. Le principe de similitude, de son côté, repose sur l'idée que « l'image égale l'objet ». À de multiples occasions, dans toutes les sociétés, on observe la permanence de ces deux principes de pensée magique. Dans les manifestations, par exemple, on pend ou brûle telle ou telle personnalité en effigie. En psychologie sociale, les expérimentateurs mesurent à quel point il est difficile à quiconque de déchirer une photographie de ses enfants ou d'un être cher (beaucoup moins lorsque l'image est celle d'une personne haïe).

Contagion et similitude, ces deux principes essentiels de la pensée magique, convergent, lorsqu'il s'agit d'alimentation, dans le « principe d'incorporation » : la représentation mentale, dont on a montré le caractère général, selon laquelle le mangeur est transformé par le mangé, acquiert ses caractéristiques réelles ou imaginaires : « on est ce qu'on mange ». C'est ce principe de représentation qui fait dire, en français, que l'on a « mangé du lion » si l'on manifeste une énergie particulière au bureau ou, en italien, que l'on a *mangiato pane e volpe* (mangé du pain et du renard) si l'on montre de la ruse dans une négociation. La publicité pour les produits alimentaires fait un usage constant de ce mécanisme, par exemple lorsque, comme l'eau d'Évian il y a quelques années, elle promet que « l'eau d'Évian vous donne ce que la montagne lui a donné » soit, selon les interprétations, des sels minéraux (mais Évian n'en contient guère), la force grandiose des montagnes, les vertus associées à l'altitude, à la proximité avec le ciel mais surtout à la pureté des glaciers.

La maîtrise de l'incorporation est donc essentielle pour tout mangeur : si l'on est ce que l'on mange, il faut absolument maîtriser ce que l'on mange. Or toutes les enquêtes récentes sur la perception de l'alimentation moderne mettent en évidence cette caractéristique : les répondants, de façon presque unanime, se plaignent de ce qu'on « ne sait plus ce qu'on mange ».

De même, l'analyse de la réception de la crise de la « vache folle » met en évidence le besoin qu'ont les individus de « savoir ce qu'ils mangent » et de ne pas se voir imposer un risque qu'ils ne maîtrisent pas.

Objets comestibles non identifiés (OCNI)

C'est là que réside le plus grand sujet d'inquiétude pour le consommateur contemporain. L'aliment est devenu, depuis quelques décennies, un produit de consommation de masse : production industrielle, grande distribution (réseaux de supermarchés), conditionnement élaboré, marketing et communication. La transformation croissante des produits par les filières agroalimentaires et la mondialisation des filières d'approvisionnement créent une distance croissante entre le consommateur et ses aliments, qui sont perçus de plus en plus comme mystérieux, louches, sans histoire ni identité connue. Ils sont devenus de véritables OCNI — Objets comestibles non identifiés. Il suffit d'interroger les consommateurs pour entendre l'expression de ce malaise, avec la phrase, constamment répétée : « aujourd'hui, on ne sait plus ce qu'on mange ».

C'est ce facteur qui explique que, depuis les débuts de l'industrie agroalimentaire, des tensions et des peurs ont surgi cycliquement, ont culminé avec des crises plus ou moins graves, puis se sont résolues provisoirement, avant de réapparaître. La crise de la « vache folle » a, jusqu'ici, été la plus violente de ces crises. Mais avant elle, la tension existait déjà, et elle devient d'autant plus forte que les consommateurs se sentent tiraillés entre, d'une part, les bénéfices que leur procurent les produits modernes (*convenience* et prix) et l'inquiétude qu'ils leur causent. Ainsi le malaise du mangeur moderne peut se ramener à cette triple proposition : « Je suis ce que je mange ; Je ne sais plus ce que je mange ; Sais-je encore ce que je suis ? ».

Face à l'inquiétude du consommateur, les producteurs et les distributeurs cherchent des réponses. Ils développent des marques, des labels, des appellations d'origine ; ils perfectionnent l'étiquetage informatif. Jusqu'à présent, néanmoins, ces efforts n'ont pas suffi à réduire la méfiance ou l'anxiété. On peut même se demander si, à eux seuls, ils peuvent y parvenir. En effet l'idée, particulièrement vivace, semble-t-il, aux États-Unis, selon laquelle les choix alimentaires des individus pourraient procéder exclusivement de décisions rationnelles prises individuellement, en fonction d'une information scientifique garantie par l'État, néglige ou nie une dimension essentielle du comportement alimentaire humain : la sélection des aliments, chez l'homme, procède pour une très large part de déterminismes collectifs, culturels et sociaux, qui gouvernent, sans que les sujets en aient nécessairement conscience, aussi bien les horaires des prises alimentaires que leur contexte, leur composition et leur déroulement.

Facteurs sociaux et culturels

La perception du risque est liée elle aussi à des facteurs sociaux. Ainsi, aux États-Unis, une étude sur la perception du risque en matière d'environnement montre que, chez les Blancs, les femmes sont plus sensibles aux risques santé que les hommes ; mais cette différence disparaît chez les non-blancs. Les auteurs proposent d'expliquer ce phénomène par le fait que les hommes blancs, plus proches des « leviers de commande » de la société, ont un sentiment de maîtrise plus important et que, en conséquence, ils tendent à se sentir plus en sécurité alors que les femmes et les minorités ethniques se sentent moins dans une situation de maîtrise.

Dans le domaine purement alimentaire, une de nos récentes recherches montre que la même différence sépare les hommes et les femmes dans quatre échantillons de cultures par ailleurs très différentes (France, États-Unis, Japon, Belgique néerlandophone) : dans tous les cas, les femmes manifestent plus d'anxiété vis-à-vis de l'alimentation que les hommes, un souci plus marqué pour les questions de santé et beaucoup moins d'intérêt pour les aspects gastronomiques.

On observe une grande variabilité dans le « choix » des risques les plus redoutés selon les cultures. Ainsi dans la même étude, les Américains manifestent plus d'inquiétude que tous les autres groupes devant l'alimentation. Les Français, en revanche, conformément aux attentes, sont davantage mobilisés par le plaisir et la convivialité. Il ressort d'autres études ou d'observations anecdotiques que les Allemands, pour leur part, sont plus sensibles au risque chimique et aux atteintes à l'environnement.

La perception du risque, objet scientifique

La perception du risque procède d'un ensemble de phénomènes observables et même mesurables. Elle est donc en partie prédictible et peut constituer un objet scientifique légitime. Même si l'on peut juger parfois « irrationnelle » la perception profane du risque, il est encore moins rationnel de se borner à la dénoncer comme telle et de négliger toute crainte, même mal fondée d'un point de vue épidémiologique et probabiliste. Il convient au contraire de chercher à en analyser le sens et le contexte et d'en tirer les conclusions.

L'expérience montre que les mesures les plus efficaces en termes de gestion des crises, mais aussi d'information démocratique, consistent à prendre en compte ces phénomènes et à les considérer comme des objets d'étude légitimes. Il s'agit également de favoriser l'écoute et la veille des signaux faibles pour identifier les risques émergents. En outre, il convient de favoriser particulièrement le partage de l'information en continu et *a priori* : toute information, aussi « rationnelle » soit-elle, peut avoir des effets boomerang une fois que la crise s'est déclarée. La mise en commun du travail sur la connaissance est le meilleur moyen de diffuser une information pacifiée.

Les médias, dans leur traitement des questions de sécurité alimentaire, oscillent entre deux thématiques : celle du scandale et celle de la « grande peur », de « la panique », etc. Cette dernière thématique met précisément en avant la dimension « irrationnelle » des comportements et attitudes lors des crises alimentaires. Ce jugement d'irrationalité est volontiers repris de divers côtés, par exemple par certains producteurs (« le consommateur est irrationnel : il veut à la fois la qualité, la sécurité et les prix » : mais demander beaucoup n'est pas irrationnel économiquement...), par certaines instances administratives et même par certains scientifiques.

Il existe diverses définitions de la rationalité. Quelle que soit celle qu'on adopte, on peut cependant se demander si le fait d'éviter la marque Coca-Cola jusqu'à plus ample information, comme ce fut le cas pour certains consommateurs à l'occasion de la crise récente, relève de l'irrationalité ou de la simple précaution.

Les peurs et les angoisses alimentaires ne sont pas ou pas seulement des manifestations d'ignorance, d'idéologie ou d'irrationalité : ce sont aussi les signes d'un besoin profond du mangeur de s'approprier (ou de se réapproprier pleinement) ses aliments. Ce que les crises récentes successives de l'alimentation, depuis la « vache folle » jusqu'aux organismes génétiquement modifiés, montrent et déclenchent à la fois, c'est la montée de cette revendication et d'une prise de conscience, y compris aujourd'hui dans les pays du Sud de l'Europe. Il y a quelques mois à peine, on pensait que les OGM étaient irréversiblement installés au cœur de notre alimentation, que le « passage en force » des semenciers avait d'ores et déjà réussi. Or aujourd'hui, on voit que les surfaces cultivées en OGM sont à la baisse, que des filières garanties sans OGM cherchent à se mettre en place dans le monde, que les consommateurs américains, dont on nous assurait qu'ils n'étaient nullement mobilisés par ces thèmes, se rebiffent. Certains agriculteurs des plus productivistes commencent à s'interroger. Selon les pays, autant que le « bio » *(organic food)* les pratiques d'agriculture « durable » ou « raisonnée » *(sustainable agriculture)* rencontrent un intérêt croissant chez les cultivateurs ou chez les responsables politiques et administratifs.

Comment rendre au consommateur confiance dans ses aliments ? C'est la question que l'on entend poser aujourd'hui de toutes parts. Il n'est nullement certain que cela soit possible totalement, ne serait-ce que parce que la méfiance fait partie des caractéristiques intrinsèques de tout omnivore, à plus forte raison de l'homme. La confiance alimentaire ne semble pas pouvoir se construire une fois pour toutes : il faut constamment l'étayer, la soutenir ou, plus exactement, contenir, atténuer l'anxiété qui est en nous — et qui nous meut en grande partie dans notre rapport aux aliments. Pour obtenir cela aujourd'hui, il faut remettre en cause le processus de production lui-même, réinterroger nos pratiques. Ce mouvement a commencé.

L'alimentation de demain

par GÉRARD PASCAL

Il est souvent risqué de se livrer à des exercices de « futurologie » et cela est particulièrement vrai dans le domaine de l'alimentation. Certes, une croyance populaire qui avait cours il y a quelques décennies et qui prévoyait que l'on nous préparait un monde dans lequel notre alimentation serait constituée de pilules, pouvait être facilement contredite. En effet, les aliments dont la densité énergétique est la plus élevée sont les matières grasses, les lipides, dont la densité est de 9 kcal/g. Le besoin d'énergie dans nos conditions de vie actuelles est de 2 000 à 2 500 kcal par personne par jour. Cela signifie que pour satisfaire ces besoins, il faudrait consommer de 220 à 280 g de pilules constituées de lipides. Outre le fait que l'on ne peut se nourrir exclusivement de lipides, ça fait lourd pour des pilules !

Faire des prévisions quant à ce que nous mangerons demain est beaucoup plus difficile. Il me semble que notre alimentation devrait répondre à nos attentes. Nous souhaitons que cette alimentation soit :

– saine, c'est-à-dire capable de satisfaire nos besoins nutritionnels et de nous permettre de nous maintenir dans le meilleur état de santé le plus longtemps possible ;

– sûre, c'est-à-dire dépourvue de risques sanitaires chimiques ou biologiques inacceptables ;

– source de plaisir, donc nous apporte des satisfactions hédonistes. C'est une dimension majeure dans notre pays où la culture gastronomique est si riche et diversifiée ;

Texte de la 60e conférence de l'Université de tous les savoirs donnée le 29 février 2000.

– adaptée à notre mode de vie. Les produits doivent être accessibles partout, faciles d'emploi, distribués en portions correspondant aux besoins de chacun, se conserver suffisamment longtemps.

On retrouve là les quatre piliers, les « 4 S », sur lesquels repose la qualité des aliments : la santé, la sécurité sanitaire, la satisfaction et le service *(Fig. 1)*. Nous sommes à même d'évaluer le niveau de qualité dans le domaine du plaisir et du service, sans avoir à nous appuyer sur l'avis des scientifiques. Au contraire, le consommateur n'a pas la possibilité de juger par lui-même de la valeur « santé » ou de la sécurité de ses aliments. Dans ces deux domaines, il a besoin de faire confiance à l'action des pouvoirs publics qui doivent lui garantir un niveau de qualité suffisant, en s'appuyant sur l'évaluation scientifique nutritionnelle et sanitaire des risques.

C'est dans les deux domaines de la nutrition et de la sécurité sanitaire que la recherche peut avoir un impact sur notre alimentation future et c'est donc ces deux aspects que je vais maintenant développer.

Compte tenu de l'éclairage médiatique dont sont actuellement l'objet des questions de sécurité sanitaire, il semblerait judicieux d'accorder la priorité à cet aspect. Ce n'est cependant pas mon choix car je pense que les risques d'un comportement alimentaire conduisant à des déséquilibres nutritionnels souvent responsables d'obésité et des pathologies qui en découlent sont, au plan de la santé, nettement plus importants que ceux qui sont liés à la contamination chimique ou biologique (hygiène défectueuse) de nos aliments.

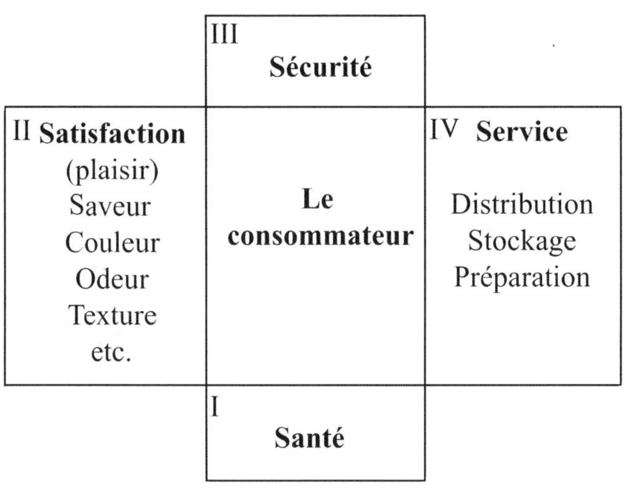

Figure 1 – Les quatre piliers, les « 4 S », sur lesquels repose la qualité des aliments : la santé, la sécurité sanitaire, la satisfaction et le service.

Une alimentation saine : un défi pour le nutritionniste

L'alimentation est aujourd'hui la source de préoccupations bien différentes dans les pays industrialisés et dans les pays émergents ou en développement. Les difficultés à résoudre dans ces derniers pays justifieraient à elles seules une conférence spécifique. Par ailleurs, je n'ai pas toutes les compétences pour en traiter. Ce sont les raisons pour lesquelles je limiterai mon propos aux pays industrialisés.

Au cours des siècles, dans ces pays, les conceptions de l'alimentation ont considérablement évolué : d'abord nécessaire à la simple survie, elle est ensuite devenue le moyen de satisfaire sa faim. Plus récemment, signe de l'atteinte d'un niveau d'approvisionnement quantitativement suffisant, l'attention a été essentiellement portée sur les risques pour la santé liés à la consommation de certains aliments. C'est ainsi que les lipides ont été considérés comme les principaux responsables des affections cardio-vasculaires ou le sel de l'hypertension.

Même si ces aspects restent l'objet de l'attention des chercheurs en nutrition, les côtés positifs, c'est-à-dire le potentiel de l'alimentation en matière de promotion d'une meilleure santé et de réduction des risques de maladie sont aujourd'hui des pistes explorées par les scientifiques.

Ces travaux de recherche se développent dans un contexte qui est caractérisé par une maîtrise de plus en plus difficile des dépenses de santé qui continuent à augmenter, dans des sociétés industrialisées dans lesquelles l'espérance de vie continue à croître et qui connaissent donc un vieillissement de leurs populations plus susceptibles d'être atteintes par les maladies liées en particulier au vieillissement comme les affections cardio-vasculaires, les cancers, l'ostéoporose ou la cataracte.

C'est dans ce contexte que les nutritionnistes ont émis l'hypothèse que l'alimentation contrôle et module diverses fonctions de l'organisme et participe au maintien d'un état de bonne santé nécessaire pour réduire les risques de maladies. Ceci constitue une évolution dans la façon d'appréhender les relations entre l'alimentation et la santé. Essentiellement centrées dans les années 1980 sur les risques de certains composants de notre alimentation, les études sont aujourd'hui plus orientées vers les effets potentiellement protecteurs de certains aliments ou de leurs constituants. Cette évolution est parfaitement perceptible au travers des objectifs de grands ouvrages de nutrition publiés en Europe ou aux États-Unis.

UNE ÉVOLUTION FANTASTIQUE DES MOYENS D'INVESTIGATION DONT DISPOSE LA RECHERCHE EN NUTRITION

Les progrès réalisés par la recherche en biologie cellulaire et moléculaire ont donné aux nutritionnistes les moyens de passer d'une approche descriptive des relations entre l'alimentation et la santé, à une approche explicative des mécanismes qui régissent ces relations. Je n'en retiendrai qu'un exemple déjà ancien mais qui est le premier à ma connaissance démontrant qu'un constituant des aliments était capable de moduler l'expression de gènes impliqués dans les processus de différenciation. On savait que la carence aussi bien que l'excès de vitamine A étaient responsables d'effets tératogènes, c'est-à-dire de malformations fœtales, sans avoir d'idée sur les mécanismes en cause. En 1987, deux équipes ont pratiquement simultanément démontré qu'un métabolite de la vitamine A, l'acide rétinoïque, pouvait se lier à un récepteur nucléaire et que le complexe ainsi formé jouait le rôle de régulateur de l'activité de différents gènes cibles. Par la suite, une expérience très spectaculaire a été réalisée chez l'embryon de poulet. Pendant le développement embryonnaire, les membres postérieurs du poulet se forment à partir de bourgeons qui donnent normalement naissance à un pouce court et à un doigt beaucoup plus long, selon le gradient de concentration en acide rétinoïque. Si l'on place sur le bourgeon embryonnaire, à l'endroit où doit normalement se former le pouce, une microbille imprégnée d'acide rétinoïque, il se forme alors au contraire un doigt. Cette modification s'explique par le fait que normalement, la concentration en acide rétinoïque est plus faible à l'endroit où doit se former le pouce qu'à l'emplacement où se développera le doigt.

À peu près à la même période, on a aussi montré qu'un dérivé de la vitamine D, résultant de son métabolisme dans l'organisme, était capable de se lier à des récepteurs nucléaires similaires aux récepteurs des hormones œstrogènes et donc de jouer des rôles insoupçonnés jusqu'alors.

La vitamine A nous a apporté un autre enseignement important. J'ai fait référence aux risques de malformations fœtales dues à un excès d'apport de vitamine A. Au début des années 1990, des teneurs très élevées de cette vitamine ont été observées dans le foie des animaux d'élevage, dans différents pays d'Europe. Ces teneurs étaient tellement élevées qu'elles faisaient craindre des risques réels de malformations. Des mesures efficaces ont été prises pour réduire ces teneurs en imposant une diminution de l'ajout de vitamine A dans l'alimentation animale et en particulier dans celle des veaux. Dans le même temps, une équipe de recherche anglaise a comparé l'augmentation de la teneur en acide rétinoïque dans le sang de jeunes femmes évidemment sous contraceptif, selon qu'elles recevaient les mêmes fortes doses de vitamine A sous forme de pilule ou sous forme de foie de veau. La surprise a été grande de constater que cette augmentation était à peine perceptible avec le foie et extrêmement importante avec les pilules. Nous nous étions ainsi peut-être inquiétés à tort, mais ceci démontrait en tout cas qu'un aliment constitue une matrice qui peut considérablement moduler les effets d'un de ses constituants, en étalant dans le temps sa mise à disposition de l'organisme, on dit sa biodisponibilité, ce qui n'est pas le cas avec une pilule qui conduit à une libération rapide de fortes concentrations de ce composé.

Dans la même période, grâce aux progrès rapides des connaissances des mécanismes qui peuvent relier l'alimentation et la santé, est né au Japon le concept d'« aliments fonctionnels ». La formule n'est pas élégante, elle peut être ambiguë puisque, pour le technologue, la fonctionnalité d'un aliment fait référence à des propriétés technologiques. Je la préfère cependant de loin à d'autres formules comme « alicaments » ou « nutraceutiques », qui recouvrent souvent des produits sous forme de pilules, gélules ou comprimés qui peuvent être présentés comme des compléments alimentaires dont se gavent certains consommateurs, en particulier aux États-Unis. L'exemple précédent des teneurs en vitamine A dans le foie démontre assez combien il ne faut pas confondre un aliment avec ce genre de compléments. Notre alimentation ne doit pas se résumer au contenu d'une armoire à pharmacie. Nous n'avons pas à rechercher d'effets pharmacologiques, sauf cas exceptionnels.

Le concept d'aliment fonctionnel a été depuis dix ans l'objet de réflexions et de recherches dans le monde entier. Dans l'Union européenne, une action concertée baptisée FUFOSE, pour *Functional food science in Europe*, a permis d'identifier six domaines dans lesquels il semblait possible d'envisager un effet protecteur ou préventif de l'alimentation. Il s'agissait :

– de l'intervention de l'alimentation dans les mécanismes de croissance et de différenciation ;

– de son rôle modulateur dans le développement de l'insulinorésistance, du diabète, du surpoids et de l'obésité ;

– de son potentiel protecteur vis-à-vis des effets délétères des composés réactifs de l'oxygène par l'intermédiaire de l'action de composés antioxydants ;

– de son rôle modulateur dans le développement des affections cardio-vasculaires ;

– de ses effets sur l'appareil digestif en relation avec le risque de cancers et également avec son impact sur le confort digestif ;

– enfin, du rôle potentiel de l'alimentation vis-à-vis du comportement et des fonctions psychologiques, voire de son action préventive dans la dégradation des performances cognitives liée au vieillissement.

Un aliment fonctionnel est « un aliment », qui peut être un aliment naturel tout à fait courant ayant un intérêt nutritionnel particulier comme les fruits et légumes, un aliment dans lequel on a ajouté ou augmenté la teneur en un constituant doté de propriétés intéressantes (vitamines, oligo-éléments ou antioxydants) ou un aliment dans lequel on a réduit ou supprimé des composés naturellement présents mais ayant des propriétés antinutritionnelles ou toxiques comme certains allergènes. Un aliment fonctionnel ne l'est pas nécessairement pour tous les individus d'une population mais peut l'être seulement pour certains groupes de cette population. Il est conçu sur la base des connaissances scientifiques qui concernent les fonctions cibles de cet aliment.

La question majeure concerne la mise en évidence de marqueurs de l'état de ces fonctions. De plus, la bonne régulation de ces fonctions peut être primordiale pour le maintien d'un bon état de santé ; leur dérégulation peut conduire à l'augmentation d'un risque de maladie. Les marqueurs précoces de pathologies sont également des outils précieux pour la conception d'aliments fonctionnels. De tels marqueurs qui résultent des progrès des connaissances des mécanismes d'action des aliments, doivent être validés chez l'homme et ne peuvent l'être qu'au travers d'études d'interventions conduites dans des structures de recherche adaptées. En France, il s'agit des centres de recherche en nutrition humaine ou CRNH. Il en existe actuellement quatre, à Clermont-Ferrand, à Lyon, à Nantes et en Méditerranée (Marseille, Montpellier et Nice). Ils disposent d'équipements lourds qui permettent par exemple d'utiliser des isotopes stables pour explorer certaines voies métaboliques dans le domaine des glucides, des protéines, des minéraux ou des oligo-éléments.

Des données nouvelles ont ainsi été obtenues au centre de Clermont-Ferrand comme la mise en évidence d'une moindre biodisponibilité de la vitamine E chez les sujets âgés ou la très grande variabilité entre sujets de la biodisponibilité d'un antioxydant, la quercétine, après un repas riche en végétaux.

L'industrie alimentaire a entrepris des recherches dans ces voies nouvelles, en collaboration avec la recherche publique, dans l'espoir de pouvoir valoriser leurs résultats par l'utilisation d'allégations fonctionnelles, voire d'allégations « santé » *(Fig. 2)*. Ces allégations ne devront pas être trompeuses et leur véracité devra être démontrée. Elles devront être validées par la communauté scientifique, non ambiguës et claires. Les consommateurs seront à coup sûr vigilants vis-à-vis de ce type d'allégations et l'on peut penser que dans le contexte actuel, les premiers faux pas signeront leur arrêt de mort.

Il sera sans doute plus facile, dans un premier temps, de valider des allégations fonctionnelles, par exemple concernant l'action de certains oligosaccharides sur la croissance de bifidobactéries, que de valider des allégations « santé » en relation avec la réduction du risque de pathologies, par exemple la réduction du risque de cancer colique si la flore intestinale est riche en ces bifidobactéries,

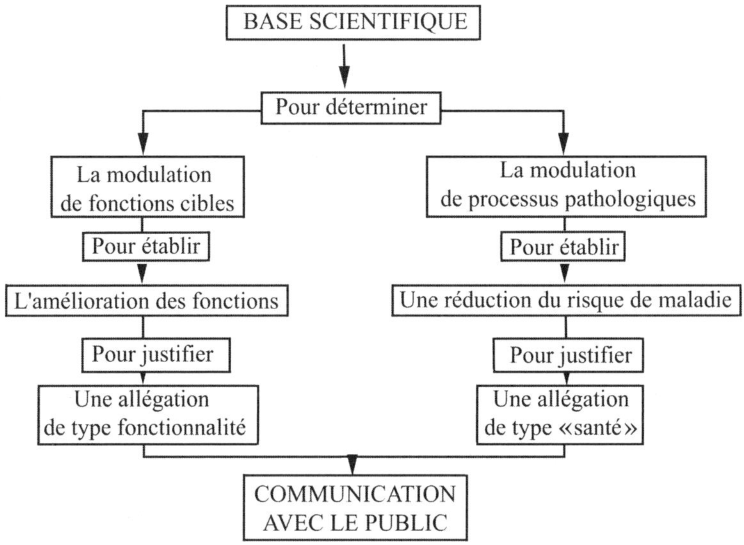

Figure 2 – L'industrie alimentaire a entrepris des recherches dans ces voies nouvelles, en collaboration avec la recherche publique, dans l'espoir de pouvoir valoriser leurs résultats par l'utilisation d'allégations fonctionnelles, voire d'allégations « santé ».

allégations « santé » qui demanderont des études plus longues et coûteuses.

Enfin, s'il est possible d'obtenir un consensus dans la communauté scientifique sur les effets protecteurs d'un type d'alimentation vis-à-vis d'une pathologie, comme dans le cas des effets bénéfiques d'une alimentation riche en fruits et légumes vis-à-vis de certains cancers, il est beaucoup plus difficile de l'obtenir dans le cas d'un aliment et *a fortiori* d'un constituant isolé de sa matrice. C'est ainsi peut-être plus d'alimentation fonctionnelle que d'aliments fonctionnels dont on pourra parler demain, c'est-à-dire d'une alimentation adaptée à nos besoins qui ont formidablement évolué parallèlement à notre mode de vie.

Ainsi, les chercheurs en nutrition espèrent une réduction des dépenses de santé si le « manger sain » entraîne une augmentation de l'espérance de vie accompagnée d'une amélioration de la qualité de cette vie.

LA SÉCURITÉ ALIMENTAIRE : UN DÉFI POUR LE TOXICOLOGUE

L'inquiétude du consommateur en matière de sécurité sanitaire de son alimentation est forte et réelle ainsi qu'en attestent les sondages d'opinion. Ainsi, cette sécurité sanitaire des aliments est la première préoccupation pour 68 % des consommateurs européens

(90 % en France contre seulement 39 % en Finlande), parmi les problèmes généraux de sécurité des produits et services, selon un sondage Eurobaromètre de 1997. Ce sentiment est confirmé par un sondage de la SOFRES de 1999 qui montre que 89 % des Français expriment des craintes quant à la qualité des produits alimentaires, mais qui met également en lumière une grande méconnaissance des modes de production puisque 80 % d'entre eux pensent que les vaches ne mangent que... de l'herbe !

Cette sécurité sanitaire doit être assurée dans deux grands domaines : la sécurité chimique et la sécurité biologique, c'est-à-dire liée à l'hygiène des aliments et à la présence de micro-organismes (bactéries, virus, levures et moisissures) de parasites ou d'agents non conventionnels comme les prions. Elle est à assurer tout au long de la chaîne alimentaire, « de la fourche à la fourchette », depuis la production de matières premières par l'agriculture, jusqu'aux aliments dans notre assiette, en passant par les étapes de transformation industrielle, d'emballage, de transport, de distribution, de conservation et de traitement culinaire en restauration collective ou familiale. Chaque maillon faible de cette chaîne peut avoir des conséquences sur la sécurité sanitaire des aliments consommés.

Le temps dont je dispose pour ma présentation ainsi que mes compétences limitées en hygiène alimentaire me conduisent à ne développer maintenant que les aspects liés à la sécurité sanitaire chimique.

En matière de sécurité chimique, de nombreux risques sont à prévenir à chacune des étapes de la chaîne alimentaire *(Fig. 3)*. Dans un premier temps, il y a les risques liés aux matières premières produites par l'agriculture :

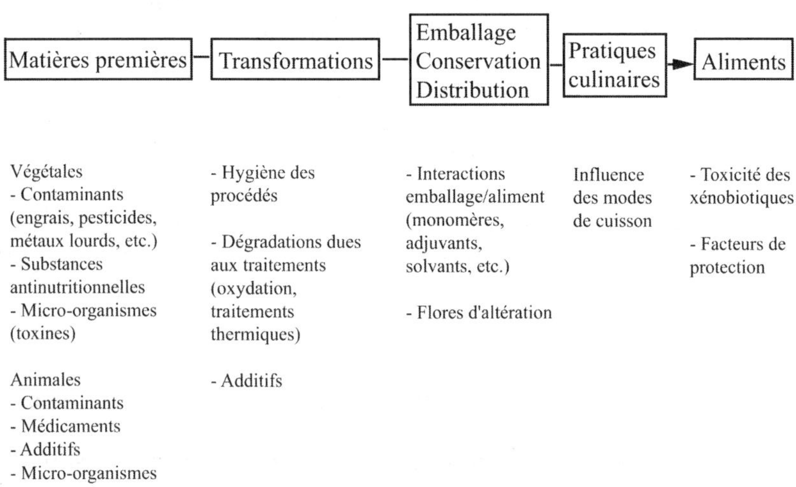

Figure 3 – La sécurité alimentaire doit être gérée tout au long de la chaîne alimentaire.

– les contaminants et polluants : résidus de pesticides et d'herbicides, nitrates, plomb, cadmium, mercure, PCB et dioxines, phtalates, etc. ;

– les composés antinutritionnels ou toxiques naturels : facteurs antitrypsiques, glucosinolates, glycoalcaloïdes, hydrazines, lectines, etc. ;

– les toxines sécrétées par des micro-organismes : mycotoxines, toxines d'algues, etc. ;

– les résidus de médicaments vétérinaires et d'additifs de l'alimentation animale comme les antibiotiques, etc.

Dans un deuxième temps, il y a les risques liés aux traitements et transformations technologiques :

– les additifs alimentaires (près de 400 molécules) ;

– les produits de dégradation thermique et oxydative des lipides et des protéines : monomères cycliques d'acides gras, isomères « trans », isomères conjugués de l'acide linoléique, oxystérols, hydrocarbures aromatiques polycycliques, amines hétérocycliques, etc. ;

– les produits résultants de l'usage de technologies nouvelles : chauffage par micro-ondes (sans risque si utilisé correctement), hautes pressions, etc.

Il ne s'agit pas de vues de l'esprit : c'est ainsi que l'on a par exemple identifié dans le lait maternel de certaines mères allaitantes, jusqu'à 50 % de l'acide linoléique sous forme d'isomère « trans », qui résultait de la consommation de matières grasses alimentaires elles-mêmes riches en cet acide gras dégradé thermiquement. Dans un troisième temps, il y a les risques liés à l'emballage, au stockage, au transport et à la conservation :

– les interactions entre l'emballage (plastiques, papiers et cartons, encres d'impression, vernis...) et l'aliment ;

– les contaminants présents dans les systèmes de transport de masse (cales de bateaux, citernes, conteneurs).

Il existe près de 4 000 substances utilisées comme additifs ou adjuvants des matériaux plastiques d'emballage qui sont d'une complexité croissante et dont les interactions avec les aliments demandent des études physico-chimiques difficiles.

Tous ces risques sont réels et pourraient conduire à penser que nous mangeons dangereusement ! Tel n'est à mon sens pas le cas. L'exposition du consommateur aux dangers chimiques est en général extrêmement faible et il dispose de nombreux mécanismes de défense contre les effets potentiellement toxiques des composés auxquels il est exposé. Parmi ces moyens de défense figure son alimentation. Vectrice de dangers, elle est aussi porteuse de substances permettant de limiter les risques de toxicité de ces composés. C'est ainsi qu'en matière de risque cancérogène, des constituants de notre alimentation, en particulier dans les fruits et légumes, sont capables de réduire les effets de substances cancérogènes aux différentes étapes du processus de cancérogenèse : métabolisme de procancérogènes en cancérogènes, interaction de ces cancérogènes avec l'ADN, promotion tumorale et progression *(Fig. 4 et 5)*. C'est la raison pour laquelle les choses ne se passent pas si mal et si l'on assiste à une augmentation des cas de certains cancers, il ne faut pas oublier que la plupart des cancers du poumon, les plus fréquents chez l'homme, sont dus à la consommation de tabac et que l'espérance de vie augmentant, la prévalence des affections liées au vieillissement, dont certains cancers, doit augmenter également.

Je ne traite pas des risques biologiques dans cette présentation, mais je ne saurais passer sous silence un nouveau défi pour le toxicologue et l'hygiéniste qui est celui que nous posent les agents non conventionnels et en particulier les prions. Cette question sera abordée au cours d'une conférence du cycle de l'Université de tous les savoirs par le professeur Dominique Dormont, bien plus compétent que moi pour traiter ce sujet*.

En matière de conclusion sur la sécurité sanitaire des aliments, on peut dire que sa garantie suppose, pour la caractérisation des risques, une recherche de base pluridisciplinaire : analyse physico-chimique, toxicologie, épidémiologie, biochimie, biologie cellulaire et moléculaire, sciences vétérinaires et agronomiques, statistiques et modélisation, etc., et une expertise indépendante et transparente, en particulier en matière de procédures. Pour la gestion des risques, elle suppose : l'organisation d'un débat public, la responsabilisation de l'ensemble des acteurs de la chaîne alimentaire, une réglementation adaptée et harmonisée au plan international. L'information du public nécessite l'abandon de la politique du secret et l'explication et la justification des conclusions de l'étape d'évaluation des risques ainsi que des mesures de gestion retenues, avec un partage clair des responsabilités entre les scientifiques éva-

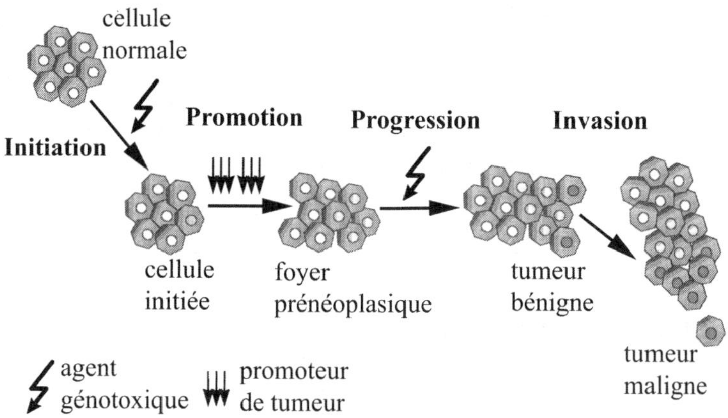

Figure 4 – Les différentes étapes de la cancérogenèse.

---

* Voir plus loin.

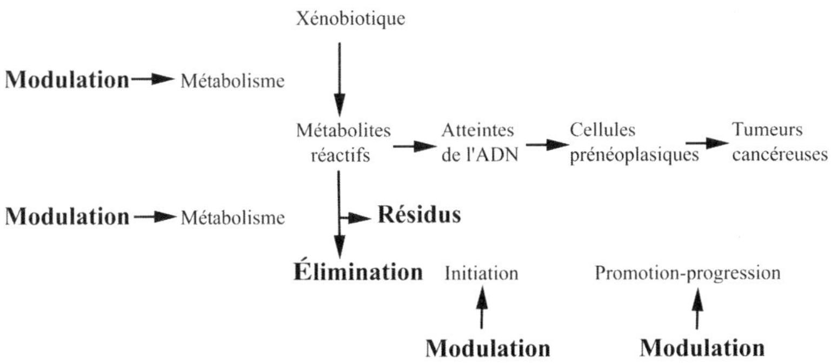

Figure 5 – Modulation nutritionnelle de la toxicité des xénobiotiques : cas de la transformation cellulaire.

luateurs de risques et les décideurs administratifs et politiques, gestionnaires de ces risques.

Conclusions

L'alimentation de demain sera ce qu'en décidera le « citoyen-consommateur » :

– elle peut être encore plus sûre et plus saine ;

– elle peut être mieux adaptée aux modes de vie et aux particularités de chaque groupe de consommateurs (risques liés au patrimoine génétique, stade physiologique, conditions d'environnement...) ;

– elle peut ainsi améliorer le bien-être, diminuer les facteurs de risque et ralentir l'apparition des pathologies liées au vieillissement et en même temps participer à la réduction des dépenses de santé.

Mais ceci ne peut être atteint qu'au prix d'efforts et de réflexions suffisants :

– efforts financiers : la part du budget des ménages consacrée à l'alimentation ne peut continuer à baisser impunément ;

– efforts en matière d'éducation de la part des pouvoirs publics : formation initiale à la nutrition et à l'hygiène ;

– efforts en matière d'information de la part de tous les acteurs de la chaîne alimentaire et des médias. Il faut cesser de chercher le sensationnel, abandonner la communication politico-médiatique et au contraire, fournir au consommateur une information claire quant à la hiérarchie des risques auxquels il peut être exposé lors de l'acte alimentaire ;

– il faut enfin, que chacun fasse l'effort suffisant pour avoir un comportement responsable face à son alimentation.

RÉFÉRENCES

– PASCAL (G.), « Comment garantir la sécurité du consommateur ? Rôle de la réglementation alimentaire », *Cahiers Agricultures*, n° 5, 1996, p. 326-330.
– BORIES (G.) et PASCAL (G.), « Résidus de produits agrochimiques et vétérinaires », *Cahiers Agricultures*, n° 5, 1996, p. 399-401.
– PASCAL (G.), « Des aliments fonctionnels pour demain ? », *Biofutur*, n° 160, 1996, p. 27-30.
– PASCAL (G.), « Évaluation de la sécurité alimentaire des plantes transgéniques », *in Les Plantes transgéniques en agriculture. Dix ans d'expérience de la commission du génie biomoléculaire*, sous la direction d'A. Kahn, J. Libbey, Eurotext, 1996, p. 49-58.
– BORIES (G.) et PASCAL (G.), « Xénobiotiques », *in* Riboli E., Decloitre F., Collet-Ribbing Ch., *Alimentation et cancer — évaluation des données scientifiques*, Tec et Doc-Lavoisier, 1996, p. 425-457.
– PASCAL (G.), « Les composants fonctionnels de l'alimentation humaine : aspects scientifiques, réglementaires et industriels », *Comptes rendus de l'Académie d'agriculture*, n° 82 (6), 1996, p. 15-23.
– PASCAL (G.), « L'évaluation de la sûreté des aliments, les visions du futur : l'alimentation. », Assemblée Nationale, *in Les Visions du futur : l'alimentation*, Paris, M. & M. Conseil, 1997, p. 74-79.
– PASCAL (G.), « Comment évaluer les aliments santé ? », *Biofutur*, n° 186, 1999, p. 21-25.
– PASCAL (G.), « Faut-il intégrer des seuils de préoccupation toxicologique dans les réglementations ? L'approche européenne », *La Recherche*, n° 324, 1999, p. 53-55.
– WAL (J. M.) et PASCAL (G.), « Nouveaux aliments, nouveaux risques ? Analyse et évaluation des risques liés à la consommation des nouveaux aliments », *Médecine et Nutrition*, n° 35, 1999, p. 165-184.

Sécurité des aliments : prévention — surveillance — crise

par Marion Guillou

La sécurité alimentaire : une préoccupation permanente des sociétés

LA RECHERCHE DE LA CONSERVATION DES ALIMENTS

L'alimentation a été un souci constant pour l'humanité. Dans les premières étapes du développement des sociétés humaines une partie prépondérante de l'activité tournait autour de l'accès à la nourriture qui seule permettait la survie de la population. Au fur et à mesure des tâtonnements, il a été possible de mieux programmer l'accès aux denrées alimentaires, que ce soit par la culture ou par l'élevage, dans un premier temps, puis grâce aux traitements des denrées elles-mêmes permettant leur conservation.

C'est ainsi que la salaison, la fumaison et la dessiccation ont permis de conserver les poissons ou les viandes sur des durées plus ou moins longues. Une partie du temps consacré auparavant à la recherche de nourriture s'est trouvée libérée. Parallèlement il était possible de spécialiser une partie de la population dans cette activité « nourricière », l'autre pouvant se consacrer à de nouvelles activités. Parmi les premiers écrits retrouvés figurent de nombreux documents administratifs liés aux impôts et aux taxes prélevées sur les récoltes.

L'Égypte, grenier à blé du bassin méditerranéen dans l'Antiquité, offre un exemple de cette structuration de la société tant à

Texte de la 61e conférence de l'Université de tous les savoirs donnée le 1er mars 2000.

travers son développement et la richesse de sa civilisation, qu'à travers les troubles qui l'agitaient lorsque la crue du Nil n'était pas suffisante pour faire lever les récoltes.

Cette première grande étape de la structuration des sociétés avait pour limites l'impossibilité de dépasser le caractère saisonnier de certaines productions et l'altération des qualités substantielles des denrées par le traitement de conservation de l'époque.

Les maladies des animaux transmissibles à l'homme par les aliments ou les déchets sont une autre grande préoccupation permanente *(Fig. 1)*. Ainsi, les parasites du porc ont sans doute conduit aux interdits religieux qui s'y rattachent.

Parmi les tâches d'organisation des sociétés modernes, la sécurité des consommateurs apparaît très tôt à travers les règlements des villes et les corporations. Au Moyen Âge le coupage des vins est puni. Dès 1714, Louis XIV impose le marquage des bêtes malades de pneumonie bovine, et des mesures de désinfection des étables. C'est la peste bovine de 1881 qui est à l'origine des initiatives d'organisation agricole du gouvernement et de la constitution des services vétérinaires.

DE LA CONSERVATION EMPIRIQUE À LA CONSERVATION SCIENTIFIQUE

Avec la naissance de la microbiologie et de la chimie organique, les origines et les conséquences de l'altération des aliments ont pu être étudiées permettant ainsi de mieux cerner les bonnes conditions de leur conservation. La température est un des facteurs primordiaux de celle-ci. L'activité de l'eau et l'acidité en sont deux autres.

Dans les conditions optimales, les germes se divisent en deux toutes les 20 minutes. Ainsi en 24 heures, une bactérie donne naissance à plusieurs millions de descendants. Les bactéries se divisent en trois grandes classes selon leur capacité à se multiplier à certaines températures. D'une façon générale, les basses températures (inférieures à + 10 °C) limitent la multiplication microbienne et les hautes températures (supérieures à + 63 °C) détruisent les microorganismes *(Fig. 2)*.

La pasteurisation a permis de lutter contre les maladies transmises par le lait mais aussi d'éviter son évolution microbienne. La tyndallisation a permis la fabrication de conserves pouvant se révéler stables plusieurs années. Ces procédés parfois modernisés sont toujours utilisés. Le lait ultra-haute température est un produit se conservant plusieurs mois à température ambiante, et dans le même temps, on continue de fabriquer des fromages au lait cru en assurant la maîtrise de leur évolution microbiologique.

Certains moyens de conservation peuvent accidentellement favoriser ou sélectionner le développement prépondérant de phé-

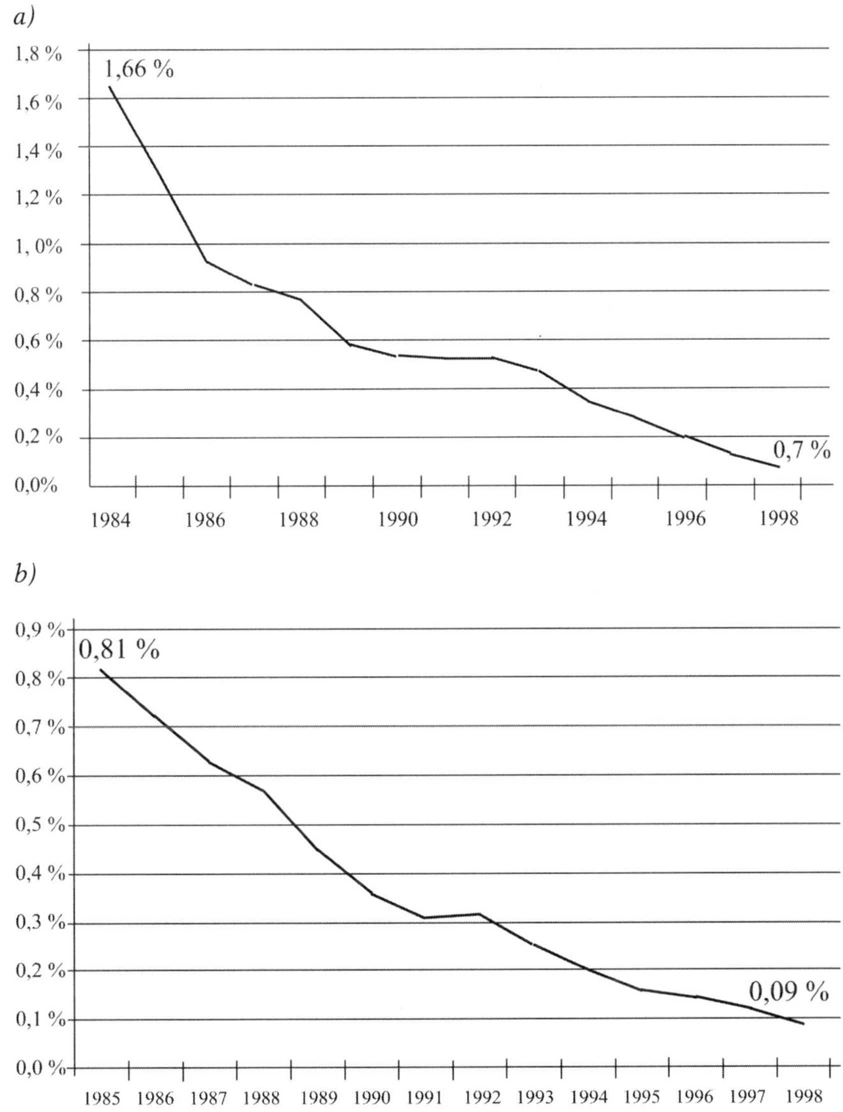

Figure 1 – Évolution des grandes maladies animales :
a) Évolution du taux de prévalence annuelle apparente de l'infection par la brucellose des cheptels.
b) Évolution du taux de prévalence annuelle apparente de l'infection par la tuberculose des cheptels.

nomènes parasites. D'autres privent les aliments de vitamines et minéraux mais la plupart des traitements thermiques chauds assurent la destruction définitive de certains germes ou de certaines toxines spécifiquement visés.

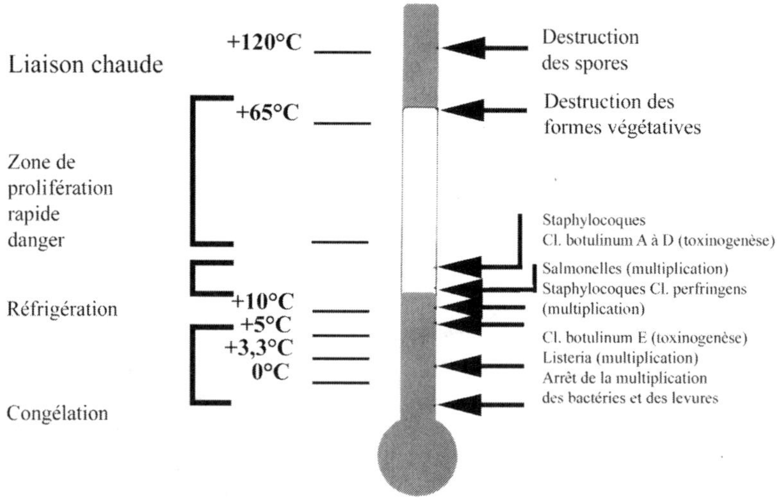

Figure 2 – Action de la température sur le développement microbien.

La connaissance de l'écologie microbienne a permis de définir, dans les textes réglementaires, les limites acceptables en matière de températures comme autant de valeurs cibles. Les procédés technologiques ont évolué en tenant compte des températures optimales de développement, d'inhibition de la multiplication et de destruction des micro-organismes.

L'UTILISATION DES TECHNIQUES ET LA MODIFICATION DES STRUCTURES DE PRODUCTION

La dessiccation (viandes et poissons séchés), le salage ou saumurage (charcuterie) et la stérilisation sont tous des moyens qui, agissant sur l'activité microbienne permettent aujourd'hui, comme par le passé de différer le stade de la consommation du stade de la production. La conséquence générale de ces types de procédés est une modification du goût des aliments. L'utilisation du froid a permis de ne pas modifier de façon importante les qualités substantielles des produits ainsi traités. Elle a permis aussi d'alléger les autres traitements : aujourd'hui un saumon fumé est largement moins salé et moins fumé que par le passé.

Mais surtout, elle a contribué à démocratiser la distribution de certaines denrées et a permis une adaptation des *process* industriels au goût des consommateurs. Au XVIIIe siècle, l'aristocratie italienne pouvait consommer pendant les opéras des sorbets et des glaces produits et conservés à partir de la neige des Alpes.

Aujourd'hui ce type de consommation n'est plus un luxe, mais un phénomène courant et même banal.

Le froid a aussi favorisé la circulation des aliments. Autrefois les lieux de production étaient proches des lieux de consommation. Ce système avait de lourds défauts : il était source de surproduction dans certains secteurs géographiques, de disette dans certains autres. La mauvaise circulation des grains au cours des XVIIe et XVIIIe siècles est connue comme un facteur qui a favorisé la Révolution française.

Un exemple classique de rapprochement est l'implantation, à proximité de Paris des abattoirs de Vaugirard ; et même récemment de la Villette. L'utilisation du froid a permis le transport sur de longues distances, l'entreposage pendant des durées parfois très longues des produits alimentaires. Ces deux phénomènes ont restructuré l'ensemble du paysage de la production et de la consommation.

Les contraintes de temps ont été, elles aussi abolies. Il est désormais possible d'entreposer les denrées saisonnières pendant assez longtemps pour permettre leur distribution tout au long de l'année. Il peut paraître naturel à un consommateur du XXe siècle de consommer des haricots verts au mois de décembre ou des framboises en février, mais cela n'est possible qu'avec la conservation par le froid de ces produits. Certains fromages saisonniers sont aujourd'hui disponibles tout au long de l'année.

LES MENACES ALIMENTAIRES

Les risques quantitatifs ou qualitatifs ont toujours été présents. Faut-il évoquer l'ergot du seigle qui au Xe siècle et jusque dans les années 1950, dans le village de Pont Saint-Esprit, a causé de multiples morts, ce champignon qui a été connu et maîtrisé assez récemment. Comme le dit Paul Vialle, l'homme a toujours vécu avec l'angoisse d'un manque de nourriture ou d'une nourriture empoisonnée.

Quantitativement, les parasites peuvent avoir un effet redoutable. Ainsi les pertes réelles de production en 1991-1993 pour les principales céréales ont-elles été évaluées en pourcentage de la production potentielle à 42 % dans le monde. Pour le riz, les pertes de production dues aux maladies ravageuses et mauvaises herbes sont de 51 % de la production atteignable (Oerke, Dehne, 1997) pendant cette même période.

Dans les pays développés cependant, l'alimentation est abondante, diversifiée et peu chère, aussi les craintes se concentrent-elles désormais sur la sécurité microbiologique ou chimique des aliments. Je n'aborderai pas ici les nouveaux risques de déséquilibre nutritionnel que nous avons vu apparaître très récemment en France, suivant en cela de nombreux autres pays.

Les facteurs d'évolution de l'alimentation : l'exemple français

L'URBANISATION DE LA SOCIÉTÉ, L'ALLONGEMENT DES CIRCUITS

L'amont agricole a été souvent modifié par telle ou telle découverte ou tel ou tel progrès du machinisme. Dans le secteur alimentaire, même si certaines techniques ont révolutionné les délais de conservation ou les possibilités de transport, c'est davantage la demande qui a entraîné récemment la modification du secteur.

Le secteur alimentaire constitue le premier secteur industriel français par son chiffre d'affaires. Ce qui est sans doute plus significatif, c'est qu'il transforme 70 % de la production agricole. Cela signifie que l'essentiel de la production agricole passe aujourd'hui par un acte de transformation.

L'urbanisation de la société et le fait que la campagne ait besoin de moins de main-d'œuvre, ou que la ville en ait plus besoin, sont un autre facteur d'évolution. On a assisté à une concentration de la population et donc à un allongement des circuits de transformation et de distribution.

Les industries alimentaires représentent en France un secteur peu concentré : 92 % des 4 200 entreprises françaises qui le composent comptent moins de 200 salariés. Cette situation est particulière à la France, puisque la Grande-Bretagne, par exemple, ainsi que d'autres pays voisins européens, comptent une proportion bien inférieure de PME.

En parallèle, l'évolution des clients, c'est-à-dire de l'aval, montre une très forte concentration de la distribution alimentaire. Ainsi en 1988, hypermarchés et supermarchés se partageaient 48 % des achats alimentaires en France contre plus de 60 % en 1996, soit 8 ans plus tard. Ces chiffres traduisent un mouvement extrêmement rapide de concentration des modes de distribution alimentaire.

La concentration du secteur en aval et ses performances d'organisation ont pour conséquence une pression sur les prix efficace. En effet, lorsque nous étudions les prix à la consommation de janvier 1994 à mars 1998, nous constatons que les prix des produits alimentaires évoluent moins vite que l'ensemble des autres prix.

Un autre facteur significatif du secteur français est l'importance des échanges. Contrairement à l'image qu'on a de la France à l'étranger, la France échange beaucoup en matière alimentaire. Nous exportons beaucoup — 21 % de la production alimentaire —

mais nous importons également beaucoup. Les importations croissent assez vite, alors que la consommation est presque stable comparée aux échanges et que la production augmente.

Cette mondialisation des échanges qui s'opère dans le secteur alimentaire a des conséquences tant sur la qualité et la garantie que nous devons apporter sur les produits exportés, que sur la densité des contrôles que nous devons exercer aux postes d'inspection frontaliers pour vérifier le niveau sanitaire des produits importés.

L'ÉVOLUTION DE LA DEMANDE ET DES MODES DE CONSOMMATION

Un sondage de 1999, effectué par la SOFRES, demandait : « À vos yeux, la qualité des produits alimentaires, c'est avant tout :

– la garantie qu'ils sont sans risques pour la santé ;

– le respect des normes d'hygiène au cours de la fabrication et du transport ;

– le goût des aliments ;

– la qualité nutritionnelle ;

– la faible teneur en produits chimiques ? »

La moitié des personnes interrogées ont choisi la première solution, 38 % la deuxième, 34 % la troisième (on retrouve là une caractéristique assez française), 25 % la quatrième et 25 % la cinquième.

Nous assistons à une modification des exigences du consommateur ainsi que des modes de consommation, donc des facteurs de risques objectifs. L'élément marquant de ces dernières années au-delà de l'augmentation de l'espérance de vie des Français est bien l'importance croissante de la restauration hors foyer *(Fig. 3)*.

Il est important de noter que cette croissance est encore plus forte pour les personnes fragiles, puisque le nombre de repas distribués en hôpitaux ou en résidences pour personnes âgées a quasiment doublé entre 1981 et 1997.

Globalement 1,5 milliard de repas sont servis par an dans les cantines, en entreprises, en hôpitaux et résidences du troisième âge, contre 790 millions seulement en 1981. Cette croissance formidable du nombre de repas servis à une population plus fragile et concentrée que la moyenne, s'accompagne naturellement d'un niveau de risque plus élevé.

Scolaire et Universitaire	1,242 milliard
Entreprises et administrations	555 millions
Hôpitaux et résidences du troisième âge	1,490 milliard
Autres secteurs (crèches, prisons, etc.)	420 millions

Figure 3 – La restauration collective (1997) : importance par secteur en nombre de repas.

À ces premières séries de facteurs, je me permettrai d'en ajouter une autre qui répond à un choix tout à fait personnel et que j'appellerai : « la responsabilisation opérateurs ». Cette dernière est effective en droit, puisque la loi sur la responsabilité du fait des produits défectueux, adoptée en 1998 par le Parlement pour les produits de toute la filière, établit ce que l'on appelle « la responsabilité sans faute ». Cela revient à dire qu'il n'est pas nécessaire de prouver la culpabilité pour établir la responsabilité : de fait, le professionnel est, par définition, responsable de la mise en circulation des produits qu'il met sur le marché. Dès que le produit n'a pas le niveau de sécurité auquel on peut légitimement s'attendre, il est condamnable.

Nouvelles demandes, nouveaux risques, nouvelles responsabilités donc.

Le système de veille sanitaire dans la chaîne alimentaire en France est basé sur la prévention et la surveillance

Le contrôle physique des entreprises de production animale ou de restauration collective est une action majeure de la veille sanitaire. Pour ce qui concerne les denrées animales et d'origine animale, il est mis en pratique avant même que ne débute l'activité des établissements, dans la perspective de leur délivrer un agrément sanitaire indispensable à l'élaboration et à la mise sur le marché de la plupart des denrées alimentaires. Les entreprises industrielles ou artisanales doivent constituer un dossier destiné à montrer que toutes les mesures nécessaires au respect de l'objectif de sécurité sanitaire des aliments sont mises en place en particulier pour ce qui concerne :

– la conception, l'aménagement et l'équipement des locaux ;

– le processus de fabrication lorsqu'il influe sur la qualité hygiénique finale des produits ;

– les modalités de nettoyage et de désinfection de l'outil de production ;

– les principaux éléments de l'analyse des risques liés à l'activité ;

– la formation et l'hygiène du personnel.

Chaque établissement est donc contrôlé avant l'ouverture et dans les mois qui suivent pour vérifier la conformité des déclarations *(Fig. 4)*.

Une inspection régulière qui porte sur les produits et les procédés est ensuite réalisée par les services de contrôle selon un rythme déterminé en fonction du niveau global d'hygiène de l'entreprise et du risque associé à la nature de l'activité. À titre

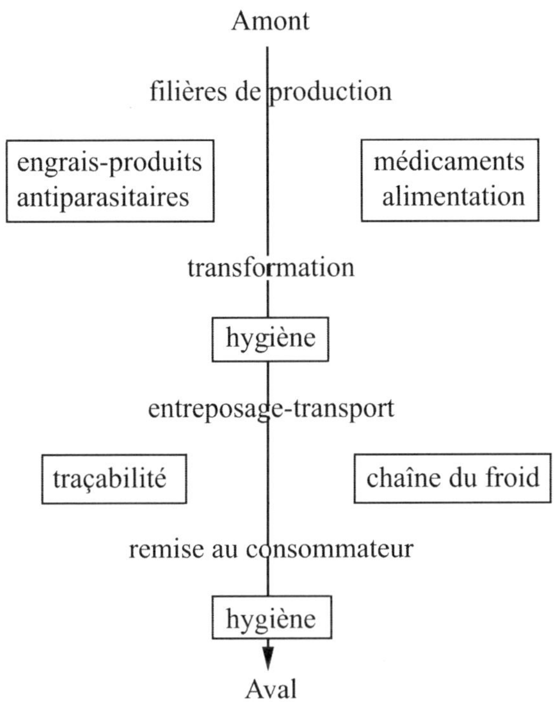

Figure 4 – Contrôle de la chaîne alimentaire.

d'exemple, les établissements scolaires et les maisons de retraite sont soumis à une forte pression de contrôle en raison de la fragilité particulière des enfants et des personnes âgées. Lors de l'inspection d'un établissement agroalimentaire ou d'un établissement de commerce, une partie du temps est consacrée à l'examen des produits fabriqués et des prélèvements sont régulièrement réalisés pour procéder à des analyses.

Dans les établissements d'abattage des animaux de boucherie, l'inspection est permanente et chaque carcasse est examinée individuellement. Dans le cas de la volaille, l'inspection est effectuée par lot.

Par ailleurs, en fonction de la fragilité de certains produits alimentaires ou de l'émergence de certains gènes pathogènes ou résidus toxiques, sont mis en œuvre des « plans nationaux de surveillance » généraux ou des plans de contrôle ciblés qui portent sur la qualité sanitaire des produits. On peut citer les plans de surveillance des produits laitiers, des résidus de produits chimiques dans les viandes, de *listeria* sur des saumons fumés, des anabolisants, du miel, de la radioactivité.

Enfin les importations et les échanges intracommunautaires de denrées animales font également l'objet de contrôles. Lorsque des denrées originaires des pays tiers sont introduites directement en France, elles sont soumises aux Postes d'inspection frontaliers (PIF), à un contrôle documentaire d'identité et à un contrôle physique, complété si besoin par des analyses. Depuis l'ouverture des frontières internes de l'Union européenne en 1993, les denrées provenant de pays tiers et entrées par un autre pays de l'Union sont soumises à leur entrée sur le territoire communautaire à un contrôle comparable dont les modalités sont arrêtées au plan communautaire et contrôlées par la Commission européenne (OAV). Les denrées circulent ensuite librement sur le territoire communautaire. Pour ne pas entraver cette libre circulation, un système de contrôle aléatoire « à destination » a été mis en place, notamment, dans les entrepôts frigorifiques, les plates-formes de distribution et les entreprises agroalimentaires.

Lorsqu'une « toxi-infection alimentaire collective » (TIAC) survient, la déclaration aux Pouvoirs publics en est obligatoire et des investigations qui impliquent la totalité des services de contrôle compétents territorialement sont diligentées et coordonnées localement par le Préfet. Elles ont pour double objectif d'identifier le facteur responsable de l'accident (germe pathogène, résidu toxique, etc.) et les conditions qui ont favorisé l'expression du danger (mauvaise manipulation, rupture de la chaîne du froid, etc.) *(Fig. 5)*.

Des procédures préétablies rationalisent les interventions de chaque service de contrôle, de manière à recueillir sans perte de temps les informations qui peuvent être précieuses pour soigner les malades ou limiter le développement de l'affection. Ainsi les services vétérinaires prennent-ils notamment en charge la filière agroalimentaire (outils de production, produits) alors que les services de l'action sanitaire et sociale s'intéressent aux symptômes exprimés et à la caractérisation de la toxi-infection.

Lors de crises d'ampleur particulière, une cellule de crise est mise en place au niveau national associant les trois directions générales concernées pour coordonner le pilotage des actions à mettre en œuvre.

Facteurs	Nombre	%
Matières premières contaminées	80	35
Contamination par l'environnement		
- personnel	45	19,8
- équipement	92	40,5
Erreur dans le processus de préparation	90	39,6
Délai important entre préparation et consommation	61	26.8
Non-respect des températures réglementaires		
- chaîne du chaud	28	12,3
- chaîne du froid	77	33,9

Figure 5 – Facteur ayant contribué aux TIAC (1997).

Enfin tout contrôle reste peu dissuasif s'il n'est assorti dans certains cas de sanctions. Dans le cadre de leur mission, les agents des services de contrôle sont assermentés et peuvent relever des infractions aux dispositions réglementaires prises en application du code de la consommation et du code rural. Dans les faits, il existe différents types de sanctions, éventuellement cumulables, à la suite d'une inspection :

– L'avertissement qui prend la forme d'une lettre mettant le professionnel en demeure de remédier sans délai aux infractions qui ont été relevées ;

– Le procès verbal qui est adressé au procureur de la République ;

– La consigne ou la saisie qui peut être réalisée par les agents des services vétérinaires lorsqu'ils suspectent ou considèrent qu'une matière première ou qu'une denrée est impropre à la consommation humaine ;

– La fermeture administrative, lorsque les conditions d'hygiène ne sont pas respectées dans un établissement et qu'un risque pour la santé publique peut en résulter ;

– Le rappel des lots incriminés lorsque des informations permettent de penser qu'un produit dangereux est présent sur le marché.

La gestion d'une crise

S'il est assez facile de diagnostiquer les intoxications alimentaires collectives, intervenant à la suite d'un repas partagé, entre amis ou dans le milieu professionnel, il est beaucoup plus délicat d'identifier les autres incidents pour dépister les cas isolés, *a priori* non reliés entre eux, et surtout difficiles à rapporter à un aliment particulier. Pour ces cas, il a été mis en place en France un réseau de surveillance du territoire à vocation sanitaire.

C'est grâce à un réseau d'épidémio-surveillance organisé que le lien entre plusieurs malades peut être mis en évidence. En ce qui concerne le germe *Listeria*, chaque fois qu'un malade est atteint de listériose, le cas fait l'objet, depuis 1998, d'une déclaration obligatoire par l'hôpital ou la structure d'accueil de la personne atteinte, auprès du ministère en charge de la santé (direction départementale des affaires sanitaires et sociales) ; à la suite de cette déclaration, la *Listeria* isolée chez le malade est transmise au Centre national de référence (CNR) des *Listeria* (Institut Pasteur) qui en détermine avec précision tous les éléments d'identification disponibles *(Fig. 6)*.

À partir de ces informations très précises il est possible de mettre en œuvre des recoupements pour rechercher si la même souche

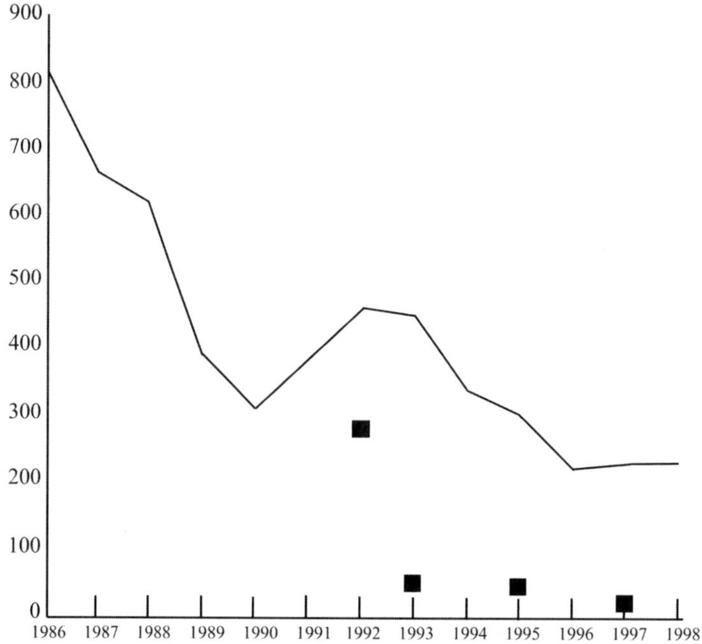

Figure 6 – Incidence de la listériose (source : Institut de veille sanitaire). Les cas sporadiques sont représentés par la courbe, alors que les cas épidémiques sont représentés par les carrés.

n'a pas déjà été observée sur d'autres malades, dans un laps de temps rapproché. Un foyer épidémique est déclaré lorsque trois personnes au moins sont infectées par la même souche de *Listeria*. Dans le même temps, l'Institut de veille sanitaire (IVS) qui recense ces informations fait procéder à un complément d'enquête sur les habitudes alimentaires des patients.

Bien entendu, un intérêt majeur du système de surveillance qui vient d'être décrit consiste à identifier une origine commune à des cas disséminés, afin de pouvoir mettre en place une action curative ou préventive à travers la filière de l'alimentation.

PLUSIEURS MALADES MAIS UN SEUL ALIMENT

Compte tenu de l'espacement à la fois géographique et dans le temps, des cas de maladies ainsi associés, il n'est pas immédiatement possible de découvrir l'aliment responsable. Pour y parvenir, deux éléments sont indispensables :

– d'une part les enquêtes alimentaires, menées de façon systématique auprès des malades, ou complétées à la demande de l'IVS, et qui ont pour but de recenser les aliments consommés par eux-mêmes au cours des dernières semaines écoulées ;

– d'autre part la recherche et la détermination de l'identité des souches bactériennes isolées par ailleurs dans les aliments, que ceux-ci aient été retrouvés chez les malades ou qu'ils s'agissent d'aliments analysés en routine suite à des contrôles menés tout au long de la filière de l'alimentation (obtention d'une banque de données sur les souches alimentaires).

Ensuite il convient de déterminer par des enquêtes de terrain, menées dans les entreprises, si des éléments peuvent conduire à identifier la ou les raisons qui se trouvent être à l'origine du problème rencontré. Il est en effet nécessaire de savoir si la contamination des produits incriminés a été épisodique et circonscrite ou bien s'il existe un risque persistant pour les produits en cours de commercialisation : dans cette hypothèse il serait nécessaire de les retirer du marché.

Une fois que l'existence d'un risque sanitaire est confirmée et qu'il est établi que les produits incriminés sont toujours en circulation, il devient nécessaire de décider, d'une part de retirer ces produits du commerce et, d'autre part, d'informer les consommateurs du risque lié à la consommation de ces produits qu'ils sont susceptibles de détenir chez eux.

VERS LES MESURES CORRECTIVES

Il convient de prendre les mesures adaptées à l'événement rencontré. Les dispositions qui suivent sont systématiquement appliquées :

– Retrait par le professionnel d'un lot ou de toute la production en circulation dans les filières de distribution ;

– Rappel du produit sous le contrôle des services officiels avec information du consommateur par l'administration ;

– Application de mesures correctives dans l'établissement producteur concerné ;

– Éventuellement, décision de fermeture de l'entreprise par l'Administration, au moins temporairement en vue d'un nettoyage et d'une désinfection approfondis.

Une cellule de crise se réunit régulièrement au fur et à mesure que les enquêtes progressent et ajuste les mesures prises. En particulier, après une fermeture administrative, les modalités de réouverture sont fixées dans ce cadre de discussion concertée.

La cellule de crise détermine la portée du rappel des produits : en effet, la production peut être rappelée en totalité ou simplement partiellement. Le professionnel qui met en œuvre de façon pratique le retour des produits, informe ses clients ainsi que la presse du rappel qui s'engage. Par ailleurs, l'administration reprend dans une autre communication à la presse les informations relatives aux denrées rappelées et au risque encouru par les consommateurs.

Conclusion

À côté de la maîtrise des risques connus comme les risques microbiologiques ou chimiques qui font l'objet du système de prévention et de surveillance que j'ai brièvement décrit, il existe désormais un autre champ de questions : celles où le risque est plausible. Si les conséquences potentielles de ces risques sont « graves », la prudence conduit désormais à appliquer ce qu'on appelle le « principe de précaution » sans attendre la certitude des dommages. La maladie de la vache folle ou l'usage des plantes génétiquement modifiées en sont deux exemples.

La précaution n'est pas l'inaction. Elle demande selon la plausibilité du risque des attitudes différentes. Si les doutes sont légitimes mais peu étayés, il faut prioritairement poursuivre les travaux de recherche. Si les doutes sont déjà étayés par quelques éléments solides, il faut alors agir en respectant la proportionnalité. Ainsi que le proposent Monsieur Kourilsky et Madame Viney, « le principe de précaution définit l'attitude que doit observer toute personne qui prend une décision concernant une activité dont on peut raisonnablement supposer qu'elle comporte un danger grave pour la santé et la sécurité des générations actuelles ou futures, ou pour l'environnement. Il s'impose spécialement aux pouvoirs publics qui doivent faire prévaloir les impératifs de santé et de sécurité sur la liberté des échanges entre particuliers et entre États. Il commande de prendre toutes les dispositions permettant, pour un coût économiquement et socialement supportable, de détecter et d'évaluer le risque, de le réduire à un niveau acceptable et, si possible, de l'éliminer, d'en informer les personnes concernées et de recueillir leurs suggestions sur les mesures envisagées pour le traiter. Ce dispositif de précaution doit être proportionné à l'ampleur du risque et peut être à tout moment révisé ».

Ainsi, c'est au nom de ce principe de précaution que le gouvernement français a décidé, en attendant des éléments plus précis sur les modes de transmission de la maladie ou les résultats des tests rapides en cours d'évaluation, de maintenir l'embargo sur les viandes bovines de Grande-Bretagne. Cette notion est nouvelle dans l'action publique en matière alimentaire, elle est actuellement discutée au niveau européen et au niveau international. Une définition claire et consensuelle du principe de précaution permettrait de réduire les divergences d'application de ce principe dans les différents pays. Prévention et précaution pourraient être ainsi, selon les situations, les guides d'une action collective en matière de sécurité alimentaire.

Nature et agriculture

par DOMINIQUE VERMERSCH

« Il n'est nul art au monde auquel soit requis une plus grande philosophie qu'à l'agriculture. »
Bernard Palissy, 1510-1589.

Introduction

Nature et Agriculture, une histoire commune : très brève à l'horloge de l'univers, près de dix mille ans à celle de l'humanité. Histoires de nécessités et d'adversités ; de tumultes mais également de prouesses ; histoires singulières et plurielles, tellement entrelacées aujourd'hui que leurs devenirs respectifs semblent ne pouvoir échapper à une destinée commune, pour le meilleur comme pour le pire.

Certains d'ailleurs seraient pressés d'en finir : l'agriculture, comme « dernière » activité économique à « libéraliser », n'a-t-elle pas à se plier au sens d'une fin de l'Histoire où l'échange et l'intérêt marchands expliqueraient *in fine* toute réalité sociale ? L'inéluctable prôné par les uns fait cependant l'objet d'une résistance active pour les autres. L'agriculture paysanne, celle des terroirs, et de la multifonctionnalité, celle qui prétend cultiver et garder l'environnement, fédère les résistances culturelles à la globalisation des marchés. Si donc « Nature » et « Agriculture » semblent nouer une part de leur destin par le biais du marché, ce dernier se doit de contribuer tant à l'équité sociale qu'à la connivence entre l'homme et son environnement naturel.

En attendant ce jour, la situation actuelle demeure ambiguë, voire paradoxale. D'une part, en effet, les politiques agricoles accordent désormais une plus large place à la dynamique marchande, tant pour les produits agricoles *stricto sensu* que pour les biens et

Texte de la 62e conférence de l'Université de tous les savoirs donnée le 2 mars 2000.

services coproduits par l'agriculture : qualité des produits, pollutions, aménités environnementales. D'autre part, ces mêmes politiques sont mises en demeure de pallier l'insuffisante rémunération des producteurs par ces mêmes marchés.

Parallèlement, l'empreinte agricole sur notre environnement naturel s'est profondément transformée. Une récente monographie INRA-INSEE (1998) montre à quel point les réalités du monde rural se sont éloignées de nos souvenirs d'enfance, voire de nos nostalgiques jardins d'Éden. Le rural (autrement dit la campagne) se voit sollicité pour de nouveaux usages, compléments ou substituts d'une activité agricole qui reste cependant spatialement dominante.

Dans ce vaste aggiornamento rural, les préoccupations dites « environnementales » revendiquent une préséance où l'agriculture fait souvent figure d'accusée. Elle consomme et produit du « rural » ; plus précisément des ressources et actifs naturels (eau, sol, air, paysage, etc.) qui sont à partager avec d'autres utilisateurs en dehors souvent d'un échange marchand, de par la nature même de ces biens. En l'absence de marché voire surtout d'un cadre juridique d'appropriation, la « justice » de l'échange et du partage est plus difficile à faire respecter. L'économie de ces échanges reste souvent à concevoir… ou à restaurer, ce qui pourrait être justement l'un des objets nouveaux d'une économie rurale à réhabiliter tant au niveau des faits que de la réflexion.

Un bref historique…

L'époque n'est pas si lointaine où l'agriculture apparaissait plutôt garante de la préservation du milieu naturel. Loin de s'enivrer des bienfaits mythiques de la nature sauvage ou de se résigner à ses méfaits, l'homme au cours des siècles contribua par son labeur à façonner des équilibres relativement stables et moins hostiles. La notion de milieu naturel cède ainsi souvent la place à celle de patrimoine naturel, signe visible d'un ordre et d'une harmonie possible entre les hommes et la nature, harmonie à laquelle participait largement l'économie agricole.

INTENSIFICATION, SPÉCIALISATION, EXTERNALITÉS…

Ramenée à l'échelle européenne, l'histoire récente des faits agricoles se démarque cependant de cette vision « champêtre ». Fondée pour l'essentiel sur la quête d'une autosuffisance alimentaire et d'une amélioration des revenus agricoles, la politique agricole commune (PAC) initiée au début des années soixante constituera une formidable force d'expression et de développement des innovations technologiques.

Cela dit, le recours à des intrants industriels (engrais minéraux, pesticides) sera désormais en grande partie responsable de la dégradation de la qualité des eaux et des sols. Les pratiques agricoles intensives fragilisent la biodiversité animale et végétale et ont porté atteinte, via les impératifs de la mécanisation, à l'esthétique paysagère de quelques-unes de nos régions européennes. Ce processus d'intensification s'avère lié à la spécialisation de plus en plus poussée des systèmes de production, tant au niveau de l'exploitation qu'au sein de divers bassins régionaux de production : céréales et cultures industrielles dans le centre nord, productions animales dans le grand ouest… Ce qui aboutit aujourd'hui à une géographie agricole française relativement simplifiée.

Pollution, érosion ou raréfaction de ressources naturelles, paysages entretenus ou dégradés, atteintes ou contributions à la biodiversité, etc. correspondent à des interactions entre producteurs et/ou consommateurs qui se déroulent, du moins initialement, à l'extérieur du marché, hors d'un échange marchand explicite. L'économiste rassemblera ces diverses réalités sous le terme d'externalités positives ou négatives.

L'ÉVOLUTION STRUCTURELLE : DE LA GAMME À L'ÉCHELLE

Les productions animales étaient traditionnellement associées aux cultures ; la disponibilité de sous-produits végétaux comme aliments du bétail, l'utilisation des litières et déjections animales pour le maintien du taux de matière organique et de la fertilité des sols traduisaient cette coordination d'activités internes à la firme agricole.

L'association agriculture/élevage est l'archétype de l'utilisation des co- ou sous-produits d'une ligne de production comme intrants pour une autre activité productive. Économiquement dit, ces synergies technologiques constituent des externalités pécuniaires, c'est-à-dire des externalités « marchandisées » sous la forme par exemple d'économie d'intrants achetés (fertilisants, céréales intra consommées) ou encore sous d'autres modalités : les rotations culturales (succession temporelle des cultures sur une même parcelle) contribuent à briser efficacement les cycles de reproduction de parasites animaux et végétaux, ce qui constitue ainsi un facteur de protection phytosanitaire complémentaire des pesticides.

En outre, l'utilisation de ces diverses externalités par l'entreprise agricole est dans certains cas créatrice d'externalités positives qualifiées cette fois de technologiques et dont est bénéficiaire la collectivité en général. Tel est le cas du caractère esthétique de certains bocages lié à des systèmes de production agricoles associant par exemple l'élevage à une utilisation spécifique de l'espace. La biodiversité, les niches écologiques, la protection des sols contre l'érosion, la régulation de la dynamique des eaux, la capacité d'épuration sont autant d'externalités positives issues de l'utilisation de synergies technologiques internes à la firme.

Jusqu'au milieu du siècle dernier, l'agriculteur trouvait encore un intérêt à l'utilisation d'externalités pécuniaires internes à l'exploitation agricole, encore appelées économies de gamme. Ces économies apparaissent dès lors que le coût de production jointe de plusieurs biens est inférieur au coût de production de ces mêmes biens produits séparément.

Le progrès technique et la hiérarchie des prix agricoles administrés qui ont présidé ensuite aux trente glorieuses agricoles (1962-1992), ont contribué à l'abandon des diverses complémentarités de production évoquées précédemment. Ainsi, la rentabilité du processus d'amélioration génétique nécessite une grande précision dans l'alimentation des différentes espèces animales et végétales, ce qui écarte certains coproduits autrefois réintroduits comme inputs : sous-produits végétaux, déjections animales utilisés comme fertilisants. Ou encore, le soutien des prix céréaliers qui favorisa l'adoption d'innovations technologiques en substitution des complémentarités existantes : telle l'utilisation accrue des pesticides, assurant ainsi une protection des cultures plus efficace que les simples rotations culturales.

La spécialisation productive s'explique partiellement par une érosion progressive des économies de gamme. Le système des prix garantis et la forte innovation technologique de ces dernières décennies ont soustrait à l'entreprise agricole une large part de l'emboîtement d'activités de production qu'elle assurait traditionnellement. Cette part se trouve désormais assurée par le marché ou par d'autres firmes non-agricoles, au moyen notamment d'une industrialisation en amont et en aval de l'agriculture ; la contribution de la ferme familiale au *process* agricole et agroalimentaire s'est trouvée fortement amoindrie.

L'ILLUSION POLITIQUE DE LA RÉVERSIBILITÉ

L'économiste parle d'internalisation lorsqu'il propose des politiques publiques visant à intégrer les externalités précédemment évoquées à une ou plusieurs interactions marchandes.

La hiérarchie des prix administrés par la PAC avant 1992, ayant catalysé la plupart des externalités agricoles négatives, la baisse des prix se présentait ainsi comme une politique d'internalisation de ces mêmes effets externes. Dans cet esprit, la réforme de la PAC de mai 1992 ne pouvait être que « verte » au regard de ses plus ardents promoteurs. Cependant, l'agriculture intensive n'a pas été véritablement découragée tandis que le nouveau système d'aides publiques se résume en une rente foncière différenciée suivant les potentialités agronomiques des terres et ne rémunère en contrepartie aucune préservation de l'environnement. Cette rente contribue à entretenir le processus d'intensification et de concentration foncière et à alourdir financièrement l'installation des jeunes agriculteurs.

La nature marchandisée

Ronald Coase, prix Nobel d'économie 1991, a proposé une analyse des externalités qui pose au préalable le problème juridique d'attribution : qui est responsable de la pollution ou encore qui en est le propriétaire ? Ainsi, l'existence d'externalités traduit très souvent l'absence de droits de propriété certes souvent difficiles à établir du fait de leur caractère de bien public : à qui appartient le paysage ? Qui est propriétaire de la pollution ? À supposer alors que la règle de responsabilité soit définie ou les droits de propriétés liés à l'externalité attribués (exemple : pollueur = payeur), il s'agira d'internaliser l'externalité en l'intégrant, si possible, à une interaction marchande. Alors que l'économiste Pigou proposait de comparer le coût privé et le coût social* d'une production et d'y associer une taxe ou subvention correspondante, Coase propose plutôt une comparaison des coûts ou produits sociaux obtenus suivant quatre modes possibles d'internalisation plus ou moins réalisables en agriculture.

LE MARCHANDAGE DES DROITS

La première solution est celle envisagée dans ce qui est appelé communément le « théorème de Coase ». Il s'agit d'un réaménagement, par le marché, des droits de propriété associés aux externalités : acheter ou vendre par exemple des droits à polluer.

Prenons l'exemple de l'eau du robinet où se mêlent occasionnellement quelques ions nitrates. Soit il s'agit d'un droit à la santé du consommateur impliquant une eau potable non polluée : ce dernier serait alors prêt à marchandiser ses droits par le biais d'une baisse du prix du produit. Soit encore il s'agit d'un droit du producteur à produire librement son produit, quitte à marchandiser ce droit au travers cette fois-ci d'une hausse de prix du produit. Or, dans le cas de l'eau potable, les consommateurs assurent l'essentiel de la facture d'eau alors que les émetteurs de l'externalité négative sont très nombreux : l'agriculture, principale source des nitrates et pesticides dans

* Coût privé auquel on rajoute l'évaluation monétaire des externalités.

l'eau potable, demeure, pour une large part encore, absente de la transaction des droits liés aux externalités précédentes. La répartition implicite et contestée des droits associés à la ressource en eau entraîne des coûts de transaction prohibitifs. La première solution coasienne d'internalisation ne serait donc pas optimale.

LA COORDINATION INTRA OU INTERENTREPRISES

Peut-on concevoir une nouvelle modalité de coordination d'activités au sein des firmes agricoles atténuant les effets externes négatifs et incitant de nouveau à l'utilisation de synergies technologiques pourvoyeuses d'aménités positives ? Une modification des prix relatifs agricoles, associée à de nouvelles innovations technologiques, inciterait-elle à un retour « actualisé » du modèle canonique de l'association agriculture-élevage ? Parallèlement, la baisse du prix des céréales en 1992 avait pour objectif de favoriser leur utilisation pour l'alimentation animale, ce qui s'est observé plutôt en amont de l'agriculture. D'autres niveaux de coordination seraient à promouvoir qui permettraient de recycler des coproduits potentiellement polluants tels que le lisier de porc. La teneur en azote du lisier est en effet d'autant plus atténuée qu'augmente la part de céréales dans l'aliment-porc. D'où l'intérêt d'une coordination intra-firme (ce qui nécessitera une certaine taille et de l'innovation technologique) ; ou entre plusieurs firmes agricoles en vue d'un équilibre agriculture-élevage au sein d'une entité écologique pertinente.

L'INTERVENTION DIRECTE DES POUVOIRS PUBLICS

L'intensification et la spécialisation agricoles étant peu réversibles à court terme, une troisième solution consiste en l'intervention directe des pouvoirs publics qui imposent une réglementation des activités polluantes voire un système de redevances susceptible d'infléchir les technologies de production mises en œuvre. Outre les coûts engendrés, cette solution « administrative » tarde à se mettre en place, par crainte d'une perte consécutive de compétitivité des entreprises agricoles.

LE « LAISSEZ FAIRE »

Coase envisage enfin des situations où la comparaison des coûts d'internalisation associés à l'une ou l'autre des trois solutions précédentes, avec le bénéfice qui en résulte, conduit à ne rien faire du tout. Plusieurs arguments expliquent ce choix : difficultés à évaluer physiquement les dommages présents et futurs, absence d'information sur le comportement des producteurs, ce qui rend l'estimation des coûts d'internalisation d'autant plus hasardeuse. En l'absence de toute réglementation, tout se passe comme si la dynamique marchande proposait, à moyen terme, une internalisation « naturelle » de l'externalité mais faisant fi souvent d'une règle de responsabilité légitime. Ainsi, un taux élevé de nitrates ou de pesticides dans l'eau potable peut contribuer à diminuer la consommation de celle-ci à des fins alimentaires et à accroître la consommation d'eaux en bouteilles, d'où une spécialisation régionale accrue : la Bretagne en production porcine intensive et l'Auvergne en eaux minérales !

Si la réforme de la PAC de 1992 inaugure un nouveau soutien public sous forme d'aides directes, ce soutien-ci s'interprète comme une attribution de droits à produire implicites différenciés régionalement. Lorsqu'on observe la faible amplitude des mesures agri-environnementales*, force est de constater que la reconnaissance des droits à produire de l'agriculteur prévaut sur celle des droits associés aux externalités environnementales. Cette antériorité implicite mais patente des droits à produire sur les droits liés aux externalités agricoles est pratiquement entérinée par le décideur public. Dans une optique coasienne, la reconnaissance des droits à produire vise probablement à rémunérer et donc à conserver des externalités pécuniaires de production : concentration de certaines productions agricoles, maintien de la compétitivité-coûts en vue d'exporter, etc.

LA PHILOSOPHIE AMBIGUË DU DÉCOUPLAGE

Accord de Berlin de mars 1999 qui prolonge la réforme de 1992, Loi d'orientation agricole du 9 juillet 1999 (LOA), ce vaste aggiornamento européen ne relèverait-il pas d'une sorte de « jubilé social », certes bien lissé politiquement, mais qui s'apparenterait à terme à une véritable réforme agraire ? À titre d'illustration, le revenu céréalier est constitué pour une large part d'aides directes proportionnelles à la surface de l'exploitation et à la fertilité des sols. Si le souci d'équité l'oblige, une nouvelle répartition administrée des terres n'est en fait plus nécessaire puisque lui serait équivalente à terme une nouvelle répartition des aides. C'est « justement » ce qu'esquissent le Contrat territorial d'exploitation, pierre angulaire de la LOA et l'Accord de Berlin en proposant une répartition dégressive et plafonnée par rapport à la surface, fonction de critères environnementaux et de préservation de l'emploi. L'exigence de justice sociale pourrait donc être assurée par une justice procédurale dictée par une tutelle publique qui possède sa philosophie en la matière : le découplage.

---

* Les mesures agri-environnementales ne représentaient en 1996 que 3,5 % des dépenses agricoles de l'Union européenne.

Couplage du soutien public avec la préservation environnementale, découplage de ce même soutien d'avec les volumes produits : cela relève du bon sens et d'un souci d'équité... En attendant ce jour, le couplage à des objectifs environnementaux s'avère difficile dans la pratique et coûteux. L'écoconditionnalité des aides est donc laissée à la discrétion des États membres européens, principe de subsidiarité oblige..., quitte d'ailleurs à court-circuiter une dynamique marchande capable dans certains cas de fournir efficacement des biens et services environnementaux coproduits par l'activité agricole. Enfin, l'aide directe à l'hectare se transcrit en droits à produire qui sont ensuite marchandisés par le biais des transactions foncières, ce qui alourdit financièrement l'installation des jeunes.

Le découplage dissocie encore davantage les fonctions agricoles productive et environnementale qui demeurent, qu'on le veuille ou non, des activités jointes pour le meilleur comme pour le pire. On en arrive à une situation où les modalités du soutien public, dictées par les contraintes à l'exportation et le maintien d'une « vocation exportatrice » pour des produits de base, conduisent à un assolement européen (répartition des cultures) véritablement dénaturé : le recours à un surcroît d'irrigation pour accéder à des aides directes plus élevées ; un gel des terres modulable selon le niveau d'excédents et qui a peu à voir avec une jachère bénéfique au maintien de la fertilité des sols. Dissociant les fonctions économiques et sociales comme les impératifs politiques qui lui sont rattachés, le discours dual qui prévaut désormais se doit d'entretenir l'illusion de la compatibilité : la libéralisation des marchés agricoles ne peut qu'être vertueuse d'un point de vue environnemental comme l'efficacité marchande garante d'équité sociale ; un discours qui ne fait plus recette aujourd'hui.

Une nature en usufruit

À la vision duale de l'agriculture s'opposent et se réaffermissent des pratiques plus traditionnelles, mais capables d'innovations, et qui ont été façonnées progressivement en découvrant, puis « en tenant compte de la nature de chaque être et de ses liens mutuels ». On pense bien sûr aux synergies liées à l'association agriculture-élevage et aux aménités jointes, aux préoccupations pour le bien-être animal, à l'agriculture biologique encore appelée *organic farming*, afin de signifier justement la prise en compte des liens de dépendance réciproque entre les plantes, les animaux et leurs milieux.

NOUS SOMMES TOUS DES JARDINIERS...

Nostalgies du « jardin d'Éden », s'exclameront certains. Cela dit, se représenter la nature par un jardin ne renvoie-t-elle pas à l'idée d'un « pré-aménagement » de celle-ci, que l'homme aurait à poursuivre librement sans trahir et sans défigurer ? Si les diverses approches philosophiques et scientifiques de la nature s'accordent d'ailleurs sur la conception d'un univers ordonné, la préservation de l'environnement est parfois mêlée au retour d'une religiosité, fondée sur une transcendance naturelle dont l'agir humain ne pourrait s'écarter durablement. Tout cela explique l'excessive prudence, voire le refus prégnant de considérer la nature comme une instance morale susceptible d'éclairer notre agir collectif.

« Je ne veux pas faire du finalisme un peu simpliste. Je constate simplement qu'il y a de la cohérence dans les lois de la nature et que celle-ci n'est pas en complète dysharmonie avec nos propres cohérences sociales. »* Ces propos de G. Paillotin, ancien président de l'INRA, sont à relier à une autre idée suggérée par le jardin d'Éden, celle d'une demeure où l'on aime séjourner. L'étymologie du terme éthique renvoie en effet à l'assertion suivant laquelle « demeurer », « habiter » dans un agir moral juste suppose une « demeure », « un habitat », une communauté de convictions partagées. Celle-ci s'incarne dans un ethos social, ensemble des habitudes morales et des normes qui structurent nos sociétés. La nature fournirait en quelque sorte une « préfiguration » de cet ethos, préfiguration investie et transmise par l'activité agricole.

Cet ethos est aujourd'hui relativisé et déstabilisé par le progrès des connaissances scientifiques. La synergie précédente entre « habitudes » et « habitat » est laminée par un relativisme éthique véhiculé par l'extension marchande des relations sociales. En corollaire, l'agir politique se trouve marginalisé, de même que la question des limites et des normes de la manipulation de la nature, problème pourtant central de notre responsabilité éthique.

LA NATURE EST À TOUT LE MONDE...

L'appréhension sociale est en effet très forte quant aux possibilités des biotechnologies. D'où l'urgente nécessité de retrouver et de s'accorder sur des modes d'appropriation de la nature et du vivant à même de pouvoir contenir, dans les deux sens du mot**, un échange marchand contributeur de bien-être pour l'humanité

---

* Conférence de presse à l'occasion du lancement du cinquantenaire de l'INRA (Paillotin, 1997).

** Dupuy (1992), *Le sacrifice et l'envie : le libéralisme aux prises avec la justice sociale.*

tout entière. L'économie agricole, comme microcosme social, se retrouve également dans ce défi.

La transformation, la sélection, la manipulation du vivant, de la nature par l'homme, procèdent toujours en effet d'un projet social qui a beaucoup évolué dans le temps, ne serait-ce que d'un point de vue économique : survivre, se nourrir, commercer, s'enrichir, maîtriser les risques... En ce sens, la recherche agronomique et ses applications ont accompagné et accompagnent le projet social.

Reprenant l'exemple des biotechnologies appliquées à l'agriculture et le cas emblématique des organismes génétiquement modifiés (OGM), cette innovation manipulatrice du vivant semble aujourd'hui précipiter, anticiper le projet social, dans ses composantes sociologique et économique. Ne se contentant plus d'accompagner la demande sociale, le pouvoir innovant souhaiterait la régir, voire l'éduquer. C'est lorsqu'on en vient à bafouer cette assertion populaire suivant laquelle « la nature est à tout le monde », que le consensus social sanctionne, voire rejette une innovation trop privative du vivant, négligeant la dimension de bien public de celui-ci — bref..., une innovation se démarquant à la fois du projet social et des représentations courantes de la nature.

LE PRODUCTIVISME AGRICOLE « DÉMORALISÉ » ?

L'élan productiviste agricole initié à la fin des années cinquante fut porté cependant par une authentique exigence morale. Le projet s'incarnait alors par la formation d'hommes compétents professionnellement et responsables : la recherche de l'efficacité technique était le maître-mot. L'autosuffisance alimentaire était d'intérêt national, de même que l'agriculture française et européenne se devait de répondre efficacement à la question devenue mondiale de la malnutrition.

Les premières tensions se cristallisèrent autour de la question de la taille de la ferme qui devait s'accroître pour adopter rationnellement la nouveauté technique et contenir ainsi la baisse des prix relatifs agricoles. La recherche d'une profitabilité à tout prix pouvait en outre se cacher facilement derrière les bonnes intentions précédentes. Certains méfaits avérés de l'agriculture moderne sur la santé humaine comme sur la préservation de l'environnement révèlent, pour ses détracteurs, la vacuité morale du productivisme agricole et donc son déficit actuel de légitimité.

Accusation irresponsable rétorqueront les autres, convaincus que seule l'extension de ce productivisme est à même de combattre la faim et la malnutrition. Pendant ce temps, la question éthique est devenue mondiale elle aussi en incluant le développement agricole endogène des pays en développement, leur accès équitable au marché, la préservation des ressources naturelles d'intérêt planétaire, bien au-delà de celle de nos seuls terroirs ruraux franco-français... D'ailleurs, de tels soucis écologiques locaux sont d'ores et déjà marchandisés et conduisent à une différenciation des produits et des marchés dont la configuration future révélera sans doute également les disparités évolutives des revenus des ménages et des nations. Dans une telle vision, la solvabilité du consommateur se substitue à l'efficacité du producteur pour accéder au marché. À moins de céder à un néomalthusianisme économique version consommateur, une qualité minimale ou la sécurité sanitaire sont des biens de première nécessité qui doivent être rendus accessibles à tous. C'est en ce sens que pourraient être réorientées les aides publiques agricoles afin de redorer le blason moral d'un productivisme qui, sans se renier, laisse place également à des modes alternatifs de production agricole qui nécessitent tout autant d'être soutenus par la recherche et la tutelle publiques de l'agriculture.

Conclusion : l'agriculture en quête d'une conscience jubilaire

De telles mesures seront-elles suffisantes contre une fin de l'Histoire où la justice serait rendue *in fine* par une dynamique marchande globalisée ? Où le paysan, suivant son habileté, n'aurait d'autre choix que de se retrouver spéculateur ou stakhanoviste (Ladrière, 1997). Certes, il ne s'agit pas de réfuter la nécessaire autonomie de l'ordre économique mais de reconnaître l'exigence d'y inscrire personnellement et politiquement les injonctions éthiques d'une conscience jubilaire* qui, régulièrement, doit reprendre la main à celle, invisible, du chantre libéral.

Signe des temps et coïncidence du calendrier : l'échec de la conférence de Seattle de novembre 1999, préalable à un nouveau cycle de négociations commerciales internationales, aurait-il en fait inauguré une année de jachère en matière de joutes agricoles internationales ? Voire une année jubilaire dès lors que l'initiative politique en vient à prendre le relais de cette « providence

---

* Difficile en cette année 2000 de ne pas évoquer la pratique très ancienne du jubilé. Tout d'abord, l'année sabbatique célébrée tous les sept ans selon la loi mosaïque et qui prévoyait de laisser reposer la terre, de libérer les esclaves et de remettre les dettes. L'année jubilaire, qui revenait elle tous les cinquante ans, élargissait encore davantage les prescriptions précédentes : en particulier, l'esclave israélite était non seulement libéré mais retrouvait également possession de la terre de ses aïeux. Le peuple élu avait pris conscience qu'une économie laissée au libre jeu des intérêts de chacun allait contre un mur ; l'alliance divine comme le maintien de la cohésion sociale rendaient nécessaire de remettre régulièrement les compteurs à zéro. L'hypothèque sociale liée au droit à la propriété privée avait ainsi régulièrement force de loi, et ceci comme pour pallier régulièrement les manquements individuels à cette hypothèque : appât immodéré du gain, profits douteux... et bien d'autres modes d'exercices de la propriété qui reniaient le fait que les biens créés devaient affluer équitablement entre tous. L'idéal social attaché à l'année jubilaire exigeait en fait un gouvernement juste, courageux et capable d'imposer les préceptes précédents.

évènementielle » ? Parmi les préceptes jubilaires, figure la jachère, le repos du sol, dont l'une des significations contemporaines ne serait-elle pas justement de suspendre pour un temps un économisme agricole fiévreux et furtif ? L'ambition humaine d'agir sur la nature et de la transformer à sa guise conduit souvent en effet à bousculer la connaissance toujours imparfaite que nous en avons et à nier sa dimension morale évoquée précédemment.

Les défaillances d'une justice uniquement procédurale renvoient de fait à la nécessité de délimiter de nouveaux contours pour rendre effective la réciprocité des droits et des devoirs au sein de l'économie agricole. C'est ainsi qu'en prémices se développent de nouvelles alliances et marchés entre producteurs, consommateurs et protecteurs de la nature. Bref, une économie rurale qui réinvente un échange marchand local contributeur de solidarité locale voire extra locale. Dans cette perspective, l'activité agricole n'est pas subsidiaire ; elle est « gardienne de la vie » et tout autant d'une conception organique de la vie sociale que notre modernité a trop étouffée. Telle est l'ambition et la mission qu'il nous faut proposer, non pas tant à la PAC et à ses réformes, mais avant tout aux jeunes générations d'agriculteurs.

RÉFÉRENCES

– COASE (R.), « The Problem of social cost », *The journal of law and economics*, (1960), trad. française « Le Problème du coût social », *Revue française d'économie*, 1992, p. 153-193.

– COLSON (F.), « La JAC et la modernisation de l'agriculture », *in JAC et modernisation de l'agriculture de l'ouest*, INRA-ESR Rennes, (1980), 205 p.

– DUPUY (J.-P.), *Le sacrifice et l'envie. Le libéralisme aux prises avec la justice sociale*, Calmann-Lévy, Paris, 1992.

– HERVIEU (B.), « Orienter l'agriculture », *Études*, septembre, (1996), 169-178.

– INRA INSEE, *Les Campagnes et leurs Villes*, Contours et Caractères, (1998), 203 p.

– LADRIÈRE (J.), *L'Éthique dans l'univers de la rationalité*, Artel-Fides, 1997.

– LARRÈRE (C.) et LARRÈRE (R.), *La Crise environnementale*, INRA Éditions, 1997.

– MAZOYER (M.) et ROUDART (L.), *Histoire des agricultures du monde, du néolithique à la crise contemporaine*, Paris, Seuil, 1997, 529 p.

– PAILLOTIN (G.), « Cinquante ans de recherche publique pour l'INRA », *Démeter 1997/1998*, Paris, Armand Colin, 1997.

– RAINELLI (P.) et VERMERSCH (D.), « Rentabilité comparée de l'agriculture biologique et de l'agriculture conventionnelle : incidence du soutien public sur les grandes cultures en France », *OCDE*, Paris, 13-15 octobre 1999 COM/ENV/EPOC/AGR/CA (99) 46/REV1, 38 p.

– Rapport parlementaire Marre, *la PAC en quête de nouvelles missions*, Assemblée nationale, 1998.

– VERMERSCH (D.), « Économie politique agricole et morale sociale de l'Église », *Economica*, Paris, 1997, 265 p.

– VERMERSCH (D.), « Vers une nouvelle économie rurale ? », *in Démeter 1999*, Paris, Armand Colin, 1998.

Le programme de la Gastronomie moléculaire, en 2000

par HERVÉ THIS

Introduction

Comment rattraper une béarnaise tournée ? Combien de blanc en neige peut-on faire avec un seul blanc d'œuf ? Pourquoi les gnocchis remontent-ils à la surface de l'eau où ils cuisent, quand ils sont cuits ? Est-il exact que les poires rougissent quand on les cuit avec du sucre, pour préparer une compote ?

Voici quelques exemples de ces questions que nous nous posions, vers la fin des années 1980, avec le physicien britannique Nicholas Kurti*, quand nous avons identifié une nouvelle discipline scientifique que nous avons nommée la « Gastronomie moléculaire ». Progressivement, le programme de la discipline s'est précisé et cinq objectifs principaux ont été dégagés. De nombreuses questions culinaires qui se posaient alors ont été résolues, mais d'autres sont venues allonger la liste des mystères culinaires : la tâche que nous nous sommes donnée reste considérable. Le travail et les objectifs de la discipline ne se jugent bien que si l'on identifie les enjeux économiques, sociaux, éducatifs et politiques.

Ici, nous examinerons successivement les idées forces de la discipline, le type d'activités que ces idées imposent, la raison pour

---

Texte de la 63e conférence de l'Université de tous les savoirs donnée le 3 mars 2000.

* Nicholas Kurti (1908-1998) fit l'essentiel de sa carrière au Laboratoire Clarendon d'Oxford. Il consacra sa carrière à la physique des basses températures, découvrant notamment la désaimantation adiabatique nucléaire. Honoré par de nombreux prix scientifiques (médaille Holweg, etc.), il fut membre de très nombreuses commissions et de plusieurs académies des sciences. Voir par exemple : Hervé This, *Froid, magnétisme et cuisine : Karl Kurti* (1908-1998, membre d'honneur de la SFP), in *Bulletin de la Société française de physique*, mai 1999, n° 119.

laquelle nous pensons que la Gastronomie moléculaire se distingue de la science des aliments, telle qu'elle est pratiquée dans ces remarquables institutions que sont l'INRA ou le CNRS, les enjeux de la discipline, le détail du programme et le type de développement que nous entrevoyons pour la discipline.

Les cinq objectifs principaux de la Gastronomie moléculaire

En 1996, la thèse intitulée *La Gastronomie moléculaire et physique** dressait la liste des cinq objectifs suivants :

– Explorer les tours de main et dictons culinaires.

– Explorer les gestes, recettes, méthodes et pratiques culinaires classiques, afin de les améliorer.

– Introduire en cuisine des ustensiles, ingrédients et méthodes nouvelles.

– Inventer des plats nouveaux en se fondant sur les explorations effectuées.

– Utiliser la cuisine afin de présenter les sciences au public.

Ces objectifs sont donnés ici dans l'ordre d'importance en terme de travail scientifique, mais je préfère les justifier à rebours. Le cinquième objectif, notamment, ne relève pas de l'exercice de la science, mais se justifie par la teneur de la Gastronomie moléculaire : puisque cette discipline est une application des sciences expérimentales à la cuisine (domestique ou de restaurant, essentiellement), on doit d'abord parvenir à communiquer les résultats des explorations à tous les cuisiniers.

Cependant, une telle communication est insuffisante : on ne fera progresser l'art culinaire de façon durable que si, à côté des résultats, on communique les méthodes qui ont obtenu ces résultats. C'est ainsi que l'on combattra la « recette » qui est l'application automatique et généralement irraisonnée de préceptes anciens, et que l'on contribuera à stimuler la réflexion des cuisinières et cuisiniers, ce qui ne manquera pas de favoriser leur créativité. Autrement dit, au lieu de donner seulement des résultats d'expériences, on cherchera le plus possible à indiquer les bases scientifiques qui permettraient à autrui de parvenir au même résultat. Mieux encore, on s'efforcera de mettre au point des expériences simples qui résolvent les problèmes, afin que chacun, s'il ne fait pas l'expérience indiquée, se sente capable de la faire.

Le problème du gonflement du soufflé (pourquoi les soufflés gonflent-ils ?), par exemple, montre bien la relation entre le travail

* *La Gastronomie moléculaire et physique*, thèse de l'université Paris-VI, 1996.

de recherche et le travail de vulgarisation qu'impose l'étude expérimentale de ce plat. Les cuisiniers, et les livres de cuisine qu'eux-mêmes ou d'autres publient, expliquaient naguère (certains des plus influents persistant dans l'erreur, le combat n'est pas terminé) que les soufflés gonflaient en raison d'une dilatation de l'air introduit dans l'« appareil » à soufflé (la préparation qui est placée dans les ramequins) sous la forme principale de blancs d'œufs battus en neige.

Toutefois un calcul de thermodynamique simple montre que le phénomène de dilatation de l'air n'explique pas bien le gonflement du soufflé. Supposons en effet que l'air soit un gaz que les physiciens nomment « parfait » ; sa pression P, sa température T (en kelvins, soit la température en degrés Celsius plus 273,15), son volume V sont reliés par l'égalité PV = nRT, où n est le nombre de moles (une mesure de la quantité de matière) et R une constante. Pour calculer le gonflement de l'air dans le soufflé, il suffit de faire le calcul, en admettant que la température passe de 20 °C (soit 293 kelvins environ) à 100 °C (soit 373 kelvins). Pourquoi seulement 100 °C dans le soufflé tandis que le four est généralement à une température de 200 °C ? Parce que tant que le soufflé contient de l'eau, sa température reste inférieure à 100 °C. Un thermomètre plongé dans un soufflé qui cuit le démontre à qui souhaite le vérifier. Le résultat du calcul est sans appel : au mieux, la dilatation des bulles d'air ne permet d'expliquer qu'une dilatation de 20 %... alors que certains soufflés bien faits et bien cuits doublent, voire triplent de volume ! Alors ?

Alors, ayant expérimentalement exploré le gonflement des soufflés (en partie avec Nicholas Kurti), nous avons compris que les soufflés gonflent principalement en raison d'une vaporisation de l'eau présente (elle est apportée par le lait, par exemple) : au contact du fond du ramequin (ce fond est à une température peu différente de celle du four, c'est-à-dire comprise entre 150 et 200 °C pour la majorité des recettes), l'eau des couches inférieures du soufflé s'évapore, elle est piégée dans le soufflé tout en poussant les couches supérieures du soufflé vers le haut (une partie des bulles s'échappe par la face supérieure).

Ce résultat doit être communiqué à la communauté culinaire, parce qu'il rectifie une erreur qui se propage (notamment dans l'enseignement hôtelier) depuis longtemps, mais il a des conséquences pratiques : puisque c'est la vaporisation qui est le principal phénomène responsable du gonflement du soufflé, on devra chauffer ce dernier par le fond pour le faire mieux gonfler, on devra le cuire dans des ramequins dont le fond communique efficacement la chaleur à l'appareil à soufflé, par contact avec une sole chaude et, éventuellement, après avoir démarré le soufflé à froid. Mieux encore, une simple pesée d'un soufflé avant et après cuisson montre qu'un soufflé de 100 grammes perd jusqu'à 10 grammes en cours de cuisson. Or les physiciens savent calculer — c'est l'enfance de l'art — que 10 grammes d'eau font environ 10 litres de vapeur ! Ainsi, un petit soufflé de 100 grammes pourrait avoir un volume de 10 litres, si l'on savait vraiment s'y prendre, en évitant que la vapeur ne sorte par la partie supérieure, bulle à bulle en cours de cuisson : il y a place pour l'innovation !

On voit ainsi qu'au total, un travail de vulgarisation scientifique et technique doit accompagner le travail de recherche. Des millions de personnes qui cuisinent, rien qu'en France, ne bénéficient pas, dans cette pratique culinaire, des avancées de la science. La Gastronomie moléculaire, en se fixant son cinquième objectif, veut combler cette lacune. En expliquant ses résultats et ses méthodes, elle contribuera à une présentation générale des sciences au public sous une forme qu'on espère... appétissante. En retour, cet objectif impose la mise au point d'expériences simples, que tous les publics peuvent comprendre (la thèse précédemment citée présentait, en introduction, les types de matériel auxquels on s'efforce de se limiter pour les explorations scientifiques des dictons et tours de main culinaires : avec un thermocouple, qui est un thermomètre perfectionné, un microscope, une balance, et quelques ustensiles de cet acabit, de belles explorations sont déjà possibles, à qui possède des rudiments de chimie et de physique).

Ce cinquième objectif de notre discipline impose aussi le type de publication des résultats scientifiques obtenus : à côté de revues professionnelles telles que *Lebensmittel und Technologie*, on ne doit pas négliger de présenter résultats et méthodes aux millions de lecteurs de *Elle* ou de *Vogue*, aux téléspectateurs des grandes chaînes de télévision, aux auditeurs des stations de radio, etc.

Notons enfin, à propos de ce cinquième objectif, que le « grand public » n'est pas le seul visé. Les élèves et étudiants des divers établissements d'enseignement général ou spécialisé (culinaire, hôtelier, agronomique) peuvent bénéficier, grâce à la Gastronomie moléculaire, d'une initiation aux sciences expérimentales qui nous semble cruciale pour le développement de l'art culinaire. Nous reviendrons sur ce point.

Pour en revenir aux aspects scientifiques de la discipline, observons que la Gastronomie moléculaire est une science très appliquée, mais qui ne doit pas s'interdire d'utiliser des résultats très fondamentaux.

Par exemple, en utilisant un résultat obtenu par Madeleine Djabourov, Jacques Leblond et Pierre Papon, de l'ESPCI, à Paris*, nous avons proposé une méthode qui résout un vieux problème culinaire en même temps qu'elle perfectionne la pratique culinaire.

---

* M. Djabourov, J. Leblond et P. Papon, « Gelation of Aqueous Gelatin Solutions, I. Structural investigation », in *J. Phys. France*, 1988, 49, 319-332 ; et M. Djabourov, J. Leblond et P. Papon, « Gelation of Aqueous Gelatin Solutions, II. Rheology of the Sol Gel Transition », in *J. Phys. France*, 1988, 49, 333-343.

La question posée était celle de la température à laquelle on doit faire prendre les gelées (gels de gélatine). M. Djabourov et ses collègues avaient étudié la prise des gels (précisément sur l'exemple de la gélatine), et testé la théorie de la percolation pour décrire le phénomène (sur une idée initiale de Pierre-Gilles de Gennes), et ils avaient analysé la relation entre la structure du gel et la température de prise.

La mise en pratique culinaire de leur étude a été présentée lors de la conférence de lancement du Groupement de recherche CNRS « Systèmes moléculaires organisés », au siège du CNRS : nous avons demandé au cuisinier du siège de diviser une même gelée en deux moitiés, qui ont été placées l'une en chambre froide et l'autre à température ambiante. Les participants au groupement de recherche, tout comme les journalistes invités, ont pu apprécier, sans compétences particulières, la différence de texture : les gelées prises à basse température sont aqueuses, cassantes, et elles tiennent mal au réchauffement, tandis que les gelées prises à température ambiante, de même composition, sont fermes, bien prises, et thermorésistantes. Ce travail d'application de résultats fondamentaux s'intègre à l'objectif numéro 4.

Cette application de résultats scientifiques obtenus par d'autres n'est évidemment pas la seule possibilité d'innovation. Depuis la thèse de 1996, un travail d'invention de plats nouveaux a été mené. Le chocolat Chantilly (on fait foisonner une émulsion de chocolat, que l'on obtient simplement en dissolvant du chocolat dans de l'eau, à chaud), le fromage Chantilly (on fait foisonner une émulsion de fromage que l'on obtient en chauffant simplement du fromage dans de l'eau), les « ollis » (on crée des émulsions, c'est-à-dire des « cousins » de la mayonnaise, à partir de n'importe quelle matière animale ou végétale) sont quelques-uns de ces plats nouveaux dont les recettes (et le raisonnement qui y conduit) ont été largement divulguées aux professionnels et au public*.

Signalons que les principales innovations proposées par les cuisiniers professionnels sont des associations inédites d'ingrédients. Toutefois les explorations physico-chimiques de la cuisine conduisent à des innovations bien plus fondamentales (une « théorie du goût » et un « tableau des doubles cuissons » circulent aujourd'hui dans les milieux culinaires ; ils proposent respectivement une réflexion générale sur les moyens techniques de donner du goût à

* Le chocolat Chantilly, par exemple, a été mis à la carte de plusieurs restaurants gastronomiques : le *Trianon Palace*, dirigé par Gérard Vié, la *Table d'Anvers*, dirigée à l'époque par Christian Conticini et Philippe Conticini. La recette de ce plat a été publiée par la revue *Elle*, dans son numéro du 21 décembre 1998, ainsi que dans *The Chemical Intelligencer*, juillet 1998. La voici : dans une casserole, mettre 20 centilitres d'une solution aqueuse (jus d'orange, de citron, vin, thé, café, etc.) et 225 grammes de chocolat à croquer ; chauffer doucement jusqu'à ce que le chocolat soit dispersé dans l'eau, puis poser la casserole sur un lit de glaçons et fouetter ; viendra un moment où la préparation s'éclaircit en prenant du volume. Ça y est, la mousse de chocolat est obtenue. Crème, crème Chantilly ; chocolat, chocolat Chantilly.

un plat et un grand nombre de nouvelles méthodes de cuisson). La réflexion théorique, indispensable dans le cadre d'une activité scientifique, surtout quand elle touche à l'art (l'art culinaire est notamment reconnu par l'envoi de cuisiniers à la Villa Médicis, par le ministère des Affaires étrangères), s'impose d'autant plus qu'elle a été excessivement négligée jusqu'ici. L'application des sciences à la cuisine conduit tout naturellement à une telle réflexion.

L'objectif numéro 3, l'introduction de méthodes, d'outils et d'ingrédients nouveaux en cuisine s'impose tout naturellement : une rationalisation des méthodes culinaires ne peut s'effectuer sans une transformation des méthodes, des outils et des ingrédients. Il est tout à fait étonnant que la cuisine se pratique presque comme au Moyen Âge ; seul le four à micro-ondes est une véritable innovation. Les robots, l'acier inoxydable, les plaques électriques, etc. ne sont que des perfectionnements techniques légers, qui ont peu modifié le travail culinaire.

Pourtant, les laboratoires de chimie, de physique ou de biologie sont pleins d'ustensiles et de méthodes qu'il serait utile d'introduire en cuisine. Un article publié dans l'*Actualité chimique** a dressé une liste très incomplète des matériels de laboratoires qui faciliteraient ou perfectionneraient le travail culinaire : la « colonne à reflux » qui est présente dans tous les laboratoires de chimie organique (dans une telle colonne, les vapeurs sont condensées, et elles retombent dans le réacteur chauffé) est plus efficace qu'un couvercle ; les bacs à ultrasons font des émulsions bien plus efficacement que les fourchettes ; le thermocouple (quand deux fils de métaux différents sont soudés ensemble, une différence de potentiel électrique apparaît aux extrémités ; la mesure de cette différence de température indique la température de façon bien plus précise, rapide et fiable qu'un thermomètre classique), etc.

Les ingrédients, aussi, pourraient changer, car les sociétés productrices d'arômes ou de composés chimiques définis ont une large gamme qui pourrait être source d'innovations en cuisine (ces produits sont déjà utilisés dans l'industrie alimentaire, mais les conditions d'exercice des particuliers ou des restaurants permettraient des usages différents).

La bêta-ionone, par exemple, s'impose dans les desserts qui doivent avoir un goût de violette, et tous les amateurs de champignons devraient savoir que le 1-octène-3-ol, au remarquable arôme de sous-bois, est un bienfait bon marché, quand la saison des champignons est terminée (et même quand elle bat son plein). Bien d'autres molécules seraient utiles, non seulement pour l'enrichissement de l'arôme, mais aussi pour leurs qualités sapides. Dans un article publié en 1995 dans la revue *Pour la science***, nous espérions voir

* Hervé This, dans « La gastronomie moléculaire », in *L'Actualité chimique*, juin 1995.
** Hervé This et Nicholas Kurti, « La physique et la chimie dans la cuisine », *in Pour la science*, juin 1995.

le temps où des cuisiniers utiliseraient de telles molécules. Le quatrième *International Workshop on Molecular Gastronomy*, en mai 1999*, a été précisément l'occasion de confronter les cuisiniers et les scientifiques sur ce thème. Progressivement les cuisiniers s'habituent à l'emploi de préparations aromatiques, et certains en sont venus à utiliser des composés définis.

Enfin les méthodes pourraient être transformées. Aujourd'hui, par exemple, quelques chefs pratiquent couramment des infusions ou des macérations dans l'eau ou dans l'huile de plantes aromatiques. Pourquoi se cantonner à la température ambiante ou à la température d'ébullition de l'eau pour effectuer les extractions ? L'interprétation des méthodes culinaires classiques permet l'introduction adaptée aux buts culinaires visés. Pourquoi ne pas varier les matières grasses ? Pourquoi ne pas reprendre à l'industrie des parfums ses méthodes d'extraction, et les adapter aux conditions d'exercice de l'art culinaire ?

Le deuxième objectif, la compréhension des gestes culinaires, est indissociable du premier objectif, qui est le principal. Il serait dommage d'explorer les tours de mains et dictons culinaires sans chercher une compréhension globale de la cuisine, et il serait dommage d'explorer les gestes et méthodes culinaires sans chercher à les rationaliser, dans le but d'un perfectionnement des pratiques. Nous verrons plus loin comment des propositions d'innovations peuvent être faites, mais examinons maintenant l'objectif principal de la discipline : l'exploration des dictons et tours de main culinaires.

Cet objectif doit principalement servir à épurer les livres de cuisine. En 1969, lors de la conférence à la *Royal Institution***, Nicholas Kurti avait fait remarquer qu'il était attristant que l'on connaisse mieux la température au centre des étoiles qu'au cœur des soufflés ; de même, je trouve indécent que l'humanité envoie des sondes sur Mars et que, dans le même temps, elle continue à utiliser et à enseigner aux jeunes cuisiniers des tours de main culinaires douteux ou faux.

Doit-on ajouter du sel au blanc d'œuf que l'on bat en neige, par exemple ? Les questions culinaires de ce type n'ont jamais été bien traitées, de sorte que les individus qui cuisinent perpétuent des gestes qu'ils ne comprennent pas et dont ils ignorent même l'efficacité réelle. La Gastronomie moléculaire a l'ambition de permettre la publication d'ouvrages culinaires — pour les professionnels ou pour le public — débarrassés des scories du développement empirique de la cuisine.

Simultanément, la Gastronomie moléculaire trouve dans les dictons ou tours de main culinaires anciens ou modernes, français

* Après la mort de Nicholas Kurti, en novembre 1998, nous avons proposé de renommer ces rencontres *International Workshop on Molecular Gastronomy* « N. Kurti ».
** Nicholas Kurti, « The Physicist in the Kitchen », *Proc Roy Instn*, 1969, 42, n° 199, p. 451-467.

ou étrangers, des questions scientifiques intéressantes, en même temps que des pratiques d'une efficacité à préciser. Les ouvrages culinaires gagneraient à s'enrichir des tours de main anciens ou oubliés quand ils sont justes. Parfois certains gestes anciens devront être modifiés (voir, par exemple, le travail sur les fruits rouges et l'étain : on dit que les fruits rouges ne doivent jamais être mis dans une casserole étamée, mais, quand on fait l'expérience, rien ne se passe ; en revanche, une exploration du problème a montré que les fruits rouges prennent une abominable teinte violacée quand ils sont en présence de certains des sels d'étain ; autrement dit, on doit modifier le dicton, et indiquer qu'on ne doit jamais mettre les fruits rouges dans des récipients en cuivre étamés « oxydés* »).

Nous reviendrons plus loin sur la méthode que nous préconisons pour explorer pratiquement les dictons et tours de main, mais notons que la chimie et la physique sont les principales disciplines que nous utilisons. Nous ne nous interdisons pas, pour autant, de faire appel à d'autres disciplines : biologie, toxicologie, pharmacie, chimie analytique, histoire... Car nous visons la résolution de questions culinaires et non la pratique d'une discipline scientifique particulière : si la résolution d'une question impose l'utilisation d'optique, on utilisera l'optique ; si la résolution d'une autre question impose l'utilisation de chimie organique, nous utiliserons la chimie organique, etc.

Inversement les explorations des dictons et tours de main culinaires posent des questions scientifiques concrètes, qui irriguent les disciplines scientifiques : la condensation des tanins dans les vins, l'adhérence des mets aux ustensiles de cuisson, la réalisation de croustillant, la caramélisation, la coagulation, la réalisation de textures spécifiques, etc. sont des phénomènes qu'examinent la chimie ou la physique, du point de vue fondamental.

Concluons cette partie en mentionnant que les propositions de rénovation des pratiques culinaires auxquels ces travaux conduisent doivent être prudentes.

Dans un discours prononcé à l'Union des industries chimiques, en 1894**, Marcelin Berthelot a donné l'exemple de ce que l'on doit éviter : il a prédit qu'en l'an 2000 (c'était le titre de son discours), l'agriculture et la cuisine auraient disparu, en raison des progrès de la chimie ; un siècle après, toutefois, on observe que la cuisine (et l'agriculture) sont restées, et que le public n'est pas prêt d'échanger le coq au vin, la choucroute, les braisés... contre les pilules nutritives envisagées par Berthelot (membre de l'Académie des sciences, professeur au Collège de France, Berthe-

* Hervé This, « Froid, magnétisme et cuisine : Nicholas Kurti » (1908-1998, membre d'honneur de la SFPI), in *Bulletin de la Société française de physique*, mai 1999, n° 119.
** Marcelin Berthelot, *En l'an 2000*, discours prononcé au banquet de la Chambre syndicale des produits chimiques, 5 avril 1894.

lot fut aussi, rappelons-le, un responsable politique influent, puisqu'il fut même ministre des Affaires étrangères, et adversaire efficace de l'introduction dans l'enseignement en France, de la théorie atomiste*).

Afin d'éviter de répéter des expériences malheureuses de ce type, nous proposons d'ancrer autant que possible l'innovation dans la tradition. Cette idée justifie notamment l'accent que nous mettons sur l'exploration des tours de main et dictons culinaires « classiques ». Elle justifie aussi que l'on présente les innovations comme des variations mineures de pratiques déjà en vigueur, même quand les innovations proposées rompent avec les pratiques. Par exemple, bien que le fromage Chantilly (on propose de constituer d'abord une émulsion, à partir d'une solution aqueuse et de fromage que l'on chauffe ; puis on fouette sur glace, afin d'obtenir une mousse analogue à une crème Chantilly) n'ait jamais été inventé par la cuisine, on a repris, dans le titre du plat, le nom d'un plat classique afin de le faire mieux accepter.

La spécificité de la discipline

Une partie des discussions qui ont suivi la soutenance de la thèse consacrée à la Gastronomie moléculaire ont porté sur la différence entre la Science des aliments et la Gastronomie moléculaire. Cette différence est essentiellement conjoncturelle, car des Liebig**, des Chevreul***, des Proust****, des Parmentier*****, des Chaptal****** ou même des Lavoisier******* se sont préoccupés de cuisine.

Puis, les progrès de la chimie et de la physique ont parfois entraîné les spécialistes de la Science des aliments loin de cette

---

* Jean Jacques, *Marcelin Berthelot, autopsie d'un mythe*, Éditions Belin, Paris, 1983.

** Voir par exemple Liebig J., 1848, *Sur les principes des liquides de la chair musculaire*, in *Ann. Phys. Chim.* [3] 23, p. 129-203.

*** Voir par exemple M.E. Chevreul, *Rapport sur le bouillon de la Compagnie hollandaise fait à l'Académie des sciences par M. Chevreul*, in *Nouvelles Annales du Muséum d'histoire naturelle*, ou *Recueil de mémoires* publiés par les professeurs de cet établissement et par d'autres naturalistes sur l'histoire naturelle, l'anatomie et la chimie, t. 1, Paris, Roret, 1832, p. 293 et suivantes.

**** Par exemple : M. Proust, *Recherches sur les moyens d'améliorer la subsistance du soldat*, Ségovie, 1791. En extrait dans le *Journal de physique, de chimie, d'histoire naturelle et des arts*, par J.-Cl. Delaméthrie, t. LII, an IX de la République, 1801, p. 227.

***** Par exemple : A. Balland, *La chimie alimentaire dans l'Œuvre de Parmentier*, Paris, 1902. Librairie J.-B. Baillière et fils.

****** Par exemple : Chaptal, *Éléments de chimie*, 1796, t. 3, 361-363 ou *Chimie appliquée aux arts*, 1807, t. II, 517-519.

******* Voir par exemple : A.L. Lavoisier, *Mémoire sur le degré de force que doit avoir le bouillon, sur sa pesanteur spécifique et sur la quantité de matière gélatineuse solide qu'il contient*, in *Œuvres complètes*, t. III, p. 71, Expériences de novembre 1783.

activité quotidienne qu'est la cuisine, qui fait intervenir des mélanges complexes. Parallèlement, la Science des aliments a considéré des phénomènes de plus en plus fins, alors qu'elle s'alliait à l'industrie agroalimentaire, afin d'assurer l'alimentation des populations. La cuisine a été laissée pour compte, le citoyen qui cuisine a été oublié par la science, et n'a pas bénéficié, dans sa pratique culinaire, des avancées scientifiques.

Pourtant la cuisine domestique ou de restaurant reste un moteur de la créativité industrielle : nombre de cuisiniers sont alliés à l'industrie alimentaire, dont ils assurent à la fois la mise au point des produits et la promotion. En outre, les principales sociétés de cette même industrie ont quasiment toutes, dans leurs centres de recherche et développement, des cuisiniers qui travaillent avec les ingénieurs (ces cuisiniers forment même un club, nommé « Le Club des métiers de bouche »).

De ce fait, en explorant la cuisine, on vise simultanément le développement d'une branche particulière de la science des aliments (l'exploration physico-chimique des opérations culinaires), la rénovation d'une pratique commune à l'ensemble de la population et le perfectionnement de l'industrie alimentaire. Les enjeux sont donc scientifiques, sociaux et économiques.

Signalons que la cuisine n'est pas seulement visée par la Gastronomie moléculaire, sans quoi le titre moins pompeux de « cuisine moléculaire » aurait suffi. En revanche, certains phénomènes physico-chimiques qui se produisent lors de la dégustation méritent une exploration qui prolonge celle de la cuisine. Pourquoi certains vins rouges deviennent-ils désagréables quand ils sont consommés en même temps qu'une salade vinaigrée, par exemple ? Là encore, la physico-chimie a des réponses à donner. Pour englober les explorations physico-chimiques de la cuisine et de la dégustation, nous avons repris le terme de « gastronomie », largement accepté dans les milieux culinaires depuis la *Physiologie du goût*, de Jean-Anthelme Brillat-Savarin* : « La gastronomie est la connaissance raisonnée de tout ce qui a rapport à l'homme, en tant qu'il se nourrit. Son but est de veiller à la conservation des hommes, au moyen de la meilleure nourriture possible. Elle y parvient en dirigeant, par des principes certains, tous ceux qui recherchent, fournissent ou préparent les choses qui peuvent se convertir en aliments. [...] La gastronomie tient : à l'histoire naturelle, par la classification qu'elle fait des substances alimentaires ; à la physique, par l'examen de leurs compositions et de leurs qualités ; à la chimie, par les diverses analyses et décompositions qu'elle leur fait subir ; à la cuisine, par l'art d'apprêter les mets et de les rendre agréables au goût ; au commerce, par la recherche des moyens d'acheter au meilleur marché possible ce qu'elle consomme, et de

* Jean-Anthelme Brillat-Savarin, *La Physiologie du goût*, Éditions Flammarion (collection Champs), 1982.

débiter le plus avantageusement ce qu'elle présente à vendre ; enfin, à l'économie politique, par les ressources qu'elle présente à l'impôt, et par les moyens d'échange qu'elle établit entre les nations. »

Conformément au premier de ses objectifs, la Gastronomie moléculaire doit résoudre une foule de problèmes particuliers, petits ou grands, évidents ou inextricables : chaque dicton, chaque tour de main impose une nouvelle étude, et c'est seulement l'ensemble de ces études qui peut mener à des synthèses, conformément au deuxième objectif. Au total, le chantier est titanesque. Pour bien comprendre le soufflé, le bouillon, le pot-au-feu, le braisage, etc., une foule d'expériences sont nécessaires ; de nombreuses compétences sont requises.

Les dictons et les tours de main, tout d'abord, sont extraits de livres de cuisine anciens ou modernes, français ou étrangers. La lecture de ces textes anciens impose une interprétation historique, souvent, et une interprétation anthropologique ou sociologique parfois. Parfois aussi, les dictons et tours de main sont recueillis auprès des cuisiniers, qui ne livrent leurs « secrets » qu'au prix d'une collaboration amicale.

Puis ces dictons et tours de main doivent être testés. Notons que les tests doivent d'abord être effectués dans les conditions où les dictons et tours de main ont été énoncés. Ces tests, souvent, ne sont que de la cuisine éclairée par la physico-chimie. C'est seulement dans une deuxième étape, quand un dicton a été réfuté ou avéré, que des expériences complémentaires permettent d'expliquer le phénomène et de trouver l'origine du dicton ou du tour de main.

Par exemple, l'étude de pommes de terre en salade (les cuisiniers indiquent que les pommes de terre absorbent davantage la vinaigrette si elles y sont placées alors qu'elles sont encore chaudes) nécessite d'abord la comparaison de pommes de terre placées, chaudes d'une part et froides d'autre part, dans de la vinaigrette, mais l'exploration impose ensuite une compréhension des phénomènes de mouillage des cellules de pomme de terre (au niveau macroscopique comme au niveau microscopique) par l'huile et l'eau, des expériences sur l'absorption des liquides par les pommes de terre, etc. Récemment, une discussion avec Pierre Gagnaire (le restaurant « Pierre Gagnaire », à Paris) a fait apparaître l'idée que les pommes de terre étaient plus « dures » quand elles étaient froides ; il faudra donc prolonger les études par des études du comportement mécanique des pommes de terre, afin de chercher une interprétation de l'origine du dicton.

Les enjeux

L'exemple des salades de pommes de terre n'est qu'en partie une provocation ; c'est surtout une bonne introduction à cette partie, qui évoque les enjeux de la Gastronomie moléculaire.

Considéré hâtivement, cet exemple de la salade de pommes de terre tend à faire croire que la Gastronomie moléculaire est une activité futile, qui se préoccupe de détails culinaires sans importance. Pourtant, la réputation de plus d'un chef a tenu à la réalisation perfectionnée d'un plat : pensons à Joël Robuchon, dont la purée est célèbre dans le monde entier. Pourtant, aussi et surtout, les industriels commercialisent des plats préparés, et la salade de pomme de terre tient un rôle notable dans leurs gammes (la plupart des rayons traiteurs de supermarché en proposent). L'absorption de la vinaigrette par les pommes de terre est alors un problème économique important (sur de grosses productions, quelques grammes de vinaigrettes en plus ou en moins peuvent représenter des sommes considérables), en même temps qu'un atout concurrentiel notable.

Cet exemple n'est qu'une introduction. Voyons maintenant pourquoi la Gastronomie moléculaire a des enjeux politiques, économiques, éducatifs et scientifiques.

Nous observerons tout d'abord que le citoyen qui cuisine ne bénéficie qu'indirectement des résultats de la Science des aliments. Les études des propriétés gélifiantes des chairs animales, par exemple (principalement effectuées à la station INRA de Theix*) ont débouché sur la mise au point de la « cerise de bœuf », dans les années 1990, mais elles n'ont conduit à aucune modification des pratiques culinaires. Le citoyen a eu la possibilité d'acquérir des « cerises de bœuf » (le produit n'a pas eu le succès escompté), mais les résultats scientifiques ne lui ont été communiqués ni sous leur forme scientifique initiale ni sous une forme adaptée à la pratique culinaire. Les millions de personnes qui cuisinent quotidiennement, rien qu'en France, n'ont donc pu récupérer les résultats des recherches qu'ils subventionnent, en tant que contribuables ; elles n'ont pu perfectionner leurs pratiques culinaires à la lumière des résultats obtenus. La communication scientifique insuffisante de la Science des aliments explique-t-elle en partie le rejet de la science des aliments par les citoyens (écoutons le public parler de

---

* Voir par exemple : J. Culioli et al., *Propriétés thermogélifiantes de la myosine : influence du degré de purification et du type musculaire*, Colloque Science des aliments, Quimper, nov 1991 ; ou encore J. Culioli et al., *Propriétés gélifiantes des protéines myofibrillaires et de la myosine*, VPC, 1990, 11 (6, 6bis, 6 ter), 313-314.

« nourriture industrielle ») ? La Gastronomie moléculaire, en se proposant de mettre les résultats de la recherche à la disposition de tous, a clairement un rôle politique important à jouer.

D'autre part, les enjeux de la Gastronomie moléculaire sont également économiques. Nous avons esquissé ces enjeux en évoquant le cas des salades de pommes de terre, mais il y a plus : ne parlait-on pas, naguère, d'« économie domestique » ? Cette économie à l'échelle de l'individu se double d'une économie à l'échelle du pays. Nous l'examinerons maintenant à propos de la filière viande, mais toute l'activité agroalimentaire est concernée.

Suivons la filière viande à partir des biochimistes de l'INRA, qui font un remarquable travail, notamment au Centre de Theix, dans l'élucidation des mécanismes biochimiques qui ont lieu au cours de la contraction musculaire. Ces études débouchent sur des recherches de sélection animale, par leurs collègues des centres plus appliqués, tels le domaine de l'Orfravière ou la Bergerie nationale. Là, des professionnels compétents se consacrent à l'établissement de races de bovins perfectionnés pour la qualité de leur chair. Ils sont relayés par des sélectionneurs qui multiplient ces animaux, par des éleveurs qui cherchent les meilleurs moyens de proposer des animaux en bonne santé et de bonne qualité, puis par les chevillards, les abatteurs et, finalement, les bouchers qui font maturer la viande afin de lui donner une grande tendreté. Pour peu qu'un acheteur de cette viande, mal formé à la cuisine, fasse bouillir inconsidérément la viande vendue, toute l'activité de la filière est incriminée. L'individu qui cuisine, en fin de filière, en est aussi la sanction. N'est-il pas indispensable de le former ?

La Gastronomie moléculaire a également des enjeux éducatifs. Elle a la mission d'enrichir les enseignements de science appliquée dans les établissements d'enseignement hôtelier, culinaire ou agronomique. Elle est la recherche sans laquelle ces enseignements s'appauvrissent.

Simultanément, elle est une composante qui nous semble indispensable pour la formation des ingénieurs agroalimentaires*. Nous avons vu précédemment que l'activité industrielle de l'alimentaire ne pouvait se passer de la composante culinaire. De même, je crois que l'enseignement dispensé aux élèves de formation agroalimentaire devrait inclure une formation culinaire. Toutefois on ne pourra enseigner la cuisine à ces individus rationnels en se cantonnant à l'activité culinaire classique. Avec ses rationalisations, la Gastronomie moléculaire est une réponse aux besoins, en même temps qu'une introduction à la physico-chimie.

---

* Elle semble également manquer aux élèves ingénieurs : une promotion de l'ENSBANA (Dijon) et une promotion de l'INSFA (Rennes) nous ont invités à être leur « parrain », et plusieurs conférences sur la Gastronomie moléculaire ont été effectuées, à la demande des étudiants, dans divers établissements du même type.

Plus généralement, l'activité culinaire est la source de réflexions, de problèmes et de travaux pratiques pour les écoles, les collèges, les lycées d'enseignement général, ou les universités.

Ainsi le livre *La Casserole des enfants** présente des « fiches expérimentales » qui proposent des expérimentations physico-chimiques pour les écoles ; nombre de ces expérimentations ont été discutées devant des professeurs d'école de plusieurs académies. Ainsi les journées nationales de l'union des physiciens ont été, en 1999, l'occasion de considérer comment des observations d'origine culinaire pouvaient être utilisées pour l'enseignement de la physique et de la chimie au collège et au lycée.

Enfin la Gastronomie moléculaire a évidemment la tâche de contribuer au perfectionnement culinaire des cuisiniers, lesquels sont, rappelons-le, des ambassadeurs de la cuisine nationale. Le tourisme, en France, est largement fondé sur la renommée des cuisiniers français. Afin que cette réputation perdure, les cuisiniers doivent cultiver la composante artistique de leur activité, tout comme la composante technique. La Gastronomie moléculaire est la discipline qui peut contribuer au perfectionnement technique, mais, pourquoi pas aussi, au perfectionnement artistique.

Le détail du programme

Venons-en maintenant au programme de la discipline. Ce programme, on l'a dit, est une accumulation de questions posées par la lecture des livres culinaires et par les discussions avec les cuisiniers ou les enseignants des établissements d'enseignement culinaire. Ces questions sont variées, tant par leur objet que par leur difficulté :

Par exemple, dans *Le meilleur et le plus simple*, le cuisinier parisien Joël Robuchon indique que « pour brunir des oignons que l'on passe à la poêle, il ne faut pas les saler ». Le sel provoquerait-il un dégorgement (par osmose), l'eau qui sort des oignons bloquant ensuite le brunissement qui s'effectue par des réactions de Maillard, surtout à faible activité de l'eau et à haute température ? À ce jour, les tests effectués (notamment à la Faculté des Sciences de Tours) ont toutefois montré l'effet inverse (paradoxal, dans cette analyse) de celui qui est signalé par le cuisinier. On devra l'interroger afin de connaître les conditions exactes dans lesquelles il opère, varier les concentrations en sel et les conditions de chauffage. On mesurera notamment la température au point de contact des oignons et de la poêle, dans les diverses conditions étudiées.

* Hervé This, *La Casserole des enfants*, Éditions Belin, 1998, Paris.

Autre exemple, à propos de blancs d'œufs battus en neige, Édouard de Pomiane écrit dans le *Code de la bonne chère* p. 133 : « En réalité, le problème doit être plus complexe, car souvent on n'arrive pas à obtenir une mousse bien sèche, très ferme. Des phénomènes électriques doivent intervenir. Les chimico-physiciens nous les expliqueront peut-être un jour. Retenons seulement que l'ensemble des instruments employés pour battre les blancs doit représenter un élément de pile. En effet, pour obtenir toujours le résultat voulu, il faut battre les blancs dans un récipient hémisphérique en cuivre non étamé, avec un fouet de fil de fer galvanisé. Vous reconnaissez l'élément de la pile de Volta. » Édouard de Pomiane, biologiste et gastronome, n'était hélas pas chimiste ni physicien. Depuis les années 1950, quand il écrivit ce paragraphe, de nouveaux matériaux ont été mis au point, et les tests ont montré que les souffleuses ont un rendement en mousse supérieur à celui des fouets, fussent-ils en fer galvanisé. Par acquis de conscience, on cherchera à appliquer une différence de potentiel entre le cul de poule et le fouet afin d'observer un éventuel effet, mais...

À ce jour, le programme de la Gastronomie moléculaire est composé de plus de 100 pages d'exemples de ce type, et chaque nouvelle lecture, surtout des livres de cuisine anciens, apporte son lot de questions ou d'idées d'expériences à effectuer.

Parfois, on résoudra les questions simplement par une analyse sensorielle rigoureuse. Parfois une étude physico-chimique approfondie s'impose. *A priori*, les analyses de chimie et de physique suffisent, mais on ne s'interdira évidemment pas l'utilisation d'autres disciplines : biologie, histoire, anthropologie... Ce n'est pas la discipline qui impose ici ses questions, mais les questions qui imposent les disciplines, même si l'activité physico-chimique est au cœur de l'activité.

À propos des questions particulières du programme, il n'est pas inutile de situer le niveau de réponse cherché. Ce débat fut celui qui eut lieu lors de la thèse soutenue en 1996. La réponse donnée alors à Pierre-Gilles de Gennes et à Jean-Marie Lehn mérite d'être à nouveau signalée : quand la Gastronomie moléculaire a résolu une question, en validant ou en réfutant un dicton et en indiquant les bases physico-chimiques de l'effet éventuellement observé, il n'est pas nécessaire (et il serait même dommageable pour l'image de la discipline) de poursuivre l'analyse jusque dans des détails infinis.

Imaginons, par exemple, qu'on cherche à savoir s'il est exact, comme le disent tous les cuisiniers que le bouillon est plus corsé si la viande est initialement dans l'eau froide. Une étude historique montre que ce dicton a cours depuis au moins 1770*. Puis une lecture des pères fondateurs de la Science des aliments montre que

* On le trouve notamment dans *L'Albert moderne*, ou *Nouveaux secrets éprouvés illicites*, Paris, 1770. Éditions Veuve Duchesne, attribué à Pierre Joseph Buch'oz, naturaliste et botaniste de Metz.

des chimistes ont ensuite propagé ce dicton sans solution de continuité jusqu'à aujourd'hui en donnant l'explication suivante : « si la viande était mise dans l'eau bouillante, la coagulation de l'albumine de surface empêcherait les jus de sortir et le bouillon serait moins bon ». Nous avons démontré, par des pesées de viande dans l'eau chaude et dans l'eau froide, que la chair perd davantage, au contraire, quand elle est mise dans l'eau bouillante, au moins pour la première heure de cuisson ; puis, après deux à six heures de cuisson, la viande mise initialement à l'eau froide a perdu la même masse (au gramme près !) que la viande mise initialement à l'eau bouillante (en prime, nous avons observé que, lorsque la viande bouillie refroidit dans son bouillon, elle réabsorbe jusqu'à 20 % de sa masse). À ce point, la gastronomie moléculaire peut s'arrêter, contente d'avoir résolu une question culinaire importante (le bouillon est non seulement un liquide de consommation courante, mais il est la base de la plupart des sauces). On pourrait évidemment prolonger l'étude en comparant des viandes à différentes concentrations en collagène ou en élastine, mais il n'est pas indispensable de chercher les détails biochimiques du phénomène. Ce travail, qui relève de la Science des aliments, ne serait pas inutile pour le perfectionnement du bouillon, mais nous soutenons qu'il n'est absolument pas obligatoire dans le cadre du premier objectif assigné à la Gastronomie moléculaire*.

Concluons en répétant que la Gastronomie moléculaire est une science appliquée. L'activité culinaire doit être sa préoccupation constante, mais les méthodes rigoureuses de la science doivent être appliquées pour résoudre les problèmes posés.

Quelques questions ont été résolues, mais le chantier de la Gastronomie moléculaire est gigantesque. Toutes les bonnes volontés, toutes les compétences, toutes les intelligences sont nécessaires pour que la cuisine progresse. Et l'on sait combien la cuisine est importante dans notre pays !

* Voir notamment « Liebig et la cuisson de la viande : une remise à jour d'idées anciennes », Hervé This et Georges Bram, in *C.R. Acad. Sci*, Paris, Série IIc, p. 675-680, 1998.

La feuille des plantes supérieures : fonctions, réponse aux agressions et sensibilité aux herbicides

par Roland Douce

Les plantes, comme les animaux, empruntent au milieu dans lequel elles vivent des molécules très diverses pour croître et se multiplier. Mais il existe une différence fondamentale entre les plantes et les animaux. Ces derniers peuvent se déplacer et puisent dans l'environnement des molécules très sophistiquées, complexes, préfabriquées par les plantes. Parmi ces molécules nous trouvons le saccharose — le sucre que nous utilisons en cuisine —, les acides aminés essentiels, de nombreux acides gras insaturés et enfin, les vitamines. Les végétaux, en revanche, ne peuvent pas se déplacer. Ils sont obligés de fabriquer une multitude de composés à partir de molécules très simples comme le gaz carbonique de l'air, l'eau et divers ions (anions, cations) du sol pour assurer leur croissance et leur développement. Cette autotrophie est associée très étroitement au fonctionnement des feuilles qui réalisent ce tour de force de fabriquer à la lumière, d'une façon *ad libitum*, le saccharose.

Les organes de la plante appartiennent à deux groupes distincts. Le premier groupe (source) est représenté par les feuilles qui, exposées à la lumière, constituent la source primaire des composés carbonés (saccharose) et azotés (acides aminés) nécessaires au métabolisme de la plante. Le second groupe (puits) est représenté par les tiges, racines, tubercules, fleurs, graines et d'une façon générale par tous les organes en cours de développement. Ces organes se comportent comme des puits à l'endroit du saccharose. Les sources et les puits sont reliés par deux types de canalisations complexes, le xylème et le phloème. Le xylème est constitué de cellules mortes allongées mises bout à bout formant un tuyau

Texte de la 64e conférence de l'Université de tous les savoirs donnée le 4 mars 2000.

creux dont les parois sont renforcées par la lignine qui est un polymère hydrophobe présentant une très grande résistance. Ces tuyaux, ininterrompus des racines jusqu'aux feuilles, conduisent l'eau (dont une grande partie sera évacuée par évaporation au niveau des feuilles) et de nombreux ions dissous absorbés par les racines. Ils peuvent également transporter, à certains stades du développement de la plante, des sucres provenant de l'hydrolyse de l'amidon (polymère de glucose) stocké dans les organes souterrains (racines, tubercules) et le tronc des arbres. Ces sucres seront utilisés par les bourgeons en voie de débourrement. Le phloème (tubes criblés) est constitué de cellules vivantes anucléées mises bout à bout dont les parois transversales sont pourvues de perforations. Les tubes criblés sont impliqués dans le transport de la sève chargée en saccharose et en acides aminés (glutamate, aspartate, glutamine, asparagine). D'une manière générale la composition de la sève élaborée fluctue considérablement en fonction de l'heure de la journée, des saisons et enfin des contraintes climatiques. Enfin dans les vaisseaux conducteurs circulent diverses hormones qui jouent un rôle considérable dans la régulation du fonctionnement des divers organes.

Le saccharose est synthétisé en permanence dans les feuilles exposées à la lumière à partir du gaz carbonique (photosynthèse). La synthèse du saccharose s'effectue au sein de cellules chlorophylliennes renfermant des chloroplastes. Ces derniers renferment un système complexe de membranes internes formées de vésicules aplaties (thylakoïdes) enchâssées dans un stroma riche en protéines solubles. Ils sont limités par une double membrane limitante (enveloppe). Dans un gramme de feuille il y a environ un million de cellules qui renferment chacune près de 300 chloroplastes. Dans un gramme de feuille, le volume total occupé par les chloroplastes est d'environ 25 microlitres (c'est-à-dire le volume d'une tête d'épingle) et la surface déployée par les thylakoïdes est d'une cinquantaine de mètres carrés ! Les thylakoïdes qui renferment la chlorophylle associée à des antennes collectrices de lumière, sont un capteur solaire par « excellence » : il occupe le maximum de surface dans le minimum de volume. Les cellules chlorophylliennes sont lâchement liées les unes aux autres, avec quelques points de contact. À très fort grossissement, il est possible d'observer des petits canaux (plasmodesmes) qui mettent en communication les cellules limitrophes. Elles ménagent ainsi de nombreux espaces, des méats, dans lesquels vont circuler librement le gaz carbonique, l'oxygène (déchet de la photosynthèse) et la vapeur d'eau. Il est impératif que les méats présentent une atmosphère sursaturée en vapeur d'eau de manière à ce qu'il y ait un film d'eau liquide à la surface des cellules. C'est dans ce film que va se dissoudre le gaz carbonique avant de pénétrer dans les cellules chlorophylliennes. Une telle situation entraîne, par conséquent, une transpiration intense au niveau des feuilles. C'est justement cette transpiration qui provoque le mouvement ascendant de l'eau des racines vers les feuilles via le xylème. Un hectare de maïs vaporise près de soixante mètres cubes d'eau par jour alors qu'un tilleul en été peut vaporiser jusqu'à une tonne d'eau. Les cellules chlorophylliennes sont, par ailleurs, prises en sandwich entre deux épidermes formés d'une seule assise de cellule, bordés par une cuticule qui s'oppose à la diffusion passive de l'eau. Dans certaines zones arides du globe l'épaisseur de la cuticule peut être considérable. Les épidermes régulent le mouvement des gaz entre l'intérieur de la feuille et l'air ambiant. Les échanges gazeux s'effectuent par une multitude de petits orifices délimités par deux cellules particulières (stomates) qui en se déformant peuvent moduler le diamètre de ces derniers. La plante se trouve très souvent confrontée à des stress hydriques très importants. Si l'eau venait à manquer dans le sol et si les stomates restaient ouverts, les colonnes d'eau soumises à des tensions considérables finiraient par se rompre par intercalation de bulles d'air (embolie). Pour éviter cet accident, qui est la cause majeure du dépérissement des arbres après une longue période de sécheresse, un signal de nature hormonale (acide abscissique) remonte des racines vers les feuilles pour déclencher la fermeture immédiate des stomates. Cette fermeture réduit considérablement la transpiration. Dans ces conditions le gaz carbonique ne peut plus pénétrer dans les feuilles et la synthèse du saccharose s'arrête. La plante puisera alors dans ses réserves amylacées pour survivre.

Dans les feuilles, la synthèse nette du saccharose dont dépendra le développement du végétal, se déroule en trois temps.

Dans un premier temps au sein des chloroplastes, la réduction moléculaire du gaz carbonique conduit à la synthèse de trioses (trois carbones). Cette réduction qui s'effectue à la lumière dans le stroma s'effectue aux dépens d'un accumulateur d'électrons et d'un accumulateur d'énergie. L'énergie lumineuse, captée par les pigments, entraîne dans les membranes des thylakoïdes un courant d'électrons qui permet la recharge de ces deux accumulateurs. Les électrons proviennent de l'oxydation de la molécule d'eau avec production d'oxygène moléculaire. La vitesse de ce courant d'électrons sera modulée par la vitesse avec laquelle se déchargent les deux accumulateurs au cours des diverses biosynthèses. Les modalités de synthèse des trioses peuvent varier d'un type de plante à l'autre. Ainsi la plupart des feuillus ne semblent pas avoir mis au point un mécanisme qui concentre le gaz carbonique au site même où il sera réduit ; ces plantes sont donc tributaires de l'approvisionnement des chloroplastes en ce gaz que l'on peut considérer comme étant rare (0,03 % des gaz présents dans l'air). En revanche, d'autres plantes, comme le maïs et les crassulacées (plantes grasses), ont mis au point plusieurs stratégies pour concentrer le gaz carbonique dans les chloroplastes.

Dans un second temps, les trioses sont évacués des chloroplastes vers le cytoplasme de la cellule où ils seront utilisés pour la synthèse du saccharose (12 carbones).

Enfin dans une dernière étape les molécules de saccharose diffusent d'une cellule chlorophyllienne à l'autre via les plasmodesmes pour rejoindre les tubes criblés des fines nervures. À ce niveau le saccharose s'accumule avec un gradient de concentration considérable car il est pompé d'une façon très active. De l'eau va donc pénétrer dans ces tubes par osmose ce qui va entraîner un déplacement de la sève élaborée, gorgée de sucre vers tous les territoires de la plante. Il existe une multitude de mécanismes impliqués dans la régulation de la synthèse du saccharose, qui intègrent les besoins de l'organisme entier et ajustent la vitesse de synthèse à ceux-ci. Cette régulation qui est loin d'être comprise porte essentiellement sur la modulation de l'expression de gènes particuliers d'une façon spatio-temporelle et sur la modulation du fonctionnement de certaines enzymes-clés entraînant l'accélération ou le ralentissement de la vitesse de synthèse du saccharose. Comment la feuille connaît-elle les besoins de la plante entière ? Vraisemblablement des messagers chimiques non encore identifiés circulent dans les sèves pour ajuster en permanence l'offre et la demande. Par ailleurs, certaines conditions climatiques, notamment lorsque la sécheresse se prolonge, provoquent la fermeture des stomates situés dans les épidermes des feuilles par où s'effectue la quasi-totalité des échanges gazeux (oxygène, gaz carbonique, vapeur d'eau). Si cette situation évite une perte massive d'eau, elle induit, en revanche, une cascade d'événements importants : arrêt de la synthèse du saccharose par défaut de gaz carbonique, mise en route de processus visant à protéger les thylakoïdes contre les stress oxydatifs liés à un excès de lumière reçue, etc. Le développement et la croissance de la plante seront alors profondément affectés.

Les modalités de l'utilisation du saccharose par les divers organes de la plante (puits) sont loin d'être comprises. Cette utilisation implique une multitude de transporteurs de molécules de sucre codés par des gènes distincts et qui diffèrent d'un type de cellule à l'autre. L'étude de ces transporteurs est impérative pour comprendre les mécanismes impliqués dans la distribution harmonieuse du sucre produit par les feuilles entre tous les organes (tubercules, racines, graines, etc.) qui présentent, le plus souvent, une organisation tissulaire particulièrement complexe. Au sein de chaque cellule le saccharose sera le précurseur de toutes les grandes voies du métabolisme. Il alimentera par ailleurs la respiration des cellules pour leur fournir de l'énergie. Enfin il sera également utilisé pour recharger les réserves d'amidon stockées dans des plastes particuliers, les amyloplastes. Ces réserves sont nécessaires. Elles seront utilisées la nuit lorsque la photosynthèse est arrêtée. Dans ce cas les cellules végétales vivent en totale autarcie. Il y a de ce point de vue quelque chose de profondément différent du règne animal.

Les plantes doivent se défendre « bec et ongle » contre les attaques diverses (prédateurs, pathogènes). La feuille chargée en sucre occupe le maximum de surface dans le minimum de volume attirant la convoitise. Elle est donc agressée en permanence d'autant plus qu'elle reçoit à chaque instant une multitude de spores provenant de pathogènes divers et notamment des bactéries et des champignons.

Quelles sont les stratégies qu'elles ont mises au point pour répondre à ces attaques diverses ? Ce sont des stratégies profondément différentes de celles mises au point par les animaux mais tout aussi efficaces. Ainsi les plantes sont passées maître dans l'art de fabriquer les poisons les plus redoutables et des molécules au goût insupportable dont certaines ont été sélectionnées par l'homme à des fins médicales. Citons pêle-mêle le cannabinol, l'opium, la colchicine, l'atropine, la strychnine, la quinine, la caféine, la digitaline, le taxol, le salicylate, la pilocarpine, la roténone, etc. Les plantes ont fabriqué ces molécules pour se défendre contre les prédateurs (insectes, mammifères, etc.). Très souvent lorsqu'elles sont attaquées, les plantes émettent une hormone volatile qui renseigne les voisines du danger encouru. Ce signal déclenche l'expression de gènes particuliers codant pour des protéines impliquées dans la synthèse de molécules se comportant comme des poisons ou présentant un goût amer prononcé. Les plantes cultivées ont été sélectionnées par l'homme depuis la plus haute Antiquité parce qu'elles ne contiennent pas de molécules hautement pernicieuses. C'est la raison pour laquelle il faut traiter les cultures et les protéger.

La deuxième arme qu'utilisent les plantes pour se prémunir contre les agents pathogènes est peu spécifique : c'est un peu la stratégie du « je tire à vue sur tout ce qui bouge ». Dans la membrane cellulaire de très nombreuses cellules végétales, et en particulier les cellules épidermiques, il y a une multitude de récepteurs. Ces derniers captent des signaux émis par les pathogènes. Lorsqu'un de ces récepteurs se trouve alerté, il transmet du côté interne de la cellule un message. Ce message, par toute une cascade de transduction du signal, va induire le fonctionnement d'une oxydase qui se trouve sur la membrane cellulaire. Cette oxydase, en fonctionnant, avale des électrons du côté interne de la membrane et les transmet de l'autre côté à de l'oxygène moléculaire. Il y a production de radicaux superoxydes qui sont des agents phytotoxiques puissants qui s'attaquent aux pathogènes. Par ailleurs ces radicaux superoxydes en présence de protons donnent de l'eau oxygénée entraînant des nécroses localisées dans la feuille, enserrant ainsi le pathogène dans des plages nécrotiques. C'est la « politique de la terre brûlée ». Le signal va beaucoup plus loin car l'eau oxygénée en faible concentration renseigne les cellules éloignées de la nécrose qui vont répondre en particulier en épaississant leur paroi pour empêcher l'invasion ultérieure du pathogène. Bien connaître les mécanismes qui président à l'attaque du pathogène et à la défense de la plante est indispensable pour mettre au point des stratégies douces visant la protection des cultures. Ces stratégies nouvelles entraîneront sans nul doute une plus faible utilisation de pesticides et notamment de fongicides.

D'une façon générale, les plantes cultivées non traitées seraient rapidement étouffées par la croissance anarchique des mauvaises herbes. Il faut donc et c'est un mal nécessaire, les traiter par un herbicide total. L'idéal dans la pratique est de rendre la plante utile résistante à l'herbicide en lui communiquant par le génie génétique, un gène codant pour une protéine capable de métaboliser, donc de neutraliser, l'herbicide.

Quelles sont les qualités que doit posséder un herbicide ? La première est qu'il doit toucher une enzyme spécifique du règne végétal. La deuxième qualité, c'est qu'il doit présenter le minimum d'impact sur l'environnement. La troisième qualité, c'est qu'il doit être biodégradable. Il ne doit pas y avoir de rémanence dans le sol. Il ne doit pas s'accumuler dans les nappes phréatiques. Je citerai un seul exemple. Il s'agit du Round-up® que nos jardiniers utilisent régulièrement. On le dépose sur les feuilles et on le retrouve à la pointe des racines. Il inhibe très spécifiquement une enzyme localisée dans les chloroplastes et impliquée dans les voies de synthèse des acides aminés aromatiques entraînant ainsi la mort de la plante. Cet herbicide ne s'accumule jamais dans le sol car il est dégradé très rapidement par la flore bactérienne. Très malheureusement, certains herbicides pernicieux sont encore utilisés à l'heure actuelle. Certains polluent les nappes phréatiques. D'autres sont potentiellement dangereux pour la santé de l'homme et des animaux. Ils devraient être progressivement écartés.

La question est de savoir si nous pourrons un jour nous affranchir des herbicides. Pour moi, la réponse à l'instant présent est non. Mais je ne garantis pas que dans les trois prochaines décennies, grâce à l'utilisation des armes sophistiquées du génie génétique et notamment celles de la transgenèse, nous n'arriverons pas effectivement à nous en affranchir. Toutefois dans l'état actuel des choses si du jour au lendemain, nous interdisions les herbicides, je ne donnerais pas cher du destin de l'humanité tributaire de l'agriculture.

Des poissons et des hommes : passion et raison

par PATRICE CAYRÉ

La pêche et les mythes sont les liens majeurs qui unissent, depuis les origines, l'homme et les poissons. Anciennes autant que passionnées, ces relations ont toujours été empreintes d'une dimension culturelle et affective. D'abord directes et fondées sur la stricte satisfaction des besoins alimentaires, elles sont devenues indirectes sous l'effet de l'industrialisation des pêches, de la monétarisation des échanges et de l'extension mondiale des marchés.

Dès lors que la pêche n'a plus répondu aux seuls besoins des populations qui la pratiquaient, la porte fut ouverte à une exploitation anarchique des mers. La tendance à la surexploitation générale qu'aucune réglementation n'a su juguler, est particulièrement sensible pour les espèces les plus prisées dans les pays industrialisés.

Les progrès conséquents réalisés par la recherche scientifique en biologie et en écologie marines, en anthropologie et en économie des pêches ont permis la mise au point d'outils de modélisation prédictifs susceptibles de contribuer à une gestion assurant une exploitation durable et raisonnée des richesses océaniques. Mais, pour l'heure, le principal et humble mérite de ces résultats est d'avoir montré de manière incontestable qu'il ne saurait y avoir un système de gestion des pêches unique, immuable et transposable à toutes les situations ; de même qu'aucun modèle ne saurait prétendre à l'efficacité s'il est fondé sur des considérations exclusivement biologiques, comme on l'a longtemps cru, économiques ou sociales.

Texte de la 65e conférence de l'Université de tous les savoirs donnée le 5 mars 2000.

Ainsi, il apparaît désormais que, selon une démarche écologique bien comprise replaçant les hommes et les poissons dans l'environnement, la gestion des pêches doit pouvoir s'adapter à des processus évolutifs et variés, ainsi qu'à des objectifs multiples. Les poissons ne sauraient être considérés indépendamment de leur milieu car c'est cet ensemble qui nourrit, fait vivre ou rêver une grande partie de l'humanité.

Régulièrement, les organismes de recherche ou d'enseignement supérieur de notre pays sont sollicités pour fournir des éléments de réponse à des parlementaires soucieux de la pêche et quelque peu surpris et désemparés par la complexité de ce milieu et des décisions à prendre. Parmi ces questions : « Y a-t-il une spécificité des métiers de la pêche ? En quoi consiste-t-elle ? » revient régulièrement.

L'insistance et la répétition de ce questionnement illustrent combien la pêche et les métiers de la mer en général, malgré leur importance relativement modeste dans notre économie (environ 9,5 milliards de francs), sont profondément enracinés dans notre culture et dans notre imaginaire. C'est donc de sa dimension culturelle que la pêche tire une importance non commensurable à son poids économique. Cela explique par exemple que si l'Union européenne s'est dotée d'une direction générale en charge de la pêche (DG XIV), il n'existe en revanche aucune direction générale « pomme de terre », alors que cette tubercule représente en Europe un chiffre d'affaires deux fois supérieur à celui de la pêche.

Cette place particulière et cette spécificité indéniable de la pêche et des métiers de la mer proviennent du fait qu'ils concernent des ressources données par la nature, qui se renouvellent donc « naturellement » et auxquelles n'est attaché en général aucun droit de propriété. Par ailleurs, les notions de « risque et d'incertitude » viennent immédiatement à l'esprit dès que l'on évoque la pêche et la « fortune de mer » : quelle autre activité rémunère ses travailleurs à la part ? L'agriculture ne jouit pas du même impact affectif dans la mesure où elle ne fait pas autant référence aux notions de mystère et d'imaginaire liées directement au milieu océanique. Et puis, chacun a toujours en lui l'idée selon laquelle l'évolution nous fit venir de la mer, havre de l'innocence et de la paix pré-infantile, sorte de paradis. On comprend donc que le poisson soit devenu un symbole, celui de l'eau notamment, donc de la naissance, de la régénération, de la purification, de la fécondité pour de nombreuses civilisations (khmère, égyptienne, phénicienne, grecque...) et de multiples religions (islam, christianisme, hindouisme...).

Il n'est donc pas surprenant que la gestion de l'exploitation, des droits d'usage et d'accès aux ressources marines, ainsi qu'aux capitaux et aux marchés d'un secteur qui frise le mythe, soit tout à fait particulière et délicate ; cela d'autant que des éléments « objectifs » viennent conforter cette complexité :

– le caractère de « patrimoine commun » des ressources océaniques ;

– la multiplicité et la diversité des moyens et des acteurs de cette exploitation ;

– la réversibilité lente de l'état des ressources halieutiques et de leur abondance ;

– le faible pouvoir de contrôle sur l'abondance de communautés de ressources très diverses dont les fluctuations sont provoquées autant par l'environnement que par les activités humaines.

La pêche, dont les premières traces, au paléolithique, remontent à près de cent mille ans et à l'homme de Neandertal, a toujours joué un rôle majeur dans l'alimentation humaine. Contrairement à la chasse, elle l'a conservé jusqu'à nos jours : aujourd'hui encore, 17 % de notre alimentation en protéines animales proviennent des produits de la pêche. En Afrique, le poisson est la première source de protéines animales, avant toutes les autres viandes (volailles, gibier, bovins…). Sans oublier que la pêche offre environ vingt millions d'emplois dans le monde.

Les engins utilisés pour la pêche ont été, pour une large part et pendant longtemps, les mêmes que ceux de la chasse (sagaie, harpons, flèches et arcs, filets…) et, chose remarquable, des techniques similaires semblent avoir été inventées aux mêmes moments de l'histoire et en des lieux distincts sur les cinq continents. Les deux innovations récentes les plus déterminantes furent, au milieu du XVIIIe siècle, l'adaptation de la machine à vapeur à des engins mobiles et, au XXe siècle, l'avènement de l'électronique avec le radar, les systèmes de positionnement, les moyens acoustiques de repérage des bancs de poissons. On remarquera que la mécanisation des moyens de pêche et de conservation n'est apparue qu'un siècle après celle des transports en général. Cette mécanisation a eu un impact majeur, d'une part, parce qu'elle a induit des changements dans les pratiques de pêche proprement dites (plus grand rayon d'action des bateaux, plus grande efficacité, nouveaux lieux de pêche et donc évolution dans les espèces exploitées…) ; d'autre part, parce qu'elle a accru les marchés, les circuits et les termes des échanges par le développement des techniques de traitement des produits de la pêche et par l'essor des moyens de communication et de transport (train). D'une manière très schématique, on peut affirmer qu'une « mondialisation » avant l'heure a brutalement fait passer la pêche d'une pratique très liée aux besoins alimentaires des sociétés à une activité de rente de nature plus strictement économique ; aussi la proportionnalité qui existait plus ou moins jusque-là entre intensité de pêche et besoins alimentaires des sociétés a-t-elle été battue en brèche. Ce dernier événement majeur souligne combien l'évolution des pêches (espèces et lieux exploités, intensité de pêche, modalités d'exploitation) est étroitement associée au développement technologique et à l'innovation mais par des relations complexes et souvent indirectes mettant en jeu les évolutions des cours et des marchés, la démographie humaine, le développement des communications…

La production mondiale des pêches et de l'aquaculture, marines et continentales, a ainsi régulièrement augmenté jusqu'au milieu des années 1970 *(Fig. 1)*. Depuis, ces captures plafonnent, voire ralentissent et semblent buter sur un seuil d'environ 90 millions de tonnes débarquées chaque année. Faits troublants, d'une part, ce seuil n'est pas dépassé malgré des investissements toujours croissants et des progrès technologiques très importants ; et, d'autre part, cette apparente stabilité des captures masque des changements importants intervenus dans les espèces qui composent l'ensemble des captures. Les espèces les plus prisées et les plus chères, généralement carnivores et situées en fin de chaîne alimentaire, deviennent de plus en plus rares. Les 90 millions de tonnes affichées ne sont maintenues que grâce, pour l'essentiel, à une exploitation accrue d'espèces de petite taille, à courte durée de vie et à faible valeur marchande, majoritairement destinées à la fabri-

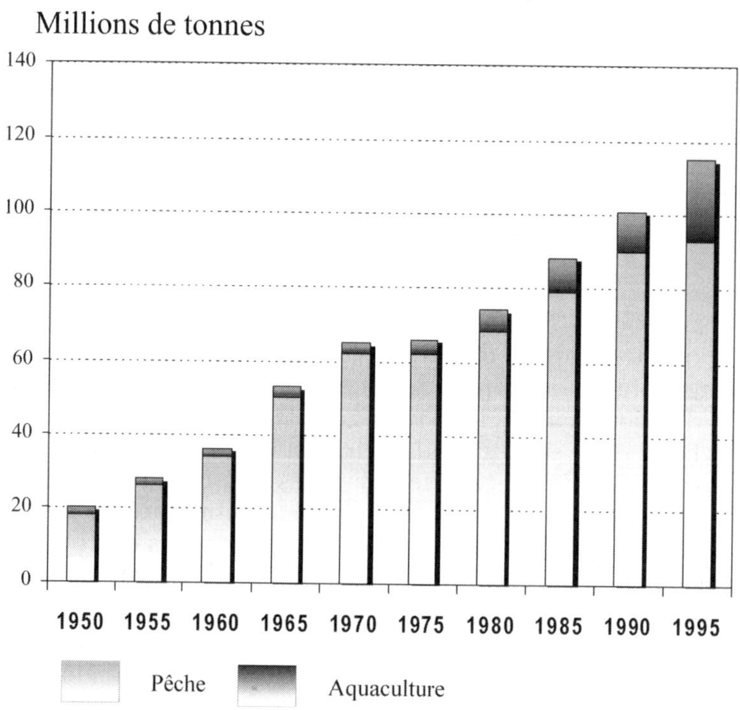

Figure 1 – Pêches et production aquacole dans le monde (Source FAO). (les quantités relatives à l'aquaculture d'avant 1984 sont des estimations.)

cation de farines et d'huile pour l'alimentation animale (anchois par exemple, *Fig. 2*). Il est aussi remarquable que 12 pays, Chine, Pérou et Chili en tête, soient responsables à eux seuls de 70 % des pêches mondiales en volume *(Fig. 3)*. Seuls l'océan Indien et le Pacifique Ouest semblent susceptibles, dans les conditions actuelles d'exploitation, de produire un peu plus. Pratiquement partout et pour toutes les espèces, se dessine une exploitation maximale ou une surexploitation dangereuse pour l'avenir des populations de poissons.

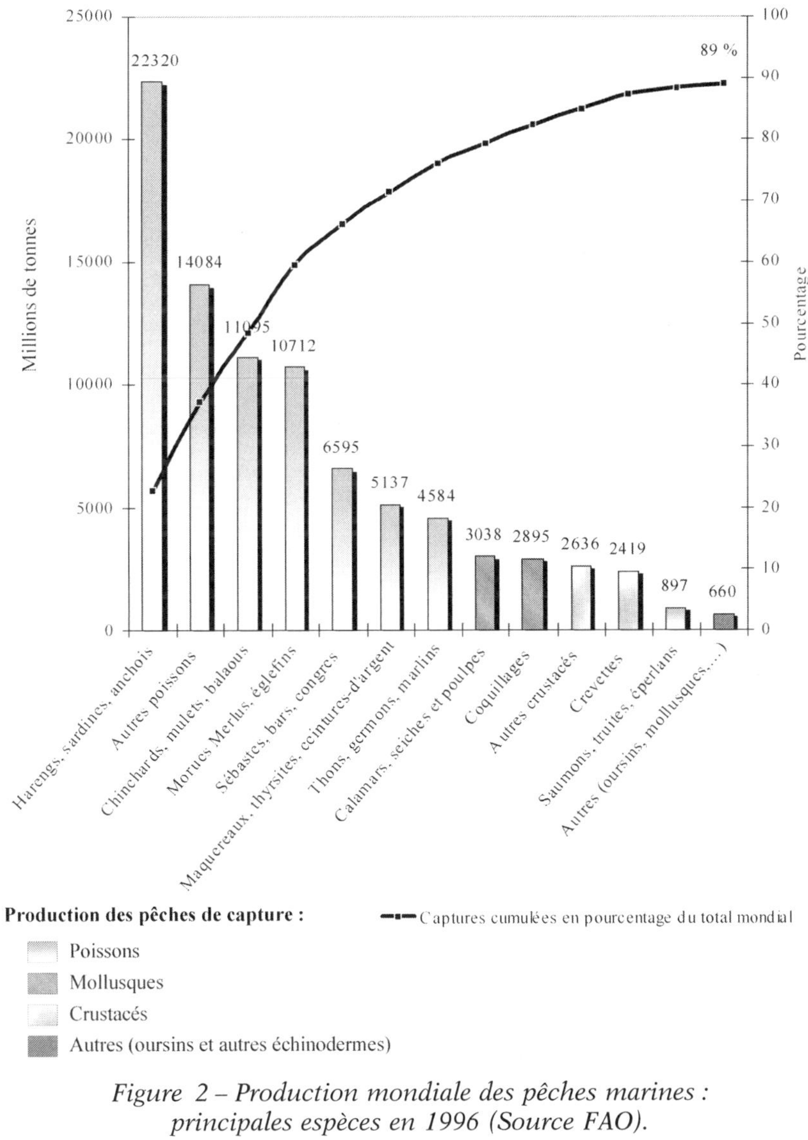

Figure 2 – Production mondiale des pêches marines : principales espèces en 1996 (Source FAO).

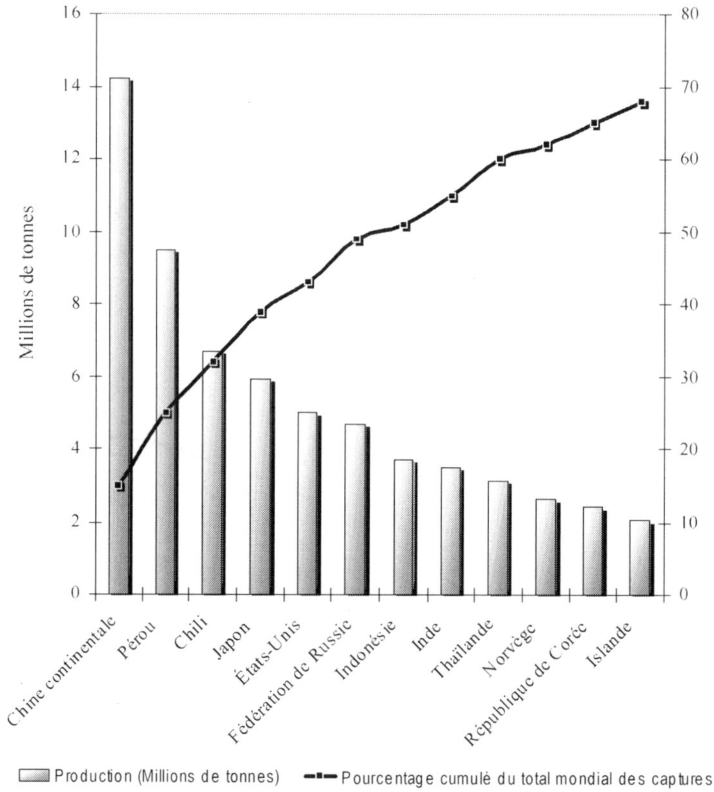

Figure 3 – Production des principaux pays pêcheurs en 1996 (Source FAO).

De même que l'agriculture a pris le relais de la cueillette, l'aquaculture n'a cessé de prendre une importance relative croissante *(Fig. 4)* : avec près de trente millions de tonnes produites par an (chiffre 1997), elle représente maintenant près de 20 % de la production mondiale de produits aquatiques. La Chine est de loin le premier producteur (70 %) dans ce domaine, tandis que les pays dits développés et industrialisés n'ont qu'une part minoritaire et inférieure à 20 % de la production aquacole mondiale.

Ces chiffres illustrent avant tout trois éléments majeurs caractéristiques de la situation des pêches ou plutôt du « système pêche » :

Un surinvestissement général dans les pêches (bateaux, technologies, usines de traitement...) et des aides destinées à résoudre des problèmes bien réels mais de court terme (sauvegarde d'emplois par exemple) conduisent à favoriser une surexploitation croissante des ressources aquatiques sauvages. On entend par « surinvestissement » le fait d'investir plus qu'il ne serait stricte-

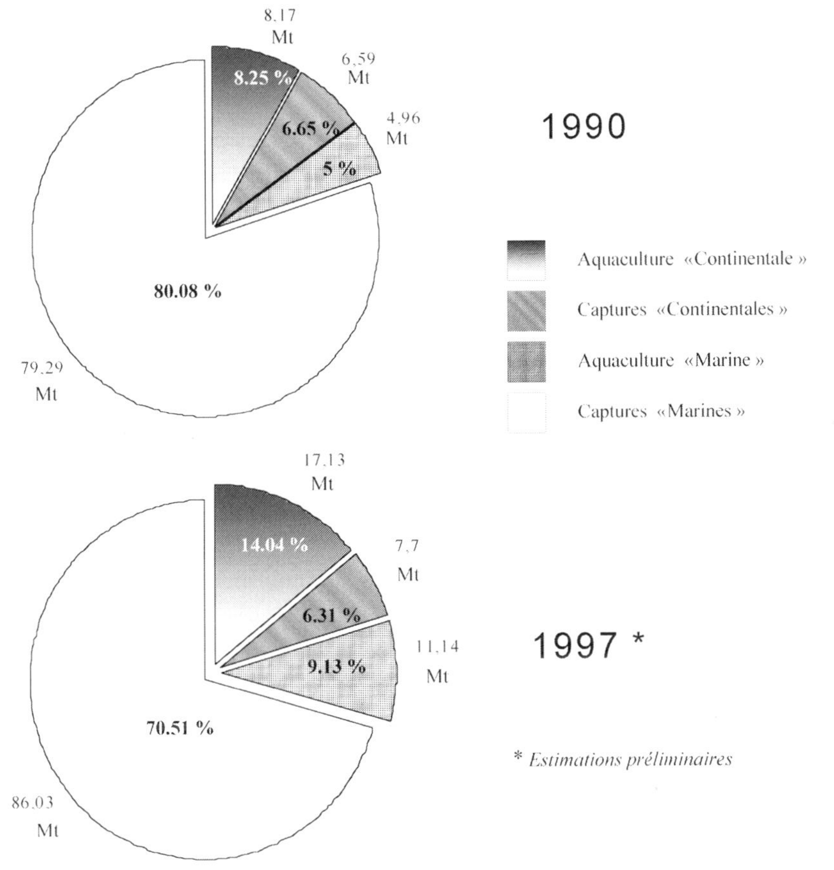

Figure 4 – Production halieutique et aquacole mondiale en millions de tonnes (évolution de 1990 à 1997) (Source FAO).

ment nécessaire pour réaliser le maximum de profit : il en résulte un sous-emploi du capital. Cela est souvent illustré par l'exemple du « flétan du Pacifique », dont la saison de pêche est passée de 9 mois à 24 heures entre 1979 et 1989. En effet, si, en réduisant le temps d'activités des bateaux, on a pu réaliser des économies substantielles de fonctionnement, le capital investi, qui s'est accru, a été immobilisé en demeurant improductif. Les mécanismes économiques selon lesquels, si une ressource devient trop rare, la rentabilité économique n'étant plus assurée, l'exploitation s'arrête d'elle-même, sont inopérants. Ces mécanismes génèrent en effet dans la pêche industrielle un temps de réaction décalé au regard du rythme propre aux lois biologiques qui président au renouvellement des populations et des espèces. Ils sont encore ralentis par diverses dispositions d'aide et de subvention, conjuguées avec le renchérissement à la vente de l'espèce devenue rare. Selon ce processus, les pêcheries industrielles sont particulièrement pénalisées par rapport aux pêcheries dites artisanales, notamment celles des pays en développement beaucoup plus réactives et innovantes… bien que privées d'aides publiques.

La perception dominante du « système des pêches » qui au lieu de considérer les hommes et les activités humaines comme une composante de ce système *(Fig. 5)* conduit à les placer à l'extérieur, modifie complètement la nature même de ce système et sa compréhension ; cela rend improbable toute identification des éléments et procédures de gestion pertinents. Une perception biaisée n'implique de surcroît aucune évaluation *a priori* des « risques »,

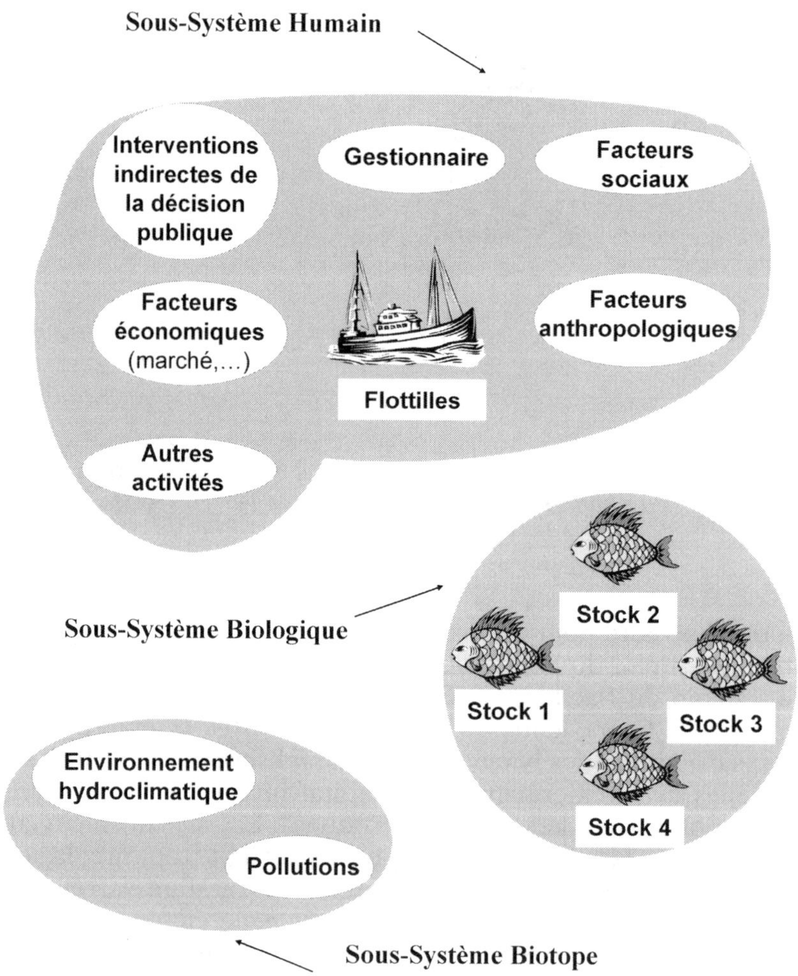

Figure 5 – Représentation schématique du système halieutique et de ses composantes.

démarche pourtant essentielle adoptée avec celle du principe de précaution pour préserver le futur. Les faibles capacités de résilience (c'est-à-dire de retour à un état initial) des écosystèmes aquatiques ne laissent guère de place à des erreurs répétées et à une gestion morcelée, trop soucieuse du court terme. Des processus importants et lourds de répercussions en chaîne peuvent être déclenchés compte tenu des interactions nombreuses qui font la complexité du « système des pêches » *(Fig. 6)* : réduction de la biodiversité, raccourcissement des chaînes alimentaires avec disparition des espèces carnivores (derniers maillons de la chaîne alimentaire) et report de l'exploitation sur des espèces à vie courte, diminution de l'importance des populations et accentuation dramatique des conséquences des fluctuations environnementales. C'est ainsi que s'est produit l'effondrement de la pêche de l'anchois

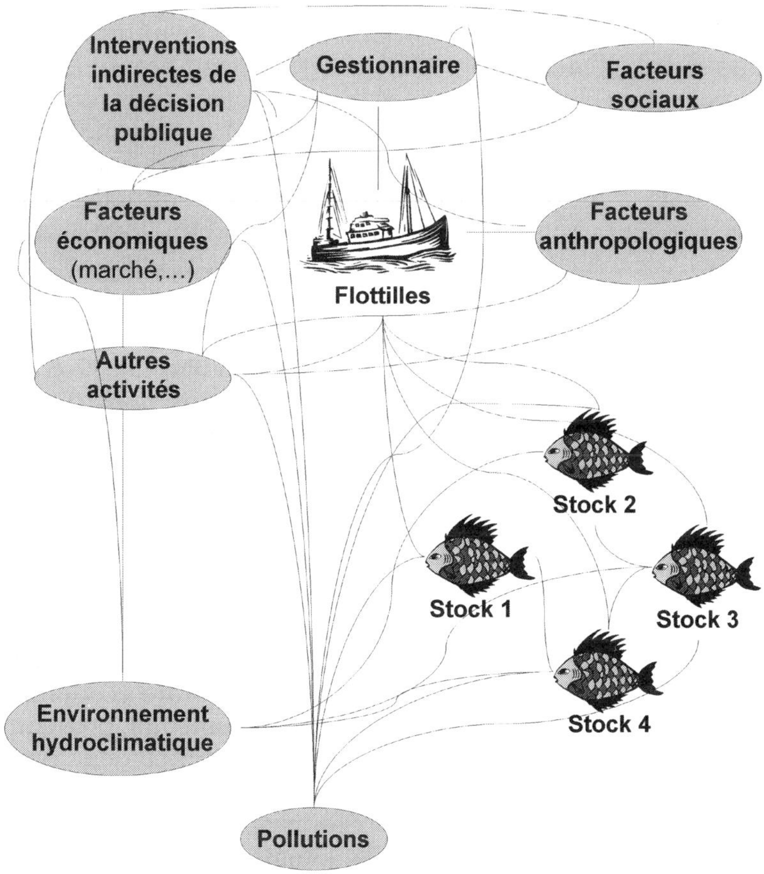

Figure 6 – Les interrelations, la spatialisation des phénomènes et l'aléatoire conduisent à la complexité.

du Pérou (1972), après celui de la sardine de Californie (1952), pour lesquels les pêches ont aggravé l'impact des fluctuations environnementales (El Niño). Ces quelques exemples illustrent un fait majeur et heureusement de mieux en mieux compris : la « pêche » n'est qu'un des multiples usages que l'on fait ou peut faire des écosystèmes aquatiques. Elle affecte ces écosystèmes et a donc des répercussions sur les autres formes d'exploitation de ce milieu, telles que le tourisme, le transport ou l'utilisation de l'eau par exemple. Les économistes appellent cela des « externalités ».

Les « systèmes de gestion », depuis le choix des décisions jusqu'à leur mise en application s'avèrent inefficaces ou globalement inadaptés. Les institutions chargées de la politique des pêches sont souvent trop centralisées et peut-être trop timorées. La quasi-absence de système de droits de propriété des écosystèmes marins, ou de droits d'accès et d'usage, contrairement à la situation prévalant dans l'agriculture, va de pair avec un grand vide institutionnel. Se pencher régulièrement sur le régime de propriété, l'ajuster constamment, semble pourtant consubstantiel à la gestion dans de nombreux autres domaines. L'organisation des institutions est en soi une source d'innovation. Mais contrairement aux innovations en matière de technologie, leur élaboration, leur transfert et leur mise en œuvre nécessitent une volonté forte. Les réformes institutionnelles, qui dépendent d'un processus politique, sont souvent douloureuses à court et moyen terme ; elles sont difficiles à argumenter car leurs retombées positives sont à plus long terme et concernent de manière plus ou moins diffuse toute une société plutôt que des intérêts particuliers.

Mais alors que fait la recherche dans tout cela ? Comment s'organise-t-elle ? Quel est son apport ? Si elle ne nous dit pas à nous, décideurs politiques et gestionnaires, quelles sont les décisions à prendre si à nous, armateurs, conserveurs et pêcheurs, elle ne nous indique pas comment capturer plus ou vendre mieux et améliorer la rentabilité de nos entreprises... à quoi sert-elle alors ? Telles sont les questions et les interpellations dont font l'objet les chercheurs « halieutes ». Ces derniers sont encore pour l'essentiel, comme moi, des biologistes. Procédant d'une conception réductrice (car strictement biologique), cette attitude étrange vis-à-vis d'un système qui suscite autant de questions d'ordre économique, technologique, social, institutionnel, environnemental, provient du paradigme qui prévaut depuis que l'on se préoccupe de la gestion des pêches. Selon celui-ci, gérer les pêches consiste à uniquement se préoccuper des ressources et de leur renouvellement.

La recherche biologique dans le domaine des pêches a accompli de considérables progrès ces trente dernières années, avancées tout à fait similaires en qualité et en intensité à celles réalisées dans les autres domaines de la biologie et de l'écologie : les modèles utilisés pour la faune sauvage et les forêts naturelles ont souvent été conçus à l'origine en halieutique. Les scientifiques ont ainsi couramment recours à la modélisation et aux méthodes de modélisation les plus modernes en mathématiques et en informatique (modèles auto-régénérants, intelligence artificielle, modèles neuronaux, modèles individus centrés, géostatistiques...) pour :

– explorer et comprendre les liens entre les espèces et leur environnement ;

– comprendre les stratégies de reproduction, leur déterminisme et leur rôle dans le maintien des espèces ;

– identifier et comprendre le rôle du comportement (éthologie) à petite et grande échelle spatiale (migrations par exemple) sur la survie des espèces mais également son incidence sur les pêches et sa prise en compte dans la gestion.

La modélisation, à la fois moyen de représentation et de compréhension mais aussi puissant outil d'exploration et de recherche, se fonde et est « alimentée » par des recherches plus fondamentales en biologie, en physiologie, en génétique, en biosystématique, en océanographie (physique-chimie, dynamique des courants et du climat...).

Les sciences sociales (anthropologie, sociologie, droit, géographie, histoire...) et économiques, si elles s'impliquent de plus en plus sur des questions concernant l'halieutique, sont encore loin de l'investissement des biologistes et des environnementalistes dans ce domaine, ou de l'effort de recherche important consenti dans d'autres domaines (agriculture, forêts, villes, etc.). De plus, elles sont essentiellement sollicitées pour des questions de court terme qui s'apparentent beaucoup plus à de l'expertise ou du conseil. Les choses ont cependant commencé à changer avec la montée des questions environnementales en sciences sociales et la prise en compte du très long terme dans les modèles économiques de développement « durable ».

Le constat général brossé ici sur l'état des pêches et l'urgente nécessité d'une réorganisation des institutions expliquent largement que, bien que biologiste passionné par ce domaine, j'aie concentré mon propos sur cet aspect des choses, le plus austère pour moi. En effet, le principal et humble mérite des résultats de la recherche est sans doute d'avoir montré de manière incontestable qu'il ne saurait y avoir un système de gestion des pêches unique, immuable et transposable à toutes les situations ; de même, aucun modèle ne peut prétendre à l'efficacité s'il est fondé sur des considérations exclusivement biologiques, comme on l'a longtemps cru, économiques ou sociales.

La rapide esquisse de l'histoire de la pêche a montré que cette activité d'exploitation des ressources aquatiques a une double et considérable importance :

– « objective », par l'alimentation des populations et par les échanges mondiaux qu'elle « nourrit » ;

– « affective », par la place que les ressources et le milieu aquatiques occupent dans nos cultures.

J'ai du mal à imaginer que ne puisse s'imposer aujourd'hui à tous cette perception selon laquelle la pêche, au-delà de son importance socio-économique propre, est en fait aussi et surtout le témoin et la sonnette d'alarme de notre activité sur les milieux aquatiques. Ainsi, les mesures nécessaires seront prises, je n'en doute pas, en mobilisant la masse considérable, et pour l'heure sous-utilisée, de connaissances scientifiques existantes. Les poissons et la pêche pourront alors être considérés dans la globalité de leur milieu, car c'est cet ensemble qui continuera de nous nourrir, et de permettre à une grande partie de l'humanité de continuer à rêver.

LECTURES RECOMMANDÉES ET RÉFÉRENCES BIBLIOGRAPHIQUES

– CHAUSSADE (J.) et CORLAY (C.J.P.), *Atlas des pêches et des cultures marines : France-Europe-Monde*, Ouest-France, Le Marin Ed., 1990, 252 p.
– CHEVALIER (J.) et GHEERBRANT (A.), *Dictionnaire des symboles*, Paris, Robert Laffont, coll. « Bouquins », 1982.
– CUSHING (D. H.), *The Provident Sea*, Cambridge, Cambridge Univ. Press, 1988.
– FAO, *Marine Fisheries and the Law of the Sea: a Decade of Change*, FAO Fish., Circ. 853, 1992, 69 p.
– FAO, *La Situation mondiale des pêches et de l'aquaculture : 1998*, Rome, FAO, 1999.
– TROADEC (J.-P.) (dir.), *L'Homme et les ressources halieutiques : essai sur l'usage d'une ressource renouvelable*, Ifremer, 1989, 817 p.
– (R.) KREUZER, « Fish and its Place in Culture », In Kreuzer (sci. Ed.) *Fishery Products*, Rome, FAO, Fishing News Books, Farnham, 1974.
– MOLLAT (M.), *Histoire des pêches maritimes en France*, Privat éd., 1987.
– PITCHER (T. J.), HART (P.J.B.) and PAULY (D.), *Reinventing Fisheries Management*, London, Kluwer Academic Publishers, scientific éds, 1998.
– REY (H.), CATANZANO (J.), MESNIL (B.), BIAIS (G.) et DINTHEER (C.), *Système halieutique : un regard différent sur les pêches*, Paris, Institut Océanographique/Ifremer éds., coll. « Propos », 1997, 278 p.
– SAHRHAGE (D.) and LUNDBECK (J.), *A History of Fishing*, Berlin-Heidelberg, Springer Verlag éd., 1992.

L'obésité : la nutrigénétique contre la « mal-bouffe »

par Philippe Froguel

L'humanité est mal nourrie : sur 6 milliards d'êtres humains, 3 milliards sont sous-alimentés. Les autres, habitant principalement dans les pays riches ou émergents, sont lentement mais sûrement en train de devenir obèses. Déjà 50 % des Américains sont en surpoids et 25 % franchement obèses. Si l'Europe semble encore relativement épargnée, avec 30 % « seulement » d'adultes en surpoids, les perspectives sont sombres : le nombre d'enfants obèses a doublé en 5 ans et, à ce rythme, l'Europe aura rattrapé les États-Unis dans les vingt prochaines années. Et l'obésité n'est pas seulement un problème d'esthétique. L'excès de graisse est le facteur de risque majeur du diabète et expose aux maladies cardiovasculaires de survenue précoce, à certains cancers... Aux États-Unis, est apparue depuis quelques années une maladie nouvelle, qui touche les enfants obèses de 11 ans en moyenne, principalement au sein des minorités ethniques pauvres. Il s'agit d'une forme ultra-précoce de diabète de type 2 (dit diabète « gras »), qui compte tenu de l'absence de couverture sociale de 40 millions d'Américains a toutes les chances de décimer dans les prochaines années toute une frange de la jeunesse de ce pays. Les premiers cas de diabète atypique de l'enfant sont arrivés en France en 1999, et tout indique qu'il va s'étendre.

Pourquoi l'obésité progresse-t-elle ? Avant tout pour des raisons environnementales, directement liées à la mondialisation du mode de vie occidental, c'est-à-dire nord-américain. Et on a justement parlé de la responsabilité de la MacDomination, de la Coca-colonisation des populations des pays émergents. D'ailleurs, une

Texte de la 66e conférence de l'Université de tous les savoirs donnée le 6 mars 2000.

étude menée dès 1992 à Tokyo montrait que le nombre de nouveaux cas de diabète augmentait parallèlement au nombre de Big-Mac vendus dans la capitale du Japon. Mais il faut se garder de désigner des boucs émissaires commodes pour mieux nous exonérer de nos responsabilités. La « mal bouffe » n'est pas la principale cause de la vague d'obésité des pays développés. En fait, les populations occidentales ont tendance à consommer en l'an 2000 moins de calories, et moins de graisses qu'en 1960, alors qu'elles grossissent régulièrement. Mais la baisse continue de l'activité physique a été très forte durant cette période. Le seul facteur parfaitement corrélé à l'augmentation de la prévalence de l'obésité aux États-Unis est le nombre d'automobiles en circulation. Et cela est probablement vrai en France aussi.

L'obésité ne frappe pas de manière égale les populations humaines. L'épidémiologie nous a appris que certains groupes ethniques isolés pendant des générations étaient plus exposés que d'autres au changement brutal de mode de vie : ainsi les Indiens Pimas d'Arizona, les Nauruens mélanésiens sont obèses à 80 % et près d'un sur deux développe un diabète avant l'âge de 50 ans. Car l'obésité, comme beaucoup de maladies humaines fréquentes, est d'origine multifactorielle, liée à l'interaction de facteurs d'environnement « obèsogènes » et de gènes de prédisposition au surpoids transmis d'une génération à l'autre, voire sélectionnés car ayant apporté à un moment de l'histoire de l'humanité un avantage en terme de survie de l'espèce. Il faut se souvenir que si l'homme préhistorique était plutôt bien nourri et peu carencé, la sédentarisation et l'apparition de l'agriculture pendant le néolithique ont apporté la disette récurrente entrecoupée de périodes de pléthore. Les sujets aptes au stockage de l'énergie en période faste et à son économie en période de vaches maigres ont mieux résisté aux moments difficiles. Et leurs gènes de stockage sont devenus prépondérants, particulièrement dans certains groupes isolés aux conditions de vie difficiles. Les progrès récents de l'agriculture, apportant à une large fraction de l'humanité un accès illimité à la nourriture, ont eu paradoxalement un impact négatif sur notre santé, en exacerbant les tendances à l'excès de graisse des sujets génétiquement prédisposés.

Incontestablement, la corpulence est un des traits humains les plus héréditaires. Les études des vrais jumeaux (identiques génétiquement) ont démontré la concordance quasi absolue de leur corpulence, même quand les jumeaux avaient été élevés séparément dans des familles adoptives différentes. De même, leur tendance éventuelle à l'obésité est à rapprocher des caractéristiques de leurs parents biologiques mais non des parents adoptifs. Enfin, la suralimentation contrôlée de jumeaux conduit à une prise de poids certes très variable d'une paire à l'autre mais, là encore, quasi identique entre les deux jumeaux d'une même paire. Ainsi, la réponse au régime riche en graisse est un trait génétiquement déterminé.

Certains sujets « résistent » à l'obésité, alors que d'autres sont très sensibles au régime obèsogène. L'analyse familiale a aussi conclu à l'existence d'un petit nombre de gènes ayant un impact majeur sur la corpulence et particulièrement sur le pourcentage ou la distribution régionale de la masse grasse. Ces gènes expliqueraient plus de la moitié des variations du poids entre êtres humains de même âge et de même sexe. Curieusement, si l'on prend en compte le rôle de ces gènes, toujours par l'étude de jumeaux, les facteurs d'environnement les plus puissants ne sont pas alimentaires : le tabac et la supplémentation hormonale de la ménopause « protégeraient » ainsi les femmes anglaises ménopausées du surpoids. Il a été aussi récemment montré que les enfants en surpoids âgés d'une dizaine d'années, ayant au moins un parent obèse, avaient un risque de 80 % de devenir obèses à l'âge adulte. Contre seulement 10 % de risque si ces deux parents étaient maigres.

Si la tendance à l'obésité a une base génétique, il est possible de l'étudier grâce à la stratégie scientifique dite de « génétique inverse », qui cherche à localiser une région chromosomique liée à la maladie puis à découvrir le gène anormal situé sur cette région. Les progrès de la génétique moléculaire, l'établissement de cartes de plus en plus précises du génome humain, et dans quelques mois le séquençage de nos 100 000 gènes, rendent désormais enfin possible l'étude des déterminants génétiques de maladies fréquentes et aussi complexes que l'obésité. L'objectif de ces études est avant tout médical. Il s'agit de comprendre comment et pourquoi de plus en plus d'êtres sont en surpoids, afin de déduire des approches préventives ou thérapeutiques originales et surtout efficaces. On ne dispose aujourd'hui d'aucun traitement réellement utile et non dangereux contre l'obésité. Mais pour les mettre au point, encore faut-il comprendre les causes du surpoids. La génétique humaine et animale offre des possibilités réelles de comprendre ce qui détermine en nous la prédisposition à devenir obèse.

Ainsi, les progrès technologiques dans l'analyse de l'ADN, les progrès informatiques et statistiques permettent aujourd'hui de localiser avec précision les gènes prédisposant à une maladie humaine. Et les bases de données internationales rendent aussi possible l'identification, dans une région chromosomique donnée, de « gènes candidats » dont le séquençage montrera l'implication dans le développement de la maladie. Encore faut-il bénéficier de l'aide des familles prédisposées au surpoids, pour établir les banques d'ADN et de données médicales indispensables au succès des programmes de génétique. Cela a été fait en France depuis 1993, grâce à des initiatives essentiellement privées, puisqu'à ce jour près de 1 000 familles françaises ont constitué la plus grande cohorte mondiale pour l'étude des bases génétiques de l'obésité de l'adulte et de l'enfant. Ce qui a permis de réaliser une grande partie des progrès scientifiques récents dans le domaine de l'obésité humaine.

En fait, tout a commencé en 1994 par l'identification des gènes responsables des obésités spontanées de la souris, et en premier lieu de la souris *ob/ob* appelée ainsi du fait de son obésité massive survenant dès les premiers jours de la vie. La découverte des protéines normalement synthétisées par ces gènes a permis d'élucider enfin certains des mécanismes de régulation de la prise alimentaire et des dépenses énergétiques.

Le meilleur exemple concerne le gène ob et sa protéine, la leptine. Le gène *ob* fonctionne spécifiquement dans le tissu graisseux de la souris et de l'homme. Il produit la leptine, une hormone circulant dans les vaisseaux sanguins, qui se lie à des récepteurs spécifiques situés surtout au niveau du cerveau. Une des fonctions de la leptine est d'informer une partie du cerveau appelée l'hypothalamus sur l'état des réserves graisseuses et d'induire ainsi des réponses métaboliques et nutritionnelles visant à maintenir constante la masse des stocks graisseux. L'absence de leptine (ou une leptine inefficace) conduit à l'obésité de la souris déficiente, alors qu'une mutation du récepteur de la leptine entraîne l'obésité massive et précoce de la souris *db* (diabète), malgré des taux circulants très élevés de leptine (l'hormone est normale, mais ne peut agir car son récepteur cellulaire est absent). Tous les travaux actuels vont dans le sens d'effets multiples de la leptine, qui porte non seulement sur la prise alimentaire et la production de la chaleur, mais aussi sur le métabolisme des sucres et sur les fonctions reproductrices. Car le maintien des réserves graisseuses est essentiel à la survie de l'espèce, et en premier lieu à sa reproduction. La baisse de nourriture, en diminuant la taille des cellules graisseuses de l'organisme, freine la production de leptine. L'animal voit sa faim stimulée, alors que son organisme tend à se mettre au repos, et sa fécondité baisse pour interdire toute gestation en période de famine. La prise de poids a un effet inverse, le tout permettant un contrôle efficace du poids, dans un contexte de vie sauvage. La leptine n'est cependant qu'un des éléments de la régulation du poids, même si elle semble en être le chef d'orchestre. D'autres protéines importantes ont été identifiées grâce à d'autres animaux obèses et par la création d'animaux transgéniques, chez lesquels un gène a été artificiellement inactivé ou ajouté.

Chez l'homme, l'obésité est associée à plusieurs maladies congénitales très rares, dont les plus connues sont les syndromes de *Prader-Willi* et de *Bardet-Biedl*. Ces maladies comportent des anomalies malformatives, neurologiques et sensorielles très graves. Les gènes de neuf syndromes ont été localisés sur 8 chromosomes différents, mais ne sont pas encore identifiés. Par contre, deux mutations du gène de la leptine, bloquant la production protéique, l'ont été dans deux familles de parents consanguins. De même, une mutation du récepteur de la leptine a été découverte dans une famille française, mutation responsable d'obésité massive ayant débuté dès les premiers jours de la vie, mais aussi d'un ralentissement de la croissance, d'une absence de puberté et d'anomalies de la glande thyroïde. Toutes ces anomalies démontrent le rôle très important de la leptine chez l'homme, notamment au niveau des hormones produites par l'hypophyse, petite glande située à la base du cerveau. D'ailleurs, quelques rares mutations d'un gène hypophysaire, POMC, ont été identifiées chez des enfants souffrant d'obésité, d'insuffisance de production de cortisone et présentant une coloration rouge des cheveux. Toutes ces anomalies génétiques sont extrêmement rares, transmises sur un mode récessif, c'est-à-dire qu'il faut que la mutation soit présente sur les gènes paternel et maternel pour que la maladie apparaisse, et l'obésité y est associée à des désordres endocriniens multiples.

Récemment des anomalies génétiques plus fréquentes ont été identifiées chez environ 5 % de patients présentant une obésité familiale sévère isolée sans autre maladie associée. Le gène en cause, appelé récepteur MC4, est un récepteur d'une hormone anorexigène, la mélanocortine, produite dans le cerveau en réponse à la leptine. Cette découverte est importante pour deux raisons : la fréquence significative de ces mutations, transmise sur un mode dominant (un gène anormal entraîne la maladie) permet d'envisager un diagnostic génétique chez des sujets dont l'obésité familiale a débuté tôt dans la vie. De plus, le récepteur MC4 constitue une cible médicamenteuse idéale, et de nombreuses sociétés pharmaceutiques développent déjà les médicaments anti-obésité de demain à partir de cette découverte.

En dehors de ces formes monogéniques d'obésité à début très précoce, la contribution de l'hérédité à l'obésité commune est plus complexe. L'obésité y est déterminée par l'interaction de plusieurs facteurs génétiques fréquents et diversement associés selon les individus et les populations. Chaque gène prédisposant à l'obésité, pris individuellement, a de faibles effets sur le poids corporel, et la contribution cumulative de ces gènes de susceptibilité ne devient significative qu'en interaction avec des facteurs environnementaux (comme la surconsommation de graisses, la baisse de l'activité physique, le stress). Plusieurs « gènes candidats » de l'obésité ont été incriminés comme le récepteur béta-3 de l'adrénaline exprimé dans le tissu adipeux qui intervient dans la mobilisation des graisses, le gène de la leptine, ou les protéines découplantes « brûleuses de graisses ». Mais leur rôle serait plutôt d'aggraver une obésité que de vraiment déclencher une accumulation familiale de graisse. Leur action est étroitement liée au mode de vie : ainsi, une mutation de la troisième protéine découplante du muscle entraîne une augmentation du poids d'environ 7 kg, en supprimant l'effet bénéfique de l'activité physique sur le poids.

Il est probable que les gènes majeurs de l'obésité familiale font partie des 90 000 gènes encore inconnus, et ne pourront donc être identifiés que par l'exploration complète des 23 paires de chromosomes des membres des familles obèses. Cette approche est utilisée par plusieurs groupes et les premiers résultats semblent en démontrer la pertinence. Ainsi, de manière étonnante, des études familiales similaires, réalisées dans des populations aussi différentes que les Hispano-Américains, les Américains d'origine nord européenne de Philadelphie, les Canadiens français ou des adolescents allemands obèses, dont les modes de vie sont apparemment très différents, retrouvent à peu près les mêmes régions du génome associées au surpoids : essentiellement sur les chromosomes 2, 10, 11 et 20. Il est très probable que les anomalies génétiques prédisposant à ces formes communes d'obésité seront découvertes dans les deux ou trois prochaines années, ce qui permettra de comprendre enfin les bases moléculaires de cette maladie. L'étape suivante sera d'obtenir une classification des obésités en fonction de leurs causes, première étape vers la mise au point de nouveaux traitements de l'obésité, agissant sur des cibles identifiées grâce aux études génétiques. Ensuite, on peut imaginer la mise au point de puces à ADN qui permettront de rechercher de manière préventive les facteurs de risque génétique disposant à l'obésité mais aussi aux autres conséquences néfastes d'une alimentation déséquilibrée — diabète, cancers, maladies cardio-vasculaires. Il sera ainsi possible de proposer une alimentation, un mode de vie personnalisé, mieux adaptés aux caractéristiques génétiques et aux goûts de chacun. La nutrigénétique n'a pas comme objet d'être une science prédictive d'asservissement de l'individu, mais un moyen de sortir du « prêt à manger » commercial, des pseudo « alicaments », des régimes miracles dangereux, des traitements coûteux et inefficaces de l'obésité.

Il y a quelques mois, l'Organisation mondiale de la santé a alerté les gouvernements des états du monde du développement de la première épidémie non infectieuse de l'histoire de l'humanité : l'obésité. L'OMS recommande de tout faire pour comprendre et prévenir cette épidémie, à un moment où dans notre pays la médecine préventive est délaissée, et où la gestion du sinistre (le traitement de la maladie), est préférée à la gestion du risque. Aujourd'hui, nous ne savons pas guérir une obésité massive, alors que nous pouvons la prévenir chez des sujets prédisposés par des mesures simples et peu coûteuses. Une mobilisation efficace contre l'obésité, qui protégerait les jeunes générations contre ce fléau est possible, et a été expérimentée avec succès en Finlande. Elle nécessite de s'attaquer aux racines du mal : le « tout voiture », la « mal-bouffe », qui atteint autant les cantines scolaires que les établissements de restauration rapide, etc. Elle nécessite aussi une politique de recherche publique sur l'obésité, ses causes et conséquences, particulièrement chez l'enfant, qui aujourd'hui fait totalement défaut.

Bons et mauvais microbes

par ROBERT DUCLUZEAU

Quelques microbes dangereux et beaucoup de microbes utiles

Des *Listeria* dans nos réfrigérateurs, des salmonelles dans nos crèmes aux œufs, des prions dans notre bifteck, sans compter le méningocoque et le virus du sida : au tournant du millénaire les microbes font toujours peur. Depuis plus d'un siècle, à la suite de l'école pastorienne, on les a recherchés, traqués, décimés et on avait fini par penser qu'on allait les vaincre en additionnant l'hygiène, les vaccinations et les antibiotiques. Pourtant des événements souvent dramatiques rappellent qu'il n'en est, hélas, toujours rien. Les microbes s'habituent à nos armes et nous les aidons même à évoluer.

Ce que l'on sait beaucoup moins, c'est que les microbes qui génèrent des maladies, les pathogènes, ne forment que la pointe à peine émergée du gigantesque iceberg du monde microbien qui peuple la terre. Nous vivons en étroit contact avec d'énormes populations microbiennes, situées à l'intérieur comme à l'extérieur de notre corps. Beaucoup sont sans importance pour nous, d'autres contribuent à nous maintenir en bonne santé et surtout, il existe des microbes sans lesquels la vie ne se maintiendrait pas sur la terre. En bref, il y a dans notre monde bien plus de bons microbes que de mauvais.

Texte de la 67e conférence de l'Université de tous les savoirs donnée le 7 mars 2000.

Le monde microbien et son histoire

Tout d'abord, qu'est-ce qu'un microbe ? Littéralement, un microbe est un être vivant de très petite taille qui ne peut être observé qu'à travers un instrument grossissant : microscope optique ou électronique. Cette définition très pragmatique recouvre des types d'êtres vivants très divers *(Fig. 1 et 2)*, mais tous caractérisés par le fait qu'ils sont unicellulaires, ne s'organisant pas en tissus différenciés comme chez les organismes supérieurs. Les cellules de certains microbes présentent cependant une structure identique à celle des organismes supérieurs, comportant en particulier un noyau visible, limité par une membrane. On les classe alors dans le règne des eucaryotes. Certains sont proches des végétaux, comme les champignons (ex : le *Pénicillium* du Roquefort) ou les algues inférieures et les levures (levure de la bière ou du pain ou dangereux *Candida albicans*). D'autres sont plus proches des cellules des animaux comme les protozoaires, allant des inoffensives amibes des eaux à l'amibe responsable d'une forme de dysenterie ou au trypanosome de la maladie du sommeil. D'autres microbes,

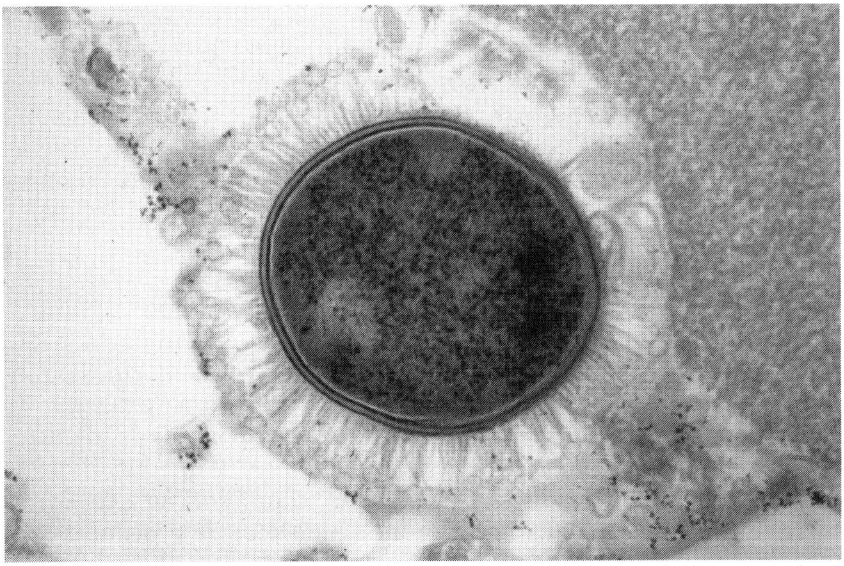

Figure 1 – Différents types de microbes : au centre, on voit en coupe une « bactérie » (en réalité sphérique). C'est un lactocoque utilisé pour la fermentation du lait. Tout autour sont fixés des virus qui vont tuer la cellule bactérienne en se multipliant à ses dépens. (INRA — B. Cesselin.)

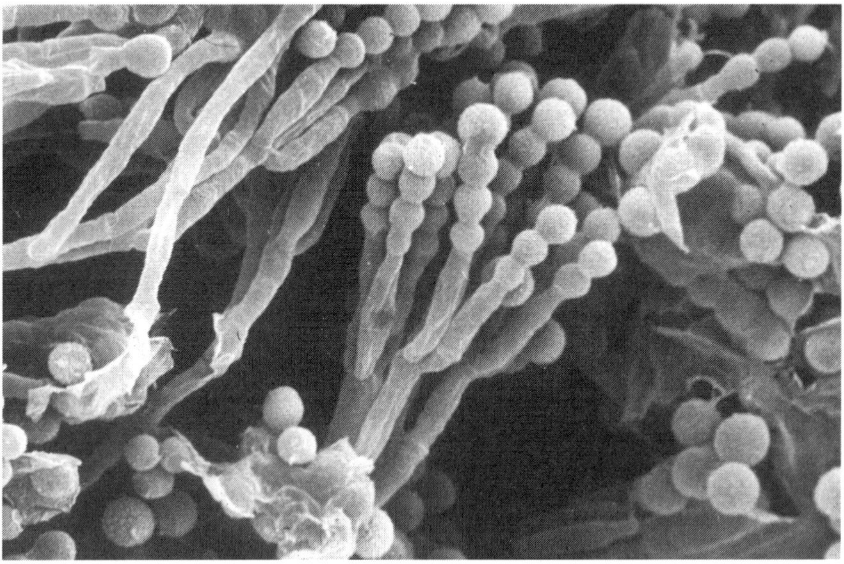

Figure 2 – Un autre type de microbe : les cellules de Penicillium *se multiplient à la surface d'un fromage de chèvre. Cet autre type de microbe appartient au monde des « champignons » microscopiques. (INRA — M. Rousseau.)*

et ce sont les plus abondants, sont classés dans le règne des procaryotes car le matériel génétique de leurs cellules ne forme pas un noyau distinct. Ce sont avant tout les bactéries, microbes dont il sera surtout question ici. Mais on y classe aussi les virus, parasites stricts d'autres cellules dont ils doivent utiliser la machinerie cellulaire complexe pour fabriquer leurs propres composants. Reste enfin les prions. Mais faut-il les considérer comme des microbes puisqu'ils sont dépourvus de matériel nucléaire (ce qui n'est pas encore certain) ? Ils sont cependant doués d'une faculté d'autoréplication qui explique qu'ils se transmettent de façon épidémique, à la manière des autres microbes.

Les toutes premières observations de microbes datent de la fin du XVIIe siècle, lorsque Antonie von Leeuwenhoeck utilisait les loisirs que lui laissait sa sinécure de concierge de l'hôtel de ville de Delft, pour observer « l'écume de ses dents » ou « la vertu piquante du poivre » à l'aide d'extraordinaires et minuscules lentilles de verre qu'il polissait lui-même. Mais l'essor de la microbiologie se situe à la fin du XIXe siècle, avec les travaux de Pasteur et de son école. Pasteur, qui était chimiste et non médecin, a consacré ses premiers travaux à l'étude de microbes utiles, à l'origine de produits alimentaires fermentés comme la bière ou le vin. Cependant sa célébrité est liée à la découverte des microbes pathogènes qui ravageaient les populations de son époque. De là vient en grande partie la connotation toujours négative du mot microbe. Curieusement, le plus grand titre de gloire de Pasteur vient de ce qu'il a mis au point le vaccin contre la rage, sans jamais avoir observé le microbe en cause. La rage est en effet due à un virus que Pasteur n'avait pas les moyens techniques de mettre en évidence à son époque, et il s'est acharné à rechercher chez les animaux et les individus infectés une bactérie qu'il n'a jamais trouvée puisqu'elle n'existait pas ! Néanmoins il a eu le mérite de transposer à cette redoutable affection virale la notion de vaccin utilisant des bactéries atténuées.

Les microbes dangereux

Pourquoi un microbe, vu par l'homme, est-il un mauvais microbe ? Certaines espèces bactériennes sont considérées comme néfastes car elles détériorent nos aliments et empêchent leur conservation. Ainsi, les bactéries de la putréfaction commencent par altérer le goût et rendre l'aliment inconsommable. Par la suite elles vont parfois le rendre dangereux en sécrétant des produits toxiques. Cependant, poussé à l'extrême, le processus de dégradation des aliments, et plus généralement de toute matière organique, par des successions de microbes, est un phénomène dont l'utilité biologique est incontestable. En effet ces microbes, et eux seuls, permettent de transformer la matière organique en matière minérale (tels le gaz carbonique, l'azote, les sels minéraux, les métaux, etc.). Or, ces composés minéraux sont les seuls matériaux réutilisables par les plantes pour synthétiser leurs propres composants. La putréfaction, processus défavorable lorsqu'elle se produit dans nos stocks alimentaires, est le début d'un cycle de la matière organique indispensable pour maintenir la vie sur terre.

Les bactéries causant des maladies sont dangereuses pour deux raisons principales. Certaines produisent des toxines qui altèrent les propriétés physiologiques des individus infectés. Ces toxines sont parfois produites lors de la multiplication des bactéries dans l'organisme : c'est le cas du *Clostridium* du tétanos qui, introduit dans une blessure, s'y développe et y produit une toxine paralysant le système nerveux central. Parfois la toxine est produite dans un aliment, avant que celui-ci ne soit ingéré : c'est le cas du *Clostridium* du botulisme qui sécrète sa toxine lorsqu'il trouve l'occasion de se multiplier dans un aliment contaminé mal stérilisé.

D'autres bactéries sont dangereuses car elles possèdent des enzymes leur permettant de détruire des cellules pour s'en nourrir : c'est le cas des espèces de *Clostridium* responsables de gangrènes gazeuses dont les puissants systèmes enzymatiques sont capables d'hydrolyser les protéines des tissus. D'autres enfin possèdent des systèmes leur permettant de s'introduire à l'intérieur de certaines cellules et de les détruire, ce qui est le cas des *Listeria monocytogenes.*

En règle générale, il ne suffit pas d'entrer en contact avec des bactéries pathogènes pour automatiquement tomber malade. En fait, le développement d'une maladie résulte toujours d'une rupture d'équilibre entre les facteurs de pathogénicité exprimés par la bactérie et les moyens de défense de l'hôte.

Ainsi certaines souches de bactéries lactiques, utilisées dans les produits laitiers fermentés et donc parfaitement inoffensives, sont parfois à l'origine d'infections cardiaques mortelles chez des patients dépourvus de défenses immunitaires et qui présentent une porte d'entrée sanguine pour les bactéries, comme la blessure provoquée par une extraction dentaire.

La célèbre *Listeria monocytogenes (Fig. 3)* est une bactérie très répandue dans la nature, sur les plantes comme sur les animaux. Il n'est donc pas envisageable de l'éradiquer et aucun de nous ne peut espérer qu'il ne sera jamais en contact avec ce microbe. Nous n'en serons pas malade pour autant et c'est bien pourquoi, même dans les produits à risques, comme les charcuteries, on tolère la présence d'un nombre faible de cellules de *Listeria* (100 par

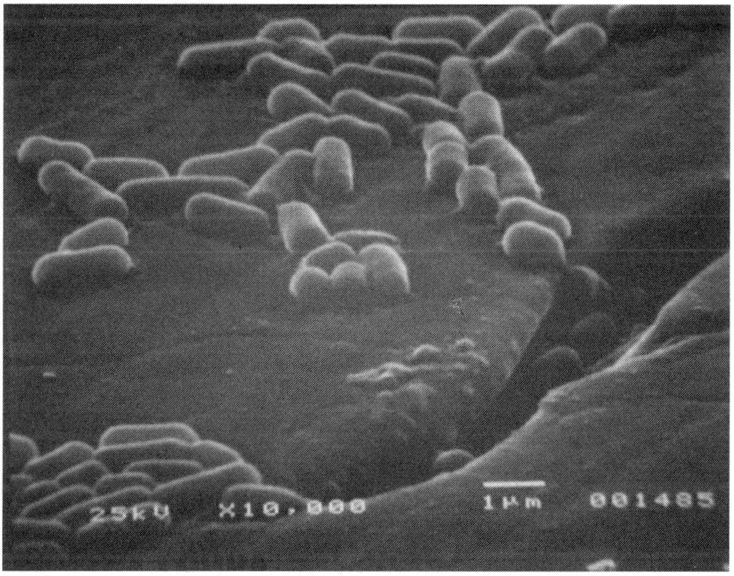

Figure 3 – Une bactérie pathogène : Listeria monocytogenes.
Des cellules de Listeria *se sont collées sur un support inerte où elles forment un biofilm qui rend leur élimination mécanique difficile. Avalées en nombre important, elles déclenchent une pathologie grave chez des individus immunodéprimés ou sont capables de tuer le fœtus d'une femme enceinte. (INRA — M.-N. Bellon-Fontaine.)*

gramme). Une caractéristique remarquable de *Listeria monocytogenes* est sa capacité à survivre à l'intérieur de nombreuses cellules de l'organisme. Les microbes ingérés avec un aliment contaminé pénètrent dans la muqueuse du tube digestif, puis se multiplient dans diverses cellules et en particulier dans des cellules du système immunitaire comme les monocytes ou les macrophages dont le rôle est pourtant d'éliminer les bactéries qu'elles capturent. À partir de ces foyers intracellulaires les bactéries se diffusent dans tout l'organisme par voie sanguine et infectent tout particulièrement le système nerveux central et, chez la femme enceinte, le placenta. À partir de là, elles gagnent le système nerveux du nouveau-né chez lequel elles sont capables de déclencher une dramatique méningite néonatale. La plupart du temps, le système immunitaire contrôle l'infection et les sujets ne font qu'une maladie sans symptômes qui passe totalement inaperçue. Par contre l'infection n'est plus contrôlée chez des sujets fragilisés comme les malades immunodéprimés par des drogues ou d'autres maladies (sida), ou les femmes vers le troisième trimestre de grossesse, période où les défenses immunitaires sont abaissées. De plus, si on avale le microbe en très grand nombre, le système immunitaire, même en bon état, risque d'être dépassé, surtout chez certains sujets génétiquement prédisposés. Or cette bactérie possède la propriété, rare chez les pathogènes de l'homme, de se multiplier encore activement dans la zone de température de 5 à 10 °C qui est souvent celle de nos réfrigérateurs mal réglés et c'est souvent à ce stade que les populations de *Listeria* de nos aliments atteignent des tailles dangereuses. L'apparition de la maladie provient donc de la conjonction de facteurs liés à la bactérie, à l'hôte et à l'environnement.

Des facteurs génétiques liés à l'hôte jouent aussi un rôle dans le caractère pathogène d'un microbe et ils peuvent être appréhendés différemment selon les points de vue. On sait par exemple aujourd'hui qu'il existe des lignées de poulets sensibles aux salmonelles alors que d'autres sont résistantes. Du point de vue du poulet ou de son éleveur, ces dernières sont les plus intéressantes. Il n'en est pas de même pour le consommateur, car les poulets résistants sont des « porteurs sains » de salmonelles, c'est-à-dire qu'ils transportent dans leur tube digestif une petite quantité de bactéries inoffensives pour eux mais qu'ils diffusent dans leur environnement. Les poulets sensibles sont éliminés avant tout contact avec le consommateur, alors que les résistants transmettent les salmonelles, en particulier à travers leurs œufs. Un des défis actuels des zootechniciens est de mettre au point des lignées de poulets résistantes et non porteuses de salmonelles.

Si nous ne rencontrons qu'épisodiquement des mauvais microbes, nous sommes par contre perpétuellement en contact avec les deux grands écosystèmes microbiens qui peuplent le monde : celui du sol et des eaux et celui du tube digestif des animaux.

Les microbes du sol

Un gramme de sol cultivé contient de 1 à 100 millions de bactéries et la densité augmente à proximité des racines. Ces populations existent dans tous les sols, dans la couche où l'air pénètre : la raison d'être des labours est beaucoup plus la culture des bactéries que celle des plantes ! On estime que dans un champ de blé à maturité, il y a autant de matière organique dans le sol, sous forme de microbes, qu'au-dessus du sol, sous forme de récolte. De tous les rôles importants joués par la microflore du sol, on ne donnera qu'un seul exemple. Tous les êtres vivants, de l'homme au microbe, sont essentiellement constitués de protéines, molécules à base d'azote. Or la seule réserve d'azote sur le globe est contenue dans l'air. Certains microbes vivant dans le sol à l'état libre ou associés aux racines des légumineuses, sont les seuls êtres capables de fixer l'azote de l'air et de l'incorporer aux protéines. Cet azote protéique sera ensuite transféré aux plantes, aux animaux herbivores, aux carnivores et finalement à l'homme. Sans bactéries fixatrices d'azote, la vie s'éteindrait rapidement sur terre, faute de pouvoir renouveler le stock de protéines. On connaît aujourd'hui le mécanisme moléculaire par lequel les bactéries symbiotiques des racines des légumineuses sont capables de fixer l'azote de l'air et on espère le transférer un jour à d'autres plantes comme le blé ou le riz qui pourront à leur tour fixer de l'azote.

Les microbes du tube digestif des animaux

Les nouveaux-nés, humains ou animaux, sont très généralement dépourvus de toutes bactéries lorsqu'ils voient le jour. Cette situation est éphémère. Le développement microbien dans le tube digestif commence quelques heures après la naissance. L'homme et tous les animaux homéothermes vont alors vivre, grandir et mourir en véhiculant dans leurs intestins une énorme population de cellules bactériennes vivantes : ainsi on a calculé qu'un homme adulte abrite en permanence environ 10^{14} bactéries vivantes, 100 000 milliards, alors que le corps de cet homme n'est composé que de 10^{13} cellules, soit dix fois moins que de bactéries *(Fig. 4)*. Les aliments qui permettent à ces bactéries de se reproduire dans le tube digestif sont les aliments ingérés par l'hôte, toutes les sécrétions digestives et les cellules épithéliales déversées dans la lumière

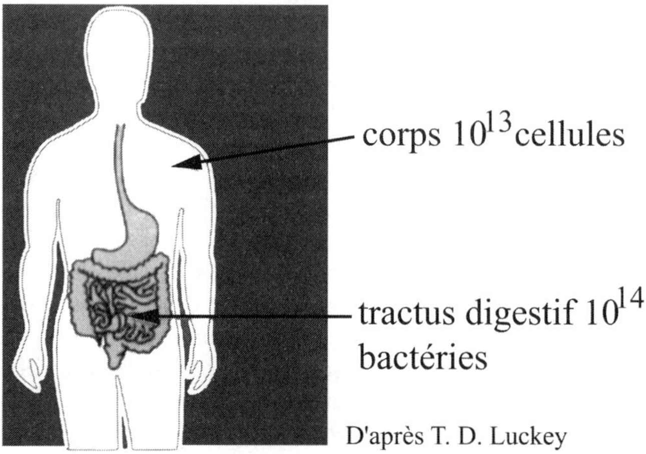

Figure 4 – Le corps humain abrite en permanence une population bactérienne dont le nombre dépasse de dix fois celui des cellules de l'organisme. (INRA — J. Gallé.)

du tube digestif. Inversement, les bactéries sécrètent elles-mêmes de multiples substances dans le tube digestif de leur hôte et, à leur mort, y libèrent des composants intracellulaires. On peut se demander si ces populations microbiennes en équilibre agissent constamment en faveur de l'hôte ou si l'hôte est en permanence agressé par certaines d'entre elles.

Les populations microbiennes produisent un grand nombre de substances, leurs métabolites, pour l'essentiel dans le gros intestin, à partir des éléments rejetés par l'hôte : cellules desquamées et sécrétions digestives, et de la fraction non digérée de l'aliment. Beaucoup de ces métabolites sont absorbés par le gros intestin. Ils sont alors capables de modifier profondément l'anatomie du tube digestif aussi bien que divers paramètres physiologiques importants en nutrition, comme le temps de transit dans l'intestin grêle ou le temps de renouvellement des cellules qui tapissent la muqueuse digestive *(Fig. 5)*. La plupart de ces métabolites sont utiles à la nutrition de l'hôte, mais certains sont franchement nuisibles, comme les toxines bactériennes. Dans le cas particulier des ruminants, le rôle nutritionnel de la flore du tube digestif est essentiel. En effet, la source d'énergie presque exclusive pour ces animaux est la cellulose de l'herbe qui constitue habituellement l'essentiel de leur régime. Or les organes des ruminants ne possèdent aucune enzyme capable de couper la cellulose en sucres simples absorbables par l'animal. Seuls les microbes situés dans le vaste fermenteur que constitue la panse sont capables de réaliser cette hydrolyse et ils sont donc, à cet égard, les véritables respon-

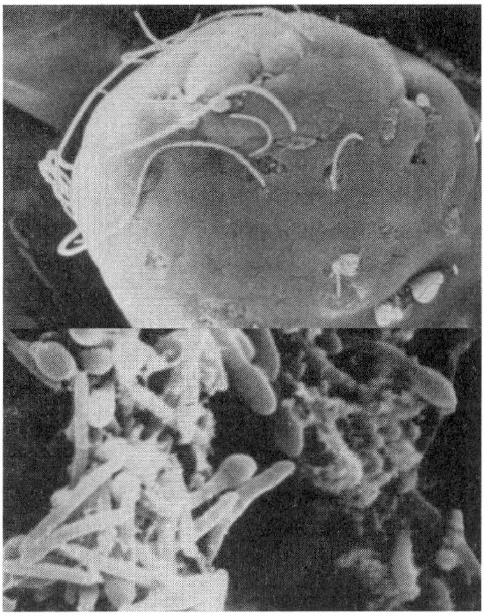

Figure 5 – En haut, l'extrémité d'une villosité de la muqueuse intestinale. Le flux permanent de nutriments ne laisse subsister à cet endroit que de rares bactéries attachées aux cellules. En bas, le contenu du gros intestin. À ce niveau de stase, on observe un véritable feutrage bactérien. (INRA.)

sables de la survie de ce maillon essentiel de la chaîne alimentaire que représentent les herbivores.

Le système immunitaire associé à la muqueuse digestive, ainsi que le système immunitaire présent dans le sang et les organes spécialisés sont fortement stimulés, ou parfois inhibés par certaines bactéries de la flore du tube digestif. Les effets stimulateurs participent aux défenses de la muqueuse contre les microbes pathogènes du contenu digestif. Les effets inhibiteurs modulent la tolérance aux antigènes alimentaires et limitent donc les effets d'allergie ou d'intolérance à certains composants alimentaires.

L'homme et les animaux vivent dans un environnement riche en microbes de toutes sortes sans pour autant que la flore de leur tube digestif en soit un reflet fidèle. Lécher un timbre-poste, avaler une feuille de salade mal lavée, ouvrir la bouche dans le métro : autant d'occasions de la vie de tous les jours qui font entrer dans le tube digestif des bactéries dont certaines sont potentiellement capables de déclencher une maladie infectieuse. Nous ne sommes pas pour autant malades à chaque fois que nous ingérons de telles bactéries. De même l'ingestion d'un yaourt ou d'une portion de camembert correspond à des apports massifs de bactéries lactiques dans le tube digestif sans pour autant que celui-ci soit colonisé par ces bactéries lactiques. Cette surprenante résistance que le tube digestif oppose à la colonisation par les bactéries exogènes quotidiennement ingérées est due aux « effets de barrière » qu'exerce la « flore autochtone » du tube digestif. On a souvent affirmé que, dans le tube digestif, « la place est au premier occupant ». On sait maintenant qu'il n'en est rien et que l'effet de barrière à l'égard des bactéries viables est dû à l'action de bactéries spécialisées présentes dans la fraction la plus abondante de la flore. La nature de ces bactéries et le mécanisme par lequel elles exercent leur effet de barrière restent encore mal connus. En effet, ces bactéries sont difficiles à étudier, car elles sont incapables de se multiplier en présence d'air. La survie de l'homme et des animaux dans un environnement où la présence de microbes dangereux n'est pas rare est dépendante de ces bactéries « gendarmes », exerçant des effets de barrière efficaces.

Des microbes domestiqués

Il existe une catégorie de microbes, utilisés d'abord de façon empirique par les hommes depuis des temps reculés, puis aujourd'hui de façon de plus en plus maîtrisée pour fabriquer des aliments et des boissons fermentées. Pour les boissons, ce sont en général les levures qui jouent le rôle le plus important, en particulier celles qui synthétisent de l'alcool éthylique à partir des sucres du milieu. Nous prendrons ici comme exemple les bactéries lactiques *(Fig. 6)*, ainsi appelées car elles produisent de l'acide lactique tout particulièrement à partir du sucre présent exclusivement dans le lait des mammifères, le lactose. L'acidification du lait entraîne une déstabilisation d'une fraction de la partie protéique, la caséine, et sa précipitation. C'est la coagulation acide, phénomène essentiel pour la production de produits de type yaourts, mais aussi de certains fromages comme le gruyère. L'intérêt primordial de ce processus est d'aboutir à un concentré protéique dont l'acidité interdit le développement de la plupart des microbes de la putréfaction, ce qui permet d'allonger considérablement la conservation de ces protéines fragiles. D'autres espèces de bactéries lactiques fermentent le chou en choucroute dont l'acidité, là encore, permettait autrefois d'assurer la conservation de protéines durant les saisons difficiles. Par ailleurs, l'acidité s'oppose à la prolifération d'un grand nombre de microbes pathogènes et les aliments fermentés ont été très anciennement reconnus comme particulièrement sains. C'est bien plus récemment qu'on a sélectionné des souches de bactéries lactiques donnant des goûts et des textures spécifiques aux produits qu'elles fermentent. On peut à cet égard citer les souches de lactobacilles dont les cellules s'entourent d'une épaisse couche de

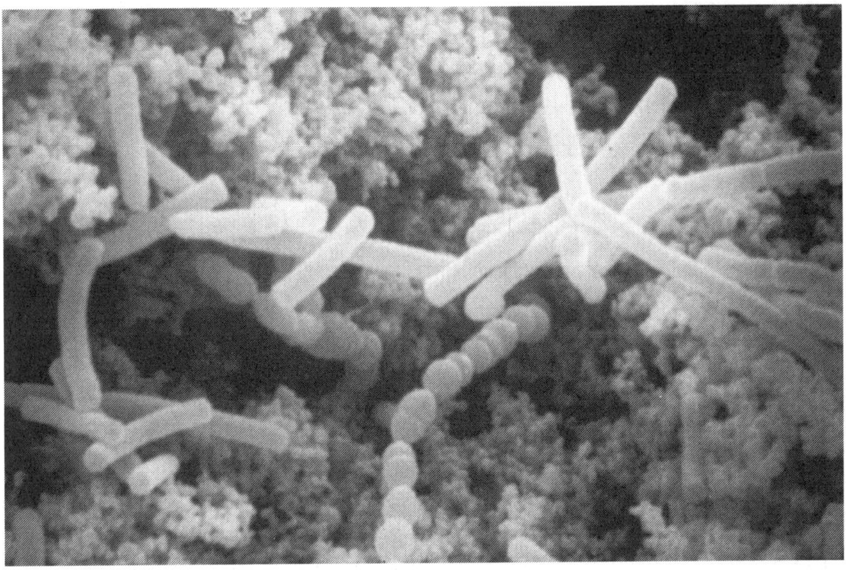

Figure 6 – Des bactéries domestiquées : les deux types de bactéries utilisées pour fermenter le lait en yaourt. Les bâtonnets appartiennent au genre Lactobacillus, *les chaînettes de billes au genre* Lactococcus. *Ces bactéries produisent à partir du lactose, le sucre du lait, de l'acide lactique qui précipite les principales protéines du lait, les caséines, sous forme de granules que l'on aperçoit autour des bactéries. C'est le phénomène de la coagulation. (INRA — M. Rousseau.)*

mucus, la capsule, qui détermine le caractère filant de certains yaourts. D'autres souches sont sélectionnées pour donner un goût de noisette à la crème et au beurre.

Enfin, et plus récemment, on a recherché si ces produits fermentés par certaines souches de bactéries lactiques possédaient des vertus permettant de maintenir le consommateur en bonne santé.

Depuis longtemps déjà on prescrit des yaourts dans le but de « rééquilibrer » la flore du tube digestif perturbée par un traitement avec des antibiotiques. On sait clairement aujourd'hui que cette pratique est sans objet. D'une part, il est curieux de vouloir restaurer une flore avec des souches bactériennes qui, au moins chez l'homme, n'y sont pas représentées. D'autre part les effets de barrière mentionnés ci-dessus s'opposent à l'implantation de ces bactéries exogènes. Ce n'est pas pour autant que l'ingestion de population bactérienne abondante est dépourvue d'intérêt pour la santé.

Les barrières microbiennes exercent leurs effets par un mécanisme de bactériostase : les bactéries de barrière empêchent la croissance des bactéries cibles de l'*inoculum* exogène, mais ne les tuent pas. Ces bactéries cibles sont donc simplement éliminées par l'effet du péristaltisme intestinal. Il est donc possible de faire transiter dans le tube digestif des bactéries vivantes qui continuent à métaboliser leur substrat. Si elles sont en très grand nombre, elles vont mimer l'effet d'une flore implantée pendant la durée de leur transit et de plus elles vont pouvoir exercer des actions dans l'intestin grêle, alors que la flore autochtone est toujours trop peu abondante à ce niveau pour y exercer un effet. Les micro-organismes utilisés de cette façon sont appelés des « probiotiques ».

Ainsi, on peut démontrer expérimentalement l'effet positif des bactéries du yaourt durant leur transit. Dans la population des pays du Nord, un grand nombre d'individus sont intolérants au lait, en fait au lactose du lait. Ces sujets sont déficients en lactase, l'enzyme qui permet de scinder dans l'intestin grêle, le lactose en deux molécules immédiatement absorbées. En l'absence de lactase, le lactose continue sa route, arrive dans le gros intestin au contact des bactéries de la flore normale qui le transforment en produits divers générateurs de ballonnements, de douleurs ventrales, voire de diarrhées. Par contre si le lactose est contenu dans un produit fermenté comme le yaourt, il est absorbé sans problème par les sujets intolérants. Dans ce cas, on montre que la lactase des bactéries en transit dans l'intestin grêle permet l'hydrolyse, puis l'absorption du lactose.

On a attribué également des effets positifs sur la santé à d'autres bactéries ajoutées dans les laits fermentés comme *Bifidobacterium bifidum* (« yaourts aux bifidus ») ou *Lactobacillus acidophilus*. L'activité de ces préparations est plus difficile à démontrer expérimentalement et les preuves que l'on en a sont surtout basées sur des études cliniques montrant la réduction des diarrhées chez les bébés.

Conclusion

Bons ou mauvais microbes ? La question est-elle bien pertinente finalement ? Les microbes sont d'actifs participants de la biosphère terrestre dont l'homme ne représente qu'une toute petite partie. On peut dire qu'ils en sont des composants essentiels, quantitativement d'abord puisque l'écosystème microbien des sols constitue la part majoritaire de la matière organique de la biosphère, qualitativement ensuite puisque sans eux le cycle de la vie sur la terre s'interromprait rapidement.

Dans la sphère proche de l'homme on peut dire là encore que les microbes utiles dominent, qu'ils soient associés à notre corps ou qu'ils soient domestiqués pour améliorer notre alimentation.

Certes, il existe des microbes parasites dans notre environnement et une vigilance de tous les jours reste de mise pour s'en protéger. Ces microbes varient, s'adaptent, se diffusent dans le monde et l'actualité montre bien que nous ne sommes pas à l'abri de formes nouvelles de micro-organismes, générateurs de « maladies émergentes ». Mais l'homme aussi, grâce au progrès des connaissances scientifiques, varie, s'adapte, met au point des stratégies élaborées pour que la balance entre microbes pathogènes et défenses de l'individu penche en faveur de ce dernier.

Nous ne nous passerons jamais des microbes, et c'est bien heureux, mais nous sommes en bonne voie d'aboutir à un équilibre tolérable avec les plus redoutables d'entre eux.

VI

PERSPECTIVES SUR LES MALADIES

Virus et sida

par Luc Montagnier

Depuis Pasteur, notre conception de l'origine des maladies infectieuses a évolué. Au départ, nous pensions que chaque maladie infectieuse était causée par un germe donné. Nous avons pu, suivant ce concept, mettre au point des sérums, des vaccins puis des médicaments chimiques. La plupart des maladies infectieuses connues au XIXe siècle ont ainsi été vaincues. Cependant, de nouvelles maladies, plus complexes, se présentent à leur suite. Nous en sommes donc venus à la conception suivante — une maladie est causée par différents facteurs dont le premier est le microbe, le virus. D'autres facteurs sont nécessaires, comme les facteurs génétiques, l'environnement, etc. pour que la maladie apparaisse. Nous sommes ainsi pour la plupart porteurs de virus qui ne nous donnent aucun symptôme car les autres facteurs ne sont pas réunis. Lorsque ces maladies apparaissent pour la première fois, la recherche de leurs causes est d'autant plus difficile. Ces maladies sont souvent chroniques, contrairement aux maladies causées par uniquement un germe. Elles peuvent durer des années. Il peut se passer plusieurs décennies entre la mise en contact avec un virus et le déclenchement de la maladie. C'est particulièrement le cas des maladies à rétrovirus.

Texte de la 68e conférence de l'Université de tous les savoirs donnée le 8 mars 2000.

Les rétrovirus

DÉFINITION

Les virus sont des entités qui ne sont pas vraiment vivantes, contrairement aux bactéries qui peuvent se reproduire de manière autonome. Ce sont des parasites des cellules. Les virus sont beaucoup plus petits que les bactéries, ce qui fait qu'ils sont invisibles en microscopie optique. Il est cependant possible de les observer en microscopie électronique.

Les rétrovirus ont la particularité d'utiliser de l'ARN (acide ribonucléique) comme support de leur information génétique. Cet ARN devra être transcrit en ADN (acide désoxyribonucléique) pour être compris par la machinerie de la cellule hôte. Ce nouvel ADN sera transcrit en ARN qui sera traduit en protéines par les enzymes cellulaires. Le passage de l'ARN en ADN, ou rétro-transcription, est assuré par une enzyme virale, la transcriptase inverse.

Notre génome, constitué d'ADN, contient des rétro-transposons, des rétro-éléments qui, une fois transcrits en ARN, peuvent être retranscrits en ADN et être réinsérés à un autre endroit dans notre patrimoine génétique. La variabilité génétique est en partie liée à ces événements de changements de position.

Les rétrovirus sont dans un sens l'aboutissement de l'évolution de ces rétro-éléments car ils ont obtenu une certaine autonomie. Certains dits exogènes sont devenus capables d'infecter d'autres cellules et de passer d'un individu à l'autre. Les rétrovirus dits endogènes sont en général défectifs car ils sont présents dans notre génome depuis nombre de générations sans causer de dommages apparents. Cependant leur expression anormale peut conduire à des maladies, notamment lors du vieillissement. Certains ont été associés à des diabètes, à la sclérose en plaques, donc à des maladies à composante auto-immunitaire, ainsi qu'à des cancers du sein et de la prostate.

LES RÉTROVIRUS EXOGÈNES

Les premiers rétrovirus connus ont été découverts chez le poulet au début du siècle, puis dans les années 60 chez la souris et d'autres mammifères. Chez l'homme, une première famille de rétrovirus exogènes est celle du virus HTLV, qui est assez fréquent dans le sud-ouest du Japon et dans les Antilles et cause un certain type de leucémie et aussi une myélo-encéphalite proche de la sclérose en plaques. Il peut s'écouler plusieurs dizaines d'années entre l'infection et l'apparition de la maladie. De plus, seul un faible pourcentage des personnes infectées va développer la maladie.

Les virus du sida constituent une deuxième famille de rétrovirus. Ils appartiennent au même groupe que les lentivirus. Les premiers lentivirus ont été découverts chez les animaux, en particulier les Ongulés, comme un virus causant une anémie infectieuse chez le cheval, ou le virus *Visna/Maedi* qui touchait les moutons essentiellement en Islande, ou encore le virus de l'arthrite encéphalique de la chèvre, etc. Les lentivirus provoquent des maladies chroniques, graves, longues, alors que les virus du sida sont associés au syndrome d'immunodépression acquise.

Les virus induisant un syndrome d'immunodéficience acquise ou sida

Le premier virus du sida (VIH-1) a été isolé et caractérisé par notre équipe de l'Institut Pasteur en 1983, le second type (VIH-2) également par notre équipe en 1986. Leur enveloppe est constituée de glycoprotéines insérées dans une membrane lipidique. Ils résistent donc mal aux détergents, à une température de 60° et à l'alcool. Ils ne sont donc pas transmis par les voies aériennes car ils ont une durée de vie assez limitée hors de l'organisme hôte. Le cœur du virus comprend les deux molécules d'acide ribonucléique (ARN), la transcriptase inverse et des protéines protégeant l'ARN lors de la pénétration dans la cellule hôte.

LE CYCLE DE MULTIPLICATION DU VIRUS

Le cycle de multiplication du virus commence par l'accrochage de la particule virale sur la surface de la cellule cible, grâce à des molécules spécifiques, des récepteurs. Le virus s'attache au récepteur T4 d'un lymphocyte puis à d'autres molécules de surface de cette cellule. L'acide nucléique est injecté dans la cellule où il sera rétrotranscrit par la transcriptase inverse virale en ADN qui va s'insérer dans l'ADN génomique nucléaire. Ce provirus s'insère en général dans une zone où se trouvent des rétro-éléments cellulaires. Ensuite le provirus peut entrer en repos si la cellule elle-même revient au repos. Sans une activation particulière de cette cellule, les choses peuvent rester en l'état longtemps. À l'état latent le virus est invisible et il est insensible aux médicaments. Dans le cas des lymphocytes T, la cellule peut être réactivée par un antigène et le cycle de multiplication du virus peut continuer. L'ADN viral est alors transcrit en ARN messagers qui sont traduits en protéines dans le cytoplasme. L'information génétique du virus, les protéines de son enveloppe et les enzymes qu'il contient seront produits en grande quantité. Les particules virales sont ensuite assemblées à la surface de la cellule dont elles sont expulsées par bourgeonnement.

Les médicaments les plus utilisés à l'heure actuelle, comme l'AZT, agissent au niveau de la transcriptase inverse en bloquant son travail de synthèse d'ADN. D'autres médicaments agissent sur la protéase virale empêchant ainsi la maturation des particules virales. La phase d'intégration dans l'ADN cellulaire nécessitant une autre enzyme virale, l'intégrase, il est possible que des médicaments inhibant spécifiquement cette enzyme soient disponibles dans l'avenir.

LA VARIABILITÉ GÉNÉTIQUE DU VIRUS

L'analyse moléculaire montre que le virus du sida comprend un grand nombre de souches différentes. Les différences qu'elles présentent pour certains gènes permettent de les classer. Il existe deux grands types de VIH, 1 et 2. Le VIH-2 est jusqu'à maintenant cantonné en Afrique de l'Ouest, avec quelques passages en Inde et vers l'Asie.

L'épidémie mondiale est causée par le VIH-l/M subdivisé en sous-types définis par des lettres, A, B, C, D dont la distribution géographique est différente : le sous-type A domine en Afrique de l'Ouest, le B en Europe et Amérique du Nord, le C en Afrique centrale et Australie. Un groupe assez différent du VIH-1, appelé 0, est également présent en Afrique centrale. Les raisons de ces répartitions géographiques différentes ne sont pas claires. Apparemment, leur explosion épidémique s'est produite récemment, à peu près en même temps. Mais il est clair que ces virus existaient bien avant l'épidémie actuelle.

L'épidémie est loin d'être jugulée puisque, depuis 1980 environ, quarante millions de personnes ont été infectées. Actuellement, environ 10 % de la population d'Afrique du Sud est infectée, dans d'autres pays voisins, 30 % des femmes enceintes sont infectées. Plus l'épidémie se développe, plus les différentes souches se recombinent entre elles, faisant apparaître de nouvelles variantes. Ces recombinaisons se produisent lorsque des individus sont infectés par deux souches différentes. Les nouvelles variantes peuvent être plus virulentes ou plus aptes à être transmises. Ainsi, en Chine, les premières personnes contaminées l'étaient par les souches B et C provenant des pays voisins. Ensuite, il y a eu diffusion vers le Nord-ouest, notamment par les camionneurs. Une nouvelle variante, dominante, est apparue. Il s'agit d'une combinaison de B et C.

LES ORIGINES DES VIRUS

Le VIH-2 est quasiment identique à certaines souches isolées chez le singe Mangabé qui vit en Afrique de l'Ouest. Ces singes sont infectés mais ne sont pas malades. Le développement du sida est donc le résultat d'une interaction spécifique entre le virus et le système immunitaire de l'hôte. La transmission du singe à l'homme a pu se faire par morsure de singes capturés. Cela n'explique cependant pas l'épidémie actuelle car ces transmissions ont pu se produire de nombreuses fois, depuis longtemps.

Certaines souches de virus VIH-1 du groupe M sont proches de virus isolés chez des chimpanzés et ont pu avoir cette origine animale. Cependant, les souches O ne sont pas proches des virus du chimpanzé. Il est donc possible qu'elles aient d'autres origines.

Il se peut même que le virus soit présent dans l'espèce humaine depuis un certain temps sans qu'on l'ait identifié. Il n'est donc pas exclu que des épidémies de sida se soient produites dans les temps préhistoriques et même au début des temps historiques. Il faut être prudent quant à l'origine simiesque de ces virus.

L'origine de l'épidémie actuelle

Le virus est essentiellement transmis par les contacts sexuels et aussi de la mère à l'enfant en fin de grossesse, au moment de l'accouchement et par allaitement.

Dans les pays développés du Nord, le virus a d'abord été diffusé chez les homosexuels ayant de nombreux partenaires, et chez les toxicomanes partageant des seringues et aiguilles pour des injections intraveineuses. L'infection des femmes s'est faite par cette voie et aussi à partir d'hommes bisexuels.

Une transmission purement hétérosexuelle du virus, et notamment à partir de femmes prostituées auprès de leurs clients masculins, est rare. Cela n'est pas seulement dû à l'impact des campagnes de prévention (usage de préservatifs), mais aussi au fait que l'épithélium vaginal n'est pas une porte d'entrée facile pour un rétrovirus. Par contre, une réaction inflammatoire causée par une autre maladie sexuellement transmissible (syphilis, herpès, gonorrhée), une lésion du col de l'utérus, peuvent favoriser l'accès du virus à ses cellules-cibles, macrophages puis lymphocytes.

Ces facteurs ont été invoqués, ainsi qu'une plus grande fréquence des rapports sexuels avec beaucoup de partenaires, pour expliquer l'énorme transmission hétérosexuelle qui s'est produite dans différents pays d'Afrique et d'Asie, où des taux d'infection de 10 à 30 % ne sont pas rares dans la population adulte. La proportion de femmes jeunes infectées y dépasse celle des hommes, les femmes étant souvent en situation de ne pouvoir refuser des rapports contaminants.

Cependant on peut se demander s'il n'y a pas en plus de ces facteurs, des facteurs biologiques particuliers à ces pays.

Les études épidémiologiques montrent que certains virus de la famille des herpès, en particulier le virus herpès 8, à l'origine du sarcome de Kaposi, sont souvent présents en Afrique (infectant parfois plus de 50 % de la population adulte) alors qu'ils sont rares (moins de 1 %) dans les populations du Nord, sauf chez les homosexuels.

Il n'est pas exclu que de tels agents puissent favoriser beaucoup la transmission du VIH, en servant de vecteurs. Il est donc nécessaire d'explorer une telle possibilité, dont la confirmation entraînerait des changements importants dans les politiques de prévention et de traitement.

La maladie

La maladie peut survenir rapidement, être longue ou même ne jamais apparaître, cela dépend de l'individu et de la souche virale. Tout commence par une primo-infection au cours de laquelle le virus ne rencontre que peu de défenses immunitaires. Pendant que les défenses immunitaires se mettent en place, le virus se multiplie dans les ganglions lymphatiques. Lorsque les défenses immunitaires sont opérationnelles, l'organisme bloque plus ou moins bien la multiplication du virus pendant plusieurs années, parfois plus de dix ans. Les cellules infectées par le virus sont tuées par des lymphocytes cytotoxiques. Des anticorps vont neutraliser le virus. Cependant, le virus persiste dans les ganglions lymphatiques, il continue à se multiplier et progressivement le système immunitaire va être détruit. Le nombre de lymphocytes diminue, leur fonction est supprimée et des maladies opportunistes vont emporter le malade s'il n'y a pas de traitement. Nous savons maintenant que les premières semaines de la rencontre du virus avec l'organisme sont cruciales. De la manière dont l'organisme va se défendre, de la manière dont il va ralentir la multiplication virale, dépend l'évolution plus ou moins longue vers la maladie. Si l'organisme se défend bien, la charge virale diminue et l'évolution sera lente. Au contraire, si l'organisme se défend mal, le virus se multiplie rapidement. Il existe des facteurs génétiques de l'hôte (mutations dans des récepteurs de surface au virus) qui peuvent ralentir l'évolution de la maladie ou même empêcher l'infection.

Comment le virus détruit-il le système immunitaire ?

Au départ, nous pensions naïvement que les cellules infectées par le virus étaient tuées. Des observations *in vitro* utilisant des souches de virus isolées à partir de patients en sida déclaré allaient dans ce sens. Par contre, les virus isolés à la phase précoce et silencieuse de la maladie ne tuent pas les lymphocytes T4. La mort des cellules n'est donc pas forcément liée directement à l'infection et à la multiplication virale qui épuise la cellule hôte. Des mécanismes indirects de mort cellulaire doivent être impliqués.

En fait, des observations plus précises ont montré que les virus isolés en début et en fin d'infection sont différents. Le virus qui domine en fin de maladie utilise des récepteurs cellulaires différents de ceux utilisés par les virus passant au début de l'infection et se multiplie à un taux tel qu'il finit par détruire la cellule.

La destruction progressive des lymphocytes T4, qui est la caractéristique de la maladie, y compris dans la phase silencieuse de l'infection, est par contre liée à des mécanismes indirects. L'un d'eux est constitué par la réponse immunitaire elle-même. Des cellules cytotoxiques spécifiquement programmées vont détruire les cellules infectées ou celles qui avaient fixé des protéines de l'enveloppe virale à leur surface. D'autre part, beaucoup de lymphocytes vont être activés de façon anormale et vont mourir d'apoptose. Il s'agit d'un programme suicide de la cellule, qui est destiné normalement à éviter l'emballement de la multiplication de clones cellulaires en réponse à un agent infectieux étranger. Dans le cas du VIH, l'organisme n'arrive pas à se débarrasser de l'agent infectieux, ce qui entraîne une activation chronique du système immunitaire et donc une régulation négative par apoptose. Cependant, en plus, les lymphocytes T4 meurent davantage d'apoptose, soit du fait de la fixation spécifique de protéines du virus, soit par manque d'un facteur de croissance spécifique, l'interleukine 2 (IL2). Dans l'infection par le VIH, ce sont les cellules qui sécrètent l'IL2 qui meurent les premières, peut-être par un mécanisme d'auto-immunité : une des protéines d'enveloppe du virus imite la forme de l'IL2, de telle sorte que les anticorps dirigés contre cette protéine virale peuvent détruire les cellules sécrétant l'IL2 ou neutraliser cette dernière.

On voit que les mécanismes de la maladie sont fort complexes et loin d'être élucidés complètement.

Les traitements

QUE SE PASSE-T-IL APRÈS LE TRAITEMENT ?

Depuis quatre ans, les médecins sont en mesure, non pas de guérir le sida, mais de stabiliser l'infection à un taux relativement faible de virus, permettant ainsi aux malades de restaurer partiellement leur système immunitaire. Ils évitent alors de nombreuses maladies opportunistes. Les médicaments utilisés sont des inhibiteurs d'enzymes virales, à savoir de la transcriptase inverse et de la protéase. Les inhibiteurs de la protéase vont se fixer sur le site actif, empêchant ainsi l'enzyme de se lier à son substrat. Ces inhibiteurs ont été synthétisés grâce à la connaissance de la structure de la protéine.

La tri-thérapie est efficace mais elle nécessite plusieurs prises quotidiennes sans interruption. La charge virale diminue dans le sang, jusqu'à devenir indétectable. Cependant au niveau des ganglions lymphatiques, le virus peut rester dans des cellules à l'état latent et ainsi échapper au traitement. Il peut aussi se réfugier dans des tissus ou des organes moins accessibles aux médicaments comme le cerveau et les testicules. La personne reste donc infectieuse et elle peut toujours transmettre le virus et l'arrêt du traitement entraînerait un rebond caractéristique de la multiplication virale dans la plupart des cas. Néanmoins, la mortalité a connu une décroissance impressionnante depuis 1994 pour les personnes traitées par plus d'un antiviral.

Malheureusement, seulement 10 % des patients dans le monde ont accès à ces traitements. Ces médicaments sont très chers et seuls les patients qui sont couverts par les régimes de Sécurité sociale, qui existent uniquement dans les pays développés, y ont accès.

Actuellement, nous cherchons à développer des médicaments ayant une durée de vie assez longue, pouvant être pris seulement une à deux fois par semaine et qui seraient encore plus efficaces. Un tel traitement pourrait être instauré pendant environ six mois, puis être diminué ou même arrêté lorsque le système immunitaire serait partiellement restauré. Le système immunitaire pourrait alors mieux réagir contre le virus, ce qu'il ne pouvait pas faire au départ car il avait immédiatement été paralysé par l'attaque virale. Cela serait notamment possible par l'utilisation de vaccins à visée thérapeutique. La deuxième application du vaccin sera bien entendu de protéger contre l'infection.

D'autres pistes de recherche consistent à donner de l'interleukine 2 pour stimuler le système immunitaire, bloquer l'apoptose. Les résultats cliniques à ce sujet sont très encourageants. D'autres immunostimulants à base de plantes africaines ou asiatiques sont également à l'étude.

VERS UN VACCIN ?

Le vaccin idéal serait évidemment préventif : absolument inoffensif, il protégerait à la fois contre les différentes souches du VIH, il inhiberait la transmission sexuelle et l'inoculation intraveineuse, et enfin il empêcherait totalement l'infection ou au moins il protégerait contre la maladie en réduisant la charge virale à un niveau tolérable par le système immunitaire.

Les candidats-vaccin ne sont pas nombreux. En effet, pour obtenir la sécurité absolue, il est impossible d'utiliser des virus vivants atténués. Ces virus pourraient redevenir virulents ou avoir des effets à long terme imprévisibles puisque nous ne connaissons pas les effets de l'introduction de nouveaux rétro-éléments dans le génome humain. Le vaccin envisagé serait donc constitué de protéines virales, par exemple de l'enveloppe.

Une des voies possibles de réalisation d'un vaccin serait l'utilisation de liposomes. Il s'agit de petits globules de lipides structurés et stabilisés par des protéines du virus. Ils peuvent se fixer et induire une très bonne immunité au niveau des muqueuses. Ces liposomes sont déjà utilisés pour un vaccin commercialisé. L'avantage de ces préparations, c'est qu'elles peuvent être administrées par inoculation mais aussi par *spray* nasal. L'immunisation des muqueuses nasales devrait permettre d'immuniser les autres muqueuses.

Conclusion

La recherche actuelle est très active. À côté de l'effort public, un effort privé est absolument nécessaire pour aller plus vite, pour être plus flexible. C'est pourquoi avec Federico Mayor, en 1993, j'ai créé la Fondation mondiale de recherche pour le sida dans le but d'établir des centres à la fois dans les pays développés et dans les pays en voie de développement, ceci naturellement avec l'accord et le soutien de leur gouvernement. L'idée est de constituer un réseau permettant d'accélérer la recherche par une formation du personnel, des échanges et de l'information. Le centre pilote créé en Côte d'Ivoire a toutes les installations pour non seulement accueillir des patients mais aussi faire des examens de laboratoire, donc participer à l'essai clinique de nouveaux médicaments et peut-être plus tard d'un futur vaccin.

Ce serait une profonde erreur de croire que le sida est guéri et que l'épidémie est sous contrôle, alors qu'elle continue à exploser dans beaucoup de pays d'Afrique, d'Asie, d'Amérique et aussi de l'Europe de l'Est. Il faut donc non pas ralentir, mais au contraire renforcer l'effort de recherche dans ce domaine, sachant qu'il peut aussi conduire à d'importants programmes pour le traitement des cancers, des maladies dégénératives et pour le ralentissement de la sénescence.

Les maladies infectieuses : retour douloureux vers un incertain futur

par Philippe Sansonetti

Introduction

Les maladies infectieuses, les épidémies, dans notre pays, c'était hier. Se souvient-on que la dernière épidémie de peste à Paris, la « Peste des Chiffonniers », date de 1920 ? Naître à la fin du XIXe siècle, au début du XXe, c'était, pour un enfant, n'avoir qu'une chance sur deux d'atteindre l'âge adulte et si l'espérance de vie moyenne n'était que de 35-40 ans, c'est-à-dire la moitié de notre espérance de vie en ce début de troisième millénaire, ce sont largement les maladies infectieuses qui en étaient la cause. Gardons-nous cependant d'optimisme, ces progrès spectaculaires ont été obtenus au prix de découvertes scientifiques, de programmes éducatifs de lutte et de prévention, d'efforts individuels et collectifs, sans précédent. Il ne faut en aucun cas baisser la garde ; comme le sida, et l'hépatite C nous le rappellent cruellement. Même dans nos pays industrialisés, de nombreux agents infectieux ont émergé ou réémergé ces quinze dernières années. Avec chaque année 17 millions de décès, les maladies infectieuses demeurent la première cause de mortalité sur la planète (un tiers de l'ensemble des décès). Les enfants en payent le plus lourd tribut avec 10 à 11 millions de décès annuels. Plus de 90 % de ces infections surviennent dans les pays en voie de développement, particulièrement dans les régions intertropicales où des pays aux économies et systèmes de santé fragiles ne peuvent faire face à des fléaux qui, pour leur prophylaxie comme pour leur traitement, requièrent des inves-

Texte de la 69e conférence de l'Université de tous les savoirs donnée le 9 mars 2000.

tissements hors de proportion avec les budgets disponibles. La flambée actuelle du sida en Afrique et en Asie, au-delà du drame humain et social qu'elle représente, est un cas d'école illustrant cette situation.

Les grandes maladies tueuses à l'échelle de la planète *(Fig. 1)* sont les infections respiratoires qui causent chaque année près de 5 millions de décès. Au premier rang, la tuberculose a récemment réémergé, mais la rougeole et les infections à pneumocoques tiennent une part importante. Avec 3 à 4 millions de décès par an, les maladies diarrhéiques et dysentériques sont proches et trop souvent négligées quant à leur poids en santé publique : les infections à rotavirus, shigelles, salmonelles, colibacilles entéropathogènes, le choléra et la fièvre typhoïde demeurent des problèmes majeurs de santé publique dans de nombreux pays. Le paludisme cause de 2 à 3 millions de décès chaque année, touchant encore une fois essentiellement le jeune enfant. Enfin, le sida apparaît comme une cause croissante de décès et les projections actuelles, en l'absence de mesures suffisantes de prévention dans les régions de forte endémie, positionnent le virus VIH comme le futur *leader* en terme de mortalité d'origine infectieuse. Pour clore cette introduction, on

Maladies	*Décès x1000*	*%*
SIDA	2 285	30,39
Tuberculose	1 498	19,92
Paludisme	1 110	14,76
Pneumocoque	1 100	14,63
Shigella	600	7,98
ETEC	500	6,65
VRS	160	2,13
Schistosomiase	150	1,99
Leishmaniose	42	0,56
Trypanosomiase	40	0,53
Maladie de Chagas	17	0,23
Dengue	15	0,20
Lèpre	2	0,03
Total	7 519	100,00

Figure 1 – Nombre de décès dus à des infections en l'absence de disponibilité d'un vaccin satisfaisant.

ignore souvent le fait qu'environ 16 % des cancers sont d'origine infectieuse, ouvrant par là la voie à d'intéressantes possibilités de prévention.

Les maladies infectieuses ont de tout temps représenté la première cause de mortalité sur la planète

Peste, choléra, syphilis, rage, tuberculose, variole, diphtérie, grippe, autant de maladies épidémiques qui ont rythmé l'histoire, se sont gravées dans l'inconscient de l'homme parmi les grandes peurs ancestrales, dictant souvent son attitude, rationnelle ou non, devant leur réapparition ou de nouvelles menaces. Face à cette situation, une tranche de notre histoire, un demi-siècle extraordinaire, voire miraculeux, a vu apparaître et s'inscrire dans les faits les grands concepts et les grandes découvertes permettant de comprendre, prévenir, et traiter les principales maladies infectieuses. Mieux que de longs développements, dressons simplement un catalogue qui martèlera l'importance des progrès accomplis dans cette période où l'on a inventé, au sens propre du terme, la microbiologie et les maladies infectieuses et parasitaires. N'oublions cependant pas que dès la fin du XVIIIe siècle, un médecin de campagne faisant preuve d'un sens aigu de l'observation et d'un génial empirisme, Jenner, avait inventé un principe de protection contre la variole utilisant, sans le savoir, un virus bovin naturellement atténué chez l'homme. Ce principe porte un nom : la vaccination.

1890-1940 : LE DEMI-SIÈCLE EXTRAORDINAIRE

Découverte par Pasteur et son école de la cause infectieuse des maladies avec ses conséquences : hygiène, asepsie et vaccination. Le travail de Pasteur trouvera son couronnement avec la mise au point de la vaccination contre la rage.

Mise en place par Koch des principes de l'identification des bactéries responsables des maladies, leur isolement et leur culture. Son travail culminera bien sûr avec la découverte du bacille de la tuberculose. Koch établira aussi une série de postulats qui portent son nom et guident encore notre réflexion sur le lien de causalité d'un agent infectieux avec une maladie.

Reconnaissance par Metchnikoff, Ehrlich, Bordet, Behring, de l'existence d'un système immunitaire anti-infectieux.

Mise au point par Ramon, Calmette et Guérin de la première génération de vaccins (diphtérie, tétanos, BCG).

Découverte par Laveran de la cause des maladies parasitaires illustrée par la mise en évidence du *Plasmodium* responsable du paludisme et par Nicolle des mécanismes de transmission de certaines maladies infectieuses par des insectes vecteurs.

Découverte des sulfamides par Domagk et de la pénicilline par Fleming.

Mise au point par Carell du principe des cultures cellulaires qui va permettre découverte et culture des virus.

1940-1970 : LA GRANDE ILLUSION

Capitalisant sur ces découvertes pionnières, des progrès majeurs vont être faits dans les trente années qui suivent qui vont aboutir à une chute spectaculaire de la morbidité et de la mortalité liées aux maladies infectieuses avec pour conséquence un allongement de la durée de vie et une indiscutable amélioration de sa qualité. Ces progrès peuvent être résumés en quatre grandes rubriques :

– L'amélioration des techniques de diagnostic microbiologique.

– La découverte de nouvelles familles d'antibiotiques, la mise au point d'anti-parasitaires et l'utilisation large des moyens de lutte contre les vecteurs.

– La mise au point des vaccins de seconde génération (coqueluche et poliomyélite), l'établissement des calendriers vaccinaux actuels.

– L'émergence, à partir de la microbiologie, d'une discipline qui n'arrêtera plus de bouleverser notre quotidien : la biologie moléculaire et les progrès spectaculaires de l'immunologie.

Les développements et la reconnaissance comme disciplines majeures de l'épidémiologie, de l'hygiène et de la médecine préventive donnent lieu à un concept intégré de prise en charge, contrôle et maîtrise des maladies infectieuses.

S'il fallait choisir un symbole fort de cette période, c'est sans doute l'éradication de la variole de l'ensemble de la planète, déclarée officielle en 1972, qui s'imposerait. Lancée dès 1960 par l'Organisation mondiale de la santé (OMS), cette campagne mondiale de vaccination, en l'absence de réservoir animal du virus, a permis la première éradication délibérée, par l'homme, d'une maladie infectieuse majeure. S'il fallait choisir un slogan traduisant l'extraordinaire optimisme de cette période, on pourrait citer cet extrait d'une conférence d'Alexander Fleming, le découvreur de la pénicilline : « Il y a vingt-cinq ans, bien rares étaient les microbes dont on pouvait délivrer le corps humain, et il y en a encore quelques-uns qui nous donnent du fil à retordre… mais ils seront vaincus avant l'an 2000. »

1970- ? : LA GRANDE DÉSILLUSION

Les microbes font de la résistance !

Les bactéries deviennent résistantes voire multirésistantes aux antibiotiques par sélection de mutations ou transfert de gènes de résistance. Cela semble lié, pour l'essentiel, à des facteurs tels que l'usage non contrôlé des antibiotiques en élevage, l'usage mal maîtrisé des antibiotiques en médecine humaine, particulièrement en milieu hospitalier, le mauvais suivi des traitements antibiotiques (tuberculose dans les pays en voie de développement ou dans les zones de « nouvelle pauvreté » des grandes métropoles nord-américaines et européennes), l'absence de découverte de nouvelles familles d'antibiotiques depuis vingt ans.

De plus, les champignons/levures responsables d'infections graves chez les patients immunodéprimés ne bénéficient que de peu de traitements combinant efficacité et bonne tolérance. Les virus ne bénéficient encore que d'un nombre limité de molécules antivirales efficaces et faiblement toxiques et des résistances apparaissent (résistance du VIH aux tri-thérapies par exemple). Les parasites sont ou deviennent résistants à de nombreuses drogues (paludisme résistant à la chloroquine), leurs vecteurs sont ou deviennent résistants aux insecticides (résistance du moustique anophèle femelle, vecteur du parasite du paludisme, au DDT).

Les maladies infectieuses et parasitaires restent très prévalentes dans les pays en voie de développement.

De nouvelles maladies infectieuses émergent ou réémergent de façon permanente, tant dans les pays en voie de développement que dans les pays industrialisés *(Fig. 2)*.

Année	*Microorganisme*	*Maladie*
1975	Parvorivus B19	Exanthème subit, Arthrites
1977	Virus Ebola *Legionella pneumophila*	Fièvre hémorragique Maladie des Légionnaires
1981	Staphylocoque	Choc toxique
1982	*Escherichia coli 0157* *Borrelia burgdorferi*	SHU Maladie de Lyme
1983	VIH *Helicobacter pylori*	SIDA Gastrite/Ulcère
1988	HHV6	Roséole
1989	VHC	Hépatite
1992	*Vibrio cholerea 0139* *Bartonella henselae*	Choléra Maladie des griffes du chat
1995	HHV8	Maladie de Kaposi
1997	*Tropherima whipplei*	Maladie de Whiple

Figure 2 – Exemples de micro-organismes et de maladies infectieuses reconnus depuis 1975.

Mais qu'entend-on finalement par maladies infectieuses émergentes ? Le terme d'émergence renferme en fait trois concepts souvent intriqués :

– Des maladies émergentes *stricto sensu*, c'est-à-dire des maladies infectieuses classiques mais demeurées rares, voire des maladies infectieuses véritablement nouvelles dont le micro-organisme causal était préalablement inconnu et qui explosent du fait de conditions socio-économiques, écologiques ou pathologiques nouvelles (Ebola, *Legionella*, VIH, VHC, HHV8, etc.).

– Des maladies infectieuses réémergentes, c'est-à-dire des maladies infectieuses classiques réapparaissant à l'occasion de conditions socio-économiques, pathologiques ou technologiques nouvelles ; souvent sous une forme différente, plus sévère, avec des micro-organismes résistants voire multirésistants aux agents anti-infectieux (tuberculose).

– Des maladies de cause infectieuse insoupçonnée ou soupçonnée mais dont l'agent infectieux causal n'avait pu être identifié. Ces maladies infectieuses n'ont d'émergentes que la reconnaissance récente de leur cause infectieuse grâce aux progrès des outils de diagnostic (*Helicobacter pylori, Bartonella henselae*, HHV8, *Tropherima whipplei*).

LES MALADIES INFECTIEUSES ONT DE TOUT TEMPS ÉMERGÉ ET CONTINUERONT À LE FAIRE

Elles ont souvent accompagné les drames humains ou les grandes mutations des sociétés. C'est le cas de la grande peste noire du Moyen Âge, probablement liée à l'augmentation du réservoir murin du bacille pesteux au sein des métropoles grandissantes. De la syphilis de la Renaissance, suivant les armées de retour des guerres d'Italie. Du choléra de la période des grandes conquêtes suivant les trajets maritimes ramenant le bacille cholérique de son bassin d'origine, le sous-continent indien. De la tuberculose du XIXe siècle décimant le nouveau prolétariat urbain de la Révolution industrielle. De la grippe espagnole du début du XXe siècle, survenant en 1918, et tuant 24 millions d'individus en quelques mois (quatre fois les pertes civiles et militaires de la Grande Guerre !). De la variole, omniprésente jusqu'à son éradication vaccinale en 1972 et qui a justifié, comme déjà mentionné, les premiers essais de protection anti-infectieuse (variolisation puis vaccination par Jenner). Sida, enfin, de la fin du XXe siècle...

POURQUOI Y AURA-T-IL TOUJOURS DES MALADIES INFECTIEUSES ?

Les microorganismes nous dépassent de loin en nombre et en plasticité génétique. Les bactéries ont une capacité extraordinaire, par mutation ou par transfert horizontal de gènes, à s'adapter à leur environnement, en particulier animal et humain. Or, il n'y a que quelques dizaines de milliers d'années que la population humaine a atteint un chiffre suffisant pour vraiment donner prise aux microbes pathogènes, les amplifier et les transmettre. Nous ne connaissons d'ailleurs pas même 1 % des espèces bactériennes vivant sur notre planète. En fait, à l'échelle de l'évolution, les maladies infectieuses et parasitaires ne font probablement que commencer ! Il existe donc toujours une espèce bactérienne adaptée à une situation donnée, exemple : *Listeria monocytogenes* et la chaîne du froid.

L'HOMME PORTE UNE LOURDE RESPONSABILITÉ DANS LA SURVENUE DES MALADIES INFECTIEUSES

L'augmentation rapide de la population de la planète, particulièrement dans les pays en voie de développement, maintient une situation alarmante en matière de maladies infectieuses du fait de l'accroissement du réservoir potentiel de pathogènes et de la facilitation de leur transmission du fait de la pauvreté, de l'hygiène insuffisante, de la malnutrition, de la carence en prévention, du mauvais usage des traitements générant des résistances aux agents anti-infectieux.

La multiplication des voyages intercontinentaux est un facteur de risque pour contracter des maladies prévalentes dans les régions intertropicales comme les maladies diarrhéiques, la dengue, le paludisme.

Les modifications écologiques majeures induites dans certaines régions du globe par l'expansion territoriale de l'espèce humaine, établissent des conditions, auparavant inexistantes, où l'homme se trouve brutalement au contact d'espèces animales ou de vecteurs lui transmettant des micro-organismes dont ils sont porteurs sains, le plus souvent. Rarement, mais de façon dramatique, ces micro-organismes peuvent s'avérer particulièrement pathogènes pour l'homme : virus Ebola, VIH, *Borrelia burgdorferi*. De façon similaire, certains grands travaux peuvent totalement modifier et favoriser le cycle de développement de certains micro-organismes. Ce fut le cas lors de la construction du barrage d'Assouan en Haute Égypte qui, en augmentant considérablement les volumes d'eaux stagnantes, a favorisé dans cette région le développement d'une grave parasitose, la bilharziose.

L'absurdité des comportements humains, génératrice de guerres, de famines, de déplacements massifs de populations avec établissement de camps de réfugiés à l'hygiène précaire, est cause d'épidémies dramatiques (choléra et dysenterie au Rwanda/Burundi).

Un certain nombre de maladies infectieuses émergentes correspondent en fait à des maladies liées au progrès, montrant ainsi que le développement comme le sous-développement sont générateurs de maladies infectieuses, soulignant encore, s'il en était besoin, l'extraordinaire adaptabilité des micro-organismes pathogènes. C'est particulièrement le cas pour trois types de pathologies qui nous concernent de près : les infections d'origine alimentaire, certaines infections respiratoires et les infections nosocomiales.

1) L'industrialisation de la chaîne alimentaire fournit à des pathogènes l'occasion de rencontrer l'hôte humain que, dans d'autres circonstances, ils n'auraient eu aucune chance de toucher. Entendons-nous bien, le nombre de toxi-infections alimentaires a considérablement décru ces dernières années, grâce en particulier à l'établissement de la chaîne du froid à tous les niveaux du processus, de la production à la distribution. C'est ici l'occasion de rappeler que la rigueur de ces principes s'applique tout autant au consommateur que nous sommes. Néanmoins, ce nouveau contexte offre des failles et donc des opportunités, souvent imprévisibles, pour des micro-organismes d'émerger. C'est le cas pour les risques d'infection à *Salmonella* ou à certains sérotypes de virus grippal qui sont associés à l'élevage intensif de la volaille. C'est aussi le cas des infections à *Listeria monocytogenes* ou à *Yersinia enterocolitica*, les bactéries en cause étant capables de survivre, voire de lentement se multiplier à basse température, donc de « tromper » la chaîne du froid. La préparation industrielle des aliments offre par ailleurs des chances à des bactéries comme les *Escherichia coli* entérohémorragiques (ECEH 0157) de se développer au sein de viandes hachées utilisées, en particulier, pour la conception de hamburgers dont la large distribution peut amener la contamination de nombreuses personnes. Dans toutes ces situations, contrôles, traçabilité des produits, respect de la chaîne du froid devraient permettre une maîtrise du risque. Le consommateur, averti du risque, se doit de participer de façon rationnelle à cette maîtrise.

Le problème de l'encéphalopathie spongiforme bovine et son risque, non encore absolument démontré et quantifié, de transmission significative à l'homme sous l'aspect d'une nouvelle forme clinique de la maladie de Creutzfeldt-Jacob fait partie de cette problématique, même si son agent causal suspecté, le prion, n'est pas un agent infectieux classique.

2) Certaines infections respiratoires sont, elles aussi, liées au progrès : c'est le cas des infections à *Legionella pneumophila*, ou légionelloses, que l'on retrouve souvent liées à des dispositifs de conditionnement d'air et à des circuits de distribution d'eau. Ces bactéries se développent en symbiose au sein d'amibes présentes dans les circuits d'eau non potable comme *Acanthamoeba* et *Hartmanella*. Elles se trouvent vaporisées et inhalées par l'homme, prises par les macrophages pulmonaires où elles se retrouvent dans

un environnement similaire à celui des amibes, causant ainsi une pneumonie sévère.

3) Les infections nosocomiales. Chaque année, plus de 600 000 français contractent des infections pendant leur hospitalisation. Pour la plupart, elles sont relativement bénignes. Elles n'en constituent pas moins un très grave problème de santé publique puisque les plus sévères d'entre elles sont responsables de quelques milliers de décès par an.

On peut définir un certain nombre de facteurs de risque pour ces infections acquises en milieu hospitalier. Le personnel médical et paramédical, qui doit être constamment et systématiquement sensibilisé au risque infectieux, mais auquel on ne doit pas imposer des tâches qualitativement et quantitativement incompatibles avec le respect strict des règles d'hygiène hospitalière (mauvaise adéquation entre charge de soins et nombre de personnes qualifiées). Le patient lui-même est un « milieu » complexe, se prêtant à la survenue de contaminations endogènes par sa propre flore microbienne. Les contaminations exogènes sont possibles du fait de la complexité humaine et technique de l'environnement hospitalier (travaux, autres malades infectés, visites). Il existe des facteurs aggravants comme le type de service (réanimation et soins intensifs, chirurgie, grands brûlés, hématologie, cancérologie), la durée du séjour, la présence d'autres malades infectés au sein de la même unité de soin.

Il faut enfin souligner que l'utilisation mal maîtrisée des antibiotiques amène la survenue de résistances, parfois multiples, qui sont, pour les bactéries nosocomiales, une garantie de survie dans un environnement soumis à une pression antibiotique sélective très importante.

De gros efforts de prévention ont été réalisés ces dernières années, en particulier grâce aux CLIN (Comités de lutte contre les infections nosocomiales), mais beaucoup reste encore à faire dans ce domaine très sensible et le risque zéro, même s'il est visé, a peu de chance d'être atteint compte tenu de l'extraordinaire complexité du problème.

BIOTERRORISME, UNE CHANCE SUPPLÉMENTAIRE D'ÉMERGENCE POUR LES AGENTS INFECTIEUX ?

Le virus de la variole et les virus des fièvres hémorragiques, le bacille du charbon et la toxine botulinique sont les armes de choix des États ayant un programme d'armes biologiques (11 États au début des années 1990), ainsi que des groupes terroristes. Il ne s'agit pas de science-fiction. Que sont devenus les énormes stocks d'armes biologiques de l'ancienne URSS ? L'Irak a-t-elle vraiment cessé ses programmes sous la pression des alliés et de l'ONU ? Quel

État, quel groupe terroriste, prendra le premier le risque d'utiliser « l'arme nucléaire des pauvres » ?

Deux exemples inquiétants doivent nous alerter sur ce risque réel :

– 1995 : la secte japonaise Aum Shinrikyo qui avait lancé du gaz sarin dans le métro de Tokyo, s'avéra posséder un arsenal de milieux de culture bactériologique, de toxine botulinique et de cultures de bacille du charbon, ainsi que de drones équipés de pulvérisateurs. Des membres ont avoué être allés au Zaïre, en 1992, afin d'obtenir des échantillons de virus Ebola.

– 1997 : la secte américaine Rajneeshee, afin d'influencer les résultats d'élections locales, contamine les « salad-bars » d'une dizaine de restaurants d'une petite ville de l'Oregon par des échantillons d'une culture de *Salmonella*. Résultat : 751 cas recensés de salmonelloses, probablement beaucoup plus.

Reconnaître l'existence du problème est une chose, y apporter une réponse préventive efficace en est une autre...

Des espoirs pour le futur

C'est avant tout dans le triangle « recherche, éducation, organisation » qu'il faut rechercher l'espoir de solutions. C'est à un gigantesque effort collectif que nous sommes invités, avant d'y être forcés. C'est aussi à un mouvement vers les pays en voie de développement qui souffrent le plus des maladies infectieuses que nous devons nous attacher.

1) *Le diagnostic*. Les progrès fulgurants de la génomique et de la biologie moléculaire vont apporter des améliorations dans nos méthodes de diagnostic, donnant une place croissante aux techniques moléculaires. Cela va servir efficacement la veille microbiologique en permettant l'identification plus rapide de micro-organismes nouveaux, ou de croissance difficile, ou exprimant de nouveaux mécanismes de résistance aux agents anti-infectieux. Parmi ces outils novateurs, les « biopuces », l'équivalent biologique des puces électroniques, nous permettront de gérer en un seul système intégré une quantité d'informations jamais atteinte. Inversement, la connaissance croissante des bases génétiques et moléculaires de la sensibilité ou de la résistance de l'hôte humain à certaines infections ou à certaines de leurs complications comme le choc septique devrait nous permettre d'entrer, comme pour d'autres pathologies, dans l'ère de la médecine moléculaire préventive.

2) *La physiopathologie*. Il n'y aura pas de progrès décisif dans la prise en charge des maladies infectieuses sans une compréhension des mécanismes moléculaires et cellulaires du mode d'action

des micro-organismes au sein des tissus (ce que l'on appelle la physiopathologie) et des processus de la réponse immunitaire de l'hôte infecté, qu'elle soit innée ou spécifique. Grâce à l'introduction de la biologie moléculaire et cellulaire et au développement de modèles animaux d'infection extrêmement sophistiqués, ces disciplines ont fait récemment des progrès spectaculaires et des applications rapides en sont attendues pour ce qui concerne le développement de molécules anti-infectieuses conceptuellement innovantes. L'identification des facteurs principaux de pathogénicité permet en effet d'envisager la conception de molécules « intelligentes » bloquant l'adhérence des micro-organismes aux tissus, leur capacité d'invasion cellulaire ou tissulaire, leur croissance *in vivo*, ou leur capacité de déclencher des processus inflammatoires destructeurs, voire leur capacité de réguler l'expression de l'ensemble de ces propriétés. De la même façon, la connaissance très précise des facteurs responsables des interactions microbes-cellules permet d'envisager la conception rationnelle de nouveaux vaccins bloquant ces interactions et « désarmant » de ce fait les mécanismes de signalisation menant aux symptômes de la maladie infectieuse.

3) *Vers un renouvellement de la recherche de nouveaux agents anti-infectieux.* Nous avons déjà évoqué l'apport des connaissances physiopathologiques au développement de molécules anti-infectieuses innovantes. La recherche d'agents anti-infectieux plus classiques, c'est-à-dire essentiellement de molécules susceptibles de tuer les micro-organismes sans vraiment se préoccuper de leur pouvoir pathogène, subit aussi actuellement de profondes mutations tant dans l'organisation structurelle que dans les stratégies de recherche qui reposent de plus en plus sur une symbiose étroite entre le secteur académique, les grandes industries et un réseau de petites entreprises innovantes en biotechnologie.

Ces nouvelles molécules naîtront de l'exploitation de la connaissance des génomes des pathogènes, de la génomique et de la protéomique, de la bioinformatique et de la combinaison de ces approches avec la biologie moléculaire et structurale et la chimie combinatoire. L'investissement sera autant financier qu'intellectuel car dans ce contexte, des modèles doivent être définis afin de trouver et cribler de nouvelles cibles microbiennes et les molécules qui les inactivent. Il s'agira de définir des systèmes permettant d'éliminer très précocement les molécules potentiellement toxiques ou entraînant des réactions immuno-pathologiques. Par exemple, l'élimination en recherche d'antifongique de toute molécule ayant une homologie de séquence avec le produit potentiel d'un gène humain (nécessité de la connaissance et de la confrontation du génome du pathogène et du génome humain).

4) *Vers un renouveau de la vaccination.* La vaccination continue à faire la preuve de son efficacité et de sa capacité d'innovation. S'il fallait en prendre deux exemples, le premier serait le programme en cours d'éradication de la poliomyélite par le vaccin

vivant oral atténué (Sabin), dans le cadre du Programme élargi de vaccinations (PEV) de l'OMS. Le nombre total de cas rapportés l'an dernier était inférieur à 30 000, la maladie étant maintenant éliminée des continents européen, océanien et nord et sud-américain. L'éradication totale devrait survenir d'ici quatre ans, une réussite spectaculaire, lorsqu'elle sera effective, équivalente à celle de l'éradication de la variole.

Le second exemple serait celui de la vaccination contre *Haemophilus influenzae* serotype-b, jusqu'à présent première cause de méningite néonatale, de séquelles neurologiques et de retards mentaux acquis chez le nourrisson dans nos régions. La mise à disposition récente d'un vaccin constitué des sucres composant la capsule de ce micro-organisme couplés à une protéine porteuse (vaccin polyosidique conjugué) permet non seulement de prévenir cette infection dramatique, mais aussi de diminuer le portage du micro-organisme, ouvrant ici encore la porte à une possibilité d'éradication vaccinale de la maladie.

Pour le moyen terme, de nouveaux vaccins sont à attendre contre un certain nombre de maladies respiratoires (pneumocoque, virus respiratoire syncitial), et contre les principaux micro-organismes responsables de diarrhées (choléra, dysenterie bacillaire, rotavirus, *Escherichia coli* entérotoxinogènes et entéropathogènes). Sur le plus long terme, les travaux en cours offrent des perspectives pour le développement de vaccins contre la tuberculose (suppléant à certaines insuffisances du BCG), le paludisme, l'infection par le virus VIH et le virus de l'hépatite C (VHC).

5) *Vers une extension de la reconnaissance du rôle d'agents infectieux dans les maladies*. Cette reconnaissance de la participation d'agents infectieux au cours de pathologies inflammatoires et de cancers permet pour le futur d'envisager des stratégies thérapeutiques et vaccinales. Pour ne prendre que quelques exemples, des agents infectieux sont incriminés dans la survenue de maladies chroniques. C'est maintenant démontré pour le rôle de *Helicobacter pylori* dans la gastrite chronique et l'ulcère de l'estomac. Un tel rôle est présumé pour *Chlamydia pneumoniae* dans les formes graves d'athérosclérose, et pour *Chlamydia pneumoniae* et *Mycoplasma pneumoniae* dans l'asthme.

De plus, environ 16 % des cancers ont une étiologie infectieuse et chaque année, 1,5 million de décès dus à ces cancers seraient prévenus dans le monde si ces infections pouvaient être prévenues, diagnostiquées, traitées. C'est en particulier le cas pour les cancers et lymphomes de l'estomac dus à *Helicobacter pylori*, les cancers du foie dus aux hépatites B et C et les cancers du col utérin dus aux Papova Virus (HPV).

L'avenir : le développement et la mise en place d'un concept global de santé publique

Plus de 90 % des maladies infectieuses survenant dans les pays en voie de développement, il est clair que des progrès significatif dans la maîtrise des infections ne surviendront que grâce au développement et à l'éducation, amenant une amélioration significative de l'hygiène individuelle et collective et un accès global à la vaccination. Trop de morts surviennent encore qui pourraient être évitées si l'ensemble de la population du globe avait accès aux vaccins disponibles *(Fig. 3)*. Même si la situation s'est considérablement améliorée cette dernière décennie dans de nombreuses régions du monde, en particulier en Amérique du Sud et en Asie, la situation reste préoccupante et tend même à s'aggraver en Afrique.

En attendant, il reste indispensable de mettre en place, à l'échelle de la planète, un concept global de santé publique dans le domaine des maladies infectieuses s'appuyant sur éducation et recherche et comportant des modalités de diagnostic précoce de la survenue de nouvelles infections, en un mot une veille reposant sur

Maladies	*Décès x1000*	*%*
Hépatite H	1 000	24,55
Rougeole	888	21,80
Rotavirus	800	19,64
H. influenza b	500	12,27
Tétanos	410	10,06
Coqueluche	346	8,49
Choléra	120	2,95
Diphtérie	5	0,12
Encéphalite japonaise	3	0,07
Poliomyélite	2	0,05
Total	4 074	100,00

Figure 3 – Nombre de décès mondiaux dus à des infections malgré la disponibilité d'un vaccin satisfaisant.

un réseau global d'information et d'alerte avec des procédures claires d'intervention sur le terrain.

Les nouvelles technologies de l'information sont indispensables au développement de ce schéma, répercutant les informations recueillies dans des centres de veille et de référence, particulièrement dans les régions d'endémie. Le réseau mondial des Instituts Pasteur en est un exemple concret. Une coordination internationale est indispensable, incluant les autorités nationales, l'OMS, les ONG qui jouent un rôle de plus en plus important dans la veille en santé publique dans les zones où elles interviennent.

Cela nécessite des hommes, donc une formation. Gageons que les écoles de santé publiques vont se multiplier, que les métiers de santé publique vont se diversifier et espérons qu'ils deviendront pour les jeunes de tous les pays suffisamment attractifs pour attirer les meilleurs et les plus motivés d'entre eux.

N'oublions pas, enfin, que la lutte contre les maladies infectieuses et parasitaires est aussi, et peut-être avant tout, affaire individuelle. L'hygiène individuelle, la prévention des maladies sexuellement transmissibles demeurent des valeurs éprouvées qu'il convient de ne pas oublier, quels que soient les progrès scientifiques en matière de thérapeutique et de vaccination.

Le cancer

par Moshe Yaniv

La maladie

Malheureusement, le cancer est une maladie très fréquente dans la population, et chacun d'entre nous peut se retrouver confronté à cette maladie. Le cancer est la première cause de décès, en France, chez l'homme et la femme entre 35 et 64 ans, devant les maladies cardio-vasculaires. Pour cette tranche d'âge, il représente 46 % des décès chez la femme, contre 41 % chez l'homme. À un âge plus avancé, les maladies cardio-vasculaires devancent le cancer. Malgré la gravité des cancers chez les enfants, à l'échelle globale de la population en France, il y a relativement peu de cas, environ mille deux cents par an. Le cancer est globalement une maladie tardive, aussi bien dans son apparition que dans sa part de mortalité, qui apparaît autour de 40 ans puis s'accélère après 50 ans, plus chez l'homme que chez la femme. Ces données illustrent l'importance des études épidémiologiques pour la connaissance et la compréhension de cette maladie.

Le développement et la multiplication cellulaire

Les tumeurs apparaissent dans l'organisme dans une zone spécifique, souvent très restreinte au début. Ensuite, il y a multiplica-

Texte de la 70e conférence de l'Université de tous les savoirs donnée le 10 mars 2000.

tion non contrôlée des cellules, invasion des tissus sains par les cellules tumorales ou « métastases » qui se disséminent. La dissémination des métastases interfère avec les fonctions des organes vitaux et entraîne la mort.

Pour comprendre ce qui diffère entre la multiplication incontrôlée des cellules tumorales et la multiplication contrôlée des cellules saines de l'organisme, il faut revenir à l'embryogenèse. À partir d'une cellule (l'œuf fécondé), un organisme entier est généré. La cellule initiale se multiplie de nombreuses fois pour donner naissance à un grand nombre de descendants qui constituent nos organes. Puis, après la naissance, la croissance se poursuit à un rythme plus lent jusqu'à l'âge adulte. L'organisme a alors atteint sa taille définitive, doté de tous ses organes fonctionnels. Chez l'homme adulte, il y a environ 1 000 milliards de cellules. Des programmes de multiplication et de différenciation cellulaires bien contrôlés sont mis en route au cours du développement pour garantir la mise en place harmonieuse de nos organes.

Lorsque l'organisme atteint l'âge adulte, certaines cellules continuent à se multiplier pour remplacer les cellules en place. Il s'agit d'une multiplication programmée, comme lors du développement. Cependant, un événement causé par un virus, un agent toxique, des mutations spontanées, peut entraîner le début d'une multiplication non contrôlée de cellules dans un organe. Ces cellules peuvent ensuite échapper au contrôle strict de l'organisme et se mettre à se multiplier. Des cellules commencent à envahir les régions environnantes, à diffuser et à migrer dans les autres organes où elles vont s'installer, causer des métastases puis la mort de l'individu.

Quels sont les mécanismes responsables d'une telle dérégulation du comportement des cellules ? Les recherches faites par les biologistes et les cancérologues depuis une trentaine d'années commencent à apporter des réponses à cette question.

L'œuf fécondé, la cellule initiale à l'origine de l'organisme entier, contient la même quantité d'ADN — l'acide désoxyribonucléique, le support de l'information génétique — que chacune des cellules somatiques ou cellules différenciées. Le matériel génétique contenu dans une cellule d'un être humain adulte, est la conséquence d'au moins 43 multiplications (générations) depuis l'œuf fécondé. La molécule d'ADN est une double hélice constituée de l'enchaînement de bases A (adénine), T (thymine), C (cytosine) et G (guanine). Les bases de chaque brin sont complémentaires : A avec T, C avec G. Chaque cellule fille lors de la division cellulaire récupère la même information que celle contenue dans la cellule mère, grâce à la réplication de l'ADN. La réplication des 4 milliards de bases contenues dans chacune de nos cellules est un processus très précis mais spécifique à seulement 99,99999 %. Des erreurs peuvent être commises lors de cette copie. Il existe des systèmes de réparation des erreurs qui ne sont pas efficaces à 100 %. S'ils l'étaient, l'évolution des organismes vivants aurait été figée (espèce humaine y compris). Des erreurs spontanées peuvent apparaître lors de la multiplication des cellules de l'organisme au cours de leur renouvellement quotidien. Lorsque des gènes intervenant dans la multiplication cellulaire ou dans la réparation de l'ADN subissent des erreurs au cours de la réplication de l'ADN, leur mal fonctionnement peut causer des cancers. L'évolution est donc liée malheureusement à l'émergence de cancers chez l'homme et l'animal.

La cancérologie expérimentale

La recherche sur le cancer a beaucoup progressé ces trente dernières années grâce aux modèles animaux. Sans eux, les connaissances sur le cancer n'auraient pas avancé aussi rapidement. Poulets, souris et rats sont principalement utilisés car ils sont relativement petits, et permettent de travailler sur des groupes homogènes suffisamment importants pour donner des résultats statistiquement exploitables. Il a ainsi été montré que, chez l'animal, certains produits chimiques appelés cancérogènes ou génotoxiques, des radiations ionisantes ainsi que des virus peuvent causer des tumeurs.

Les oncogènes ou gènes du cancer

Plusieurs groupes de virus sont associés à l'apparition des cancers. C'est le cas des virus oncogènes qui ont été isolés chez les poulets, les souris, les rats, et même chez les chats. Il s'agissait de rétrovirus à ARN (acide ribonucléique). Ils s'appellent rétrovirus puisqu'ils peuvent convertir leurs germes en molécules d'ADN qui s'intègrent dans la cellule infectée. Des études réalisées par plusieurs équipes ont mis en évidence l'existence de deux classes de rétrovirus. La première classe comprend des virus dont le génome viral code pour 3 protéines structurelles, et qui causent surtout des leucémies à évolution lente. La seconde classe comprend des virus causant un sarcome à évolution rapide. Le sarcome de Rous, causé par le premier virus oncogène identifié, apparaît dans les 2 à 3 semaines suivant l'injection du virus au poulet nouveau-né. Dans ce cas, il a été montré que le virus contient un gène supplémentaire appelé « src » (pour sarcome) par rapport aux virus causant des tumeurs à évolution lente. Les gènes capables de causer un cancer rapide ont été appelés « oncogènes ».

Dominique Stehelin, un chercheur français travaillant avec J. M. Bishop et H. Varmus à San Francisco, a montré que l'oncogène « src » responsable du sarcome de Rous est, en fait, un gène d'origine cellulaire et non pas virale. En effet, un proto-oncogène « c-src » est présent chez le poulet. Le virus modifie ce proto-oncogène cellulaire en oncogène « src » en l'empruntant au génome cellulaire et en le modifiant légèrement. Le proto-oncogène « c-src » est présent chez l'homme comme chez la souris.

Plus d'une soixantaine de gènes, isolés à partir de rétrovirus oncogènes, sont capables de causer des tumeurs chez l'animal et de convertir *in vitro* des cellules normales en cellules tumorales. Il s'agit toujours de gènes d'origine cellulaire, des proto-oncogènes qui sont modifiés par les virus. Une fois cette information obtenue, de nombreux chercheurs se sont tournés vers des cancers humains ou des cancers induits chimiquement chez l'animal pour savoir si ces gènes étaient modifiés. La plupart des proto-oncogènes identifiés avec les rétrovirus sont effectivement modifiés dans différents cancers humains ou animaux. La famille des gènes Ras : H-Ras, Ki-Ras ou N-Ras, initialement identifiés chez les virus oncogènes de la souris, sont modifiés dans presque 50 % des tumeurs humaines. Parfois il suffit d'une seule mutation pour transformer un proto-oncogène en oncogène. Les mutations ou erreurs, dans la structure d'un gène peuvent apparaître spontanément lors de la multiplication cellulaire, comme décrit plus haut, ou bien être causées par un agent chimique ou par radiation.

L'augmentation du nombre de copies d'un gène dans le génome peut également être à l'origine d'une tumeur, même si le gène n'est pas modifié. C'est le cas du gène N-Myc qui est amplifié dans le neuroblastome chez l'enfant.

Les tumeurs hématopoïétiques sont souvent causées par des translocations chromosomiques. Des fragments de 2 chromosomes distincts sont accrochés ensemble de façon anormale. Le lymphome de Burkit est ainsi dû à l'accrochage d'un fragment du chromosome 8 sur le chromosome 14. De même, la translocation d'un fragment du chromosome 22 sur le chromosome 9 donne naissance à un chromosome anormal appelé le chromosome de Philadelphie. Cette translocation est associée à une leucémie myéloïde chronique. Elle génère un nouvel oncogène, le Bcr-Abl.

Les gènes suppresseurs de tumeurs ou anti-oncogènes

Des virus à ADN ont également été associés à des cancers comme l'ont montré des études faites chez l'animal et chez l'homme. Un exemple : le virus papillome est ainsi associé à l'infection du col de l'utérus chez la femme et à l'évolution occasionnelle de lésions infectées en cancer. Ces virus ne contiennent cependant pas d'oncogènes d'origine cellulaire trouvés chez les rétrovirus. Il s'agit d'un mystère que les chercheurs ont mis un certain temps à résoudre. Nous savons maintenant que de tels virus codent pour des protéines qui interagissent avec 2 protéines cellulaires p53 (définie par sa taille) et pRb (pour protéine de rétinoblastome). Les chercheurs ont émis l'hypothèse que cette interaction était importante pour l'activité cancérogène du virus. Très rapidement, ils se sont rendus compte que le gène Rb était muté chez l'homme dans des cancers comme le rétinoblastome. Quant au gène p53, il est muté dans près de 50 % des tumeurs humaines.

Les travaux sur des virus et sur des tumeurs humaines ou animales ont révélé ainsi l'existence de protéines qui doivent être neutralisées par des protéines virales pour que le virus puisse transformer des cellules saines en cellules malignes ou causer un cancer chez l'animal, et ce sont les mêmes protéines qui sont mutées ou inactivées dans le cancer de l'homme. Les gènes p53 et Rb sont des prototypes de nouvelles familles de gènes associées à la formation de cancers. Il est rapidement devenu évident que ces gènes, loin d'être des oncogènes sont en fait des « anti-oncogènes » ou « gènes suppresseurs de tumeurs ». La présence de ces gènes dans les cellules empêche la formation des tumeurs. Il faut que les copies maternelle et paternelle soient modifiées pour que la tumeur apparaisse.

Quelles peuvent être les fonctions normales des proto-oncogènes et des gènes suppresseurs de tumeurs ? Ils interviennent au niveau du contrôle du cycle cellulaire. Chaque division cellulaire contient quatre phases. Une phase de préparation à la réplication de l'ADN (G1), une phase de réplication de l'ADN (S), une phase d'attente et de vérification (G2) et une phase de séparation entre les chromosomes des deux cellules filles, « la mitose » (M). Le cycle de réplication-division est induit par des facteurs de croissance. Les facteurs de croissance se fixent sur des récepteurs qui se trouvent au niveau de la membrane cellulaire. Il a été montré que la mutation ou l'amplification de certains récepteurs amplifie le signal donné par le facteur de croissance. L'augmentation du signal permet une multiplication incontrôlée des cellules. C'est ce qui contribue, en partie, à la transformation maligne de cellules d'un certain pourcentage de cancers du sein.

Lorsque le facteur de croissance se lie au récepteur membranaire, une voie de transduction du signal cellulaire est mise en route, aboutissant aux facteurs de transcription nucléaire qui contrôlent l'expression des gènes. Un des éléments clés de cette voie de transduction du signal est le gène Ras, dont nous avons vu qu'il était muté dans de nombreux cancers. Lorsque le gène Ras est muté, il devient actif de façon constitutive. Il donne alors un signal positif permettant une multiplication incontrôlée des cellules.

Plusieurs autres oncogènes qui interviennent dans des voies de transduction du signal ont été identifiés. La voie passant par le gène Ras se termine par l'activation d'une protéine (Cycline D) associée à une kinase (Cdk) qui va phosphoryler la protéine Rb. Or, le gène Rb est un gène supresseur de tumeur. Lorsque la protéine Rb est phosphorylée, il est inactivé. En effet, il devient incapable d'inhiber l'action de E2F qui est un facteur de transcription nécessaire pour que la cellule entre dans la phase de synthèse d'ADN (réplication). Si pRb est neutralisé, E2F devient constitutif. La quasi-totalité des cancers humains sont associés à un événement qui neutralise la fonction de la protéine Rb.

Le gène p53 appartient à une voie de réponse des cellules aux dommages causés à l'ADN. Lorsque le génome est modifié par un agent génotoxique, un signal stabilise la protéine p53. Cette protéine induit la synthèse d'une autre protéine appelée p21 qui inhibe la kinase Cdk qui se lie à la Cycline D. La voie E2F est alors entièrement inactivée, la cellule ne rentre pas en phase de réplication de son ADN avant de le réparer.

Les gènes suppresseurs de tumeurs ont donc un rôle très important dans la réponse des cellules à l'environnement et dans le contrôle de l'entrée dans la phase de réplication de l'ADN.

Il semblerait que environ 5 % des cancers humains soient d'origine familiale. Certains descendants (pas tous) de ces familles portent dans leurs cellules une mutation d'un gène suppresseur de tumeurs. C'est ainsi que les membres de familles portant une mutation sur l'une des copies du gène p53 (maternelle et paternelle) présentent des cas de syndrome de Li-Fraumeni. Ces individus ont un risque très accru de développer une tumeur au cours de leur vie. Un syndrome similaire peut être induit chez la souris par l'inactivation d'une des deux copies du gène p53, confirmant la validité de l'hypothèse émise sur le syndrome humain.

Les causes des cancers

Comme nous avons mentionné plus haut, la plupart des cancers apparaissent relativement tardivement au cours de la vie humaine. Nous avons vu que la formation de tumeurs ou progression tumorale est un processus à plusieurs étapes, qui nécessite plusieurs mutations. La mutation d'un seul gène peut prédisposer au développement d'un cancer mais elle n'est pas suffisante. Il y a quelques mois, le Professeur Robert Weinberg, au MIT, a tenté de reproduire le processus de transformation tumorale de cellules humaines *in vitro*. Ces expériences ont confirmé l'existence de plusieurs étapes dans ce processus et clarifié la nature des modifications nécessaires pour aboutir à la transformation cellulaire. On peut décomposer la transformation tumorale en plusieurs étapes :

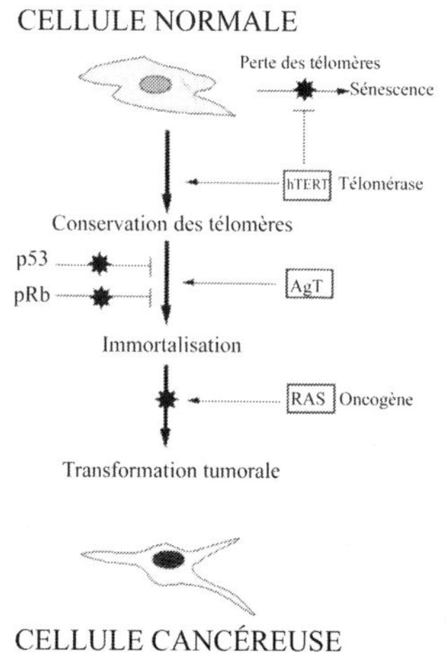

Les différentes étapes nécessaires pour la conversion d'une cellule saine en une cellule tumorale, en culture (d'après R. Weinberg).

– « L'immortalisation par la conservation des télomères. » La télomérase est une enzyme qui protège les télomères, les extrémités des chromosomes. Elle est absente dans les cellules adultes normales. Ces cellules ont une durée de vie et un nombre de divisions limité et elles entrent ensuite en sénescence. L'addition d'un gène synthétisant la télomérase prolonge la vie des cellules en les rendant quasiment immortelles.

– « L'absence de sensibilité aux signaux inhibiteurs » est obtenue par neutralisation par l'antigène T du virus SV40 de deux gènes suppresseurs de tumeurs p53 et Rb. Les cellules deviennent alors insensibles aux signaux d'arrêt du cycle cellulaire et moins sensibles à des agents qui provoquent l'apoptose (mort cellulaire programmée). Ces deux gènes peuvent être neutralisés également par des mutations telles que décrites précédemment.

– « L'autosuffisance pour des signaux de croissance. » L'oncogène Ras fournit un signal mimant les facteurs de croissance qui permet une multiplication non contrôlée.

Ces étapes permettent à une cellule de devenir tumorale *in vitro*. Chez l'animal, il faut probablement ajouter d'autres conditions.

– « Angiogenèse. » Les cellules de la tumeur sécrètent un agent qui stimule l'angiogenèse, la formation des vaisseaux sanguins. La tumeur est alors irriguée par le sang qui apporte les éléments nécessaires au métabolisme cellulaire.

– « Invasion tissulaire et métastases. » La synthèse de certaines enzymes par la cellule tumorale facilite sa mobilité dans l'organisme.

– « Échappement à la réponse immunitaire. » Les cellules tumorales parviennent, probablement, à échapper à la surveillance du système immunitaire. Elles ne sont ni reconnues, ni éliminées.

L'ordre des étapes est important. En effet, si le gène Ras devient très actif avant que p53 ne soit inactivé, la cellule meure au lieu de devenir tumorale. La formation tumorale est donc un processus long et complexe ce qui le rend moins fréquent. La compréhension que nous en avons depuis ces dernières années permet d'envisager le développement de nouvelles approches thérapeutiques anti-tumorales.

La prévention

Il est beaucoup plus facile de prévenir le cancer que de le guérir. Nous devons tous être conscients de cela. Actuellement, environ 30 % des tumeurs pourraient être prévenues par un comportement plus sain des individus. Il est clair que certaines habitudes de vie sont très nocives. Ainsi, une consommation de 40 g d'alcool par jour augmente le risque de cancer de l'œsophage de 7 fois. Pour 80 g, l'augmentation est de 18 fois. Le fait de fumer 20 cigarettes par jour augmente ce risque de 5 fois. La combinaison de l'alcool et du tabac augmente ce risque de 44 fois. Le cancer du poumon a énormément augmenté depuis 1950, lorsque les gens se sont mis à fumer davantage. Chez la femme, il existe une corrélation nette entre la consommation de graisses dans différents pays et la fréquence des cancers du sein. Des études statistiques montrent clairement que l'émigration des Japonaises vers les États-Unis s'est accompagnée d'une augmentation de la fréquence des cancers du sein ; cette observation est corrélée avec l'augmentation de la consommation de graisses. Au contraire, le cancer de l'estomac a diminué avec la baisse de la consommation de produits séchés salés et l'utilisation de produits frais ou congelés.

Nous savons maintenant qu'environ 15 % des cancers sont d'origine virale. La prévention des infections peut diminuer ces cancers. Ainsi, une vaccination systématique contre le virus de l'hépatite B devrait fortement diminuer la fréquence du cancer du foie, très fréquent actuellement dans la population masculine de certaines régions du globe. La détection du virus de papillome qui est associé au cancer du col de l'utérus peut se faire par frottis vaginal. Si les lésions sont traitées suffisamment tôt, avant la progression maligne, des lésions métastasiques peuvent être évitées.

La prévention passe donc par un changement des comportements :

– diminution de la consommation de tabac, d'alcool et des graisses saturées,
– augmentation des légumes et des fruits,
– vaccination contre l'hépatite B,
– pratique de l'exercice physique, lutte contre l'obésité.

Les traitements

Il faut rappeler que la chirurgie, la radiothérapie et la chimiothérapie resteront pendant des années encore les meilleurs moyens d'agir contre le cancer. L'amélioration de ces traitements passe par une détection précoce des cancers. L'imagerie, l'immunologie, les puces à ADN (ou micro-chips), sont des techniques qui permettent ou permettront dans le futur, de mieux détecter et caractériser le cancer. Elles devraient aussi permettre de mieux adapter les traitements aux types de cancers.

Dans un avenir assez proche, nous espérons pouvoir développer une chimiothérapie plus douce et plus adaptée, grâce aux connaissances récentes sur les oncogènes et les anti-oncogènes. Au lieu de tuer les cellules tumorales, il sera peut-être bientôt possible de les pousser vers une différenciation terminale. La cellule une fois différenciée, ne se multiplie plus.

De nouvelles cibles pourront être développées. Des « anti-oncogène Ras » ou des anti-télomérases pourraient être fabriqués. Des gènes suppresseurs de tumeurs, comme p53, pourraient être réintroduits par thérapie génique lorsqu'ils ont été mutés. Les cellules concernées pourraient alors mourir par apoptose au lieu de se multiplier.

Une action contre l'angiogenèse est également envisagée. Si la tumeur n'est plus alimentée en oxygène et en métabolites, les cellules cancéreuses mourront.

Une immunothérapie est aussi à l'étude. Il s'agirait d'essayer d'éveiller le système immunitaire pour qu'il attaque les cellules tumorales.

Dans les années à venir, les résultats de la recherche de ces trente dernières années devraient permettre d'éradiquer un certain nombre de cancers, d'améliorer les traitements, de les rendre plus humains grâce aux avancées dans la compréhension et la prévention de cette maladie.

Le risque vasculaire

par Pierre Corvol

Je voudrais vous parler aujourd'hui des maladies cardio-vasculaires dégénératives, et plus particulièrement du risque cardio-vasculaire.

Les maladies cardio-vasculaires dégénératives touchent à la fois le cœur et les vaisseaux. On les appelle « dégénératives », car elles altèrent progressivement la structure et la fonction de ces organes, au fur et à mesure de la vie. En touchant le cœur, elles provoquent ce qu'on appelle les cardiomyopathies ischémiques, l'infarctus du myocarde, l'angine de poitrine, l'insuffisance cardiaque, c'est-à-dire l'impossibilité pour la pompe cardiaque d'assurer un débit suffisant en regard des demandes. Enfin, elles sont à l'origine des troubles du rythme cardiaque chez le sujet âgé, soit de l'oreillette (arythmie complète par fibrillation auriculaire), soit souvent plus graves, au niveau ventriculaire. Les vaisseaux sont touchés par l'athérome qui peut atteindre différents secteurs d'irrigation tissulaire, au niveau cérébral, au niveau des membres inférieurs, de l'aorte, ou des artères rénales. Et, suivant le site de l'atteinte vasculaire, une obstruction progressive, voire une oblitération complète de la lumière vasculaire, peut provoquer un infarctus cérébral, une artériopathie (artérite) des membres inférieurs, un infarctus du myocarde ; ou encore un anévrisme de l'aorte avec un risque de rupture, dans les cas les plus dramatiques. Et enfin, une insuffisance rénale par oblitération des artères rénales.

Le risque vasculaire est un aspect particulier des nombreux risques que nous encourons lors de notre existence. Quand on parle de « risque », il faut bien percevoir les différents degrés dont on

Texte de la 71e conférence de l'Université de tous les savoirs donnée le 11 mars 2000.

parle et qui correspondent étroitement aux niveaux de connaissance du risque.

Il y a ainsi des risques indéfinissables, que l'on peut percevoir ou craindre, des risques que l'on subodore en quelque sorte, mais que l'on n'est pas capable d'identifier de façon précise.

Il existe d'autres risques, identifiés, mais pour lesquels, à l'heure actuelle, on manque de données suffisantes pour pouvoir les quantifier de façon précise. Un grand nombre d'entre eux concernent des problèmes actuels de société, comme par exemple, l'encéphalopathie spongiforme bovine, ou les organismes génétiquement modifiés par l'introduction de germes de résistance dans les bactéries (maïs transgénique). Pour eux, à l'heure actuelle, on ne peut proposer que des mesures de précaution, parce qu'on est incapable de chiffrer exactement le risque encouru.

D'autres risques sont identifiés et mesurables, comme le risque cardio-vasculaire. En effet, au fur et à mesure des années, on a réussi à chiffrer un certain nombre de paramètres permettant d'évaluer la probabilité de développer un accident cardio-vasculaire, mortel ou non, dans les 5-10 ans, avec une marge d'erreur relativement faible. L'évaluation du risque ouvre la voie à une prévention ciblée, avec pour but un gain en terme d'espérance et de qualité de vie.

Dans cet exposé, seront traitées :

– les nouvelles donnes de la mortalité et de la morbidité cardio-vasculaire,

– l'identification des facteurs de risque cardio-vasculaire,

– la prévention, au cœur de la médecine cardio-vasculaire future.

La morbidité cardio-vasculaire a régressé de façon spectaculaire au cours des cinquante dernières années

Certes, les maladies cardio-vasculaires restent la première cause de mort : il y a 6 millions de morts cardio-vasculaires par an, dans le monde. Mais, par ailleurs, même si en France il existe encore 172 000 morts cardio-vasculaires annuelles dont 110 000 infarctus du myocarde, ces chiffres correspondent à une régression année après année (environ, 2 % par an). En 40-50 ans, on constate une régression de 50 % des décès d'origine cardio-vasculaire.

Évidemment, la médecine a tendance à s'approprier ces résultats remarquables. Une étude internationale récente montre que l'intervention médicale est effectivement responsable d'au moins la moitié de ces succès. Les 50 % restants ne sont pas directement liés, semble-t-il, à l'intervention médicale ; d'ailleurs une diminution de la mortalité et de la morbidité cardio-vasculaires a été observée dans les années 1950, avant même l'introduction de médicaments particulièrement efficaces. Les conditions de vie, notamment dans nos pays civilisés, ont vraisemblablement contribué à l'amélioration de la survie cardio-vasculaire. Si bien que l'espérance de vie, s'accroît, année après année : en 1990, 80 % des hommes et 90 % des femmes ont atteint l'âge de 60 ans. Les accidents cardio-vasculaires non mortels ont aussi régressé de façon spectaculaire, notamment les coronaropathies et les accidents vasculaires cérébraux. Un phénomène nouveau apparaît, que les démographes appellent « la compression de la morbidité à la fin de la vie » (c'est-à-dire l'apparition des événements graves, infarctus du myocarde, cancers, accidents vasculaires cérébraux, à la fin de la vie). Ainsi, la qualité de vie, qui est finalement sans doute plus importante que la durée de la vie, s'accroît parallèlement à l'espérance de vie.

Cela est vrai pour nos pays occidentaux, mais nous verrons tout à l'heure qu'il existe des différences et des inégalités. Elles ont été étudiées dans le cadre de l'étude « Monica » qui a consisté à recenser, dans 38 populations, 21 pays et 4 continents, les accidents cardio-vasculaires. On s'est aperçu que la France était en excellente position : il y a deux fois moins d'accidents en France que dans d'autres pays à niveau de vie comparable. Mais, en France, il existe des inégalités, entre autres géographiques : il vaut mieux vivre à Toulouse qu'à Lille, parce qu'à Toulouse se produisent deux fois moins d'accidents cardio-vasculaires.

Toutefois, ces progrès dans le domaine cardio-vasculaire et l'allongement de l'espérance de vie ont fait émerger d'autres affections liées à l'âge et au grand âge. Ainsi, a-t-on vu se manifester de façon croissante au cours des dernières années l'insuffisance cardiaque, la maladie d'Alzheimer chez les sujets âgés, du seul fait d'avoir enrayé un certain nombre de morts cardio-vasculaires.

Les facteurs de risque cardio-vasculaire

L'athérome provoque une obstruction progressive des artères, du fait d'une infiltration de la paroi artérielle par des monocytes sanguins qui vont se transformer en macrophages et se charger en lipides. Un remaniement majeur de la paroi artérielle se produit avec des lésions proches de celles d'une lésion inflammatoire. Le vaisseau réagit en quelque sorte à un certain nombre de toxiques (tabac), d'agents biochimiques (lipoprotéines oxydées), hémodynamiques (pression artérielle) et peut-être même bactériologiques (chlamydiae), de la même manière qu'un tissu réagit à une agression.

De fait, les principaux facteurs de risque qui ont été identifiés, agressent la paroi artérielle directement ou non : l'hypertension artérielle, l'élévation du taux de cholestérol, le tabac, le diabète de la maturité, associé souvent à un excès de poids. Il existe d'autres facteurs de risques, eux non modifiables : l'âge, le sexe, les antécédents familiaux. Enfin, plus de 300 autres conditions favorisent le risque de développer une maladie cardio-vasculaire, mais elles n'agissent qu'en conjonction avec les précédents. Certaines font sourire (être chauve, ronfleur), d'autres reflètent des inégalités géographiques (il vaut mieux vivre dans le sud que dans le nord), d'autres encore sont inattendues (boire un peu est recommandable, etc.).

Comment ces facteurs de risque ont-ils été identifiés ? On doit beaucoup aux données des assurances sur la vie. Au début du siècle, en effet, les assureurs, pour des raisons de calculs de surprimes, ont cherché à cerner les éléments qui pouvaient entraîner une surmortalité, quelle qu'elle soit, cardio-vasculaire ou autre. Et, au début du XXe siècle, utilisant tout simplement le sphygmomanomètre qui venait d'être mis au point par Riva Ricci, les assureurs ont montré que les personnes qui avaient une pression artérielle systolique de 170 mmHg ou plus, mouraient trois fois plus que celles qui avaient 140 mmHg. Ces constatations ont été faites sur des centaines de milliers d'individus et ont permis de rapidement établir une relation directe entre le niveau de la pression artérielle et la mortalité ou la morbidité cardio-vasculaire. Les autres facteurs de risque ont été repérés plus tard : le tabagisme, l'hypercholestérolémie (et notamment l'élévation du « mauvais cholestérol », le LDL cholestérol), le diabète de la maturité. Cela a été possible grâce à la réalisation d'une étude épidémiologique unique, dans la ville de Framingham, au nord de Boston aux États-Unis, dont la population a accepté de se soumettre à des examens réguliers à partir de 1947. L'étude est toujours en cours à l'heure actuelle et on dispose par conséquent de trois générations pour l'observation des événements cardio-vasculaires. Mais, qui dit « relation », ne veut pas dire « causalité ». Ce n'est pas parce qu'il existe une association entre un événement — la mort, ou une maladie cardio-vasculaire — et un facteur de risque, qu'il y a causalité. Pour la révéler, il est nécessaire de recourir à des études d'intervention sur un facteur de risque précis, et montrer l'efficacité de l'intervention sur la prévention du risque.

La prévalence de l'hypertension artérielle est pratiquement identique chez l'homme et chez la femme, et l'on peut dire, grosso modo, qu'avec le critère de 140/90 mmHg de pression artérielle, près de 50 % des gens sont hypertendus à partir de 50 ans et plus de 50 % à 65 ans. Qui dit « hypertendu » ne veut pas dire automatiquement « traité ». En fait, seule une fraction de la population dont l'hypertension est connue, est traitée ; une fraction encore est normalisée, c'est-à-dire repositionnée à 140/90 mmHg.

L'un des grands problèmes en matière de facteurs de risque est de savoir s'il existe ou non un « effet seuil ». Deux possibilités théoriques existent. En cas d'effet seuil, il n'y a pas de risque jusqu'à un niveau donné à partir duquel le risque croît en fonction des paramètres du risque (pression artérielle, cholestérolémie, glycémie ou poids). La deuxième possibilité est l'absence de seuil, auquel cas il y a un risque continu, quelle que soit la valeur du facteur de risque.

En matière de pression artérielle (et aussi de cholestérolémie, de glycémie, etc.), on observe que, quel que soit l'âge, la probabilité de souffrir d'un accident cardio-vasculaire croît en fonction du niveau du facteur de risque. Il n'y a pas de valeur de pression artérielle qui soit complètement dénuée de risque. Il vaut mieux avoir une pression artérielle systolique de 140 que de 170 mmHg ; mais d'un autre côté, il vaut mieux avoir une pression artérielle de 110 que de 140 mmHg. D'autre part, le risque croît avec le vieillissement, et cela à chiffre égal de pression artérielle (ou de cholestérolémie ou de glycémie). Un homme de 50-59 ans qui a une pression artérielle de 160, a un risque nettement inférieur à celui d'un homme de 70-79 ans qui a la même pression artérielle de 160 mmHg. Si le risque est continu, il faut reconnaître qu'il est arbitraire de définir une norme de pression artérielle, de cholestérol, de glycémie. Nous y reviendrons.

Le risque vasculaire est devenu inaperçu. Autrefois, l'hypertension était bruyante ; il existait des éclampsies au cours de la grossesse, des céphalées et des vertiges dans les hypertensions sévères. Tel n'est plus le cas, du fait du dépistage et du traitement précoce. Qui d'ailleurs s'est jamais plaint de son hypercholestérolémie ? C'est pour cela qu'il y a un peu du « Docteur Knock » chez les médecins, dans la mesure où ils s'occupent de bien portants, de patients potentiels, qui souffriraient « ultérieurement » et « potentiellement » d'une maladie coronaire ou d'un accident vasculaire cérébral. La médecine de l'inaperçu (le « silence des organes », disait René Leriche), ne peut progresser qu'en mesurant, en quantifiant les facteurs de risque, et en les synthétisant, toutes choses relativement nouvelles pour le médecin.

S'agissant du tabac, rappelons qu'en France, le tabac permet 60 milliards de recettes fiscales par an. Il y a 15 à 16 millions de fumeurs en France, dont le tiers fume plus de 20 cigarettes par jour : le tabagisme apparaît entre 12 et 18 ans, âge où l'on observe 50 % de fumeurs. Le tabagisme coûte cher à la société en terme de maladie cardio-vasculaire, même si on estime à 18 milliards de francs les économies réalisées par les caisses de retraite du fait de la mort prématurée des fumeurs. Fumer multiplie par trois le risque de faire un infarctus et d'en mourir et accroît considérablement le risque de mort subite.

Les causes de mort et d'affections cardio-vasculaire sont d'origine multiple mais on peut estimer la contribution de chacun des facteurs de risque dans la mort cardio-vasculaire. Chacun y contribue en fonction d'une part de sa dangerosité et d'autre part, de sa fréquence dans la population. C'est ainsi que le tabac est responsable de plus de morts cardio-vasculaires (en tout cas par infarctus du myocarde) chez l'homme et chez la femme, que l'hypercholestérolémie. L'hypertension artérielle se situe entre les deux. L'infarctus du myocarde avant 50-55 ans chez la femme est un phénomène récent lié à leur tabagisme et au fait qu'elles fument de plus en plus jeunes.

Le traitement des facteurs de risque. Le cas de l'hypertension artérielle

Le traitement de l'hypertension artérielle est exemplaire à plus d'un titre : ce fut le premier traitement préventif démontré dans les maladies cardio-vasculaires. À son sujet se posent différentes questions qui valent pour le traitement des autres facteurs de risque : ces questions concernent le niveau d'intervention, l'objectif à atteindre, le traitement des populations âgées, le rapport coût/bénéfice du traitement.

Les premiers antihypertenseurs (les diurétiques) sont apparus dans les années 1960. La première démonstration de l'efficacité du traitement antihypertenseur pour prévenir le risque cardio-vasculaire a été apportée grâce à une étude qui a duré 4 à 5 ans. Elle a été réalisée chez seulement 143 patients qui avaient des pressions artérielles très élevées, puisque leur minima se situait entre 115 et 130 mmHg (alors que la normale est à 90 millimètres de mercure). Dans cette première étude, les patients mis sous placebo ont eu un surcroît d'accidents cardio-vasculaires, mortels ou non, par rapport aux patients traités. À l'heure actuelle, un nombre considérable d'études ont confirmé ces résultats et les ont étendus à des populations dont la pression artérielle était de moins en moins élevée. Les études en cours de réalisation cherchent à répondre aux questions suivantes : jusqu'à quel niveau de pression artérielle faut-il traiter ? Quel est la meilleure stratégie thérapeutique ? Quels sont les médicaments à associer pour minimiser le risque cardio-vasculaire ? Chacune d'entre elles concerne des dizaines de milliers de patients et se déroule sur 4 à 5 ans.

Au cours des dernières années, on a montré que l'hypertension artérielle du sujet âgé méritait aussi d'être traitée. Le traitement de patients dont la moyenne d'âge est de 70 ans, en Grande-Bretagne, en Europe ou aux États-Unis, réduit le risque de développer un accident vasculaire cérébral de 25 à 40 %. Ce résultat est important pour la décision de traiter les sujets âgés mais aussi parce que, pendant longtemps, le raisonnement médical a estimé que l'élévation de la pression artérielle avec l'âge était bénéfique. L'idée finaliste, sous-jacente, était que la « bonne nature » élevait la pression afin d'assurer une perfusion sanguine adéquate dans des tissus dont les vaisseaux se sclérosent. Et donc, qu'il fallait respecter cette élévation de la pression artérielle. En fait, le résultat du traitement des sujets âgés montre que ce raisonnement est faux. Il faut savoir modifier le corps, notamment lorsqu'il vieillit, même s'il semble sain. La réduction des accidents vasculaires cérébraux — et à un moindre degré des maladies coronaires — correspond à ce que l'on peut attendre d'un sujet ayant naturellement la pression artérielle cible.

LA PRÉVENTION DU RISQUE DOIT ÊTRE COLLECTIVE ET INDIVIDUELLE

La prévention collective est le fait d'une décision des autorités sanitaires qui décident de mettre en place des mesures anti-tabac ; d'informer les patients (ou plutôt la population), notamment sur les comportements alimentaires, voire d'essayer de les modifier.

La prévention individuelle est tout autant nécessaire. Elle apparaît même plus logique. Le risque de l'un n'est pas celui de l'autre. Pourquoi soumettre la population à des contraintes alors qu'il serait plus logique de cibler la prévention chez un individu ? Cela permettrait sûrement une meilleure adhésion, mais cette approche est coûteuse alors que le premier type de mesures est plus facile à mettre en œuvre, plus simple, et certainement très efficace aussi. Prévenir, c'est à la fois précéder et devancer ; et c'est aussi informer. Cet aspect de la prévention est extrêmement important : la prévention doit commencer en fait dès l'école.

On peut maintenant calculer ce qu'on appelle le « risque absolu », c'est-à-dire le risque de développer une maladie coronaire ou un accident cérébral en 5 ans ou 10 ans. Le calcul de ce risque prend en compte l'âge, le sexe, la pression artérielle, le taux de cholestérol, le tabagisme, le diabète, et l'existence ou non d'une hypertrophie ventriculaire gauche, etc. Par exemple, un homme de 47 ans avec plusieurs de ces facteurs de risque a 5 chances sur 100 de présenter une maladie coronaire, et une chance sur 100 de faire un infarctus cérébral ou un accident vasculaire hémorragique cérébral dans les cinq ans. On peut aussi calculer chez ce même individu l'effet de l'arrêt du tabagisme, s'il décide d'arrêter de fumer. On passe alors de 5 % à 1 %. Cela peut être une aide, une incitation, pour mettre en œuvre les nombreuses recommandations, peut-être pas toutes possibles à suivre, telles que celles édictées par les Sociétés savantes :

– « perdre du poids » : l'obésité est un trait commun entre la pression artérielle, le taux de cholestérol, et le diabète : c'est un point important, et un vrai problème actuel.

– « ne pas boire plus de 30 millilitres d'alcool par jour » : quatre verres de vin élèvent de 10 mmHg la pression artérielle chez tout individu. Cela dit, il se pourrait qu'un ou deux verres de vin soient bons (à l'origine du fameux paradoxe français). Mais la marge est étroite...

– « faire un peu de culture physique, un peu de gymnastique, un peu d'aérobic, pas plus de 6 grammes de sel, etc. ».

Il y a des bémols statistiques à ajouter aux propos qui précèdent. La plupart des grandes études épidémiologiques et d'intervention thérapeutique ont été menées dans des pays anglo-saxons, et chacun sait qu'un Anglo-Saxon ne ressemble pas à un Latin. D'autre part, les données nécessitent un certain temps pour être collectées et analysées. En fait, le monde change, et il change vite, si bien qu'on ne devrait pas extrapoler en 2000 ou en 2001 des données qui datent de 1994. Un autre problème important est de savoir hiérarchiser les risques. C'est pour cela que la réflexion sur le risque individuel est importante, car quelquefois l'hypertension artérielle est en fait un facteur de risque mineur à côté du tabagisme. Et il est plus facile de prendre une pilule quotidienne pour l'hypertension que d'arrêter de fumer ! C'est donc de façon globale qu'il convient d'aborder le risque vasculaire et non pas à la manière d'un seul hypertensiologue, cholestérologue, diabétologue ou tabacologue, etc. Le risque cardio-vasculaire n'est pas « un problème », c'est en réalité la « résultante » d'un grand nombre de facteurs qui doivent tous être considérés. Enfin, il existe des inégalités dans le risque : entre le nord et le sud, nous l'avons vu ; mais une autre inégalité est redoutable, c'est l'inégalité socioculturelle. Toutes choses étant égales par ailleurs, il est prouvé que les patients issus de classes défavorisées sur le plan social et professionnel ont un surcroît de risque cardio-vasculaire, notamment en raison de l'inégalité d'accès aux soins.

LA MESURE DU RISQUE EST AU CŒUR DE LA MÉDECINE FUTURE

Nous nous dirigeons de plus en plus vers une médecine préventive aux dépens de la médecine curative et palliative. Pour obtenir une régression encore plus complète de la mortalité et de la morbidité cardio-vasculaire, la tendance actuelle est d'intervenir sur des valeurs de plus en plus basses de pression artérielle, de cholestérol, de glycémie. D'autant plus qu'il n'existe pas de seuil de protection et qu'on ne peut pas séparer clairement une population « normale » d'une population « pathologique ». L'objectif est donc de minimiser le risque cardio-vasculaire de la population, ce qui amène à traiter un nombre très important de sujets. Par exemple, s'agissant de la cholestérolémie, il a été montré, en Grande-Bretagne, que si l'on veut traiter l'hypercholestérolémie pour éviter un risque de 1,5 % par an d'accidents coronaires, il faut traiter 25 % de la population globale. Ce qui correspondrait à une facture représentant 90 % de l'ensemble des médicaments. On voit que ce n'est plus seulement un problème médical mais un problème de société. Quel est en fin de compte le prix que la société — ou l'individu qui peut se retrouver face à ce problème, si les assurances maladies ne veulent pas prendre en charge ce type de risque — accepte de payer ? Et quel est le rapport coût/bénéfice, en termes de réduction du prix d'hospitalisation ou de handicaps liés aux maladies cardio-vasculaires grâce au traitement hypocholestérolémiant ? En Grande-Bretagne, le risque vasculaire pris en charge par la couverture sociale est actuellement de 3 % d'accident annuel et non de 1,5 %. Autrement dit, les hypocholestérolémiants ne sont remboursés qu'à partir du risque de 3 %. Comme le risque est continu, on peut imaginer que certains voudront se protéger au maximum de tout risque, qu'ils seront prêts à investir au maximum pour se prévenir de toute maladie cardio-vasculaire ; et donc désireux de traiter des valeurs de cholestérol, de pression artérielle et de glycémie de plus en plus basses, pour se mettre à l'abri de tout accident, même si le risque devient infime. C'est alors que le coût devient impossible à supporter par la société. Voilà ce qui est au cœur du débat et qui est loin d'être résolu, débat ouvert du fait de la sécurité et de la bonne tolérance des antihypertenseurs, des hypercholestérolémiants et demain, sans doute, des antidiabétiques.

Pour terminer, je dirai que le risque cardio-vasculaire, est au cœur de la médecine future, dans la mesure où le médecin (et le malade) bénéficient de l'aide de l'ordinateur qui permet de gérer des données complexes, notamment épidémiologiques et thérapeutiques. Même si l'ordinateur n'est pas l'ordonnateur... Par ailleurs, dans 10 ans ou 15 ans, des données génétiques dans le domaine cardio-vasculaire seront disponibles et permettront d'affiner le risque individuel. La connaissance de l'importance des facteurs alimentaires et de l'environnement au cours de la vie fœtale est un autre progrès : le petit poids de naissance, par exemple, expose à un risque cardio-vasculaire accru. Mais le plus important — et sans doute le plus difficile — sera finalement l'éducation du patient, la gestion du risque par l'individu, qui est d'ailleurs de moins en moins un patient ou un malade, mais plutôt un « consommateur », un « assuré », ou un « assujetti social », comme le dit Binet, dans *Les Bidochon*.

Tous cela mérite d'être complété par une réflexion sur le respect du libre choix de chacun devant le risque cardio-vasculaire. Chacun est libre de faire ce qu'il veut, même s'il demeure illogique de ne pas vouloir se traiter alors qu'on a une chance sur dix d'avoir un infarctus, et de préférer jouer au Loto alors que la chance de gagner, est comme chacun sait, extrêmement faible, sauf pour ceux qui ont joué...

Encéphalopathies subaiguës spongiformes transmissibles : le risque pour la santé publique humaine

par DOMINIQUE DORMONT

Les encéphalopathies subaiguës spongiformes transmissibles, ESST ou maladies à prions, touchent aussi bien l'homme que l'animal. Chez l'homme, on décrit le Kuru, la maladie de Creutzfeldt-Jakob, le syndrome de Gerstmann Sträussler Scheinker et l'insomnie fatale familiale. Chez l'animal, les ESST comprennent la tremblante naturelle du mouton et de la chèvre, l'encéphalopathie bovine spongiforme, l'encéphalopathie féline spongiforme, l'encéphalopathie transmissible du vison et la maladie du dépérissement chronique des ruminants sauvages. Dans l'état actuel des connaissances, les maladies humaines de ce groupe sont transmissibles mais pas contagieuses.

Quelques encéphalopathies subaiguës spongiformes transmissibles

LA TREMBLANTE NATURELLE DU MOUTON ET DE LA CHÈVRE

La tremblante est une maladie connue depuis 1732 et dont la transmissibilité a été démontrée en 1936-38, par deux vétérinaires toulousains, Cuillé et Chelles, de la façon suivante : le cerveau d'un

Texte de la 72e conférence de l'Université de tous les savoirs donnée le 12 mars 2000.

mouton malade a été prélevé, broyé et une fraction du broyat a été directement inoculée dans le cerveau de moutons sains. Deux ans plus tard, les moutons sains avaient développé une maladie strictement identique à la maladie naturelle.

L'ENCÉPHALOPATHIE FÉLINE SPONGIFORME

Plus de 90 chats en Grande-Bretagne et 2 en dehors, ont développé cette ESST. Nous savons maintenant que ces chats ont été contaminés par l'agent de la maladie bovine, ce qui montre que les prions sont capables de changer d'espèce pour induire des maladies dans des espèces qui ne sont pas leur espèce d'origine : ils sont capables de « franchir la barrière d'espèces », ce qui pose un certain nombre de problèmes en termes de santé publique.

L'ENCÉPHALOPATHIE TRANSMISSIBLE DU VISON

Les visons sont élevés pour leur fourrure dans des fermes-élevages. Ils sont nourris avec des carcasses de bovins et d'ovins récupérées dans les abattoirs. Si la carcasse d'origine est infectée par un prion, le vison va s'infecter à son tour et, en 7 mois en moyenne, il va développer une maladie neurologique dont il va mourir. Or, dans les élevages de carnivores lorsque plusieurs animaux sont dans la même cage, lorsque l'un de ces animaux meurt, il est mangé par ses compagnons de cage, qui sont à leur tour contaminés. Ainsi, l'encéphalopathie transmissible du vison a décimé un certain nombre d'élevages au cours des décennies précédentes.

LA MALADIE DU DÉPÉRISSEMENT DES RUMINANTS SAUVAGES

Elle touche l'élan, le cerf, le daim dans les forêts du Wyoming et du Colorado aux USA. Cette maladie est mal connue, son origine reste obscure. Nous savons simplement que c'est une maladie à prions, et que son incidence augmente depuis ces dernières années.

LE KURU

Le Kuru est une très belle observation de deux pédiatres, l'un d'origine allemande Zigas et l'autre d'origine américaine Gajdusek, au milieu des années 1950 en Papouasie-Nouvelle Guinée. Cette île est peuplée de Papous, qui, à cette époque, vivaient encore comme à l'âge de pierre. Ils habitent essentiellement les chaînes montagneuses. Zigas a observé, chez les Papous de la peuplade des Fore, une maladie inconnue, à traduction neurologique qui tue 2 à 3 %

de la population par an et qui atteint surtout les femmes (trois fois plus que les hommes) et les enfants.

Cette maladie survient dans une zone géographique extrêmement montagneuse où les contacts de vallée à vallée sont difficiles. Ainsi, le taux de consanguinité au sein d'une peuplade au fond d'une vallée est relativement élevé. Ces maladies neurologiques se traduisent, à leur début, par une euphorie importante, caractéristique, puis par des signes d'incoordination des mouvements touchant particulièrement la coordination des mouvements des yeux. La maladie se développe en quelques semaines, et, à la phase d'état, les patients présentent une labilité émotionnelle importante (ils passent du rire aux larmes en quelques secondes) ainsi qu'une majoration des troubles de la statique, de la régulation du mouvement. Pour tenir debout, les femmes atteintes sont obligées d'utiliser des bâtons, et elles chutent fréquemment. Puis ces patients deviennent grabataires, ne peuvent plus bouger et enfin meurent rapidement. Un autre signe clinique du Kuru est la présence de mouvements spontanés, involontaires et incoercibles des bras et des jambes. L'autopsie révèle, à l'examen microscopique, des « trous » dans le cerveau, comme dans une éponge, d'où le terme « encéphalopathies spongiformes ».

Des enfants Fore transplantés tôt dans la vie et élevés par une tribu voisine ne font pas de Kuru. Il existe donc dans l'environnement des Fore un facteur toxique ou infectieux à l'origine de ces maladies. Cependant, des petits enfants d'une autre tribu transplantés et vivant avec les Fore ne développent jamais de Kuru : pour développer un Kuru, il faut donc avoir une génétique particulière et être exposé à un agent infectieux. Cette dualité génétique/ transmissibilité se retrouve dans toutes les maladies de ce groupe, sauf peut-être dans l'encéphalopathie bovine.

La transmission de l'agent infectieux se faisait au travers de rites funéraires comportant des pratiques cannibales. Lorsqu'un Foré mourrait, il était dépecé et mangé par la tribu. Les hommes mangeaient le cœur et les muscles pour obtenir courage et force physique, alors que les femmes mangeaient le reste. Lors de la préparation du repas funéraire les femmes étaient donc exposées de façon répétée à l'agent infectieux, dont on sait qu'il est majoritairement concentré dans le cerveau. Depuis que ces rites se sont arrêtés, le nombre de Kuru a diminué. Le dernier patient est mort, il y a quelques mois après un unique repas funéraire, 47 ans auparavant.

LA MALADIE DE CREUTZFELDT-JAKOB

La maladie de Creutzfeldt-Jakob (MCJ) est la plus fréquente des ESST humaines ; c'est toutefois une maladie rare dont on décrit un nouveau cas par million d'habitants et par an, en France (sur 10 000 Français qui décèdent, un meurt de la maladie de Creutzfeldt-Jakob). Les signes cliniques sont la démence, les secousses musculaires spontanées (myoclonies) et les troubles de l'équilibre. Il existe trois formes de MCJ : les formes « spontanées » (formes sporadiques), les formes liées à une contamination médicale (formes iatrogéniques) et les formes familiales (maladies génétiques). Toutes sont transmissibles, y compris la forme génétique : c'est d'ailleurs le seul exemple de maladie génétique qui soit transmissible horizontalement, entre des individus non reliés génétiquement.

La forme sporadique d'apparence spontanée englobe 80 % à 90 % des maladies de Creutzfeldt-Jakob. Elle touche l'homme et la femme aux alentours de 65 ans et il n'y a pas de lien apparent entre les malades, ni entre les malades et l'environnement.

Les caractéristiques des encéphalopathies subaiguës spongiformes transmissibles

Par définition, ces maladies sont transmissibles à l'animal de laboratoire. Lorsque le sujet est infecté, la première phase est une phase d'incubation sans symptôme extrêmement longue. Ainsi, une souris, dont l'espérance de vie en laboratoire est de deux à trois ans, fera la maladie entre 6 mois à 2 ans après son inoculation. L'homme infecté a des périodes d'incubation allant de 16 mois à 47 ans. Lorsque les signes cliniques apparaissent, ils sont la traduction unique de l'altération du système nerveux central, du cerveau, alors que le cœur, le foie, les reins fonctionnent normalement. L'évolution se fait sur un mode subaigu, sans rémission : l'état du patient s'aggrave un petit peu plus tous les jours pour une durée moyenne d'évolution de la maladie chez l'homme de 6 semaines à six mois. Toutes ces maladies sont mortelles dans 100 % des cas.

Les lésions sont limitées au système nerveux central : elles comportent une mort de neurones, l'apparition de vacuoles dans les neurones (la spongiose) et une prolifération des cellules gliales (la gliose).

Les signes habituels des maladies virales lentes du système nerveux central ne sont jamais observées : ce sont donc des maladies infectieuses sans aucune des caractéristiques habituelles des maladies infectieuses. En particulier, le système immunitaire ne semble pas répondre à la présence et à la multiplication de l'agent infectieux.

Quelle que soit la technique utilisée, l'agent infectieux n'est pas visible, et cela malgré des titres infectieux extrêmement importants. Ainsi, un hamster inoculé par l'agent de la tremblante du mouton, lorsqu'il tombe malade, a un titre infectieux de 10^{11} unités infectieuses par grammes de cerveau (un gramme de cerveau de hamster malade pourrait tuer cent milliards de hamsters sains).

À l'heure actuelle, il n'y a pas de traitement possible de ces maladies. Nous sommes totalement désarmés devant les maladies à prions puisque nous ne savons même pas ralentir leur évolution. Quelques molécules sont efficaces dans les modèles animaux, mais elles doivent être administrées dès le premier jour de l'infection, et elles ne parviennent pas à empêcher l'apparition de la maladie. Elles ne sont donc pas utiles en pathologie humaine.

Une anomalie protéique caractéristique des individus infectés

Certaines protéines de l'hôte, dont la protéine PrP (protéine du prion), sont accumulées chez les individus infectés. La protéine PrP s'accumule proportionnellement au titre infectieux, et, dans l'état actuel des connaissances, elle est indissociable de l'agent infectieux. Dans l'hypothèse du prion, elle serait l'agent infectieux lui-même et supporterait, à elle seule, la pathogénicité. Cette protéine possède 253 acides aminés chez l'homme, comprend un domaine hydrophobe, un pont disulfure, deux sites de glycosylation et, à son extrémité C-terminale, une sérine fixant un glycosylphosphatidylinositol (GPI) lui permettant de s'accrocher à la face externe de la membrane cellulaire.

La seule différence entre la forme normale présente chez l'individu non infecté et la forme pathogène de la protéine est très probablement la structure tridimensionnelle. Si ce concept est vrai, un simple changement de forme d'une protéine pourrait suffire à générer un nouvel agent infectieux. Ce changement de forme fait que la protéine devient résistante aux enzymes qui habituellement la dégradent, et donc s'accumule anormalement dans les cellules.

Dans les maladies à prions, le gène codant pour la protéine PrP n'est pas surexprimé. C'est l'absence de dégradation qui entraîne l'accumulation.

La transmission des ESST

Ces maladies sont facilement transmissibles au sein de la même espèce, comme nous l'avons vu pour la tremblante du mouton. Elles sont aussi transmissibles entre espèces différentes. Par exemple, la maladie de Creutzfeldt-Jakob de l'homme est transmissible au singe, au cochon d'Inde, au hamster, à la souris, au rat, à la chèvre, au chat, au furet et au vison. Cependant, la transmissibilité inter-espèce est plus difficile que l'intra-espèce. Le déterminisme de cette transmissibilité inter-espèce est le degré de similitude entre la protéine PrP du donneur et celle du receveur : plus ces 2 protéines sont proches plus la transmission sera facile (c'est le cas de l'homme et du singe : la protéine PrP du singe est à 98 % identique à celle de l'homme, la transmission homme/singe se fait dans 95 % des cas. La souris a une protéine PrP qui est à 75 % homologue à celle de l'homme, la transmission homme/souris ne se fait que dans 15 % des cas). Ces faits démontrent le double rôle de la protéine PrP : lorsqu'elle est sous sa forme anormale, la protéine PrP est probablement l'agent infectieux ou au moins intimement associée à l'agent infectieux, lorsqu'elle est sous sa forme normale, elle est le récepteur obligatoire à l'agent infectieux.

La contamination entre espèces est possible par voie orale. Lorsqu'un singe est inoculé par voie orale avec le broyat du cerveau d'un patient décédé de la maladie de Creutzfeldt-Jakob, 6 à 8 ans après il développe une maladie de Creutzfeldt-Jakob expérimentale. La transmission nécessite de disposer du cerveau d'un patient décédé de MCJ, d'en extraire les protéines et particulièrement la protéine PrP pathologique, ou PrP-res. Cette protéine anormale est ensuite inoculée au singe, qui, quelque temps plus tard, développe une maladie de Creutzfeldt-Jakob se traduisant par l'accumulation de PrP-res : cependant, la protéine que le singe accumule n'est pas la protéine humaine qui a servi à l'infecter, mais sa propre protéine. Il faut donc imaginer un mécanisme par lequel la protéine humaine anormale interagit avec son homologue normal du singe, lui transmet son anomalie et un second mécanisme par lequel cette protéine du singe rendue anormale, propage son anomalie au sein de l'organisme infecté.

Les paramètres de la transmission des prions sont les paramètres de l'inoculum (la dose d'agent infectieux, l'espèce du donneur), et des paramètres de l'hôte (la voie d'inoculation, la génétique de l'hôte c'est-à-dire le gène codant pour la PrP, l'âge et le sexe). Les modèles animaux ont permis de classer les voies de transmission en fonction de leur efficacité : la voie intracérébrale est 10 fois plus efficace que la voie intraveineuse, 50 fois plus efficace que la voie intrapéritonéale, 25 000 fois plus efficace que la voie sous-cutanée et 125 fois plus efficace que la voie orale. La voie d'inoculation par les prions la plus performante est donc la voie intracérébrale.

La phase d'incubation

Que se passe-t-il pendant la phase d'incubation ? Lorsqu'une souris est inoculée par voie intrapéritonéale ou par voie intraveineuse, la rate et les ganglions, c'est-à-dire le système immunitaire, deviennent infectieux à partir du septième jour post-inoculation. Le titre infectieux devient assez important, et, à partir du cinquantième jour, il atteint un plateau qui se maintient jusqu'à la mort de l'animal. L'agent infectieux n'est détectable dans le système nerveux, pour ce modèle, qu'à partir du quatre-vingtième jour après l'inoculation. Les signes cliniques n'apparaissent qu'au cent soixantième jour post-inoculation. Donc, pendant toute la phase d'incubation, il existe des organes hautement infectieux : l'agent se multiplie dans le cerveau et dans le système immunitaire, tout du moins chez la souris.

L'Organisation mondiale de la santé a classé les organes en fonction du risque qu'ils présentent en quatre catégories :

– Catégorie 1 de haute infectiosité, comprenant le système nerveux central, dont l'œil et l'oreille interne font partie ;

– Catégorie 2, d'infectiosité moyenne, comprenant en particulier la rate, les amygdales, les ganglions lymphatiques, l'intestin et le placenta ;

– Catégorie 3, d'infectiosité minimale, comprenant les gros troncs nerveux, le foie, le pancréas, le poumon ;

– Catégorie 4, pour laquelle on n'a jamais détecté d'infectiosité, et qui comprend, entre autres, le muscle squelettique, le lait et le sérum.

La protéine PrP pourrait être l'agent infectieux

Les procédures habituellement utilisées en stérilisation sont quasi inefficaces sur les prions. Par exemple, on expose, pour les stériliser, les instruments chirurgicaux à une irradiation de 20 à 30 kGy : cette irradiation n'a aucun effet sur les prions. De plus, 24 h à 180 °C n'inactivent pas totalement 107 unités infectieuses des prions. De même, 320 °C pendant une heure ou 600 °C pendant quinze minutes n'inactivent pas totalement 107 unités infectieuses des prions. Actuellement, trois procédures ont une certaine efficacité : le traitement à la soude normale pendant une heure à température ambiante, le traitement à l'eau de Javel pure pendant une heure à température ambiante, et l'autoclave, c'est-à-dire de la chaleur humide sous pression, à 134 ou 136 °C pendant au moins 18 minutes. En résumé, les procédés qui n'agissent pas sur les acides nucléiques, mais qui modifient la forme des protéines, permettent de diminuer l'infectiosité. L'application de procédés physicochimiques qui altèrent les acides nucléiques sans modifier les protéines n'a pas d'effet sur l'infectiosité. Tout se passe comme si la structure tridimensionnelle des protéines était vraiment le support de la pathogénicité. D'où l'idée proposée par Alpers en 1966 puis par R. Latarget à l'Institut Curie en 1971, et reprise par S. Prusiner (prix Nobel d'il y a 2 ans), à la fin des années 1970, que ces agents pouvaient être composés uniquement de protéines et dans le cas précis, de la protéine PrP.

Une équipe de recherche suisse a fabriqué des souris *knock-out* pour le gène de la PrP en empêchant l'expression du gène de la PrP chez des embryons de souris. Ces souris sans PrP sont parfaitement viables, et elles ne sont pas infectables par les prions : donc pour être infectable par un prion, il faut exprimer la protéine PrP normale à la surface de ses cellules.

La structure de la protéine PrP

S. Prusiner a proposé, après modélisation informatique, que la protéine PrP normale serait composée de quatre structures en hélice et que la transition entre la protéine normale et la protéine pathologique infectieuse se ferait par la perte de 2 des 4 hélices et l'acquisition en lieu et place de quatre structures en feuillets béta-plissés. Cette modification de conformation est appelée « transconformation ».

L'équipe suisse de Kurt Wüthrich à Zurich a montré, en 1997, que la protéine PrP normale est en fait constituée de trois hélices alpha, et non pas quatre comme l'avaient prédit les modèles informatiques, et de deux petits feuillets béta-plissés. Cette protéine comprend deux parties : une partie très compacte, dense, structurée et une longue queue flexible qui va pouvoir adopter beaucoup de conformations possibles, en fonction du micro-environnement dans lequel elle est.

Les risques de transmission des ESST

LE RISQUE HOSPITALIER

Trois cas de maladie de Creutzfeldt-Jakob ont été observés après transplantation de cornée, car les cornées sont récupérées sur les cadavres dans les morgues. Deux cas ont été décrits après utilisation d'électrodes particulières (électrodes de stéréotaxie) que l'on descend directement dans le cerveau, cinq cas après utilisation d'instruments de neurochirurgie qui avaient servi à opérer quelqu'un dont on ne connaissait pas le statut infectieux, cent quatre cas après greffe d'une enveloppe du cerveau, la dure-mère.

L'HORMONE DE CROISSANCE

Jusqu'en 1985/1987, l'hormone de croissance était extraite à partir d'hypophyses prélevées sur des cadavres dans les morgues. Quelques hypophyses ont probablement été prélevées chez des patients qui étaient infectés mais dont on ne connaissait pas le statut infectieux. Elles ont été introduites dans l'ensemble de la chaîne de fabrication de l'hormone et cela a contaminé plus de 120 personnes qui aujourd'hui sont décédées. Trois pays ont été touchés : une trentaine de cas aux USA, une trentaine au Royaume-Uni et plus de 65 en France. En France, la période probable de contamination s'est située entre le 1er janvier 1984 et le 1er avril 1985 : or, environ 1 000 enfants ont été traités pendant cette période dont 65 sont morts. Pour des maladies rares, et probablement en raison de la résistance particulière des agents qui en sont la cause, lorsqu'un accident arrive, il est dramatique. L'hormone de croissance qui est utilisée depuis 1987 est une hormone fabriquée par génie génétique, et qui ne présente donc plus de risque infectieux de cet ordre.

Plusieurs équipes ont recherché des mutations autant dans le gène de la PrP que dans la protéine elle-même, de façon à pouvoir expliquer pourquoi 65 personnes sur 968 ont développé la maladie. Aucune mutation n'a pu être identifiée. Cependant, dans le gène normal, il existe un polymorphisme au niveau du 129e acide aminé : il y a possibilité de coder soit une méthionine, soit une valine. Ce polymorphisme est cliniquement silencieux. Dans la population générale, 50 % des gens sont homozygotes méthionine/méthionine ou valine/valine, et 50 % des gens sont hétérozygotes. Parmi les enfants traités par l'hormone de croissance ayant fait une maladie de Creutzfeldt-Jakob, 90 % sont homozygotes. Les équipes anglaises et américaines ont obtenu les mêmes résultats. Les chercheurs britanniques ont montré que l'homozygotie au codon 129 constitue le déterminant génétique de la susceptibilité à toutes les formes de maladie de Creutzfeldt-Jakob.

La nature des prions

Les hypothèses virales soutiennent qu'il n'y a pas d'agent infectieux qui ne contienne pas un acide nucléique, et il faut rappeler que ce n'est pas parce qu'on ne voit pas un virus qu'il n'existe pas.

L'hypothèse protéique, postule que l'agent infectieux est la protéine PrP, lorsqu'elle a acquis sa forme anormale dans l'espace.

Aujourd'hui, 95 % de la littérature scientifique soutient l'hypothèse protéique, celle du prion. Un prion est donc la molécule PrP qui a adopté une conformation, une structure tridimensionnelle anormale stable. Cette structure tridimensionnelle anormale stable va se propager au sein de l'organisme infecté, voire d'un organisme à un autre.

La durée de vie moyenne d'une protéine PrP normale dans une cellule normale est de 5 heures. À partir de la structure stable de la protéine PrP normale, une structure instable normale, peut être générée, PrP*. Sa vie est très courte et elle va rapidement redonner la forme stable. Si, au moment où cette structure instable normale est produite, il existe dans l'environnement une protéine anormale, les deux formes se dimérisent, et la protéine normale va adopter la structure tridimensionnelle anormale de la protéine à laquelle elle s'est attachée : c'est la théorie de la transmission de conformation pathologique par interaction directe protéine/protéine ou théorie du prion.

Cette théorie révolutionnaire et séduisante est certainement le reflet un peu simple de la réalité ; par exemple, récemment, S. Prusiner a montré que l'interaction directe entre la forme normale et la forme anormale ne suffit pas pour générer la forme anormale. Il faut un troisième et peut-être un quatrième partenaire, les protéines X. Il s'agirait de protéines chaperons chargées d'assurer le repliement d'autres protéines cellulaires.

La vache folle et les risques pour la santé publique

HISTORIQUE

Le premier cas suspect de vache folle est apparu en 1985 en Grande-Bretagne, le premier cas diagnostiqué après examen du cerveau ayant été décrit fin 1986. Entre fin 1986 et mi-1988, les scientifiques britanniques ont tout fait : ils ont montré que la maladie était transmissible, que c'était une encéphalopathie spongiforme, ils ont montré l'origine de la contamination à savoir l'utilisation de farines de viandes et d'os contenant des protéines de ruminants, particulièrement de bovins et enfin, ils ont proposé à leur gouvernement la seule mesure qui avait une chance d'être efficace, l'interdiction des farines de viandes et d'os chez les ruminants, le *food-ban*. Cette décision a été prise mi-1988 ; comme l'ESB met 5 ans à incuber, les effets de la mesure administrative prise en 1988 n'ont été visibles que 5 ans plus tard en 1993.

À partir de mi-1988, la source de contamination a été tarie ; donc, aucun bovin né après l'interdiction n'aurait dû développer une maladie. Or, 40 000 bovins britanniques nés après août 1988 ont quand même fait une maladie. Première hypothèse, il y a persistance de l'agent dans l'environnement. Deuxième hypothèse, il y a une transmission mère-veau. Troisième hypothèse, il a pu y avoir une distribution frauduleuse, volontaire ou non, de farines de viandes et d'os contaminés aux bovins. Il n'y a pas d'élément aujourd'hui, qui nous incite à penser que l'agent infectieux persiste dans l'environnement. La transmission mère-veau est possible, mais à faible pourcentage, soit dans environ 5 % des cas lors des 6 derniers mois de l'incubation de la maladie chez la mère. C'est un mode de transmission mineur. L'hypothèse de mise sur le marché de farines qui n'auraient pas dû l'être est probablement celle qu'il faut retenir aujourd'hui.

LES RISQUES POUR L'HOMME

En théorie, il *peut* y avoir un risque au niveau de la consommation de viande et d'abats, de la consommation du lait et des produits laitiers et de la promiscuité avec les bovins infectés :

– quatre Britanniques ont développé une maladie de Creutzfeldt-Jakob alors qu'ils avaient eu des vaches folles dans leur troupeau. Actuellement, nous savons que ces cas n'ont aucun rapport avec la maladie des vaches folles. Dans l'état actuel de nos connaissances, il est probable que la promiscuité avec des bovins infectés n'est pas un facteur de risque de développer la maladie de Creutzfeldt-Jakob ;

– l'inoculation du lait d'une vache infectée ne transmet jamais la maladie. De même pour le lait de brebis. Quelques centaines de femmes Papous sont connues pour avoir allaité alors qu'elles étaient en fin de période d'incubation, voire au début de leur maladie, elles n'ont jamais transmis le Kuru à leur enfant. Très raisonnablement, il semblerait que le lait est à mettre hors de cause, et que les produits laitiers constituent un risque quasi nul ;

– le muscle squelettique, c'est-à-dire le beefsteak, ne transmet pas l'infection. La majorité de l'infection est dans le système nerveux central : à ce jour, nous pensons que c'est là principalement, mais pas uniquement, que se situe le problème d'un danger potentiel pour l'homme.

LES CHIFFRES

Aujourd'hui, il y a eu près de 180 000 cas de vache folle au Royaume-Uni, plus de 350 cas en République d'Irlande, 360-380 cas en Suisse, 97 cas en France, 1 cas au Danemark, 11 cas en Belgique, et 350 cas au Portugal. L'Allemagne, comme d'autres pays européens, n'a déclaré que des cas importés en provenance des Îles Britanniques. Il y a aussi quelques cas anecdotiques, 1 cas aux Falklands, territoire britannique, et 2 cas au Sultanat d'Oman.

L'étude de ces chiffres en tenant compte de la dynamique de population bovine en Grande-Bretagne, de l'âge auquel sont abattus les bovins, montre que le nombre de bovins en incubation qui ont pu passer dans la chaîne alimentaire est de l'ordre de 900 000. S'il y a danger pour l'homme, c'est dans les conséquences de cette exposition aux alentours de 1988 qu'il va falloir la chercher.

L'ÉVOLUTION DE LA LOCALISATION DE L'AGENT INFECTIEUX DANS L'ORGANISME AUX DIFFÉRENTS STADES

Des chercheurs britanniques ont infecté une quarantaine de veaux par voie orale avec l'agent bovin. Tous les 2 mois, deux veaux ont été tués et tous leurs tissus et fluides biologiques ont été inoculés à des souris. Les résultats de cette expérience ont permis de tracer l'agent infectieux au cours de la période d'incubation et de la maladie. Pendant les quatre premiers mois, il y a une phase d'éclipse de l'agent infectieux. À partir du sixième mois, l'agent infectieux est présent dans l'iléon terminal du bovin : cette infectiosité de l'intestin persiste à niveau faible mais détectable pendant une bonne partie de la période d'incubation. À partir du trentième mois, l'agent infectieux apparaît dans le ganglion rachidien et à partir du trente-deuxième mois, l'agent est dans la moelle épinière, dans le système nerveux central. Les vaches meurent de la maladie aux alentours de 38 ou 40 mois.

L'agent traverse la barrière intestinale, se multiplie dans le système immunitaire associé à l'intestin, probablement en utilisant les petits filets nerveux qui innervent le système immunitaire associé à l'intestin, il rentre dans les nerfs périphériques et en utilisant le trajet de ces nerfs, remonte jusqu'à la moelle épinière et colonise l'ensemble du système nerveux central.

LA TRANSMISSION À D'AUTRES ESPÈCES

Est-ce que les farines de viandes à l'origine de la maladie bovine, lorsqu'elles ont été données à d'autres espèces, ont transmis la maladie ? Dans les zoos britanniques, les ruminants sauvages en captivité ont été nourris avec les mêmes farines que les bovins. Des antilopes, des kudus et des élans ont développé des ESST. Les mêmes causes produisent donc les mêmes effets. Il faut d'ailleurs rappeler que l'apparition d'une ESST chez les chats britanniques a constitué le premier signe d'alerte. Neuf guépards et un tigre ont également été atteints.

Les scientifiques britanniques ont inoculé des porcs et des poulets. Le porc est sensible lorsque l'on l'inocule par voie intracérébrale. Avec 7 ans de recul, il n'y a pas d'infection de porc par voie orale. Le poulet n'a jamais été infecté, que ce soit par voie intracérébrale ou par voie orale, avec maintenant plus de quatre ans de recul. Dans la problématique des maladies à prions, la période d'incubation reflète la susceptibilité. Lorsqu'un mouton est infecté par voie intracérébrale, il développe la maladie en quatorze mois et par voie orale, en 18 mois ; le vison, en 12 mois par voie intracérébrale, 14 mois par voie orale. L'agent bovin se propage donc assez facilement par voie orale.

À titre d'exemple, un gramme de tissu cérébral suffit à infecter un veau par voie orale contre 500 milligrammes de cerveau de vache malade pour infecter un mouton par voie orale.

LES INDICATEURS FAISANT PENSER QUE LA MALADIE DES VACHES FOLLES ÉTAIT PASSÉE CHEZ L'HOMME

Le 25 mars 1996, le ministre de la Santé britannique a annoncé à la chambre des Communes qu'il avait des indicateurs du passage de la maladie bovine à l'homme. En effet, il y avait eu, en quelques mois, dix cas de maladie de Creutzfeldt-Jakob chez des Britanniques de moins de 40 ans, dont neuf de moins de 30 ans. De plus, ces 10 sujets n'avaient jamais été opérés et n'avaient jamais reçu d'hormone de croissance, et ils n'avaient pas de mutation dans le gène de la protéine PrP. Ils étaient répartis sur tout le territoire britannique et donc il n'y avait pas une zone géographique restreinte identifiable. De plus, cette maladie de Creutzfeldt-Jakob se présentait différemment des autres formes de Creutzfeldt-Jakob. En particulier, elle débutait comme une maladie psychiatrique, comprenait souvent des grandes douleurs des lombes et des membres qui n'existent habituellement pas dans la maladie de Creutzfeldt-Jakob classique. La durée de la maladie était très longue : 14 mois en moyenne contre 6 semaines à 6 mois habituellement. Le cerveau de ces patients présentait des plaques entourées de vacuoles, des plaques florides, qu'on n'avait jamais vues jusqu'alors chez l'homme. Il s'agissait bien d'une nouvelle maladie, d'une forme émergente de la maladie de Creutzfeldt-Jakob (cette forme a été appelée « nouveau variant de la maladie de Creutzfeldt-Jakob »).

Nous avons aujourd'hui 60 cas de nouveau variant de la maladie de Creutzfeldt-Jakob en Grande-Bretagne, 2 cas en France et 1 cas en République d'Irlande, pour 180 000 cas bovins en Grande-Bretagne, et moins de 1 000 en dehors. Il y a similitude géographique de la répartition de la maladie bovine et humaine. La maladie humaine arrive 10 ans après la maladie bovine, 1986-96, ce qui est compatible avec un passage du bovin à l'homme.

Le premier élément expérimental est venu du CEA de Fontenay-aux-Roses, où un vétérinaire chercheur, C. Lasmézas avait en 1991 inoculé des singes avec l'agent de l'ESB. Or l'agent bovin reproduit chez le primate les lésions spécifiques de la nouvelle forme de maladie de Creutzfeldt-Jakob humaine, les plaques florides.

J. Collinge, à Londres, a montré que le profil de migration par électrophorèse de la protéine PrP du nouveau variant de la maladie de Creutzfeldt-Jakob ne ressemble pas du tout à ce que l'on voit dans les autres formes de maladie de Creutzfeldt-Jakob. Ce profil typique se retrouve aussi chez le singe infecté par l'agent bovin, chez la souris infectée par l'agent bovin et chez le chat infecté par l'agent bovin.

M. Bruce, à Édimbourg, a typé les propriétés biologiques des prions bovins et des prions humains de la maladie de Creutzfeldt-Jakob sous sa forme classique et sous sa nouvelle forme. Il a montré que la nouvelle forme de Creutzfeldt-Jakob avait des propriétés biologiques très différentes des anciennes formes classiques, mais que ces propriétés du nouveau variant étaient strictement identiques aux propriétés de l'agent bovin. Aujourd'hui, on doit donc considérer que l'agent bovin est passé à l'homme et que le nouveau variant de la maladie de Creutzfeldt-Jakob est bien lié à la contamination de l'homme par l'agent bovin.

Le principal problème posé actuellement à la communauté scientifique est de déterminer avec précision le comportement biologique de l'agent bovin passé chez l'homme. Se comporte-t-il comme un agent de la maladie de Creutzfeldt-Jakob habituel ? Auquel cas, toutes les mesures sanitaires en place, en particulier, dans les hôpitaux pour la stérilisation, sont efficaces. Ou bien se comporte-t-il différemment ? Dans cette hypothèse, il faudra engager très rapidement des actions de recherche pour évaluer le risque potentiel transfusionnel, le risque lié aux greffes, le risque lié aux interventions neurochirurgicales.

Les maladies mentales et les dépressions

par JEAN GUYOTAT

Introduction

Le sujet que l'on nous a demandé d'aborder est si vaste que nous avons préféré le présenter à deux. Le premier exposé tentera de montrer comment ces problèmes de la maladie mentale sont intimement liés à l'évolution culturelle et combien ils restent d'actualité. C'est celui que je vous donnerai d'abord parce qu'étant plus âgé j'ai bien vécu ces transformations de la psychiatrie pendant la deuxième moitié du XXe siècle et j'essaierai de montrer ce qu'il en reste dans l'actualité. Le deuxième exposé de Jean-Louis Terra, beaucoup plus dans le présent et dans l'avenir, abordera de façon plus synthétique trois thèmes : celui de la schizophrénie et de la maladie dépressive et celui du suicide, phénomène de société.

Les personnes atteintes de troubles mentaux ont toujours été dans l'opinion publique l'objet à la fois de craintes et de fascination : craintes entraînant des réactions de défense du groupe social allant jusqu'à l'exclusion, fascination aussi pour ceux qui s'intéressent au fonctionnement et aux productions de l'esprit humain, c'est-à-dire surtout les philosophes, les créateurs et les artistes. Mais c'est quelquefois méconnaître la souffrance que ces troubles infligent tant au patient qu'à ses proches. Le terme de dépression par contre est de plus en plus utilisé pour caractériser certains de ces troubles, ce qui indique une familiarité de plus en plus nette du groupe social à l'égard de tels patients ou si on préfère une iden-

Texte de la 73e conférence de l'Université de tous les savoirs donnée le 13 mars 2000.

tification à eux plus facile. Et cette identification me paraît être une des caractéristiques de l'opinion moderne.

Rappel historique

En France, en 1950, les hôpitaux psychiatriques se relevaient à peine de l'hécatombe de malades mentaux pendant la guerre 39-45. Près de la moitié des malades mentaux qui y avaient été accueillis étaient morts de faim. Les hôpitaux psychiatriques qui devaient être des lieux de protection et de soin (Esquirol) pour les plus démunis mentalement étaient devenus des lieux de ségrégation et de mort lente. Cette situation historique fut sans doute le point de départ du mouvement de déshospitalisation et de création de structures extra-hospitalières qui se développa en psychiatrie publique bien des années après et qui caractérise le mode actuel de prise en charge de beaucoup de ces patients. La période d'avant 1939 fut sans doute l'une des plus basses de la pratique psychiatrique française. Alors qu'elle avait connu un développement qui l'avait mise au premier rang au XIXe siècle, et au début du XXe siècle, en rivalité le plus souvent avec la psychiatrie allemande. Il est classique d'évoquer le nom de Pinel qui dans le mouvement de la Révolution française « fit tomber les chaînes des aliénés ». On sait que Michel Foucault ne vit dans ce geste historique que l'une des modalités du grand renfermement des déviants, sous la couverture sociale de la médecine, niant ainsi la réalité de la maladie mentale. Si, dans cette introduction, j'y fais déjà référence, c'est que, comme on le verra notre discipline n'a fait que passer par des phases de démédicalisation et de remédicalisation. Toujours est-il que Pinel et son infirmier chef Pussin furent à l'origine de ce que l'on a appelé le traitement moral des aliénés, ancêtre de ce que l'on appellera par la suite les psychothérapies et particulièrement les psychothérapies institutionnelles. C'était aussi de la part de Pinel marquer qu'il y a chez le malade mental toujours une part restée saine avec laquelle communiquer.

Le XIXe siècle fut en fait celui des descriptions cliniques, des classifications construites à l'image médicale de la clinique des maladies somatiques, mais avec le plus souvent la quasi-impossibilité de référer le trouble mental à une anomalie corporelle et surtout cérébrale ce qui n'est plus le cas maintenant avec le développement des techniques d'imagerie cérébrale fonctionnelle et celui de la médecine biologique. Au XIXe siècle enfin, je signalerai comme gardant une certaine actualité la notion de l'hérédité comme étiologie, « la cause des causes » comme on l'a dit des maladies mentales et le mythe superbe de la dégénérescence de Bénédict

Morel qui a inspiré entre autres les romans de Zola (*Les Rougon-Macquart*). Nous ne sommes pas encore débarrassés de ce mythe à l'heure actuelle d'autant plus qu'il existe effectivement des « agrégats familiaux » de troubles mentaux notamment dans la dépression.

Le XIXe siècle fut ainsi celui des grandes synthèses cliniques notamment celles de Kraepelin en Allemagne et Bleuler en Suisse qui décrivirent l'un la démence précoce et la maniaco-dépressive, l'autre la schizophrénie. Ces deux affections sont restées en quelque sorte les piliers de référence de ce qu'on appelle la maladie mentale dans les classifications actuelles. L'autre mouvement fut celui de la création d'asiles appelés maintenant hôpitaux psychiatriques (en principe un par département) qui devinrent à la fois des centres de traitement et d'accueil des malades mentaux, mais aussi pour la population des lieux de représentation de la folie (Sainte-Anne à Paris).

L'influence de la psychanalyse en psychiatrie

Je commencerai par l'influence de la psychanalyse sur la psychiatrie contemporaine pendant cette période et son actualité. Inutile de dire qu'elle a été considérable tant dans l'organisation des soins (non seulement médicaux mais aussi infirmiers) que par son retentissement sur la culture générale au point qu'actuellement on fait une psychanalyse souvent pour des raisons extra-médicales : difficultés d'être, stimulation de la créativité, échec de la vie amoureuse. Avant la dernière guerre, on ne peut pas dire qu'en France la psychanalyse ait eu une influence sur la psychiatrie analogue à celle qu'elle a connue aux USA à la même époque. On sait que le voyage inaugural de Freud aux USA date de 1909. Je me bornerai à montrer l'impact principal de ce mouvement. Alors que la psychiatrie tant française qu'allemande gardait dans ses concepts la notion de maladie (ou de syndrome) rattachée à une possible lésion cérébrale indépendante en quelque sorte de la personne du sujet, les représentations de la maladie mentale aux USA adoptent très rapidement une conception psychodynamique, j'entends par là une représentation de la maladie mentale comme l'expression d'un conflit ou d'un mode de réaction (réaction type d'Adolf Meyer) à une situation traumatique, ou comme conséquence d'un trouble du développement psychologique dans l'enfance et des premières relations avec la mère (Sullivan) par exemple.

En France on peut situer l'influence de la psychanalyse à trois niveaux :

– Celui de la pratique psychiatrique en consultations privées telle qu'elle était exercée par des consultants qui s'y spécialisaient spontanément. La grande affaire de ces « praticiens de ville » était l'exercice de la psychothérapie au service des malades qui avaient recours à eux : patients atteints de troubles anxieux (névroses d'angoisse), obsessions, ou des phénomènes polymorphes rattachés depuis Charcot et Janet, à l'hystérie qui fut, on le sait, beaucoup étudiée par Freud puisqu'on a pu dire que c'est en quelque sorte l'hystérie qui a permis à Freud de penser la psychanalyse.

L'approche psychanalytique et en tout cas la pratique psychanalytique ont apporté beaucoup plus de rigueur et de connaissance dans la pratique psychothérapique, comparée à la floraison des différents types de psychothérapies dont on a dénombré la quantité, qui approchait il y a déjà 20 ans, plusieurs centaines ! Et je n'ai pas besoin d'insister sur l'importance de son rôle dans la connaissance de la vie affective et donc l'analyse des troubles de la personnalité.

Ces troubles anxieux, obsessifs, ou hystériques qui correspondaient à la classe des névroses étaient conçus schématiquement dans l'optique psychanalytique à partir de la conflictualité du complexe d'Œdipe, complexe associant on le sait un désir incestueux pour la mère et l'interdit paternel. Avec l'évolution culturelle, cette référence a perdu peu à peu de sa valeur car la transmission aux enfants de cet interdit paternel semble influencer de moins en moins la structure familiale. Et il semble bien que cette interprétation des névroses soit de plus en plus abandonnée au profit du concept de blessure narcissique c'est-à-dire de blessure faite à l'amour porté à l'image de soi telle que la décrit la psychanalyse. Et cette atteinte se manifeste par l'état dépressif. On y reviendra, d'autant plus que l'état dépressif pose le problème du traitement par les substances psychotropes, les antidépresseurs et bien sûr le fameux Prozac.

– Mais dans cette analyse de l'impact de la psychanalyse sur la pratique psychiatrique il me faut envisager un autre aspect non moins important, c'est celui de la pratique psychanalytique des psychoses et de la schizophrénie en milieu d'hospitalisation publique ou privé. Elle reste toujours d'actualité même si l'évolution de la psychopharmacologie d'une part, l'essor des thérapies cognitivo-comportementales d'autre part en limitent peu à peu l'extension. Il me faut évidemment schématiser et le schéma pourrait être le suivant. À titre d'exemple : dans la schizophrénie et plus généralement les psychoses pour des psychanalystes comme Federn il y a chez le sujet perte des limites du moi. Il ne s'agit plus ici d'interdit, ni même d'amour porté à l'image de soi, mais d'un trouble profond de l'identité. Dans l'optique psychanalytique ce trouble peut être mis en relation avec l'image de la mère qu'a le patient, image qui peut ne rien avoir de commun avec le comportement de la mère réelle. Cette représentation des premières relations mère-enfant a des conséquences pratiques car elle inspire la façon de donner des soins à ces patients à partir de l'image qu'on en a et de l'image que les patients ont de nous.

Par contre selon la théorie de l'esprit que développent les cognitivistes, qui s'attachent à étudier plus les mécanismes mentaux que ceux de la vie affective ou relationnelle, il y aurait une incapacité de penser que l'autre pense, une incapacité d'attribuer à autrui des pensées et des intentions coordonnées et on peut facilement montrer en pratique que le patient psychotique se sent attaqué par les pensées de l'autre, notamment celles de celui qui le soigne. Qui pense quoi dans cette affection et qui est qui ?

Mais dans l'optique cognitiviste, il est possible maintenant de faire une relation entre cette théorie de l'esprit et le fonctionnement cérébral tel qu'il peut être étudié par des méthodes de neuro-imagerie fonctionnelle par exemple. Cela a ou aura des conséquences pratiques tout à fait différentes dans le domaine de la thérapeutique.

– Il y a une dernière remarque fondamentale au sujet de l'approche psychanalytique en psychiatrie, c'est celle qui concerne la formation du psychanalyste. Il doit lui-même dans sa formation faire une psychanalyse personnelle, pratique qu'on ne voit nulle part ailleurs développer en médecine mais qui peut se retrouver élaborée dans certaines techniques psychothérapiques. Quelle est la conséquence de cette pratique fondamentale ? C'est que le thérapeute, le psychanalyste passe par des mouvements d'identification à son patient, le plus souvent à travers le transfert que le patient a fait sur lui. C'est donc chaque fois une implication très personnelle qui est mise en jeu, et une conception primitive de la maladie qui rappelle ce que l'on retrouve dans celle décrite par un anthropologue Pouillon : en quelque sorte, le psychothérapeute prend en lui le mal du patient, tandis qu'en médecine le mal est rejeté loin du médecin. En pratique psychanalytique, le mal entre dans le thérapeute qui pratique en quelque sorte l'adorcisme, le combat à l'intérieur de soi avec le mal, le contraire de l'exorcisme.

La psychopharmacologie

On sait que c'est en 1952 que les premières substances psychotropes ont été isolées comme ayant une action sur les troubles mentaux. Il s'agissait du Largactil, synthétisé par les laboratoires Specia et étudié par deux psychiatres français, Jean Delay et Pierre Deniker. C'était une découverte importante qui valu à Pierre Deniker le prix Albert Lasker, le Nobel américain.

Ce médicament (une phénothizine) (qui donna naissance par la suite à d'autres composés) s'avéra avoir une action résolutrice sur ce que l'on appelle des bouffées délirantes c'est-à-dire des épisodes aigus avec idées délirantes d'intrusion, de très fortes angoisses, des réactions de défense contre des dangers imaginaires etc. Ces états aigus impressionnent beaucoup l'entourage et perturbent même le fonctionnement de l'hôpital psychiatrique créant une atmosphère de danger chez le personnel soignant avec réactions de défense. Ces états ont pratiquement disparu avec ces médicaments appelés neuroleptiques. On a dit qu'il s'agissait de camisoles chimiques. C'est vrai si on admet que ce malade, hors de lui, a besoin d'être contenu pour se retrouver. Mais c'est oublier qu'il n'y a pas pire souffrance que cette explosion de l'esprit du sujet en mille projectiles. Le mot de camisole psychique est utilisé par les gens qui ne savent pas ce qu'est la souffrance psychique. Ce fut le cas dans les années 1960-1975 dans le mouvement dit antipsychiatrique qui a marqué, lui aussi, un épisode important de l'histoire de la psychiatrie et sur lequel je reviendrai à propos des pathologies familiales des maladies mentales.

Mais l'action sur les états chroniques que sont les schizophrénies s'avéra encore plus intéressant, même s'il est évident qu'il ne s'est agi que d'une amélioration relative. Les schizophrénies, bien qu'évoluant sur plusieurs années, sont des processus en activité presque permanente. C'est la routine de l'hospitalisation et des attitudes à leur égard qui a favorisé des symptômes comme la catatonie (persévération des attitudes) ou le gâtisme (incontinence des urines ou des matières) chez eux. Et avec la déshospitalisation et la mise en place des structures extra-hospitalières, il y a eu une diminution de ces effets.

Les partisans de ce qu'on a appelé la psychothérapie institutionnelle, c'est-à-dire de cette forme de psychothérapie qui joue sur la modification des rapports institués autour du patient, par exemple la hiérarchie, ces partisans donc ont toujours tenu à montrer que ce mouvement a précédé de quelques années celui du mouvement psychopharmacologique. Il est préférable de dire que l'action s'est déroulée dans les deux directions. Il est certain que la médicalisation du soin aux psychotiques a transformé la façon de se comporter vis-à-vis d'eux sur une grande échelle.

Cela a abouti par ailleurs en effet à une nouvelle connaissance du fonctionnement cérébral dans les maladies mentales, en particulier toute une série de recherches sur le rôle des amines cérébrales dans l'activité mentale, dopamine, sérotonine, noradrénaline... qui ont un rôle de transmission au niveau des synapses.

Actuellement enfin dans le domaine des psychoses, on dispose de psychotropes qui ne sont peut-être pas beaucoup plus actifs mais qui ont beaucoup moins d'effets secondaires indésirables.

Le DSM-IV, la dépression, les antidépresseurs et la psychanalyse

L'identification au patient dont j'ai parlé plus haut à propos de la psychanalyse va à l'inverse d'une pratique psychiatrique qui veut rester médicalisée et objective. Or ce mouvement de remédicalisation a pris une importance considérable dans la psychiatrie américaine, à travers les tentatives de classification développées dans les DSM (diagnostique statistique des maladies mentales). On les a considérés comme une véritable révolution. Les deux premières éditions de ces DSM étaient d'inspiration psychanalytique. Cela entraînait un très grand éparpillement des diagnostics parmi les psychiatres. D'où l'impossibilité d'envisager le développement de recherches épidémiologiques valables, comme il en existe dans d'autres disciplines médicales. Ce qui était une faiblesse car il est important pour la santé publique d'avoir une certaine idée de la répartition dans la population de telle ou telle affection et, d'autre part, de pouvoir corréler cette distribution avec tel ou tel facteur intercurrent : traumatismes, maladies infantiles, milieu culturel. C'est ainsi par exemple que l'on a pu obtenir des statistiques et que l'on sait maintenant par exemple que la prévalence de la schizophrénie dans la population est de 1 % et que le risque de faire un état dépressif est de 10 % au cours d'une vie.

Donc à partir du DSM-III, le point de vue théorique, en l'occurrence psychanalytique a été abandonné au profit de l'entente entre les psychiatres cotateurs de tel ou tel épisode mental pathologique, par exemple un accès dépressif. C'est en somme comme si les psychiatres avaient pour projet principal de s'entendre entre eux, avec le risque plus ou moins réel, de le faire aux dépens de ce qui découle de la structure de la relation médecin/malade. Et d'autre part, ce système DSM se veut athéorique. Il s'agit donc d'une sorte d'épidémiologie des représentations des maladies mentales qui est élaborée sans réflexion sur ces représentations de représentations que sont les théories de la maladie mentale.

Dans le DSM-IV, qu'est-ce que les psychiatres ont décidé entre eux de nommer « dépression » ? Selon quels critères peut-on faire le diagnostic ? Je cite à titre d'exemple :

– humeur dépressive pratiquement tous les jours, éventuellement irritabilité ;

– diminution de l'intérêt pour toutes ou presque toutes les activités pratiquement tous les jours ;

– perte de poids en l'absence de régime ;

– insomnie ou hypersomnie presque tous les jours ;

– fatigue ou perte d'énergie ;
– dévalorisation, culpabilité excessive ;
– diminution de l'attitude à gérer sa vie ;
– pensée de mort récurrente et risque suicidaire ;
– altération du fonctionnement social professionnel.

Tout cela entraîne le diagnostic de dépression à condition qu'il y ait au moins cinq de ces critères.

Le DSM-IV ajoute : il ne s'agit pas d'un deuil, ni d'effets consécutifs à l'absorption d'une substance ou d'un médicament et le trouble est 1,5 à 3 fois plus fréquent chez les parents biologiques du premier degré que dans la population générale.

Nous avons donc là un syndrome c'est-à-dire un regroupement de symptômes.

Cela correspond bien en effet à tout ce qu'un praticien constate dans sa pratique. Il n'y a pas de déficit biologique spécifique cependant malgré certains tests biologiques qui finalement n'ont pas paru fiables.

Je passe sur toute une série de conventions qui permettraient de s'entendre sur la façon de classer ces troubles par rapport à d'autres axes de référence.

Avec certaines techniques psychothérapiques de type comportemental, des comparaisons sont possibles là encore sur le plan statistique et aussi pour tester l'intérêt d'associations entre thérapies comportementales et thérapies psychopharmacologiques. Car on a affaire à une même façon de concevoir le trouble mental : comme un regroupement de symptômes et de traits du comportement que l'on cherche à modifier sans passer en quelque sorte par le sujet, par la personne même du malade, par son histoire etc.

Ce n'est évidemment pas possible sérieusement avec les thérapies d'inspiration psychanalytique dans la mesure où c'est la personne même du patient qui est considérée dans sa spécificité de sujet. Le patient est le sujet de sa dépression et cela correspond à une manière d'être au monde, de le penser, de l'investir effectivement, alors que si on part du DSM-IV, on décrit une maladie qu'a une personne et non cette personne même.

Le clinicien à la fois psychanalyste et psychiatre se trouve donc pris entre son attitude médicale de prescription des médicaments et cette attitude de considération première pour la façon dont le patient se construit lui-même.

C'est une affaire de pratique et d'expérience et ce n'est pas toujours facile. Ce qui est encore plus difficile, ce sont les idées qu'on se fait dans le groupe social, y compris dans les médias, sur la signification de la dépression, idées qui influencent plus ou moins médecin et malade dans leur relation commune.

Tel dépressif l'est-il parce qu'il est en deuil d'une personne précise ou d'une figure idéale, ou tel moment dépressif n'intervient-il pas inéluctablement dans l'élaboration d'un mouvement critique de son existence sentimentale ou autre ? Ou cet accès dépressif n'est-il pas la conséquence d'un niveau plus élevé du fonctionnement mental critique ? On sait que l'image de la mélancolie illustrée par Dürer signifie la prise de conscience chez un individu de niveau culturel exceptionnel d'un destin fragile. C'est ce que j'appellerais volontiers le pôle philosophique de la dépression. On peut le comparer avec la représentation pathétique de la mélancolie par Picasso.

Alors donner du Prozac n'est-ce pas une atteinte à cette réflexion de haut niveau qui est en train de s'élaborer ? En définitive n'est-ce pas de façon quelque peu iconoclaste une atteinte de l'image que l'individu et la société qui l'entoure, se font de la dignité de la pensée, même et surtout si cette pensée peine à se construire et s'il apparaît qu'il est logique d'être déprimé si on est atteint d'une affection grave ?

Mais il y a aussi d'autres considérations toujours actuelles. Ce Prozac n'est-il pas une façon de rechercher le bonheur sur ordonnance, de façon dérisoire et ne se présente-t-il pas comme une sorte de toxicomanie utilisée en autoprescription sans aucune référence au contexte médical de soins ?

Là encore c'est plus au niveau social que la question se pose, celle qui assimile toute drogue psychotrope à une sorte de toxicomanie. En fait, on s'est aperçu dès le début que les antidépresseurs ne prédisposaient pas à la toxicomanie. Il faut certes dans certains cas continuer au long cours ces antidépresseurs comme il faut continuer au long cours l'insuline chez les diabétiques. Alain Ehrenberg assimile, en sociologue, l'extension de la dépression dans la population à « la fatigue d'être soi », titre de son ouvrage. On est dans une société où sans arrêt on est confronté à l'image de soi-même et à la nécessité de comparer cette image de soi-même à l'image que les autres se font d'eux-mêmes par exemple à travers la télévision. Ce qui est une sorte de fonctionnement en boucle de l'image de soi issue de l'image de l'autre.

Mais à la limite alors le mot dépression n'a plus aucun sens s'il se démédicalise et ne se base plus sur une expérience clinique précise, celle que doit accueillir le psychiatre qui doit faire son métier correctement. Sinon les antidépresseurs ne sont rien d'autre que des enjoliveurs assimilés à tort ou à travers à ce qu'on appelle la médecine du désir.

Il y a eu peu d'études sur ce qui se passe en fait sur le plan psychodynamique lorsqu'on prescrit un antidépresseur, comme si cela devait se traduire par une sorte de défection envers soi-même et envers la société. Il faut bien dire qu'une telle vision est entretenue par les derniers de ceux qui ont, à un moment donné, opposé dans une guerre idéologique les partisans du tout biologique à ceux du tout psychanalytique comme expression suprême de la culture dans le monde occidental et particulièrement en France, relayés depuis peu par les partisans du tout naturel contre ceux du tout artificiel, voire du commercial : « Il n'y a que le cannabis pour supprimer la souffrance parce que c'est une substance naturelle alors que les psychotropes inventés par la technique sont porteurs d'une idéologie commerciale » (Zarifian).

L'antipsychiatrie, familles et trouble mental

Je voudrais à ce propos terminer en analysant un autre mouvement de la psychiatrie dans les années 1960-1975 auquel j'ai déjà fait allusion : le mouvement antipsychiatrique, car il a eu une grande importance dans les rapports que la pratique psychiatrique, entretient avec l'évolution culturelle. Parmi les différentes définitions du mot culture que je voudrais préciser, j'en retiendrai une particulièrement bien adaptée à notre propos et qui est née de l'anthropologie culturelle américaine : « c'est l'ensemble des valeurs et des idéaux qui sont reproduits dans le processus de socialisation des enfants » (Kluckhorn cité par Tousignon *les origines sociales et culturelles des troubles mentaux*).

Ce mouvement d'antipsychiatrie est né dans les années 1960. Il s'est surtout implanté aux USA, en Italie avec une dimension politique (Basaglia) et en Angleterre (Cooper). On considère qu'il est né aux USA dans le mouvement de la « contre-culture » et en psychiatrie à la suite de la prise de conscience des conditions sociales des malades mentaux dans les asiles (cf. le livre de Goffman *Asylums* et le film *Vol au-dessus d'un nid de coucous*). Il tendait à montrer que la maladie mentale est une construction de la pratique psychiatrique, visant donc particulièrement la pratique hospitalière aux USA, probablement aussi en réaction à l'envahissement de la psychiatrie par la psychanalyse et d'une certaine façon par la culture inspirée du schéma Freudien, œdipien notamment. D'où l'antipsychiatrie. Je rappelle les conceptions de Michel Foucault prétendant que la pratique psychiatrique est intimement liée au politique, ce qui est d'ailleurs évident. En France, ce mouvement n'a pas eu l'extension que l'on devait imaginer en raison de la pratique psychiatrique de secteur qui est essentiellement un mouvement de déshospitalisation et de soins dans des unités extrahospitalières, immergé dans la cité et proche du milieu familial lorsqu'il existe. Il n'a pris d'importance en France qu'en 1968 à l'occasion des mouvements de mai. Cela n'a pas été dit mais on peut le considérer aussi comme une sorte de réaction aux conceptions du caractère inéluctable de l'hérédité des maladies mentales, image qui découlait elle-même de la doctrine de la dégénérescence du début du XIXe siècle que j'ai rappelée plus haut. C'était donc aussi une façon de renverser l'héritage psychobiologique des parents et une sorte de parentification des parents, les enfants devenant en quelque sorte les parents de leurs parents.

Actuellement la conceptualisation de la transmission héréditaire pourrait se faire selon deux logiques : celle de la vulnérabilité qui inclut aussi bien des critères dits psychologiques que des critères biologiques. Ainsi dans la schizophrénie, les traumatismes infantiles d'abandon, mais, aussi les maladies de l'enfance, la recherche d'une fragilité familiale par exemple dans le test de la poursuite visuelle ou des potentiels évoqués à l'electroencéphalogramme. On peut donc traiter statistiquement de tels facteurs de vulnérabilité. Mais les travaux de génétique médicale ne permettent pas encore de localiser sur un gène tel ou tel caractère morbide ou telle maladie. Et les choses sont certainement beaucoup plus complexes que l'attribution à un gène d'une maladie.

Il y a une autre façon de penser l'hérédité, non exclusive de la première et qui est plutôt anthropologique. C'est celle du lien de filiation qui peut se définir comme ce par quoi un individu se construit et est construit par le groupe auquel il appartient vis-à-vis de ses ascendants et descendants réels et imaginaires.

Cette conception personnelle donne de l'importance à ce qui se transmet par les institutions, par le langage, par la biologie (les gènes) et aussi par les structures de l'imaginaire (ou du narcissisme) et à l'équilibre qui s'établit entre ces différents types de transmission si hétérogènes les uns aux autres.

Parallèlement, enfin se sont développées tout d'abord aux USA et ensuite en Europe, des études sur le rôle de la famille dans la pathologie mentale, notamment la schizophrénie. Schématiquement il s'agit soit d'études d'inspiration psychanalytique, soit d'études systémiques dans lesquelles la famille est décrite comme une sorte de système en équilibre autour du patient ou du déviant, équilibre qui ne peut être maintenu qu'aux dépens du patient. Ce sont les parents qui rendent leurs enfants schizophrènes. On peut se reporter au film *Family Life* qui a eu un grand succès médiatique pour comprendre la résonance qui existait entre la contre-culture et de tels présupposés théoriques pathogènes. Les familles de malades en ont beaucoup souffert.

Il y a, entre tous ces mouvements, une convergence qui n'a pas fini de retentir sur la compréhension actuelle que nous avons de la maladie mentale, dans la mesure où l'organisation familiale elle-même est en perpétuel changement et qu'il faut bien en tenir compte dans les soins apportés aux malades mentaux. Le point de vue de la famille est de plus en plus pris en compte dans le traitement, dans une collaboration qui ne se passe pas aux dépens du patient.

Les maladies mentales et les dépressions

par Jean-Louis Terra

Dans le vaste ensemble des troubles mentaux, j'ai choisi d'apporter quelques informations concernant les schizophrénies et les dépressions, pour insister sur leurs points communs : durée d'évolution, souffrance induite qui peuvent expliquer le risque élevé de suicide. En effet, ces deux affections qui représentent moins de 20 % des troubles mentaux sont la cause de presque 80 % des décès par suicide.

Les schizophrénies

Le groupe des schizophrénies représente le paradigme de la maladie mentale par l'importance de son impact sur la vie d'une personne, par sa fréquence qui en touchant à 0,5 à 1 % de la population générale, a justifié en grande partie la création des hôpitaux psychiatriques. Cette affection débute le plus souvent au début de l'âge adulte, un peu plus tôt chez l'homme que la femme.

Elle existe dans l'ensemble des pays, quels que soient leur culture, leur degré de développement et leur organisation sociale. Des variations de fréquence existent entre les pays et au cours du temps au sein d'un même pays. Une diminution de l'incidence, c'est-à-dire de la fréquence d'apparition des nouveaux cas est presque certaine.

Une étude finlandaise, publiée récemment, (« Decline in the Incidence of Schizoprenia in Finish Cohorts Born from 1954 to

Texte de la 73e conférence de l'Université de tous les savoirs donnée le 13 mars 2000.

1965 », J.-M. Suvisaari, J.K. Haukka, A.J. Tanskanen, J.K. Lonnquist, *Arch. Gen. Psychiatry* (1999) No. 56, p. 733-740) démontre une diminution de l'incidence de 0,79 à 0,53 ‰ pour les hommes et 0,58 à 0,41 pour les femmes pour les populations nées entre 1954 et 1965.

De telles variations permettent de faire des hypothèses sur les causes de la maladie ou sur ce qui favorise l'expression de celle-ci. Par exemple, l'analyse d'épidémies de grippe, comme celle de 1957, a montré que les femmes qui étaient au 5e mois de leur grossesse, dans les zones d'épidémie intense, ont eu deux fois plus d'enfants qui sont devenus schizophrènes une fois adultes. Il est certain, que si ce phénomène rend compte d'un excès de naissances de futurs patients schizophrènes à la fin de l'hiver, la grippe ne peut expliquer tous les cas de cette affection. Cela devrait rassurer les personnes nées à la fin de l'hiver !

Les différentes recherches sur cette maladie ont produit suffisamment de connaissances qui sont autant de pièces d'un puzzle qu'il est maintenant possible de se représenter un modèle neurodéveloppemental de la schizophrénie. Il associe des anomalies cérébrales mineures et des perturbations des fonctions cognitives. (Generalized Cognitive Deficits in Schizophrenia : a Study of First-episode Patients) S. Mohamed, J.S. Paulsen, D. O'Leary, S. Arndt, N. Andreason, *Arch. Gen. Psychiatry* (1999) n° 56, p. 749-754). Le spectre d'une schizophrénie engendrée par les perturbations de la relation entre les parents et l'enfant se dissipe avec de telles avancées.

Les troubles schizophréniques sont caractérisés par des distorsions fondamentales de la pensée, de la perception des affects et de leur expression. Les affects peuvent être inappropriés et émoussés. Cette maladie est aussi marquée par une atteinte de la perception de l'unicité de la personne, dans son identité, dans ses souvenirs, dans son autonomie. Le patient est fréquemment en proie à des hallucinations, le plus souvent auditives, sous la forme de commentaires de ses pensées et de ses actes.

À un degré de plus, il perçoit ses pensées, ses sentiments et ses actes comme partagés par les autres ou sous l'influence de forces surnaturelles. Le patient peut être convaincu qu'une force, étrangère à lui, l'empêche de penser comme il voudrait. Ses sentiments sont devinés, ses pensées sont volées, ses actes lui sont commentés ou même plus commandés. Cette emprise aboutit à une mécanisation de la vie psychique qui conduit à une perte de liberté et une souffrance considérable. Cette description correspond au syndrome d'automatisme mental.

Les schizophrénies sont aussi caractérisées par les troubles du cours de la pensée. Le discours peut être productif avec des associations d'idées qui n'ont qu'un rapport lointain. Bien souvent après une longue évolution, le discours devient vague et elliptique, voire incompréhensible. Cela explique la difficulté de ces patients à communiquer et à partager leur vécu. Plongé dans une vie psychique imaginaire et hermétique aux autres, le retentissement est généralement considérable sur l'adaptation sociale et la trajectoire de vie. Cela explique l'importance d'une formation des soignants pour savoir garder un lien avec ces patients.

La nature même du trouble fondamental varie selon que l'on utilise une compréhension psychanalytique ou cognitiviste. Toutefois ces approches sont de moins en moins incompatibles entre elles en raison des efforts de recherche entrepris, de l'assouplissement des idéologies créant des zones d'échanges, voire de recherches communes.

Des perturbations du fonctionnement cérébral, mises en évidence au niveau des régions frontales et dans d'autres régions, peuvent expliquer les dysfonctionnements cognitifs, la production d'hallucinations, le délire et l'atteinte de la volonté.

De même des liens ont été tissés avec les explorations neuropsychologiques qui permettent de montrer des altérations cognitives spécifiques. Les patients schizophrènes ont des perturbations quant à l'attribution de leurs pensées, de leurs actions dans le sens où ils pensent plus souvent qu'elles ne sont pas sous leur contrôle ou, encore plus, qu'ils n'en sont pas les auteurs. Il est, ainsi, tentant de faire des rapprochements entre ces données et les manifestations cliniques telles que le syndrome d'influence, décrit plus haut.

Cette maladie évolue le plus souvent sur des décennies, soit sous forme d'épisodes aigus, marqués par le délire et la désorganisation, entrecoupés de phases de rémission de plus ou moins bonne qualité, soit sous forme continue, presque d'un seul tenant. Schématiquement, on distingue une première période de 5 à 10 ans où le sujet est envahi par les troubles malgré ses efforts et les thérapeutiques mises en œuvre. Une stabilisation apparaît ensuite, maintenue au prix d'un traitement neuroleptique au long cours et d'un fonctionnement social réduit par rapport aux aspirations légitimes d'avant la maladie. Autour de la soixantaine, se dessine une phase plus favorable où l'affection paraît perdre du terrain, notamment pour l'intensité des symptômes.

La schizophrénie provoque une importante souffrance psychique aussi bien chez les patients que chez leurs proches. Elle entraîne des conséquences dans la vie sociale, professionnelle et relationnelle. Ces patients ont moins souvent une vie de couple, moins souvent des enfants et rarement un emploi. Ce déficit est d'autant plus net que la maladie a commencé tôt. Le nombre d'amis est très réduit, les échanges difficiles et à sens unique, laissant un rôle d'entraide important à la famille et aux équipes de soin psychiatrique.

Classiquement, on oppose l'évolution plutôt défavorable des schizophrénies au bon pronostic des dépressions. L'efficacité des antidépresseurs à court et moyen terme, plus exceptionnellement celle de la sismothérapie sur un épisode, ne reflètent hélas pas totalement l'évolution globale de la maladie dépressive.

La maladie dépressive

J'utilise ce terme pour parler des dépressions qui sont marquées par la récidive d'épisodes dépressifs et souvent un important retentissement dans la vie.

Cette distinction est importante alors que la notion générale de dépression avec ses limites actuelles trop floues risque de porter préjudice à ceux qui ont réellement besoin de soins et à ceux qui les prennent en charge.

Cette précision est nécessaire, car la psychiatrie après avoir souligné les différences présentées par les malades mentaux pour décrire les maladies, tend aussi à montrer les points communs entre malades et non-malades en élargissant le spectre des troubles psychiques. Il est bien difficile de ne pas se trouver quelque trouble psychique en feuilletant les classifications actuelles. Cela est bien normal car environ un quart de la population souffrirait d'un trouble si on utilise ces classifications. On peut se demander qui aurait intérêt à dénombrer autant de personnes en souffrance.

Dans le même sens, il paraît pertinent de distinguer :

– le symptôme dépressif, la tristesse en est un, mais il ne veut pas dire dépression s'il est isolé,

– le syndrome dépressif, qui est un ensemble de symptômes pour une période donnée,

– et la maladie dépressive dont l'évolution dans le temps a les conséquences que je vais évoquer.

Actuellement il est clair que les troubles de l'humeur n'ont pas que des conséquences subjectives en termes de qualité de vie du patient et de son entourage. Le fonctionnement social en est plus altéré que par des affections telles que le diabète ou l'insuffisance coronarienne évoluée. Seules, les douleurs de la polyarthrite sont plus invalidantes. En cas d'association entre la dépression et une maladie organique, configuration fréquente, il existe un effet additionnel sur l'incapacité.

Les dépressions représentent une des premières causes médicales d'arrêt de travail et 60 % des causes d'arrêt pour affection psychiatrique. La durée moyenne de ces arrêts est élevée et en général mal comprise par l'entourage familial et le milieu professionnel.

Outre le risque de suicide, qui sera évoqué plus loin, le retentissement est important pour les relations interpersonnelles. Les relations de couple et les rôles parentaux sont difficiles à assumer. Les enfants de parents déprimés ont plus de troubles de l'adaptation et de perturbations psychopathologiques. Peu d'affections ont un spectre de retentissement aussi large, allant de la perte d'estime de soi à une difficulté à investir l'entourage.

Schizophrénies et dépressions, en partie en raison de leur fréquence mais surtout en raison de la souffrance psychique induite, représentent presque 80 % des causes de suicides. Le suicide peut être considéré comme un événement rare quand on le rapporte à l'ensemble de la population d'un pays, il l'est un peu moins quand on le rapporte aux personnes atteintes de troubles psychiques, notamment pour certains troubles et à certaines périodes de leur évolution. S'intéresser à cette complication ne peut être que dans l'optique d'une prévention qui s'avère difficile mais qui devient une priorité dans de nombreux pays.

Le suicide et sa prévention

Les maladies mentales et les dépressions apportent un fardeau psychologique considérable. Diminuer la souffrance est la mission fondamentale que la société confère à la médecine. Un de ces fils conducteurs est la souffrance psychologique dont on parle actuellement facilement, voire à l'excès, en faisant trop souvent l'amalgame entre la souffrance liée au simple fait d'exister et les souffrances pathologiques dues aux maladies invalidantes, ou encore les souffrances liées à des circonstances traumatiques d'intensité exceptionnelle.

Nous voudrions aborder cette souffrance due aux affections psychiatriques, le suicide marquant l'extrême limite de ce qu'il est possible d'endurer. Il est toujours nécessaire de rappeler que le suicide ne peut pas être entendu dans la très grande majorité des cas comme l'expression d'une liberté, laquelle suppose une possibilité de choix. Les maladies mentales constituent une pathologie de la liberté, insistait Henry Ey. Le suicide représente la troisième cause des années de vie perdues, presque 10 %, après les maladies cardiovasculaires, 12 %, et les cancers, 30 %.

Toutes les maladies mentales, exceptées le retard mental et les démences, ont pour conséquence un excès de suicide par rapport à la population générale (E.C. Harris, B. Barraclough « Suicide as an Outcome for Mental Disorders » *British Journal of Psychiatry*, (1994), 170, 205-228).

Si l'on considère seulement les dépressions et les schizophrénies, ces affections si différentes dans leur expression, conduisent, malgré des progrès thérapeutiques indéniables, beaucoup trop de patients à se donner la mort. Il apparaît que l'augmentation réelle du nombre de professionnels de santé en quelques décennies et la progression des prescriptions médicamenteuses n'ont pas agi de façon déterminante sur le taux de suicide dans la plupart des pays.

Chaque année, en France, c'est un peu plus de 11 000 personnes qui s'enlèvent la vie, 3 000 femmes et 8 000 hommes, alors qu'environ 160 000 le tentent. Chaque décès par suicide plonge en moyenne 5 personnes dans un deuil encore plus douloureux qu'après un accident de la circulation (M. Séguin, A. Lesage, M.C. Kiely « Parental Bereavement After Suicide and Accident : A Comparative Study », *Suicide and Life-Threatening Behavior*, (1995), 25 (4), 489-498). Les causes de ce qu'il faut bien considérer comme un échec de la lutte contre les maladies mentales et leurs complications doivent être analysées avant de proposer des solutions. Quelques données avant de proposer des pistes explicatives.

La pratique des autopsies psychologiques mettent en évidence l'existence d'une maladie mentale chez plus de 90 % des personnes qui se donnent la mort. Cette forme particulière d'autopsie permet de reconstituer avec les proches l'histoire et la trajectoire de vie du sujet. Elle permet souvent de comprendre les étapes, d'en dire le chemin critique, quand une intervention adéquate aurait été possible. Les enseignements tirés de ces investigations permettent d'améliorer la prévention à partir de quelques situations exemplaires aussi bien pour les phases pré-suicidaire que suicidaire. Il faut signaler ici le courage des équipes de recherche qui vont avec des méthodes adaptées et très respectueuses rencontrer les tréfonds de la souffrance et de la tristesse de certaines vies.

Les patients atteints de schizophrénie se suicident environ 8 fois plus en moyenne que la population générale surtout en début de maladie. Il s'agit souvent d'un suicide, sans tentative de suicide préalable, rendant ainsi la prévention plus délicate.

Au sein des troubles dépressifs, les patients qui ont fait au moins un épisode dépressif majeur (mais le plus souvent on recense 4 à 6 épisodes pour un suivi de 20 ans) ont un risque de suicide 20 fois plus élevé. Ce risque subsiste au fil de la vie, probablement du fait que cette affection perturbe durablement les relations interpersonnelles et le fonctionnement social, au-delà du fait que cette maladie dévalorise le sujet à ses propres yeux. Une importante étude française conduite par l'Inserm auprès de 20 624 volontaires, membres du personnel d'EDF-GDF, la cohorte Gazel, maintenant suivie depuis 11 ans, montre qu'au moins 20 % des personnes qui présentent un épisode dépressif ont une évolution vers la chronicité. La mauvaise détection de la dépression et l'absence de traitement adéquat expliqueraient en partie cette évolution défavorable. Seulement 10 % des dépressifs recevraient un traitement totalement approprié. Cela aurait une incidence sur le taux de suicide et, d'après des données suédoises, le risque chez les patients dépressifs non traités est le double de celui chez les dépressifs traités. Cela est corroboré par le dosage des antidépresseurs chez les suicidés ; moins de 10 % ont un taux correspondant à celui d'un traitement efficace. Ces données démontrent l'importance des recommandations médicales que des agences telles que l'ANAES élaborent pour améliorer la qualité des soins.

Paradoxalement, mais ce n'est pas finalement un paradoxe, plus un pays prend conscience de la fréquence de la dépression (ce qui se manifeste par une augmentation des cas déclarés), plus le nombre de suicide diminue. Cela a été constaté en Hongrie où le taux de suicides était très élevé et où un effort a été fait pour reconnaître et traiter la dépression.

En cas de trouble bipolaire, assimilable à la psychose maniaco-dépressive, le risque est 15 fois plus élevé. Ces chiffres sont issus d'études de cohortes de patients qui ont plus ou moins suivi leur traitement. L'interruption du lithium dans cette affection conduirait à un risque de suicide plus élevé.

Ces données montrent encore une fois l'importance de la qualité de la prise en charge des troubles dépressifs comme moyen de lutte contre la dépression. Les coûts directs liés au traitement sont 7 fois inférieurs aux coûts indirects que la société doit assumer. Une amélioration du traitement par les médecins généralistes de l'île de Gotland, en Suède, avait réussi à infléchir le taux de suicide essentiellement pour les femmes.

Réduire le taux de suicide des hommes est difficile à cause de leur faible propension à demander de l'aide de façon explicite et en raison de leur recours à des moyens radicaux, tels que les armes à feu. Un des grands défis actuels de la psychiatrie est de favoriser l'accès aux soins pour les hommes, de l'adolescent au sujet âgé.

Cependant il ne semble pas que l'amélioration des soins suffise pour réduire suffisamment les taux du suicide, qui dépend de multiples facteurs. Il n'existe pas de ceinture de sécurité pour le suicide et de multiples actions de prévention doivent être envisagées simultanément.

Les comparaisons internationales, ou entre différentes régions d'un même pays, indiquent que la réduction de l'accès aux moyens de suicide représente un axe de prévention prioritaire. Ainsi pour les armes, de plus en plus utilisées par les jeunes, il apparaît que le taux de suicide est corrélé avec la proportion de foyers où une arme à feu est disponible (T. Miller and M. Cohen, « Costs of Gunshot and Cut/Stab Wounds in the United States, with some Canadian Comparisons », *Accid. Anal. Prev.*, 1997 ; 29 (3) : 329-41.)

Des travaux scientifiques indiquent que le risque de décéder par suicide est globalement multiplié par 5 en cas de possession d'une arme, par 9 si elle est conservée chargée et seulement par 3 si les consignes de stockage sont respectées. Des événements récents ont encore confirmé les conséquences d'une accessibilité excessive aux armes.

La prévention est difficile, mais dans ce domaine certaines actions à réaliser sont relativement bien identifiées. Par exemple, et c'est le meilleur exemple, il est possible d'abaisser le chiffre annuel de presque 3 000 suicides par armes à feu. Il s'agit essentiellement de favoriser l'entreposage sécurisé des armes pour réduire ce que l'on appelle une catastrophe en miettes. Il semble s'agir d'un problème individuel, et c'est le cas, mais la prévention est collective, c'est-à-dire du ressort d'une vision de santé publique. Sans aucune provocation, on peut dire qu'une arme est plus identifiable que n'importe quelle bactérie et bien plus souvent mortelle. De telles données confortées par bien d'autres montrent que les maladies mentales et la prévention de leurs complications doivent être intégrées au fonctionnement général de la société.

Pour terminer sur une tonalité plus optimiste, je citerai des travaux de recherche sur les facteurs de résistance qui font que l'immense majorité des personnes, même en proie à des difficultés, ne se suicident pas. Cette protection est dénommée résilience, par analogie avec la propriété de certains métaux de résister aux chocs et elle s'oppose à la vulnérabilité.

La résilience est constituée de dispositions personnelles comme le tempérament, les habiletés intellectuelles, le *coping* qui est un ensemble de stratégies pour faire face, le contrôle interne, la capacité de se confier à quelqu'un et le sens de l'humour. Elle dépend aussi de la cohésion et de la chaleur familiale qui favorise des relations d'attachement positives et des relations de confiance. De telles dimensions font partie de la santé mentale positive qui peut être renforcée chez les personnes en difficulté.

Devant un suicide, si l'on regarde seulement de l'aval vers l'amont il est bien difficile de ne pas expliquer un tel drame par les événements négatifs survenus dans le passé. Cette façon de procéder explique bien la vulnérabilité.

À l'inverse, la résilience se repère si on a une lecture de l'amont vers l'aval. Cette démarche permet de se rendre compte que beaucoup de personnes ayant eu une enfance ou une période de leur vie très difficile, résistent bien et, même mieux, n'inscrivent pas leurs enfants dans la répétition traumatique de leur propre histoire. C'est sur cette note de confiance que je voulais terminer après avoir évoqué avec Jean Guyotat tant de formes de la souffrance humaine.

L'allergie ou la démesure d'un état hypersensible

par BERNARD DAVID

L'Organisation mondiale de la santé place les maladies allergiques au sixième rang des fléaux recensés dans le monde. En France, on estime que plus de 20 % de la population (soit environ 10 millions de personnes) sont atteintes d'affections d'origine allergique. Les trois quarts de ces affections sont respiratoires et on compte environ 2 000 décès par asthme chaque année dans notre pays.

Mais qu'est-ce que l'allergie ? L'allergie désigne un état d'hypersensibilité dont le mécanisme appartient à une réponse immunitaire normale, mais qui, sous l'effet de multiples facteurs, est mal contrôlée et déséquilibrée.

Défini en 1906 par Von Pirquet, le terme « allergie » désignait un type de réaction inflammatoire considérée à l'époque comme paradoxale, telle que la positivité de l'intradermoréaction à la tuberculine chez un sujet préalablement sensibilisé.

Auparavant, en 1902, une découverte inattendue qui aura un retentissement considérable par la suite, avait été faite par deux savants français Ch. Richet (prix Nobel en 1913) et P. Portier.

Après avoir inoculé un extrait non toxique d'actinies (anémones de mer) à un chien afin de l'immuniser, ils observent que, lors de la deuxième injection de rappel, le chien meurt dans les minutes qui suivent cette injection. Cette constatation, contraire à la « protection vaccinale » fut alors dénommée « anaphylaxie ». C'est en réalité le réel point de départ de « l'allergie moderne » puisque la plupart des malades allergiques relèvent du mécanisme anaphy-

Texte de la 74e conférence de l'Université de tous les savoirs donnée le 14 mars 2000.

lactique décrit en 1902, plus connu actuellement sous le nom d'hypersensibilité immédiate.

Les concepts « anaphylaxie » et « allergie », très différents à l'origine, se sont trouvés confondus dans des pathologies très diverses sous le terme général de « maladies allergiques ». Un dernier vocable « l'atopie » fut proposé en 1923 pour qualifier la notion de terrain prédisposant à certaines de ces affections allergiques.

Il est compréhensible que ce domaine un peu particulier de l'allergie soit resté pendant près d'un siècle extrêmement flou, entaché d'ambiguïtés tant en clinique (symptôme ubiquitaire et médecine pluridisciplinaire) qu'en science (mécanismes complexes et imprécis). C'est grâce aux progrès considérables apportés par l'immunologie que peu à peu se sont clarifiées les idées sur la genèse de la pathologie d'origine allergique.

On peut désormais affirmer que l'apparition d'une réaction inflammatoire d'origine allergique est la conséquence d'un état d'hypersensibilité dont le but initial est de lutter contre une agression spécifique. Cette réaction de défense de l'organisme échappe chez certains individus au contrôle des mécanismes immuno-physiologiques, sous l'effet de facteurs variés tels l'environnement spécifique (allergènes), et non spécifique (tabagisme passif), la génétique de l'individu, l'implication des cellules et des médiateurs impliqués dans l'inflammation. Cet emballement du système immunitaire avec une réponse exacerbée crée alors de véritables syndromes (parfois un choc mortel) affectant de multiples organes (poumons, peau, sphère ORL, systèmes oculaire, digestif...).

L'état actuel des connaissances a permis en outre de bien distinguer plusieurs états d'hypersensibilité dont deux représentent la quasi totalité de l'expression pathologique de l'allergie. Ces deux états d'hypersensibilité correspondent à deux mécanismes immunologiques différents et, partant, à des syndromes très distincts *(Fig. 1* et *Fig. 2)*.

Le premier type d'hypersensibilité procède d'un mécanisme qui correspond à l'observation de Von Pirquet (auteur du terme « allergie ») appelée hypersensibilité retardée. Cette hypersensibilité différée à médiation cellulaire, sans production d'anticorps, est induite par des substances externes (antigènes ou haptènes), qui, après pénétration dans l'organisme, vont sensibiliser des lymphocytes, cellules du système immunitaire. Après l'introduction de ces substances, les lymphocytes sensibilisés vont être activés et vont provoquer une réaction cellulaire responsable de l'inflammation.

Cliniquement, elle correspond chez l'homme à l'eczéma ou dermite de contact. Toute substance rencontrée au cours de la vie domestique ou professionnelle, dont l'application sur le derme est répétitive, est susceptible d'induire un eczéma de contact : métaux, colorants et teintures, cosmétiques, caoutchouc, plastiques, ciments, lessive, détergents, produits chimiques, médicaments, etc.

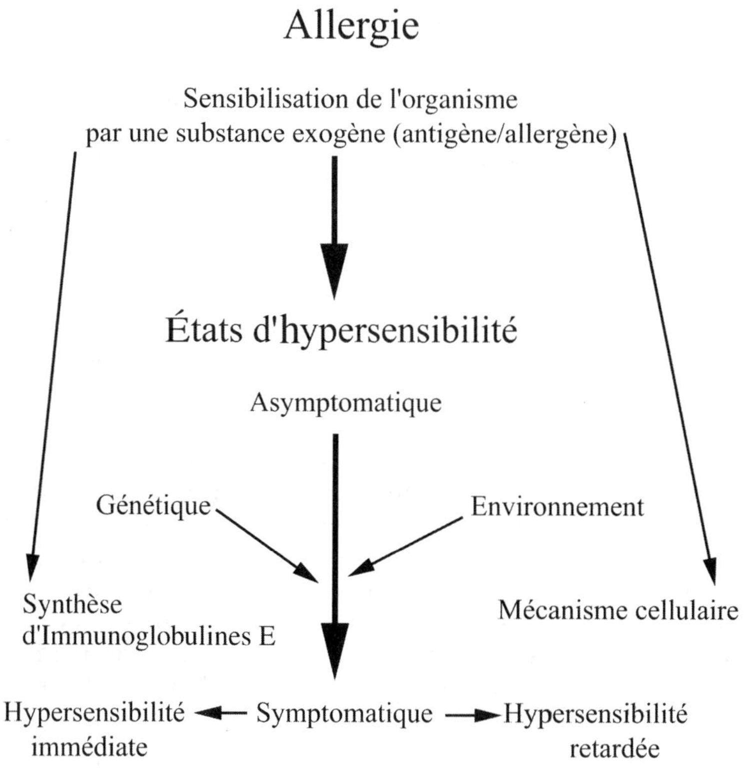

Figure 1

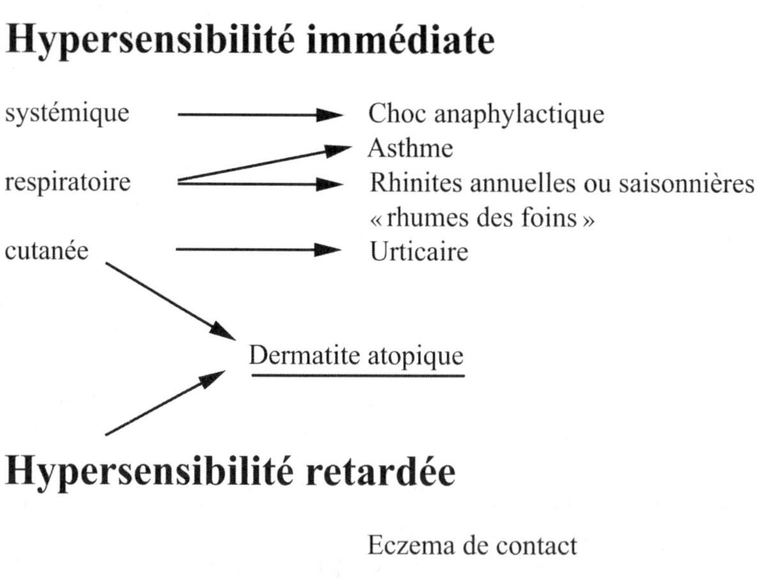

Figure 2

Le diagnostic de dermite de contact est étayé par la pratique de tests cutanés, seul moyen d'apporter la preuve de la sensibilisation du sujet au produit spécifique.

Ces tests épicutanés à lecture tardive, 48 heures à 96 heures (épidermotests ou patch-tests) visent à reproduire l'eczéma en miniature au contact de la (ou des) substance(s) responsable(s) des lésions, démontrant ainsi la sensibilité du sujet.

Quant à la thérapeutique, elle associe les mesures de prévention des dermites de contact, professionnelles ou non (éviction de l'allergène, information sur les risques d'utilisation des substances industrielles connues comme irritantes ou allergisantes) à la corticothérapie locale, traitement de choix de ce type d'allergie.

Le second type d'hypersensibilité, appelée immédiate, est la forme d'allergie la plus fréquente et a comme support immunologique essentiel l'induction et la synthèse d'anticorps d'une classe particulière (Immunoglobulines E ou IgE) dirigés contre des allergènes de notre environnement. On regroupe sous le nom d'anaphylaxie et de maladie atopique, toutes les manifestations cliniques liées aux phénomènes d'hypersensibilité immédiate dépendante de la production d'IgE spécifiques. Cependant, le terme d'anaphylaxie correspond à un mécanisme physiopathologique, sans connotation héréditaire (choc anaphylactique aux venins d'hyménoptères), tandis que le concept d'atopie se définit comme une aptitude génétique particulière à produire des IgE en excès contre diverses substances naturelles de l'environnement atmosphérique (pollen, moisissures), environnement de l'habitat (acariens, blattes, grands et petits mammifères), ou professionnel et contre les aliments avec comme conséquence des allergies respiratoires (asthme, rhinites), cutanées (urticaire, eczéma atopique), ophtalmiques et digestives.

Le point commun entre l'hypersensibilité immédiate (production d'IgE) et retardée (cellulaire) réside dans l'installation d'un état hypersensible. La première phase dite de sensibilisation par un allergène se déroule de manière silencieuse et ne provoque aucun symptôme. C'est seulement après réintroduction de l'allergène et le plus souvent par des stimulations ultérieures répétitives que la deuxième phase réactionnelle apparaît.

La plupart des maladies allergiques relèvent de l'hypersensibilité immédiate dépendante de la synthèse d'IgE (80 %, dont plus des trois quarts sont des affections respiratoires) et ont fait l'objet des travaux les plus approfondis, tant en expérimentation humaine que sur des modèles animaux et ce, depuis la découverte des IgE, en 1966 par K. lshizaka.

Brièvement le mécanisme de l'allergie immédiate opère en deux temps : la synthèse d'IgE par un allergène correspondant à la phase silencieuse pendant laquelle aucun trouble n'apparaît, mais où ces IgE une fois déversées dans le sérum, vont se fixer sur des cellules de notre organisme et en particulier sur des cellules-cibles que sont les mastocytes tissulaires présents sur la peau, dans les muqueuses respiratoires et digestives et les polynucléaires basophiles (globules blancs) du sang.

Ces IgE fixées sur ces cellules ne seront donc pas éliminées et pourront rester longtemps en attendant l'arrivée de l'allergène spécifique.

La deuxième phase réactionnelle apparaîtra lors d'une pénétration ultérieure de l'allergène, car celui-ci pourra se combiner directement avec les IgE déjà fixées aux mastocytes. Ce contact direct et immédiat entre l'allergène et l'IgE fixée au mastocyte va déclencher une activation cellulaire un peu à la manière d'une clef de contact pour mettre en marche une voiture, qui va aboutir à la sécrétion des médiateurs mastocytaires. Ces médiateurs (histamine d'une part, leucotriènes, prostaglandines, cytokines d'autre part) vont être à l'origine d'une réaction inflammatoire intense, responsable d'une pathologie d'origine allergique (choc anaphylactique, asthme, rhume des foins, urticaire) *(Fig. 3)*.

La maladie allergique est le résultat de la rencontre d'un sujet porteur de certaines potentialités et d'un environnement capable de les révéler. La génétique donne au sujet les moyens de s'exprimer, l'environnement le fait s'exprimer ; de façon latente, c'est la sensibilisation, ou de façon plus explosive, ce sont les symptômes. Le caractère héréditaire constitue un facteur de risque majeur dans la genèse des syndromes allergiques dits atypiques, qui résultent de causes multifactorielles. Cliniquement, de nombreuses études familiales ont montré que le risque de développer une allergie est d'autant plus élevé que les ascendants directs sont allergiques. On évalue ce risque à 15 % pour un sujet sans antécédent familial, à

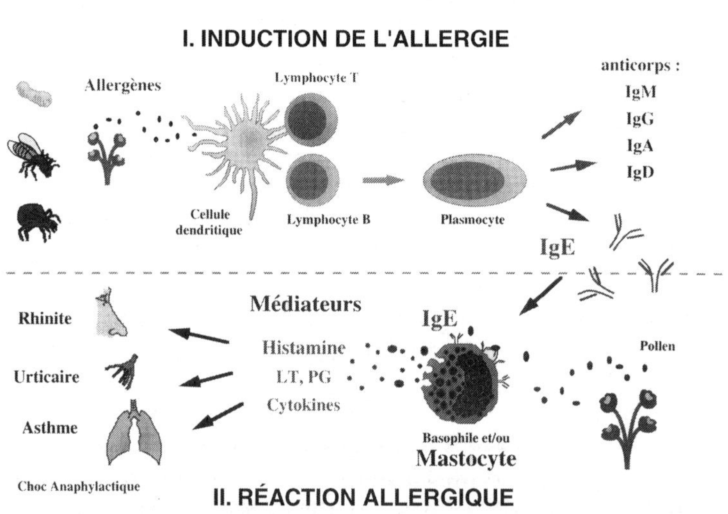

Figure 3

30 % en moyenne si un des deux parents est atteint, à 50 % voire plus, si les deux parents sont allergiques. De même, on a constaté que la concordance clinique de l'asthme allergique était plus élevée chez les jumeaux monozygotes, génétiquement identiques (19 %), que chez les jumeaux dizygotes (4,8 %).

La transmission héréditaire conférée par les familles d'atopiques s'applique à la capacité génétique du système immunitaire à induire des IgE spécifiques contre des allergènes de notre environnement immédiat. Cette capacité est retrouvée également chez les individus qui ont tendance à produire de fortes quantités d'IgE totales sériques.

D'autres études ont tenté d'établir des associations entre certaines régions chromosomiques (gènes candidats) et le taux d'IgE, l'atopie et l'asthme.

S'il est bien évident que certains gènes sont impliqués dans les mécanismes de l'hypersensibilité immédiate, ils sont également présents et fonctionnels chez le sujet normal et chez le patient allergique à des degrés variables. La pathologie allergique n'appartient pas à la catégorie des maladies génétiques car elle n'est que la production d'une inadéquation entre la génétique et notre environnement.

En fin de compte, c'est l'environnement qui va jouer un rôle essentiel dans le déclenchement des symptômes allergiques, et comme cela a été mentionné plus haut, l'hypersensibilité immédiate n'a d'existence que par la présence d'IgE spécifiques induites par des facteurs extrinsèques dont la plupart font partie de notre environnement permanent. Ces derniers, dénommés allergènes, se comportent comme des antigènes banals chez les sujets sains. Seuls les individus génétiquement programmés intègrent ces molécules en tant qu'allergènes.

On distingue : les allergènes inhalés ou pneumallergènes qui sensibilisent par voie respiratoire et sont responsables de l'asthme et des rhinites allergiques, et les allergènes ingérés (aliments) qui engendrent des réactions générales (choc anaphylactique) ou cutanées (urticaire). Les substances injectées (venins d'hyménoptères, médicaments) à l'origine de chocs anaphylactiques doivent être classées à part. Quant aux trophallergènes d'origine alimentaire, les allergènes le plus souvent en cause sont chez l'enfant, le lait de vache, l'arachide, le poisson, l'œuf, le soja, la farine de blé, les fruits exotiques. De plus nombreux allergènes alimentaires peuvent être incriminés chez le sujet adulte.

Les allergènes le plus souvent en cause sont essentiellement les pneumallergènes puisque l'allergie respiratoire est la plus fréquente : en premier lieu, les acariens de la poussière domestique et les pollens atmosphériques, en second lieu, les poils d'animaux (chat et chien) et plus rarement les blattes, les animaux de laboratoire (cobaye, rat, souris, hamster, lapin), et les squames de cheval.

Les manifestations allergiques les plus fréquentes sont les manifestations respiratoires et se traduisent par des rhinites saisonnières (rhume des foins) lors de contacts avec les pollens, des rhinites perannuelles (tout au long de l'année) au contact des allergènes d'acariens ou d'animaux, l'asthme causé par les acariens, les blattes, les poils d'animaux, les moisissures, les pollens. Ces manifestations respiratoires peuvent être associées à des syndromes oculaires (conjonctivite). Les manifestations cutanées sont également importantes et sont représentées essentiellement par l'urticaire caractérisé par les papules blanchâtres accompagnées de zones rouges et de démangeaisons (prurit). L'urticaire apparaît souvent au cours des allergies alimentaires ou lors de la prise de certains médicaments. Une forme d'allergie particulière qui apparaît précocement dans la vie est la dermatite atopique dénommée autrefois eczéma constitutionnel, qui est une manifestation majeure de l'atopie au niveau cutané. Les arguments pour conclure au diagnostic de dermatite atopique sont la notion d'hérédité (atopie), l'aspect clinique avec topographie et évolution caractéristiques, la notion de prurit intense. Les causes alimentaires ne sont pas exceptionnelles et semblent dominer les facteurs étiologiques de la première enfance. Cependant, les pneumallergènes (acariens, animaux, pollens) sont également retrouvés comme facteur de sensibilisation. La particularité de la dermatite atopique est de combiner l'hypersensibilité immédiate (présence d'IgE) et l'hypersensibilité retardée (eczéma). Enfin, la forme systémique de la pathologie allergique se rencontre au cours du choc anaphylactique, la plus grave des manifestations d'allergie immédiate. Quelques minutes après l'exposition à l'allergène, il se produit une chute brutale de la tension artérielle avec perte de connaissance qui peut aboutir à la mort. Le choc anaphylactique survient après piqûre d'hyménoptères (allergie aux venins d'abeilles ou de guêpes), après injection de médicaments (pénicilline, myorelaxant utilisé en anesthésie générale), ou ingestion d'aliments (arachide, fruits exotiques). Si la présence des allergènes dans l'environnement est une condition indispensable à l'acquisition d'une sensibilisation, il faut tenir compte de plus en plus de l'influence des constituants non spécifiques de l'environnement sur l'intensité des réactions allergiques : les infections (essentiellement virales comme le virus syncytial respiratoire chez le nouveau-né) et le tabagisme passif sont des agresseurs de la muqueuse respiratoire. Quant à la pollution atmosphérique et son effet sur l'amplitude des manifestations allergiques, il existe une controverse sur son rôle réel. Il semble bien que les polluants gazeux (ozone, NO_2, SO_2) et les particules de diesel soient responsables de réactions inflammatoires sur la muqueuse bronchique et qu'ils contribuent à potentialiser les effets des allergènes dans la rhinite et dans l'asthme chez des sujets déjà sensibilisés.

En fait, pour établir un diagnostic d'allergie immédiate, il sera nécessaire d'effectuer un interrogatoire précis, de réaliser des tests cutanés et des tests biologiques afin d'identifier l'agent responsable de la sensibilisation (allergènes).

Quant à la démarche thérapeutique, elle se situe à trois niveaux :

– La prévention (éviction de l'allergène quand c'est possible, mesure d'hygiène dans l'habitat...) ;

– Le traitement pharmacologique où on utilise classiquement des antihistaminiques (dans les cas d'urticaire et de rhinite), des bronchodilatateurs et des corticoïdes par aérosol (dans l'asthme) ;

– L'immunothérapie ou désensibilisation spécifique qui est proposée comme traitement de fond chez certains patients et en fonction de la nature des allergies. Cette pratique intervient une fois le malade équilibré par les médicaments.

Un certain nombre de recherches sont en cours pour la mise au point de nouvelles thérapeutiques (anticorps anti-IgE, vaccination par des allergènes recombinants, médicaments anti-récepteurs).

En conclusion, les maladies allergiques résultent d'une réponse immunitaire paradoxale dirigée contre les constituants inoffensifs et ubiquitaires de l'environnement dénommés allergènes. Chez le malade, la réponse allergique est persistante, chronique et pro-inflammatoire alors que chez le sujet normal elle est vraisemblablement transitoire et de plus faible intensité. Les observations suggérant que la réponse des sujets normaux est qualitativement différente de celle des malades sont discutables. Il est plus probable que l'atopie résulte de l'incapacité à contrôler et à supprimer une réponse qualitativement normale. L'augmentation de l'incidence et de la morbidité des maladies allergiques au cours des trois dernières décennies dans les pays développés reste incomprise et traduit la nécessité de développer de nouvelles méthodes de traitement. Ce phénomène reflète une inadaptation croissante du système immunitaire au changement de l'environnement lié à la modernisation de notre société, mais cette inadaptation n'affecte cependant qu'une fraction de la population qui est génétiquement prédisposée.

Les maladies neurodégénératives

par ALIM-LOUIS BENABID

Les maladies neurodégénératives, qui bien sûr nous menacent tous, posent des problèmes intéressants et pour la plupart non résolus.

Il s'agit d'un ensemble de maladies très diverses qui n'ont en commun que le fait d'être dues à la dégénérescence d'un ou plusieurs éléments du système nerveux central ou périphérique. Le système nerveux est caractérisé par l'immortalité de ses cellules, les neurones, qui ne se divisent pas. Du fait de leur grand âge, les cellules nerveuses sont exposées plus facilement que les autres à des phénomènes entraînant la dégénérescence de leurs fonctions, alors que les autres types cellulaires qui se divisent sont remplacés régulièrement.

Ce qui fait l'importance de ces maladies neurodégénératives, c'est leur multiplicité et la fréquence individuelle de chacune de ces pathologies. Certaines sont rares, d'autres sont très fréquentes, et malheureusement de plus en plus fréquentes, en particulier la maladie d'Alzheimer. Les troubles induits par la dégénérescence du système nerveux sont souvent sévères. Généralement, nous ne disposons d'aucun traitement. Ces maladies sont également importantes à cause de leur coût au niveau de la santé et de leur poids social extrêmement important lié à la sévérité, à l'évolutivité des troubles qui excluent rapidement les malades du milieu professionnel, puis social et enfin familial. Elles sont très invalidantes au niveau individuel, et, pour beaucoup, elles sont encore incurables.

Certaines maladies neurodégénératives touchent le cerveau, d'autres la moelle épinière, etc. Certains noms sont malheureusement

---

Texte de la 75e conférence de l'Université de tous les savoirs donnée le 15 mars 2000.

bien connus : la maladie d'Alzheimer, la maladie de Huntington, la maladie de Parkinson, la sclérose en plaques, les dystonies, etc.

La dégénérescence touche aussi bien les neurones que les cellules gliales qui les entourent. Toutes les parties du cerveau peuvent être atteintes, toutes les fonctions peuvent être altérées. La moelle épinière peut également être touchée.

La dégénérescence peut être due à des altérations cellulaires diverses ou bien à l'« apoptose », la mort cellulaire programmée. L'apoptose intervient dans ce cas à un moment non programmé puisque trop précoce. Elle entraîne alors la disparition accélérée du stock des neurones qui ne se renouvellent pas.

Les causes de cette dégénérescence peuvent être toxiques, génétiques, éventuellement héréditaires. Il peut s'agir d'auto-immunité, d'infection par les prions ou tout simplement une altération du système vasculaire empêche le cerveau d'être ravitaillé correctement.

L'apoptose

La chromatine correspond à la forme compactée de l'information génétique contenue dans les cellules au repos. Sous l'effet de signaux — des médicaments, des rayons, de l'absence de facteurs de croissances, de l'absence ou de la présence de certaines hormones — la chromatine est altérée, par l'intermédiaire de mécanismes intracellulaires. La fragmentation de la chromatine entraîne un gonflement cellulaire, la perte de l'enveloppe nucléaire, puis la mort cellulaire. La destruction de la cellule laisse des débris, les corps apoptotiques. Toutes nos cellules meurent ainsi, à un moment précis programmé par une « horloge cellulaire ».

La sclérose en plaques

Il s'agit d'une maladie dont l'évolution est très variable. Elle peut commencer très tôt et durer très longtemps. La personne vit alors toute sa vie avec des poussées successives qui sont d'ailleurs régressives, et qui laissent chaque fois derrière elles peu de traces de la maladie. D'autres malades, au contraire, subissent des poussées fréquentes qui laissent chaque fois des séquelles qui vont s'accumuler pour conduire rapidement à une invalidité.

C'est une maladie auto-immune, essentiellement due à l'autodestruction par des anticorps de la myéline, la substance qui entoure les axones.

Jusqu'à récemment la sclérose en plaque était une maladie diagnostiquée par élimination et il fallait attendre l'autopsie pour observer cette dégénérescence de la myéline. L'avènement de l'IRM a permis d'observer la dégénérescence et de faire ainsi des diagnostics précoces. Il est alors possible de diminuer la réaction immunitaire inappropriée par des médicaments utilisés habituellement dans le traitement des personnes greffées. Une stratégie de lutte contre la maladie consiste à donner au malade une molécule dont le motif immunogène ressemble à celui de la myéline pour tromper les anticorps du système immunitaire. Ce type de médicament — s'il est donné en quantité suffisante — permet de ralentir l'occurrence des différentes poussées évolutives, d'en diminuer la violence et donc les séquelles.

Les encéphalopathies spongiformes transmissibles, les maladies à prions

Le rôle des protéines prions est globalement inconnu. Lorsque, pour une raison inconnue, la construction de ces protéines est altérée et qu'elles changent de conformation tridimensionnelle, elles deviennent indestructibles. La protéine prion devient résistante, y compris à la digestion. Elles vont s'accumuler dans les cellules et devenir nocives.

Une petite altération de la séquence de la protéine est ainsi responsable d'un ensemble de maladies dégénératives, dont l'encéphalopathie spongiforme bovine et la maladie de Creutzfeldt-Jakob par exemple.

La maladie d'Alzheimer

Toutes les accumulations de protéines anormales ne sont pas transmissibles. La maladie d'Alzheimer, qui est également une maladie due à l'accumulation de ce genre de protéines, n'est heureusement pas transmissible. Mais elle a une autre spécificité, c'est qu'elle est très fréquente. Au-dessous de 50 ans, sa fréquence est de l'ordre de 0,1 % alors qu'à 85 ans elle est de l'ordre de 10 à 30 %.

Son tableau clinique est constitué des « trois A » : aphasie (la perte du langage), apraxie (la perte du savoir-faire) et agnosie (la perte des connaissances des choses). Les troubles mnésiques initiaux conduisent à la démence à cause de l'accumulation d'une protéine amyloïde créant des plaques séniles.

La maladie de Huntington

Il s'agit d'une maladie héréditaire dominante. Un enfant ayant un parent atteint a une chance sur deux d'avoir la maladie.

Cette maladie extrêmement grave se traduit par des mouvements anormaux (tremblements) et une détérioration intellectuelle rapide qui conduit à une démence puis à la mort. Nous ne savons ni la traiter, ni la guérir. De plus, elle devient visible chez l'adulte jeune alors qu'il a souvent déjà eu des enfants auxquels il a peut-être déjà transmis le gène défectueux. Nous savons maintenant détecter chez un individu s'il est porteur de l'allèle provoquant la maladie. Dans un premier temps, les choses semblent simples : « il suffit de demander aux personnes portant ce gène de ne pas avoir d'enfants ». Cela permettrait d'éradiquer la maladie en une génération. Néanmoins, il est très difficile de leur faire cette proposition, dans la mesure où il n'y a que 50 % de chance que leur enfant hérite du gène. De plus, le fait d'annoncer à quelqu'un qu'il est porteur du gène signifie également que cette personne est condamnée à mort dans un délai qui est bref. Cela pose un énorme problème éthique parce qu'il n'est pas possible dans notre société d'annoncer à un malade un diagnostic mortel quand il n'y a pas de traitement à proposer. Ce problème éthique est très sérieux et ne peut être contourné.

Une autre solution consisterait à dépister le gène chez l'embryon. Mais le problème revient au même puisque le parent porteur du gène serait informé du même coup de son pronostic mortel.

La maladie de Parkinson

Il s'agit d'une maladie fréquente, connue, qui attaque les neurones. Pour beaucoup, la maladie de Parkinson paraît bénigne quand elle se limite au ralentissement des mouvements d'un individu âgé, souvent à la retraite. Cependant, la maladie de Parkinson est une maladie grave, qui évolue souvent vite et qui commence parfois très tôt vers trente ans. C'est « une maladie liée au vieillissement » et non pas « une maladie du vieillissement » puisque de nombreuses personnes sont atteintes à la quarantaine. On la nomme « paralysie agitante » car les malades ont un tremblement plus ou moins important, associé à une akinésie, réduction ou ralentissement du mouvement. Ils souffrent également de rigidité. Ainsi, par exemple un parkinsonien rentrant dans sa maladie va voir d'abord se ralentir ses mouvements (l'écriture en particulier va devenir micrographique, les mots ne seront pas finis, ou bien les gestes seront de plus en plus lents, ce qui déclenche dans l'entourage familial des réactions d'impatience). Ensuite, apparaît un petit tremblement à partir duquel on se demande s'il n'y a pas quelque chose de plus sérieux.

Lorsque le malade est traité par la L-Dopa, l'évolution est différente. Pendant une période de 5 à 10 ans, appelée « lune de miel », lorsque ce médicament est donné à un malade complètement bloqué, sa « statue de sel fond » dans le quart d'heure qui suit. Ses mouvements redeviennent tout à fait normaux, jusqu'à ce que le médicament cesse de faire effet. Le problème vient du fait qu'avec le temps, l'augmentation des doses provoque une maladie iatrogène dont l'évolution conduit les malades sévères à une fluctuation motrice permanente entre deux états.

Le premier, dit « OFF », est l'état parkinsonien complet avec une akinésie et une rigidité telles que les mouvements sont pratiquement absents. Les malades dans cet état sont bloqués, au point d'être de vraies statues de sel, de ne pas pouvoir se tourner dans leur lit, ni se lever, ni manger. Il va falloir les « nurser » (au beau milieu de la nuit, les retourner pour qu'ils ne fassent pas des escarres).

Ensuite, ils prennent leur médicament qui agit pendant une durée variable. Ils vont d'abord être très bien, ils se détendent, marchent, on appelle cet état « ON ». À ce moment-là apparaît une agitation à la fois désordonnée et coordonnée. Les patients arrivent à marcher malgré des contorsions impressionnantes : le bras passe derrière, il y a des mouvements de la tête, du cou, de la bouche et de la face. En fait, les malades préfèrent cet état « ON » à l'état « OFF » précédent où ils se sentent « enterrés vivants ».

La position classique du parkinsonien est la suivante : un léger tremblement des doigts, une situation penchée, une démarche à petits pas, une perte de la mimique du faciès, de tout ce qui fait l'émotivité et la communication, ainsi que de toute la motricité automatique comme se frotter le nez ou se gratter. Le drame vient du fait que ces personnes sont parfaitement intactes au plan intellectuel, ce qui leur rend la vie encore plus douloureuse.

La maladie est due à la dégénérescence des neurones nigrostriés qui appartiennent à la substance noire et se projettent sur le *striatum*. Ces neurones produisent la dopamine qui est indispensable au contrôle des mouvements. Ils meurent d'une dégénérescence neurofibrillaire de cause inconnue.

À la suite de l'observation en Californie de personnes ayant consommé de l'héroïne de mauvaise qualité contenant du MPTP, une substance qui se trouve dans l'environnement et notamment dans certaines cuisines et qui détruit les neurones de la substance noire, l'hypothèse que la dégénérescence dans le cas de la maladie de Parkinson pourrait être de cause toxique a été émise.

Au plan thérapeutique, les greffes sont encore du domaine expérimental. Les traitements pharmacologiques sont constitués de la Lévodopas précurseur de la dopamine qui manque aux patients, et d'agonistes de la dopamine comme la Bromocriptine. Initialement, la chirurgie consistait à détruire certaines zones du cerveau ce qui permettait une amélioration de l'état des patients. Actuellement, elle se dirige essentiellement vers l'inhibition de ces zones par la stimulation électrique, à l'aide d'électrodes implantées dans le cerveau.

Lors de la stimulation à haute fréquence de ces cibles, notamment du noyau subthalamique, l'ensemble des symptômes (rigidité, akinésie et tremblement) est réduit, voire aboli, d'une manière réversible et de façon controlatérale quand la stimulation est unilatérale. Cette méthode ouvre des perspectives théoriques de neuroprotection, c'est-à-dire la possibilité de ralentir l'évolution de la maladie, voire de la guérir, comme le suggèrent certains résultats expérimentaux sur des modèles animaux qui sont encourageants.

Des malades traités il y a six ans démontrent la stabilité des effets obtenus par ce système de stimulation par des électrodes implantées dans le cerveau.

VII

COMMENT NOUS SOIGNERONS-NOUS ?

La spectrométrie de résonance magnétique explore directement les réactions chimiques du cerveau humain

par Patrick Cozzone

L'imagerie par résonance magnétique (IRM) s'est imposée depuis une quinzaine d'années comme la modalité la plus puissante de l'imagerie médicale. L'IRM est à présent devenue une méthode d'exploration morphologique irremplaçable. À côté de l'IRM anatomique, d'autres applications se développent comme l'angiographie par résonance magnétique, l'IRM de diffusion et de perfusion (identification des zones de nécrose, mesure du débit et du volume sanguin cérébral...), et l'IRM fonctionnelle qui est particulièrement adaptée à l'étude des fonctions cognitives, sensorielles et motrices du cerveau. Par un effet d'addition, ces applications ouvrent de nouvelles voies dans l'exploration anatomique, dynamique (flux sanguin) et fonctionnelle du cerveau. Le caractère non-invasif des méthodes utilisant l'IRM entraîne également un effet de substitution par rapport à certaines méthodes établies qui utilisent par exemple l'injection de produits de contraste iodés ou d'isotopes radioactifs, l'introduction de cathéters ou l'exposition à des radiations ionisantes. Une autre application en développement rapide est la spectrométrie de résonance magnétique (SRM) qui est basée sur le même phénomène physique que l'IRM et utilise les mêmes équipements. Dans les deux cas, les sujets sont placés dans des aimants et les zones corporelles étudiées sont soumises à des ondes radio non-ionisantes (gamme des mégaHertz). L'analogie s'arrête là car il existe des différences fondamentales dans les contributions que l'IRM et la SRM apportent dans la pratique médicale. La SRM permet d'obtenir des renseignements précis non plus sur les structures anatomiques des organes et des tissus et les flux liquidiens

Texte de la 76e conférence de l'Université de tous les savoirs donnée le 16 mars 2000.

qui leur sont associés, mais sur le métabolisme (intermédiaire, oxydatif, lipidique...) des cellules qui les composent, sans altérer leur intégrité car les énergies mises en jeu sont extrêmement faibles (quelques millijoules). La SRM *in vivo* offre une véritable « photographie métabolique » des cellules en fournissant des informations en temps réel sur les différentes réactions biochimiques du métabolisme au fur et à mesure qu'elles se produisent. Le caractère non invasif et indolore de la SRM *in vivo* constitue un avantage considérable car le chercheur et le clinicien disposent ainsi d'une méthode d'investigation respectant rigoureusement l'intégrité structurale et fonctionnelle de l'organe étudié. Des expériences répétitives peuvent être conduites sans danger sur l'homme pour obtenir des informations dynamiques et cinétiques sur les événements métaboliques survenant dans les organes, et notamment le cerveau.

Pratiquement, la SRM cérébrale peut être réalisée sur les équipements cliniques d'IRM à 1,5 Tesla au prix de quelques adaptations des appareillages et des logiciels. L'exploration métabolique du cerveau par SRM est réalisée en quelques minutes, à la suite de l'examen classique par IRM, sans avoir à mobiliser le sujet et sans aucune injection. En IRM, on détecte les signaux émis par les protons (noyaux des atomes d'hydrogène) des molécules d'eau des cellules, en les codant dans les 3 dimensions de l'espace par des gradients de champ magnétique et en les excitant par des trains d'impulsions de radiofréquences. L'image anatomique par résonance magnétique est ainsi le résultat d'une cartographie reflétant la distribution des molécules d'eau dans deux ou trois dimensions de l'espace selon que l'on analyse une coupe ou un volume. La SRM cérébrale est basée sur la résonance des protons portés par de nombreux métabolites de la glie et des neurones. Ces protons appartenant à des molécules ou des groupements chimiques différents ne résonnent pas tous à la même radiofréquence (contrairement au cas des molécules d'eau en IRM) et leurs signaux se distribuent sur un « spectre » de fréquences différentes caractéristiques des métabolites cérébraux qui leur donnent naissance *(Fig.)*.

L'intensité des signaux respectifs constituant le spectre est proportionnelle à la concentration cellulaire des molécules qui leur correspondent. La SRM offre ainsi à la fois l'identification et le dosage simultané de plusieurs métabolites cérébraux. Pour être pleinement utilisables, les données spectrométriques doivent provenir d'une région du cerveau parfaitement localisée et connue. Par des combinaisons de gradients de champ magnétique et d'impulsions de radiofréquences on peut sélectionner dans n'importe quelle région du cerveau un volume élémentaire d'intérêt (appelé voxel) qui est en général un cube ou un parallélépipède de 1 à quelques millilitres de volume dont les signaux de SRM sont enregistrés en quelques minutes. Cette spectrométrie monovoxellienne est illustrée dans la Figure 1. De façon alternative, on peut acquérir

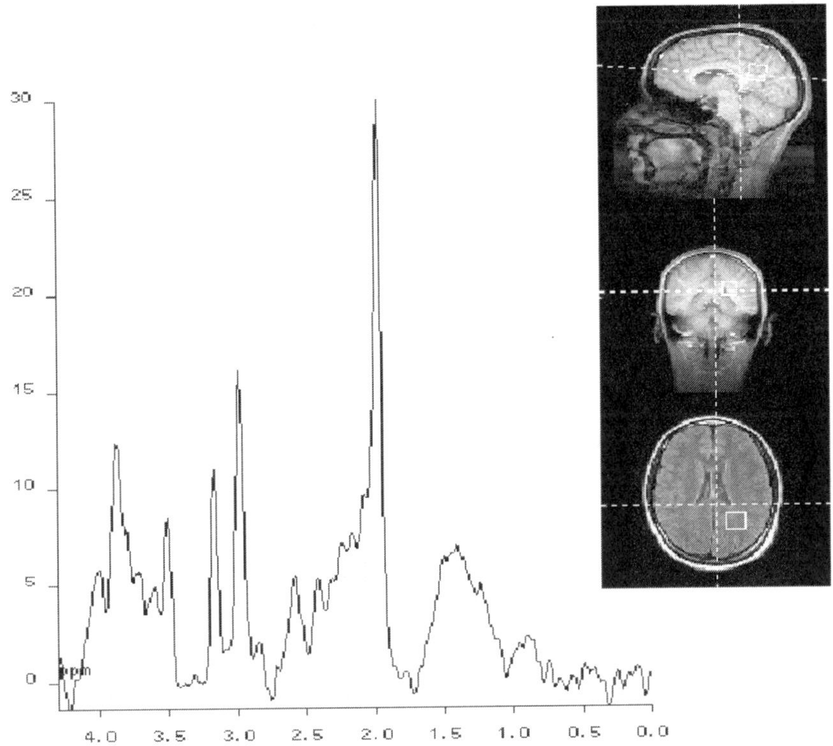

Figure – Spectrométrie de résonance magnétique du cerveau (CEMEREM-CRMBM, UMR CNRS n° 6612, Marseille).

Spectre de résonance magnétique cérébrale enregistré en 3 minutes et montrant la présence des lipides, du N-acétyl aspartate (NAA), de l'acide glutamique et de la glutamine (Glx), de la créatine totale (tPCr), des dérivés de la choline (Cho) et de l'inositol (Ins). Le volume analysé est un cube dont la localisation pariéto-occipitale dans le cerveau est visualisée dans les trois directions de l'espace sur les 3 images obtenues par IRM cérébrale conventionnelle.

simultanément les signaux de SRM émis par l'ensemble des voxels contigus constituant une coupe entière du cerveau. On utilise alors pour repérer dans l'espace les signaux des protons des métabolites cérébraux, des méthodes de localisation bidimensionnelle analogues à celles utilisées en IRM pour repérer les signaux émis par les molécules d'eau. On obtient alors en moins de 10 minutes plusieurs dizaines de spectres de résonance magnétique provenant de l'ensemble des voxels (en général d'un volume unitaire de 1 millilitre) définissant un plan du cerveau. On peut soit analyser les spectres les uns après les autres, soit créer une image de chacun des métabolites présents sur les spectres, et la superposer éventuellement à l'image de l'eau (IRM) pour établir une corrélation fine entre métabolisme et anatomie. La résolution spatiale est supérieure à celle obtenue en médecine nucléaire (scintigraphie, tomographie par émission de positons). Cette méthode constitue l'imagerie métabolique par SRM.

La biochimie du cerveau explorée *in vivo* par SRM est différente de la neurochimie classique. En effet, les molécules détectées appartiennent aux pools des métabolites cellulaires d'origine gliale, neuronale et membranaire et non pas seulement au pool des molécules synaptiques comme c'est très souvent le cas dans les études habituelles en neurochimie. Le spectre cérébral humain porte le signal d'un marqueur spécifique « naturel » des neurones, le N-acétyl-aspartate (NAA) qui est considéré comme un index de « santé » des neurones. La SRM détecte également l'inositol (Ins) qui est un marqueur d'activation métabolique gliale et un osmolyte cérébral majeur. Des molécules impliquées dans le métabolisme des lipides membranaires comme les dérivés de la choline (Cho) et les acides gras, des métabolites importants tels que le lactate (métabolisme énergétique), des acides aminés (glutamate, glutamine, aspartate, taurine, glycine...), le couple créatine-phosphocréatine (tCr) comme index de cellularité peuvent être également détectés.

La SRM devient l'examen para-clinique de choix dans l'exploration de la souffrance métabolique cérébrale car elle permet de la quantifier et, dans certains cas de la qualifier (identification précise du processus pathologique). Toute souffrance neuronale entraîne une réduction quantifiable du signal de NAA, éventuellement réversible sous l'effet d'une thérapeutique appropriée (médicaments). C'est ainsi que sur un même spectre on peut avoir une idée de la compétence métabolique des neurones, tout en disposant simultanément de marqueurs en faveur d'une anomalie métabolique précise. Les modifications du signal de l'inositol indiquent soit le degré d'activation de la glie (gliose active si le signal est augmenté), soit au contraire des anomalies de la régulation osmotique cérébrale (encéphalopathies hépatiques, si diminué). La présence (souvent labile) de lactate indique, selon le contexte, soit une activation de la glycolyse anaérobie, soit l'envahissement macrophagique d'une lésion ancienne. Enfin les variations conjointes ou non des signaux de la choline et des lipides libres renseignent sur les lésions des membranes cellulaires (démyélinisation active), sur la surcharge en acides gras (adrénoleucodystrophie), sur un processus inflammatoire (sclérose en plaques), sur une diminution du renouvellement des membranes (diminution des précurseurs). Cette liste d'événements n'est évidemment pas limitative. La mise en jeu de méthodes d'analyses statistiques multiparamétriques et de réseaux neuronaux contribue à l'analyse globale des multiples variations présentes sur les signaux métaboliques caractérisant un spectre cérébral.

Plus de mille publications internationales ont déjà été consacrées à l'étude par SRM des pathologies cérébrales focales et diffuses. À Marseille, une équipe pluridisciplinaire de cliniciens, de chercheurs et d'ingénieurs (notamment F. Nicoli, S. Confort-

Gouny, Y. Le Fur, J.-P. Ranjeva, B. Denis, P. Viout, M. Izquierdo, E. Cabannes) travaillant au CEMEREM (Centre d'exploration métabolique par résonance magnétique, UMR CNRS n° 6612, hôpital de la Timone) et disposant à présent d'un appareil de SRM/IRM Siemens vision plus à 1,5 Tesla particulièrement performant a acquis au fil des années une compétence étendue à la fois dans le développement des techniques de la SRM cérébrale humaine et dans l'évaluation de leurs applications aux pathologies cérébrales dans un contexte clinique.

L'expérience de cette équipe et les données de la littérature permettent de préciser les principales indications actuelles des techniques de SRM en neurologie. De façon non exhaustive, ces indications concernent toutes les encéphalopathies métaboliques (toxiques, génétiques par erreur innée du métabolisme), les encéphalopathies virales (notamment les encéphalopathies liées au VIH), les épilepsies (détermination de la zone épileptogène), les pathologies neurodégénératives auxquelles des dysmétabolismes sont de plus en plus fréquemment associés (maladie de Huntington, maladie de Parkinson, les atrophies multisystémiques), les démences (le niveau d'inositol cérébral et les tests neuropsychologiques sont corrélés dans la maladie d'Alzheimer).

Dans les tumeurs cérébrales, la SRM contribue par exemple à l'appréciation du caractère évolutif de certaines lésions, au diagnostic différentiel entre récidive et radionécrose différée, entre tumeurs et abcès cérébraux. Les indications s'étendent à l'évaluation de la zone de pénombre de l'accident vasculaire, à celle de la zone œdémateuse péritumorale, à la substance blanche en apparence normale (en fait pathologique) qui entoure les lésions de sclérose en plaques. Chez l'enfant, la SRM cérébrale apporte son concours à la compréhension de la maturation cérébrale, à la caractérisation des pathologies de la substance blanche dont environ 40 % demeurent d'origine inconnue et au suivi thérapeutique (quand la thérapeutique existe). Une nouvelle encéphalopathie avec anomalie de la créatine a même été décrite sur la base de l'analyse des spectres cérébraux. Dans des situations d'hypoxie chez le nouveau-né ou le jeune enfant, la SRM évalue l'atteinte métabolique cérébrale alors que les signes IRM ou échographiques sont ambigus ou discrets (la présence de lactate et la baisse du rapport NAA/Cho sont des facteurs de mauvais pronostics).

Dans toutes ces applications la SRM caractérise et quantifie la souffrance cérébrale au niveau glial, neuronal et membranaire sur une base moléculaire et métabolique. Elle contribue au diagnostic, au bilan de gravité et au pronostic. Elle objective l'évolution et le suivi thérapeutique (radiothérapie, greffe de moelle, chirurgie, médicaments...). Parfois, les déviations métaboliques identifiées par SRM sont infracliniques et sans anomalies apparentes en IRM. Le cas du diagnostic précoce par SRM cérébrale des complications neurologiques du sida est particulièrement illustratif à cet égard.

On peut ainsi, selon la nature et le type d'évolution de l'encéphalopathie, gagner plusieurs mois dans l'instauration des traitements, et donc dans la protection du capital neuronal et glial.

Plusieurs raisons expliquent le développement rapide de la SRM *in vivo* pratiquée sur le cerveau. La SRM, par la nature et la richesse des informations biochimiques qu'elle fournit, apporte une vision radicalement nouvelle de l'état métabolique cérébral (pool des métabolites), dont les bases ont été incomplètement décrites par la neurochimie conventionnelle. Il convient à présent de construire une séméiologie métabolique de la souffrance cérébrale explorée par SRM qui ne s'oppose d'ailleurs pas à la neurochimie synaptique ou aux méthodes électriques (électroencéphalographie).

Aux USA, la reconnaissance par la FDA *(Food and Drug Administration)* de l'acte de spectrométrie atteste du passage de cette exploration du domaine expérimental au domaine clinique, et a entraîné la prise en charge de son remboursement par les grandes compagnies d'assurance maladie. En France, bien que figurant au catalogue des actes médicaux, la SRM cérébrale n'est pratiquée pour l'instant que sur un nombre réduit de sites hospitalo-universitaires en raison essentiellement du faible temps-machine disponible au sein d'un parc insuffisant d'équipements d'IRM, en général saturés par la demande d'examens de routine. Ainsi, plusieurs dizaines d'imageurs déjà équipés des modules et logiciels de SRM (ou pouvant l'être à peu de frais) ne participent pas encore à cette nouvelle aventure de la neuro-imagerie métabolique.

À cause de son contenu informationnel élevé et de son innocuité totale, on peut raisonnablement s'attendre à ce que la SRM, notamment cérébrale, ait un impact clinique croissant, parce que faire de la biochimie humaine *in vivo* et « en direct » constitue une ouverture sur un nouveau mode de pensée et permet une avancée incontournable de la connaissance qui est à la base de l'amélioration de la pratique médicale.

Les bases génétiques des maladies et le diagnostic génique

par Jean-Louis Mandel

Nous allons traiter de l'extraordinaire explosion de connaissances, au cours des dernières années, concernant les maladies génétiques, et évoquer certains problèmes que peut poser l'application de ces connaissances, à l'heure actuelle ou dans un avenir proche. L'information génétique fait que nous sommes des êtres humains et que d'autres espèces animales, végétales, bactériennes, ont leurs caractéristiques propres et au cours des générations gardent ces caractéristiques. Cette information génétique est contenue dans les immenses molécules d'ADN (acide désoxyribonucléique). Le génome humain est une sorte d'encyclopédie en 24 volumes qui seraient les chromosomes, en 40 000 à 70 000 rubriques que sont les gènes. Un gène est une information qui code pour une protéine spécifique. Les protéines, dans leur très grande diversité, constituent des rouages absolument essentiels de nos cellules et organes : enzymes assurant la transformation de molécules constituant nos cellules, protéines nécessaires pour la contraction musculaire ou la communication entre neurones, pour la coagulation du sang, etc.

Un gène va définir la structure et donc la fonction d'une protéine. Il va aussi contenir les informations dictant dans quel organe ou cellule, à quel moment, et en réaction à quelles circonstances, cette protéine doit être produite. Cette information, ces rubriques sont écrites dans un alphabet à quatre lettres, A, G, C, T, les nucléotides (aussi appelées bases). Dans une copie du génome, il y a 3 milliards de lettres (l'équivalent de 300 000 pages comprenant chacune 10 000 lettres). Nous recevons une copie de notre mère et une copie de notre père, donc dans chaque cellule, il y a 2 copies

Texte de la 77e conférence de l'Université de tous les savoirs donnée le 17 mars 2000.

du génome (à l'exception des cellules germinales, spermatozoïdes ou ovocytes, qui ne contiennent qu'une seule copie). Un mécanisme de duplication (réplication) de l'ADN du génome permet d'assurer que lors de la division des cellules (y compris des cellules germinales), chaque cellule fille contient toute l'information génétique, ce qui permet donc de transmettre cette information à notre descendance. Or ce mécanisme de duplication peut faire des erreurs : une lettre remplacée par une autre, une ou plusieurs lettres manquantes, ou plus rarement plusieurs lignes ou même pages qui sont « oubliées ». Ces erreurs de duplication, en fonction de leur position dans un gène donné, sont le plus souvent sans conséquences néfastes, et créent la variabilité du génome qui sous-tend la variabilité des individus dans la population humaine (et ce sont elles qui ont permis l'évolution des espèces). Mais certaines erreurs (ou mutations) plus rares peuvent entraîner un défaut fonctionnel grave dans une protéine, ou même son absence. De telles mutations peuvent prédisposer à développer certaines maladies, ou même être la cause directe d'une maladie. Une maladie génétique monogénique est une maladie due à une erreur dans un gène spécifique. Pour certaines maladies dites récessives, il faut que les 2 copies du gène portent une mutation, et les parents d'une personne atteinte sont des porteurs sains (chacun ne porte une mutation que sur une copie du gène). Dans d'autres cas, une mutation sur une copie suffit à entraîner la maladie : on parle de transmission dominante, et 50 % en moyenne des enfants d'une personne atteinte seront eux mêmes atteints. Pour les maladies liées au chromosome X, une seule mutation rend un garçon atteint (car il n'a qu'un seul chromosome X), alors que les femmes portant une mutation ne sont pas (ou beaucoup moins) atteintes, car leur deuxième chromosome X porte le gène correct.

Les maladies monogéniques sont des maladies rares

Actuellement, 4 à 5 mille maladies monogéniques sont recensées. C'est un chiffre très approximatif, et on peut estimer que plusieurs dizaines de nouvelles maladies génétiques sont décrites chaque année. Elles ont été pendant très longtemps méconnues, ou même ignorées du corps médical, à part une vingtaine de maladies génétiques plus connues (comme l'hémophilie). Elles sont souvent responsables de handicaps sévères, qui peuvent être physiques (comme pour les myopathies), sensoriels, dans les très nombreuses cécités ou surdités génétiques, ou bien intellectuels, dans le cas des retards mentaux génétiques. Dans certains cas, ces handicaps sont multiples. Ces maladies sont aussi souvent la cause de mortalité précoce. Certaines peuvent entraîner un décès dans la première année de vie, d'autres à l'âge de 10 ou 20 ans. Mais on connaît aussi de plus en plus de maladies génétiques monogéniques qui ne vont se manifester cliniquement qu'à 40, 50 ou même 65 ans (certaines rares formes familiales à transmission dominante de maladie d'Alzheimer ou de maladie de Parkinson, ou de cancer du sein, etc.).

La plupart des maladies monogéniques sont rares ou extrêmement rares. Les plus fréquentes touchent une personne sur 1 000 ou 2 000 dans la population, d'autres une personne sur 10 000 ou sur 100 000. Mais quand vous additionnez 4 000 ou 5 000 maladies rares, cela finit par faire un problème de santé publique majeur. D'autant plus que ce ne sont pas des maladies que l'on a pendant 1 mois ou 6 mois, ce sont des maladies de toute une vie, avec un très grand impact sur la qualité de vie du patient atteint, mais aussi sur sa famille. Lorsqu'un enfant a un handicap physique, sensoriel ou intellectuel important, cela bouleverse la vie de la famille. Si la maladie ne met pas sa vie en péril à court terme, cet enfant va grandir, devenir un adulte, avec une prise en charge souvent très lourde pour la famille et pour le système socio-éducatif ou de santé. Et la nature héréditaire de la maladie génère l'angoisse de sa récurrence possible, chez les parents de l'enfant atteint, mais aussi chez ses frères et sœurs, et même dans des branches plus éloignées de cette famille.

L'identification de gènes responsables de maladies génétiques

En 1980, on ne connaissait la protéine ou le gène défectueux que pour moins d'une centaine de maladies héréditaires. À cette époque, la seule stratégie pour identifier un gène de maladie, était de caractériser précisément le déficit biochimique dans les cellules des patients, de remonter à la protéine défectueuse, puis au gène codant pour cette protéine. C'est ainsi qu'on avait pu trouver le déficit d'une protéine nécessaire à la coagulation (Facteur 8) dans la forme la plus fréquente d'hémophilie, des anomalies de l'hémoglobine dans certaines anémies héréditaires (anémie falciforme, thalassémies), ou encore un déficit d'une enzyme appelée phénylalanine hydroxylase, dans une maladie responsable (si elle n'est pas traitée par un régime alimentaire approprié) de retard mental très sévère, la phénylcétonurie. Cependant, cette méthode était peu efficace, car pour la très grande majorité des maladies, le déficit fonctionnel restait complètement inconnu, malgré tous les efforts des chercheurs. Je donnerai l'exemple de la maladie de Huntington, une maladie neurodégénérative particulièrement tragique qui se transmet dans les générations successives des familles touchées : elle atteint des personnes qui, jusqu'à l'âge de 30 ou 40 ans, ne présentent aucun symptôme, et qui vont alors perdre progressivement le contrôle de leurs mouvements, développer une démence et décèdent après quinze ans d'évolution inexorable de la maladie. Ces manifestations sont dues à la mort progressive de neurones dans une région spécifique du cerveau, le *striatum*. Or, on n'avait aucune idée du mécanisme qui, agissant comme une bombe à retardement, détruit des neurones qui fonctionnaient parfaitement pendant plusieurs dizaines d'années.

Une stratégie alternative a été mise au point dans les années 1980, qui part des malades et de leur famille, chez qui l'on va comparer la transmission d'une maladie donnée et de variations normales de la séquence d'ADN réparties tout au long du génome. Cela permet de localiser le gène de la maladie (quel chromosome, puis quelle région précise de ce chromosome), puis d'identifier les gènes responsables de ces maladies et de trouver les mutations. Les premiers succès de cette approche ont été l'identification en 1986 du gène de la myopathie de Duchenne et de celui du rétinoblastome (un cancer familial touchant des enfants), puis celui de la mucoviscidose en 1988. Toutefois cette approche était très lourde. Pour la maladie de Huntington, il a fallu 10 ans de travaux acharnés entre la localisation initiale du gène sur le chromosome 4, en 1983, et son identification en 1993, travaux menés, dans les dernières années de cette traque, par une dizaine d'équipes de chercheurs, aux USA et en Europe. Une impressionnante accélération des découvertes de gènes a eu lieu à partir de 1994-95, et en mars 2000, nous en sommes à 950 gènes de maladies identifiés, et nous progressons de 3 nouveaux gènes par semaine.

Quelles sont les raisons de cette extraordinaire explosion des connaissances ? Tout d'abord des progrès méthodologiques permettant de mieux étudier des segments d'ADN. J'en citerai deux particulièrement importantes.

La mise au point d'une technique permettant d'isoler et étudier des très grands segments d'ADN humain (de 500 000 à plus d'1 million de nucléotides), en les plaçant sous forme de chromosome artificiel dans la levure de bière (un organisme très simple, sur lequel de nombreuses recherches génétiques, qui paraissaient sans applications médicales, avaient permis de comprendre les règles de construction d'un chromosome).

L'autre invention fut celle, vers 1986, de l'amplification de petits segments d'ADN par réaction en chaîne, la technique dite de PCR (*polymerase chain reaction*), qui a complètement bouleversé toutes les études sur l'ADN, permettant de très nombreuses applications jugées irréalisables jusque-là (y compris les applications à l'identification d'individus suspectés de crimes ou viols, à des diagnostics rapides d'infections bactériennes ou virales, etc.).

L'autre élément expliquant les progrès réalisés a été la mise en place du programme international d'analyse systématique du génome humain, visant à cartographier les gènes, puis à déterminer la succession (ou séquence) des 3 milliards de lettres. Il faut souligner l'extraordinaire impact des cartes du génome réalisées au Généthon, sous l'impulsion de l'Association française contre les myopathies et de son président Bernard Barataud (avec les fonds récoltés au cours des Téléthons), en collaboration avec un autre laboratoire français atypique, le Centre d'étude du polymorphisme humain (travaux de Jean Weissenbach et Daniel Cohen). Ces cartes ont fourni aux chercheurs du monde entier les outils permettant de localiser et d'identifier beaucoup plus rapidement les gènes des maladies héréditaires. Les premiers succès ont stimulé l'intérêt de nombreux médecins de toutes spécialités pour cette approche, qui ont recruté activement les familles de patients (participant ainsi à la création de banques d'ADN ou de cellules de familles atteintes de maladies génétiques), et dans certains cas aboutissant à l'identification de nouvelles maladies dont le caractère génétique avait été jusque-là ignoré.

Les applications de l'identification des gènes : compréhension, diagnostic et conseil génétique

Lorsque le gène responsable d'une maladie est identifié, on en déduit la structure de la protéine correspondante, on peut commencer à étudier sa fonction, et donc mieux comprendre les mécanismes de la maladie. Comme presque tous les gènes humains ont un équivalent très ressemblant dans le génome de souris (on parle de gène homologue), on peut, grâce aux techniques très élaborées de manipulation du génome de souris, créer un modèle de la maladie chez la souris (en inactivant l'homologue du gène responsable de la maladie humaine) (cf. la conférence du Dr. D. Metzger*). Un tel modèle est capital pour comprendre le lien entre le mécanisme initial (l'absence ou la dysfonction d'une protéine spécifique), et les conséquences au niveau des cellules et organes, générant les symptômes cliniques. Mais bien sûr, la souris n'est pas tout à fait l'homme, et il peut arriver que le modèle souris soit beaucoup plus sévère que la maladie humaine (entraînant une mort de l'embryon ou dès la naissance), ou au contraire beaucoup moins sévère. Il faut alors continuer le « bricolage » pour aboutir à un modèle utile pour la compréhension de la maladie humaine, et qui puisse permettre

---

* Le texte de la 29e conférence de l'Université de tous les savoirs donnée le 29 janvier 2000 par Daniel Metzger se trouve dans le volume 1 *Qu'est-ce que la vie ?* pp. 358-369.

de tester des approches thérapeutiques (thérapie génique ou thérapie pharmacologique). Ces recherches sont très longues en général.

Mais l'identification du gène correspondant à une maladie a aussi une conséquence immédiate, importante pour les familles touchées, car elle permet un diagnostic précis, par la recherche des mutations de ce gène. Il est enfin possible de savoir si un enfant ou un adulte, qui manifeste un ensemble de symptômes dont l'origine génétique n'est pas certaine, mais compatible avec la maladie en question, souffre effectivement d'un défaut génétique. Pour certaines maladies, notamment celles qui sont responsables de retard mental ou de troubles du comportement, les familles se demandent souvent si elles ont une part de responsabilité dans les troubles de l'enfant (par des « erreurs » dans l'éducation, ou par un « défaut de communication », ou parce que la mère a pris tel médicament au cours de la grossesse, etc.). Le fait de savoir qu'un enfant a une maladie génétique ne va pas en général permettre de le guérir, ou résoudre son problème de retard mental ou de trouble du comportement, mais cela peut déculpabiliser la famille, et met souvent un terme à des années de consultations et d'examens médicaux plus ou moins invasifs, pour comprendre l'origine des troubles (les familles parlent souvent de « galère » en évoquant cette quête d'un diagnostic). Le diagnostic précis permet aussi de mieux prévoir l'évolution de la maladie, et de proposer une prise en charge médicale adaptée susceptible (pour certaines maladies) de limiter certains de ses effets, ou de ralentir sa progression. Dans des cas encore trop rares, le diagnostic précis permet la mise en place d'un traitement efficace prévenant la survenue des handicaps ou des manifestations cliniques sévères (par exemple le traitement diététique pour la phénylcétonurie), et il faut espérer que les recherches en cours sur de nombreuses maladies multiplieront les possibilités thérapeutiques.

De manière capitale, l'identification du gène muté chez un patient atteint d'une maladie sévère permet de répondre à l'angoisse de la récurrence de cette maladie chez d'autres enfants ou adultes. En effet, on peut chercher la mutation chez les autres membres de la famille, et identifier les personnes ou couples en risque de la transmettre. On peut rassurer les couples qui n'ont pas de risque. Enfin, il est possible de mettre en œuvre, à la demande des couples à risque de transmettre cette maladie grave, un diagnostic prénatal fiable. L'ensemble de ces informations constitue le « conseil génétique » apporté au cours de consultations spécialisées. Le diagnostic prénatal n'est jamais imposé. C'est à la famille de décider si elle veut recourir à ce test. Si le diagnostic prénatal est perçu par certains comme une pratique qui présente un risque de dérive eugéniste (un mot qui a recouvert des pratiques inacceptables, au cours de la première moitié du siècle dans des pays démocratiques tels que les USA ou la Suède, et qui a servi d'alibi à la barbarie nazie) et si sa pratique doit donc être très contrôlée, il faut rappeler que de nombreuses familles qui avaient décidé de ne pas avoir d'autres enfants en raison de l'existence d'une maladie génétique grave ont pu mettre en œuvre un projet parental grâce à de tels tests.

J'évoquerai brièvement un problème difficile lié à la possibilité de détecter les mutations de certains gènes, celui du diagnostic pré-symptomatique, dans le cas de maladies génétiques dont le début survient tardivement, soit chez le grand enfant, soit chez l'adulte après 30, 40 ou même 60 ans (exemple de la maladie de Huntington). En effet, il est possible, dans une famille touchée par une de ces maladies, de savoir, par un test techniquement simple, quelles sont les personnes encore saines qui vont développer les manifestations cliniques. Si un tel test pré-symptomatique permet de mettre en œuvre un traitement préventif efficace (cas de certains cancers familiaux endocriniens, ou du colon), on estime qu'il est de l'intérêt évident des personnes à risque, y compris des enfants, de se soumettre à un tel test. Dans le cas de la maladie de Huntington, le fils ou la fille d'une personne atteinte a un risque de 50 % d'hériter de la mutation, et donc de développer cette maladie qui aboutit à une dégradation physique et mentale extrême. La recherche de la mutation peut permettre de rassurer totalement ceux qui ne l'ont pas reçue de leur parent atteint, mais ne laisse (pratiquement) plus d'espoir à ceux qui en ont hérité, car il n'existe à l'heure actuelle aucun traitement qui puisse prévenir ou ralentir l'évolution. Une réflexion approfondie sur ce problème a abouti à un consensus international sur la mise en œuvre d'un tel test pré-symptomatique. Celui-ci ne doit être entrepris que sur la demande expresse d'une personne à risque, qui aura été au préalable informée de tous les aspects de la maladie, aura pris le temps de la réflexion sur ses projets en cas de résultat défavorable. Il s'agit de respecter le principe d'autonomie de cette personne : le test ne doit pas être imposé par le médecin, le conjoint ou les parents.

Les surprises de l'identification des gènes

UN GÈNE PEUT CORRESPONDRE À DIFFÉRENTES MALADIES

Les découvertes des dernières années concernant les maladies génétiques ont généré de nombreuses surprises, et mis en évidence des mécanismes biologiques insoupçonnés. Je vais citer quelques-unes de ces surprises.

On pouvait penser *a priori* que des mutations dans un gène correspondent à une seule maladie. Plusieurs exemples montrent de manière spectaculaire que ce n'est pas le cas. Selon le type de mutation dans un gène donné, il peut y avoir 2 ou 3 maladies différentes. Ainsi, des mutations du gène RET qui entraînent l'absence ou l'inactivation de la protéine correspondante, sont associées à la maladie de Hirschsprung, ou mégacolon congénital, qui correspond à un déficit de l'innervation du colon, et peut nécessiter une intervention chirurgicale sur cet organe. D'autres mutations induisent au contraire une hyperactivité de la fonction de cette protéine, et sont responsables de formes familiales de cancer de glandes endocrines, et notamment de la thyroïde. Qu'y a-t-il de commun entre les neurones qui innervent le colon et les cellules qui vont former la thyroïde : elles ont une même origine au cours de la formation de l'embryon, et le gène RET est un élément de contrôle de leur migration et de leur division. Un deuxième exemple est fourni par le gène du récepteur aux androgènes (les hormones sexuelles nécessaires pour l'expression des caractères masculins). Des mutations inactivant ce gène sont responsables d'une anomalie de l'expression des caractères sexuels, appelée testicule féminisant (des individus chromosomiquement masculins, car ayant un chromosome Y, mais ayant un aspect extérieur totalement féminin). Ces personnes n'ont aucun trouble neurologique. Au contraire, une mutation modifiant de manière spécifique la protéine est associée à une maladie neurologique affectant certains neurones moteurs (qui contrôlent l'activité de muscles).

Un dernier exemple est celui de la mucoviscidose. Cette maladie est associée à l'apparition d'un mucus très épais au niveau des voies respiratoires des enfants atteints, entraînant des infections répétées et la perte progressive de la fonction pulmonaire, entraînant un décès en général aux alentours de 20 à 35 ans. Elle est due à l'inactivation d'un gène appelé CFTR. On s'est récemment aperçu que des mutations entraînant une inactivation partielle de ce gène peuvent entraîner une stérilité masculine très spécifique, l'agénésie des canaux déférents, chez des hommes n'ayant aucune manifestation clinique pulmonaire. Ces derniers ont un problème de stérilité qui peut être résolu par une approche de procréation assistée, mais avec le risque, si les mutations du gène CFTR sont méconnues, d'avoir des enfants atteints de la forme pulmonaire grave de mucoviscidose.

LES MÊMES SYMPTÔMES PEUVENT AVOIR DES CAUSES GÉNÉTIQUES DIFFÉRENTES

Le cas le plus fréquent reste toutefois, « une maladie pour le clinicien, plusieurs gènes possibles ».

La rétinite pigmentaire, maladie entraînant une cécité progressive, peut être causée par des mutations dans plus de 30 gènes, correspondant en fait à plus de 30 maladies, qui peuvent différer par leur mode de transmission familiale, par leur sévérité et rapidité de progression, etc. Cela complique énormément la recherche dans une famille donnée, du gène muté, et rend très difficile le conseil génétique.

La myopathie de Duchenne est causée par des mutations dans un gène du chromosome X découvert en 1986, qui code pour une protéine des muscles, la dystrophine. Chez les garçons atteints de cette maladie, la protéine, qui se trouve normalement à la membrane musculaire, est absente, ce qui entraîne une dégénérescence progressive des muscles. Les recherches sur la dystrophine ont montré que cette protéine est associée (par contact direct) à toute une série d'autres protéines de la membrane musculaire, dont 4 protéines appelées sarcoglycanes. Très récemment, il a été montré que des mutations de chacun des quatre gènes correspondants entraînent d'autres formes de myopathies, qui ressemblent cliniquement beaucoup à la myopathie de Duchene, mais qui ont un autre mode de transmission et atteignent aussi bien les garçons que les filles. Il est donc très important pour le conseil génétique dans une famille, de savoir si un enfant myopathe a une mutation du gène dystrophine ou d'un gène sarcoglycane. En fait, à l'heure actuelle, on a identifié 8 gènes responsables de myopathies progressives.

Le syndrome d'Usher est une maladie qui semblait très spécifique aux cliniciens. Les enfants naissent avec une surdité congénitale et ils développent progressivement une cécité, et donc un double handicap sensoriel. Neuf gènes différents ont été mis en évidence pour ce syndrome, dont seulement deux ont été identifiés à ce jour. Je terminerai avec les surdités congénitales non syndromiques, c'est-à-dire celles qui ne sont pas accompagnées par d'autres signes cliniques. On estime qu'il y a une centaine de gènes responsables, dont une douzaine seulement est identifiée à l'heure actuelle (notamment grâce aux travaux de Christine Petit, à l'Institut Pasteur). L'identification de ces gènes apporte par ailleurs des connaissances fondamentales pour comprendre les mécanismes extrêmement complexes de l'audition.

Les maladies dues à des expansions de répétition de trinucléotides

Jusqu'à ces dernières années, les généticiens pensaient que lorsqu'une mutation survenait dans les cellules germinales et qu'elle était transmise à la descendance, elle restait stable et se transmettait en l'état à la génération suivante. Or, à partir de 1991, on a découvert que certaines maladies étaient liées à des mutations instables, qui sont des répétitions en tandem de motifs de 3 lettres. Certaines régions du génome comportent des répétitions du motif

CAG, d'autres du motif CGG ou du motif GAA, de longueur variable dans la population (en général avec moins de 30 à 35 triplets), mais transmises de manière stable au cours des générations. À la suite d'une mutation initiale, la longueur d'une de ces répétitions peut dépasser un seuil au-delà duquel elles deviennent instables et ont alors tendance à s'allonger au cours des générations successives dans une famille. La présence d'une répétition de longueur anormale entraîne une dysfonction du gène, et donc une maladie spécifique. Pour plusieurs de ces maladies, l'allongement progressif de la répétition entraîne des manifestations cliniques de plus en plus sévères, ou survenant de plus en plus tôt chez les patients, au cours des générations. Ce phénomène, appelé « anticipation » (car les enfants sont souvent atteints plus tôt que le parent qui leur a transmis la maladie), avait fait l'objet de beaucoup de discussions, parce qu'il apparaissait incompréhensible, et sa réalité avait été longtemps niée. La découverte des expansions instables, responsables notamment de la maladie de Huntington et d'une maladie neuromusculaire, la myotomie de Steinert, a apporté l'explication à ce phénomène. La détection de ces mutations permet le diagnostic et le conseil génétique, et également le diagnostic pré-symptomatique, dont nous avons déjà évoqué les problèmes éthiques délicats de sa mise en œuvre éventuelle.

Le syndrome du retard mental avec X fragile est un autre exemple de maladie par expansion de triplets (CGG). Il s'agit de la cause la plus fréquente de retard mental familial, avec environ 10 000 personnes touchées en France. Cette maladie présentait des anomalies de transmission, qui paraissaient inexplicables par les règles traditionnelles de la génétique, car elle pouvait rester silencieuse pendant plusieurs générations, et atteindre soudainement plusieurs branches, parfois éloignées, d'une même famille. L'identification de l'anomalie, qui explique environ 3 % des retards mentaux, permet maintenant un diagnostic précis, un conseil génétique et un diagnostic prénatal fiables.

Du gène aux mécanismes pathologiques et au traitement : d'autres surprises

Le génome humain n'est pas le seul qui soit analysé de manière systématique. Son étude a été en fait précédée par celle du génome de levure (de bière), puis par le décryptage du génome d'un très petit ver, et de celui de la mouche drosophile, deux organismes favoris de beaucoup de généticiens. Ces études servaient de préparation technique au séquençage du génome humain (car ces génomes sont plus petits), mais possèdent un intérêt propre considérable, y compris pour le domaine des maladies génétiques, ce qui peut paraître inattendu. Je donnerai deux exemples.

L'ataxie de Friedreich est une maladie neurologique sévère, qui entraîne une dégénérescence progressive de certains neurones (responsable de difficultés puis de perte de la marche, et de graves troubles de l'élocution), ainsi que des troubles cardiaques (cardiomyopathie). Le gène a été identifié en 1996, après 8 années de traque (par M. Koenig à Strasbourg, et M. Pandolfo à Houston). Il codait pour une protéine de fonction complètement inconnue. En comparant par ordinateur la séquence de ce gène à toutes les séquences connues de divers organismes, une ressemblance avec un gène de levure, de fonction également inconnue, a été mise en évidence. La levure est un organisme unicellulaire bien éloigné d'un neurone ou d'une cellule cardiaque. Toutefois, l'étude du gène de levure (plus facile à réaliser que pour le gène humain) a montré qu'il jouait un rôle important pour le contrôle du fer à l'intérieur de l'usine énergétique qu'est la mitochondrie. Or les neurones et les cellules cardiaques ont également des mitochondries. Des anomalies mitochondriales spécifiques ont été rapidement retrouvées dans des cellules des patients avec ataxie de Friedreich, par l'équipe d'A. Munnich, suggérant une nouvelle approche thérapeutique, utilisant un médicament proposé pour d'autres affections. Un essai clinique est en cours, et des résultats encourageants, au moins sur la cardiopathie, ont été déjà obtenus.

Un autre exemple du rôle important des recherches sur le génome de levure pour la compréhension de maladies humaines est celui de certaines formes familiales de cancer du colon. Là aussi les gènes en cause avaient des homologues de fonction connue dans la levure, la détection et réparation des erreurs survenant lors de la duplication de l'ADN. Les levures n'ont pas de colon, mais comme toutes les cellules vivantes, elles doivent dupliquer leur ADN et éviter les erreurs de ce processus. Quand ce mécanisme de correction est inactivé dans des cellules humaines, les erreurs de duplication peuvent entraîner une transformation cancéreuse de ces cellules.

Une dernière surprise : les génomes paternels et maternels sont inégaux

Jusqu'à présent, les généticiens pensaient que les deux copies du génome, maternelle et paternelle, étaient équivalentes et représentaient une sécurité : lorsqu'un gène est défectueux sur une copie, l'autre copie est là pour prendre la relève. On sait maintenant qu'il existe des régions du génome où la copie paternelle ne fonctionne pas, et d'autres régions où la copie maternelle ne fonctionne pas. Ainsi, sur le chromosome 15, il y a une région qui est soumise à une empreinte génomique parentale, une espèce de sceau qui indique si cette région vient du père ou de la mère, avec un fonctionnement différent selon l'origine parentale. Si la copie paternelle est défectueuse, cela entraîne le syndrome de Prader-Willi. Les enfants naissent très « mous » (hypotoniques), ils ont des difficultés de succion, puis ils vont développer un retard mental modéré et une obésité liée à une pulsion vers la nourriture. Quand la copie maternelle manque, on a des manifestations très différentes (syndrome d'Angelman) : les enfants ont un retard mental extrêmement sévère, avec des crises épileptiques.

Vers le traitement

La thérapie génique, qui consiste à apporter un gène correct dans des cellules où celui-ci est défectueux, paraît *a priori* comme une stratégie générale. Toutefois, sa mise en œuvre pose de formidables problèmes, dont certains sont spécifiques d'une maladie donnée, qu'il faut résoudre un par un. Les premiers résultats démontrant un effet thérapeutique important viennent d'être obtenus pour une maladie particulièrement favorable pour cette stratégie (travaux d'A. Fischer). Pour d'autres maladies, il faudra probablement attendre plusieurs années. Et pour d'autres, dans l'état actuel de nos connaissances, il ne sera probablement pas possible de les traiter par l'intermédiaire de la thérapie génique. Il faut évidemment pousser les recherches en thérapie génique, pour trouver des moyens plus efficaces de faire entrer les gènes thérapeutiques dans les cellules, et leur permettre un fonctionnement de longue durée. Il faut aussi poursuivre les recherches visant à comprendre les mécanismes des maladies, et établir les modèles de souris permettant de tester des idées de traitements. Le coût de ces recherches thérapeutiques est un frein important (ces maladies intéressent peu, en général, l'industrie pharmaceutique), et requiert des décisions politiques (soutien aux recherches sur les maladies orphelines).

Il reste aussi de nombreux gènes à identifier, pour les surdités, les cécités, les retards mentaux, etc. Il faut également faciliter les applications diagnostiques, et favoriser des centres d'excellence par type de maladies, servant de référence pour assurer la prise en charge médicale des patients la meilleure possible, et pour développer les recherches cliniques.

Les maladies monogéniques sont rares ; donc, à quelques exceptions près, elles n'intéressent pas beaucoup les industries pharmaceutiques. Mais, la génétique intéresse maintenant beaucoup les industries pharmaceutiques. En effet, les maladies communes, telles que les maladies cardio-vasculaires et l'hypertension, les maladies rhumatismales, les maladies psychiatriques telles que la schizophrénie et la psychose maniaco-dépressive, et beaucoup d'autres, ont souvent un « terrain » familial, indiquant des prédispositions génétiquement déterminées. Ces prédispositions sont les résultats de variations au niveau de plusieurs gènes, en interaction complexe entre eux et avec les facteurs de risque liés à l'environnement et au mode de vie (alimentation, alcool, tabac, stress, etc.). Les industries pharmaceutiques et de nombreux chercheurs universitaires sont intéressés par l'identification des gènes qui sont impliqués dans ces prédispositions aux maladies communes. L'intérêt n'est pas de dire à quelqu'un que son risque de cancer de la prostate est de 25 % au lieu de 10 % dans la population générale, ou que son risque de psychose maniaco-dépressive n'est que de 1 % au lieu de 3 %. Une telle médecine dite « prédictive » n'a pas d'intérêt si on ne dispose pas de traitement (ou de conseil sur le mode de vie) permettant de diminuer ce risque de manière importante et spécifiquement lié au facteur de risque génétique identifié. L'intérêt d'identifier de tels gènes de prédisposition est de découvrir de nouveaux mécanismes de ces maladies, qui pourront constituer des cibles originales pour le développement de thérapeutiques efficaces. La découverte d'un gène de prédisposition à la maladie d'Alzheimer (variant 4 du gène ApoE) est le succès le plus spectaculaire de ce type de recherche, mais il n'y a, à l'heure actuelle « *aucun intérêt* » à tester des personnes saines pour la présence de ce gène de prédisposition.

Les thérapies géniques : espoirs et réalités

par Olivier Danos

Le génome, nouvelle grille de lecture pour la biologie et la médecine

Qu'est-ce que la thérapie génique ? Une médecine parallèle ? Une opération pour faire entrer les OGM (organismes génétiquement modifiés) dans les pharmacies ? Dans un premier temps, posons-nous la question de savoir pourquoi cela arrive maintenant.

L'accumulation des connaissances en génétique moléculaire au cours des vingt dernières années culmine aujourd'hui avec la lecture complète des génomes de nombreux organismes, de la bactérie à l'homme. Les biologistes disposent maintenant d'un ensemble de données sans précédent dont la taille croît de manière exponentielle, et auquel il va falloir donner un sens. L'exploration du vivant passe par le décryptage et l'analyse de cette information. Sous ce nouvel éclairage, on cherche à comprendre les phénomènes biologiques — des plus élémentaires lorsqu'on s'intéresse à une cellule isolée, au plus complexe lorsqu'il s'agit d'organismes et de populations — en explorant les informations (le programme) qui sont à leur origine et la façon dont elles sont interprétées, intégrées et transmises.

Les connaissances sur l'évolution des espèces sont confrontées aux données sur la structure et la fluidité des génomes. Ceux-ci constituent un formidable réservoir de fossiles moléculaires et portent les stigmates des épreuves auxquelles les êtres vivants sont

Texte de la 78e conférence de l'Université de tous les savoirs donnée le 18 mars 2000.

constamment soumis. Les notions de population et de race doivent être redéfinies à la lumière des éléments retrouvés dans les génomes et on dispose de nouveaux outils pour l'étude des migrations et des écosystèmes.

On apprend comment l'information génétique est utilisée de manière séquentielle et différentielle au cours des multiples étapes du développement qui mènent d'une cellule œuf unique à un être multicellulaire dont la complexité est inabordable. On apprend comment l'information contenue dans les chromosomes est utilisée par les cellules pour communiquer entre elles, par contact ou à distance.

On est bien en présence d'une révolution scientifique, c'est-à-dire d'un moment où les concepts et les techniques qui émergent changent notre vision des choses. Nous vivons la phase active et féconde de cette révolution, pendant laquelle le champ des études et des applications n'est limité que par l'imagination.

Enfin, et c'est ce qui retient notre attention aujourd'hui, on recherche aussi des explications aux dysfonctionnements, petits et grands, qui nous affectent tous, dans des altérations du programme. On recherche la rayure sur le disque, le morceau de bande magnétique effacé ou la page qui manque. C'est l'ensemble de la médecine qui est aujourd'hui soumise à cette inspection.

La relation est simple dans le cas de maladies génétiques où les symptômes peuvent être reliés de manière non ambiguë à l'absence ou au dysfonctionnement d'un gène. Par exemple, des maladies telles que l'hémophilie, la mucoviscidose, l'anémie falciforme ou les dystrophies musculaires héréditaires peuvent être interprétées selon ce schéma simple.

Le cas de nombreuses maladies, plus communes (cancer, maladies cardio-vasculaires ou neurodégénératives) semble plus complexe, mais les données du génome correctement interprétées permettent déjà d'avancer de manière spectaculaire dans la compréhension des étapes impliquées.

Nous disposons de fabuleux outils pour comprendre le vivant et qu'on s'en réjouisse ou qu'on s'en inquiète, nous voulons aussi maîtriser et domestiquer. Non seulement nous savons lire l'information génétique, mais nous pouvons intervenir *ad libitum* sur cette information en utilisant la chimie et l'enzymologie de l'ADN (acide désoxyribonucléique). Le génie génétique accouche ainsi des biotechnologies. Parmi les applications, on envisage aujourd'hui d'utiliser l'information génétique à des fins thérapeutiques et le terme de thérapie génique est à présent connu du grand public. Il désigne un ensemble d'approches thérapeutiques basées sur le transfert d'informations génétiques dont le propos est de combler un déficit ou de stimuler une fonction réparatrice ou protectrice.

Reprogrammer pour soigner

Le transfert de matériel génétique entre individus ou entre hôte et parasite est un phénomène répandu. Les virus ont évolué pour introduire leurs gènes dans la cellule afin de la reprogrammer, c'est-à-dire de la transformer en usine à virus. Mises dans des conditions appropriées, les bactéries peuvent absorber de l'ADN et acquérir ainsi de nouvelles propriétés. En analysant pour la première fois ce phénomène, Avery et ses collaborateurs ont obtenu dès 1944 la première démonstration que l'ADN était le support de l'hérédité.

Par la suite on a appris à faire pousser des cellules de mammifère en laboratoire et les expériences montrant des modifications de leurs propriétés par transfert d'ADN se sont multipliées. Dès la fin des années 1960, on voit apparaître les premières suggestions que de telles approches pourraient être utilisées pour soigner des maladies génétiques lorsque le gène responsable est identifié. On comptait à l'époque ces gènes sur les doigts d'une main et les techniques d'isolement et de purification de gènes (ce qu'on appelle clonage moléculaire) n'avaient pas encore vu le jour.

C'est chose faite dix ans plus tard, et les outils permettant de transférer des gènes commencent à être mis au point. Enfin, depuis quinze ans, les principes et les approches de la thérapie génique ont été éprouvés sur des modèles animaux de maladies humaines et aujourd'hui, certaines approches donnent lieu à des essais cliniques sur l'homme.

On peut envisager, selon les cas, différents scénarios où la cellule est reprogrammée par transfert de gène dans un but thérapeutique.

Une première approche consiste à modifier la cellule cible de façon à ce qu'elle produise et fournisse à l'organisme un facteur qui fait défaut. Ainsi une cellule reprogrammée pourra devenir source d'insuline, de facteur de coagulation sanguine, d'anticorps, d'hormone, etc.

Dans le deuxième cas de figure, la cellule reprogrammée sert à éliminer un produit toxique anormalement accumulé dans l'organisme à la suite d'un problème métabolique. Par exemple, on peut imaginer éliminer ainsi l'excès de cholestérol.

Enfin, la troisième situation correspond à la perte d'une fonction spécialisée dans la cellule, perte qui est compensée en apportant une copie correcte de l'information manquante. Il s'agit aussi des cas où une cellule particulière est modifiée pour résister à des infections ou encore pour être reconnue et éliminée par le système immunitaire. On remarque que la mise en œuvre de ces approches thérapeutiques peut conduire à des situations très diverses, dans lesquelles il convient de définir le trio optimal vecteur/gène thérapeutique/cellule cible.

Enfin, il faut remarquer que l'idée simple de départ (remplacer un gène là où il fait défaut) a fait place à une approche plus large de reprogrammation thérapeutique pour des maladies complexes comme le cancer, les maladies neurodégénératives, cardio-vasculaires ou infectieuses.

Les outils du transfert de gène

On appelle ces outils « vecteurs » parce qu'ils transportent l'information génétique — c'est-à-dire une molécule d'ADN — de l'extérieur à l'intérieur de la cellule. On les élabore à partir de virus dont le pouvoir pathogène a été éliminé, ou de molécules de synthèse qui peuvent être combinées (complexées) aux molécules d'ADN. Il est également possible d'utiliser des méthodes physiques comme des chocs électriques ou le bombardement de particules pour faire pénétrer l'ADN dans les cellules.

Cette boîte à outils est en développement constant et de nouveaux éléments apparaissent régulièrement. Les chercheurs qui travaillent au développement de ces technologies sont confrontés à un grand nombre de questions. Comment faire pour apporter efficacement le gène-médicament à la cellule cible ? Comment atteindre la cellule à traiter ? Comment s'assurer du bon fonctionnement du gène thérapeutique une fois celui-ci déposé dans la cellule ? Le transfert de gène peut-il être réalisé dans des conditions de sécurité satisfaisantes pour le patient et son environnement ?

Les barrières naturelles placées sur le chemin des molécules d'ADN de l'extérieur à l'intérieur d'une cellule, sont multiples. Celles-ci doivent franchir une première membrane plasmique, et le plus souvent, elles utilisent pour cela les voies naturelles d'absorption de particules par la cellule. Ces particules doivent être libérées dans le cytoplasme et cheminer tant bien que mal vers le noyau. La membrane spécialisée qui entoure le noyau est un autre obstacle. Le matériel génétique exogène, que l'on souhaite incorporer à celui de la cellule à reprogrammer, doit s'intégrer dans le chromosome ou trouver un moyen d'être maintenu sans que la cellule ne le rejette. Quand la nouvelle information est là, elle doit pouvoir être utilisée par la cellule afin de conduire à la synthèse d'une nouvelle protéine, et ce au moment voulu. Il faut donc s'assurer qu'on sera capable de réguler de manière adéquate l'expression de cette information thérapeutique.

Ce cahier des charges est très lourd. Fort heureusement pour nous, les virus ont évolué depuis des millions d'années pour accomplir une grande partie du chemin. Ils ont adopté une très grande diversité de moyens pour envahir la cellule et la détourner à leur profit. Certains virus comme les adénovirus utilisent une stratégie de *blitzkrieg*, d'autres comme les rétrovirus mènent une longue guerre d'usure. On utilise principalement 3 familles virales pour fabriquer des vecteurs de transfert de gène : les adénovirus, les parvovirus et les rétrovirus. On comprend aujourd'hui le fonctionnement de ces virus dans leur intimité moléculaire. On peut manipuler leurs génomes, en retirer les fonctions pathogènes et les utiliser comme des chevaux de Troie qui pourront pénétrer dans la cellule, mais y apporteront les informations dont nous les avons chargés. Malgré la grande diversité des virus, les vecteurs sont tous construits selon les mêmes principes. L'information génétique du virus comprend une série de séquences régulatrices et les gènes viraux eux-mêmes qui codent pour les protéines. Dans un vecteur, les séquences régulatrices sont associées par génie génétique au gène d'intérêt que nous souhaitons transférer. Nous obtenons une construction recombinante qui ressemble à un génome viral, mais qui ne contient plus l'information nécessaire à la fabrication de virus. L'information contrôlée par les séquences virales est à présent l'information thérapeutique. Ces génomes viraux inactivés sont introduits dans des particules virales grâce à des systèmes de cellules cultivées en laboratoire que l'on appelle cellules d'empaquetage. La particule obtenue possède tous les éléments pour entrer dans une cellule cible et effectuer ce parcours du combattant compliqué vers le noyau pour y déposer l'information génétique.

Quels sont les problèmes liés à la mise au point et à l'utilisation de ce type de vecteurs ? Le procédé de fabrication est en général assez compliqué et très coûteux. D'autre part, l'utilisation chez un patient d'un principe actif dérivé d'un virus n'est pas complètement anodine. On bénéficie heureusement d'une longue expérience dans le domaine des vaccins, ce qui permet de définir des critères de sécurité et de qualité pour ces médicaments d'un genre nouveau. Cependant certains risques spécifiques doivent être pris en considération. Le risque principal pour la sécurité du patient lors de l'utilisation d'un vecteur viral est que la préparation soit contaminée par un virus capable de se répliquer et de provoquer une maladie virale. Des tests permettent de contrôler au moment de la préparation du vecteur que ces virus infectieux ont bien été éliminés. Une autre préoccupation est la réaction du système immunitaire à des particules virales qu'il a appris à combattre. Enfin, il faut considérer le potentiel de dissémination dans l'environnement de ces virus recombinants, même s'ils sont incapables de se multiplier. Le traitement des cellules somatiques ne pose, par définition, pas de problèmes de dissémination vers la descendance, car les cellules germinales ne sont pas visées. Il faut cependant réaliser des études de toxicologie très particulières pour s'assurer que la lignée germinale n'est pas touchée par le procédé de transfert de gène.

La complexité des problèmes liés à l'utilisation des virus a poussé les chercheurs à s'intéresser à des vecteurs synthétiques. Les lipides cationiques sont des molécules capables de se fixer à l'ADN, de le compacter et de le faire passer à travers les membranes. Ils possèdent une tête polaire cationique, chargée positivement, qui va reconnaître l'ADN chargé négativement et une queue d'acide gras qui peut se mélanger aux membranes et le faire pénétrer à l'intérieur de la cellule. Les possibilités de variation par synthèse chimique sont très étendues et activement explorées. Certains composés permettent aujourd'hui une efficacité de transfert de gène notable chez l'animal, mais les fonctions qui permettent la pérennisation du transgène manquent encore dans ces assemblages. Le virus artificiel est encore à l'étude *(Fig.)*.

Virus	*Retro*	*Adeno*	*AAV*	*Synthétique*
Titre	++	+++	++	+
Capacité	++	++	+	+++
Stabilité	++	+++	+++	++
Division cellulaire	++	+++	+++	++
Antigénicité	+++	+	+++	++
Expression à long terme	+++	++	+++	+

Figure – Tableau des vecteurs de toutes les familles, avantages et inconvénients, propriétés. Chaque type de vecteur possède donc des propriétés particulières qui trouvent leur avantages dans certaines situations thérapeutiques. Il n'y a pas de vecteur universel, et tous les systèmes sont améliorés en parallèle.

Stratégies d'application in vivo

Il existe deux grandes catégories d'approches pour atteindre la cellule à reprogrammer au moyen des vecteurs. Celle-ci peut être extraite du corps du patient, mise en culture, modifiée puis réimplantée, on parle alors de thérapie génique *ex vivo*. Dans ce cas, la modification génétique des cellules explantées pose rarement problème avec les vecteurs dont nous disposons aujourd'hui. Les difficultés concernent plus la mise en culture des cellules concernées et surtout, leur maintien dans un état compatible avec leur réimplantation fonctionnelle. Le succès des approches *ex vivo* demande encore que nous progressions dans notre connaissance de la biologie de ces cellules. Ainsi, on sait depuis longtemps que si nous arrivions à introduire un gène dans les cellules mères des lignées différenciées, l'information serait ensuite présente chez toutes les cellules qui auraient reconstitué un tissu ou un organe, comme le sang, le foie, la peau, voire le muscle. Aujourd'hui, des progrès rapides sont accomplis dans l'identification et la caractérisation de ces cellules souches capables de donner naissance à un lignage complexe et organisé. Ces avancées seront décisives pour le succès des approches *ex vivo*.

Alternativement, on cherche à mettre en œuvre des méthodes de thérapie génique dite directe ou *in situ*, où la cellule serait atteinte directement par le vecteur injecté à proximité. On imagine également des vecteurs conçus comme des missiles de croisière et capables de trouver leur cible avec précision. D'emblée, beaucoup d'obstacles sont rencontrés par le vecteur. Comparé aux molécules classiquement utilisées dans la pharmacopée, le vecteur de transfert de gène est environ 100 fois plus grand. Il est donc rapidement arrêté par les filtres naturels que constituent le foie et la rate. Il est aussi reconnu par les premières lignes de défense immunitaire qui inactivent les particules de taille suspecte. Dans des conditions normales il lui sera impossible de franchir la paroi étanche des vaisseaux sanguins pour parvenir jusqu'au tissu que l'on désire modifier. Même s'il y parvient il n'atteindra les cellules qu'avec grande difficulté, après avoir franchi le maillage serré qui entoure celles-ci, la matrice extracellulaire. Les recherches d'amélioration technologiques des vecteurs et des méthodes d'administration visent à faciliter ce parcours du combattant.

Les essais cliniques de thérapie génique

Le premier essai a eu lieu en 1990 aux États-Unis et a depuis été suivi de plus de 400 autres à travers le monde. Plus de 4 000 patients ont aujourd'hui été soumis à ces traitements expérimentaux. Un seul véritable succès a été rapporté très récemment par l'équipe française du professeur Fischer qui a observé une rémission complète des symptômes pendant plus d'un an chez des patients atteints d'immunodéficience d'origine génétique, traités par transfert de gène. Dans la plupart des essais, aucun signe de toxicité aiguë n'a été rencontré. Il existe cependant une exception notable, où un patient atteint d'une maladie génétique affectant le fonctionnement du foie est décédé à la suite d'une administration massive d'un vecteur adénoviral. Ces éléments apportent des preuves d'efficacité du concept de thérapie génique, mais soulignent que les vecteurs de transfert de gène, s'ils peuvent être considérés comme des médicaments, doivent également être évalués comme tels, avec la méthode, la rigueur et la prudence qu'exige la mise au point de tout principe actif en clinique.

Les pathologies concernées par les essais de thérapie génique sont, dans 65 % des cas, des cancers. Cela peut sembler paradoxal pour des stratégies qui au départ avaient été pensées pour le traitement de maladies génétiques rares. Celles-ci n'arrivent en effet qu'en deuxième position avec 13 % des essais. Cela s'explique d'abord par le fait que les cliniciens qui traitent des patients cancéreux ont un savoir-faire important dans le domaine des essais cliniques où ils testent de nouvelles molécules. D'autre part, les essais cliniques nécessitent d'importantes ressources et l'industrie pharmaceutique mobilise les siennes plus volontiers pour mettre au point des thérapeutiques qui correspondent à un marché large. Les essais qui s'appliquent aux maladies rares ou orphelines bénéficient de moins de moyens et sont la plupart du temps réalisés dans un cadre strictement universitaire, souvent grâce à des financements publics ou provenant des associations de malades.

Avec les technologies dont nous disposons aujourd'hui, on peut espérer mettre au point des traitements d'ici cinq à dix ans pour quelques maladies rarissimes comme certaines immunodéficiences. L'approche concernant le cancer est plus empirique et les démonstrations d'efficacité clinique plus difficiles à établir. En effet, il faut cinq ans de recul pour juger de la valeur d'un essai clinique et pour décider du bien-fondé d'une approche thérapeutique. On peut cependant espérer que dans les dix ans, des traitements seront proposés, probablement en association avec une chimiothérapie ou une radiothérapie plus classique.

En conclusion, même s'il semble aujourd'hui acquis que le principe de la thérapie génique est fondé, son champ d'application reste essentiellement virtuel. Les progrès à venir reposent obligatoirement sur l'amélioration des techniques de transfert de gène. Cela passe obligatoirement par un approfondissement de nos connaissances fondamentales en biologie moléculaire et cellulaire, en physiologie et en virologie. De plus, notre définition des vecteurs de transfert de gène comme médicament est encore fruste et doit être approfondie et précisée par des études pharmacologiques et toxicologiques, et par la mise en place d'un cadre réglementaire qui prend en compte leurs particularités. Le plus dur reste à faire.

La médecine nucléaire

par JEAN-YVES DEVAUX

La médecine nucléaire existe depuis une quarantaine d'années, dans le monde entier. C'est une spécialité médicale au même titre que la cardiologie ou la rhumatologie. Si la médecine nucléaire est plus proche de spécialités comme la radiologie ou la radiothérapie, elle possède la particularité d'allier leurs objectifs de diagnostic et de thérapeutique. De plus, la médecine nucléaire est une médecine fonctionnelle, d'imagerie fonctionnelle, de traitements par l'intermédiaire de fonctions de l'organisme, et non pas une étude purement anatomique.

Définitions

La médecine nucléaire correspond à « l'utilisation dans un but médical de radioéléments en sources non scellées ». Les radioéléments sont des éléments radioactifs qui émettent des rayonnements. Ils sont dits en « sources non scellées » lorsque la source radioactive est administrée directement au patient, au contact intime de son organisme, contrairement à certaines techniques de radiothérapie externe qui utilisent des sources enfermées dans un appareil et dont seul le rayonnement atteint l'organisme.

La médecine nucléaire utilise principalement deux types de rayonnements : gamma et bêta.

Texte de la 79e conférence de l'Université de tous les savoirs donnée le 19 mars 2000.

Les rayonnements gamma sont utilisés pour le diagnostic. Leurs trois grandes applications sont : la scintigraphie ou imagerie de médecine nucléaire, la radio-immunologie — l'application à des dosages dans des échantillons biologiques — et la détection préopératoire au cours d'une intervention chirurgicale. Le principe de l'imagerie externe est l'injection d'une substance radioactive au patient. Cette substance se répartit dans l'ensemble de l'organisme, puis selon le type de molécule administrée, elle se concentre dans une zone ou un organe privilégié. Les rayonnements gamma émis par cette substance sont perçus par un détecteur et traduits en images.

Les rayons bêta sont utilisés pour le traitement en radiothérapie interne. L'administration de la radioactivité se fait de la même façon que pour le diagnostic, le plus souvent par voie intraveineuse, et la destruction attendue se fait au niveau cellulaire, à courte distance, habituellement de l'ordre du millimètre, de la zone de concentration du produit.

Cette médecine est appelée « médecine nucléaire » car l'origine des rayonnements bêta et gamma utilisés, se situe à l'intérieur des noyaux des atomes.

Un radioélément est la forme radioactive d'un élément, d'un corps naturel, tels que l'aluminium, le cuivre, le plomb, etc. En médecine nucléaire, nous utilisons des substances moins courantes comme l'iode, l'indium, le technétium — l'un des éléments de la classification qui n'existe pas dans la nature car toutes ses formes sont radioactives.

L'activité administrée lors des examens est faible, mais surtout parfaitement connue et calibrée. Cela d'autant plus que la mesure de la radioactivité est facile et que les instruments de mesure sont extrêmement sensibles. En théorie, nous sommes capables de mettre en évidence une seule molécule, un seul atome radioactif dans de bonnes conditions.

Une médecine qui nécessite des précautions

Le terme « nucléaire » fait peur. L'image que les gens ont de la médecine nucléaire est parfois très éloignée de la réalité. L'irradiation médicale peut être nécessaire, mais ses risques sont mesurables. L'unité de mesure de cette irradiation est le sievert. Une radiographie pulmonaire délivre 0,3 millisievert, une scintigraphie thyroïdienne 0,5 millisievert, une scintigraphie osseuse 4 millisieverts et un scanner abdominal 15 millisieverts. Les personnels spécialisés, les radiologues comme les personnes travaillant dans les centrales nucléaires, ont jusqu'à présent une limite d'irradiation de

50 millisieverts par an. Cette limite est généralement loin d'être atteinte. Et l'on ne connaît pas d'effets observables à moins de 200 millisieverts reçus en une seule fois. La radioactivité naturellement présente dans le sol, le ciel et même en chacun de nous, fait que tout Français reçoit en moyenne 2,5 millisieverts par an, dans des conditions de vie normale. Encore s'agit-il d'une irradiation moyenne puisque certaines régions, comme la Bretagne ou l'Auvergne, ont des valeurs 2 à 4 fois plus élevées. Certains plateaux d'Iran, certaines plages du Brésil ont une activité et une irradiation qui en résulte, de l'ordre de plusieurs dizaines de fois cette irradiation moyenne en France, sans pour autant que les populations locales n'aient développé quelque pathologie que ce soit depuis des milliers d'années.

Comme il vaut mieux prévenir que guérir, les mesures de sécurité passent par des procédures réglementaires parfaitement codifiées. De plus, tous les personnels médicaux et paramédicaux des services de médecine nucléaire ont une culture de la radioprotection. Des contrôles extrêmement précis permettent de savoir à tout moment ce qui se passe, et surtout d'avoir une traçabilité depuis la réception des radioéléments dans le laboratoire, leur administration, la récolte des déchets, leur élimination en interne.

Dans le cas de la médecine nucléaire, comme pour tout médicament, il faut toujours peser le risque encouru par rapport aux bénéfices attendus. Si le pronostic vital est en jeu ou devant un handicap majeur, il est évident que le risque de n'importe quel acte diagnostique ou thérapeutique, utiliserait-il ou non les rayonnements, est négligeable par rapport à l'avantage de reconnaître la maladie ou de la traiter. La loi vient de renforcer encore cette position pour l'usage médical des rayonnements, puisque la France a ratifié le 13 mai 2000, une directive européenne, « la directive patient », qui impose deux notions très précises : « la justification » et « l'optimisation ». La justification signifie que l'on ne doit pas pratiquer d'acte utilisant les rayonnements — la radio ou la médecine nucléaire — sans qu'il soit médicalement justifié. L'optimisation est tout aussi importante, il ne s'agit pas de diminuer à tout prix les doses administrées au patient, mais de les adapter en fonction du but poursuivi. Enfin, pour prévenir le risque encore faut-il que les intéressés soient prévenus, l'information du patient est également une obligation légale que nous respectons.

Le diagnostic

Le diagnostic est la forme d'utilisation de la médecine nucléaire la plus connue à l'heure actuelle.

La scintigraphie correspond à l'administration d'un radiopharmaceutique et à la réalisation d'une image. Ce médicament va se distribuer dans le corps de la même façon qu'une molécule non radioactive. La source de rayonnement est donc dans le patient. Classiquement, deux détecteurs de scintillation sont placés l'un au-dessus, l'autre sous le lit sur lequel est allongée la personne pour enregistrer les images. Le produit est administré par une simple intraveineuse. Il n'y a le plus souvent aucun effet secondaire, les seules contraintes pour le patient sont qu'il doit s'hydrater pour accélérer l'élimination du produit et parfois prendre des médicaments pour sensibiliser l'examen. Le délai entre l'injection et l'examen est variable, parfois le produit est injecté au patient déjà positionné sous la caméra, parfois l'injection a lieu une semaine à l'avance. L'enregistrement des images dure 10 à 15 minutes selon les examens.

La scintigraphie utilise une soixantaine de molécules pour explorer deux cent à deux cent cinquante maladies différentes. Il s'agit d'observer des organes — la thyroïde, les poumons, les os — ou bien d'obtenir une imagerie fonctionnelle pour étudier la ventilation, le transit, le métabolisme, la perfusion ou l'irrigation sanguine de tel ou tel organe ou région de l'organisme. Mais, ce qui fait encore plus l'intérêt de la médecine nucléaire par rapport aux autres formes d'imagerie, c'est d'avoir les moyens de mettre en évidence une pathologie particulière, telle que l'inflammation, l'infection, une fracture, des tumeurs bénignes ou cancéreuses. Et cela, indépendamment de l'endroit où cette anomalie se situe dans l'organisme.

À côté de l'imagerie, le diagnostic en médecine nucléaire, c'est aussi le dosage dans les échantillons biologiques et la détection préopératoire.

Les immuno-dosages utilisent le même principe que la reconnaissance antigène/anticorps. Cette technique est très spécifique. Chaque fois que l'on veut mettre en évidence une substance en très petite quantité dans un liquide biologique, la technique de médecine nucléaire de radio-immunologie est la plus performante.

La détection préopératoire utilise des radioéléments administrés au patient afin d'aider le chirurgien dans sa tâche. Dans un premier temps, il s'agit de repérer la lésion au sein du champ opératoire, et une fois l'ablation de la tumeur réalisée, elle permet de vérifier que la totalité de la tumeur a bien été ôtée.

La médecine nucléaire est utilisable des premiers jours de la vie jusqu'aux derniers. La grossesse constitue la seule contre-indication. Sauf nécessité vitale, aucun examen de médecine nucléaire ni même de radiologie ne devrait être pratiqué si la femme est enceinte ou même susceptible de l'être. Cela impose un certain nombre de précautions, d'interrogatoires, de dosages éventuels à faire en préalable à tout acte impliquant des rayonnements.

Quels sont les développements attendus de la médecine nucléaire ? Tout nouvel examen suppose la mise au point de nouvelles molécules radiopharmaceutiques. Sur ce plan, il n'y a pas de limite théorique. Le génie biologique nous habitue chaque jour à des miracles dans le domaine de la synthèse de nouvelles molécules. Le nombre de molécules organiques intéressantes à explorer dans l'organisme est tel qu'il n'y a pas d'autres limites que celles de notre imagination.

Les enjeux actuels de la médecine nucléaire, c'est la mise en évidence des récepteurs membranaires sur des cellules, qu'elles soient normales ou pathologiques, afin d'améliorer encore notre connaissance de certaines maladies. La seule contrainte est que le marquage d'une molécule par un produit radioactif ne modifie pas son comportement dans l'organisme. L'idéal serait d'utiliser des isotopes radioactifs, les molécules elles-mêmes, les atomes eux-mêmes constitutifs des molécules organiques comme le carbone11, l'oxygène15 ou l'azote13. L'inconvénient de ces traceurs organiques, c'est qu'ils ont une durée de vie extrêmement brève, de l'ordre de quelques minutes à quelques dizaines de minutes. Ils doivent donc être produits et utilisés sur place. De plus, ils nécessitent des détecteurs spéciaux, parce qu'ils émettent des positons qui produisent ensuite des rayons gamma de forte énergie. Il n'y a actuellement dans le monde que très peu de machines aussi spécialisées capables de faire ce genre d'expérimentations. Heureusement, parmi les molécules émettrices de positons, le fluor18 est une exception car il a une durée de vie de près de 2 heures, ce qui permet de l'utiliser à distance du cyclotron de production. Il est même possible de le fixer sur du glucose pour créer du fluoro-déoxy-glucose, ou FDG, en substituant un fluor à un oxygène et un hydrogène. Ce FDG a d'abord servi à l'étude du muscle cardiaque et à celle du cerveau. Mais comme il a une très grande affinité pour les cellules cancéreuses, il est devenu l'acteur principal de la tomographie par émission de positons, la TEP. Si le FDG s'accumule au niveau d'une tumeur, cela signifie le plus souvent qu'elle est cancéreuse. Son intérêt est également de suivre l'évolution d'une atteinte ou encore de contrôler la réaction à un traitement.

Les traitements

Le deuxième atout dont dispose la médecine nucléaire, à côté du diagnostic, ce sont ses possibilités de traitements.

La radiothérapie interne correspond à l'administration de molécules radioactives pour détruire des cellules. Une molécule spécifique est utilisée pour aller dans la tumeur et y apporter les atomes radioactifs qui vont tuer uniquement ces cellules. Mais loin d'être réservée au cancer, la médecine nucléaire peut aussi s'appliquer à certaines affections bénignes, en pathologie thyroïdienne par exemple.

Dans certains cas où la maladie est trop avancée pour espérer une guérison, la médecine nucléaire peut permettre de diminuer, voire supprimer les douleurs du patient, notamment pour les métastases osseuses de certains cancers. Du *strontium* ou du *samarium* sont ainsi donnés pour lutter contre la douleur causée par les métastases du cancer de la prostate.

Quelle est la situation actuelle en France, en termes de médecine nucléaire ?

Il y a 192 services de médecine nucléaire, à peu près répartis en un tiers dans les hôpitaux publics, un tiers dans les centres anticancéreux et un tiers en exercice libéral. Il y a 404 gamma caméras ou caméras à scintillation, et environ une soixantaine de chambres pour faire des traitements dits de radiothérapie interne. Actuellement, en mars 2000, nous ne disposons en France que de deux tomographes à émission de positons en utilisation clinique et de trois autres machines en recherche. Nous sommes à peu près cinq cent cinquante spécialistes de médecine nucléaire et nous réalisons un peu plus d'un million d'actes de médecine nucléaire par an. Ce qui est, soit dit en passant, plus que l'IRM dont on parle beaucoup plus. La médecine nucléaire suppose évidemment une certaine stratégie d'utilisation. Tout d'abord une stratégie diagnostique : « le choix du meilleur examen au meilleur moment dans l'ensemble des examens qui doivent se succéder pour mettre en évidence une maladie ». Mais aussi une stratégie thérapeutique pour intervenir efficacement et au bon moment.

Nous ne sommes pas les seuls à faire du diagnostic, ni même du diagnostic par l'imagerie. Une bonne complémentarité entre les modalités d'imagerie et le choix de la technique s'impose par rapport à toutes celles qui existent. À côté des radios simples, des scanners, de l'IRM et de l'échographie, la scintigraphie et la tomographie d'émission de positons ont leur place indiscutablement au moment, encore une fois, où c'est nécessaire.

Quels sont les domaines dans lesquels la médecine nucléaire a un rôle important en santé publique dans de très grandes pathologies ? C'est un enjeu important pour le siècle qui arrive. Quelques exemples sont là pour l'illustrer. Le diabète est une maladie paradoxalement diagnostiquée extrêmement tard dans son évolution. Actuellement, le diagnostic de diabète est porté après une dizaine d'années d'évolution pendant lesquelles beaucoup de lésions, en particulier, vasculaires au niveau visuel ou rénal sont déjà constituées. Le fait de pouvoir mettre en évidence cette maladie, peut-être dans un premier temps seulement, en recherchant d'abord les sujets à risque et en vérifiant qu'ils sont bien porteurs d'une potentialité de développement de cette affection pourrait permettre de les traiter plus précocement. Dans le domaine cardiaque, si la coronographie permet de visualiser les plaques d'athérome coronaire, la médecine nucléaire devrait permettre prochainement d'en apprécier les risques évolutifs et éviter la survenue de l'infarctus du myocarde. Si l'on s'intéresse à l'aspect neuro-psychiatrique, une meilleure discrimination par la scintigraphie entre les nombreuses variantes de la démence ouvrirait la voie à des thérapeutiques adaptées et efficaces.

Enfin, la thérapie génique est un défi pour la médecine nucléaire. La thérapie génique sait introduire dans l'organisme des gènes modifiés pour remplacer ceux qui sont défectueux. L'objectif est simplement de savoir où vont ces gènes. Nous ne saurons pas mettre en œuvre une thérapie génique si nous ne savons pas comment se distribuent les gènes modifiés introduits dans l'organisme. Pratiquement, seules des techniques d'émission de rayonnements, donc d'utilisation de radioéléments, pourront permettre de suivre exactement la distribution des gènes dans l'organisme et de vérifier l'efficacité de cette thérapie génique. L'objectif est absolument colossal.

Conclusion

Devant autant de domaines d'application, on serait tenté de parler de plusieurs « médecines nucléaires », mais la médecine nucléaire est bien une seule entité, une unité d'action. N'oublions pas aussi que la médecine nucléaire se caractérise d'abord par sa spécificité fonctionnelle, c'est-à-dire qu'elle s'intéresse au fonctionnement de l'organisme. Elle nous permet de suivre cette fonction sans la perturber, c'est-à-dire à l'échelon physiologique. La médecine nucléaire est donc adaptée, efficace, disponible, cela dans une démarche très claire et raisonnée de stratégie diagnostique et thérapeutique et elle offre d'immenses potentialités pour les années à venir dans ces deux domaines.

La chirurgie plastique, reconstructrice et esthétique

par Éric Arnaud

Parler de chirurgie plastique c'est presque toujours évoquer l'assimilation avec la chirurgie esthétique, avec ce qu'elle suscite de controverses, de dérision, voire de mépris, ou au contraire d'enthousiasme irrationnel. Cette assimilation pose le sujet uniquement par ses traits réducteurs, négatifs, et ses excès. La chirurgie plastique est un domaine très vaste qui représente une spécialité chirurgicale traitant l'ensemble du contour et des formes du corps humain. Cette spécialité jeune, d'abord reconstructrice, est née et s'est développée surtout en Europe pour traiter les séquelles des blessures de guerre et particulièrement celles des « gueules cassées » de la guerre de 1914-1918. Au fil du temps et des progrès, la chirurgie plastique s'est adressée à des pathologies de plus en plus graves et variées, qu'elle soit d'abord reconstructrice ou à visée plus esthétique : tumeurs, traumatismes, malformations, ainsi qu'aux conséquences du vieillissement.

Tout d'abord — cela peut paraître élémentaire — dans « chirurgie plastique », il y a le mot « chirurgie ». Lorsque Ambroise Paré, reconnu comme l'un des pères de la chirurgie moderne, met en évidence à la fin de XVIe siècle, que la vascularisation des tissus biologiques est un phénomène primordial pour la cicatrisation (il s'agissait surtout des moignons d'amputation), la chirurgie n'en est qu'à un stade rudimentaire. À l'époque, la chirurgie est plus destructrice que réparatrice, et la chirurgie plastique est réduite quasi exclusivement à l'utilisation de postiches et des premières prothèses. Pourtant, des procédés de reconstruction avec un fragment de tissu vivant emprunté à

Texte de la 80e conférence de l'Université de tous les savoirs donnée le 20 mars 2000.

un autre endroit du corps ont été décrits plus de mille ans auparavant (technique indienne de reconstruction du nez avec la peau du front). La vascularisation, c'est-à-dire l'apport du sang par les artères et son retour par les veines, qui est nécessaire pour la vie des tissus, représente la condition fondamentale pour la cicatrisation, processus naturel de la réparation du corps humain. Pour respecter cette vascularisation, Ambroise Paré cesse de brûler à l'huile bouillante les plaies, et commence à lier les vaisseaux avec des ligatures, ce qui réduit le temps de cicatrisation et la gravité des blessures de façon significative. Cette notion de respect des tissus vivants est un principe fondamental en chirurgie plastique, comme d'ailleurs dans toute chirurgie, mais plus encore dans une chirurgie de réparation que dans une chirurgie où l'on enlève des tissus malades. Aujourd'hui où des interventions chirurgicales reconstructrices très complexes sont possibles, le facteur limitant d'une procédure reste la nécessité de l'apport sanguin dans les tissus reconstruits et de la vitalité des tissus opérés dépend bien souvent le succès d'une intervention.

Parmi de très nombreux traités, Ambroise Paré parle dans son XXIIIe livre d'« un moyen et artifice d'ajuster ce qui fait défaut naturellement ou par accident », définissant indirectement la chirurgie plastique. Cette notion de défaut doit être entendue davantage dans le sens de « manque » ou de « perte de substance » à reconstruire (le *defect* des Anglo-Saxons), plutôt que comme le contraire d'une qualité. La mention du défaut naturel, synonyme de malformation, est évoquée en premier, car c'était certainement, à l'époque, la raison la plus évidente d'avoir recours à une chirurgie de type plastique, même si les accidents et les traumatismes de guerre devaient représenter également une part importante des disgrâces et des invalidités. Aujourd'hui, ces deux causes sont minoritaires par rapport aux tumeurs, qui représentent la cause principale de recours à la chirurgie plastique dans les pays développés.

Caractéristique fondamentale : forme et fonction

Puisqu'il est souvent plus facile de définir une chose par ce qu'elle n'est pas, la chirurgie plastique ne s'applique pas aux viscères situés dans les cavités naturelles du corps humain. La chirurgie plastique traite principalement les pathologies des parois de ces cavités que sont le crâne (qui contient le cerveau) avec la face, la cage thoracique (contenant le cœur et les poumons), la cavité abdominale (avec les organes digestifs et génito-urinaires), ainsi que les tissus mous des membres. Ces parois constituées de la surface à la profondeur par la peau, la graisse, les muscles et les os du squelette représentent des enveloppes superposées dont les plus profondes sont en contact étroit avec les viscères. En conséquence, l'organe et la paroi qui le protège doivent être considérés ensemble, et l'on ne peut réparer l'un sans respecter l'autre. La nécessité impérative de restaurer simultanément la fonction et la forme du corps ou d'une de ses parties, est l'une des caractéristiques essentielles de la chirurgie plastique. Forme et fonction sont donc indissociables. Fonction et esthétique sont encore moins dissociables lorsque les altérations sont situées sur la face. Cette double nécessité s'impose pour l'ensemble du corps dès que l'anomalie physique s'associe à une altération de l'image corporelle. Ainsi, la chirurgie plastique est une spécialité générale : le champ d'action chirurgicale est l'ensemble du corps, mais les motivations et le retentissement sont aussi psychologiques.

La chirurgie plastique, avec ses deux versants reconstructeur et esthétique — ces deux notions sont donc intimement liées — est à l'interface avec de nombreuses autres disciplines chirurgicales et médicales. Il y a une interface entre la dermatologie qui traite des maladies de la peau et la chirurgie plastique de la peau. Il existe une interface évidente entre la gynécologie mammaire et la chirurgie plastique du sein, entre la chirurgie réparatrice des téguments des membres (la main en particulier) et la chirurgie orthopédique du squelette. La chirurgie crânio-faciale et maxillo-faciale sont des domaines de la chirurgie plastique où le déplacement des os du squelette va modifier radicalement l'aspect de la face, et dont les interfaces avec la neurochirurgie, l'ophtalmologie, et l'oto-rhino-laryngologie sont claires. La notion fondamentale d'association entre la restauration conjointe d'une fonction, celle de contenir un organe ou un membre, et le respect de la forme du corps, est donc la notion caractéristique fondamentale de la chirurgie plastique.

Perte de substance ou défaut

La perte de substance, préexistant à la nécessité de réparation, est aujourd'hui chez l'adulte le plus souvent provoquée par le chirurgien lui-même lorsqu'il enlève une tumeur dans le but de guérir. Il y a donc avant même de parler de reconstruction, une phase préalable de destruction *(Fig. 1)*.

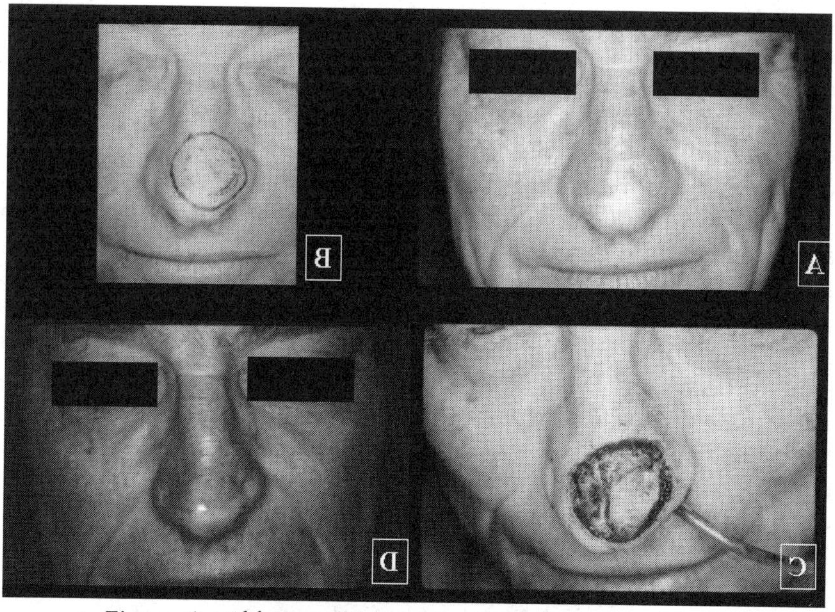

Figure 1 – Ablation d'un carcinome de la pointe du nez et reconstruction par greffe de peau.

1A Lésion du nez

1B Marges d'exerèse de la tumeur

1C Aspect avant reconstruction

1D Résultat après un an

Les cancers de la peau et du sein représentent aujourd'hui la première cause de reconstruction associée au traitement initial de la tumeur. Par exemple, lorsqu'il a été nécessaire d'enlever un sein pour le traitement d'un cancer, l'absence de sein peut être traitée par une reconstruction mammaire. Les protocoles de traitement sont de plus en plus complets et efficaces (association à la radiothérapie et à la chimiothérapie) permettant des guérisons et des rémissions longues qui posent le problème de la qualité de la vie chez ceux qui ont été traités avec efficacité. Il devient donc encore plus nécessaire de restaurer la forme du corps, immédiatement ou secondairement à l'ablation de la tumeur, puisque les guérisons sont plus souvent obtenues.

D'autres pathologies peuvent aussi faire l'objet de reconstructions complexes : malformations congénitales parmi lesquelles les fentes labio-palatines et les anomalies crânio-faciales qui nécessitent une correction chirurgicale combinée de la peau et des os ; brûlures profondes et étendues, traumatismes des membres et leurs séquelles, comme les paralysies de la main en particulier, sont aussi du ressort de la chirurgie plastique, tout comme les infections cutanées étendues, qui sont parfois très graves.

Chez l'enfant, les malformations représentent la cause principale de recours à la chirurgie plastique, et sont en diminution du fait de l'amélioration des conditions socio-économiques. Les fentes labio-palatines (antérieurement appelées becs de lièvre) demeurent la malformation la plus fréquente chez l'enfant (1 pour 900 naissances). Cette fréquence est plus importante dans certains pays d'Asie du fait de facteurs génétiques, mais peut diminuer cependant dans certains pays industrialisés par rapport à ceux moins favorisés, du fait de l'amélioration de l'hygiène et de la diététique de la population, sauf en cas de tabagisme ou d'alcoolisme. Les malformations crânio-faciales sont plus complexes mais plus rares. Grâce à la surveillance des grossesses, davantage de malformations sont dépistées, et les plus graves peuvent éventuellement faire l'objet d'une interruption thérapeutique de grossesse. Celles qui sont viables font l'objet d'une chirurgie plastique correctrice dès le plus jeune âge dans les grands centres spécialisés, le plus souvent à partir de 3 mois.

Les traumatismes pouvant nécessiter une chirurgie plastique (surtout ceux de la face) sont en régression relative car la prévention en diminue le nombre et la gravité (ceinture de sécurité, airbag), alors que les accidents très graves (dont la diminution est moins nette) sont le plus souvent fatals, quels que soient les moyens de protection.

Techniques de réparation

La réparation de la perte de substance, qu'elle soit consécutive au traitement d'une tumeur, d'un accident ou d'une malformation, peut faire appel à de nombreux procédés de reconstruction selon une stratégie déterminée au cas par cas. Parmi les différentes techniques, la cicatrisation représente la méthode biologique naturelle de réparation superficielle, souvent suffisante, tant sur le plan fonctionnel qu'esthétique. Le chirurgien plasticien doit avoir connaissance des régions du corps où cette méthode naturelle donne des résultats optimaux.

Les techniques de reconstruction les plus classiques sont représentées par les transferts de tissus, parmi lesquels les greffes représentent une des méthodes les plus anciennes : un fragment de tissu est prélevé chez le même patient aux dépens d'un site donneur du corps (qui peut en être privé), puis transféré sur le site receveur (qui en a vraiment besoin). La survie du greffon sur son nouveau site dépendra de la repousse des vaisseaux. On peut ainsi réaliser des greffes de peau, de cartilage, d'os, de graisse, de tendon, de vaisseaux de nerfs, etc. Presque n'importe quel type de tissu peut être greffé chez le même individu, y compris des combinaisons de plusieurs tissus, mais la taille des greffes reste souvent limitée. Dans le cas où le fragment transféré doit être plus grand, un lambeau, c'est-à-dire un morceau de tissu qui conserve ses vaisseaux nourriciers, peut être réalisé, car la vascularisation doit être maintenue par un flux sanguin. Contrairement à son nom commun, le lambeau est un fragment de tissu vivant disséqué avec grand soin, et son aspect déchiqueté n'est qu'apparent.

De nombreux types de lambeaux sont possibles, selon la nature des tissus transférés (peau, muscle, os, graisse, etc.), selon la géométrie du déplacement qu'on leur impose (avancement, rotation, transposition) et selon le nombre de vaisseaux nourriciers : ce lambeau demeure attaché au site donneur, ce qui limite la distance de transfert, sauf si l'on sectionne puis rebranche ces mêmes vaisseaux nourriciers à distance, grâce à la microchirurgie (lambeau libre). Plusieurs de ces différentes techniques élémentaires peuvent être associées en les déclinant selon des chronologies en un ou plusieurs temps, en les combinant avec des procédés d'expansion, en les associant avec différents implants *(Fig. 2)*.

Les stratégies de traitement ont suivi les innovations techniques et technologiques : si les transferts d'un élément d'une partie du corps (greffes ou lambeaux) restent fondamentaux, d'autres techniques plus récentes comme la microchirurgie rendent possibles le transfert par rebranchement des vaisseaux nourriciers d'un fragment tissulaire, ce qui permet des reconstructions complexes. Ces techniques microchirurgicales, connues depuis vingt-cinq ans, nécessitent un apprentissage particulier du chirurgien, qui a passé de longues heures au laboratoire à s'entraîner sur des petits animaux aux techniques de chirurgie sous microscope. Les modifications de taille ou de volume sont également possibles : techniques d'allongement des os trop courts ou mal formés, par des appareillages, expansion de la peau lorsqu'elle est insuffisante par des ballons gonflables. À l'inverse, la réduction de tissus en excès (glande mammaire, graisse, peau, os) peut être aussi réalisée. Pour le remplacement étendu d'un tissu détruit comme la peau brûlée, des méthodes de cultures cellulaires ont récemment permis la croissance d'épiderme en laboratoire puis son implantation sur le corps. Dans le futur, l'injection par le chirurgien de substances biologiques activant directement la régénération de tissus manquants paraît envisageable dans certains domaines de la chirurgie plastique. Néanmoins, lorsque le recours à une prothèse reste la seule option possible, des implants très fiables sont aujourd'hui disponibles grâce à l'amélioration de la technologie des biomatériaux. Les cicatrices, enfin, peuvent être minimisées par l'utilisation d'instruments endoscopiques.

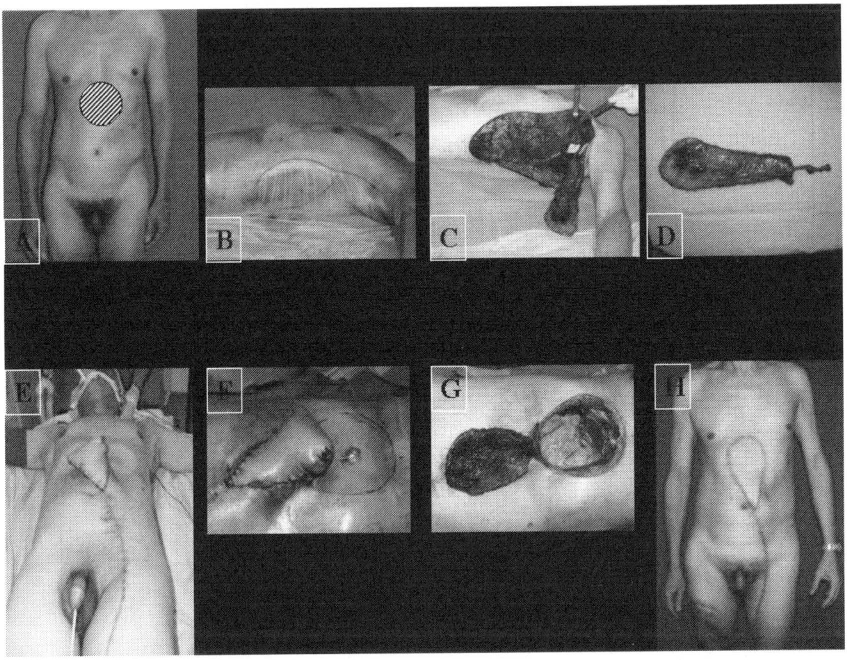

Figure 2 – Ablation d'une tumeur abdominale et recontruction par lambeau libre de grand dorsal microchirurgical (technique et illustrations du Pr. Jean-Marie Servant, hôpital Saint-Louis, Paris).

2A La zone hachurée correspondant à la résection de la tumeur
2B Dessin du lambeau de grand dorsal gauche prévu pour la reconstruction
2C Prélèvement du lambeau de grand dorsal (peau et muscle)
2D Lambeau sur table après section des vaisseaux nourriciers
2E Rebranchement microchirurgical des vaisseaux sur l'aine
2F Lambeau laissé en attente quelques jours près de la tumeur
2G Ablation de la tumeur et reconstruction par le lambeau en place lors de la deuxième opération.
2H Résultat de la reconstruction à 2 mois

Reconstruction et esthétique

À la face, les reconstructions doivent être impérativement esthétiques, car pour la face surtout, l'esthétique est aussi une fonction. Le triangle représenté par les deux yeux et le nez concentre 90 % de l'attention visuelle d'autrui au premier regard. La chirurgie plastique doit restaurer en priorité les paupières (qui protègent l'œil), le nez (qui doit permettre le flux de la respiration), les lèvres (qui permettent l'alimentation et la parole) en s'adaptant à une cartographie qui détermine les unités esthétiques et fonctionnelles de la face. Pour cet impératif d'esthétique, les meilleures stratégies peuvent être des séquences de plusieurs temps opératoires espacées sur quelques semaines. Entre ces différentes opérations programmées, l'aspect du visage en cours de réparation peut être tout à fait étrange. La quasi-intégralité des structures de la face peut ainsi être reconstruite avec des tissus prélevés directement sur le corps grâce aux techniques de chirurgie plastique moderne.

Parmi les tumeurs nécessitant une reconstruction, les cancers du sein représentent la première cause de cancers chez la femme, et le recours fréquent à l'ablation du sein entraîne une mutilation esthétique aux conséquences psychologiques considérables. La qualité esthétique de la reconstruction est primordiale. Les reconstructions font souvent appel à une prothèse après l'ablation du sein malade. Un lambeau (peau, graisse et muscle) prélevé dans le dos (grand dorsal) ou sur le bas-ventre (grand droit de l'abdomen) est parfois nécessaire. Il est aussi possible de reconstruire l'aréole et le mamelon par des greffes de peau.

Brûlures et traumatismes

Les brûlures sont un grand problème de santé publique, car elles sont très nombreuses. Les formes graves sont redoutables et demandent une combinaison de traitements sophistiqués tant sur le plan de la réanimation que de la chirurgie. La peau brûlée étant irrémédiablement détruite, un manque global de peau est fréquent lorsque les brûlures sont étendues. Les objectifs de traitement chez les brûlés les plus graves sont d'abord fonctionnels avant d'être esthétiques : maintien en vie, conservation des paupières, du nez et de la bouche lorsque la face est atteinte, et priorité à la fonction des mains dont les séquelles peuvent être invalidantes. Les hôpitaux militaires ont traditionnellement une expertise particulière dans la prise en charge des brûlés les plus graves. Parmi les techniques récentes, il y a l'expansion cutanée, réalisée par la mise en place d'un ballon gonflable sous la peau saine, ballon qui est gonflé progressivement en quelques semaines afin que lors d'un deuxième temps opératoire, on puisse utiliser le tissu distendu en excès pour reconstruire la perte de substance. Il s'agit de recréer le même effet que la distension de la peau du ventre d'une femme pendant la grossesse. Dans les cas extrêmement graves, les brûlés peuvent bénéficier désormais des techniques biologiques de cultures d'épiderme qui sont réalisées à partir d'échantillons de leur propre peau, puis amplifiées au laboratoire et implantées secondairement. Ainsi ont pu être sauvés des patients brûlés sur 80 % de leur surface corporelle, alors que le risque vital est engagé dès que l'étendue dépasse 30 %.

Parmi les traumatismes, les séquelles nerveuses peuvent être accessibles à une réparation lorsqu'un nerf est sectionné, par une remise en continuité de celui-ci, souvent avec des greffes. Dans les cas où l'atteinte neurologique est située au niveau de la moelle épinière, les déficits entraînés ne sont pas réparables. Dans ce cas, les séquelles paralytiques des membres et notamment de la main peuvent bénéficier de transferts musculo-tendineux prélevés aux dépens de muscles encore actifs. Une rééducation longue et difficile est alors nécessaire pour permettre une réanimation des fonctions paralysées. Les recherches sur la régénération nerveuse sont un domaine où des avancées importantes changeraient la gravité des lésions neurologiques.

Malformations physiques et « psychiques »

Les malformations représentent la troisième catégorie de pathologie nécessitant le recours à la chirurgie plastique : malformations physiques et malformations « psychiques ».

Parmi les malformations de la face, les malformations crânio-faciales ont bénéficié lors des trente dernières années, d'avancées spectaculaires sous l'impulsion de Paul Tessier, qui le premier a osé modifier la forme du squelette de la face et du crâne. La chirurgie crânio-faciale était née, permettant la correction des anomalies centrées sur les orbites. Il est ainsi possible de corriger un écart excessif entre les yeux, le plus souvent d'origine congénitale (hypertelorisme). Les anomalies morphologiques combinées du crâne, du front et de la face, que l'on retrouve dans les crâniosténoses, lorsque les sutures du crâne en croissance se sont soudées prématurément, sont une part importante de la chirurgie crânio-faciale. Les objectifs de l'opération sont alors de restaurer une morphologie normale de la face tout en préservant la croissance du cerveau, afin de prévenir les troubles psychomoteurs *(Fig. 3)*. Cette chirurgie qui fait encore appel à des techniques classiques de section puis de repositionnement des os mal formés, bénéficie aujourd'hui depuis plus de dix ans des techniques d'allongement des os de la face par des distracteurs, qui sont des appareils activables à géométrie variable. Un pas de vis règle l'écartement entre les broches fixées dans l'os qui est ainsi allongé progressivement (technique dite de distraction). La chirurgie crânio-faciale, initialement réalisée chez l'adulte se pratique actuellement chez des enfants

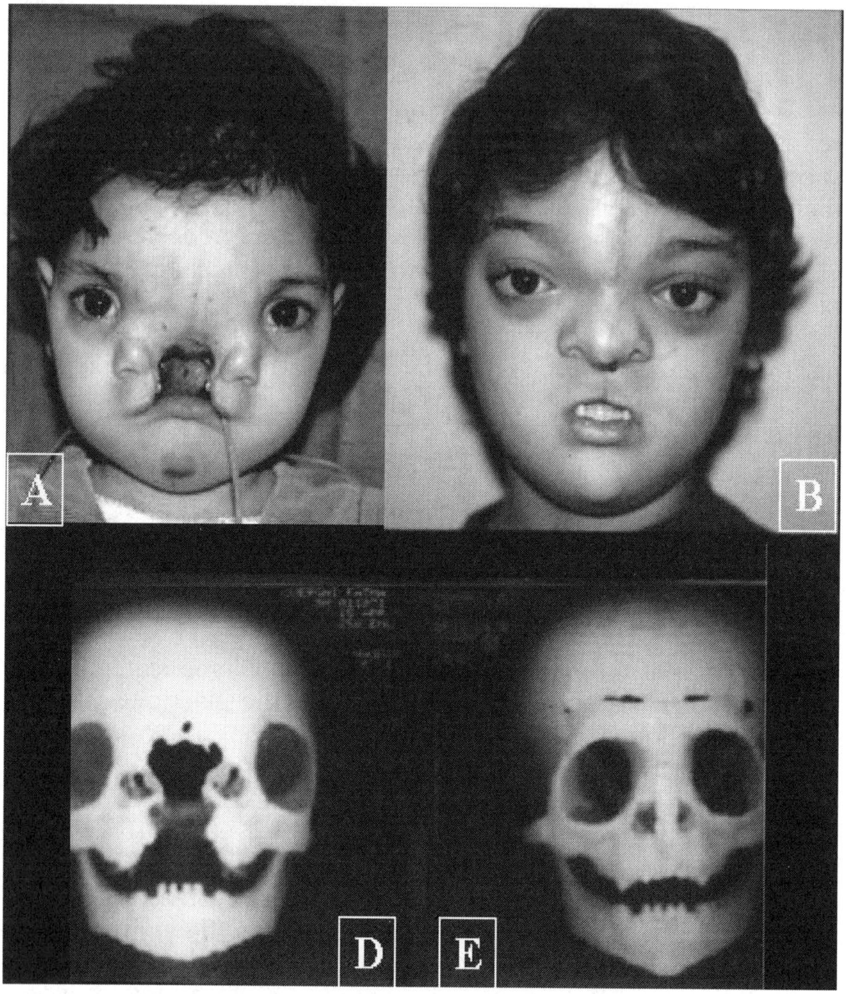

Figure 3 – Correction d'une malformation crânio-faciale par bipartition faciale (illustrations du Dr. Daniel Marchac)

3A Fente faciale médiane (les deux hémi-faces sont trop écartées)
3B Résultat après correction et recul de 4 ans
3D Scanner avant intervention
3E Scanner après opération

jeunes, âgés seulement de quelques mois. Les interventions précoces peuvent alors restaurer une forme normale en début de croissance, tout en préservant un développement cérébral normal : il s'agit dans ce cas d'un exemple d'une chirurgie plastique ayant un double but morphologique et fonctionnel.

S'y apparente, la déformation postérieure de la tête qui apparaît chez un nombre grandissant de nourrissons, depuis que l'on recommande de les coucher sur le dos pour diminuer les risques de mort subite. Cette petite anomalie peut disparaître si l'on prend, de façon efficace, l'habitude de contraindre les enfants à ne plus dormir sur le dos mais sur le côté, pourvu que la déformation de l'arrière crâne ait été décelée suffisamment tôt, avant six mois.

Sont entendues sous le mauvais terme de malformations psychiques les inversions de genre représentées par le transsexualisme vrai. Bien différent d'une perversion, le transsexualisme est une anomalie psychique caractérisée par la conviction absolue, présente chez un individu depuis longtemps, d'appartenir à l'autre sexe. Dans ces cas très rares, et après une évaluation longue, surtout psychiatrique spécialisée, ainsi qu'hormonale, une intervention de changement de sexe peut être envisagée. Il s'agit d'adapter alors la forme du corps à une fonction psychique inversée que l'on est incapable dans l'état actuel des connaissances de corriger. Chirurgicalement, la transformation de l'homme vers la femme est plus facile que l'inverse.

Chirurgie esthétique

L'évolution de la chirurgie plastique, reconstructrice et esthétique, a largement contribué au développement de la chirurgie du vieillissement, dont les motivations sont essentiellement psychologiques. La banalisation de la chirurgie plastique à visée esthétique ne doit pas faire oublier que, comme n'importe quelle intervention chirurgicale, il persiste un contingent d'incertitudes. Afin de minimiser le risque de complications, l'opération doit être entourée et réalisée selon l'application de principes rigoureux. Comme l'intervention à visée esthétique ne revêt jamais de caractère d'urgence, mais comporte un degré d'irréversibilité, l'acte chirurgical doit être précédé d'une information claire, loyale et personnalisée, allant même jusqu'à la dissuasion si la demande apparaît irréaliste. Ainsi, la décision qui engage le patient et son chirurgien peut procurer la plus grande satisfaction possible.

La chirurgie esthétique répondant à une demande d'amélioration morphologique pour laquelle l'attente est surtout psychologique, les demandes concernent surtout le visage, les seins, et la silhouette.

Au niveau de la face, les altérations morphologiques liées au vieillissement débutent le plus souvent au niveau des paupières, accompagnées d'une descente progressive des sourcils au cours de la quatrième décennie. Il existe, bien sûr, des prédispositions génétiques liées à la forme du squelette crânio-facial ou à la tonicité des enveloppes musculo-cutanées. Car les forces de pesanteur sur la face entraînent la descente des tissus vers le bas. Dans les impératifs de la chirurgie du visage, les cicatrices présentes doivent être très discrètes. C'est la règle dans l'immense majorité des cas, que ce soit pour une chirurgie des paupières (excès cutané et poches) ou pour la chirurgie des joues et du cou telle que l'on peut la réaliser lors d'un lifting cervico-facial. L'adjonction d'une chirurgie de rajeunissement du front est possible sous la forme d'un lifting frontal, technique qui découle directement des progrès de la chirurgie réparatrice crânio-faciale. L'apport de l'endoscopie permet de réaliser cette intervention grâce à des incisions de petite taille dissimulées dans les cheveux. Une question souvent posée est celle de la prédiction des résultats obtenus, et à cet égard, il est possible d'en avoir une idée simplement : l'aspect du visage tel qu'il apparaît en position allongée permet de donner l'apparence de celui obtenu en position debout, après la chirurgie.

Pour les demandes d'amélioration de la silhouette, il s'agit le plus souvent d'une demande de diminution d'un contour considéré en excès, plutôt que l'inverse. Pourtant, il est possible d'aspirer la graisse tout comme on peut la réinjecter. Dans tous les cas, il est préférable d'opérer le patient lorsque celui-ci est proche de son poids idéal, car aucune de ces techniques ne saurait se substituer à un amaigrissement préalable lorsque celui-ci est justifié. Les statistiques américaines qui concernent des volumes aspirés importants (plusieurs litres) chez des patients encore obèses rapportent des chiffres de mortalité élevés (1/5 000), alors qu'il s'agit dans des conditions raisonnables d'une intervention des plus courantes et des moins risquées. En effet, la lipoaspiration réalisée par l'introduction de canules de petits diamètres par des incisions minimes, permet d'enlever le tissu graisseux résiduel qui est le moins sensible aux variations du poids. Pour ce qui est des réinjections de graisse, celles-ci sont possibles sous forme de greffes d'adipocytes, sous réserve que la réinjection représente de petites quantités. De nombreuses injections sont nécessaires et l'inconvénient réside en l'importance de la réaction œdémateuse pouvant durer un mois après une intervention simple, mais souvent longue.

Pour ce qui est de la chirurgie des seins, toutes les modifications sont possibles quant au volume et à la forme. La réduction d'une hypertrophie mammaire est une intervention très courante qui peut diminuer des douleurs dorsales et permettre la reprise d'une activité sportive, ce qui justifie la prise en charge possible par l'assurance maladie. Néanmoins, les cicatrices inévitables, dont l'évolution est imprévisible, doivent comme pour toute chirurgie esthétique inciter à un délai de réflexion après une information complète.

Les augmentations mammaires sont possibles par l'adjonction d'une prothèse, et ne provoquent que des cicatrices minimes dans l'immense majorité des cas : dans l'état actuel de la législation en

France, seuls les implants remplis de sérum physiologique sont autorisés (juin 2000), alors que toutes les études récentes prouvent l'innocuité de la silicone, pourvu qu'elle ne soit pas injectée directement dans le corps sous forme liquide. Il est aussi possible de régulariser des asymétries mammaires très fréquentes naturellement, ou de corriger la chute des seins, souvent consécutive à des grossesses.

La demande d'amélioration morphologique lors de la chirurgie du rajeunissement en Europe se limite le plus souvent à réduire les signes du vieillissement sans caractère ostensible exagéré. Il est de la responsabilité du chirurgien consulté de dissuader les demandes excessives ou irréalistes ; faute de quoi, même en présence d'un bon résultat postopératoire, la satisfaction ne serait pas obtenue. Parmi les critères témoignant d'une bonne motivation, l'information préopératoire la plus complète possible, sans toutefois être dissuasive, permet d'aborder l'acte chirurgical dans les meilleures conditions. Un bilan médical sur l'état de santé général du patient est obligatoire avant toute anesthésie, même partielle, puisque désormais, de nombreux actes de chirurgie plastique peuvent être réalisés sous simple neuroleptanalgésie.

Les avancées de la chirurgie plastique réparatrice ont contribué à l'essor de la chirurgie esthétique, qui est devenue un véritable phénomène de société, touchant les deux sexes dans toutes les catégories socioprofessionnelles. La substitution hormonale préventive de l'ostéoporose, prolonge la physiologie féminine, tout comme l'amélioration des conditions économiques contribue avec les progrès de la médecine à une demande de maintien de la qualité de la vie.

Nouvelles techniques

Parmi les avancées technologiques nouvelles, les substituts cutanés artificiels pour les brûlures, les cultures tissulaires au laboratoire pour l'amplification de tissus manquants dérivent des progrès de la biologie. Les progrès de l'imagerie permettent les reconstructions en trois dimensions qui aident le chirurgien à visualiser dans l'espace les procédés de reconstructions complexes lorsque plusieurs tissus sont manquants. Les avancées de l'informatique et de la robotique permettent déjà une chirurgie assistée par robot lorsque le site opératoire n'est pas facilement accessible aux mains de l'homme, même très entraînées. Les perspectives de cicatrisation tissulaire par l'application chirurgicale de substances induisant la régénération des tissus sont déjà démontrées chez l'animal et devraient être applicables chez l'homme dans un proche avenir grâce aux facteurs de croissance. C'est l'association de ces différentes techniques, biologie, informatique, qui viendra au secours de la chirurgie dont la finalité est de se limiter, car tout acte chirurgical même pratiqué avec douceur est une agression.

Formation du chirurgien

Afin d'optimiser la qualité des résultats tout en minimisant les risques inhérents à tout acte chirurgical, l'Université décerne à la fin d'une formation très longue incluant l'apprentissage de la médecine générale, de la chirurgie générale et de la chirurgie plastique, le Diplôme d'études spécialisées (DES) de chirurgie plastique, reconstructrice et esthétique, seul diplôme reconnu par le Conseil de l'Ordre. En effet, la qualification isolée de Chirurgie esthétique n'existe pas, tout comme n'existe pas non plus la qualification de chirurgie plastique restreinte à une seule région du corps, car l'image corporelle est un ensemble, même si les interfaces avec d'autres spécialités sont évidentes.

Les greffes

par Didier Houssin

De succès inoubliables en terribles déconvenues, l'homme apparaît dans l'aventure de la greffe, tantôt comme maître de la nature et de son destin, tantôt comme jouet de ses propres techniques. Les dizaines de milliers de greffes d'organes, de tissus ou de cellules qui ont été faites à ce jour sont autant d'aventures personnelles dans la marche du progrès.

La greffe est une aventure du XXe siècle. La première greffe d'un organe chez l'homme eut lieu le 24 janvier 1906 à Lyon, quand Mathieu Jaboulay, chirurgien de l'Hôtel-Dieu, transplanta le rein d'un cochon à une mourante. Cette première étape de l'aventure finit à Lyon en 1998, lorsqu'une équipe internationale de chirurgiens greffa la main d'un mort sur le bras d'un vivant. Entre ces deux dates, une histoire d'action, d'espoir et de solidarité a vu le jour.

Un combat pour la vie

Le monde végétal a été pendant longtemps le seul objet de la greffe faite par l'homme. Dans ce cas là, c'est le greffon qui compte, et non le receveur, simple porteur du greffon. Au début du XXe siècle, la médecine s'empare de la greffe et fait du corps humain le terrain de sa pratique. C'est alors le receveur qui compte, le gref-

Texte de la 81e conférence de l'Université de tous les savoirs donnée le 21 mars 2000.

fon assumant une fonction défaillante au sein de l'organisme receveur.

Ce combat pour la vie concerne plusieurs éléments du corps humain : organes, tissus ou cellules. 3 000 greffes d'organes sont pratiquées chaque année en France : la plus fréquente est celle du rein ; celle qui donne les meilleurs résultats à très long terme est celle du foie ; la plus spectaculaire, mais moins souvent pratiquée, est celle du cœur ; celles du poumon, du pancréas ou de l'intestin sont pratiquées à petite échelle ; dans certains cas enfin, la greffe de plusieurs organes est nécessaire.

Les greffes des tissus, ces « plages fonctionnelles », sont les plus nombreuses (près de dix milles chaque année en France). Dans l'ordre de fréquence décroissante, il y a la greffe des tissus osseux, ensuite celle des cornées, enfin les greffes de peau, de veine, d'artère ou de valves cardiaques. Comme pour les organes, il s'agit de faire retrouver une fonction parfois vitale au malade. C'est le cas pour la peau ou les valves cardiaques.

La greffe des cellules reste en devenir pour beaucoup d'entre elles (cellules nerveuses, du pancréas, du foie, du cartilage). Toutefois, la greffe de cellules hématopoïétiques (produisant les globules rouges et blancs et les plaquettes du sang), pratiquée près de 3 000 fois par an en France est déjà le traitement quotidien de nombreuses maladies du sang, au premier rang desquelles les leucémies.

La greffe est une thérapeutique efficace, qu'il s'agisse de prolonger la vie de certains malades ou d'améliorer la qualité de celle-ci, mais le combat pour la vie qu'elle représente a les dimensions spéciales que voici.

L'ATTENTE

Un malade qui doit avoir une greffe souffre et attend. Cette attente, surtout pour les organes, résulte de la rareté de l'état de mort encéphalique dans lequel un organe viable peut être prélevé sur le corps d'une personne décédée. Pour les cellules hématopoïétiques, il est parfois difficile de trouver un greffon ayant une compatibilité tissulaire suffisante avec le receveur.

Dans tous les pays développés où les greffes se font sur une large échelle, des listes d'attente pour chaque type d'organe ont été mises en place. Le nombre de malades en attente d'une greffe d'organe en France est aujourd'hui de 5 892, la très grande majorité étant en attente d'une greffe de rein.

L'attente va de quelques jours à quelques années, suivant le type de greffon attendu. Pour le malade, c'est une source d'inquiétude car les greffons sont rares et une aggravation de la maladie ou un décès peut survenir. Chaque année, en France, environ

300 malades en attente d'une greffe d'organe meurent faute de proposition d'un greffon.

LA LUTTE D'UNE ÉQUIPE

La greffe d'organes est un processus chirurgical exceptionnel qui réclame de nombreux intervenants et qui, sans programmation, doit être accompli dans plusieurs hôpitaux presque simultanément. Dans l'hôpital A, plusieurs organes sont prélevés de manière urgente, le donneur ayant un état circulatoire instable, au cours d'une intervention de plusieurs heures. Ensuite, en quelques heures, 4 notamment pour le cœur ou les poumons, ces greffons doivent parvenir à l'hôpital B, à l'hôpital C, et à l'hôpital D, parfois très éloignés. La mise en place du greffon s'y déroule alors, de manière tout aussi urgente. Chirurgiens, anesthésistes-réanimateurs, infirmières de réanimation et de bloc opératoire, médecins et infirmiers(es) de coordination, transporteurs (pilotes, motards, ambulanciers), et coordonnateurs de l'Établissement français des Greffes animent ce processus rapidement, à chaque heure du jour ou de la nuit.

En France, l'Établissement des Greffes facilite le bon déroulement du processus, du prélèvement à la greffe, en s'assurant du respect des principes éthiques, des règles de sécurité sanitaire et de répartition des greffons. Parfois, la chaîne devient internationale lorsqu'un échange s'effectue avec les organismes équivalents des pays voisins.

DES RACINES PLONGEANT LOIN DANS LE PASSÉ

Dans les textes des grandes religions monothéistes, des actes de réimplantation sont rapportés, ayant déjà une analogie avec la greffe. La légende la plus forte, contée par Jacques de Voragine dans la *Légende dorée des Saints*, attribue à saint Côme et saint Damien la réalisation en l'an 528, d'une greffe de jambe chez un sacristain. Cette histoire fit de saint Côme et saint Damien les patrons des chirurgiens et peut être considérée comme une représentation fictive de la greffe qui allait, quelques siècles plus tard, devenir réalité médicale. Dans un esprit différent, l'Extrême-Orient n'est pas en reste : l'échange de cœur pratiqué entre deux malades chinois par le médecin légendaire Pin Chao, confère une dimension universelle au concept de greffe sur le corps humain.

LES GRANDES ÉTAPES D'UNE DÉMARCHE DE RECHERCHE SCIENTIFIQUE ET MÉDICALE

Il est possible d'identifier 5 étapes dans l'histoire de la greffe :

– La mise au point de l'anastomose vasculaire (prix Nobel à Alexis Carrel en 1912) fut une avancée considérable : pouvoir rétablir la continuité entre des artères et des veines ouvrit la voie à la chirurgie vasculaire et cardiaque et à la greffe d'organes.

– La découverte des groupes sanguins (Karl Landsteiner, prix Nobel en 1930) eut un impact très important car les règles de la transfusion sanguine s'appliquent à la greffe d'organe.

– La découverte du rôle du système immunitaire dans le rejet (1960, prix Nobel à Peter Medawar et Franck Burnet) a fait miroiter le Graal de la greffe : obtenir l'acceptation du greffon tout en préservant la compétence immunitaire du receveur vis-à-vis de tous les organismes étrangers, notamment infectieux. Malheureusement, l'induction de cet état de tolérance, possible chez de petits mammifères, n'est pas encore à portée chez l'homme.

– La mise en évidence du rôle de marqueurs biochimiques situés à la surface des cellules, les antigènes d'histocompatibilité, et de leur rôle dans le fonctionnement du système immunitaire fut une grande avancée (Baruj Benacerraf, Jean Dausset et Georges Snell, prix Nobel en 1980). Le respect des règles de la compatibilité tissulaire est un des aspects fondamentaux de la greffe de moelle osseuse entre personnes génétiquement différentes.

– Enfin, la voie du succès des greffes d'organes fut ouverte lorsqu'un chirurgien et un médecin (Joseph Murray et Donnall Thomas, prix Nobel en 1990) démontrèrent l'importance du rôle des médicaments immunosuppresseurs dans la prévention du rejet des greffes d'organes ou de la réaction du greffon de moelle osseuse contre le receveur. Toute la fin du XXe siècle devait être marquée par l'effort important de l'industrie pharmaceutique afin de perfectionner ces médicaments vers plus d'efficacité et moins de toxicité.

En 1959, l'observation médicale de l'état de mort encéphalique ouvrit la voie à la possibilité de prélever des organes viables sur le corps de personnes décédées. Certaines « premières », dont les résultats ne furent souvent pas bons du point de vue médical, ouvrirent le chemin à d'autres tentatives réussies, et furent comme des points de départ de la greffe en tant que méthode thérapeutique.

LE SUCCÈS SOUVENT, PARFOIS AUSSI L'ÉCHEC

Pour de très nombreux malades, la greffe est synonyme de renaissance. Cette nouvelle vie leur permet de reprendre des études ou le travail, ou de retrouver une croissance ou une fertilité perdue. Avoir le sentiment de la guérison de sa leucémie, fêter le dixième anniversaire de sa greffe, puis le vingtième, témoigner de cette seconde vie, sont alors des marques spectaculaires du succès fréquent et prolongé de la greffe. Parfois, l'échec survient d'emblée car la greffe est venue trop tard et ne peut renverser une situation rendue irréversible par la gravité de la maladie. L'échec peut survenir aussi après un début satisfaisant, en raison d'un rejet du greffon ou d'une récidive de la maladie initiale sur le greffon ou encore d'une conséquence grave liée au traitement immunosuppresseur qu'il a fallu instituer. Cela peut signifier le retour à l'état antérieur, par exemple à l'hémodialyse itérative, ou la mort du malade qui est toujours une catastrophe. Pour le malade et sa famille, c'est l'échec après tout ce qui a été enduré et espéré. Pour les médecins et toute l'équipe qui ont suivi ce malade, c'est l'annonce de la vanité de tous les efforts entrepris et celle de la perte d'un greffon rare donc précieux. Cette mort semble particulièrement injuste lorsqu'elle succède à une phase d'amélioration qui faisait espérer un succès complet ou lorsqu'elle est liée à une maladie transmise par le greffon. Il paraît alors toujours inacceptable que du mal ait été fait lorsque tout tend à faire du bien. La greffe, traitement d'ultime recours, retrouve alors ce qui a souvent été son point d'origine : la mort.

Du neuf à propos de la mort

La greffe semble faire de la vie avec la mort. Certes, il y a des circonstances où le greffon peut être prélevé sur une personne vivante, mais ce qui constitue la grande spécificité de la plupart des greffes d'organes ou de tissus, c'est qu'elles sont possibles parce que des greffons peuvent être prélevés sur le corps de personnes décédées. Cette possibilité a imposé une révolution du cadre médical, juridique et institutionnel de la constatation de la mort.

LA TRÈS VIEILLE HISTOIRE DE LA CONSTATATION DE LA MORT

L'homme a toujours eu peur d'être enterré vivant et, plus généralement, d'être considéré mort quand il ne l'était pas. Peu à peu, les médecins ont été invités à se prononcer sur la réalité de la mort. Les signes de celle-ci sont connus : inconscience, inertie, absence de respiration, froideur et pâleur. Les médecins inventèrent de multiples épreuves destinées à confirmer l'absence totale de réactivité, l'arrêt de la respiration et de la circulation du sang.

LA NOUVELLE MORT

Après la Deuxième Guerre mondiale, la prise en charge d'urgence des blessés par la mise en œuvre de méthodes d'assistance respiratoire et cardiaque et les services de réanimation dans les hôpitaux ont été développés. Les blessés ou les malades dont la gravité des lésions aurait très vite conduit à la mort quelques années auparavant ont pu être réanimés. En 1959, deux médecins français,

Pierre Mollaret et Maurice Goulon constatèrent alors ce qu'ils allaient nommer « coma dépassé » et que l'on appelle aujourd'hui « mort cérébrale » ou « mort encéphalique » : lors de lésions intracrâniennes très graves, se traduisant par une destruction irréversible du cerveau, il était possible de maintenir artificiellement les fonctions respiratoires et cardiaques et donc, la circulation du sang dans les différents organes. La mort cérébrale se manifeste par l'absence totale de signes de fonctionnement cérébral, par l'aplatissement définitif de l'électroencéphalogramme et par la disparition de la circulation du sang dans le cerveau, comme peut en témoigner une artériographie cérébrale. Dans cet état tout à fait exceptionnel

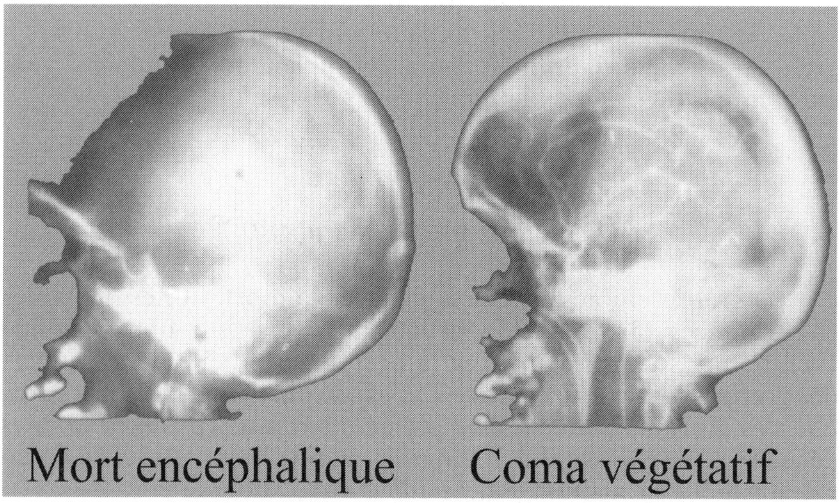

Artériographie au cours de la mort cérébrale.

(environ 2 000 des près de 300 000 décès constatés chaque année dans les Établissements de Santé français), le cœur ne peut battre que pendant seulement quelques heures. Dans le coma chronique, au contraire, le cerveau conserve une partie de ses fonctions plaçant le patient dans un état végétatif. La mort cérébrale est reconnue dans de nombreux pays comme état de mort du point de vue juridique autorisant les médecins à signer un certificat de décès.

Dès lors, malgré l'extrême rareté de cet état, il devint possible de prélever des éléments encore viables sur le cadavre. Ainsi, au début des années 1960, les premières greffes de cœur, de foie et de poumon pouvaient être tentées. La greffe du rein allait prendre tout son essor.

DEUIL ET CONSENTEMENT : UNE REDOUTABLE ÉPREUVE

Le recueil auprès de la famille du consentement au prélèvement d'organes sur le corps d'une personne décédée brutalement est toujours d'une difficulté extrême pour les médecins et infirmières qui engagent ce dialogue. En effet, le deuil brutal suscite des réactions violentes d'émotion ou de fermeture.

Seul le respect de règles précises peut conduire à un témoignage favorable de la famille, surtout lorsque le défunt n'avait pas clairement exprimé sa position : règles sur le lieu où se conduit le dialogue, sur l'attitude à adopter vis-à-vis d'une famille en état de deuil brutal, sur le temps nécessaire laissé à la réflexion et à l'émotion, sur la dissociation indispensable de l'annonce du décès et de l'interrogation sur la volonté du défunt. La motivation et la formation des médecins et infirmières engagés dans ce dialogue sont alors critiques. Il n'est pas surprenant qu'un pourcentage important de ces familles témoigne de manière négative.

L'HÔPITAL DANS L'AVENTURE

À travers la greffe, une nouvelle organisation s'est imposée à l'hôpital. Autour du recueil du consentement d'une personne décédée à un prélèvement en vue de greffe, il a fallu organiser de nouvelles modalités d'accueil des familles des personnes décédées et reconnaître la difficulté de la tâche des équipes coordonnant le dialogue et les actes de prélèvements. L'hôpital a dû prendre conscience qu'un mort pouvait se diriger non plus vers la morgue, mais vers le bloc opératoire. La notion que, dans l'hôpital, il faut donc « s'occuper des morts pour, et parfois avant de, s'occuper des vivants » n'est pas encore largement acceptée.

La greffe : rapprochement des corps et bouleversement du corps

Dire que la greffe est une médecine du corps est un euphémisme car la greffe rapproche fortement deux corps, en en modifiant l'anatomie.

LE PRÉLÈVEMENT ET LA CIRCULATION DES ÉLÉMENTS DU CORPS HUMAIN

Le prélèvement d'organes ou de tissus sur le corps d'une personne décédée est un acte chirurgical effectué dans le respect des règles de tout acte chirurgical, en particulier de l'asepsie. Le manque de greffon contraint souvent à prélever plusieurs éléments sur le corps d'une même personne. Dans la salle d'opération, des chirurgiens de plusieurs spécialités se rassemblent alors pour opérer, dans le respect des contraintes techniques propres à chaque organe, puis retournent vers leur centre de greffe.

Les greffons sont dans une situation de viabilité, précaire pour les organes, moins précaire pour les tissus et les cellules. Le refroidissement du greffon est aujourd'hui la seule manière de prévenir la corruption de ses cellules. Les éléments tissulaires rejoignent une banque de tissus où ils pourront être conservés au froid, parfois pendant de longs mois, avant d'être utilisés. En revanche, malgré la chaîne du froid, la viabilité des organes ne peut excéder quelques heures, et donc leur transport doit être rapide. Des tentatives ont été faites pour porter des organes à très basse température en tentant d'éviter la cristallisation de l'eau contenue dans leurs cellules, c'est-à-dire la formation de microcristaux acérés qui, lors du refroidissement ou du réchauffement, détruisent les structures de chaque cellule. Mais l'injection dans le greffon de molécules chimiques cryoprotectrices, sortes d'antigels, se révèle encore trop toxique. La possibilité de conserver des organes durant quelques mois permettrait, du point de vue immunologique, de préparer le receveur pour un greffon donné et, en limitant le risque de rejet ou en facilitant l'induction d'une tolérance spécifique, constituerait un réel progrès.

LA RÉALISATION DE LA GREFFE : UN VOYAGE CHIRURGICAL

Après qu'ils eurent identifié les fonctions et organes vitaux, il est apparu nettement aux médecins que le traitement de certaines maladies graves liées à la défaillance d'un organe vital imposait un dispositif de substitution. Celui-ci peut être artificiel, constitué à partir d'éléments inertes (dispositif extracorporel du rein artificiel ou cœur artificiel, peut-être un jour totalement implantable). Il était logique cependant que ce substitut soit recherché dans le monde vivant, aujourd'hui principalement chez l'homme.

La première greffe d'un rein humain fut tentée par Youri Voronoy à Kherson en Ukraine en 1933. Au début des années 1950, des greffes de rein se firent à partir de donneurs vivants et plus tard, à partir de personnes en état de mort encéphalique. La réussite résulta de l'association du savoir-faire chirurgical et d'une multitude de petits progrès tenant à la qualité de l'anesthésie, à celle des instruments chirurgicaux, des fils de suture et, bien sûr, à l'utilisation de médicaments immunosuppresseurs prévenant le rejet.

Quel que soit l'organe greffé, la technique consiste en général à retirer l'organe malade et à le remplacer par le greffon qui peut, comme pour le rein, être mis dans une position différente de la position anatomique. Après avoir établi les connexions vasculaires, artérielles et veineuses, et éventuellement la continuité du canal assurant une fonction excrétrice (voie biliaire pour le foie, uretère pour le rein, canal pancréatique pour le pancréas, bronche pour le poumon, intestin pour le tube digestif), la greffe est terminée.

L'OBSTACLE BIOLOGIQUE AU RAPPROCHEMENT DES CORPS

La différence entre donneur et receveur se traduit par des écarts de nature biochimique à la surface des cellules. Or, l'homme dispose d'un système de défense destiné à identifier puis détruire des organismes jugés différents, en premier lieu les virus, les bactéries, les parasites ou les champignons microscopiques, mais aussi les cellules cancéreuses ou les greffons provenant d'autres individus. Ce système immunitaire repose sur des cellules spécialisées, les lymphocytes, qui jouent aussi bien le rôle de la détection, de l'alerte, que celui de la mise en œuvre du processus de destruction de l'élément étranger. Dans le cas de la greffe, ce processus est le rejet. Il est d'autant plus intense s'il s'agit d'une greffe entre deux espèces différentes (xénogreffe) et que donneur et receveur sont éloignés du point de vue de l'évolution des espèces. Il est d'autant moins intense que ceux-ci sont génétiquement proches.

Le rêve de tout greffeur est de pouvoir induire un état dans lequel le système immunitaire du receveur accepte le greffon tout en restant compétent vis-à-vis des autres agents étrangers. Aujourd'hui, il faut se contenter de prévenir ou de contrôler le rejet à l'aide de médicaments immunosuppresseurs. Ceux-ci sont efficaces mais, affaiblissant les défenses immunitaires, ils exposent le malade au risque d'infection voire, sur le long terme, de cancer.

LE MAINTIEN DE L'ÉQUILIBRE ENTRE LE GREFFON ET LE RECEVEUR

La greffe est un travail conjoint entre le chirurgien, l'anesthésiste, les infirmières spécialisées qui les accompagnent, et une équipe importante de suivi pré- et postopératoire du patient qui définit les meilleures circonstances de la greffe, puis tente de préserver le fragile équilibre entre le greffon et le receveur. Là encore, la difficulté ne se pose guère pour les greffons tissulaires qui sont relativement peu sensibles au rejet. En revanche pour les organes ou la moelle osseuse, l'intensité de la réaction immunitaire, qu'elle soit de rejet ou qu'elle traduise la réaction du greffon de moelle osseuse contre le receveur, impose une surveillance très régulière de la fonction du greffon. Un affinement constant du traitement immunosuppresseur est nécessaire pour qu'il joue son rôle de prévention ou de traitement du rejet sans être la source de complications graves. Les corticoïdes ont longtemps été, avec quelques médicaments antileucémiques, la base du traitement immunosuppresseur. Les vingt dernières années ont vu l'apparition de nouveaux médicaments (ciclosporine, tacrolimus,...) et d'anticorps antilymphocytes. Il faut y associer toute une batterie d'agents anti-infectieux, qu'il s'agisse d'antibiotiques ou de médicaments antivirus, nécessaires du fait de l'immunité affaiblie.

Le rejet aigu est fréquent mais en général aisément contrôlable. Cependant, au fil des années, il fait malheureusement parfois place à un rejet chronique plus difficile à traiter qui conduit à la dégradation progressive de la fonction du greffon. Lorsqu'il s'agit d'organes vitaux, la survie du malade est le succès, la nécessité d'une nouvelle greffe ou le décès du malade étant la marque de l'échec. Lorsqu'il s'agit d'organes ou de tissus n'ayant pas de caractère vital, l'arrêt de la fonction du greffon est la marque de cet échec.

La greffe de rein n'expose pas à un risque important de décès immédiatement après la greffe, mais se heurte à la dégradation progressive au fil des années de la fonction du greffon. En revanche, la greffe cardiaque, pulmonaire, hépatique ou de moelle osseuse expose à une mortalité notable au décours immédiat de la greffe. Dans la durée, le greffon hépatique paraît le plus à même de résister au rejet chronique.

LE RÊVE CHIMÉRIQUE

Médecine de l'ultime recours, la greffe se heurte à une très grande difficulté : l'obtention du greffon. Très tôt, l'homme s'est tourné vers l'animal. Dès le début du XXe siècle, la mise au point des techniques de greffe a été réalisée d'abord expérimentalement chez l'animal. Ce recours aux animaux a continué plus tard lorsqu'il a été nécessaire de tester l'efficacité et la toxicité des nouveaux médicaments immunosuppresseurs.

La plupart des premières greffes chez l'homme ont ainsi été des xénogreffes : pour le rein en 1906, et pour le cœur aussi, en 1964, c'est-à-dire avant l'événement pourtant jugé fondateur d'Afrique du Sud (Chris Barnard 1967). Les primates (chimpanzés, babouins) sont aujourd'hui écartés en raison du risque de transmission à l'homme d'agents infectieux pathogènes, de considérations économiques, mais aussi morphologiques, malgré la capacité démontrée d'un organe de primate supérieur à fonctionner chez un homme de manière efficace. Le recours au porc serait avantageux, économiquement et morphologiquement, compte tenu aussi de la capacité de produire des animaux transgéniques exprimant des molécules d'allure humaine à la surface des cellules de certains organes susceptibles d'être utilisés comme greffons. Des incertitudes concernant le risque de transmission d'agents infectieux d'origine porcine à l'homme s'ajoutent à la démonstration encore insuffisante de l'efficacité de greffes d'organes porcins chez l'homme. Dans un avenir plus lointain, des greffons proviendront peut-être de cellules conservant des potentialités de différenciation importantes et qui seront utilisées pour créer en incubateur des tissus (comme pour la culture de peau ou de cartilage), voire un organe présentant à la fois l'architecture tridimensionnelle et la diversité des cellules qui doivent le composer.

La greffe : un phénomène social

Au-delà de la portée thérapeutique et psychologique de la greffe, un champ de savoir nouveau se prête à l'étude : la greffe en tant que phénomène social.

Avec la greffe, une tierce personne s'introduit dans la relation traditionnelle entre le malade et son médecin. Il ne s'agit plus alors entre eux seulement d'outil (médicament, dispositif médical) ou de pratique (acte chirurgical, entretien...), mais d'un être humain vivant ou mort. À cette particularité s'ajoute la difficulté liée au déséquilibre entre le nombre de malades en attente de greffe et celui de greffons disponibles, déséquilibre prenant des proportions considérables dans les pays en voie de développement. La participation nécessaire du public pose ainsi le problème de son information et de son adhésion.

UN CADRE JURIDIQUE TRÈS DÉVELOPPÉ

Dans tous les pays pratiquant à grande échelle l'activité de prélèvement et de greffe, un cadre juridique a été créé, permettant à des médecins de transgresser l'interdit que constitue la réalisation d'un acte chirurgical sur une personne vivante en bonne santé ou le recueil d'éléments du corps de personnes décédées en vue de greffe. Des principes fondateurs qui posent la dignité de la personne humaine en relation avec le respect dû à son corps ont été adoptés (lois de bioéthique, 1994). Ces principes sont ceux du consentement, de la gratuité des éléments du corps humain et de l'anonymat entre le donneur et le receveur. S'y ajoutent des règles concernant les étapes allant de la constatation de la mort chez le donneur à l'évaluation des résultats des greffes chez le receveur : règles d'organisation du recueil du consentement et du prélèvement, de répartition et d'attribution des greffons, de conservation et, éventuellement, de transformation de certains éléments tissulaires ou cellulaires, de sécurité sanitaire, d'importation et d'exportation de certains éléments, et enfin règles relatives aux conditions d'autorisation de pratiquer des greffes et à la gestion des listes de malades en attente.

LA RÉPARTITION DES GREFFONS

Selon quels principes définir les règles de répartition des rares greffons disponibles ? Qui doit les élaborer et les appliquer ? Contrairement à ce qu'il en est pour d'autres ressources, la pénurie d'un greffon n'a pas un caractère transitoire. Elle met en jeu directement la vie des malades et s'ajoute à l'inévitable variabilité de la qualité des résultats des greffes d'un centre à l'autre. Les règles adoptées en France écartent toute considération économique, sociale, ethnique, religieuse ou politique. Elles retiennent, outre les contraintes morphologiques et biologiques, le souhait de proposer le greffon en priorité aux malades dont la vie paraît menacée à très court terme, et à ceux ayant très difficilement accès à un greffon pour des questions médicales ou d'âge. Ces règles font ensuite préférer la greffe à proximité du lieu de prélèvement. En l'absence de receveur à proximité, le greffon est proposé, dans la région d'abord, puis à l'échelon national, voire à l'échelon international. Autant que possible, les règles de répartition doivent permettre des choix aux équipes de greffes qui connaissent bien l'évolution de l'état de santé des différents malades en attente qu'elles ont en charge. Une défaillance dans l'élaboration ou l'application des règles de répartition des greffons est source d'injustice. La défiance qui peut en résulter est alors susceptible d'aggraver le manque de greffons en induisant, parmi le public et les professionnels de santé, une attitude négative vis-à-vis du don d'organes.

Lorsque la pénurie est extrême, comme dans les pays où le prélèvement sur le corps de personnes décédées n'est pas possible pour des raisons de développement des infrastructures, la pression se fait très forte pour le prélèvement d'organes sur des personnes vivantes apparentées ou non au receveur (en particulier pour les reins). C'est dans ce contexte que, dans certains pays, des dérives commerciales ont été observées. Il n'est pas rare alors de voir émerger des rumeurs non fondées sur le vol d'organes. Elles traduisent sans doute le sentiment d'injustice d'une partie de la population face à l'impossibilité d'accéder aux progrès d'une médecine moderne, alors volontiers diabolisée.

INCITER AU DON D'ORGANES EN INFORMANT

Ces dernières années, la communication sur les dons d'organes est axée sur l'information et appelle à la prise de position de chacun. Le consentement pour le prélèvement en vue de greffe doit être plus ou moins explicite suivant les pays. En France, l'accent est mis sur la solidarité, chacun étant présumé accepter un tel prélèvement. Dans ce cas, la liberté de s'opposer trouve cependant sa place sous forme d'un témoignage écrit ou oral exprimé auprès des proches ou dans la possibilité de s'inscrire sur un registre des refus. Le registre français des refus mis en place en septembre 1998 regroupe à ce jour un peu plus de 40 000 noms.

Conclusion

Archétype de la médecine moderne, la greffe est une thérapeutique efficace mais qui reste une épreuve difficile. Parfois très gratifiante, elle exige les efforts intenses et collectifs de tous ceux qui la mettent en œuvre ; et un prix à payer dans sa chair par toute la société, qui se voit invitée à y participer directement.

La dimension symbolique de la greffe excède le poids réel qu'elle a en thérapeutique peut-être parce qu'elle impose un difficile travail de rapprochement, puis la mise en conflit des tissus vivants du donneur et du receveur. Il en émerge alors bien souvent une situation nouvelle dont le sens est accessible à beaucoup : celui du combat pour la vie et de la solidarité.*

* Cette conférence est une version résumée du livre publié en février 2000 aux Éditions Denoël *L'Aventure de la greffe*.

Plantes, molécules et médicaments

par THIERRY SÉVENET

Une histoire très ancienne

Plongé dès l'origine dans un univers hostile, l'homme a appris à utiliser les ressources de son environnement pour se nourrir, pour tuer, mais aussi pour se soigner. Ce sont ces connaissances ancestrales qui ont permis de constituer notre pharmacopée, l'arsenal des médicaments que nous utilisons. L'histoire montre que dès l'an 3000 avant J.-C., les populations akkadiennes et sumériennes au Moyen-Orient connaissaient l'usage de la digitale, du séné, de la mandragore, de l'opium. De même les civilisations ayurvédiques en Inde, chinoises en Chine, relatent de très anciennes utilisations de plantes médicinales. Plus tard, beaucoup plus tard, les premières aventures coloniales feront connaître à l'Europe la coca du Pérou, l'ipéca des aztèques, le café d'Amérique latine, le quinquina du Pérou… Alors que, du Vᵉ au XIᵉ siècle, l'Europe connaît une longue période d'obscurantisme, le bassin méditerranéen voit le développement d'une médecine prestigieuse avec des savants comme Avicenne, Avenzoar, Averrhoès… Quelques dates peuvent être retenues : l'an 800, qui voit l'empereur Charlemagne donner aux abbayes le privilège de cultiver les Jardins des simples (les plantes médicinales), et l'an 1258 où le roi Saint-Louis donne un statut aux apothicaires (les ancêtres des pharmaciens).

Ce n'est qu'au début du XIXᵉ siècle que seront isolés les premiers principes actifs : quinine, salicine, digitaline, narcotine, stry-

Texte de la 82ᵉ conférence de l'Université de tous les savoirs donnée le 22 mars 2000.

chnine..., et au xxe siècle que les premières structures moléculaires apparaîtront.

Substances naturelles ou médicaments de synthèse

Les plantes forment une source majeure de médicaments, mais la chimie dite médicinale ou thérapeutique occupe une place de plus en plus importante. Il s'agit de la synthèse aléatoire de nombreuses molécules à partir d'un modèle de base. Ce sera l'essai biologique, robotisé et systématique, dans différents domaines qui permettra de sélectionner la molécule active. Ainsi, la recherche du site actif de la molécule de noradrénaline hypertensive a conduit à identifier le motif éthanamine $- CH_2 - CH_2 - N =$ comme « pharmacophore » (porteur de l'activité biologique), et la modification chimique (la « dérivatisation », en jargon de chimistes) de la noradrénaline, intégrant toujours ce pharmacophore, a conduit à plusieurs médicaments importants comme l'acébutolol (Sectral®) à propriétés antihypertensives, la prométhazine (Phénergan®) antiallergique, ou encore la chlorpromazine (Largactil®) neuroleptique. Cependant, alors que le chimiste doit synthétiser, plus ou moins en aveugle, un nombre considérable de molécules avant d'en isoler une qui sera douée d'une activité forte, il est évident que la nature a opéré, au fil de l'évolution, le tri parmi toutes les possibilités et que seules quelques molécules subsistent, en fonction de leurs capacités à aider la plante à survivre dans un environnement hostile.

Recherches de terrain, recherches au laboratoire

Quelles méthodes utiliser pour rechercher *la* plante intéressante parmi l'infinie diversité qu'offre la nature ?

Enquêter parmi les populations qui vivent encore au contact de la nature paraît la méthode de choix puisque l'homme, depuis toujours, a appris à domestiquer les plantes qui l'entouraient pour se nourrir, pour tuer, mais aussi pour se soigner. Qu'il s'agisse du guérisseur en Nouvelle-Calédonie, du tradi-praticien ou du sorcier en Afrique, du *curandero* en Amérique du Sud, le recueil de renseignements d'utilisations empiriques peut permettre de découvrir de nouveaux médicaments. En Europe, cette voie a conduit aux bases mêmes de notre pharmacopée, l'arsenal constitué au fil des millénaires, que nous avons à notre disposition pour nous soigner. Une autre méthode sera basée sur la classification botanique, certains genres, certaines familles, certains ordres présentant une probabilité plus forte de découverte. L'observation du comportement des plantes dans le milieu environnant permet aussi de suspecter la présence de substances toxiques ou, au contraire, attractrices pour des insectes par exemple. Finalement, c'est l'utilisation d'essais biologiques simples (cytotoxicité sur cellules tumorales, toxicité vis-à-vis de bactéries ou de champignons en culture, inhibition de germination de certaines graines…) qui permet de sélectionner la plante intéressante. Les mêmes remarques peuvent s'appliquer au milieu marin, dans lequel les invertébrés, tuniciers, éponges, gorgones, holothuries… sont autant de sources de molécules très actives.

La recherche de terrain consistera à récolter toutes les parties de la plante jugée intéressante, feuilles, écorces de tronc, de racines, fleurs, fruits…, puis à les sécher, les broyer et les extraire par des solvants de polarité croissante. L'identification systématique du matériel récolté est essentielle pour nommer l'espèce et la replacer dans une histoire évolutive, la phylogénie, qui peut conduire à d'autres découvertes. Lorsque les essais biologiques préliminaires ont permis de sélectionner une plante, et que des purifications par chromatographie, bioguidées, ont conduit à isoler la molécule active, une étude des relations entre la variation de la structure chimique et la modulation de l'activité biologique permet de sélectionner la molécule la plus active, la moins douée d'effets secondaires… Il faudra alors produire cette substance en quantité pour la soumettre à des essais toxicologiques, cliniques, puis finalement pour l'exploiter industriellement. Cette production pourra s'effectuer par extraction directe (mais c'est rare, le matériel végétal étant généralement peu abondant), ou après hémisynthèse à partir de précurseurs biogénétiques inactifs (cas de la Navelbine® et du Taxotère®), ou encore par synthèse totale (cas du Celiptium®).

Dans le domaine antitumoral, dans celui du sida, des maladies parasitaires, l'inventaire systématique du milieu naturel conduit à des découvertes utiles pour enrichir l'arsenal de la thérapeutique.

Chimie des substances naturelles : les substances antitumorales

Différents mécanismes sont classiquement invoqués pour expliquer l'activité de nombreuses substances anticancéreuses : une liaison covalente avec l'ADN des chromosomes (cas du 5-fluoro-uracile, des moutardes à l'azote, ou du cis-platine…), une inhibition enzymatique (cas du méthotrexate ou de l'aracytine), l'inhibition de la synthèse protéique au ribosome (cas de la girolline extraite d'une éponge du lagon de Nouvelle-Calédonie, de l'homo-harringtonine extraite d'une plante chinoise), une intercalation avec les paires de bases des filaments d'ADN (cas de l'ellipticine des *Ochrosia*, des anthracyclines de champignons inférieurs...), une inhibition des topo-isomérases nécessaires au positionnement des brins d'ADN après la division cellulaire (cas de la camptothécine, de l'étoposide...). À côté de ces mécanismes d'inhibition de la division cellulaire, une protéine ubiquiste, la tubuline, constituant du fuseau mitotique impliqué dans la division cellulaire, est une cible facile à manipuler *in vitro* au laboratoire. La protéine étant apte à se « polymériser » en microtubules, qui peuvent à leur tour se désassocier dans certaines conditions, « le test tubuline » (variation d'absorption UV en fonction de la température d'une préparation de tubuline extraite de cerveau de mammifère), permet de rechercher dans le milieu naturel des substances qui peuvent interagir avec ce système, et donc se comporter comme des inhibiteurs de la division cellulaire, plus particulièrement lorsque celle-ci est anarchique (cas des cancers).

Cette cible permet également de guider le fractionnement d'une plante dont l'extrait a montré une première activité. Elle permet enfin, par sa simplicité de mise en œuvre même, d'effectuer une étude des relations entre la variation de la structure chimique et la modulation de son activité biologique.

Ainsi, les Canadiens, ont recherché la présence possible d'une substance antidiabétique dans la pervenche de Madagascar, et les Américains, au cours d'une campagne de criblage d'activité antitumorale systématique, ont isolé il y a quarante-cinq ans la vinblastine et la vincristine, alcaloïdes indoliques dimères, commercialisés rapidement sous les noms respectifs de Velbé® et d'Oncovin® pour leur utilisation dans le traitement des leucémies et de la maladie de Hodgkin. C'est en tentant de synthétiser ces molécules complexes que nous avons réussi, à l'Institut de chimie des substances naturelles du CNRS à Gif-sur-Yvette, non seulement à obtenir la vinblastine, copie conforme de la substance contenue dans la plante, mais à « fabriquer » un analogue, la Navelbine®, commercialisé pour son utilisation dans le traitement de certains types de cancers du poumon.

De la même façon, si les Américains, au cours d'une campagne de criblage systématique d'extraits végétaux, ont découvert le taxol dans les écorces du tronc de l'if du Pacifique, *Taxus brevifolia*, nous avons découvert dans les *feuilles* de l'if européen, *Taxus baccata*, une molécule-précurseur du taxol américain, la 10-désacétylbaccatine III, qui, par hémisynthèse, conduit non seulement au taxol mais aussi à un analogue, le Taxotère®, commercialisé pour son efficacité dans le traitement de certains cancers de l'ovaire, du sein, du poumon. Alors que le taxol isolé des écorces (la récolte totale des écorces d'un arbre le tue) se révélait difficile à produire en masse, la mise au point d'un procédé chimique à partir d'un précurseur contenu dans les feuilles (renouvelables) a permis la production industrielle de l'analogue, le Taxotère®.

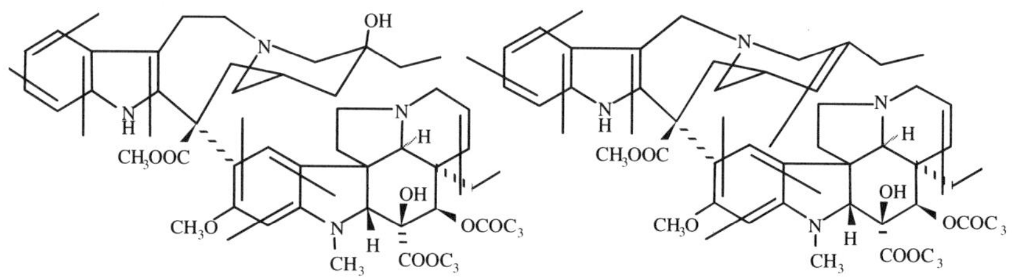

Vinblastine® Vinorelbine®

Dans le cas de la Navelbine®, comme dans celui du Taxotère®, c'est une étude systématique des relations structure-activité qui a permis de sélectionner l'analogue le plus intéressant.

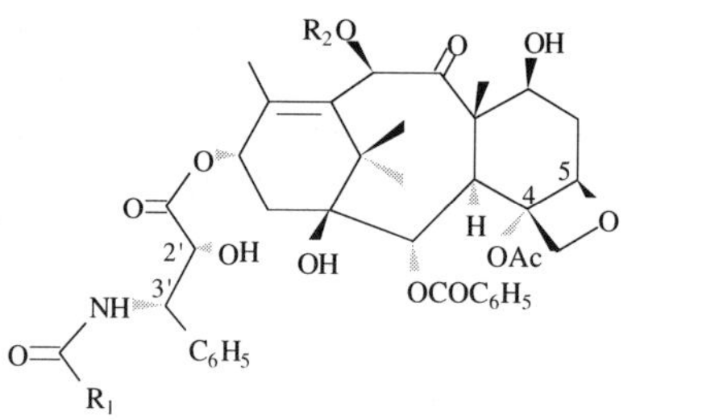

R_1= Ph R_2= Ac paclitaxel (Taxol®)
R_1= OtBu R_2= H docétaxel (Taxotère®)

Chimie des substances naturelles : autres domaines thérapeutiques

À côté de ces deux grands médicaments issus de la recherche française, des recherches plus récentes sont menées sur une substance antimitotique, le rhazinilame, retiré d'une plante, *Kopsia singapurensis*, récoltée dans le sud de la péninsule malaise, dans le cadre d'une coopération avec l'Université Malaya à Kuala-Lumpur. Alors que la molécule avait été isolée dix ans auparavant d'une autre *Apocynaceae* récoltée en Inde, *Rhazya stricta*, son activité biologique était inconnue. Aujourd'hui, en observant la structure de la molécule, en la faisant varier chimiquement et en évaluant pour chaque nouveau dérivé l'activité antimitotique, c'est vers des molécules plus simples mais proches de celles dont la nature nous a donné le modèle, que l'on se tourne. Ainsi un dérivé de synthèse, appelé le « rhazinilame-carbamate », révèle-t-il une activité *in vitro* sur la tubuline deux fois plus importante que le rhazinilame.

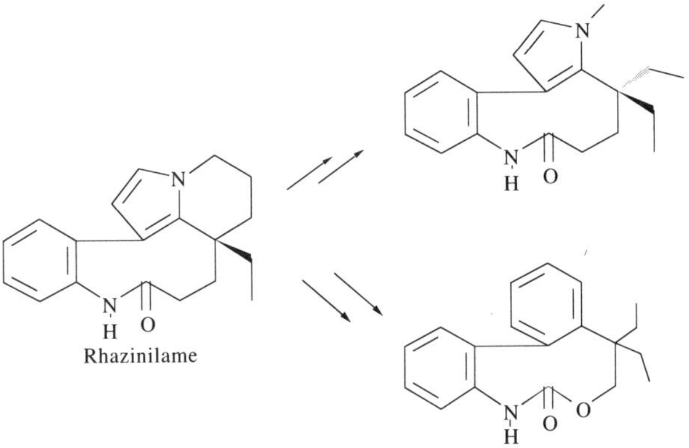

Rhazinilame

« Rhazinilame-carbamate »

Dans le domaine antiparasitaire, la poudre de *quina*, poudre d'écorce de tronc des quinquinas, était utilisée par les Incas d'Amérique du Sud contre la fièvre tierce, appelée plus tard en Italie la *mal'aria*, la maladie du mauvais air, maladie des marais entraînée par les moustiques Anophèles porteurs du parasite *Plasmodium*. La quinine, que les pharmaciens Pelletier et Caventou retirèrent des écorces de tronc de divers quinquinas en 1820, sera d'un puissant secours pour traiter les paludéens. La quinine, dont de nombreux analogues de synthèse efficaces sont utilisés (Nivaquine®, Lariam®, Halfan®...), agit sur certaines phases du cycle d'infestation et de reproduction du *Plasmodium*, l'agent vecteur de la maladie. Elle inhibe par exemple l'enzyme protéolytique du parasite qui dégrade l'hémoglobine des globules rouges en acides aminés qui seront utilisés pour synthétiser la paroi des cellules parasitaires néo-formées appelées mérozoïtes. Autre antipaludique efficace, l'artémisinine du *Qing hao* chinois, *Artemisia annua,* agit sur les formes du parasite résistantes à la quinine. Elle agit aussi sur les formes cérébrales du paludisme, mais exerce une toxicité non négligeable vis-à-vis du fœtus chez la femme enceinte, ce qui restreint bien sûr son utilisation.

Comme pour la Navelbine® ou le Taxotère®, c'est là encore la Nature qui a fourni à l'homme le modèle d'une substance active, que le chimiste a modifié pour créer un nouveau médicament.

Dans le domaine du sida, avec les progrès des connaissances obtenus par les biologistes sur les mécanismes « d'infectiosité » du virus VIH, ce sont des oligonucléotides comme l'AZT ou Zidovudine®, qui ont d'abord été employés comme inhibiteurs de la transcriptase inverse, l'enzyme qui permet la transcription de l'ARN viral

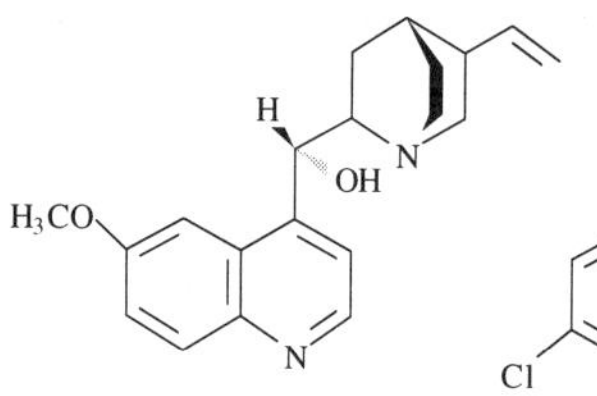

quinine

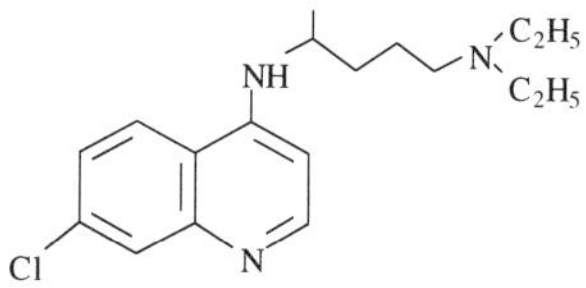

chloroquine (Nivaquine®)

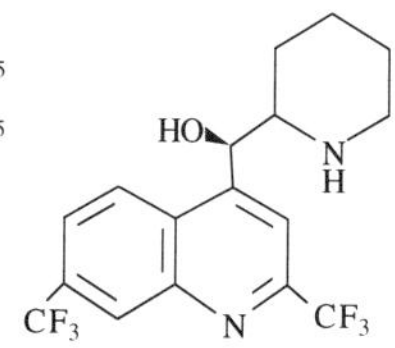

méfloquine (Lariam®)

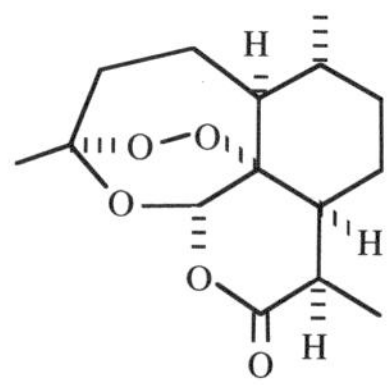

artemisinine

en ADN qui sera intégré dans l'ADN de la cellule-hôte, le lymphocyte T4. Une recherche intensive a été menée pour rechercher dans le monde végétal d'autres molécules actives. C'est ainsi qu'une coumarine très active, le calanolide A, a été isolée par les Américains d'une Clusiaceae du Sarawak (Nord-Bornéo, Fédération de Malaysia), Calophyllum lanigerum. Une autre substance, active elle aussi sur le VIH, l'inophyllum B, a été découverte lors du criblage systématique par les Américains d'extraits de plantes et d'organismes animaux. Ainsi, l'extrait d'un escargot tropical Achatina fulica montrant une forte activité, les América ins cherchèrent à purifier la substance responsable de l'activité. Ils durent pour cela observer le comportement alimentaire de l'escargot, et constater qu'il se nourrissait majoritairement des feuilles d'un arbre du genre Calophyllum. Et la plante contenait des quantités importantes de coumarines comme l'inophyllum B. C'est donc l'observation des relations de dépendance plante-escargot qui a permis d'isoler une substance très active sur le VIH. Inophyllum B et calanolide A sont des coumarines qui agissent en s'opposant à la fusion entre le virus et la cellule-hôte et en inhibant la transcriptase inverse.

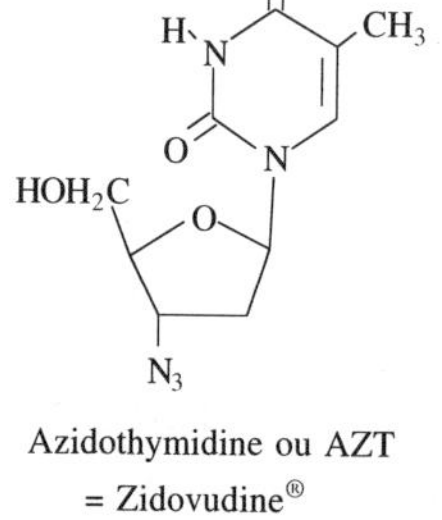

Azidothymidine ou AZT
= Zidovudine®

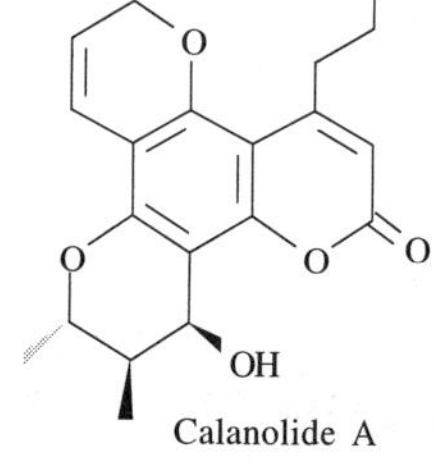

Calanolide A

Les « médicaments » de la mer

Les médicaments de la mer existent aussi, et dans plusieurs pays, États-Unis, Japon, France, une recherche active est menée pour isoler des substances, de structures très différentes de celles trouvées dans le milieu terrestre, actives comme anticancéreuses, anti-sida, antibactériennes... Ainsi, d'une éponge du lagon de Nouvelle-Calédonie, *Cymbastella cantharella*, récoltée dans le cadre d'un programme de recherche systématique de substances actives dans les invertébrés marins, éponges, coraux mous, madrépores, échinodermes..., a pu être isolée une substance chlorée, la girolline, dont l'activité antitumorale expérimentale forte est due à une inhibition de la synthèse protéique au ribosome. Malheureusement, une forte toxicité vis-à-vis des hépatocytes du foie a éliminé toute possibilité de développement clinique plus avancé.

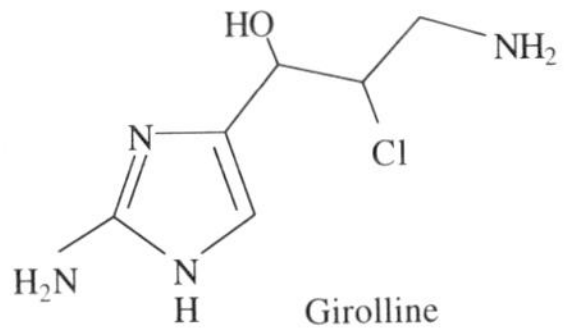

Girolline

Rôle des métabolites secondaires dans les plantes ou les organismes marins

Le rôle de ces substances, dans les plantes, est encore insuffisamment connu. Souvent, on considère que c'est un moyen de défense élaboré par la plante ou l'invertébré marin pour survivre dans un environnement hostile. Quoi qu'il en soit, la juxtaposition de ces deux faits, présence dans la plante d'une substance capable d'aider la plante à se défendre, et activité biologique forte sur un récepteur protéique chez l'homme, jette un éclairage sur une possible similitude d'évolution des génomes humains et végétaux (exemple de la morphine du pavot, analgésique puissant qui agit sur les mêmes récepteurs que des opioïdes endogènes des mammifères, des bêta-carbolines de plusieurs plantes qui se lient au canal chlore chez les mammifères...). Cela ouvre des perspectives dans le domaine de la chimie écologique, bien délaissée en France...

Défenses immunitaires et vaccinations

par PHILIPPE KOURILSKY

Le système immunitaire de l'homme comprend des centaines de milliards de cellules. On le compare parfois au système nerveux, parce qu'il est doté d'une mémoire et qu'il détecte des changements dans l'environnement et notamment l'intrusion des pathogènes à partir des zones superficielles : de la peau, des poumons, des intestins et des autres muqueuses. Ici pourtant, point de nerf, point d'axone, point de centre mais un immense réseau, un peu semblable aux réseaux de communication informatique. Dans ses innombrables câblages, tout est affaire de mouvement. Des cellules migrent en tous sens par le sang ou par la lymphe. Elles établissent entre elles des contacts souvent fugaces, échangent des signaux en sécrétant des molécules qui, en raison de leur demi-vie généralement brève, n'agissent qu'à courte distance. Toutes ces interactions font intervenir des molécules de structures complémentaires. Mais la spécificité du système immunitaire est fondée autant sur la complémentarité des structures que sur la dynamique des activations cellulaires : certains mécanismes de défense sont intrinsèquement dépourvus de spécificité, mais ils l'acquièrent en opérant au bon endroit et, au bon moment.

Texte de la 83e conférence de l'Université de tous les savoirs donnée le 23 mars 2000.

L'immunité adaptative

Les anticorps illustrent à la fois l'extrême spécificité et l'incroyable diversité du système immunitaire. Un anticorps reconnaît l'antigène congru parmi des millions d'autres. Par ailleurs, le nombre d'anticorps différents synthétisés par un même individu dépasse sans doute le milliard. Un gène code généralement pour une seule protéine, parfois pour un petit nombre, et il n'existe que 100 à 200 000 gènes chez l'homme. Il y a là un paradoxe dont la résolution constitue un épisode magnifique de l'histoire des sciences. L'explication a été trouvée dans le fait qu'un mécanisme génétique particulier opère dans les cellules B qui sont destinées à produire les anticorps. Quelques centaines de segments de gènes sont réarrangés au hasard de façon à produire deux chaînes, elles-mêmes assorties au hasard. C'est ainsi que naissent des myriades de cellules B porteuses chacune d'un anticorps de surface différent et qui circulent dans l'organisme. La plupart ne verront jamais rien venir. Cet énorme gâchis est le prix à payer pour que, si un intrus se manifeste, il se trouve une ou quelques cellules B pour le reconnaître, ce qui déclenchera leur prolifération, puis une production massive d'anticorps complémentaires qui contribueront à le neutraliser. Après quoi, un certain nombre de ces cellules B spécifiques persisteront dans l'organisme de sorte qu'une deuxième intrusion provoquera une réponse plus rapide et plus vigoureuse. Cette mémoire immunitaire, qui peut durer plusieurs décennies, est le fondement de la vaccination. Le processus est sélectif. L'anticorps n'est pas moulé sur l'antigène comme on l'a cru longtemps. L'anticorps doté de la complémentarité *ad hoc* est sélectionné au sein d'une combinatoire immense qui préexiste à l'antigène. Combinatoire, hasard et sélection sont trois concepts dominants de l'immunologie, comme de la génétique et de la biologie tout entière. Au plan heuristique, on notera que dans ce cas, comme dans d'autres, la faute première de l'approche instructive était de sous-estimer l'ampleur des combinatoires. Il est remarquable que l'on réussisse presque toujours à faire fabriquer des anticorps contre n'importe quoi, de sorte que le système immunitaire est probablement capable de produire des anticorps contre des molécules qui n'existent pas encore mais qui seront, peut-être, un jour, créées dans le cours de l'évolution ou par la main de l'homme. Ainsi le mécanisme aléatoire qui produit les anticorps, finit-il par saturer le champ des possibles pour aboutir à un quasi-déterminisme.

Il existe une deuxième catégorie de cellules immunitaires, les cellules T. Certaines d'entre elles règlent la synthèse des anticorps tandis que d'autres peuvent se différencier en cellules tueuses, capables de détruire spécifiquement d'autres cellules. Les cellules T portent à leur surface un récepteur dont les deux chaînes sont produites au hasard par des mécanismes semblables à ceux qui engendrent les anticorps. Toutefois, elles ne sont pas capables de sécréter leur récepteur. En outre, alors que les cellules B reconnaissent la quasi-totalité des formes possibles, les cellules T ne répondent qu'à un sous-ensemble assez restreint. Ce dernier porte l'empreinte des antigènes majeurs d'histocompatibilité qui émargent, chez l'homme, au complexe HLA. Comme leur nom l'évoque, ces molécules, très variables d'un individu à l'autre, sont responsables d'une grande partie des rejets de greffe. Leur découverte a ouvert la voie à une autre épopée de l'immunologie. Lorsqu'on parvint à identifier, isoler et caractériser ces molécules, on s'aperçut que loin d'être de simples étiquettes apposées à la surface des cellules et chargées de décliner leur identité, elles jouaient un rôle central à l'intérieur même du système immunitaire. Leur fonction est maintenant largement connue. Elles exposent, à la surface des cellules qui les portent, des fragments de molécules. S'agissant de protéines, ces fragments sont des peptides qui proviennent de leur dégradation partielle. Rien dans le vivant n'est éternel et cela vaut pour les molécules aussi bien que pour les cellules et pour les organismes — et sans doute pour les espèces. Ce système de présentation de fragments constitue une dérivation branchée sur les circuits cataboliques qui opèrent de façon physiologique dans toutes les cellules. Ce que repèrent les cellules T, ce sont des fragments différents de ceux qui sont normalement exposés dans l'organisme, et donc, en général, des peptides distincts des peptides du soi. L'ensemble des peptides du soi présenté par les antigènes d'histocompatibilité constitue ce que, avec Jean-Michel Claverie, nous avons baptisé le « soi peptidique ». Cette composante du système immunitaire est essentielle pour comprendre la tolérance du soi puisque celle-ci résulte en première analyse de la destruction par mort programmée ou de l'inactivation des cellules T qui reconnaissent les peptides du soi. Ne restent que celles qui peuvent reconnaître des peptides étrangers, si et lorsqu'ils se présentent.

La même approche conceptuelle conduit à élargir la notion de surveillance immunitaire. On n'imaginait pas jusqu'alors que l'intérieur des cellules vivantes pût être accessible au système immunitaire. Dès lors que toutes les cellules, ou presque, exposent à leur surface plusieurs milliers de peptides différents qui représentent un échantillon significatif de leur contenu en protéines, certaines anomalies internes peuvent être détectées. Cela est particulièrement important pour les cellules tumorales. Celles-ci se divisent de façon anarchique et sont le siège de dérèglements souvent caractérisés par la surproduction de protéines qui ne sont que peu, ou pas du tout, exprimées dans la cellule normale d'origine. Ou alors, il peut s'agir de protéines mutées. L'émergence des peptides correspondants à la surface est donc susceptible de désigner spécifiquement les cellules tumorales aux foudres du système immunitaire et, notamment, aux cellules tueuses. À l'inverse, d'autres dérèglements peuvent conduire à la destruction de cellules fonctionnellement utiles ou indispensables, ce que l'on observe dans certaines pathologies auto-immunes.

Comme je l'ai indiqué précédemment, les antigènes majeurs d'histocompatibilité sont très variables. Puisqu'ils sélectionnent un sous-ensemble de peptides dans l'ensemble des peptides possibles, ils présentent des sous-ensembles qui varient d'un individu à l'autre. Cela affecte aussi bien le soi peptidique que la présentation des motifs étrangers. Il en résulte une inégalité devant les pathologies auto-immunes et les infections. Certains résistent mieux à tel pathogène et moins bien à tel autre. Cette différence de susceptibilité d'origine génétique a constitué un facteur de survie dans les épidémies dévastatrices qui ont jalonné l'histoire ; il faut espérer que le virus VIH-1, faute de vaccin ou de traitements appropriés, ne va pas en administrer une preuve contemporaine.

Un esprit systématique pourrait être découragé par la difficulté de produire un catalogue complet et de surcroît différent d'un individu à l'autre, des anticorps, des récepteurs de cellules T et des peptides constitutifs du soi peptidique. Cependant, les règles qui président à leur élaboration et à leur sélection sont de mieux en mieux comprises et les connaissances progressent rapidement. Il reste qu'un système complexe ne peut être réduit à la somme de ses éléments ou des interactions binaires qui opèrent en son sein. Ses propriétés globales, ou distribuées, doivent être appréhendées. On en est encore loin, si on prend la mesure des zones d'obscurité qui entourent encore des questions aussi fondamentales que celle de la tolérance en soi, comme l'ont mis en lumière, notamment, les travaux récents d'Antonio Coutinho et de Nicole Le Douarin sur le caractère dominant, et non seulement récessif du phénomène. On s'en convaincra aussi par l'incapacité trop fréquente de prédire un comportement *in vivo*, c'est-à-dire en situation intégrée, à partir des résultats obtenus *in vitro*, en expérimentant avec des éléments isolés. Cette remarque prend tout son sens lorsqu'on analyse les résultats d'essais cliniques chez l'homme qui, trop souvent, pour des raisons d'inefficacité on de toxicité, signent l'échec de thérapies prometteuses.

L'immunité innée

Si j'ai commencé par évoquer les anticorps, les cellules T et les antigènes majeurs d'histocompatibilité qui sont au centre de l'immunité dite adaptative, c'est parce que l'immunité adaptative a fourni une identité à l'immunologie, grâce à une construction théorique aussi originale qu'admirable. Il est important de noter qu'en contrepartie l'acquisition de cette identité a accéléré sa dissociation d'avec la microbiologie, d'où elle était issue. L'immunologie plonge ses racines historiques dans la notion d'immunité. Les premières observations documentées sur la mémoire immunitaire et la protection de long terme qu'elle peut procurer remontent à Thucydide qui en fait état dans la description des ravages de la peste d'Athènes. La mithridatisation immunisait contre le poison dont le nom latin était *virus*. Pasteur, comme Jenner, était préoccupé par le phénomène infectieux et c'est la théorie microbienne qui, à la fin du XIXe siècle, a fourni un substrat à l'immunologie. Il n'est que temps de rapprocher à nouveau les deux disciplines, d'autant que leur séparation a gauchi la théorie immunologique. Celle-ci s'est axée sur le soi, ignorant en quelque sorte le reste du monde, globalisé dans le concept de non-soi, sans que l'on cherche à détailler le contenu de ce dernier. Ce faisant, l'immunologie s'est trop éloignée de ses cibles et, notamment, des agents infectieux. Mais elle s'est en outre largement coupée de la dimension évolutive que la sélection darwinienne a pu imprimer dans le système immunitaire et de démarches, souvent très efficaces, fondées sur un questionnement téléonomique. Après l'éclat des découvertes sur l'immunité adaptative, on constate aujourd'hui un intérêt grandissant pour les défenses naturelles regroupées dans l'immunité dite « innée ».

La fonction phagocytaire est très ancienne et presque universellement répandue : on la trouve aussi bien chez l'homme que chez les plantes, les insectes ou les amibes. Des organismes primitifs se nourrissent de bactéries par phagocytose, ce qui suppose une forme de reconnaissance du non-soi. Comme Metchnikoff l'avait imaginé dès 1884, l'ingestion de microbes par des cellules phagocytaires constitue, pour beaucoup d'organismes, une ligne de défense très efficace. Certains phénomènes inflammatoires apparaissent comme un perfectionnement de la phagocytose lié au recrutement et à l'activation des cellules appropriées sur les lieux d'une lésion. Beaucoup d'autres mécanismes de défense sont apparus au cours de l'évolution : les systèmes de modification et de restriction de l'ADN chez les bactéries, la production de toxines et d'antibiotiques de toutes sortes ; des peptides antibactériens et antifongiques sont fabriqués par les plantes, les insectes, les grenouilles. Chez les poissons, les oiseaux et les mammifères, le système du complément constitue une barrière capitale contre les bactéries, tandis que les interférons fournissent une première ligne de défense contre les virus. Ici, la discrimination entre le soi et le non-soi est beaucoup plus simple : elle est, avant tout, d'ordre biochimique et traduit la ségrégation de capacités de biosynthèse au cours de l'évolution. Par exemple, les bactéries gram négatives portent à leur surface des lipopolysaccharides qu'elles sont seules à synthétiser et qui sont reconnues par des récepteurs spécialisés que l'on trouve à la surface de nombreuses cellules phagocytaires.

À mesure que les molécules impliquées dans l'immunité innée ont été isolées et caractérisées dans différentes espèces, on a pu dater leur émergence et apprécier leur conservation. Celle-ci est souvent remarquable. Des gènes qui contrôlent l'activation des réponses immunitaires chez les mammifères, ont des homologues fonctionnels chez la mouche, et l'homme synthétise des peptides antibiotiques ou « défensines » dont on avait crû un moment qu'ils étaient réservés aux espèces inférieures. Il semble qu'une bonne partie des mécanismes inventés au cours de l'évolution ait été conservée, et ne soit par conséquent accumulée chez les organismes supérieurs. On aperçoit ici une voie d'accès pour appréhender l'architecture du système immunitaire de l'homme. On peut concevoir ce dernier comme une série de strates déposées et recomposées au cours de l'évolution dans une sorte de super-bricolage qui articule et réorganise non seulement des molécules, mais des systèmes défensifs diversifiés. Dans cette perspective, l'immunité adaptative apparaît comme un ajout relativement récent. À ce jour, on n'a pas trouvé, chez les poissons sans mâchoire, de gènes qui présentent une certaine homologie avec les gènes codant pour les anticorps et les récepteurs T. Ceux-ci ont dû émerger assez rapidement puisque le requin possède un système immunitaire adaptatif très développé. On comprend encore assez mal comment d'aussi nombreux gènes codant pour des produits interactifs ont pu émerger de façon quasi simultanée dans l'échelle des temps évolutifs. Le système adaptatif possède deux propriétés dont ne dispose pas l'immunité innée : la capacité de répondre à n'importe quelle forme nouvelle, et la mémoire. Mais parce que les réponses adaptatives, en raison de leur nature sélective, requièrent la prolifération de cellules spécifiques initialement présentes en petit nombre, elles sont lentes. Il faut plusieurs jours, voire plusieurs semaines, avant qu'elles atteignent leur pleine efficacité. Elles relaient donc l'immunité innée, plus prompte, qui assure les premières défenses et leur prépare la voie.

La découverte des micro-organismes ne remonte qu'à un peu plus d'un siècle. Elle est donc récente, c'est la raison pour laquelle on sous-estime souvent leur omniprésence, leur abondance et leur diversité. On trouve des bactéries par millions dans le sol, dans la mer, dans les geysers et jusque dans les roches profondes. Commensales ou pathogènes, elles habitent la plupart des êtres vivants. Bactéries, virus et parasites transitent souvent non seulement d'un individu mais d'une espèce à l'autre. Les porcs et les volailles sont le réservoir habituel de la grippe asiatique, et le virus VIH-1 est très probablement issu du singe. Il faut imaginer l'homme des origines immergé dans ce monde de microbes, protégé par son seul système immunitaire avant que l'hygiène et la médecine l'aident dans ce combat incessant. On doit considérer que l'immunologie est au cœur d'équilibres écologiques singuliers, où d'invisibles prédateurs se développent aux dépens d'organismes macroscopiques qu'ils parasitent, détruisent ou débilitent. Cette perspective introduit une symétrie au plan évolutif : si certains traits du système immunitaire ont été sélectionnés en réponse aux attaques des pathogènes, certaines caractéristiques de ces derniers ont été sélectionnées de façon à leur permettre d'échapper aux défenses des organismes qu'ils attaquent. Les stratégies retenues à cette fin par les agents infectieux sont d'une diversité stupéfiante. Certains virus bloquent la présentation des antigènes par les molécules d'histocompatibilité dans les cellules qu'ils infectent et se rendent ainsi quasi invisibles. D'autres virus sont variables, comme celui de la grippe, ou le VIH-1 qui, grâce à un taux de mutation élevé, donne naissance à des variants qui échappent à l'étau immunitaire. Il en va ainsi pour *Plasmodium falciparum*, le parasite responsable de la malaria dont les mutants d'échappement successifs débordent le système immunitaire dans un processus cyclique corrélé aux célèbres fièvres quartes. Ce macabre duo entre les organismes vivants et les pathogènes qui les infectent, est vieux comme le monde, et ne peut avoir de fin. Le réservoir des agents infectieux est gigantesque. Des mutants émergent sans cesse. Des pathogènes nouveaux peuvent naître à tout instant, comme l'apparition du virus VIH-1 l'a récemment démontré. C'est peut-être pour améliorer la survie face à ces désastres du hasard que le système immunitaire s'est appliqué à exploiter le hasard. L'immunité adaptative oppose aux variations aléatoires de l'environnement un jeu de structures aléatoires dont la diversité tente d'anticiper l'imprévisible.

L'immunologie moléculaire et la vaccination

Les contours de l'immunologie étant ainsi cernés, qu'en est-il de l'immunologie moléculaire ? S'agit-il *stricto sensu* de l'étude des molécules du système immunitaire et de leurs interactions ? Sans doute. Une partie importante de l'immunologie s'occupe de récepteurs et de leurs ligands, et de la transmission des signaux depuis la surface des cellules jusqu'à leur noyau. C'est aujourd'hui l'un des champs de la biologie où on voit le mieux comment des agrégats moléculaires s'assemblent et se dissocient dans des combinatoires hautement spécifiques. Mais ce n'est pas cette vision restrictive que je retiens. L'immunologie moléculaire n'est pas un domaine spécialisé de l'immunologie. Elle désigne, au contraire, l'inscription de l'immunologie dans la mouvance de la biologie moléculaire ; ce qui, de fait, en élargit le cadre.

En un demi-siècle, la biologie moléculaire s'est développée de façon spectaculaire. L'étude des macromolécules du vivant était la seule manière de pénétrer les mécanismes spécifiques qui œuvrent au sein des cellules et des organismes. Dans les années 1970, l'émergence du génie génétique a doté la biologie moléculaire d'un nouveau jeu d'outils qui étaient indispensables pour qu'elle puisse progresser : une méthode d'analyse systématique des gènes, et donc des protéines codées par ces derniers. Elle peut désormais prétendre, à terme, décrire de façon exhaustive les éléments constitutifs des êtres vivants, débordant ainsi l'aspect réductionniste que l'on avait prêté aux approches moléculaires initiales. C'est le sens des opérations de séquençage, et du séquençage complet du génome de l'homme. D'ici peu, une grande part des gènes qui interviennent dans les systèmes immunitaires de l'homme et de la souris aura été identifiée et sera accessible aux chercheurs dans des banques de données. Cela entraînera, en immunologie comme ailleurs, de sérieux bouleversements et ne manquera pas d'accroître les interfaces avec d'autres champs disciplinaires, dont la biologie du développement, l'endocrinologie, l'étude du système nerveux et l'évolution.

L'impressionnante accélération des connaissances produites par les approches moléculaires a eu pour résultat de faire entrer la biologie dans la sphère des sciences « dures ». Celles-ci revendiquent deux attributs majeurs : l'exactitude et l'utilité. C'est en 1975 que l'on a déchiffré, pour la première fois, la séquence d'un segment d'ADN. Cela revenait à déterminer la formule chimique d'un gène. Dès lors, la biologie moléculaire avait droit au qualificatif de « science exacte ». Si on examine la trajectoire suivie par la physique et la chimie, on voit clairement comment l'exactitude est corrélée à l'utilité. Après une phase de dénombrement et d'identification des éléments pertinents, s'est ouverte une période de manipulations : physiciens et chimistes ont commencé à la fois à construire de nouveaux objets d'étude, de nouvelles molécules ou des assemblages de molécules et à créer des artefacts en vue d'applications « utiles ». En biologie, par un curieux raccourci de l'histoire, ce fut la même méthodologie. Le génie génétique ouvrit, simultanément plutôt que séquentiellement, l'espace des connaissances et l'ère des manipulations. L'embrasement des biotechnologies s'est ainsi trouvé si rapproché des foyers du savoir que la réflexion sociale eut peu de temps pour éclore et mûrir. Sans doute est-ce l'une des raisons qui explique, au-delà d'interrogations légitimes, l'ampleur de craintes peu fondées comme celles qui s'expriment à propos de la manipulation génétique des plantes.

L'immunologie moléculaire doit donc être entendue comme recouvrant les applications de l'immunologie et, au premier chef, la vaccination. Dans ses débuts, la vaccination fut développée de façon empirique, sans référence aux mécanismes immunologiques sous-jacents. Lorsqu'on sut doser les anticorps, on put dégager des corrélations entre l'efficacité de certains vaccins et ce qu'il est convenu d'appeler — vestige de la théorie des quatre humeurs en médecine — l'immunité humorale. Dans un deuxième temps, les outils de la biologie et de la génétique moléculaires furent appliqués aux pathogènes, et permirent d'identifier et de produire de nouveaux antigènes vaccinants. Un des premiers grands succès du génie génétique fut ainsi la production d'un vaccin recombinant, dirigé contre le virus de l'hépatite B. Depuis dix ou quinze ans, c'est la recherche immunologique qui occupe le devant de la scène vaccinale. C'est que l'empirisme ne suffit plus. Les vaccins qui ont déjà vu le jour apparaissent rétrospectivement comme des vaccins relativement faciles. On rencontre aujourd'hui des difficultés considérables dans le développement de vaccins dirigés contre des agents qui provoquent des infections chroniques, comme les virus de l'*herpès*, ou contre des pathogènes éminemment variables, comme le virus grippal. Le virus VIH-1 et plusieurs autres microbes, notamment le parasite responsable de la malaria, conjuguent les deux difficultés. Alors que les anticorps constituaient la référence vaccinale exclusive, on prête aujourd'hui beaucoup d'attention aux réponses cellulaires et, notamment, aux cellules tueuses spécifiques. On suppose ces dernières capables de détruire les cellules infectées, parfois de façon latente, qui constituent des réservoirs de pathogènes inaccessibles aux anticorps.

Le champ des applications de l'immunologie ne cesse de s'étendre. De nouveaux agents infectieux émergent. On découvre aussi que des pathologies répandues sont liées à des infections. Depuis quelques années seulement, il est établi que la bactérie *Helicobacter pylori* est la cause de la majorité des ulcères de l'estomac. On soupçonne maintenant *Chlamydia pneumoniae* d'intervenir dans l'athérosclérose et on n'écarte pas l'hypothèse que certains diabètes soient liés à des infections. En outre, la vaccination thérapeutique, et non plus préventive, ouvre des perspectives considérables. La frontière entre les deux n'est pas aussi tranchée qu'on pourrait le croire. Beaucoup de vaccins ne bloquent pas radicalement une infection en induisant une immunité dite stérilisante : ils permettent à l'organisme de réagir plus vite et plus vigoureusement, de façon à éviter qu'elle s'installe. La question de savoir si on peut, par des procédés proches de la vaccination, éradiquer une infection chez des porteurs asymptomatiques, est devenue cruciale, notamment pour le virus VIH-1. Beaucoup d'agents pathogènes qui provoquent des infections chroniques accroissent considérablement les risques de cancers. C'est le cas des virus du papillome, des hépatites B et C, ou d'*Helicobacter pylori* pour les cancers du col de l'utérus, du foie ou de l'estomac. Il est ainsi prouvé que la vaccination contre l'hépatite B prévient effectivement les cancers du foie liés à l'infection virale. Enfin, depuis une dizaine d'années, on comprend beaucoup mieux la nature des antigènes associés aux tumeurs. Certains, en particulier, sont en fait des peptides provenant de protéines dont l'expression est déréglée dans les cellules cancéreuses et qui peuvent être la cible de cellules tueuses. En peu de temps, ces notions ont été transposées dans des protocoles d'immuno-intervention et de nombreux essais cliniques sont en cours. On saura d'ici quelques années si les espoirs placés dans l'immunothérapie des cancers sont fondés ou non.

La variole a tué trois cent millions de personnes avant d'être éradiquée par la vaccination. L'impact général de cette dernière sur la santé publique est considérable. Pourtant, d'énormes besoins demeurent, à la mesure de la pression exercée par les agents infectieux. Ceux-ci provoquent chaque année 17 millions de morts, le tiers des décès qui se produisent sur la planète, dont une majorité d'enfants. On estime que 2 milliards d'individus ont été en contact avec le bacille tuberculeux. Il existe 350 millions de porteurs chroniques du virus de l'hépatite B dont plusieurs dizaines de millions développeront tôt ou tard une hépatite grave ou un cancer. Des centaines de millions d'hommes sont exposés à des parasites mortels ou débilitants. Plus de 10 millions d'individus sont déjà morts du sida alors que l'épidémie a débuté depuis moins de vingt ans. Avec le développement de la résistance aux antibiotiques, l'hôpital, même dans les pays industrialisés, est devenu un lieu à haut risque pour certaines infections. Comment en arrive-t-on à accepter que plus d'un million d'enfants meurent chaque année de maladies comme la rougeole pour lesquelles des vaccins existent et ne valent que quelques centimes ? De la recherche sur les vaccins, dont l'efficacité n'est plus à démontrer, à l'immunothérapie de pathologies graves, y compris des cancers, qui suscite des espoirs scientifiquement fondés, les chantiers ne manquent pas. Les perspectives d'applications de l'immunologie sont considérables.*

---

* Ce texte est constitué d'extraits de la leçon inaugurale prononcée le 2 octobre 1998 au Collège de France par Philippe Kourilsky. Le texte intégral peut être obtenu auprès du Collège de France.

Les défis économiques du médicament

par Claude Le Pen

Un médicament est un objet étrange : il existe peu de biens de consommation modernes qui intègrent de manière aussi intime science et société, savoir scientifique et croyance magique, intérêt public et intérêt privé, logique de marché et logique de santé publique. Il y a là une intrication de logiques contradictoires, voire conflictuelles. Le médicament est un inconnu familier.

Le siècle des médicaments

Au XXe siècle, la pharmaco-thérapeutique s'est imposée dans pratiquement tous les domaines de la médecine. Certains médicaments ont été de véritables phénomènes de société, comme les antibiotiques et la pénicilline. La streptomycine et la rifampicine ont vidé les sanatoriums. Certains médicaments ont eu un effet quasi miraculeux, comme l'insuline dans le diabète de type I. Chacun a en mémoire le défi du sida, avec l'apparition des premiers antirétroviraux, l'AZT notamment, moins de quatre ans après l'apparition de la maladie. En quelques années, le cours de la maladie a été bouleversé par de nouvelles molécules. La découverte, dans les années 1950, des médicaments du cerveau, notamment des neuroleptiques, a révolutionné le sort des psychotiques et schizophrènes. Les chimiothérapies anti-cancéreuses, notamment les sels de platine

---

Texte de la 84e conférence de l'Université de tous les savoirs donnée le 24 mars 2000.

dans les années 1970, ont multiplié les chances de survie dans certains cancers mortels.

La pilule anti-conceptionnelle, testée en 1956, a changé les rapports humains en permettant la séparation de la sexualité et de la procréation, modifiant la condition féminine, provoquant un choc culturel.

Le médicament a également permis l'essor des autres techniques médicales : les progrès de l'imagerie médicale sont impensables sans l'invention des produits de contraste. Les greffes rénales, cardiaques, hépatiques, ont été rendues possibles grâce aux médicaments immunosuppresseurs et notamment à la cyclosporine.

Ces progrès sont devenus si familiers qu'on aperçoit souvent davantage les inconvénients de certaines thérapeutiques que leurs avantages. Certaines maladresses — rappelons-nous l'affaire du vaccin contre l'hépatite B — renforcent ce sentiment de malaise devant la délicate et nécessaire balance des bénéfices et des risques de la pharmaco-thérapeutique.

Avec les biotechnologies et la thérapie génique, en plongeant au cœur de la cellule humaine, en touchant presque aux origines de la vie, dans le but louable de nous libérer des maladies génétiques, ne jouons-nous pas aux apprentis sorciers ? Les effets secondaires, les risques de iatrogénicité, le développement de résistances bactériennes à l'usage immodéré des antibiotiques, la surconsommation de médicaments psychotropes sont le prix du succès. Les progrès futurs viendront autant d'une réflexion sur l'usage des techniques que sur leur développement. La formulation de règles impérieuses de « bon usage du médicament » est aussi importante que la mise au point de nouvelles molécules. Elles sont d'autant plus nécessaires que les produits modernes sont efficaces, générateurs d'effets collatéraux et à long terme inconnus. Le progrès technique, dans les bio-sciences, n'a jamais été aussi porteur d'interrogations morales. Après des décennies de positivisme triomphant, renaît la figure du savant moraliste.

Du « remède » au « médicament »

La découverte des vertus thérapeutiques de certaines plantes remonte aux premiers temps de l'humanité. Au XIXe siècle, on étudiait encore en faculté de médecine l'œuvre de Galien de Pergame (131-201) qui, dans la Rome de Marc Aurèle, établissait un catalogue de centaines de plantes dont les propriétés laxatives, émétiques ou sudorifères étaient censées rétablir l'équilibre physiologique des humeurs, détruit par la maladie.

Mais le « médicament moderne » n'a plus rien à voir avec ces remèdes à l'ancienne dont on se transmettait les secrets de générations en générations. C'est un objet de haute technologie, dont les caractéristiques chimiques et biologiques, le mécanisme d'action, les sites de fixation dans l'organisme, la métabolisation sont parfaitement connues, dont l'efficacité a été mesurée et évaluée.

Il existe néanmoins un point commun, l'« effet placebo », cette action réelle qui caractérise tout produit administré à un individu dans une perspective thérapeutique et qui résulte d'un effet de suggestion, indépendant du mécanisme pharmacologique du produit. Tout médicament a une double action, pharmacologique et psychologique, dans des proportions variables. Ce n'est pas un effet « purement psychologique » : il existe un « mécanisme d'action » physiologique de l'effet placebo que l'on commence à connaître ; tout médicament, même le plus avancé technologiquement, produit de l'« effet placebo » ; les vertus médicales de l'effet placebo sont réelles et il participe pleinement de la relation thérapeutique. Comme l'explique Philippe Pignarre, l'« effet placebo » humanise le médicament en témoignant du processus par lequel le corps — et l'esprit — du malade « apprivoise », « domestique » une molécule chimique active pour en obtenir un effet qui plaît, un effet placebo au sens littéral du terme.

Un processus de développement long, risqué et coûteux

Le médicament moderne se caractérise par un long, risqué et coûteux processus de recherche, et de développement, qui transforme une idée, une expérience, une molécule virtuelle simulée en trois dimensions sur un écran d'ordinateur, en un vrai médicament administré à des milliers de malades.

Le développement d'un nouveau médicament suit un processus médico-réglementaire extraordinairement précis et codifié. Dans les années 1950, les autorisations de mise sur le marché — à l'époque un simple visa du ministère de la Santé — s'obtenaient en quelques semaines sur la base d'un dossier rudimentaire portant essentiellement sur la composition chimique du produit. Le tournant date de 1962 aux États-Unis avec le vote d'une loi de protection du consommateur, le *Consumer Bill of Rights*, qui renforça les pouvoirs de l'agence fédérale d'enregistrement des médicaments, la *Food and Drug Administration* (FDA), et imposa des normes drastiques de sécurité, renforcées encore par la suite. Ces mesures avaient été décidées à la suite de la tragique affaire de la thalidomide, ce sédatif qui, donné aux femmes enceintes, avait entraîné des malformations congénitales chez près de 10 000 enfants. L'affaire avait révélé le caractère dérisoire des contrôles de qualité. Les pays occidentaux ont suivi cette normalisation, la France à partir des années 1970.

Le processus comporte une phase préclinique et trois phases cliniques. La phase préclinique comporte des études *in vitro* et des études sur des modèles animaux de manière à obtenir une première estimation de l'efficacité et de la toxicité de la nouvelle molécule. L'étape décisive est le passage à l'homme qui comporte trois phases cliniques. La première est l'étude sur le « volontaire sain ». Un petit nombre de personnes volontaires, en bonne santé et rémunérées, reçoivent le produit dans des conditions de surveillance optimales, pour savoir si le médicament est bien toléré par l'organisme, indépendamment de son activité thérapeutique. Si c'est le cas, la seconde phase débute. Elle porte cette fois sur des malades, quelques dizaines. Le profil d'activité thérapeutique du produit est évalué chez l'homme. La tolérance fait l'objet d'une attention suivie et différents dosages sont testés. La phase III est le cœur du développement clinique. Elle fait intervenir un nombre plus important de patients, des centaines, parfois des milliers, qui reçoivent le produit dans des conditions strictes de surveillance. L'efficacité du produit et sa tolérance sont mesurées rigoureusement et les indications thérapeutiques étroitement précisées.

Si les essais sont concluants, la firme pharmaceutique dépose un dossier d'enregistrement, comportant, entre autres, la totalité des études réalisées, qui sera examiné et critiqué par les agences d'enregistrement. L'autorisation de mise sur le marché (AMM), qui précise les caractéristiques du produit et ses indications thérapeutiques, sera délivrée au vu du rapport bénéfice-risque dans l'indication proposée.

L'intégralité du processus dure une dizaine d'années en moyenne pour une molécule nouvelle. Il peut être plus court dans certains cas, par exemple une extension d'indication pour une molécule existante.

Le coût du processus est difficile à estimer en raison de sa durée et du fait que certains coûts sont communs à différents essais qu'un même laboratoire peut mener simultanément sur une ou plusieurs molécules. Se pose également le problème des coûts des essais prématurément interrompus en raison par exemple d'un manque d'efficacité ou d'une mauvaise tolérance.

L'étude de référence en matière du coût de la recherche pharmaceutique est américaine. Di Masi et coll. estimaient en 1988 à 231 millions de dollars le coût de développement sur dix ans environ d'un nouveau médicament. Depuis, ce coût a augmenté sous l'effet de plusieurs facteurs, notamment la recherche de la sécurité qui amène à augmenter la taille des essais et le nombre des personnes pour déceler des effets indésirables toujours plus rares. De même, les agences d'enregistrement sont toujours plus exigeantes en matière de démonstration d'efficacité et de sécurité.

Un élément important est le coût de l'échec. La proportion de molécules synthétisées dans les laboratoires de recherche et qui franchissent avec succès les étapes du développement est extrêmement faible. On citait autrefois un nombre de 1 pour 100 000 mais les progrès du *drug design* par ordinateur ont permis de réduire ce nombre.

Le test décisif reste la commercialisation. C'est alors que se révèlent les effets secondaires rares et il arrive qu'une molécule doive être retirée du marché dans les jours qui suivent son lancement. On dispose, dans notre pays, d'un bon réseau de pharmacovigilance qui relève systématiquement les problèmes pouvant survenir à la suite de l'administration d'un médicament, qui informe le fabriquant et l'Agence française de sécurité sanitaire des produits de santé, qui peut décider une suspension de commercialisation ou un retrait d'AMM. Chaque année, 20 000 observations environ remontent des centres de pharmacovigilance, dont 7 à 8 000 concernent des effets graves. L'AFSSAPS diligente entre 100 et 200 enquêtes par an et suspend une dizaine de médicaments (certains étant des formes différentes de la même molécule). Ces chiffres augmentent sous l'effet de la plus grande sensibilisation du corps médical et de la population au thème de la sécurité sanitaire.

Un modèle épistémologique et culturel

Depuis les années 1960, dans le cours du développement des nouveaux médicaments, le modèle de l'essai contrôlé, randomisé, en double aveugle s'est imposé. Aucun médicament ne saurait être commercialisé sans avoir franchi cette épreuve où il est opposé de manière comparative à un autre médicament de référence ou à un placebo, c'est-à-dire un produit inerte, de même apparence que la molécule active. Un médicament placebo doit être distingué de l'effet placebo : le médicament « actif » a également un « effet placebo ». On cherche à vérifier par l'étude comparative son action pharmacologique propre au-delà de ce dernier. Pour éliminer les effets de suggestions, ni les patients ni les investigateurs ne savent exactement si un patient reçoit le produit actif ou le produit de comparaison : c'est le double aveugle. Enfin pour éviter tout biais dans l'affectation des produits, les traitements sont tirés au sort : c'est la randomisation. La supériorité d'un traitement est décidée au terme d'une analyse d'inférence statistique complexe qui indique la probabilité que la différence observée entre les deux bras de l'étude soit due à un effet systématique plutôt qu'à un pur aléa d'échantillonnage. On décidera que le traitement est efficace si la probabilité d'un effet aléatoire est inférieure à 5 %. Sur le plan éthique, le patient participant à ces essais est protégé par le respect de principes établis dans la convention d'Helsinki. En France, le cadre réglementaire est tracé essentiellement par la « loi de protection des personnes qui se prêtent à des recherches biomédicales », dite loi Huriet, du 20 décembre 1988. Tout promoteur d'un essai clinique doit soumettre son projet à l'avis d'un Comité consultatif pour la protection des personnes dans la recherche biomédicale (CCPPRB). Toute personne participant à un essai doit donner son « consentement libre, éclairé et exprès ». Chaque année, il se fait en France environ 1 500 essais thérapeutiques se situant dans ce cadre.

Cette méthodologie tend à s'imposer, notamment dans les pays anglo-saxons, sous le nom d'*Evidence Based Medicine* (EBM). La médecine fondée sur les preuves, plus scientifique, s'oppose à la médecine fondée sur l'habitude, l'expérience clinique, l'intuition.

Beaucoup lui reprochent son côté analytique, ignorant des réalités quotidiennes du cabinet, qui n'a rien à voir avec les conditions particulières des essais cliniques. Mais l'EBM leur oppose son programme épistémologique : l'exercice médical doit devenir scientifique. Aujourd'hui, l'essai randomisé en double aveugle est promu au rang de modèle. C'est le triomphe du médicament, davantage que celui d'un moyen thérapeutique.

Une consommation inégale

Les États-Unis, le Canada, l'Europe de l'Ouest et le Japon, soit 20 % de la population du globe, consomment 80 % des médicaments. Le reste de l'humanité a un problème d'accès aux médicaments, y compris les plus essentiels. Chacun connaît le problème des thérapies anti-sida en Afrique. On l'explique souvent par le prix de ces médicaments. En France, une association d'une antiprotéase et de deux analogues nucléosidiques revient à 5 400 F par patient et par mois, soit le double du PIB annuel par habitants d'Haïti et plus encore pour les pays les moins avancés d'Afrique ou d'ailleurs. C'est inaccessible aux patients de ces régions, où la protection sociale est souvent inexistante, où le budget de la santé est réduit. Le problème ne se limite pas à la question des prix. Des médicaments de la liste des médicaments essentiels de l'OMS, des antiparasitaires ou des vaccins par exemple, dont des formes génériques sont pratiquement gratuites, sont également sous-consommés par rapport aux besoins. La lèpre, que l'on sait traiter, pour laquelle les médicaments ne sont pas chers, ne disparaît pas faute d'un système de santé efficace, faute aussi de reconnaître, dans certains pays, que la maladie existe bel et bien.

La disponibilité des produits n'est pas une condition suffisante pour garantir leur accès aux patients. Encore faut-il que ceux-ci soient dépistés, diagnostiqués, que les médicaments soient prescrits et remboursés, que les traitements soient observés. Le traitement pharmacologique est l'aboutissement d'un système de santé capable de fonctionner dans toutes ces composantes. Le médicament relève paradoxalement de ce que les économistes appellent les « biens supérieurs », les biens dont la consommation est davantage liée au revenu qu'au prix, un bien comme les loisirs ou le luxe.

Cela étant, les normes de consommation divergent même au sein du groupe des pays développés. La France, connue pour son appétence pour les médicaments, consomme 3 milliards de boîtes par an, soit en moyenne 50 boîtes par personne et par an. C'est cinq fois plus qu'au Danemark ou en Grande-Bretagne, deux fois plus qu'en Italie ou en Espagne. La forte consommation française a été confirmée par des travaux, utilisant des mesures plus fines, par exemple la mesure internationale des *defined daily doses* (DDD) de l'OMS. Celles-ci révèlent en outre des différences inégales selon les catégories de produits. Notre tendance à « sur-consommer » les psychotropes, tranquillisants et antidépresseurs, est médiatisée, mais la consommation d'antibiotiques par exemple est également élevée en France et en Italie par rapport à ce qu'elle est au Nord de l'Europe. Dans d'autres pays, on note des fortes consommations d'anti-ulcéreux ou de produits cardiaques. Dans le domaine des analgésiques, l'Allemagne reste fidèle à l'aspirine, peut-être en hommage à l'aspirine Bayer, alors que l'Angleterre lui préfère le paracétamol, inventé par le groupe ICI. Le marché des antidépresseurs est très faible en Allemagne et au Japon.

De l'« ancienne » à la « nouvelle » économie pharmaceutique

Comment s'explique la surconsommation relative française ? Difficile d'apporter une réponse définitive. On évoque la pression commerciale des laboratoires, le bas niveau des prix, l'organisation de la médecine libérale « à la française », sans qu'aucune explication ne soit convaincante. La pression commerciale des firmes n'est pas supérieure en France à ce qu'elle est en Allemagne ou en Italie. Il existe, il est vrai, une relation inverse entre le prix des médicaments et la consommation par tête en unité, mais paradoxalement le médicament est mieux remboursé — et donc moins cher pour les patients — dans les pays où la consommation est faible. On peut difficilement évoquer la loi de la demande. La médecine libérale triomphe aux États-Unis où la consommation en volume est moins élevée.

Il faut plutôt évoquer une logique d'ensemble, industrielle et médicale, spécifique à la France où l'économie pharmaceutique s'est structurée autour de firmes nationales faiblement innovantes, mais bien implantées commercialement, qui ont adopté la stratégie prudente de faire du volume sur des produits à bas prix mais à fortes marges. Les patients, qui ont longtemps jugé la qualité des prescripteurs à la longueur des ordonnances, les médecins, qui ne tenaient pas à les décevoir, un réseau officinal surabondant et une Sécurité sociale laxiste, peu légitime et peu outillée pour contrôler la prescription médicale, complétaient le tableau de cette « ancienne économie pharmaceutique », qui est en train de voler en éclats.

La crise procède, comme dans d'autres secteurs, de la mondialisation des marchés, de l'innovation technologique, de la concentration des firmes. L'économie pharmaceutique dominante est à l'opposé du modèle français traditionnel. Elle repose sur des produits à forte valeur ajoutée, à fort contenu technologique, visant des cibles thérapeutiques précises, développés dans la perspective du marché mondial, soutenus par des stratégies médico-marketing actives. Pour ces firmes, le succès commercial passe par la réussite scientifique. Elles investissent des sommes considérables dans le R&D (recherche et développement) et élèvent toujours davantage les critères scientifiques d'accès au marché dans les domaines où elles sont leaders, créant ainsi d'infranchissables « barrières à l'entrée ». Elles bénéficient de l'appui des meilleurs scientifiques dont elles financent souvent les recherches, et même des systèmes de sécurité sociale qui, voués désormais à la recherche de l'efficience, n'hésitent pas à payer très chers des produits nouveaux si ceux-ci sont efficaces.

Cette « nouvelle économie » pharmaceutique est concurrentielle. La durée effective d'exploitation des brevets tend à diminuer. Le temps où une innovation est seule sur son marché tend à se restreindre. Les génériques, ces copies conformes des médicaments brevetés, rentrent de plus en plus rapidement sur le marché à l'expiration de la protection et cassent les prix. La « nouvelle économie » voit dans la liquidation de l'« ancienne » le moyen impérieux de récupérer des budgets de financement qui lui sont nécessaires. Ce processus est en cours, soutenu par les pouvoirs publics qui, après des années d'hésitation, en ont pris le chemin.

Un secteur en mutation

L'industrie pharmaceutique française — ou plutôt *en France* — ce sont environ 300 entreprises, de taille très inégale, réalisant un chiffre d'affaires de 130 milliards de francs environ. Après des années de croissance très forte, celle-ci s'est ralentie et stabilisée autour de 4-5 % par an. Cela ne manque pas cependant de poser des problèmes compte tenu des contraintes de financement public. C'est une industrie petite à forte valeur ajoutée. Ses 85 000 emplois sont très qualifiés, la R&D rassemblant environ 19 000 personnes.

Depuis quelques années, les firmes de nationalité étrangère détiennent la majorité du marché pharmaceutique français, une révolution au regard du passé. Le marché pharmaceutique, autrefois éclaté sur des pôles nationaux relativement étanches, se globalise, du moins à l'échelle du monde développé.

Les produits sont commercialisés d'emblée à l'échelle internationale et les habitudes et pratiques médicales tendent à s'homogénéiser pour ce qui est de l'innovation et de la prise en charge des pathologies graves.

Les processus d'innovation et d'internationalisation sont très liés. Les firmes américaines dominent, et sont à l'origine de la grande majorité des molécules innovantes. L'Europe recule et les biotechnologies ont plutôt contribué à creuser l'écart. Les firmes européennes innovantes sont tentées de s'américaniser, par le biais de fusion ou d'acquisition, par la délocalisation des lieux de décision et des centres de recherche. Elles adoptent une culture managériale américaine et empruntent même souvent l'anglais comme langue officielle.

Comment s'explique cette domination ? On cite souvent la taille du marché et le niveau des prix qui sont beaucoup plus rémunérateurs qu'en Europe mais d'autres facteurs jouent. Les firmes américaines ont une culture de la concurrence et du risque plus forte. Les liens avec les universités et les centres de recherche publics sont plus nombreux et mieux admis par les universitaires. L'accès au capital-risque pour les jeunes entreprises innovantes est plus aisé. Les conditions de vie matérielle et de recherche offertes aux chercheurs sont nettement plus attractives. La langue quotidienne y est aussi la langue internationale de la recherche.

Tout cela explique qu'en se globalisant, l'économie pharmaceutique a déplacé son centre de gravité vers les États-Unis. Est-ce inéluctable ? Sans doute pas. L'Europe compte de très belles réussites notamment dans le domaine très récent de la thérapie génique.

En fait, la question est moins celle de la nationalité des firmes, de plus en plus compliquée à percevoir, que celle du maintien en Europe d'une activité propre de recherche et de production pharmaceutique. C'est en grande partie une question politique.

La politique du médicament

Le médicament fait en France l'objet d'un système de régulation économique complexe, car il est largement financé sur fonds publics par l'assurance maladie. Comptant pour 19 % environ dans les dépenses totales de santé, le médicament représente 14 % des dépenses-maladies du régime général. Compte tenu des médicaments non remboursables, le taux de remboursement moyen en France est assez faible, de l'ordre de 60 %. Il faut tenir également compte du fait que la moitié environ (44 %) de la dépense présentée au remboursement est exonérée du ticket modérateur et donc remboursée à 100 %. Sur 134 milliards de médicaments consommés, 78 milliards environ sont remboursés et 47 milliards le sont intégralement.

L'État cherche à réguler cette dépense, en agissant sur les critères d'accès au remboursement et sur les prix des produits remboursés. L'accès au remboursement est réglé par une commission d'experts de l'AFSSAPS qui analyse le « service médical rendu » par un nouveau médicament candidat au remboursement. Comme les critères d'appréciation ont varié au cours du temps, la situation est hétérogène et le gouvernement a ordonné une vaste entreprise de réévaluation du « service médical rendu » de tous les médicaments. La seconde vague de cette opération vient de s'achever et, si le gouvernement va jusqu'au bout de la démarche, un quart environ des médicaments devrait être déremboursé. Compte tenu de l'impopularité de ces mesures et de leur impact industriel négatif sur les firmes familiales françaises, il est plus que probable que le gouvernement cherchera une solution de compromis.

Tout médicament admis au remboursement doit ensuite recevoir un prix de la part de l'État. Le prix, négocié avec la firme, s'appuie en grande partie sur l'importance du service médical rendu, sur la situation concurrentielle, sur la taille du marché, sur les prix des marchés étrangers, etc. Ce mécanisme a longtemps été critiqué. Il a exercé une forte pression à la baisse sur les prix, qui n'a bénéficié ni aux entreprises ni aux dépenses de la Sécurité sociale, puisqu'elle fut constamment compensée par une pression à la hausse sur les volumes. Nous avions — nous avons toujours — en France des prix bas et une forte dépense. Sa rigueur apparente dissimulait en outre des décisions laxistes tendant à favoriser les entreprises françaises et à prendre en compte des considérations extérieures au produit : de « bons prix » pouvaient s'obtenir en promettant une usine, un investissement, une subvention, etc.

Ce mécanisme, qui n'était ni transparent, ni prévisible, a été amélioré depuis le début des années 1990 dans son fonctionnement, notamment grâce à la création d'un Comité économique des produits de santé (CEPS), organisme interministériel localisé au ministère de la Santé. L'objectif des pouvoirs publics était de rendre le marché pharmaceutique plus vertueux avec des volumes reflétant mieux les réalités médicales et des prix reflétant mieux les réalités économiques. L'européanisation du marché pharmaceutique et la libre circulation des médicaments rendront à terme illusoire un contrôle national des prix, et il importe donc de développer d'autres instruments de régulation, portant sur toute la chaîne de prescription, de tarification et de commercialisation. En 1994, des référentiels médicaux opposables destinés à encadrer la prescription de certains médicaments ont été lancés, ainsi qu'une politique conventionnelle visant à mieux associer les firmes à la politique de prix. Des accords d'entreprises, visant à conditionner le niveau élevé de certains prix au respect d'engagements sur des volumes « médicalement justifiés », sur des baisses des efforts promotionnels, sur l'amélioration de l'information des prescripteurs, etc., ont été conclus.

Dans ce cadre se sont développés en France les médicaments génériques dont l'inexistence constituait une anomalie du marché français. Il s'agit de médicaments dont les brevets sont tombés dans le domaine public et qui peuvent être produits par toute entreprise pharmaceutique à des prix se situant en moyenne 30 % sous le prix de la molécule originale. Alors qu'ils représentaient de 20 à 40 % des marchés étrangers, ils n'avaient jamais eu qu'une existence marginale en France (1 à 2 % tout au plus). Un accord avec les pharmaciens, qui leur a donné le droit de substituer ces molécules aux prescriptions originales et qui a modifié leur mode de rémunération, a permis à ce marché de décoller en 1999. Il reste maintenant à tonifier un autre marché anormalement anémique, celui des médicaments d'automédication, achetables sans ordonnance et non remboursés, destinés en général aux pathologies mineures.

Enfin, les lois de financement de la Sécurité sociale, instaurées par le Plan Juppé, ont mis en place un nouvel étage de régulation sous la forme d'un taux directeur national pour l'ensemble des dépenses remboursables de pharmacie. La quasi-totalité des firmes a souscrit des conventions permettant de mettre en œuvre ce dispositif sous la forme de reversements qui deviennent exigibles en cas de dépassement du taux directeur. Un milliard de francs a ainsi été collecté au titre de l'exercice 1999.

Des incertitudes pour l'avenir

Le chantier de la politique du médicament est donc ouvert, avec une série de volets complexes : rationalisation de la prescription, développement de nouveaux segments de marché (génériques et automédication), maîtrise des efforts promotionnels, évaluation qualitative des innovations, modernisation des processus de fixation des prix, établissement d'un mode original de bouclage macroéconomique.

Il reste des incertitudes.

Est-il nécessaire d'empiler les niveaux de régulation ? Le système de régulation n'est-il pas surdéterminé ? Dès lors qu'est mis en place un verrouillage global, est-il encore légitime de fixer des taux de croissance par produit et par laboratoire ? Est-il légitime de maintenir un contrôle administratif des prix qui risque de devenir obsolète dans une Europe unifiée du médicament ?

Qui, du côté institutionnel, doit réguler la dépense pharmaceutique ? Comment articuler le rôle régulateur de l'État avec celui de l'assurance maladie qui aspire de plus en plus à jouer un rôle d'acheteur, négociant directement les prix avec les fabricants comme c'est déjà le cas des hôpitaux ? Que vont devenir les laboratoires français indépendants (LFI), principale victime de la nouvelle politique ? Leurs arguments traditionnels, l'emploi, la contribution à l'économie régionale, l'attachement des consommateurs à leurs médicaments traditionnels, semblent s'émousser auprès des pouvoirs publics qui privilégient de plus en plus la grande innovation. Quelles stratégies vont-ils développer ? Qui va survivre et comment ?

La France va-t-elle rester un grand pays pharmaceutique ? Glissons-nous vers une « économie de comptoir » vouée à la consommation et au financement de médicaments découverts, mis au point, développés et produits ailleurs ? Pourrons-nous rester un des rares pays au monde à posséder encore toute la gamme des activités biomédicales ? Saurons-nous nous intégrer à cette économie mondiale du médicament et des biotechnologies qui s'affirme tous les jours ?

La question est d'autant plus importante que la pharmaco-thérapie est appelée à un grand avenir. Le médicament va étendre son champ d'action. De nouvelles molécules sont en développement dans tous les domaines de la médecine. De nouvelles techniques, issues des biotechnologies et de la génomique, imposent de nouveaux paradigmes scientifiques. Dans beaucoup de domaines, des solutions pharmacologiques, moins coûteuses, moins contraignantes pour le malade, se substituent à d'autres techniques médicales, notamment chirurgicales. Le médicament dans certains domaines vide les services hospitaliers, on l'a vu avec le sida. Pour autant l'hôpital n'est pas amené à disparaître, mais à s'adapter, à inventer de nouvelles formes d'accueil du patient, davantage conformes aux nouvelles techniques, aux nouveaux besoins. L'hospitalisation de demain, dans le domaine des pathologies aiguës, sera de durée plus courte, souvent à temps partiel (le jour, la nuit, la semaine), parfois même poursuivie au domicile du malade. Le médicament jouera un rôle essentiel dans cette mutation. Saurons-nous y faire face ? Saurons-nous organiser cette mutation d'un système de soins cloisonné en sous-systèmes étanches, alors que la nature même des traitements et la demande des malades exigent une organisation plus souple, plus coordonnée, plus participative ?

La maîtrise des handicaps

par Philippe Denormandie

Définition du handicap

La définition du handicap donnée par le dictionnaire Larousse est : « Désavantage quelconque, infirmité qui met quelqu'un en état d'infériorité. Le terme handicap est utilisé fréquemment mais la réalité de la notion qu'il recouvre est souvent floue. » Le terme handicap est entré dans le langage courant depuis les années 1970, notamment à partir des travaux de H. P. Wood. « Handicap » provient du jeu « *hand in cap* » ou « la main dans le chapeau ». Ce jeu met en pratique des échanges d'objets ou de moyens entre individus pour obtenir des parts égales. Il correspond à la volonté de corriger par tout artifice utile les inégalités naturelles.

Épidémiologie des handicaps en France

Il est difficile de savoir le nombre précis de personnes handicapées en France. Les handicaps sévères diminuant automatiquement l'autonomie et affectant durablement ou définitivement la vie sociale touchent environ 1,9 million de personnes, soit 3 % de la population. Leur incidence est en moyenne de 34/1 000 avec des différences significatives suivant les âges : 14/1 000 chez les enfants

Texte de la 85e conférence de l'Université de tous les savoirs donnée le 25 mars 2000.

ou adolescents, 30/1 000 chez les personnes adultes de moins de 65 ans et 64/1 000 au-delà de 65 ans. Le nombre de personnes handicapées augmente, et cela pour deux raisons :

– un vieillissement des personnes handicapées dans les différents secteurs de handicaps ;

– le nombre de personnes présentant annuellement de nouveaux handicaps reste stable. De récentes études de l'INSERM réalisées à partir des registres épidémiologiques européens et nationaux ont montré que la prévalence du handicap reste globalement la même.

Dans les années 1970, une politique de santé volontariste a permis de réduire le taux de personnes handicapées de 1,8 à 1,2/1 000 en 11 ans. Les actions portaient particulièrement sur la pathologie périnatale et sur les séquelles de pathologie de l'enfant. L'infirmité motrice cérébrale a connu une baisse de 1970 à 1980 puis une stabilisation. Cela est dû à la fréquence des prématurés, le taux de séquelles chez les enfants nés à 24 semaines étant 5 fois supérieur à ceux nés 10 semaines plus tard. Le retard intellectuel des trisomiques est stable autour de 3/1 000. La trisomie est en diminution mais les autres types de retard mental sont en augmentation. Le handicap acquis post-traumatique est la deuxième source de déficience grave. Il est stable malgré la diminution des accidents car les indicateurs de gravité sont en augmentation. Les traumatismes crâniens représentent depuis 10 ans environ 55 000 cas graves par an.

Une enquête réalisée à Paris a permis de dégager l'importance des différentes déficiences causes de handicap :

– déficience mentale, psychique : 26 % ;
– déficience motrice : 25 % ;
– pluri-déficience : 24 % ;
– déficience sensorielle : 8 % ;
– déficience viscérale, source de handicap : 12 % ;
– autres : 5 %.

Quant au coût social du handicap, il est estimé à plus de 150 milliards de francs en 1986 (source : *Coût de la protection sociale*), soit 6,3 % des dépenses sociales en France.

La construction du handicap

L'explication de la construction du handicap s'appuie sur les schémas de Wood (1980), plusieurs fois validés par l'OMS depuis, et actuellement en cours de révision.

PREMIÈRE ÉTAPE : LA LÉSION

La lésion correspond à une altération d'un organe, quelle que soit sa cause, qu'elle soit acquise ou congénitale. Sa prise en charge peut permettre la guérison mais des séquelles peuvent persister, entraînant parfois une déficience du fonctionnement de l'organe. Ainsi, une fracture de jambe peut soit guérir totalement, soit mal consolider et avoir un retentissement important sur les possibilités d'être debout ou de marcher.

DEUXIÈME ÉTAPE : LA DÉFICIENCE

La déficience est une perte de substance ou une altération d'une structure ou d'une fonction psychologique, physiologique ou anatomique. La manifestation de la maladie constitue le handicap au niveau d'un ou de plusieurs organes ou plus rarement au niveau de fonctions. Il en existe 9 catégories : déficience intellectuelle, psychique, du langage et de la parole, auditive, de l'appareil oculaire, d'autres organes, du squelette et de l'appareil de soutien, esthétique, des fonctions générales sensitives ou autres déficiences. La déficience conduit à une incapacité quand elle n'est pas suppléée par des techniques et qu'elle reste non maîtrisée.

TROISIÈME ÉTAPE : L'INCAPACITÉ

L'incapacité correspond à toute réduction partielle ou totale de la capacité à accomplir une activité dans des limites considérées comme normales. L'atteinte ne porte donc plus sur un organe ou un mécanisme physiologique ou psychologique mais sur des activités relevant largement de la vie quotidienne. Suivant la lésion, elle peut être temporaire ou permanente, stable ou évolutive. Il en existe neuf :

- incapacité de comportement,
- de communication,
- de la réalisation des soins corporels,
- de la locomotion,
- de la réalisation des tâches domestiques,
- de l'adresse dans les activités de la vie quotidienne,
- de l'aptitude à la vie professionnelle,
- de l'incapacité révélée dans certaines situations particulières
- ou restriction d'autres activités.

L'individu prend souvent conscience du changement dû à son incapacité par la modification de ses activités quotidiennes. Une déficience peut entraîner l'incapacité, certes d'agir, mais aussi une limitation de la capacité d'apprentissage, notamment chez les enfants. Ainsi, la survenue de la surdité totale chez l'adulte modifie le timbre de la voix mais la personne ne reste pas muette, alors que chez le nouveau-né, c'est tout le développement et la mise en place du langagc articulé qui se trouve compromis.

QUATRIÈME ÉTAPE : LE DÉSAVANTAGE OU LA CRÉATION DE HANDICAP PROPREMENT DIT

Le désavantage résulte d'une déficience entraînant une incapacité limitant ou interdisant l'accomplissement d'un rôle normal pour un individu donné. Ce ou ces rôles varient selon l'environnement, à la fois matériel, culturel, et personnel. Il en existe sept types identifiés : désavantage d'orientation, d'indépendance physique, de mobilité, d'occupation, d'intégration sociale, économique, enfin d'autres désavantages. Le désavantage ou la situation de handicap apparaît lorsqu'il y a une contradiction entre le statut et les possibilités de l'individu et ses aspirations propres ou celles du groupe dans lequel il se situe. Il est très dépendant de l'environnement car celui-ci conditionne l'expression du désavantage social et l'apparition de situations de handicap. Ainsi, de nombreuses personnes dites handicapées ne le sont que par rapport à quelques tâches dépendant également de l'environnement dans lequel elles sont. L'incapacité devient un handicap lorsque la personne sollicite la fonction qui a été atteinte. L'accomplissement d'un certain nombre d'activités est impossible, mais pas forcément toutes : une personne en fauteuil roulant est porteuse d'un handicap majeur quand elle doit monter ou descendre un escalier. Quand elle est devant son ordinateur ou qu'elle joue aux cartes, son handicap disparaît. Ainsi la maîtrise de l'environnement est un des éléments clé dans la maîtrise d'une situation de handicap. Cependant, la situation de handicap ne dépend pas exclusivement de l'environnement mais aussi de la façon dont une personne présentant une incapacité prend en compte ses propres limitations psychiques ou corporelles. Cette prise en compte individuelle est liée au vécu émotionnel de chaque individu ou de sa famille au regard des événements vécus. À déficience identique, la situation de handicap est très variable d'un individu à l'autre selon son projet de vie, son environnement, son pays, sa culture, etc.

La prévention du handicap : une maîtrise à niveaux variés

La maîtrise des handicaps s'appuie sur la connaissance, le diagnostic, le traitement et la prévention de chacune des étapes identifiées précédemment.

La maîtrise des lésions

L'objectif est de guérir la lésion ou d'en limiter les conséquences. Les lésions peuvent être génétiques ou acquises, accidentelles ou éventuelles. Le moment de leur survenue peut être anténatal (agénésie du développement, trisomie), postnatal (infirmité motrice cérébrale) ou tardive (la maladie d'Alzheimer ou le traumatisme crânien). Les lésions survenues dans le cadre du vieillissement naturel ne sont pas traitées ici.

LES LÉSIONS GÉNÉTIQUES

Pour maîtriser les lésions génétiques, il faut connaître le génome dans tous ses détails afin de comprendre les mécanismes régissant la maladie. Alors seulement, il sera envisageable de remplacer un gène défectueux par un gène sain. Actuellement, le développement des tests diagnostics permet souvent de détecter précocement de nombreuses lésions génétiques. Ces détections sont facilitées par l'information des médecins, la constitution de réseaux de soins et de prise en charge, l'identification des équipes soignantes et la concentration des moyens. Tout retard du diagnostic peut être source d'aggravation des séquelles. Une équipe américaine a montré que les nouveaux nés sourds dépistés avant le sixième mois et pris en charge aussitôt développent de meilleures possibilités linguistiques avec probablement une meilleure insertion sociale. Malgré le développement des techniques d'investigation fœtale, les possibilités thérapeutiques sont encore très restreintes pour les lésions anténatales. La maîtrise du handicap en anténatal se résume actuellement et pour quelques années encore à un choix éthique : l'interruption thérapeutique de grossesse ou non. Il y aura toujours un soupçon d'eugénisme pesant sur le diagnostic anténatal. De plus, les erreurs sont toujours possibles car le risque que l'enfant à naître soit handicapé n'est que potentiel : les diagnostics anténataux identifient une anomalie chromosomique qui ne permet en aucun cas d'identifier le retentissement de la lésion. Par ailleurs, la détection d'une anomalie anténatale fait émerger l'idée qu'il s'agit d'une souffrance à venir inutile et qui n'est pas encore irrémédiable. La tentation d'exiger des enfants de plus en plus conformes à ses propres normes est grande, comme le soulignent Dussard et D. Thévenin. La dérive vers un eugénisme collectif sous couvert d'une nouvelle politique sociale de prévention des handicaps serait à craindre. Parallèlement, les progrès de la recherche sur la cartographie du génome humain vont immanquablement créer de nouvelles attentes en matière de diagnostic anténatal ouvrant véritablement la voie à une médecine prédictive, c'est-à-dire capable de déceler les anomalies présentes et à venir par prédisposition génétique. La maîtrise du handicap dans cette approche axée sur la suppression des fœtus « anormaux » pose des problèmes éthiques majeurs dont la société devra débattre dans les prochaines années. La thérapie génique est la voie idéale de traitement des lésions postnatales. Plusieurs essais thérapeutiques sont en cours en France sur la mucoviscidose, les déficits immunitaires de l'enfant, certaines formes de cancer, etc. Les recherches actuelles suscitent l'espoir de maîtriser efficacement les lésions mais il faut rester prudent. Le traitement peut être symptomatique ou substitutif. La prévention des maladies génétiques s'appuie essentiellement sur le développement du conseil génique permettant d'éviter la survenue d'une anomalie génétique entraînant des lésions. Par exemple, il est possible pour des patients porteurs sains de l'hémophilie de connaître le risque d'avoir un enfant porteur d'une anomalie.

LES LÉSIONS ACQUISES

La connaissance épidémiologique des survenues des handicaps reste au niveau national un secteur pauvre et faible. Connaissance concernant le nombre, les conditions de survenue, la sociologie de tel ou tel handicap acquis est pourtant l'élément de base qui permet de développer des politiques efficaces en matière de prévention, de traitement et d'accompagnement. Ainsi, c'est en étudiant les lésions médullaires dans les traumatismes causés par les accidents de voiture que l'importance d'avoir des ceintures de sécurité à 3 points d'accroches a été révélée. L'identification de la survenue des accidents vasculaires cérébraux a permis d'identifier un certain nombre de facteurs de risque sur lesquels on pouvait agir. La prévention est individuelle et concerne l'hygiène de vie ou le comportement (la pratique de sport à risque, une conduite excessive). Collectivement, elle concerne les accidents du travail, les risques sanitaires (les infections nosocomiales), alimentaires (la « vache folle ») ou l'environnement (accidents domestiques chez l'enfant, stratégies de vaccination…). La prévention des handicaps acquis présente deux contraintes :

– une responsabilité partagée du citoyen au regard de sa propre situation et des autres ;

– une responsabilité collective de la société et des politiques au regard des choix et de l'enjeu économique.

Le traitement de la lésion relève du secteur sanitaire, c'est-à-dire des soins médicaux (médicamenteux, chirurgicaux) ou rééducatifs. Les programmes européens (dont Euro 10) montrent l'importance d'une politique adaptée, en particulier dans le développement de médicaments spécifiques aux maladies rares. La maîtrise s'appuie donc sur le développement de la recherche fondamentale et clinique. Les traitements ont pour objectif de limiter le nombre de personnes présentant des lésions, mais aussi la gravité de ces lésions (prise en charge des traumatisés crâniens).

La maîtrise des déficiences

COMPENSATION DE LA LÉSION PAR LE SURENTRAÎNEMENT

Les structures lésées sont remplacées grâce au rendement accru des éléments du système non lésé intervenant dans le même type de fonction. Ainsi, si 2 des 3 muscles nécessaires au fléchissement du coude sont perdus lors d'une lésion neurologique, il est possible de surentraîner le troisième pour retrouver une force normale.

COMPENSATION DE LA LÉSION PAR LE RÉENTRAÎNEMENT OU LA RÉORIENTATION

Il est possible de détourner des structures de leur première fonction vers de nouvelles tâches. Dans le cas de lésions centrales par exemple, les zones du cortex peuvent progressivement commander une zone qui ne leur est pas dévolue naturellement. Ainsi, plusieurs équipes américaines ont montré qu'après l'accident vasculaire cérébral, il arrive que des zones non détruites prennent le relais des zones lésées même si elles sont situées dans l'autre hémisphère cérébral. Autrement dit, notre cerveau est un organe qui ne cesse de bouger suivant les stimulations. La meilleure connaissance du cerveau et les possibilités de réentraînement permettent d'envisager des compensations et de maîtriser certaines déficiences. Lorsqu'un sens est totalement absent, la formation est amenée par un autre. C'est la transposition sensorielle. « Ce que je ne peux pas lire avec mes yeux sur un écran, je peux le lire avec mes doigts ou entendre. » « Si je suis aphasique, je peux néanmoins apprendre à parler. Je peux voir les résultats sonores de ma phonation comparés à ce qu'ils devraient être. »

COMPENSATION DE LA LÉSION PAR SUPPLÉANCE

Cette compensation se fait en mettant en œuvre de nouvelles stratégies : faire autrement, sans ou avec des aides humaines ou instrumentales. La suppléance interne peut être physiologique ou prothétique :

– le transfert chirurgical d'un tendon permet de suppléer une action déficiente comme la réanimation de la main d'un patient tétraplégique afin qu'il retrouve une fonction de préhension ;

– le remplacement d'une pièce d'une structure lésée par des prothèses articulaires (orthopédiques) ou sensorielles est une compensation ;

– la neurostimulation fait appel à des ordinateurs qui ressemblent un peu à des systèmes nerveux. Cette démarche est prothétique (les implants oculaires rétiniens) ou prototypique (locomotion assistée par ordinateur, stimulateur dans les racines sacrées pour l'incontinence urinaire). Dans le cas de la stimulation motrice, il faut stimuler directement certains groupes musculaires permettant ainsi de développer des fonctions. Dans ce programme « Lève-toi et marche paraplégique », un stimulateur sous-cutané est mis en place pour commander une dizaine de muscles. Il est piloté par un programme informatique et c'est la personne qui envoie les ordres. Le premier système de vision artificiel utilise une caméra miniature diffusant des images traitées par un ordinateur et stimulant des électrodes cérébrales disposées à la surface du cortex visuel. Celles-ci excitent des cellules corticales. Il s'agit d'une vision embryonnaire permettant de définir seulement des formes. La suppléance externe utilise des orthèses (dispositif aidant au fonctionnement d'un membre ou d'un organe gravement atteint) ou des prothèses ;

– les orthèses permettent de suppléer une structure en soutenant ou en stabilisant (corsets, releveurs du pied, appareillage à la marche) ;

– les prothèses correspondent au remplacement d'un élément : prothèse d'amputation, cœur artificiel. Bientôt, l'informatique permettra de mieux commander ces aides à distance.

La maîtrise des incapacités

La maîtrise de l'incapacité passe par l'élaboration d'aides assurant un projet de vie, à la fois professionnel, social et familial, tout en préservant une qualité de vie. Les aides peuvent être humaines ou techniques. Elles sont complémentaires, propres à chaque individu et elles évoluent en fonction du temps et des situations.

L'ÉVALUATION DES BESOINS ET DES AIDES

Les besoins et les aides sont spécifiques pour chaque individu en fonction de son projet (vouloir continuer à travailler dans l'informatique (pour un malvoyant) ou de l'environnement (difficulté pour le déficient moteur de se déplacer dans son appartement). Tous les professionnels de la rééducation doivent être impliqués dans une évaluation des besoins : médecins de médecine physique et de réadaptation, ergothérapeutes, neuropsychiatres, kinésithérapeutes, etc. Des grilles d'évaluation et de protocole doivent être mises en place, reproductibles entre les différents acteurs et permettant d'assurer le suivi et la continuité d'évaluation et de prise en charge, notamment entre le secteur hospitalier et le secteur médico-social. D'où l'importance d'un centre ressource par département, guichet unique donnant l'accès à la bonne information et évaluation.

L'ACCÈS AUX AIDES HUMAINES

Les aides humaines s'appuient sur les familles, les bénévoles et les professionnels (auxiliaires, aides soignants, etc.). L'enjeu est économique et se situe dans les capacités et les compétences de l'environnement. L'accès et la responsabilité plus importante donnée à l'entourage sont parmi les éléments clé de l'amélioration de l'autonomie des personnes en situation de handicap. Ainsi, l'ouverture des aspirations endotrachéales aux personnes non professionnelles impose la mise en place de dispositifs de formation sur les bonnes pratiques. Cette formation passe également par le développement des lieux d'information comme le développement de banques de données accessibles.

L'ACCÈS AUX AIDES TECHNIQUES

Connaître les aides existantes

Les aides techniques sont nombreuses, variées, et souvent dispersées. Le développement d'un produit provient souvent d'initiatives individuelles. Par ailleurs, le manque de relation entre le monde industriel et le monde du handicap rend difficile l'analyse des besoins qui permettrait d'industrialiser des produits spécifiques et de les utiliser plus largement. Le meilleur exemple est celui des synthèses vocales ou des visions oculaires qui sont développées dans le secteur militaire. L'évolution des nouvelles technologies de l'information, en particulier l'Internet, permettra de proposer bientôt de véritables bases de données permettant les contacts, les échanges et éventuellement la possibilité d'achats groupés.

Accéder au financement

Un débat récent avec les associations a identifié la difficulté d'accès aux aides techniques souvent coûteuses et, pour un certain nombre, pas ou peu remboursées. Pour dépenser moins et mieux, plusieurs aspects sont à débattre :

• Bien prescrire et bien utiliser : l'analyse des besoins, la mise en place de structures mutualisées, le développement des possibilités de location évitent les prescriptions inutiles et permettent de maîtriser au mieux l'utilisation des aides pour en faciliter l'accès au plus grand nombre.

• L'évolution des coûts des aides techniques : le caractère très spécifique des aides pour les personnes handicapées en fait des séries peu industrialisées et donc coûteuses alors que leur intérêt dépasse souvent le cadre du handicap. Toute personne présentant une incapacité temporaire ou définitive peut être intéressée. Cela ouvre le marché de l'incapacité (non pas de handicap) qui devient intéressant pour les industriels. Exemples : les commandes infrarouges, le développement des jeux électroniques dans le cadre de la rééducation neuropsychologique ont une utilisation potentiellement large.

Le champ des aides techniques

Les aides techniques simples sont des adaptations souvent évidentes d'outils de la vie quotidienne : le gros manche sur une fourchette, les bols avec anses. Les aides techniques sophistiquées utilisent l'électronique et l'informatique : les fauteuils roulants électriques, les robotiques, les contrôles de l'environnement, la domotique, l'informatique ou les téléthèses de communication (synthèse vocale). Les produits issus de la robotique comme les bras manipulateurs ou les stations de travail sont encore rares. Il s'agit le plus souvent de prototypes ou d'objets en début de commercialisation. La domotique concerne les systèmes destinés à l'environnement domestique ainsi que les solutions avancées pour les professionnels qui suivent à distance les personnes à domicile (télé-assistance). L'informatique peut intervenir aussi au niveau de :

– la suppléance par neuromimétisme. Prothétique, cette démarche porte déjà ses fruits (membre artificiel, implant) ou bien est en phase d'essai (locomotion assistée par ordinateur ; rétine artificielle dans une expérimentation s'inscrivant dans le cadre du projet européen IVIP Micro Système Base de Vision Prothésiste) ;

– la transposition sensorielle utilise d'autres sens pour pouvoir analyser une information. Exemple : audition/vision, lecture/toucher. La suppléance fonctionnelle quand un sens n'est que partiellement présent a pour but de présenter l'information sous une forme adéquate compte tenu de la capacité affaiblie de son traitement. Exemples : zoom électronique, zonotome, télé-agrandisseur, commande vocale, etc. Les commandes d'ordinateur par le regard (delta-vision) ont bouleversé la vie des grands handicapés en leur permettant d'« écrire » avec leurs yeux. Cela est possible en utilisant de manière amplifiée le train d'ondes lentes émis par le cerveau.

Les conséquences des aides techniques sur les rapports sociaux

Le développement des aides techniques entraîne une modification des rapports sociaux. En effet, l'amélioration de l'autonomie des personnes handicapées, grâce à la maîtrise des incapacités, leur permet une intégration qui les repositionne au cœur même de leurs projets. Cela modifie les rapports existant souvent entre les professionnels, l'environnement ou la famille et remet en question leur propre projet de vie pour la personne handicapée.

L'ENVIRONNEMENT ET LE REGARD DE LA SOCIÉTÉ

L'évolution du comportement collectif envers la personne handicapée est un élément majeur de la maîtrise. Nos valeurs se concentrent sur le bien portant, le productif, le beau et mènent à une logique normative qui ne reconnaît pas les apports au groupe des différences d'un individu handicapé. Elles favorisent ainsi sa marginalisation. Le changement du regard de la société passe par une volonté collective (politique, institutionnelle, sanitaire, médico-sociale) et le comportement individuel de chacun. Différents domaines d'action existent : l'orientation, la dépendance physique (aides sonores pour les malvoyants), la mobilité (politique d'accessibilité des lieux), l'occupation (accès aux activités culturelles ou sportives), l'intégration sociale (l'intégration scolaire), l'insertion professionnelle, l'aménagement des postes de travail, etc. Cette liste témoigne de la nécessité d'une préoccupation collective (réglementations nationales sur l'accessibilité par exemple) mais aussi d'une préoccupation individuelle (un architecte doit prévoir à son niveau le problème de l'accessibilité). Un individu handicapé est un citoyen comme un autre et il convient de lui reconnaître le droit d'être un acteur de la vie sociale, familiale, professionnelle et ce, quelle que soit sa spécificité (charte des droits de l'homme et charte européenne). Le reconnaître, c'est dépasser les représentations assimilant une personne handicapée à une personne peu performante. Connaître parfaitement les différentes incapacités existantes, c'est maîtriser les désavantages sociaux. Mais l'intégration à tout prix est limitée car elle pourrait aussi devenir un alibi pour confiner les personnes handicapées dans un environnement trop spécifique et marginalisant. De même, des adaptations forcées peuvent avoir des conséquences négatives pour les personnes ne présentant pas une incapacité notoire et sur lesquelles s'exercerait une certaine forme d'acharnement thérapeutique.

LE VÉCU ET LA PERCEPTION INDIVIDUELLE DE LA PERSONNE PRÉSENTANT UNE INCAPACITÉ

Le regard des autres peut être très positif ou négatif pour la personne présentant une incapacité en atténuant ou en affirmant ses limites. Une telle personne cherche auprès des autres la reconnaissance de ses capacités à être et à vivre à leurs côtés. Les mots, les attitudes, le regard peuvent la limiter dans ses possibilités ou même la marginaliser. Des études sociologiques montrent que, pour un même handicap (incapacité motrice), chaque personne porte un regard différent sur ses propres possibilités et s'accepte plus ou moins bien. La propre capacité de la personne à accepter, et à surmonter sa ou ses incapacités est très importante. L'annonce de la persistance d'une incapacité ne doit pas se résumer à une mauvaise nouvelle mais doit être suivie par l'annonce d'un accompagnement au long cours. C'est pour les professionnels de santé un enjeu considérable dans la maîtrise du handicap. En effet, les circonstances d'apparition et d'évolution du problème induisent directement la prise de conscience des réalités par chacun mais surtout leur acceptation, qu'il s'agisse d'un handicap congénital ou acquis. Les actions pour maîtriser le handicap doivent être le moins contraignantes possibles pour l'individu sinon leur lourdeur dans l'apprentissage contraint à l'abandon en raison de leurs conséquences physiques et psychologiques. Elles doivent être simples fonctionnellement, conformes aux cultures et aux comportements individuels et collectifs, et générer l'indépendance physique, mentale et relationnelle.

La maîtrise de l'évolution du handicap dans le temps

Un accompagnement attentif des personnes en situation de handicap est capital compte tenu de la variabilité de cette situation au cours du temps. Il faut par exemple prendre en compte les étapes de changement. Le passage de l'enfance à l'âge adulte modifie l'ensemble des acteurs intervenant autour de la personne handicapée. L'évolution devra passer par une coordination et une continuité dans la prise en charge, la personne handicapée adulte étant considérée comme vieillissante. Un travail considérable a été effectué dans ce sens en France, avec le soutien d'un certain nombre d'associations. Il faut aussi anticiper les modifications par un suivi régulier. Chez les enfants, il y a peu d'exclus ou de personnes marginalisées mais la majorité des adultes sont souvent dans des situations d'exclusion sociale. L'apparition de handicaps surajoutés souvent majeurs avec de grosses conséquences sanitaires entraîne de véritables ruptures dans leur autonomie. L'objectif est de leur proposer régulièrement de faire le point sur leur situation médicosociale et professionnelle.

La reproductibilité des évaluations passe par :

– la nécessité de règles du jeu communes à un temps 0 qui peuvent bien sûr évoluer ;

– la définition de domaines de bonnes pratiques ;

– l'acceptation par l'ensemble des intervenants d'une évaluation de leurs pratiques selon des critères de qualité de vie, les seuls permettant d'apprécier réellement la maîtrise du handicap. Les évaluations doivent pouvoir être reproductibles pour un individu donné en fonction des différentes étapes de sa vie ou des différents intervenants. Envisager des évaluations mettant au même niveau des groupes d'individus ayant des personnalités singulières et une façon de vivre leur incapacité très différente est illusoire.

Conclusion

La maîtrise du handicap est une affaire pluridisciplinaire. Elle ne se conçoit que par une mise en réseau des acteurs du milieu sanitaire, médico-social, professionnel ou éducatif. Le cloisonnement qui a prévalu historiquement n'a plus lieu d'être. Seule une approche pluridisciplinaire doit permettre de pouvoir répondre aux besoins spécifiques d'une personne handicapée. La maîtrise du handicap passe donc par une organisation coordonnée autour de la personne handicapée et non par des projets et des informations mal relayées. Elle génère des coûts importants mais s'appuie surtout sur notre capacité à écouter les personnes souhaitant réaliser leur projet de vie comme tout citoyen. C'est un enjeu de société, la qualité et la valeur d'une société s'exprimant surtout sur ses capacités à accepter la différence. La maîtrise du handicap, c'est donc aussi la maîtrise du regard de chacun d'entre nous vis-à-vis d'une personne dite handicapée.

Pouvoirs sur la vie, pouvoirs sur la mort, les rôles du droit

par MARIE-ANGÈLE HERMITTE

Sans pouvoirs techniques sur la vie et la mort, l'humanité avait inventé des cosmogonies et des rites pour se situer dans la confusion du monde vivant, mettre de l'ordre dans les filiations, l'union des sexes, donner un sens à la mort. Dans le monde occidental, le droit occupa une place à part dans cette activité d'ordonnancement, délimitant le licite et l'illicite, disant ce qui est personne et ce qui est chose, la nature du sauvage et du cultivé, les règles de la transmission successorale entre les générations. Peut-être ces fonctions d'organisation intellectuelle du monde étaient-elles d'autant plus essentielles que le pouvoir technique de transformation du monde était inexistant. Les choses se sont inversées aujourd'hui. Combien de temps prendra l'invention de rites autour de la transformation d'un embryon en lignées cellulaires à effet thérapeutique ? Nul ne le sait, et l'on s'y intéresse assez peu, mais tout le monde semble d'accord pour estimer qu'il faut du droit.

Du droit pour quoi faire ? Il s'agirait de permettre le progrès des sciences et des techniques, mais aussi de servir de « garde-fous » — un progrès pourrait-il être une folie ? —, d'assurer la « protection » des personnes — en danger du fait de la science ? À l'heure actuelle, le travail du législateur semble surtout destiné à assurer l'acceptabilité des techniques nouvelles en donnant des gages de leur bonne utilisation. La loi, conçue par les scientifiques, « s'adapte » assez bien à l'évolution technique du monde, alors que le droit ne joue pas le rôle d'« alerte et de résistance » qui pourrait être le sien. À l'inverse, avec beaucoup de difficultés, de retards et

Texte de la 86e conférence de l'Université de tous les savoirs donnée le 26 mars 2000.

d'arrière-pensées, le droit se réorganise peut-être pour appliquer au pouvoir de la technoscience — science, technologie, marché —, de nouvelles procédures qui tendraient à le faire entrer dans les règles classiques de l'« État de droit ».

Le droit s'adapte bien, résiste peu

Le droit est à l'évidence un « reflet » de l'*habitus* d'une société, d'où sa capacité à s'adapter à la marche du monde. Il est moins simple de comprendre que c'est aussi un « système autonome ». Il utilise des catégories qui lui sont propres et donnent de la réalité une image décalée — un animal devient ainsi un « actif immobilisable ». Ces qualifications souvent étranges ont deux particularités.

D'une part, si on les fait parler, elles disent quelque chose de la réalité et ont sur elle une influence. L'animal est un rouage d'un système de production du kilo vif, le gène humain breveté participe de la réduction du corps humain à du matériau biologique destiné à la production pharmaceutique.

Une deuxième particularité du système juridique est que, si les règles changent rapidement, l'architecture générale du système est très stable : pour un principe nouveau comme le principe de précaution, combien sont plusieurs fois séculaires, montrant la capacité du droit à tenir ensemble des règles quasiment invariantes, des règles valables pour la longue période et les règles propres aux temps présents. Ce faisant, il arbitre entre les demandes du temps présent et la valeur de l'expérience des temps passés, captive dans les catégories et les principes. C'est au titre de cette expérience que le droit pourrait servir de mécanisme d'alerte quand on l'accuse de retard : certaines adaptations ne changeant pas l'objectif poursuivi, on doit les intégrer sans hésitation : le vol reste le vol qu'il s'agisse d'une voiture ou d'émissions de télévision cryptées, — pourtant il faut effectivement un changement du code pénal. Mais parfois, l'adaptation demandée porte atteinte à un objectif qui est toujours reconnu comme légitime, il faut alors réfléchir à deux fois avant d'y porter atteinte. C'est ainsi qu'il existe un fort courant pour permettre aux personnes qui connaissent le résultat défavorable d'un test génétique, de décider de s'assurer en cachant le résultat à l'assureur. C'est contraire au principe de bonne foi et de symétrie d'information entre l'assureur et l'assuré, qui constituent des pierres angulaires du contrat d'assurance. Je donnerai donc trois exemples de cas où, pour répondre à l'exhortation d'adaptation, le droit a mal joué son rôle d'alerte et de résistance.

LA LOI SUR LES TRANSPLANTATIONS D'ORGANES AU PÉRIL DE LA LIBERTÉ DES FUNÉRAILLES

La transplantation prolonge la vie des uns en utilisant les corps morts des autres. Morts ? C'est bien là le premier problème : pour pouvoir prélever des *organes vivants sur une personne morte*, il a fallu changer les critères de la mort de manière à « dissocier la mort juridique de la personne », acquise par le constat de la mort cérébrale, de la « mort biologique des organes », plus tardive. Car, si cette personne est morte pour le droit, l'appareil technique de réanimation fait que ses poumons respirent et son cœur bat. Utiliser le corps des défunts, toucher au mort n'allait pas de soi et le législateur aurait dû prêter attention aux signaux que pouvait lui renvoyer l'ordre juridique. Il aurait alors trouvé le principe de liberté des funérailles qui laisse à chacun le droit de décider ce qu'il advient de sa dépouille mortelle. Ce principe mit près d'un siècle à s'imposer, entre le décret de prairial an XII et la loi de 1887. Il s'agissait de retirer à l'Église catholique la charge d'organiser la topographie des cimetières, inscription dans le sol lui-même des atteintes à la volonté des protestants, des juifs et des libres-penseurs. Le combat fut rude pour la conquête d'une liberté nouvelle, la liberté de conscience, et il montrait en creux l'importance accordée au sort du cadavre dans une société pourtant plus matérialiste, qui aurait pu se désintéresser de ce qui n'était plus qu'une nuisance, un déchet.

En 1976, le développement des transplantations d'organes obligea à admettre la nécessité de prélever sur des cadavres, ce que les médecins ne pouvaient pas faire en vertu du principe de liberté des funérailles. Lorsque le sénateur Caillavet imposa l'idée que toute personne n'ayant pas fait connaître de son vivant son opposition au prélèvement d'organes est censée y avoir consenti, un signal d'alerte aurait dû s'allumer. Après une période de silence, des familles signifièrent l'impossibilité d'accepter ces cadavres sans regards, vides d'organes, dépouillés de leur peau, et désormais démembrés. Elles mettaient à jour le combat des qualifications, cadavre qui perpétue quelque chose de la personne morte, bien commun de la famille, matériau thérapeutique ? Elles rappelaient le principe oublié.

LA BREVETABILITÉ DU VIVANT

Pour les biotechnologies, le pouvoir est dans les gènes qui « contraignent » cellules et êtres vivants à produire quelque chose de particulier. Pour avoir... le pouvoir sur le pouvoir, le plus simple était de breveter gènes et organismes. Le droit faisait obstacle car on ne brevetait pas d'organismes vivants.

Le droit des brevets prévoyait depuis le milieu du XIXe siècle d'exclure de la brevetabilité les découvertes et les produits de la nature, donc les êtres vivants. Les fondements de cette exclusion étaient peu argumentés : nature inappropriable, sacrée, hors du champ de la maîtrise humaine, difficulté à imaginer les agriculteurs payant une redevance à l'inventeur pour semer un grain de blé ou faire naître un veau. Puis il y eut la découverte des vitamines et des antibiotiques : on s'arrangea de l'exclusion des découvertes en déportant la question sur la brevetabilité des procédés microbiologiques qui ne choquait personne et couvrait automatiquement le produit obtenu, fût-il un être vivant. Les biotechnologies arrivèrent très vite, revendiquant et obtenant la brevetabilité des micro-organismes manipulés ou simplement isolés, des gènes, des cellules, des plantes et animaux transgéniques : il fallait séduire les investisseurs privés.

Entre la fin des années 1970 et la fin des années 1980, tout fut décidé, essentiellement par les offices de brevet, à la suite d'un arrêt de la Cour Suprême des États-Unis, de *facto* « législateur du monde », qui affirma que l'organisme manipulé ne relevait pas d'une œuvre de la nature mais d'une œuvre du breveté. Exit le substrat naturel. L'Europe suivit, concurrence oblige, et le principe devint obligatoire sur toute la planète par le biais de l'OMC (Organisation mondiale du commerce). Les conséquences furent multiples, concentration, privatisation des ressources génétiques, soumission de l'amélioration des plantes aux objectifs de l'industrie chimique. Sur le plan de l'imaginaire, le droit des brevets signifiait que, de son point de vue, les êtres vivants étaient des inventions assimilables aux corps chimiques, les gènes humains équivalents aux gènes des autres espèces, que les frontières entre le vivant et l'inerte et entre les différents règnes du vivant étaient abolies.

Avec une outrecuidance étonnante, le pouvoir politique prétend instituer le génome humain patrimoine commun de l'humanité. Or, le génome humain, simple concept, ne peut être breveté ! Tous les « gènes d'intérêt économique » le sont, eux, depuis la fin des années 1970. L'exclusion de la brevetabilité souhaitée par Clinton, Blair ou les rédacteurs de la déclaration de l'UNESCO sur le génome humain, ne porte que sur les séquences d'ADN dont on ne connaît pas la fonction et n'ont qu'un intérêt économique potentiel. La décision de ne pas les breveter à ce niveau n'a pour seul but que de dessiner un modèle de concurrence plutôt qu'un autre, c'est une ouverture à la concurrence sans aucun contenu éthique.

L'EMBRYON HUMAIN

L'histoire de l'embryon humain illustre une vieille ruse de la pensée juridique : qualifier un être de chose pour pouvoir l'utiliser comme une chose. Tel fut l'animal — machine de Descartes : « Mon opinion n'est pas si cruelle à l'égard des bêtes qu'elle n'est pieuse à l'égard des hommes affranchis des superstitions des pythagoriciens, car elle les absout du soupçon de faute chaque fois qu'ils mangent ou qu'ils tuent des animaux. » Un nouveau Descartes dirait qu'il ne s'agit pas tant d'être cruels à l'égard des embryons que pieux à l'égard des malades, et d'absoudre les malades du soupçon de faute chaque fois qu'ils utiliseront des médicaments tirés de lignées cellulaires embryonnaires. Car le projet du clonage dit non reproductif est bien d'utiliser des embryons humains pour en tirer des médicaments. Il ne s'agit pas de détruire des êtres humains mais de les transformer en choses, ce qui n'a pas le même sens.

Lors du vote de la loi de 1975 sur l'IVG (interruption volontaire de grossesse), le législateur avait pris une précaution de qualification, précisant que « l'être humain » est protégé par la loi dès le commencement de la vie, sauf dans l'hypothèse d'une interruption de grossesse réalisée dans les conditions légales. Cette dépénalisation confirmait que l'embryon n'était pas une personne juridique, lui reconnaissait la qualité « d'être » par opposition aux choses, le maintenant dans la communauté des humains, refusant l'idée d'une chose sous la puissance de la femme ; on était loin d'un projet industriel d'utilisation d'embryons à des fins thérapeutiques.

Cette qualification d'être humain fut reprise par les lois de 1994 sur la bioéthique, qui avaient le projet politique d'éviter la réification de l'embryon. Certaines dispositions le tiraient vers la chose, mais des choix fondamentaux le ramenaient vers le droit des personnes, — interdiction de le détruire par l'expérimentation, interdiction de l'utiliser à des fins industrielles et commerciales. C'est sur cette interdiction que le Comité consultatif national d'Éthique (CCNE) avis 53 et 54, le Conseil de l'ordre des médecins, le Conseil d'État, des rapports parlementaires, conseillent au législateur de revenir, dans le but d'expérimenter et de fabriquer des médicaments à partir de deux sources : les embryons *in vitro* abandonnés en cours de procréation artificielle. La volonté des « auteurs de l'embryon » serait alors toute-puissante, permettant d'en faire des enfants, d'ordonner leur destruction (ce qui reste dans une structure anthropologique de conflit entre humains), ou de permettre qu'ils soient transformés en choses. La seconde source, évoquée par le CCNE dans son avis 54, viendrait du clonage. Il s'agirait d'insérer le noyau d'une cellule somatique de l'adulte dans un ovocyte énucléé pour créer un embryon compatible, et de mettre en culture des populations de cellules dont la différenciation induite techniquement pourrait conduire à une utilisation comme médicament : le malade se voit proposer de créer son clone pour le transformer en médicament — qui refuserait ?

La loi anglaise a choisi de reconnaître un préembryon qui, pendant quatorze jours, n'est pas encore un être humain, le Conseil constitutionnel français a préparé le terrain en affirmant en 1994 que le « droit au respect » qui caractérise l'être humain dès la conception, ne s'applique pas aux embryons *in vitro*, ainsi exclus de la communauté des humains. L'objectif politique de non-réification de l'embryon, qui devait être porté par la catégorie juridique d'être humain, cède à la demande des scientifiques au nom du droit des malades à profiter du progrès thérapeutique — d'ailleurs discutable, d'autres voies de recherche étant disponibles. Le signal d'alerte n'est pas entendu.

Le droit et la démocratie des temps scientifiques et techniques

Si ces trois exemples montrent la défaite du droit, d'autres éléments sont plus encourageants. Le droit donne des solutions, mais participe aussi à l'organisation de la démocratie par la mise en place d'institutions, de procédures et de principes généraux. Le développement des sciences et des techniques métajuridiques semblait échapper à ce schéma, obéissant à ses propres règles. Ce n'est qu'au moment de la mise sur le marché des « produits » de la science, que se posait la question de leur usage et de l'intervention du droit. Mais à ce stade, on est pris dans un engrenage et les choix sont minces. Il faut les effectuer plus tôt, au cœur du dispositif scientifique, avant le marché. On rencontre alors le principe de la liberté de la recherche scientifique, la difficulté de statuer sur des effets qui n'existent pas encore ; on n'est pas dans la mécanique procédurale de démocratie. L'attention portée aux crises sanitaires et environnementales incite le public à remettre ce modèle en cause. La forme juridique de l'État de droit avait pour finalité d'apprivoiser le pouvoir de l'État, il devrait aujourd'hui en faire de même avec le pouvoir technoscientifique, gouvernement de la vie et de la mort devenues objets techniques.

LES INSTITUTIONS PROPRES AUX SCIENCES ET AUX TECHNIQUES ET LA QUESTION DE LA REPRÉSENTATION

Depuis la fin de la Deuxième Guerre mondiale essentiellement, le souci des dérives de la technoscience a conduit à la mise en place d'institutions spécifiques qu'il faut apprécier au regard des règles de fonctionnement de la démocratie.

Au sein de certains Parlements, des *offices parlementaires* ont été créés, où les parlementaires — donc les représentants du peuple — sont chargés de repérer et étudier les questions qui émergent et de donner des pistes de réflexion. C'est une instance de médiation entre science et politique, les parlementaires s'estimant eux-mêmes mal préparés à aborder ce genre de questions. Il est ainsi possible de se saisir des développements scientifiques en amont. Toutefois, l'Office se saisit plus souvent de situations de fait que de prospectives et son fonctionnement laisse à désirer, car il constitue pour les parlementaires de base un moyen de se décharger sur des collègues compétents, qui sont en fait trop souvent des professionnels du sujet traité, porteurs d'une vision sinon corporatiste, du moins peu originale.

Les « comités d'éthique » sont à l'extérieur du système politique, renouvelant le schéma du gouvernement des sages dont on peut se demander s'il a encore une pertinence dans une démocratie « active » — j'entends par là un système où la multiplication des associations tendrait à montrer que les citoyens souhaitent agir directement. Ils sont composés majoritairement de scientifiques et n'ont pas d'aptitude particulière à représenter le public ou l'intérêt général. S'ils ont une vocation à expliquer le développement scientifique, on ne voit pas quelle est leur légitimité pour aboutir à des recommandations « éthiques ».

Plus en aval, les « commissions d'experts » chargées de préparer les normes techniques constituent le système le plus ancien, le plus important, le moins organisé et le moins visible. Or, il n'est plus guère de produits qui n'entrent dans le cadre d'une normalisation. Interdire un produit comme les hormones bovines produit des effets directs non seulement sur la santé des hommes et des animaux, mais aussi sur la structure sociale des exploitations agricoles et l'aménagement du territoire. Accepter la mise sur le marché d'un produit chimique, fixer les normes de qualité des eaux de boisson implique d'accepter au nom du public un certain niveau de risque, dont le public n'a pas conscience. La normalisation technique est donc une activité politique confiée à des experts en dehors des règles de l'État de droit. Car, si la décision d'interdiction affecte la forme d'une directive, d'une loi, d'un décret ou d'un arrêté et rentre donc à ce titre dans le schéma de la démocratie — débat, contrôle de constitutionnalité ou de légalité —, l'expertise scientifique qui a précédé, échappe à toute règle conçue au regard des exigences de la démocratie, qu'il s'agisse du principe d'indépendance, du contradictoire, de la motivation, de la transparence, de l'information et de la participation du public. La question de leur responsabilité n'a même jamais été posée. La réorganisation de la sécurité sanitaire et environnementale commence à s'attaquer à tous ces défauts.

Les « conférences de citoyens », dont la première s'est tenue en France en 1998 à l'occasion de l'utilisation des OGM (organismes génétiquement modifiés) dans l'alimentation, constituent un nouvel élément de la construction institutionnelle : il s'agit de réintroduire des citoyens, leur donner plusieurs mois pour être formés, réfléchir et s'informer sur un problème réputé trop technique pour eux, leur permettre ensuite de convoquer les experts de leur choix et d'organiser un débat contradictoire avant de formuler des recommandations. Les conférences de citoyens n'ont pas vocation à prendre des décisions à la place du gouvernement ou du Parlement, mais à informer ces derniers du point de vue d'un panel de citoyens convenablement formés. On pourrait évoquer dans le même ordre d'idées la commission du débat public qui a vocation comme son nom l'indique à provoquer et organiser des débats au niveau national, mais elle ne semble pas avoir trouvé une audience, contrairement au Comité d'éthique.

On constate donc que le processus institutionnel ne répond guère à l'impératif de représentation du peuple, renvoyant celui-ci à des ONG qui ne sont pas forcément davantage représentatives même si elles ont le grand mérite d'assurer vigilance, contradiction et parfois contrôle sur le terrain.

L'ABSENCE DE PROCÉDURES DE DÉBAT PUBLIC

Le cœur de la démocratie est dans les procédures qui permettent d'organiser le débat et de donner une visibilité au processus de décision pour pouvoir en assurer le contrôle. Or, le processus d'expertise qui précède la décision politique et va lui donner son contenu, ne répond pas à ce schéma. Alors que le citoyen peut être informé des débats parlementaires, et que les textes réglementaires peuvent être contestés devant les juridictions administratives, il n'en va pas de même de l'expertise. Elle reste largement couverte par le secret professionnel. Depuis peu, un effort de transparence est fait, mais reste sommaire. L'indépendance des experts est rarement organisée de manière rigoureuse, si tant est que ce soit possible. L'idée que toute expertise doit être assurée de manière contradictoire en permettant à toutes les thèses, même marginales, de se faire entendre est encore une idée révolutionnaire. L'obligation de motivation qui devrait accompagner chaque affirmation, chaque parti finalement pris par la Commission n'est pas même envisagée. Les débats ne font pas l'objet de comptes rendus publics, ce qui interdit aux tiers de contester les résultats. Il n'y a ni débat public, ni participation, peu d'information, le secret professionnel couvrant cette phase de la procédure. C'est donc à la conciliation de ce secret et des droits du public qu'il faut travailler. Les débats sur le nucléaire et les biotechnologies ont permis de faire avancer considérablement ces idées mais elles sont loin de la mise en œuvre.

LES PRINCIPES GÉNÉRAUX DU DROIT DES SOCIÉTÉS SCIENTIFIQUES ET TECHNIQUES

La démocratie risque de n'être qu'une forme si elle reste une affaire d'institutions et de procédures détachées du contenu donné par les principes généraux du droit et les droits fondamentaux. Il n'est pas question de modifier les droits fondamentaux pour les adapter à la question des sciences et des techniques, mais le particularisme du pouvoir scientifique implique de leur adjoindre de nouveaux principes spécifiques. Je ne compterai pas parmi les principes spécifiques le droit à l'information et à la participation, qui existent mais commencent juste à être appliqués à la question des sciences et des techniques.

Le premier principe qu'il faut retravailler concerne « la liberté de la recherche scientifique ». Affirmée dans les constitutions récentes, généralement dans les pays qui ont connu un passé totalitaire, la liberté de la recherche scientifique reste ignorée du texte des constitutions plus anciennes, ce qui conduit les juges à la rattacher aux libertés d'expression, de pensée, à la liberté académique... Elle est traditionnellement perçue comme une liberté illimitée dans son principe — on ne peut pas arrêter la science, on ne doit pas limiter la connaissance —, il suffirait d'en réglementer les usages. Pourtant, l'expérience juridique apprend qu'il faut hiérarchiser les différentes libertés qui créent des impératifs contradictoires ou au moins concurrents, et que toute liberté s'exerce dans le cadre des lois en vigueur, autrement dit dans le cadre des choix politiques d'une société. Or, il n'existe aujourd'hui aucune entrave au choix des sujets et des directions de recherche — il n'en va pas de même évidemment des modalités de l'expérimentation, c'est une autre question. Autrement dit, le public n'est jamais appelé à dire s'il veut de la recherche sur les plantes transgéniques ou plutôt sur la sélection dite traditionnelle, sur une alimentation animale qui contienne des farines animales ou des végétaux, transgéniques ou non, sur un élevage extensif ou non, etc. Ce n'est que très récemment que sont apparus les premiers signes d'interdictions de certains objectifs de recherche, manipulations génétiques germinales ou clonage reproductif humain, et elles sont limitées au cadre européen. Toujours est-il qu'il y a là une voie qui permettrait d'associer le public à la définition de la fameuse « demande sociale » dont tous les instituts de recherche font état, pour légitimer leurs projets de recherche, alors qu'ils n'associent jamais le public à la définition de cette demande.

Le deuxième principe, si souvent agité aujourd'hui est le « principe de précaution ». Si l'on en reste à sa définition, il a une apparence modeste : en cas de menace grave (irréversible) pour l'environnement, il n'est pas nécessaire de disposer de toutes les preuves scientifiques pour commencer à agir. C'est en fait une vraie révolution dans la gestion des conséquences de la technologie par le pouvoir politique et dans la culture du risque de notre société. En effet, jusqu'à maintenant, la libre entreprise conduisait à mettre sur le marché des produits sans obligation de se préoccuper de leurs conséquences. En cas de dommage, on en recherchait les causes et il était alors possible de mettre en place une politique de prévention de risques avérés. La multiplication de dommages qui ne deviennent visibles que de longues années après l'utilisation du produit qui les a causés, l'ampleur des risques comme les pollutions transfrontières, les dommages épidémiques, l'atteinte éventuelle au climat, ont conduit à l'idée que l'ampleur des dommages liés à la puissance et la mondialisation des technologies interdisaient d'en rester à la mise en place de politiques de prévention postérieures au dommage sous prétexte d'attendre que toutes les explications scientifiques soient avérées. Ici encore, c'est en amont que l'on essaie de se situer en travaillant sur la période d'incertitude scientifique. Or cela change radicalement le rapport de la politique à la science, d'une manière qui a d'ailleurs été mal comprise par les politiques. La science prenant acte de son incertitude, rend toute son autonomie au politique ; d'un résultat avéré et donc indiscutable au sens propre du terme, on passe à des scénarios fondés sur des hypothèses ayant plus ou moins de vraisemblance dont il est possible de débattre. Dans de telles situations, c'est au politique de définir le niveau d'acceptation des risques, et surtout le type de risque que la société veut courir, le type de bénéfice pour lequel elle est prête à courir des risques.

Conclusion

En l'état des nouveaux pouvoirs techniques sur la vie et sur la mort, on ne peut que terminer par un constat désabusé.

Le droit ne joue pas vraiment son rôle, car cette science des limites s'est mise au service de la revendication par un sujet tout-puissant de droits fondés sur des désirs et des besoins, par essence illimités. La technologie et le marché, qui sont des instances de satisfaction, mais aussi de fabrication des besoins, sont eux-mêmes illimités. Après avoir transformé la nature en « technonature » avec les avantages et les inconvénients que l'on connaît, le droit de la technoscience permet au sujet humain de se reconstruire en objet technique. Il lui faut pour cela des matériaux disponibles. La personne est donc désormais sujet et objet, ce qui reconstitue la structure mentale de l'esclavage. Ce mouvement réalisé jusqu'à maintenant sans contrôle est l'objet d'une revendication d'organisation politique suivant les règles d'une démocratie adaptée au pouvoir technologique, seule à même de reconstituer des limites.

VIII

SANTÉ, INDUSTRIE ET SOLIDARITÉ

Le médecin et ses malades — le malade et ses médecins

par Didier Sicard

Nous sommes à une étrange période, un pied dans la médecine du XXe, un pied dans celle du XXIe. Le XXe siècle a fasciné l'humanité par les progrès cognitifs et thérapeutiques, source d'une déshumanisation croissante de la médecine. L'aube du XXIe siècle faisant basculer la médecine du corps dans une médecine moléculaire et de plus en plus technique et divinatoire fait prendre conscience de l'abîme qui peut exister entre la recherche et une plainte. Tentons d'y voir plus clair :

Quel est le corps que rencontre en effet le clinicien contemporain ?

Un « je », comme dirait J.-L. Nancy, de plus en plus étroitement serré dans un créneau de paramètres et de possibilités techniques.

Un corps de plus en plus produit par la science et la technique ; alors que ce corps continue d'exister, de parler, d'éprouver, de souffrir, de jouir. Comme s'il y avait un corps intime et un corps médicalisé, extériorisé. Et ce corps parlant étrangement parle, de façon de plus en plus équivoque, soit parce qu'il parle de lui en termes apparemment confus, et donc de plus en plus mal accueillis par la médecine (ma fatigue, mes vertiges, ma boulimie, mon insomnie), soit parce qu'il parle de lui en termes pseudo-objectifs, en corps éclaté, en corps mime de la science. C'est ainsi que les malades parlent de plus en plus de leur corps, en termes de « mon scanner », « mon échographie », « mon cholestérol », « mon PSA », « ma mammo », et non plus « mon cerveau », « mes habitudes de vie », « mes jambes », « mes seins », « mon foie ».

Texte de la 87e conférence de l'Université de tous les savoirs donnée le 27 mars 2000.

L'imagerie et la biologie contemporaine n'offrent, dans le premier cas, qu'une réponse décevante à une plainte considérée comme confuse, et d'autant plus décevante que la plainte somatique est à même d'être mieux entendue que la souffrance psychique et, dans le deuxième cas, piège le malade dans un imaginaire mécaniste et instrumenté. Les exemples sont nombreux :

– « Dans la première situation », fatigue, vertiges, migraines, bouffées de chaleur, flatulence sont inaccessibles aux chiffres et aux images, car la vraie nature du corps, sa dimension physique irréductible à l'organique est exclue de la connaissance scientifique. Le renvoi à la sphère psychique de la dépression cachée qui se manifesterait par des symptômes dits somatiques est le plus souvent jugé comme insupportable ou dévalorisant. Les mots eux-mêmes sont valorisants ou dévalorisants. Ainsi, neurasthénie a été remplacée par le syndrome de fatigue chronique mieux accepté, hystérie par la spasmophilie ou la fibromyalgie.

– « Dans le deuxième cas », les images « d'atrophie cérébrale » si bouleversantes pour celui qui lit son compte rendu, « l'épine calcanéenne » si métaphoriquement douloureuse, l'image de « kyste du foie » si inquiétante, créent une nouvelle réalité, qui se superpose et entraîne une souffrance liée à cette mise à distance du corps.

Tout cela n'aurait pas d'importance si la perte de confiance dans les symptômes et dans l'examen clinique ne finissait pas par transformer l'acte médical en une succession d'investigations, certes parfois extrêmement utiles, mais bien souvent dénuées de tout intérêt. Avoir les jambes qui gonflent et demander un échodoppler « pour voir la circulation » ou avoir l'intestin qui flatule ou qui gargouille et solliciter une coloscopie pour savoir s'il n'y a pas un cancer ou un polype n'a pas de sens. Il y a une sorte de report sur la technologie médicale d'une demande de vérité du corps, comme si cette vérité était la seule qui puisse rassurer. La confusion, s'installe progressivement entre une médecine de dépistage parfois très utile (diabète, hypertension, sérologie virale d'hépatite ou du VIH, etc.) et une médecine d'imagerie endoscopique ou échographique, par scanner ou par IRM, le plus souvent vaine en l'absence de signes d'orientation suffisant. Ce n'est pas parce que l'on va découvrir un cancer du rein lors d'une échographie systématique demandée chez un sujet anxieux qu'il faudra sans cesse demander à l'humanité de passer une échographie annuelle. Ou si l'on demande à l'humanité de le faire, cela veut dire qu'il faut investir dans une consommation médicale de plus en plus considérable et illimitée car le lendemain d'une échographie normale, une image anormale peut apparaître et cela voudrait dire qu'il faut une échographie systématique trimestrielle... Cela n'a pas de sens. Ainsi on exprime sa souffrance en termes « techniques » et non plus en termes de vécu, sinon on n'est pas entendu. La confiance dans le corps est reportée sur les examens. Les extrêmes de cette conception étant le *check up* et les situations où le corps parle et où la machine ne dit rien comme par exemple la maladie coronarienne et l'électrocardiogramme normal.

La deuxième ambiguïté reliée à la première est l'illusion que « c'est la médecine qui crée la santé ». Elle y a contribué, c'est un lieu commun, je n'insiste pas (antibiotiques, thérapeutique hormonale, chimiothérapie, chimiothérapie antirétrovirale, chirurgie de greffes, etc.) mais la médecine a fini par s'installer au cœur de nos préoccupations comme une « fin en soi » et non comme un moyen d'assumer sa vie. Avoir, acquérir ou maintenir une bonne santé est devenu un objectif d'appropriation, alors qu'être en bonne santé, le demeurer, respecter son corps sont autant de conceptions désuètes. Comme si la personne était réductible à l'évaluation de sa qualité de vie, de ses normes paramétriques, à des rapports de production, des rapports économiques. La médecine s'intéresse de façon croissante à une meilleure adaptation au travail par la recherche des meilleurs profils génétiques pour obtenir une meilleure rentabilité. Ainsi, recherche-t-on les gènes prédisposant ou exerçant une protection vis-à-vis d'agresseurs naturels (polluants) ou chimiques, etc. Cela signifie que la médecine intervient dans le champ de la productivité du corps pour qu'il puisse s'adapter à une demande économique. Or, ce qui change réellement dans le fait d'être en bonne santé, c'est plus les bonnes conditions de vie, sans agression de l'environnement excessif, sans consommation excessive de drogue, qu'il s'agisse de l'alcool, de tabac ou de stupéfiants, de vie moins sensible au stress pour diminuer la consommation de tranquillisants, plutôt que les antibiotiques, la greffe, ou la recherche de tel ou tel gène, ou la recherche incessante de telle ou telle tumeur.

Ainsi être en bonne santé dépasse largement les champs de la médecine qui doit rester un recours et ne pas être au centre de la vie.

Le troisième point est la notion de « performance » médicale ou chirurgicale. Sans cesse, la médecine recule ses limites, permet des maternités de plus en plus artificielles, envisage de créer des embryons destinés non seulement à la recherche mais à la thérapeutique des adultes, est fascinée par les exploits des obstétriciens mettant au monde des prématurés de plus en plus jeunes et au poids de plus en plus faible, s'intéresse à des greffes de plus en plus spectaculaires, (greffe de bras, greffe en domino, greffe de pancréas, bientôt greffe de rétine), en pensant que cette performance médicale ou chirurgicale ne se fonde pas sur le désastre ; or, il est évident que la prématurité croissante aboutissant à des naissances est responsable d'un nombre de handicaps sinon croissant au moins stable ; la recherche génétique, fascinée par elle-même et par sa curiosité inlassable de découvrir de nouveaux gènes, n'est pas toujours consciente de l'écart qui la sépare d'une vraie thérapeutique et pas toujours consciente de l'angoisse suscitée par le risque incertain d'apparition d'une maladie dans un délai toujours inconnu. Comment gérer en effet l'annonce que l'on est porteur d'un gène de la mort subite, d'un diabète insulinodépendant ou d'une maladie neurologique de type démentiel sans savoir exactement sa date d'apparition ni la façon de s'en protéger. La contradiction croissante entre le maniement de paramètres de prédiction (par exemple : le risque cardio-vasculaire absolu) et la désinvolture avec laquelle les citoyens continuent de fumer, de boire, de manger, d'avoir une conduite sexuelle à risque en dit long sur l'incapacité de l'humain de s'adapter à des conduites raisonnables. La recherche médicale ne doit pas au nom de ses valeurs propres être indifférente aux conséquences que cela peut inscrire dans le temps à vivre.

Le quatrième point est le « changement de société », apparent qui récuse le paternalisme au nom d'un pouvoir médical qui était fondé sur la compassion et la connaissance scientifique, héritier de cette période où le médecin savait tout et le malade quasiment rien, changement de société qui met en avant le « droit », la liberté du malade. Cette revendication légitime est liée à l'extériorisation du corps sur des images ou des chiffres, que le malade veut s'approprier puisque son identité repose plus sur ces chiffres que sur lui-même. Il n'y a en effet, aucune raison de ne pas communiquer à celui qui souffre la totalité des éléments de son dossier. Il est dans ce domaine en effet le premier intéressé. La question est de savoir si cette revendication ne serait pas une sorte de victoire à la Pyrrhus, aboutissant à ce que le dossier médical gardé par l'hôpital ou par le médecin libéral protège éventuellement le malade d'avoir à dire exactement aux autres ce qu'il a, car il ne pourra pas éluder les questions aux prétextes que la médecine comme d'habitude ne lui a rien dit. Ce confort paradoxal peut être détruit ou mis en pièce par le fait que tout malade a désormais droit à l'ensemble de son dossier. Et chaque malade dûment informé devra rendre des comptes aux autres. Dans l'ensemble, le futur ira vers cet accès direct au dossier médical comme une évidence. Mais il faut ne pas perdre de vue que le paternalisme n'était pas uniquement la protection du médecin mais aussi le protecteur de la personne, parfois à son insu. Le médecin s'identifie souvent à l'angoisse potentielle de celui qu'il soigne et ne veut pas le confronter à un avenir quelquefois plus sombre que celui que le malade envisage. Le droit du malade n'est pas non plus relié toujours à une exigence claire, formalisée d'une demande qui réponde à un besoin, il s'agit aussi d'un désir parfois pour un objet obscur dont la médecine ne détient pas la clé. Une réponse technique à cette demande d'accès direct sans accueil ni écoute de cette souffrance sera alors inefficace et aboutit au contraire à une violence supplémentaire.

Ce serait encore simple, si la demande d'un besoin et d'un désir était clairement identifiée ; or, il y a souvent un tressage permanent des deux ; ainsi le malade atteint de sida qui veut être moins fatigué demande une aide psychologique pour gérer l'angoisse existentielle de sa maladie, celui qui est fatigué « nerveusement » voudrait parfois avoir une bonne maladie clairement identifiée (par exemple un cancer) pour pouvoir se débarrasser du caractère flou et imprécis des symptômes.

La cinquième question concerne « l'écart » entre les informations données par l'Internet, les serveurs grands publics et les annonces journalistiques, l'effet cinéma de la médecine (*Urgences*) et la médecine quotidienne ; l'exigence juridique, obligeant à informer de tous les ennuis et complications graves qui peuvent survenir lors de tel ou tel examen finit par donner l'illusion d'un monde de connaissance pétri de certitudes, de découvertes fracassantes immédiatement utilisables. L'écart entre cette information tous azimuts et la disparition de l'écoute est croissant ; comme si être informé disait quelque chose du corps souffrant alors que le malade a le désir d'être certes entendu mais surtout écouté dans sa plainte si personnelle. Comment ne pas être bouleversé par cette rencontre récente avec une malade à la fin de sa vie que j'écoutais en silence me raconter sa souffrance et qui après une vingtaine de minutes me dit « docteur, on ne m'a jamais aussi bien expliqué ma maladie », alors que je n'avais quasiment rien dit. On voit alors le danger d'un discours dont la subjectivité disparue, remplacée par des mots techniques d'emprunt, crée une sorte d'écart entre une réalité du corps et une médecine de plus en plus virtuelle.

Le « secret médical » est simultanément une valeur considérée comme intransgressable et pourtant la société passe son temps à le mettre à mal. Il y a en effet une volonté de transparence et en même temps une volonté de secret : ces termes sont apparemment contradictoires « je veux tout savoir de l'autre, mais je veux qu'on ne sache rien de moi ». Cette conception si naturelle se retrouve dans le désir des familles des malades de tout savoir pour aider le malade, alors que le malade préfère souvent être informé lui seul, avant tout, en dehors des cas bien sûr, où il est sans connaissance. Il n'y a pas de plus grande rupture que cet écart entre une famille qui sait tout, à laquelle on a tout livré, et le malade entretenu dans une illusion parfois trompeuse.

Le secret médical passe avant tout par la communication avec le malade lui-même qui peut dire à son entourage ce dont il a envie. Hors de cet échange, rien, le mur du silence doit être construit ; c'est difficile, car toujours en contradiction avec les intérêts, la curiosité ou la compassion de la société. Le secret médical est une des rares protections de la personne vis-à-vis de la prégnance croissante de la société. C'est une valeur à respecter, même si elle apparaît parfois par son respect même comme agressive vis-à-vis du groupe. Ce secret justifie encore plus que l'on s'approche du sujet malade.

Car le secret en effet n'est pas opposable au malade, c'est pourquoi il a droit à la vérité. Je ne crois pas à un concept de vérité

« utile » ou de vérité « contestable » comme s'il y avait une sorte de code opportuniste à géométrie variable qui est peut-être le comble de ce que l'on reproche au paternalisme médical. Notre angoisse n'est pas nécessairement celle du malade, que ce soit en deçà ou au-delà. Dire la vérité à un malade, ce n'est pas le tuer une seconde fois en lui fermant tout espoir, c'est le respecter ; et la complexité de cette question peut être lue comme la condition même du dialogue, au cœur de la relation de soin pour le rétablissement de l'unité. Comment mettre en effet en commun avec un patient, voire avec ses proches un savoir, qui porte un tel excès de signification qu'il en devient insupportable, voir inhumain ? Ce savoir échappe en effet au moment même où il est énoncé et c'est parce qu'il échappe que doit « s'instituer un espace d'accueil dynamique » qui, plutôt que de s'interroger sur le point de savoir s'il faut ou non restituer l'information, s'interroge « selon quelles modalités, en fonction de quels objectifs visés ». Le point important est que l'annonce s'inscrit certes dans l'instant mais aussi dans la « continuité » d'une rencontre. Sa gestion doit être aussi bien dans l'instant qu'au long cours. Elle est une modalité de l'accompagnement comme un « signe de présence humaine au service de la personne et de ses proches ». Un malade ne peut être confronté à un diagnostic froid, il doit être confronté à sa vérité dans un accompagnement permanent dans un projet qu'il soit thérapeutique ou qu'il soit palliatif. En soi, la vérité n'a de signification, de pertinence, qu'inscrite, intégrée, vécue, et partagée à travers une relation maintenue toujours possible et porteuse de projets. Respecter la vérité du malade c'est lui permettre de la vivre selon son attente ; c'est pourquoi informer, c'est restaurer l'autre dans son sentiment d'être toujours respectable.

Médecine individuelle, médecine collective

Un conflit se dessine entre la revendication de chacun à vivre librement et en toute responsabilité sa protection individuelle et les exigences d'une solidarité collective, d'un intérêt général qui cherche à dégager les priorités dont la première est le bon usage des fonds publics. Où est la frontière entre la liberté individuelle et la responsabilité collective ? État, professionnels de santé, et citoyens passent leur temps à osciller entre ces deux pôles.

L'exigence sécuritaire croissante de l'État apparaît comme un problème de responsabilité politique, devenu récemment juridique. Peu importe le coût, le tout est de ne pas encourir de reproches (on l'a vu pour la généralisation hâtive de la vaccination contre l'hépatite B, des exigences parfois excessives de matériel à usage unique, etc.). Vu du côté du consommateur de soins, il s'agit d'une revendication croissante d'un risque nul pour soi, quelles qu'en soient les conséquences financières pour les autres, avec la confusion entre cette exigence pour soi, qu'il s'agisse de prévention ou de curatif, et la santé publique au sens de la communauté. C'est pourquoi les médecins qui sont soumis aux triples pressions des malades demandeurs, de la justice, et de l'État, qui demande simultanément une réduction des coûts et une sécurité maximum, finissent par privilégier la relation individuelle dans l'indifférence des conséquences pour le plus grand nombre. Dans ce domaine, l'absence de débat démocratique sur les choix de santé est assez grave. Les États généraux de la santé ont montré qu'en l'absence d'information réelle, les choix sont bien sûr, extrêmement difficiles ; ce sont plus les professionnels qui, d'eux-mêmes, fixent de nouvelles priorités, plus en fonction des progrès de la médecine technique que des besoins réels. Or, dans ce domaine, l'absence d'évaluation des pratiques désuètes, des rapports bénéfices/coûts, bénéfices/risques et bénéfices/efficacité dans notre pays me paraît poser un problème majeur, dans la mesure où les discours réitérés réclament sans cesse des moyens nouveaux, sans s'interroger sur leur capacité à réfléchir sur la finalité des soins. C'est ainsi que les discours scientifiques sur la médecine prédictive, la médecine de prévention, chacune plaidant pour elle au nom de l'éthique médicale, du bonheur de l'humanité, finissent par créer une exigence apparemment légitime, en fait souvent discutable.

C'est pourquoi soigner l'autre sous le regard du tiers, et le tiers c'est l'État, est pour moi l'enjeu majeur du futur ; c'est la seule façon de protéger un système coûteux mais qui demeure efficace. Aucune entreprise ne peut laisser à ses mandataires le soin d'agir selon leur seule conscience ou compétence. Gardons-nous d'une médecine qui ne travaillerait que pour elle-même. Engageons notre responsabilité vis-à-vis de l'autre dans sa singularité infiniment renouvelée.

Je terminerai par la médecine palliative. Qu'y a-t-il de plus désespérés, de plus démunis que ceux qui terminent leur vie à domicile ou dans un hôpital ? L'espoir peut certes, demeurer mais l'affrontement d'une fin qui ne peut être indéfiniment retardée est la justification profonde des soins palliatifs. Les soins palliatifs, ce ne sont pas les soins destinés à un malade agonisant, ce sont des soins destinés à un malade dont on peut penser que ses chances de guérison sont faibles, voire nulles. On peut dire que toute la médecine est palliative car elle n'empêchera jamais la mort ; mais lorsqu'une maladie bien identifiée ne peut être traitée, et cela reste le cas d'un grand nombre de maladies, les soins palliatifs sont une approche de l'homme sinon nouvelle tout au moins qui change la nature de la relation thérapeutique. Attentive aux symptômes, à la personne, à son angoisse, à son confort, cette médecine de la personne tente de maintenir à tout prix une relation entre le malade et son entourage. La question peut cependant quelquefois être posée, même si elle est choquante, des limites de la médecine palliative ; la liberté du malade passe peut-être aussi par le souhait d'en finir, de cesser les soins. La médecine palliative est au cœur de la relation entre un médecin et un malade ; et je terminerai par ce point car cette relation a changé. Le médecin a perdu de son caractère totipotent, les patients sont de moins en moins « patients » et un autre type de relation est en train de s'installer. Il ne faudra pas que cette relation se fasse dans un climat conflictuel, les malades revendiquant une sorte de droit à être guéris ou à être informés sans cesse, même des hésitations des médecins, et les médecins considérant comme une intrusion le droit de savoir des malades. La médecine du futur est une médecine de confiance ; les malades auront de plus en plus accès à des choix complexes obtenus par multimédia, les médecins devenant alors des conseillers d'orientation. Il est étrange que le modèle « biomédical » ait à peu près confisqué jusqu'ici la totalité de la relation ; le modèle ne s'épuise pas mais il engendre une demande de plus en plus extérieure au malade ; alors que la souffrance des êtres humains n'a guère changé au fil du temps. Les malades demandent que leur médecin les écoute ; l'angoisse de la vie, du temps présent ne peut alors qu'encourager au recours à des médecines dites parallèles, souvent coûteuses, qui témoignent simplement du désir de maîtriser l'environnement scientifique de la médecine, d'avoir autorité sur les traitements. Les médecins aussi se traitent par l'homéopathie, même s'ils n'y croient pas pour les autres, ils se traitent aussi par l'acupuncture, ils ont recours à l'astrologie. Étrange monde que cette juxtaposition permanente des données les plus rationnelles les plus scientifiques et celles relevant d'un imaginaire toujours plus riche. Ben Said disait que les « médecins avaient réussi à réintroduire un semblant d'éternité dans l'éphémère ».

Il ne faudrait pas que cette illusion dangereuse fasse perdre l'essentiel de la vie qui est la conscience de sa fragilité et l'affrontement lucide de la mort.

« Isoler la mort de la vie, ne pas laisser l'une intimement pressée dans l'autre, chacune faisant intrusion aux cœurs de l'autre, voilà ce qu'il ne faut jamais faire » (J.-L. Nancy *L'intrus*, 2000).

L'hôpital et son avenir

par Guy Bernfeld

Le concept d'hôpital

La notion d'hôpital est difficile à cerner. Le terme désigne au départ une maison destinée à recevoir les malheureux touchés par l'âge, la maladie ou les infirmités. Cette hospitalité se diffuse au Moyen Âge en Europe occidentale avec le christianisme et les grands ordres monastiques. Sous la monarchie, ont été désignés du nom d'hôpitaux généraux les Établissements où étaient enfermés, sur ordre de la police, les mendiants, les vagabonds et les femmes de mauvaise vie.

La Révolution française remplaça ce terme par le vocable Hospice — la notion de bienfaisance se substitue à celle de charité — ; puis au cours du XIXe siècle, de nouveaux termes voient le jour : asiles, centres, maisons de retraites. Mais une certaine conception de l'humanité, de la préservation de la personne malade constitue une valeur d'abord caritative puis de solidarité qui traverse le temps.

L'hôpital est un recours. Dès sa plus lointaine origine, il est à la fois sur le plan moral, un lieu vénérable, et sur le plan social et institutionnel, un lieu religieux donc sacralisé. L'hôpital, d'asile pour la pauvreté, devient progressivement le pivot de l'organisation sanitaire. La loi de 1941 qui ouvre l'hôpital à toutes les catégories de population et la création de la Sécurité sociale (1945) qui lui apporte des moyens importants, annonce une ère nouvelle. L'hôpital est un lieu urbain. En effet, la plupart de nos Hôtel-Dieu

Texte de la 88e conférence de l'Université de tous les savoirs donnée le 28 mars 2000.

trouvent leur origine dans une *Domus Dei* épiscopale. L'hôpital peut être un lieu de relégation. La première manifestation en fut la multiplication des léproseries dont le déclin remonte au XVe siècle. Sous Louis XIII, l'enfermement des pauvres dans les hôpitaux généraux constitue pour la monarchie la solution aux problèmes d'assistance et de police des pauvres. L'hôpital est un lieu médical. La structure hospitalière de la France peut se lire de trois façons : dans sa réalité ancienne, dominée par le souci d'une charité indifférenciée, dans sa réalité profonde du XVIIIe siècle, marquée par son rôle de protection sociale, dans sa réalité à venir et qui prend déjà corps : celle de garant de la santé nationale.

L'hôpital est un lieu de savoir. À l'époque révolutionnaire apparaît la conception nouvelle de l'hôpital comme centre des soins délicats et d'enseignement de haut niveau, conception confortée également par la création des pharmacies hospitalières. L'externat puis l'internat des Hôpitaux de Paris créés en 1802 par Chaptal donnent accès aux premiers grades de la hiérarchie hospitalière. « Ouvrez quelques cadavres, écrit Bichat, vous verrez aussitôt disparaître l'obscurité que jamais la seule observation n'aurait pu dissiper. » L'hôpital qui, seul, permet l'acquisition en un même lieu de la clinique, science médicale placée en face du lit du malade, et de l'anatomie pathologique, devient l'espace privilégié du développement de la médecine et de son enseignement. Cela sera consacré avec les ordonnances du 30 novembre 1958 sur la Réforme hospitalo-universitaire. Les centres hospitalo-universitaires (CHU) sont dotés d'une mission officielle de recherche au même titre que celles d'enseignement et de soins. La réforme Debré officialise ainsi l'égalité voulue entre les deux types d'enseignements : cliniciens et fondamentalistes.

L'hôpital est un lieu de pouvoir et de lutte :

– entre les religieux et les laïcs pour la prise en charge administrative des hôpitaux dès le Moyen Âge et surtout à la Renaissance ;

– entre le caractère social et médical ;

– entre l'hospitalisation et d'autres formes d'organisations des soins ;

– entre spécialités.

L'hôpital et son environnement

L'hospitalisation publique couvre en France plus de 4 % de la richesse nationale et emploie plus de 4 % de la population active. L'hôpital public, ce sont aujourd'hui 2 500 Établissements et 850 000 salariés. Chaque jour, en France, 250 000 personnes sont accueillies à l'hôpital ou en clinique, dont 200 000 pour les seuls hôpitaux, 20 000 interventions chirurgicales ou exploratoires sont réalisées dans les blocs opératoires et près de 17 000 diagnostics ou traitements sont pratiqués sur le parc d'équipements lourds. Faut-il rappeler qu'il y a chaque année 10 millions de passages aux urgences, dont les neuf dixièmes à l'hôpital public.

SUR LE PLAN ARCHITECTURAL — UNE ÉVOLUTION RADICALE EN TROIS SIÈCLES, TANT EN MATIÈRE D'URBANISME QU'EN MATIÈRE DE CONCEPTION DU BÂTI

On ne peut aborder la problématique de la conception des ouvrages et leur relation avec la ville, sans tenir compte de la situation démographique et sanitaire. En 2040, la population française comportera environ 30 % de personnes de plus de 60 ans. Cette population qui croît subit souvent des maladies polypathologiques, évolutives, atteignant souvent les fonctions intellectuelles. Les soins gériatriques doivent donc traiter à la fois de problèmes médicaux et psychologiques. Ce simple fait aura beaucoup de conséquences sur la conception de l'hôpital, et sur sa place dans le dispositif gérontologique. On retrouve ce même débat pour le traitement des personnes handicapées.

L'architecture hospitalière n'est, depuis le grand élan fondateur de la construction hospitalière au XVIIe siècle, que le reflet de la manière de prendre en compte le malade. L'hôpital Saint-Louis, fondé en 1607, illustre parfaitement la stratégie du pouvoir royal pour réduire une épidémie : l'isoler dans un ouvrage fortifié, exclure, surveiller, éloigner et contrôler. L'édit de 1656 qui crée l'hôpital général lui donne un rôle à la fois sanitaire (empêcher les malades pauvres de répandre leur maladie en mendiant), civil (remettre au travail des chômeurs oisifs) et religieux (leur apprendre les principes nécessaires pour gagner leur salut). Ces bâtiments grand siècle relèvent plus d'une volonté de grand enfermement, d'une opération de police que d'une opération de santé. L'hôpital général devient, au même titre que le château, un signe du pouvoir royal.

Au début du XVIIIe siècle, la naissance de la clinique coïncide avec de vives critiques sur l'hôpital. Déjà, de nombreux auteurs réclament une intervention grandissante de l'État dans l'organisation hospitalière pour la réformer dans le sens d'une plus grande médicalisation.

Le XIXe siècle avec les hôpitaux pavillonnaires montre une étroite et très efficace contribution de l'architecte dans le domaine hospitalier. La ventilation et l'asepsie seront successivement les deux tendances respectées par l'architecture hospitalière, qui en déduira ses morphologies. La réfutation du concept de la génération spontanée, la découverte par Pasteur de la microbiologie et son rapide développement sont à l'origine d'une nouvelle architecture : création du bloc opératoire au centre du service de chirurgie ;

nécessité d'isoler les patients atteints de maladies infectieuses. On assiste alors à la séparation pavillonnaire, au cloisonnement des malades isolés dans des « boxes » individuels, à la création d'hôpitaux réservés aux maladies infectieuses, au développement d'hôpitaux dispensaires pour la prévention et la vaccination.

L'hôpital moderne : 1920-1980.

L'hôpital Édouard Herriot de Tony Garnier de Lyon répond à l'exigence d'ensoleillement maximum demandée par les médecins : les pavillons d'hospitalisation, orientés face au midi, groupés selon leur spécialité, sont reliés entre eux par un réseau de couloirs souterrains. Cette réalisation à peine achevée, le parti de l'hôpital pavillonnaire est remis en question. En effet, les études des hygiénistes avaient conclu que l'antisepsie rendait inutile la limitation du nombre des étages et que la contagion aéroportée jouait un rôle mineur.

À partir de la réforme de 1958, l'hôpital, devenu aussi faculté et centre de recherche, doit à la fois soigner, enseigner et chercher. De cette triple tâche naissent les centres hospitalo-universitaires. L'architecte Henri Bernard recherche la cohésion du centre hospitalier dans les verticales d'une tour de vingt-trois étages (Henri Mondor).

L'hôpital actuel ne peut assumer ses fonctions qu'au prix de nombreuses contraintes, conséquences des révolutions dans trois grands domaines : la chirurgie, les méthodes de diagnostic et les traitements médicaux. Les progrès de l'anesthésie, la mise au point des méthodes de circulation extra-corporelle et de réanimation ont transformé les résultats du geste chirurgical en milieu hospitalier. Les structures hospitalières se modifient : consultations externes importantes, hôpitaux de jour, de semaine, importance des laboratoires et des plateaux d'imagerie. L'hôpital aujourd'hui ne peut plus se concevoir sans une école pour les enfants, sans un hôtel proche pour les familles.

La question des accès, de l'irrigation, des liaisons a toujours été primordiale. À la manière d'un projet urbain, tout projet d'hôpital se fonde sur la maîtrise des flux et des réseaux qui l'irriguent, comme de ceux qui le relient à son environnement. Il s'agit de rassurer, de personnaliser les secteurs d'hospitalisation et de dédramatiser l'acte hospitalier. L'espace de l'hôpital reste celui d'une ville dans la ville, mais loin des centres de soins fonctionnalistes comme de l'isolement des grandes enclaves du XIXe siècle. Il est à présent de mieux en mieux relié à l'espace urbain, témoignant ainsi de son ouverture sur la cité contemporaine.

SUR LE PLAN DES POUVOIRS : LA LUTTE DES POUVOIRS EST INDISSOCIABLE DE LA RÉALITÉ DE L'HÔPITAL

L'hôpital est depuis dix siècles, un lieu d'affrontement des pouvoirs et des savoirs, rythmé, en tant qu'enjeu politique, par des réformes aussi multiples que chroniques.

L'administration et la gestion des hôpitaux et maladreries posent problème dès le début du XIVe siècle. Dans un document célèbre, le *De Modo Generalis Concilis Celebrandi*, l'évêque de Mende, Guillaume Durand le Jeune, avait posé la nécessité d'une réforme hospitalière. Il s'élevait contre les évêques et les clercs oublieux de ce que les biens de l'Église sont ceux des pauvres et leur reprochait leur mépris des prescriptions canoniques à propos des établissements hospitaliers destinés aux malades, aux vieillards, et aux orphelins.

Dès le XVe siècle, les élites bourgeoises revendiquent la communalisation des hôpitaux, et s'accommodent mal d'un enchevêtrement d'institutions contraires aux exigences de rationalité, de compétences et d'efficacité des générations de l'humanisme et de la Renaissance. François Ier, en 1545, suite à l'édit de Fontainebleau du 13 décembre 1543, premier acte royal portant sur la réforme hospitalière, renforce le rôle du pouvoir royal sur les hôpitaux par rapport à celle de l'Église. Turgot (1774-1776) prépare au XVIIIe siècle une réforme des hôpitaux pour venir en aide aux petits hôpitaux et réduire la taille des plus grands.

En 1780-81, une caisse des hôpitaux civils basée sur les ressources de la loterie royale et de dons est instituée. L'édit de 1780 était représentatif des idées du temps : critique du patrimoine immobilier des hôpitaux, mainmise grandissante de l'État sur l'assistance. Les critiques contre les hôpitaux sont devenus de règle. Au XVIIIe siècle, les hôpitaux accumulent les défauts : frais énormes de construction et d'entretien, piètre gestion financière, gaspillage des aliments et des remèdes.

Les commissions administratives des hospices vont subsister jusqu'à la seconde moitié du XXe siècle. Qu'il s'agisse d'une modeste commune ou d'une grande ville, les membres des commissions appartiennent à la bourgeoisie aisée.

Est créé en 1888 (décret du 14 avril 1888), le Conseil supérieur de l'Assistance publique qui, dès 1889, proclame la nécessité de rendre obligatoire l'assistance des malades.

À partir de 1920, les problèmes hospitaliers relèvent du ministère de l'hygiène, de l'assistance et de la prévoyance sociale qui se transformera en 1930 sous le ministère Tardieu en ministère de la Santé publique auquel est confiée la tutelle des établissements hospitaliers.

La distinction entre hôpitaux et hospices date de la loi du 15 juillet 1893 sur l'assistance médicale gratuite, financée par le département ou la commune. Cette loi prévoit la délimitation de circonscriptions hospitalières en opérant le rattachement à chaque hôpital d'un certain nombre de communes, variable selon l'importance et les ressources de chaque établissement. Ce rattachement constitue déjà une carte hospitalière. La carence délibérée de l'État à l'égard des établissements hospitaliers explique, pour une large part, les difficultés financières chroniques qui les accablent et qui empêchent tout développement harmonieux de l'hospitalisation publique.

Vers une nouvelle conception de l'hôpital : 1941-1980.

La loi du 21 décembre 1941 et le décret du 17 avril 1943 entraînent la création d'un plan général d'organisation hospitalière et l'élaboration des règles de caractère national pour le recrutement et l'avancement du personnel administratif ainsi que du personnel des services de soins de l'ensemble des établissements hospitaliers publics. Cette loi pose le principe de l'égalité de l'accès aux soins pour tous les citoyens et réaffirme le caractère d'établissement public de l'hôpital, doté de la personnalité morale et de l'autonomie financière, mais rattaché à une collectivité territoriale. Une partie importante des salariés de l'hôpital est dotée d'un statut.

1958 : les nouveaux pouvoirs.

Trois ordonnances et un décret portent réforme hospitalière en décembre 1958 : la commission administrative de chaque hôpital est maintenue ; le nombre de ses membres s'accroît pour permettre la représentation des organismes de Sécurité sociale ; le maire de la commune siège de l'hôpital reste président de droit ; le ministère de la Santé nomme, note, et sanctionne les directeurs d'hôpitaux ; les médecins des établissements hospitalo-universitaires détiennent une double compétence et aussi une double obligation de praticiens et d'enseignants et sont, à ce titre, nommés non plus par les préfets, mais conjointement par les ministres de la Santé et de l'Éducation nationale.

La loi de 1970 préparée par Robert Boulin voulait une organisation rationnelle d'un service public bien défini dans ses missions, ses obligations, ses structures, ses moyens. Il s'agit d'une évolution profonde des rapports entre les secteurs publics et privés de l'hospitalisation et d'une révision enfin des cadres juridiques, administratifs et techniques des établissements hospitaliers publics. La loi étend considérablement la mission des hôpitaux publics en leur donnant la dimension d'un service public national sous deux aspects : une extension des domaines d'action et un élargissement des structures de production des prestations sanitaires. L'hôpital, outre ses missions traditionnelles de soins, d'enseignement et de recherche, est chargé d'actions de prévention, d'éducation sanitaire et d'aide technique aux praticiens non hospitaliers. Par contre, il perd ses interventions dans le domaine social. Le législateur de 1970 a considérablement renforcé et rendu obligatoire la coopération et la coordination des établissements constituant le service public hospitalier.

Qui gouverne l'hôpital, qui décide dans l'hôpital ?

Les hôpitaux publics vivent actuellement sous un régime dans lequel l'autorité est quasiment partagée entre trois grands pouvoirs : le pouvoir législatif est exercé par le conseil d'administration, le pouvoir exécutif et judiciaire par le directeur (création de 1941 et 1943, confirmé par les ordonnances de 1958). Cinq forces sont en présence au sein du conseil d'administration de l'hôpital : les élus, les médecins, les personnels non médicaux représentés par les organisations syndicales et les représentants des usagers, les personnes qualifiées nommées par le ministre de la Santé au sein du conseil d'administration de l'Assistance publique de Paris, par le préfet pour les autres établissements. L'organisation veut que le pouvoir soit partagé réellement entre trois hommes : le maire, le directeur et le président de la Commission médicale d'établissement. Toute décision stratégique passe par le nécessaire compromis entre les intérêts politiques défendus par le premier, les contraintes financières ou réglementaires opposées par le deuxième, les nécessités médicales avancées par le dernier. Le directeur est un chef d'orchestre, à la différence toutefois qu'il ne choisit pas ses musiciens et que la partition qui lui est confiée est écrite à plusieurs mains.

Le directeur est à la charnière des aspirations de nature politique des élus, des revendications du personnel exprimées par les organisations syndicales et surtout des besoins des malades rapportés par les médecins et les représentants des usagers depuis la réforme de 1996. Le projet d'établissement est à l'hôpital ce que la constitution est à l'État, c'est-à-dire l'importance que son élaboration revêt pour l'établissement et pour le directeur, lié au projet pour cinq ans, par un quasi-contrat. La réforme de 1996 renforce le rôle de ce projet dans la mesure où le directeur d'établissement doit signer avec le directeur de l'Agence régionale d'hospitalisation (ARH), un contrat d'objectifs et de moyens sur la base du projet d'établissement approuvé par l'agence.

La Commission médicale d'établissement (CME).

L'article 714-16 du Code de la Santé publique stipule que la Commission médicale d'établissement peut mandater son président pour préparer les décisions relatives à la définition non seulement du projet médical, mais encore des mesures d'organisation des activités médicales, odontologiques et pharmaceutiques de l'établissement. L'ordonnance du 24 avril 1996 a confirmé cette tendance lourde. Le président de la CME est entendu par le conseil d'administration sur le contrat d'objectifs et de moyens qui doit lier l'établissement et l'ARH. Le rôle spécifique du président de la CME est significatif de la place qu'occupe le médecin à l'hôpital. C'est la généralisation du plein temps hospitalier, à partir de la réforme de 1958, qui portait en germe la forte accentuation de la présence du médecin à l'hôpital. Jusque-là, les établissements publics recouraient essentiellement au service des médecins exerçant à temps partiel, pour une part à l'hôpital, pour l'autre dans des cliniques privées.

La dernière réforme en date : les ordonnances de 1996 dites « ordonnances Juppé ».

La modernisation de la gestion des établissements de santé en particulier publics constitue une ambition forte de l'ordonnance du 24 avril 1996 portant réforme de l'hospitalisation publique et privée. Dans ce cadre, le développement d'une contractualisation interne représente une condition de l'amélioration de la qualité du service rendu à la population, par une optimisation des moyens qui lui sont consacrés.

L'une des formes que peut revêtir la contractualisation interne est la possibilité, pour le directeur d'établissement, de donner une délégation de signature aux praticiens responsables de centres de responsabilité dans les conditions prévues par un contrat de délégation de gestion.

L'histoire des hôpitaux se résume donc dans un rapport de force, qui traverse les siècles, dans un permanent mouvement de balancier d'abord entre l'Église et le Roi, ensuite entre pouvoir central et échelons administratifs déconcentrés ou collectivités locales. Désormais, l'État dispose sur la base des ordonnances de 1996 des acteurs et des outils à la hauteur des objectifs qu'il s'est fixés : réduction des inégalités régionales ; qualité des soins et meilleures prises en compte de l'activité médicale. Deux nouveaux acteurs se partagent les instruments de maîtrise quantitative et qualitative de l'évolution du secteur hospitalier, l'un localisé au niveau régional, l'ARH, l'autre localisé au niveau national, l'Agence nationale d'accréditation et d'évaluation en santé (ANAES), pour la démarche d'accréditation. L'Agence régionale d'hospitalisation est compétente tant pour l'hospitalisation publique que privée.

Les grandes mutations et les perspectives d'avenir de l'hôpital

L'ÉMERGENCE DES MALADES DANS LE SYSTÈME DE SOINS

Actuellement dispersés dans plusieurs textes législatifs et réglementaires, les droits des malades devraient être revus et enrichis par la loi de modernisation du système de santé dont le parlement doit débattre au moins en première lecture, en 2000. Ce texte de loi devrait ainsi consacrer l'évolution culturelle que les États généraux de la santé ont mis en évidence. Les Français veulent être informés de leur état de santé, des performances des structures de soins et des équipes médicales comme des enjeux de santé publique.

La première Charte du malade hospitalisé est publiée en 1974. La réforme hospitalière du 31 juillet 1991 a le mérite de mettre l'accent sur l'information médicale. Ce principe est réaffirmé dans l'ordonnance du 24 avril 1996 à travers l'évolution de la qualité des soins, de la satisfaction de l'usager et de sa présence dans les conseils d'administration.

Les lois sur la bioéthique du 29 juillet 1994 ont solennellement affirmé le principe de dignité du malade et le droit d'être respecté dans son âme et son corps.

Le droit à la confidentialité a été repris dans le nouveau code pénal français en vigueur depuis mars 1994 qui accentue la sanction liée à la violation du secret médical. Le droit de savoir et d'être informé, tant sur le diagnostic et le traitement, que sur les aspects administratifs liés à l'hospitalisation, est reconnu par la loi et la jurisprudence.

Claude Évin, auteur d'un rapport sur les droits de la personne malade présenté en 1996 au Conseil économique et social distingue huit catégories de droits dont quatre sont liées à l'organisation du système de soins : droit à la protection de la santé ; droit à une égalité de traitement ; droit à la qualité ; droit à la non-discrimination ; droit à l'information ; droit au consentement ; droit au respect et à la dignité et droit à réparation.

Les commissions de conciliation, créées par l'ordonnance d'avril 1996 portant réforme hospitalière, sont une instance de dialogue pour nouer ou renouer des relations entre le praticien et le patient lorsque celui-ci cherche à s'informer, à comprendre. L'accès direct à son dossier médical, annoncé par le Premier ministre lors de la clôture des États généraux de la santé en avril 1999, est attendu par 94 % des Français selon un sondage réalisé par le *Panorama du médecin*.

Les citoyens veulent participer au système de santé. Comment organiser leur participation à l'intérieur des établissements de soins, ailleurs qu'au conseil d'administration des établissements public de santé ? Quels pouvoirs leur donner ? Faut-il en faire un contre-pouvoir supplémentaire face aux gestionnaires, aux professionnels de santé et aux élus ? Faut-il tout rendre public ? Cela se pose pour l'accréditation, comme pour l'usage du PMSI (Programme de médicalisation du système d'information) et on se souvient de la polémique suscitée lors de la première publication des palmarès des hôpitaux et des cliniques parus dans *Sciences et Avenir* ou dans le *Figaro magazine*.

Le malade devient donc un acteur et un contre-pouvoir dans l'hôpital et dans le système de santé. Cela a pour conséquence première de mieux prendre en compte les attentes des personnes malades : favoriser leur bien-être, garantir leur sécurité, renforcer la dimension humaine. Le soin est avant tout un acte de confiance. Cela retentit sur les métiers, car on ne donne plus simplement des soins, mais il faut aussi prendre soin de la personne malade. Comment améliorer sa liberté de choix, la qualité de son accueil et son information. Le malade sollicite une reconnaissance et un véritable soutien.

L'ÉVOLUTION SOCIALE, LES PROBLÈMES DE LA VILLE FONT AUTANT ÉVOLUER L'HÔPITAL QUE LE PROGRÈS MÉDICAL ET LA TECHNOLOGIE

Mais si le malade fait irruption dans le système de santé, l'hôpital est, de plus, confronté aux problèmes de la cité, comme il l'a toujours été au travers de l'histoire : l'explosion des urgences, la violence aux urgences, le traitement de la précarité, la nécessité de participer à des programmes de santé publique et de prévention, les pathologies des adolescents.

L'hôpital d'aujourd'hui et de demain doit encore se transformer et s'adapter profondément. Loin de réduire les coûts, la technologie provoque au contraire une augmentation immédiate des dépenses, même si on peut prouver qu'en terme macroéconomique cette augmentation peut à long terme générer des économies par le biais de diagnostic plus précoce et la mise en œuvre de traitements moins invasifs. La France accuse encore un grand retard en matière d'équipements médicaux novateurs, le nombre d'appareils d'imagerie par résonance magnétique nucléaire (IRM), celui de tomographie à émission de positons (TEP) est très nettement inférieur en France à ce qu'il est dans la plupart des pays européens. De même pour des équipements moins lourds, comme les défibrillateurs, le matériel d'hospitalisation à domicile, les pompes antidouleur...

Depuis 1970, l'hôpital n'intervient exclusivement que pour des prises en charge sanitaires. De fait, il intervient de plus en plus pour traiter certains patients en situation de précarité. L'Assistance publique-Hôpitaux de Paris (AP-HP) a mis en place des permanences d'accès aux soins de santé (PASS — SAMU social).

L'hôpital doit se développer au sein d'un réseau partant des structures des médecins généralistes, avec des prolongements sur le médico-social, en multipliant les systèmes mobiles, la veille permanente, les points d'écoute et d'orientation et l'hospitalisation à domicile. Ce réseau doit prendre en compte le malade dans sa globalité. Les réformes de 1991 et 1996 contribuent à la mutation de l'institution hospitalière, pour l'ouvrir sur son environnement et l'articuler au territoire. La mise en place de réseaux interhospitaliers, la recherche de complémentarité, la quête d'une véritable efficience médico-économique des soins hospitaliers à l'instar des principales expériences étrangères illustrent les formidables atouts que constitue une stratégie hospitalière dans un environnement territorial économique et social dynamique. Ainsi, le réseau de prise en charge des toxicomanes fait intervenir de nombreux partenaires : hôpitaux, hôpitaux psychiatriques, centres spécialisés de soins aux toxicomanes, centres d'hébergement, médecins généralistes. Les réseaux sont très concernés également par la prévention. Ainsi, on peut citer pour l'Île-de-France le réseau ville-hôpital de prévention périnatale et parentale de la maltraitance. Ce réseau a pour objectif de prévenir les risques liés aux troubles de la relation parents-enfants le plus précocement possible. On peut citer des réseaux de prévention en matière de nutrition, de tabagisme, d'alcoolisme, de suicide, de cancer, de séroconversion VIH...

On le voit, l'ouverture de l'institution hospitalière hors de ses murs dépendra non seulement de sa propre réactivité et de celle de ses personnels, mais également de la capacité de son environnement réglementaire et des acteurs politiques à accompagner, voire favoriser, cette évolution. Lors du Colloque à l'UNESCO en décembre 1999 sur l'hôpital du XXIe siècle, organisé par l'AP-HP, Édouard Couty, Directeur des hôpitaux au ministère de l'Emploi et de la Solidarité, déclarait : « L'hôpital ne sera pas un plateau technique hypertrophié, isolé et silencieux. Il sera l'élément d'un tissu vivant composé de différentes cellules que comportent la ville et la communauté scientifique. »

L'hôpital de l'avenir pourrait être une plate-forme de santé, c'est-à-dire une tête de réseau, un point de connexion traversé par un système d'information reliant tous les acteurs de la santé, avec comme point commun un identifiant unique du malade et un dossier médical numérisé et partagé. L'hôpital reposera de plus en plus sur un système d'information sophistiqué plutôt que sur un bâtiment monumental. L'hôpital est de moins en moins un lieu de séjour, mais un lieu de passage. Cela va influencer la conception des espaces, où à côté du plateau technique vont se développer les espaces réservés à l'ambulatoire, les espaces ouverts à d'autres acteurs comme la médecine libérale ou les associations de malades, des services complémentaires ou connexes à la santé.

Cet ensemble, vaste complexe d'échange de la santé, va devenir un lieu de convergence. Une telle mise en réseau est complexe car elle repose sur l'abandon du cloisonnement et du fractionnement. Mais cette mise en contact de toute la chaîne, implique largement l'abandon de la séparation nette entre le sanitaire et le social, décidée en 1970. C'est le retour à la mission sociale de l'hôpital.

Ce regard qui change sur l'environnement entraîne un travail avec de nombreux acteurs. Ainsi, les réseaux de cancérologie ont pour objet de garantir la qualité des soins en tout point du parcours du patient et de concilier la proximité et l'égalité des chances au sein du système. Ainsi, en matière de gérontologie, depuis les ordonnances de 1996, de nombreux décrets et circulaires ont précisé le concept du réseau, comme une réponse organisée sur un territoire donné d'un ensemble de professionnels par rapport aux attentes, aux demandes et aux besoins des personnes âgées.

Les réseaux entre les établissements peuvent être thématiques, ou être des réseaux de santé de proximité. Les réseaux se développent bien si l'on trouve un initiateur motivé, des volontaires, une bonne complémentarité des compétences, sans hiérarchie ni concurrence. En France, il y a actuellement entre 1 000 et 1 500 réseaux identifiés. L'évolution de l'hôpital va donc largement se faire virtuellement hors les murs par la compétence d'équipes qui se délocalisent en se rendant au chevet du malade et dans les maisons de retraite, par la permanence du service public y compris dans le domaine médico-social, par un réseau d'enseignement et de recherche. Ces réseaux concernent aussi la télémédecine qui concerne autant la transmission d'images (radiographies, échographies, scanner, IRM...) que la surveillance médicale à domicile (grossesses à risques, diabétiques, personnes âgées...)

Parallèlement à cette problématique des réseaux, les grandes mutations médicales ont aussi un impact. Le professeur Guy Frija, radiologue, lors du Colloque de l'UNESCO de décembre 1999 sur l'hôpital du XXIe siècle, déclarait : « Grâce à la conjonction des progrès accomplis en biologie, en ingénierie moléculaire et en physique, les diverses techniques d'imagerie vont offrir des possibilités de diagnostic obtenues toujours plus rapidement, mais aussi moins dangereuses et plus précises. Tout ceci va induire de nouveaux métiers, de nouvelles organisations, modifier les enjeux et générer également de nouvelles contraintes. »

Toutes ces nouvelles techniques, et nous n'avons pas abordé les progrès en matière de biologie robotisée, vont être utilisées comme un levier dans la réorganisation du système hospitalier. Il va obliger chacun à transcender goût du pouvoir et rivalité territoriale pour des coopérations plus soutenues au sein des fédérations de gestion commune ou des centres de responsabilités. Enfin, le développement de l'hospitalisation à domicile va aussi ouvrir l'hôpital sur la cité. Il est désormais possible de traiter chez eux un nombre croissant de patients, notamment ceux qui souffrent d'insuffisance respiratoire chronique grave et de maladies infectieuses ou cancéreuses requérant l'administration régulière d'une chimiothérapie, d'antibiotique ou d'analgésique par perfusion. La mise au point de différents matériels permet aussi de maintenir chez elles des personnes âgées ou à mobilité réduite. Enfin, pour les patients en fin de vie et leur famille, les soins palliatifs à domicile constituent sans doute la meilleure solution.

Au travers de ces évolutions, l'hôpital, plaque tournante de santé, doit devenir référent, communiquant et transparent. S'il veut rester une des pièces maîtresses de notre système de santé et répondre aux futurs besoins sanitaires et sociaux, il devra s'ouvrir sous les pressions conjuguées des évolutions techniques, de la démographie médicale et des nouvelles technologies de l'information et de la communication. Cette mutation devrait être accompagnée de réflexions autour de l'architecture, de nouvelles procédures organisationnelles et de complémentarités exprimées sur des bases régionales. L'hôpital doit répondre au défi du vieillissement, au défi de travailler avec les autres, au défi de la prévention, au défi de l'accessibilité aux soins d'urgence. Compte tenu des bouleversements rapides du médical, de la technique et des systèmes d'information, il serait illusoire de faire des projections à long terme. Néanmoins, on peut penser que la plate-forme hospitalière sera conçue :

– autour d'un système logistique à flux tendu ;

– d'une rapidité d'accessibilité à tous les éléments de l'hôpital avec le patient au centre du dispositif. Ce ne sera plus au malade de se déplacer, mais il sera pris en charge globalement ;

– d'un plateau technique, mieux utilisé en amplitude horaire et donc plus compact avec une véritable explosion des nouvelles techniques d'imagerie et des systèmes d'aide à la décision ;

– avec des nouvelles techniques en diagnostic nécessitant par exemple des manipulations cellulaires impliquant une centralisation et une robotisation des laboratoires.

Enfin, il y aura moins de chambres, l'architecture sera plus humaine et plus proche de lieux comme une aérogare, un centre commercial, un hôtel. Autre tendance qui se développe déjà est la notion de maisonnée, en particulier en gériatrie, unité quasiment pavillonnaire, parfaitement identifiée au sein d'un bâtiment plus complexe. Enfin, le bâtiment hospitalier va devoir être sinon flexible, du moins versatile, c'est-à-dire adaptable. La transformabilité du bâtiment va devenir une exigence, car comment savoir quel sera le service, quelle sera la discipline qui va se développer ou s'atrophier dans dix ans. La conception doit donc être prospective, en particulier au niveau des réseaux techniques et des trames de structures.

Si des valeurs hospitalières qui ont inspiré tant de générations d'hospitaliers comme l'accueil, la qualité des soins, l'égalité des soins renvoient à un long processus historique que nous venons d'évoquer, les valeurs d'humanité et de fraternité vont revenir à égalité avec les attentes de technicité.

La modernisation du système de soins

par GILLES JOHANET

Le système de soin possède trois composantes. La première est l'accès aux soins, c'est-à-dire les conditions dans lesquelles nous pouvons avoir accès à un médecin généraliste, à une infirmière, à un plateau technique hospitalier. La seconde est la dispensation des soins, c'est-à-dire les conditions dans lesquelles les professionnels de santé prodiguent leur art et éventuellement en rendent compte. La troisième est la prise en charge de ces soins afin d'assurer l'égal accès de tous à ces soins.

Le système de soins est un élément parmi d'autres de l'état de santé. Il interviendrait pour 20 % dans l'état de santé d'une population. L'hygiène, le mode de vie, les conditions de travail influent beaucoup plus sur l'état de santé que le système de soins. Cela étant, le système de soin fait la différence entre la France et les autres pays développés pour l'état de santé général. Il semble moins difficile et moins lent à faire évoluer et à moderniser que les modes de vie et les conditions de travail. Enfin, c'est le facteur le plus visible et le plus accepté comme tel par l'opinion publique, parmi les déterminants de santé, comme étant un facteur à la main du politique dans le sens large et noble du terme. Les caractéristiques du système de soins constituent un indicateur précieux du degré de cohésion sociale devant la maladie et la mort. Ces cinquante dernières années, le changement des conditions et du contenu de la pratique médicale a été colossal. Un extraordinaire progrès médical a eu lieu avec notamment l'apparition des antibiotiques mais aussi de la micro-chirurgie, l'explosion de l'imagerie, la radiologie pluridimensionnelle et, aujourd'hui, la génétique moléculaire.

Texte de la 89e conférence de l'Université de tous les savoirs donnée le 29 mars 2000.

Aujourd'hui, le système de soins met à la disposition de soixante millions de Français une assurance maladie grâce à la loi instaurant la CMU (couverture médical universelle), sous la forme d'une offre de soins très diversifiée de très haut niveau. Néanmoins, ce système comporte des faiblesses importantes et amène à se poser la question de sa modernisation, c'est-à-dire à se demander s'il n'est pas en voie d'obsolescence très rapide.

Les grandes faiblesses du système de soins

La première grande faiblesse du système, c'est qu'il n'y a pas en France de coordination des soins. L'absence d'un dossier médical commun entre les médecins de ville et les médecins hospitaliers d'une part et entre les médecins d'hôpitaux différents d'autre part, est parfois la cause de prescriptions répétitives — et donc inutiles — d'examens. Le seul élément de coordination des soins — qui est d'ailleurs obligatoire — est le fait que les « professions prescrites » ne sont pas accessibles directement. Le coût des soins effectués par les infirmières, les kinésithérapeutes, les orthophonistes, les orthoptistes, etc. n'est pris en charge par la collectivité nationale que s'ils ont été prescrits par un médecin. Sinon, pour tout autre accès, cet accès est libre et il n'y a pas de circulation d'un dossier médical commun, donc forcément normé, qui, dans l'intérêt du patient, permettrait de meilleurs soins.

La deuxième faiblesse majeure, c'est qu'il n'y a pas de transparence. Chaque année, des millions d'actes sont effectués, plus de 800 milliards de francs sont dépensés, mais il n'est pas possible de savoir de quoi il s'agit exactement. Les prescriptions de médicaments sont codées précisément mais ce n'est pas le cas pour les actes médicaux. De plus, la qualité des actes n'est pas jugée puisqu'il n'y a pas d'évaluation. Nous restons donc dans l'ignorance de l'adéquation des actes aux pathologies puisque la nature et la qualité sont ignorées. Il n'y a pas non plus de transparence sur le niveau de compétence des producteurs des soins pour savoir si ce niveau est suffisant pour les actes qu'ils pratiquent quotidiennement.

La troisième faiblesse du système, c'est qu'il n'est pas inséré dans une politique de santé publique. Nous n'avons pas de politique de santé publique fondée sur une connaissance fine des besoins, c'est-à-dire sur une épidémiologie et sur une juste définition des priorités. Il est tout à fait symptomatique que, dans un de ses rapports les plus récents, le Haut comité de la santé publique ait rappelé que durant les années 1980, nous avons donné la priorité en

France au traitement du sida alors que le cancer tue infiniment plus que le sida.

Ces trois carences prises ensemble — absence de coordination, de transparence et d'insertion cohérentes dans une politique de santé publique — au fond peuvent se résumer par le « règne du laisser-faire » ou de l'optimum spontané. L'individu, qu'il soit praticien ou patient, fait ce qu'il veut avec une volonté de « bien-faire » individuelle. Comme il n'y a pas de responsabilité, l'action totalement libre de l'individu produira un optimum individuel et la somme des optima individuels créera un optimum collectif. La rencontre entre l'offre de soins — hospitalière ou libérale, médicale ou paramédicale — et la demande de soins — d'un besoin médicalement avéré ou d'une demande humainement ressentie — ne fait pas l'objet d'une régulation collective ni d'une régulation administrée. Il y a, bien sûr, des morceaux de régulation administrée mais pas un ensemble régulateur. Le *numerus clausus* — c'est-à-dire la limitation des effectifs d'étudiants en médecine, pharmacie et dentaire — est un exemple de régulation. Cependant, comme les besoins précis pour chaque spécialité ne sont pas connus, le *numerus clausus* montre très rapidement ses limites.

Ces trois défauts, qui expriment un laisser-faire, sont nés avec la construction progressive du système de soins. L'absence, durant cette construction, d'une remise à plat périodique ou même unique, a empêché, pendant très longtemps, d'en prendre conscience. Le début des années 1930 a vu l'émergence des règles fondamentales présidant au fonctionnement de la médecine libérale avec la liberté d'installation, le paiement à l'acte, le libre choix du médecin, etc. En 1958, une ordonnance réorganisa le système hospitalier français en lui donnant une hiérarchisation entre hôpitaux locaux, hôpitaux généraux, puis centres hospitalo-universitaires. Les lois de 1970 et 1991 ont également été importantes.

L'image du système de soins

Pendant des décennies, le système de soins a connu une double croissance des bénéficiaires et des prestations. Ses défauts avaient alors une portée limitée.

Le champ des bénéficiaires s'est élargi grâce à l'extension de la Sécurité sociale depuis 1945, des salariés aux agriculteurs, aux commerçants, etc. mais aussi de l'assurance maladie avec la CMU. Les prestations offertes par des effectifs médicaux croissants, et des hôpitaux en nombre également croissant, sont plus nombreuses et variées. En l'espace d'une quarantaine d'années, le nombre de médecins est passé de 35 000 à 180 000. Cette croissance extensive est doublée par une croissance intensive liée à la sophistication continue et à la diversification continue de la gamme des prestations. La chirurgie s'est ainsi diversifiée en neurochirurgie, chirurgie orthopédique, chirurgie viscérale, etc.

Jusqu'au début des années 1980, il y avait un quasi-consensus sur le fait que se soigner plus et dépenser plus était un signe achevé de progrès social et humain. Par définition, les insuffisances du système étaient ressentis comme des carences, certes tout à fait regrettables, mais appelées par l'évolution naturelle des choses à disparaître puisqu'on était dans une tendance de croissance continue de la consommation de soins et, naturellement, de son financement.

Ce quasi-consensus n'existe plus, il n'est pas encore remplacé par un quasi-consensus inverse. Bien qu'on se préoccupe de plus en plus du niveau de performance du système de soins, la première performance est de nature financière. Lorsque l'assurance maladie a été créée, les prélèvements obligatoires pour la financer équivalaient à 3,5 % du PIB. Maintenant, ils équivalent à plus de 10 % d'un PIB qui a été multiplié par six en cinquante ans. Les années 1970 ont vu les débuts de plafonnements de la dépense hospitalière et l'instauration du *numerus clausus*. Il y a maintenant un quasi-consensus pour considérer que la hausse des dépenses est probablement inéluctable — en raison du vieillissement par exemple — et qu'il s'agit d'une raison de plus pour veiller à l'efficience du système et donc au bon emploi des crédits consacrés à la santé. C'est un changement tout à fait important qui concerne bien sûr le politique mais également les professionnels de santé et, dans une fraction croissante, les assurés.

En ce qui concerne le niveau de performance médicale, le tournant est plus brusque. Il s'est exprimé de façon symbolique avec l'éclatement du scandale de la transfusion sanguine en 1991, qui traduit une carence en matière de santé publique impliquant, bien sûr, l'État mais aussi le corps médical. En effet, la spécificité française en matière de transfusion sanguine et, donc, de contamination, vient d'une quasi-absence de la sélection clinique des donneurs de sang.

La troisième performance sur laquelle est jugé le système de soins, c'est l'effectivité de la solidarité qui justifie une assurance maladie obligatoire, avec une cotisation proportionnelle aux revenus et non pas aux risques. Spontanément, cela fait référence à l'égal accès aux soins en fonction de la catégorie socioprofessionnelle ou du revenu. Cela fait également référence à l'égal accès en fonction du lieu de résidence, égal accès géographique, et là, la prise de conscience est tout à fait inachevée. Suivant les départements, la densité de gynécologues médicaux pour 1 000 femmes varie ainsi de 1 à 20. Notre système de soins est en décalage croissant avec les besoins de notre temps. L'optimum spontané, que nous évoquions plus haut, ne fonctionne plus. Il ne fonctionne plus, ou de moins en moins bien, d'abord parce que la diversification de l'offre rend le libre arbitre de l'individu particulièrement difficile à exercer. L'individu, le praticien ou l'assuré, ne sont pas en mesure de juger de la qualité des soins apportés. Comme il n'y a pas de labellisation, le système s'en remet à l'individu et sa capacité de choix. Cela met en cause des valeurs majeures de la société d'aujourd'hui : la qualité et le rapport qualité-prix, c'est-à-dire le consumérisme dans le sens noble du terme. Nous nous retrouvons dans une situation où nous dépensons de plus en plus, en obtenant une satisfaction de plus en plus faible.

Les séismes qui touchent le système de soins

Ce constat actuel doit être replacé dans le cadre d'une réflexion, peut-être aujourd'hui encore insuffisante, sur les deux séismes qui vont se produire inéluctablement et qui vont donner, dans le monde des soins, toute leur portée à l'émergence de l'individu.

Le premier séisme, c'est l'explosion de l'information sanitaire ou, pour faire vite, l'Internet santé. L'Internet santé, c'est un bouleversement du colloque singulier, c'est la multiplication des cas où le patient surinformé — ce qui ne l'empêche pas d'être mésinformé — en saura plus que son traitant. C'est la multiplication, l'émiettement de l'information sur la qualité, pouvant être elle-même dépourvue de qualité. C'est le contournement quasi total de toute la réglementation utile, bienvenue, efficace sur la prescription de spécialités médicamenteuses puisque nous pouvons commander nos médicaments ailleurs. C'est, enfin, la circulation de données personnelles, en dépit de toutes les lois qu'on peut voter pour protéger l'intimité de la vie privée. Nous n'avons pas encore mesuré tout à fait la portée de cette explosion, alors qu'elle se produit en ce moment sous nos yeux en France.

L'autre séisme surviendra très prochainement. Il s'agit de l'achèvement du séquençage du génome humain, qui nous offrira une palette absolument gigantesque de possibilités de connaissances, de dépistage de maladies génétiques. La palette des soins sera nettement plus restreinte, ce qui posera des problèmes éthiques tout à fait considérables, des problèmes de choix pour l'individu, et naturellement des problèmes, et c'est presque secondaire, de financement.

La prospective

À partit de cet état des lieux, la prospective sur le système de soins dans dix à quinze ans s'articule autour de trois grandes caractéristiques.

Le système de soins sera beaucoup plus sélectif qu'aujourd'hui. La sélection fait souvent peur à cause d'une double ignorance : ignorance du fait qu'aucune assurance maladie au monde ne sélectionne pas, qu'aucune assurance maladie au monde ne prend en charge la totalité des biens et services offerts par les professionnels de santé. Nous sommes déjà sélectifs en France, et c'est heureux, sur le plan sanitaire avec, par exemple, l'homologation des dispositifs médicaux, avec l'autorisation de mise sur le marché des médicaments. Nous sommes sélectifs sur le plan financier avec la prise en charge ou la non-prise en charge, qui prend la forme d'une liste des médicaments remboursables, qui prend la forme d'un tarif interministériel des prestations sanitaires, pour les prothèses par exemple, avec des nomenclatures pour les actes médicaux, infirmiers, de biologie.

Cette sélectivité actuelle des produits est souvent illogique. Elle est donc peu lisible. Elle est d'abord illogique dans l'espace des soins existants à un instant donné. Le meilleur exemple — qui est parfois reçu par certains comme une agression — est le fait que l'homéopathie est deux fois mieux remboursée que les soins dentaires. La sélectivité est également illogique dans le temps parce que, en retardant le déremboursement de biens qui, pour une raison ou une autre, ont une utilité médicale devenue mineure, le système fait également tarder l'admission au remboursement d'innovations. La sélectivité des produits que nous aurons à l'avenir devrait reposer sur une gestion rationnelle et transparente du « panier des biens et services remboursables », avec trois étapes : en premier lieu, l'analyse de « l'efficacité thérapeutique » — est-ce que ce produit, cet acte, ce dispositif médical ont une efficacité thérapeutique ? — ensuite, « l'utilité médicale » — un produit peut avoir à un instant « T » une efficacité thérapeutique importante et puis, quelques années plus tard, parce qu'il apparaît une innovation, tout d'un coup, voir son utilité médicale très réduite — et enfin « l'utilité sociale » pour l'individu, pour un groupe d'individus, l'utilité sociétale pour la société dans son ensemble. Prenons un exemple trivial : à l'heure actuelle, la Sécurité sociale ne rembourse pas les plâtres hydrofuges. On ne considère pas que ce soit un produit de première nécessité et si vous vous faites une luxation, a *fortiori* une fracture, vous serez privés de douches si cette luxation est mal placée. On est absolument convaincu que, dans quelques années, le plâtre hydrofuge étant un produit élémentaire, il faudra le rembourser. Cela n'a rien à voir avec l'efficacité thérapeutique : c'est de l'utilité sociétale.

La sélectivité des structures — les hôpitaux et les cliniques — fait écho à celle des produits. La logique du « service rendu » devrait s'imposer dans le futur et remplacer l'actuelle logique du financement des structures. Nous devrions payer à la production, à la pathologie, comme c'est déjà le cas aux États-Unis, au Canada ou en Allemagne. Ce système est simplement expérimenté en France depuis 1984. Il peut naturellement impliquer de réels bouleversements, supprimer des rentes et, au contraire, donner de l'oxygène aux établissements hospitaliers suivant qu'ils ont beaucoup de patients ou qu'ils en ont peu. Il s'accompagnera d'un isolement et d'un financement spécifique des dépenses de service public, c'est-à-dire la recherche, l'enseignement, les urgences peut-être. Le service public sera concédé dans certains cas à des établissements privés à partir d'un cahier des charges. La sélectivité portera sur les soins, la nature médicale, et nous aurons, dans une dizaine d'années, un régime d'accréditation systématique des établissements hospitaliers, qui sera naturellement accessible aux « patients consommateurs ». Cette accréditation entraînera un mouvement inéluctable de spécialisation des établissements hospitalier, qui permettra un maillage des établissements hospitaliers sur le territoire. Ce mouvement est d'ailleurs commencé avec les décrets qu'avait préparés Bernard Kouchner, sur les maternités. Nous avons des maternités de niveau 1, de niveau 2, de niveau 3, ce qui permet de ne pas diriger vers le même établissement et vers la même équipe, en fonction donc du niveau d'équipement et du niveau de compétences de l'équipe, une grossesse tout à fait normale et une grossesse à très hauts risques. La spécialisation et le maillage, ensemble, permettent la coordination des soins.

Nous avons vu précédemment qu'il n'y a pas de coordination des soins entre l'hôpital et la ville. Cependant, pour que le médecin libéral puisse envoyer dans un établissement hospitalier son patient, encore faut-il que la nature de ce que fait cet établissement hospitalier soit fléchée, normée, sinon le praticien libéral fait comme le patient, il fonctionne par ouï-dire !

La sélectivité concernant les structures s'effectuera dans un contexte beaucoup plus délicat que la sélectivité sur les produits pour une raison simple à énoncer mais qui sera difficile à vivre : tous les systèmes de soins du monde entier voient s'opérer en ce moment un déplacement du centre de gravité du système de soins. Il y a une quinzaine d'années le centre de gravité des systèmes de soins des pays développés était incontestablement l'hôpital, c'était là où se trouvaient les instruments les plus sophistiqués, là où se trouvaient les compétences les plus abouties, les plus éprouvées. Or, tout indique que, dans dix ans, le centre de gravité des systèmes de soins ne sera même pas le libéral mais le médicament. Cela veut dire que la priorité en matière d'évaluation et de labellisation portera sur le médicament, sa prescription, que c'est là que se cristalliseront les attentes les plus fortes de l'opinion publique. À partir du moment où le centre de gravité se déplace, les emplois se déplacent, les statuts se modifient, les rentes disparaissent.

La sélectivité portera enfin sur les hommes. Notre système repose à l'heure actuelle sur un conventionnement de l'offre de soins avec la Sécurité sociale, qui est quadruplement automatique. Il y a un conventionnement entre l'offreur de soins et la Sécurité sociale, permettant la prise en charge de son activité, de sa pratique, qui se déroule d'abord sur toute la vie. Une fois qu'il entre en activité, il est conventionné jusqu'à la fin de sa vie quelle que soit la quantité produite d'actes. De plus, l'offreur de soins s'installe où il veut, qu'il y ait intérêt général à ce qu'il s'installe dans ce lieu ou pas. Dans le futur, nous irons probablement vers un conventionnement limité dans l'espace, en fonction notamment de la répartition de l'offre de soins sur le territoire. En effet, les inégalités géographiques vont être d'autant plus grandes que la démographie médicale n'augmente plus et va très probablement — c'est l'intérêt général — se rétracter. C'est naturellement dans les zones où l'exercice est le plus difficile et/ou le moins gratifiant que la déprise démographique va d'abord s'opérer. Donc, un conventionnement limité dans l'espace, dans le temps, qui, de plus, sera marqué par une recertification régulière des professionnels de santé et en fonction, non pas de leurs degrés de connaissances, mais en fonction de leurs compétences, de leur pratique qui illustrera le fait que, dans le monde moderne, la qualité ne s'affirme pas, elle se démontre.

Après la sélectivité, la deuxième caractéristique sera la responsabilité. Le système de soins va faire une place croissante à l'assuré-décideur. L'assuré-décideur va bénéficier de champs de choix inéluctablement individuels. L'accès à des données médicales par internet, le choix de son médecin, font partie de ces choix.

La troisième caractéristique de ce système sera la modulation des soins et de leur prise en charge. Le système impliquera l'assuré-décideur en sanctionnant ses choix par modulation de la prise en charge. Nous rembourserons de moins en moins un médicament tous azimuts. Nous rembourserons les médicaments en fonction d'indications thérapeutiques grâce notamment à la traçabilité du produit que nous obtiendrons avec le codage. Il y aura également une modulation concernant les praticiens avec l'instauration d'une habilitation à pratiquer certains actes. L'omnivalence du diplôme médical est morte car elle est contraire à la qualité des soins. Il y aura enfin une modulation avec le ticket modérateur en fonction du comportement, en appliquant un principe finalement très simple : « Voulez-vous vous engager dans une démarche de qualité maximale, dans laquelle vous vous impliquez, vous, patient, par exemple à travers la continuité des soins, en étant réellement partenaire du praticien que vous choisissez ? Alors, si vous vous engagez dans une démarche de qualité maximale, fléchée bien entendu, il est normal que l'assurance maladie vous assure un remboursement maximal. Si, en revanche, vous préférez papillonner, si vous préférez ne pas accepter la contrainte de la continuité des soins, il est logique que l'assurance maladie vous assure un remboursement partiel. » L'implication exige, pour être mise en œuvre, une éducation sanitaire qui reste à faire, une révolution dans l'information continûment fournie au patient, notamment par l'assurance maladie, enfin une progressivité parce qu'il s'agit d'un changement tout à fait important qui doit sûrement ne pas se retourner contre les assurés mais, au contraire, leur bénéficier tout comme il doit bénéficier aux professionnels de santé.

Conclusion

Nous sommes à la veille de grands changements. Une partie de ce changement dépendra de la loi. On ne sait pas la date à laquelle il s'opérera ni les conditions dans lesquelles les citoyens auront conscience du changement. Mais les faits sont têtus et les changements auront lieu. Tous les acteurs bougent.

L'État, c'est un phénomène tout à fait fondamental, a repris la main sur la politique de santé publique à partir de 1991, et cette reprise de la politique de santé publique peut paraître aujourd'hui timide, insuffisante, partielle, mais on ne rattrape pas, en dix ans, cent à cent cinquante ans d'absence.

Les professionnels de santé sont peut-être les acteurs du système de soins qui ont le plus évolué en dix ans. Ils savent désormais que l'exercice solitaire de la médecine est une nostalgie. Ils savent également que la contrainte économique existe et qu'il ne s'agit pas d'un produit de la méchanceté des technocrates.

L'assurance maladie, gérée par les partenaires sociaux, n'est plus l'assurance maladie des années 1960 qu'on décrivait comme un véritable système de défausse des responsabilités, où les partenaires n'étaient jamais capables que de renvoyer à l'État les décisions difficiles. Années après années, mois après mois, les partenaires sociaux font des propositions à l'État qui sont dignes d'intérêts.

Les assurés, enfin, changent également. D'abord, ils changent spontanément dans la mesure où leurs exigences s'élèvent : qualité, information, dans la mesure, aussi, où ils se rendent compte que l'assurance maladie n'a qu'un lointain lien de parenté avec le père Noël et que la qualité du système de soins va dépendre, comme tout le reste, de leur degré d'implication dans ce système.

La chimie pharmaceutique industrielle et la santé

par GILLES BRISSON

L'allongement de l'espérance de vie et la réduction de la mortalité infantile témoignent de l'amélioration continue de la situation sanitaire des habitants des pays développés, et constituent autant de défis pour les systèmes de santé qui doivent financer une demande de soins toujours plus grande. L'objectif de l'industrie pharmaceutique est de proposer des médicaments permettant de guérir les malades, d'éviter les maladies et de soulager les symptômes. La recherche de nouveaux médicaments est un processus long et coûteux qui doit aujourd'hui relever le double défi des nouvelles technologies (la génomique) et de proposer des innovations économiquement satisfaisantes.

L'augmentation de la productivité de la recherche repose à la fois sur l'environnement du médicament (la législation pharmaceutique, la rémunération de l'innovation) et sur la capacité de l'industrie à mieux s'organiser pour innover. Plusieurs exemples montreront que la découverte de nouveaux médicaments change la vie des malades et diminue le coût de traitement des maladies pour la société.

Dépenses de soins et consommation de médicaments

Les dépenses de santé représentent 7 % à 10 % du PNB des principaux pays industrialisés*, 8 % pour les pays de l'Union euro-

---

Texte de la 90e conférence de l'Université de tous les savoirs donnée le 30 mars 2000.

* OCDE, Health Data 1997, 1996 for Japan.

péenne par exemple, mais beaucoup plus aux États-Unis (14 %, l'enseignement universitaire de médecine est inclus dans ce chiffre). La part des médicaments dans l'ensemble des dépenses de santé tend à diminuer dans les pays industrialisés, moins de 20 %, voire moins de 10 % aux États-Unis, mais reste importante dans les autres pays*. Cette différence est essentiellement due au coût des infrastructures hospitalières, importantes dans les pays riches, peu développées dans les autres pays. Qui consomme les médicaments ? Les habitants des pays riches, si on se fonde sur la valeur. Presque 90 % de la consommation mondiale en valeur est le fait de l'Amérique du Nord, du Japon et de l'Europe**. En réalité, beaucoup de pays fabriquent eux-mêmes des copies de médicaments existants à des coûts très faibles et subviennent ainsi aux besoins essentiels de leurs populations (Inde, Chine par exemple).

Les maladies cardio-vasculaires sont la première cause de mortalité dans les pays riches comme dans les pays pauvres. La fréquence des maladies infectieuses départage ces deux types de pays : 28 % des décès sont dus aux maladies infectieuses dans les pays pauvres (dont 5 % pour les maladies tropicales), contre moins de 6 % dans les pays riches. Le sida pose un problème spécifique en terme d'accès aux médicaments (presque 5 % de la mortalité dans les pays pauvres, et beaucoup plus en Afrique ; pays riches : 0,4 %)***.

Dans ces pays, l'accès aux soins relève d'abord des politiques de santé mises en place par les gouvernements locaux et de leurs choix en matière de priorités budgétaires (agriculture, éducation, armement, santé, couverture sociale). Les politiques d'aide par l'OMS, les gouvernements de pays riches, les ONG, l'industrie pharmaceutique (baisse sur les prix des médicaments anti-sida ; Aventis Pasteur : don de 50 millions de vaccins anti-polio) n'auront un impact à moyen terme que si les acteurs locaux assument aussi pleinement leur rôle.

La demande de soin est en constante augmentation. Il existe plusieurs raisons à ce phénomène. En premier lieu la population vieillit dans tous les pays****, et en particulier dans les pays industriels. En France, 15,9 % de la population avait 65 ans et plus en 1999. Cette proportion passera à 20,6 % en 2015*****. Les patients, de mieux en mieux informés (Internet, journaux), sont plus exigeants : des médicaments anciens sont remplacés par des médicaments récents, plus efficaces, mieux tolérés et plus chers. Il y a enfin des domaines très larges où les besoins médicaux ne sont toujours pas satisfaits : maladies cardio-vasculaires, maladies infectieuses

---

* % recalculés à partir des données IMS du marché de chaque pays, et OCDE.
** IMS *World Review*, 1999.
*** OMS, rapport sur la santé dans le monde, 1999.
**** OMS, 1998 : 96 % des hommes et femmes atteindront l'âge de 60 ans en 2025, contre 86 % en 1995.
***** *Population et société*, n° 355, mars 2000.

(dont le sida) et le cancer restent les principales causes de mortalité. Les maladies rares, les maladies dégénératives du système nerveux central (Alzheimer), le diabète, sont aussi des maladies pour lesquelles les besoins médicaux sont grands*.

Les dépenses de santé sont corrélées avec l'âge des malades : en France, la consommation moyenne par habitant est l'ordre de 1 000 francs avant l'âge de un an, diminue et reste à un niveau bas jusqu'à l'âge de 49 ans pour dépasser à nouveau le seuil de 1 000 francs, et ne cesse de croître ensuite pour culminer à 3 500 francs pour les personnes de plus de 80 ans** *(Fig. 1)*. Le vieillissement de la population générera des besoins médicaux toujours plus importants.

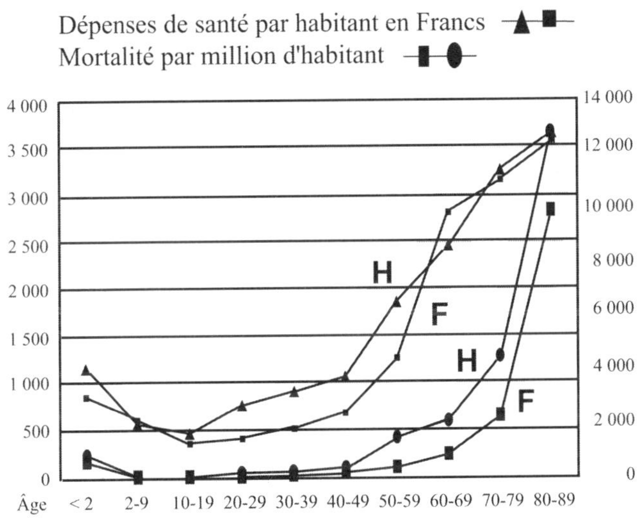

Figure 1 – L'âge détermine l'évolution des dépenses de santé (en France).

Le long processus de la découverte des médicaments

Trois exemples illustrent ce processus. La pénicilline fut découverte par Fleming à la fin des années 1920. Les premières molécules administrables chez l'homme apparurent vers 1940. Pendant la Seconde Guerre mondiale et les années qui suivirent, la pénicilline resta un produit rare. Les années 1960 et 1970 furent véritablement celles de l'utilisation de masse des pénicillines avec la mise au point

* Rapport sur la santé dans le monde, OMS 1998.
** E. Barral, *La Vie changée*, janvier 2000.

de l'ampicilline, puis surtout de l'amoxicilline au début des années 1970, qui reste aujourd'hui l'antibiotique le plus prescrit dans le monde. Les médicaments anticancéreux de la famille des taxanes sont disponibles depuis cinq ou six ans, mais leur découverte remonte à 1960, avec la mise en évidence des qualités cytotoxiques de l'écorce d'un if de la région Pacifique (*Taxus*). L'activité anticoagulante des héparines pour prévenir les thromboses veineuses profondes fut mise en évidence en 1916, par McLean, au Canada. La première héparine administrable chez l'homme fut commercialisée en 1928. La recherche fut poursuivie pour mettre au point de nouvelles héparines au moins aussi efficaces, mais surtout plus sûres que les produits existants (moins d'hémorragies, moins de surveillance du traitement). Ces premières héparines de nouvelle génération, dites de bas poids moléculaires, furent autorisées à la commercialisation en 1986. Ces exemples illustrent la distance qui sépare la découverte de l'effet pharmacologique d'une molécule de la disponibilité d'une thérapeutique administrable à l'homme.

La mise au point des médicaments se résume à deux étapes : en premier lieu la découverte d'un effet pharmacologique, en second lieu la mise au point d'un médicament efficace et bien toléré. La découverte progresse par étapes en fonction de l'évolution des connaissances scientifiques et de la découverte d'outils de recherche de plus en plus perfectionnés. Jusqu'aux années 1950, les médicaments provenaient de dérivés naturels : des champignons pour la pénicilline, le saule pour l'aspirine, par exemple. Puis les méthodologies sont devenues plus précises : le *screening*, puis la recherche de récepteurs (les antagonistes H_2 à l'histamine pour le traitement des ulcères), puis la recherche d'enzymes spécifiques (les inhibiteurs de l'enzyme de conversion, pour le traitement de l'hypertension), aujourd'hui l'ingénierie génétique, et demain la biologie moléculaire et la pharmacologie cellulaire* *(Fig. 2)*. Il se passe en moyenne quatorze ans entre la découverte de l'effet pharmacologique d'une molécule et la mise sur le marché d'un médicament. Pourquoi ? *(Fig. 3)* Les chercheurs vont identifier, cribler, sélectionner et optimiser les quelques molécules qui présenteront le meilleur potentiel de développement aussi bien en terme d'efficacité qu'en terme de tolérance. Cette partie du développement porte le nom d'études précliniques et dure cinq à six ans. À la fin de ce processus la molécule sera admise à passer en étude chez l'homme. Les études précliniques sont conduites à l'aide de robots et de cultures de tissus et permettent ainsi de réduire considérablement l'utilisation d'animaux de laboratoire. À ce stade, il est établi que la molécule n'est pas cancérogène, mutagène, ou tératogène, et ne provoque pas d'autres effets toxiques inacceptables. Les procédés de fabrication industrielle sont mis au point à ce stade de déve-

* Lehman Brother.

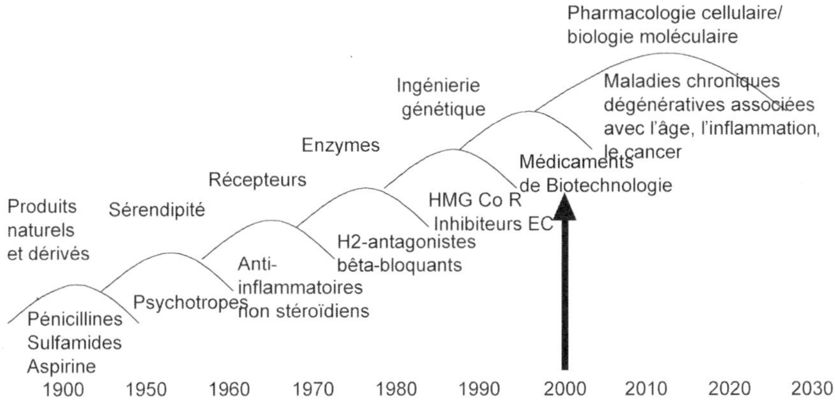

Figure 2 – Les découvertes progressent par étapes.

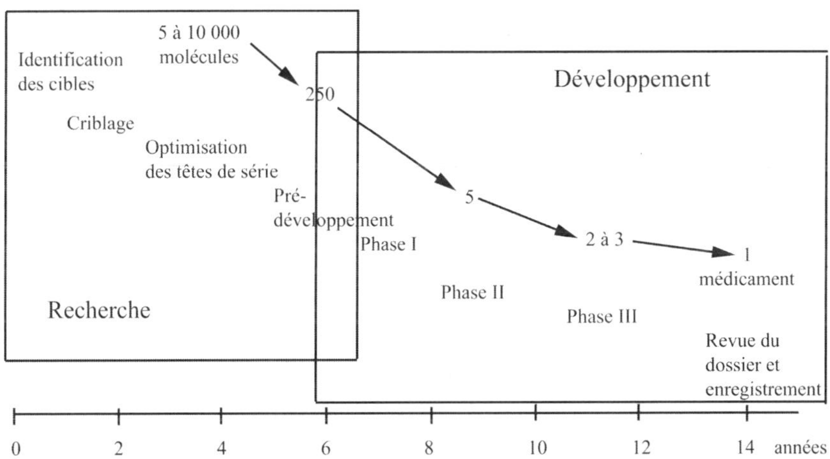

Figure 3 – Peu de molécules chimiques deviennent des médicaments.

loppement. Les études cliniques chez l'homme dureront huit ans en moyenne. Conformément aux accords d'Helsinski de 1975, elles ne peuvent être menées qu'avec le consentement éclairé et écrit des patients ou des volontaires sains. Les études dites de phase I permettent d'établir la dose thérapeutique maximale administrable chez l'homme. Ces études sont menées chez des volontaires sains. Les études suivantes, de phase II ont pour objectif de déterminer la dose thérapeutique et de démontrer l'effet thérapeutique attendu. Ces études sont aussi menées chez des malades qui ne répondent plus à aucun traitement dans le cas des cancers par exemple. Les études de phase III incluent plusieurs milliers de patients pour vérifier statistiquement l'efficacité et la tolérance de la molécule étudiée* en comparaison aux thérapeutiques de référence ou au placebo. Une fois ces études terminées, une demande d'enregistrement est déposée auprès du ministère de la Santé, ou de l'Agence européenne du médicament ou de la *Food and Drugs Administration* (FDA) aux États-Unis, selon les pays ou les régions. L'analyse du dossier d'enregistrement dure un à deux ans et conduit à l'autorisation de mise sur le marché du médicament (AMM), si les résultats sont concluants. Si la recherche découvre un grand nombre de molécules, très peu deviennent des médicaments. Pour 5 000 à 10 000 molécules identifiées, 250 parviennent au stade préclinique, cinq en phase II, et seulement une sera finalement enregistrée. Les exigences d'efficacité et de sécurité provoquent une inflation de la taille des dossiers réglementaires d'enregistrement. Dans les années 1980, un dossier comprenait en moyenne 30 études cliniques ; en 1995, il en comportait 68, et encore plus aujourd'hui**. Le nombre de patients participant à des études de phase III est passé, sur la même période, de 1 500 à plus de 4 000. Aujourd'hui, certaines études incluent entre 5 000 et 10 000 patients. Le coût de développement d'une nouvelle molécule a considérablement augmenté : moins de 1 milliard de francs en 1986, 2 milliards en 1990, 3,5 milliards en 1996 et près de 5 milliards aujourd'hui***. Cet ordre de grandeur varie peu d'une molécule à l'autre dans la mesure où les exigences des autorités sont les mêmes pour toutes les molécules. La taille des dossiers d'enregistrement est devenue gigantesque : le dossier d'un médicament anticancéreux du laboratoire Aventis déposé en 1994 représentait 110 palettes, ou 10 500 classeurs, ou bien 17 tonnes. Aujourd'hui, la transmission des données utilise le support électronique.

L'émergence de nouvelles technologies changera la nature de la recherche. La combinaison des technologies liées à la génomique, la chimie combinatoire, et les technologies de l'information et de l'automatisation devraient accroître significativement la productivité de la recherche. La génomique permettra d'identifier de meilleures cibles, les outils de criblage à haut débit permettront de sélectionner plus rapidement de meilleures molécules candidates au développement. La recherche clinique étudiera des molécules plus spécifiques, donc théoriquement plus efficaces et mieux tolérées. Le potentiel de recherche ouvert par la génomique est considérable. Les chercheurs travaillaient sur 500 cibles pharmacologiques connues. Le génome humain contiendrait plus de 100 000 gènes. De 3 à 10 000 de ces gènes pourraient constituer de nouvelles cibles pharmacologiques. Les nouvelles méthodes de syn-

* Phase précliniques : KMR, phases cliniques Parexel.
** BCG, Peck C « Drug Development, Improving the Process », *Food and Law Journal*, vol. 52, 1997.
*** 1976-1996, Phmra, Scrip.

thèse de molécules, à haut débit, ou à ultra haut débit permettent aujourd'hui de vérifier le potentiel pharmacologique de 50 à 100 000 molécules par mois et par chercheur. Les médicaments de demain — dans moins de dix ans ? — seront adaptés aux besoins des patients. Un diagnostic génétique rapide de chaque patient guidera au choix du médicament le mieux adapté à sa pathologie, menant à la personnalisation des soins. Les bénéfices de ces nouvelles technologies sont de deux ordres : plus de rapidité et davantage de meilleurs candidats pour le développement clinique. La durée et le coût du développement clinique ne seront pas réduits pour autant.

Comment développer une recherche encore plus innovante ?

La détermination de projets de recherche vise à satisfaire des besoins médicaux encore nombreux et s'exerce dans un contexte où l'évolution de l'environnement est rapide. La capacité à mettre au point des molécules innovantes est le seul critère de réussite. Cependant, d'autres facteurs contribuent au succès ou à l'échec de la recherche pharmaceutique : la consolidation des ressources d'investissement, une propriété industrielle garantissant la pérennité de la recherche, l'internationalisation des activités, et l'environnement économique.

L'escalade des coûts de développement incite les entreprises pharmaceutiques à se regrouper par le biais d'acquisitions ou de fusions. Six des dix premières firmes mondiales résultent ainsi de fusions ou d'acquisitions*. Ce mouvement de concentration n'est pas fini. L'industrie pharmaceutique est beaucoup moins concentrée que d'autres industries comme l'automobile, l'aéronautique ou les ordinateurs. Cette consolidation a un but : générer des ressources pour la recherche. Presque dix sociétés investissent plus de 2 milliards de dollars par an**, ce qui revient à la commercialisation de 4 molécules nouvelles par an, en moyenne, par laboratoire. Cet accroissement des investissements est aussi rendu nécessaire par l'impact des nouvelles technologies sur l'organisation de la recherche. Voici encore dix ans, une firme pouvait envisager de mener tous ses projets par elle-même. On appelait cette démarche la théorie « du porte-avions », type de navire de guerre totalement autonome. La multiplication des nouvelles technologies ne permet plus à une firme de maîtriser l'ensemble des connaissances et des techniques qui leur sont liées pour découvrir de nouvelles molécules.

---

* Source IMS, chiffres reconstitués.
** Rapports annuels des sociétés, chiffres reconstitués.

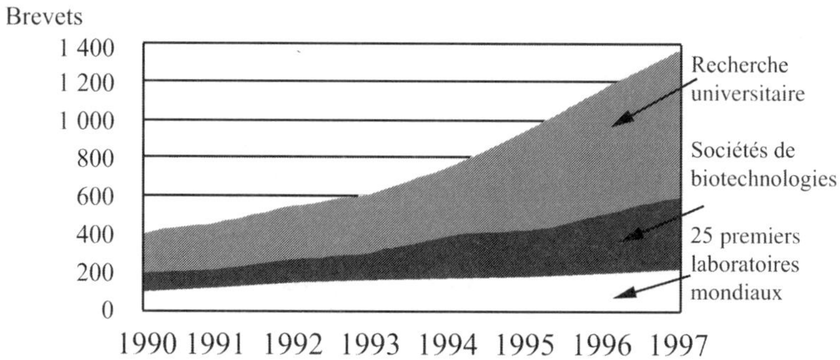

Figure 4 – Génomique : la recherche académique et les firmes de biotechnologie sont les découvreurs d'aujourd'hui.

Les laboratoires pharmaceutiques, les laboratoires de recherche publique ou privée sont amenés à partager leur expertise. L'essentiel des brevets sur la génomique (plus des trois quarts) provient de la recherche universitaire ou des petites firmes de biotechnologies (*start-up*)* *(Fig. 4)*. De même, les accords de recherche entre laboratoires pharmaceutiques et firmes de biotechnologies se multiplient et le montant des contrats signés dépassait déjà 1 milliard de dollars en 1997**. Aventis Pharma consacre plus de 25 % de son budget de recherche (phases précliniques) à des accords avec des laboratoires extérieurs, dont beaucoup appartiennent à la recherche publique française.

La propriété industrielle assure la pérennité de l'innovation, comme dans d'autres domaines de la vie économique et artistique : protection de la création artistique (musique, films, articles de mode), protection des marques (industries de luxe), protection des inventions de toute nature (logiciels informatiques). La propriété juridique permet de rentabiliser l'investissement de recherche et de dégager les ressources des investissements futurs. Ainsi, en 1997, 53 % du montant des ventes des 50 médicaments les plus vendus dans le monde étaient détenues par les firmes détentrices du premier brevet***. L'industrie est cependant confrontée au problème de l'allongement du temps de développement par rapport à la durée fixe d'un brevet. Comme le brevet est enregistré à un stade très précoce du développement préclinique au début des années 1990, la période de commercialisation d'une molécule brevetée devenait de plus en plus courte et ne permettait plus de couvrir les frais de recherche. Le Parlement européen, comme le Congrès des États-

* Derwent biotechnology patent database, BCG analysis.
** Recombinant capital, Windhover's health care strategists, BCG analysis.
*** Med ; Ad news, Lehman Brothers, BCG analysis.

Unis ont modifié la loi sur les brevets en tenant compte de l'allongement du temps de développement. L'enregistrement centralisé européen garantit une exclusivité de dix ans, par exemple, à partir de l'agrément. Il reste encore certains pays qui ne respectent pas les accords internationaux sur la propriété industrielle (Inde), alors que d'autres pays ont signé ces accords dans les dix dernières années (Espagne, Brésil, Chine). L'impossibilité matérielle ou l'absence de mise en œuvre d'une politique stricte de respect des marques et brevets conduit à l'apparition de contrefaçons de médicaments dans certains pays : copies comprenant une matière active sous-dosée, voire absente, voire avec des excipients toxiques conduisant à des échecs thérapeutiques ou des effets indésirables graves.

L'internationalisation mesure le succès d'une innovation. Les médicaments se classent en 4 catégories : les vraies innovations, qui apportent à la fois un bénéfice thérapeutique et une structure chimique nouvelle ; les innovations moyennes apportent aussi un bénéfice thérapeutique, mais ce sont des améliorations de molécules déjà existantes ; les deux autres catégories n'apportent pas de bénéfice thérapeutique, soit qu'il s'agisse de nouvelles structures chimiques malheureusement sans aucun bénéfice, soit des « copies » de produits déjà sur le marché. Ces derniers produits accèdent au marché parce qu'ils sont vendus à des prix inférieurs et permettent une économie aux systèmes d'assurances sociales. L'étude d'Étienne Barral* montre que, sur 1 061 nouvelles molécules lancées entre 1975 et 1994, 109 (10 %) sont de vraies innovations et que presque la moitié de ces innovations (42 %) parviennent à être commercialisées dans les principaux marchés mondiaux (États-Unis, Japon, Allemagne, France, Grande-Bretagne et Italie). Seulement 6 % des « copies » atteignent le même niveau d'internationalisation. L'harmonisation européenne a favorisé l'internationalisation des médicaments grâce à des réglementations générales (libre circulation des produits, services et personnes, création de l'Euro) et à des réglementations spécifiques à la santé : procédure d'enregistrement centralisé, bonnes pratiques cliniques, bonnes pratiques de fabrication, politiques de protection industrielle, statut du médicament orphelin. Cette harmonisation permet aux laboratoires pharmaceutiques de mettre plus rapidement des nouveaux produits à la disposition du corps médical et des patients, et d'être plus compétitifs au niveau mondial. L'harmonisation ne s'applique pas à certains domaines qui relèvent de la souveraineté des États : les assurances sociales, la fiscalité, la fixation des prix des médicaments, la fixation des marges de distribution. Il en résulte la création de deux types de marchés : les pays où les prix des médicaments sont libres, comme l'Allemagne, la Grande-Bretagne, la Suisse et l'Europe du Nord,

* E. Barral, *Vingt-deux ans de résultats de la recherche pharmaceutique*, 1975-1996.

(hors d'Europe : les États-Unis), et les pays où les prix des médicaments sont administrés comme la France, l'Europe du Sud (hors d'Europe : le Japon). Quelles sont les conséquences de ces deux types de marché ? Quand les prix sont libres, les prix de ventes sont plutôt élevés et les quantités consommées plus faibles. La perte du brevet se traduit immédiatement par un écroulement des ventes au profit des produits génériques. Les firmes opérant dans ces pays ne peuvent survivre que si elles investissent dans la recherche et mettent au point des produits innovants. Quand les prix sont administrés, les prix de ventes sont bas, les quantités consommées importantes, et la perte des brevets ne provoque qu'une faible concurrence de la part des produits génériques. Une firme peut survivre sans investir beaucoup dans la recherche. Il suffit de commercialiser des copies ou de commercialiser des produits découverts par d'autres. À l'heure de l'internationalisation de l'industrie pharmaceutique, il apparaît que les firmes provenant de pays à prix libres sont les mieux armées pour dominer le marché mondial. Les firmes américaines, anglaises et suisses dominent le marché mondial : elles en détiennent presque 60 %*. Les firmes japonaises et françaises comptent pour moins de 20 %, et les firmes allemandes (10 %) rejoignent le camp des firmes françaises et japonaises parce que leur marché intérieur devient extrêmement contrôlé malgré le principe des prix libres. La situation est encore plus favorable aux entreprises issues des pays à prix libres quand on se penche sur la part de marché qu'elles détiennent hors de leur pays d'origine. Les firmes américaines, anglaises, suisses et allemandes sont les plus compétitives. La croissance d'Aventis repose sur la performance de ses produits à l'étranger. Moins de 10 % des ventes de ses deux produits phares (antithrombotique, anticancéreux) proviennent du marché français**. Plus de 50 % des ventes de ces produits sont réalisées sur le seul marché américain. Aucune firme européenne ou japonaise ne peut assurer son développement en restant à l'intérieur de ses frontières. Seule, la découverte de produits innovants et leur internationalisation permettent les investissements futurs.

Les bénéfices des médicaments sont mesurables

Voici trois exemples provenant des États-Unis. En trente ans, de 1965 à 1996, la mortalité induite par certaines maladies comme le rhumatisme articulaire aigu, a baissé de 83 %, surtout grâce aux antibiotiques***. Le nombre de cas de malades atteints

* IMS World review 1998.
** Source interne, ventes 1999.
*** Phmra, 1998 based on BCG 1993 and US National Center for Health statistics.

d'hépatite B est passé de 11,5 par 100 000 personnes en 1985 à 4 en 1996*. Les nouvelles approches thérapeutiques du sida, appelées trithérapies, ont divisé la mortalité par deux entre 1996 et 1997, et fait baisser considérablement le coût du traitement, de 100 000 à 15 000 dollars, en permettant aux malades d'être traités hors de l'hôpital**. Le traitement des épisodes d'angor instable par héparine de bas poids moléculaire associé à l'aspirine réduit de près de 20 % le pourcentage de patients récidivant ou décédant par infarctus***. L'introduction en 1977 des récepteurs anti-H2 à l'histamine a révolutionné le traitement de l'ulcère gastrique et duodénal. Ainsi, le nombre d'opérations chirurgicales liées aux ulcères est passé de 100 000 en 1977 à 20 000 en 1987 aux États-Unis****. Plusieurs de ces molécules sont récentes : à peine vingt ans pour les anti-H2, un peu plus de dix ans pour les héparines de bas poids moléculaire ou les vaccins contre l'hépatite B : l'efficacité de ces médicaments est si grande que leur impact sur les maladies est très rapidement démontré.

Conclusion : *la complémentarité des acteurs de la santé*

La politique industrielle des laboratoires pharmaceutiques et la politique de santé des pouvoirs publics sont complémentaires. Le défi de tous les systèmes d'assurance sociale est de concilier une demande croissante de besoins médicaux par un financement collectif où les ressources couvrent les dépenses. L'industrie pharmaceutique doit, elle, découvrir de nouvelles molécules apportant à la fois un bénéfice thérapeutique et un bénéfice économique. Pour atteindre ce double objectif, elle doit développer et internationaliser rapidement les nouveaux médicaments dans un environnement permettant de rémunérer l'innovation issue de la recherche. Le rôle des pouvoirs publics est de définir des axes prioritaires en matière de santé, et de favoriser l'innovation, source de progrès médical, d'emplois, et d'économies de dépenses de santé. Les pouvoirs publics, comme les responsables des systèmes d'assurance sociale ont aussi la responsabilité de mesurer l'impact thérapeutique et économique des nouvelles technologies appliquées à la santé, qu'il s'agisse de médicaments, de procédures chirurgicales, de matériel médical, de matériel de diagnostic, ou d'outils de communication.

---

* US dept. of Health and Human services, CDC 1998.
** *Wall Street Journal,* quote from Blue Cross & Blue Sheld President.
*** NEJM, Cohen, M, 1997.
**** E. Barral, *La Vie changée*, 2000.

Les auteurs

Éric Arnaud Consultant attaché des hôpitaux Saint-Louis et Necker Enfants-Malades, Paris. Collaboration avec l'équipe CNRS 1432 (ostéoformation crânienne et facteurs de croissance).

Alim-Louis Benabid Professeur de biophysique à l'université Joseph-Fourier de Grenoble (Grenoble), neurochirurgien des Hôpitaux, directeur de l'Unité INSERM 318 (neurobiologie préclinique).

Guy Bernfeld Membre du comité de direction générale de l'Assistance publique des hôpitaux de Paris, directeur du Patrimoine et de la Logistique.

Claire Blanche-Benveniste Professeur à l'université de Provence, directrice d'études à l'École pratique des hautes études de Paris.

Gilles Brisson Président-Directeur général d'AVENTIS PHARMA S.A. et du laboratoire AVENTIS.

Patrice Cayré Directeur du département « Ressources Vivantes » à l'Institut de recherche pour le développement (IRD, ex-ORSTOM).

Bernard Cerquiglini Professeur de linguistique à l'université Paris-VII ; directeur de l'Institut national de la langue française (INALF) au CNRS ; vice-président du Conseil supérieur de la langue française.

Jean-Claude Chesnais Expert démographe, directeur de recherche à l'INED, maître de conférences à l'École polytechnique et à l'École nationale d'administration (ENA).

Anne CHRISTOPHE Chargée de recherche au CNRS UMR 8554, laboratoire « Sciences Cognitives et Psycholinguistique ».

Pierre CORVOL Chef du service d'Hypertension artérielle à l'hôpital Broussais ; directeur de l'unité de recherche « pathologie vasculaire et endocrinologie rénale », à l'INSERM (U 36) ; professeur au Collège de France (Chaire de Médecine expérimentale).

Patrick COZZONE Professeur de biophysique à la faculté de Médecine de Marseille, membre de l'Institut universitaire de France, praticien hospitalier, chef de service à l'hôpital de la Timone-Adultes, CHU de Marseille, directeur du Centre de résonance magnétique biologique et médicale du CNRS (CRMBM, Unité mixte de recherche n° 6612, CNRS et université d'Aix-Marseille-II).

Laurence DANLOS Professeur à l'université de Paris-VII (UFR de Linguistique), directeur de recherche à l'INRIA-Lorraine, directrice de TALANA, équipe d'accueil à Paris-VII, spécialisée dans le traitement automatique des langues.

Olivier DANOS Directeur de recherche au CNRS, directeur de l'unité de recherche associée « Outils et Stratégies pour le Transfert de Gène Thérapeutique » ; directeur scientifique du Genethon, Centre de recherches et d'applications sur les thérapies géniques (Evry).

Bernard DAVID Biologiste, directeur scientifique de l'unité d'immunoallergie à l'institut Pasteur.

Philippe DENORMANDIE Chirurgien orthopédiste à l'hôpital Raymond-Poincaré de Garches, conseiller à la Direction générale de l'AP-HP, responsable de la mission Handicaps.

Jean-Yves DEVAUX Professeur de biophysique à l'université Paris-V–René-Descartes. Praticien hospitalier à l'hôpital Cochin.

Dominique DORMONT Chercheur au CEA, service de neurovirologie de Fontenay-aux-Roses ; président du Groupe d'experts français des maladies à prions au Commissariat à l'énergie atomique.

Roland DOUCE Professeur à l'université Joseph-Fourier (Grenoble), membre de l'Institut universitaire de France, membre de l'Académie des sciences.

Robert DUCLUZEAU Directeur de recherche à l'INRA, président du Centre de recherche de Jouy-en-Josas.

Oswald DUCROT Directeur d'études à l'EHESS (École des hautes études en sciences sociales).

Claude Fischler Directeur de recherche au CNRS (sociologie) responsable de l'équipe « Anthropologie et sociologie des conduites alimentaires ».

Jacques Fontanille Professeur à l'université de Limoges, membre de l'Institut universitaire de France ; directeur du GDR « Sémiotique » auprès du CNRS.

Philippe Froguel Praticien hospitalier ; directeur de l'Unité CNRS UPRES A 8090 « Génétique des maladies multifactorielles » (université de Lille-2/CNRS) ; chef du service de génétique des maladies multifactorielles de l'institut Pasteur de Lille.

Antoine Garapon Magistrat, secrétaire général de l'Institut des hautes études sur la justice.

Jean-Yves Goffi Maître de conférences en philosophie et logique à l'université Pierre-Mendès-France (Grenoble-II).

Marion Guillou Ingénieur en chef du génie rural, des eaux et des forêts, ancienne directrice générale de l'alimentation au ministère de l'Agriculture et de la Pêche, directrice de l'INRA.

Jean Guyotat Psychiatre et psychanalyste, professeur émérite de psychiatrie à l'université Lyon-1, ancien chef de service hospitalo-universitaire à l'hôpital psychiatrique du Vinatier.

François Héran Directeur de l'Institut national d'études démographiques (INED) ; directeur de recherche à l'INED, enseignant à l'Institut d'études politiques de Paris.

Marie-Angèle Hermitte Directrice de recherche au CNRS, directrice d'études à l'EHESS.

Didier Houssin Professeur de chirurgie ; directeur général de l'Établissement français des greffes ; chef du service de chirurgie de l'hôpital Cochin. l.

Gilles Johanet Directeur de la Caisse nationale de l'assurance maladie des travailleurs salariés (CNAMTS).

Philippe Kourilsky Directeur général de l'institut Pasteur ; professeur au Collège de France.

Bernard Laks Professeur de sciences du langage à l'université de Paris-X-Nanterre ; directeur des Groupements de recherche CNRS « Phonologies » et « Langage et connexionnisme ».

Claude Le Pen Professeur à l'université Paris-Dauphine, membre du Conseil d'orientation des filières et réseaux de soins expérimentaux.

Michel-Louis Lévy Directeur de la communication à l'INED.

Jean-Louis Mandel Professeur à la faculté de Strasbourg ; responsable d'équipe de recherche à l'Institut de génétique et biologie moléculaire et cellulaire (CNRS-INSERM-Université Louis-Pasteur), ainsi que d'un laboratoire de diagnostic de maladies génétiques.

Luc Montagnier Directeur de recherche émérite au CNRS, chef de l'unité d'oncologie virale à l'institut Pasteur, professeur à l'institut Pasteur, président de la Fondation mondiale recherche et prévention du sida, professeur à l'université de la Ville de New York.

Gérard Pascal Directeur de recherche à l'Institut national de recherche agronomique (INRA), directeur scientifique pour la nutrition humaine et la sécurité des aliments.

Philippe Sansonetti Directeur de l'unité de pathogénie microbienne moléculaire et de l'unité INSERM 389 à l'institut Pasteur ; professeur à l'institut Pasteur.

Thierry Sévenet Directeur de recherche au CNRS ; directeur du groupement de recherche CNRS « Substances Naturelles ».

Didier Sicard Professeur de médecine interne ; chef du service de médecine interne de l'hôpital Cochin ; président du Comité consultatif national d'éthique.

Dan Sperber Directeur de recherche au CNRS et au CREA (Centre de recherches en épistémologie appliquée) de l'École polytechnique.

Alain Supiot Professeur de droit à l'université de Nantes.

Jean-Louis Terra Professeur des universités à l'UFR Laënnec (université Lyon-1) ; praticien hospitalier à l'hôpital du Vinatier à Bron.

Hervé This Rédacteur en chef de la revue *Pour la Science*, physicochimiste au laboratoire de chimie du Collège de France (prof. Jean-Marie Lehn).

Jacques Vallin Directeur de recherche à l'INED.

Jacques VAUCLAIR Professeur de psychologie du développement à l'université de Provence, et chercheur au Centre de recherche en neurosciences cognitives, CNRS, Marseille.

Dominique VERMERSCH Directeur de recherche INRA, unité d'économie de Rennes ; responsable de l'équipe de recherche « Politiques environnementales et risques ».

Jacques VÉRON Délégué aux relations internationales de l'INED, chargé de conférences à l'EHESS.

Geneviève VINEY Professeur à l'université de Paris-I, Panthéon-Sorbonne ; directeur du Centre de recherche en droit privé de l'Université de Paris-I (UPRESA-CNRS 8056).

Moshe YANIV Directeur de recherche au CNRS, chef de l'unité des virus oncogènes, à l'institut Pasteur.

Table

III

JUSTICE, RESPONSABILITÉ ET CONTRAT : LE DROIT EN MOUVEMENT

IV

DÉMOGRAPHIE, CROISSANCE ET MONDIALISATION : LES ENJEUX DU NOMBRE

V

ALIMENTATION, CUISINE ET USINE

VI

PERSPECTIVES SUR LES MALADIES

VII

COMMENT NOUS SOIGNERONS-NOUS ?

VIII

SANTÉ, INDUSTRIE ET SOLIDARITÉ

Que soient ici remerciés le Conservatoire national
des arts et métiers (CNAM) qui accueille l'Université
de tous les savoirs et les partenaires qui participent
au rayonnement national et international de l'Utls :
Télérama, Le Monde et France Culture, Radio France,
la chaîne parlementaire-Assemblée nationale, La 5e,
Le Monde des débats, Sanofi-Synthélabo.

CET OUVRAGE A ÉTÉ COMPOSÉ
ET MIS EN PAGE CHEZ NORD COMPO (VILLENEUVE-D'ASCQ)
ET ACHEVÉ D'IMPRIMER
PAR L'IMPRIMERIE FLOCH (MAYENNE)
EN SEPTEMBRE 2000

N° d'impression : 49513.
N° d'édition : 7381-0891-X.
Dépôt légal : septembre 2000.

Imprimé en France